Le Routard

# Espagne du Nord-Ouest

Cofondateurs : Philippe GLOAGUEN et Michel DUVAL

Directeur de collection et auteur
Philippe GLOAGUEN

Rédacteurs en chef adjoints
Amanda KERAVEL
et Benoît LUCCHINI

Directrice de la coordination
Florence CHARMETANT

Directrice administrative
Bénédicte GLOAGUEN

Directeur du développement
Gavin's CLEMENTE-RUIZ

Conseiller à la rédaction
Pierre JOSSE

Direction éditoriale
Hélène FIRQUET

Rédaction
Isabelle AL SUBAIHI
Emmanuelle BAUQUIS
Mathilde de BOISGROLLIER
Thierry BROUARD
Marie BURIN des ROZIERS
Véronique de CHARDON
Fiona DEBRABANDER
Anne-Caroline DUMAS
Éléonore FRIESS
Géraldine LEMAUF-BEAUVOIS
Olivier PAGE
Alain PALLIER
Anne POINSOT
André PONCELET
Alizée TROTIN

Responsable voyages
Carole BORDES

## 2018/19

hachette

# TABLE DES MATIÈRES

**ATTENTION : Andalousie, Baléares, Canaries, Castille, Catalogne et Andorre, et Pays basque font l'objet de guides à part.**

Nous avons divisé l'Espagne en plusieurs titres. En effet, la très grande majorité d'entre vous ne parcourt pas tout le pays. Et ces contrées sont tellement riches culturellement qu'elles nécessitent six ou sept guides à elles seules. Si on les rassemblait en un seul volume, nos ouvrages atteindraient 1 500, voire 2 000 pages. Ils seraient alors intransportables et coûteraient... trois fois plus cher ! Nous souhaitons conserver un format pratique à un prix économique, tout en vous fournissant le maximum d'informations sur des régions qui méritent d'être développées. Voilà !

La rédaction

## PRÉAMBULE

## ESPAGNE DU NORD-OUEST UTILE ........ 44



## LA CANTABRIE ........ 70



## LOS PICOS DE EUROPA ........ 108



## LES ASTURIES ........ 127

## Important : dernière minute

Sauf rare exception, le *Routard* bénéficie d'une parution annuelle à date fixe. Entre deux dates, des événements fortuits (formalités, taux de change, catastrophes naturelles, conditions d'accès aux sites, fermetures inopinées, etc.) peuvent modifier vos projets de voyage. Pour éviter les déconvenues, nous vous recommandons de consulter la rubrique « Guide » par pays de notre site • *routard.com* • et plus particulièrement les dernières ***Actus voyageurs.***

**Recommandation à ceux qui souhaitent profiter des réductions et avantages proposés dans le *Routard* par les hôteliers et les restaurateurs.**

À l'hôtel, pensez à les demander au moment de la réservation ou, si vous n'avez pas réservé, **à l'arrivée**. Ils ne sont valables que pour les réservations en direct et ne sont pas cumulables avec d'autres offres promotionnelles (notamment sur internet). Au restaurant, parlez-en **au moment** de la commande et surtout **avant** que l'addition soit établie. Poser votre *Routard* sur la table ne suffit pas : le personnel de salle n'est pas toujours au courant et une fois le ticket de caisse imprimé, il est souvent difficile de modifier le total. En cas de doute, montrez la notice relative à l'établissement dans le *Routard* de l'année et, bien sûr, ne manquez pas de nous faire part de toute difficulté rencontrée.

☎ **112 :** c'est le numéro d'urgence commun à la France et à tous les pays de l'UE, à composer en cas d'accident, agression ou détresse. Il permet de se faire localiser et aider en français, tout en améliorant les délais d'intervention des services de secours.

***Bâtons de pèlerins, Saint-Jacques-de-Compostelle***

# LA RÉDACTION DU ROUTARD

## (sans oublier nos 50 enquêteurs, aussi sur le terrain)

**Thierry, Anne-Caroline, Éléonore, Olivier, Alizée, Pierre, Benoît, Alain, Fiona, Emmanuelle, Gavin's, André, Véronique, Bénédicte, Jean-Sébastien, Mathilde, Amanda, Isabelle, Géraldine, Marie, Carole, Philippe, Florence, Anne.**

**La saga du *Routard* :** en 1971, deux étudiants, Philippe et Michel, avaient une furieuse envie de découvrir le monde. De retour du Népal germe l'idée d'un guide différent qui regrouperait tuyaux malins et itinéraires sympas, destiné aux jeunes fauchés en quête de liberté. 1973. Après 19 refus d'éditeurs et la faillite de leur première maison d'édition, l'aventure commence vraiment avec Hachette. Aujourd'hui, le *Routard*, c'est plus d'une cinquantaine d'enquêteurs impliqués et sincères. Ils parcourent le monde toute l'année dans l'anonymat et s'acharnent à restituer leurs coups de cœur avec passion.

**Merci à tous les Routards qui partagent nos convictions :** liberté et indépendance d'esprit ; découverte et partage ; sincérité, tolérance et respect des autres.

## NOS SPÉCIALISTES ESPAGNE

**Anne Poinsot :** après avoir tâté de l'histoire, de la sociologie et de la sculpture, c'est au *Routard* qu'Anne nourrit chaque jour sa curiosité éclectique, ses désirs d'ailleurs et son goût du mot juste. Toujours l'œil grand ouvert sur la beauté paradoxale du monde. Entre les rencontres, l'exploration de terrain et les plages d'écriture, elle n'y voit pas le temps passer…

**Michelle Georget :** « Fermeture des portes, armement des toboggans… » Immanquablement, l'annonce galvanise gaiement ses cinq sens ! Tout émoustillés qu'ils sont face à l'inconnu, curieux de découvrir des ailleurs mystérieux, gourmands de rencontres insolites, prêts à accueillir l'intensité des émotions. Le voyage lui offre à chaque fois des bulles d'émerveillement.

**David Giason :** rédacteur assoiffé de découverte, baroudeur à gros godillots, amateur de vieilles pierres, de bonne chère et de coins paumés, adepte d'échanges fructueux entre gens que tout devrait opposer. Pour lui, la curiosité est le plus indispensable des défauts. Mais surtout, il est convaincu qu'il faut savoir dépasser les bornes. Car être voyageur, c'est être libre.

**Dimitri Lefèvre :** après avoir travaillé sur de nombreux films, il a rejoint le *Routard* il y a 9 ans. Pour lui, recommander une adresse c'est faire un casting pointu, visiter un lieu c'est faire des repérages pour écrire le scénario de la Palme d'or du film de vacances. Mais au final, les pépites découvertes et les bons conseils aux lecteurs, ce n'est pas du cinéma !

## UN GRAND MERCI À NOS AMI(E)S SUR PLACE ET EN FRANCE

**Pour cette nouvelle édition, nous remercions particulièrement :**

- **L'office de tourisme d'Espagne à Paris,** pour son efficacité sans faille.
- **Turgalicia pour son aide précieuse,** ainsi que toutes les équipes des **offices de tourisme de Galice** ;
- **les offices de tourisme de Cantabrie et des Asturies** pour leur professionnalisme.

### Pictogrammes du Routard

**Établissements**

- Hôtel, auberge, chambre d'hôtes
- Camping
- Restaurant
- Boulangerie, sandwicherie
- Glacier
- Café, salon de thé
- Café, bar
- Bar musical
- Club, boîte de nuit
- Salle de spectacle
- Office de tourisme
- Poste
- Boutique, magasin, marché
- Accès Internet
- Hôpital, urgences

**Sites**

- Plage
- Site de plongée
- Piste cyclable, parcours à vélo

**Transports**

- Aéroport
- Gare ferroviaire
- Gare routière, arrêt de bus
- Station de métro
- Station de tramway
- Parking
- Taxi
- Taxi collectif
- Bateau
- Bateau fluvial

**Attraits et équipements**

- Présente un intérêt touristique
- Recommandé pour les enfants
- Adapté aux personnes handicapées
- Inscrit au Patrimoine mondial de l'Unesco

Tout au long de ce guide, découvrez toutes les photos de la destination sur • *routard.com* • Attention au coût de connexion à l'étranger, assurez-vous d'être en wifi !



Le *Routard* est imprimé sur un papier issu de forêts gérées.



I.S.B.N. 978-2-01-626632-8

50 km
NORD
Ortigueira
Viveiro
Praia As Catedrais
Ferrol
AC 862
N 642
(Torre de Hércules)
A Coruña
AG 64
Mondoñedo
Luarca
Ribadeo
Betanzos
Camariñas
AG 55
Vilalba
N 634 E 70
Muxía
AC 552
N 550
A 6 E 70
N 640
Grandas
AS 14
Pola de Allande
Ordes
AP 9 E 1
Fisterra
AC 550
SANTIAGO DE COMPOSTELA
Lugo
A Fonsagrada
C 543
N 547
GALICE
p. 166
LU 701
Muros
Noia
Padrón
AP 53
A 6
Villager
N 540
Lalín
Sarria
CL 631
Chantada
Cambados
N 541
Monforte de Lemos
O Grove
Isla de Ons
Pontevedra
AG 63
A 6
N 120
Ponferrada
Islas Cies
Vigo
Ourense
A 52
N 120
OU 536
A Pobra de Trives
Baiona
Allariz
A 52
Tui
Celanova
Xinzo de Limia
A Gudiña
A Guarda
Verín
A 52
A 52
A 28
A 3 E 1
Bragança
N 103
N 122 E 82
PORTUGAL
IP 4 E 82
N 2
PORTO

# L'ESPAGNE DU NORD-OUEST

Les *rías baixas*, en Galice

*« Quand on jette une bouteille à la mer en Galice, on la retrouve en Bretagne. »*
*Proverbe galicien*

**De vertes vallées et de vertes montagnes,** des côtes échancrées et des falaises dominant une mer parfois turquoise, parfois grise, une architecture où granit et ardoise se mêlent et, au fond du ciel, des nuages dentelés chassés par les vents d'ouest... Le voyageur peut parfois se croire en Bretagne ou en Irlande plus qu'en Espagne. Surtout quand il aborde un **port** et que l'odeur du **cidre** rivalise avec le son des cornemuses. Et puis, voilà le retable doré d'une **église baroque** qui scintille, l'odeur de l'ail frit et de l'huile d'olive qui accompagne les fruits de mer, les pêcheurs qui s'interpellent, les verres de vin blanc entrechoqués au comptoir, les bateaux colorés qui s'envolent vers le large. Tout doute disparaît.

Il faut se faire à cette double identité. Les origines lointaines sont celtes, indubitablement. Kent aber, d'où vient le nom de la Cantabrie, c'est, en **celte,** « le coin du fleuve » – et le fleuve, aber, c'est l'**Èbre,** qui naît près des Pics d'Europe. Un proverbe asturien affirme : « *Asturias es España, lo demás tierras conquistadas* » (« Les Asturies, c'est l'Espagne, le reste, des terres conquises »). Le proverbe pourrait tout aussi bien s'appliquer à la Galice ou à la Cantabrie. Abritées derrière leurs montagnes, ces trois régions n'ont que peu subi l'influence arabe. Au contraire ! Traversées par le **chemin de Saint-Jacques,** elles s'ouvrent naturellement sur l'Europe du Nord, et ont drainé des flots de pèlerins – sans jamais, pour autant, se départir de leur caractère bien trempé.

Parmi les principaux lieux saints chrétiens, Santiago, bien sûr. La ferveur reste ici intacte, presque palpable, lors de la messe quotidienne du pèlerin en la cathédrale de Saint-Jacques, et lors des innombrables *romerías* (fêtes patronales).

Les gorges de Cares, Picos de Europa

# NOS COUPS DE CŒUR

**1** **À Saint-Jacques-de-Compostelle, contempler la façade baroque de la cathédrale, et, à l'heure de la messe, admirer le balancement du *botafumeiro*, un encensoir géant de 62 kg !**
Construite en style roman entre les XIe et XIIe s, la cathédrale était destinée à être le plus grand temple chrétien de son époque. Ses proportions sont à couper le souffle : son plan est une croix latine de 97 m sur 65 m, et les voûtes s'élèvent jusqu'à 22 m sur ses deux niveaux. On se sent minuscule face au colosse… *p. 204*
*Bon à savoir : y aller tôt pour éviter la foule ; • catedraldesantiago.es •*

2 **Longer la Côte de la Mort, région la plus sauvage de Galice, magnifiquement découpée dans le granit et offrant de sublimes panoramas naturels.**

De Malpica de Bergantiños au cap Finisterre, à l'extrémité occidentale de l'Espagne, falaises déchiquetées, plages de sable fin et villages de pêcheurs se succèdent. La Costa da Morte, sujette aux brumes soudaines et tenaces, battue par des vents et courants violents, doit son nom à la centaine de navires qui y ont fait naufrage depuis le XIX$^{e}$ s. À découvrir par la Ruta do Litoral en voiture, ou sur le *camino dos Faros* à pied. *p. 253*

***Bon à savoir :*** *aller au cabo Touriñán pour un panorama exceptionnel.*

**③ Déguster la cuisine de la mer galicienne, mitonnée avec poissons, coquillages, poulpes et autres crustacés pêchés dans les *rías*.**

La Galice fournit à elle seule 80 % de la production espagnole de crustacés ! Une bonne occasion de s'attabler autour d'un plateau de fruits de mer, de plonger sa cuillère dans une *caldeirada,* la bouillabaisse locale, ou de goûter aux *arroces*, ces plats de riz aux coquillages, au poulpe, etc. La région est aussi le berceau d'un crustacé un peu bizarre : le pouce-pied. Ne vous fiez pas aux apparences : avec du citron, c'est délicieux ! *p. 403*

***Bon à savoir :** quelque 300 fêtes gastronomiques sont organisées chaque année en Galice.*

**④ Respirer l'odeur enivrante des pins et des eucalyptus tapissant montagnes, collines, côtes et jusqu'à certaines îles.**

Grâce au Gulf Stream, été comme hiver, les températures restent douces sur cette côte atlantique. Environnement parfait pour l'eucalyptus qui s'y est très bien acclimaté depuis qu'un missionnaire l'a rapporté d'Australie. Dans la forêt d'eucalyptus de Chavín, près de Viveiro, on trouve quelques-uns des plus grands spécimens européens, dont *o avo* (l'ancêtre), de 70 m de haut pour un tronc de 10,50 m de circonférence. *p. 166, 227, 325*

***Bon à savoir :** découvrir les côtes galiciennes en juillet ou en septembre pour éviter la foule et profiter du soleil.*

**5 Voguer vers ces îlots de roche et de sable du parc national des îles de l'Atlantique, où se déroulent plages invraisemblables et sentiers parfumés.**

Côté grand large, les îles Cíes, Ons, Cortegada et Sálvora montrent d'abruptes falaises, tandis qu'elles déploient leurs dunes du côté des Rías Baixas de Galice. On y suit les chemins balisés pour observer des colonies d'oiseaux marins parmi les plus spectaculaires du littoral. Aussi une bonne occasion de plonger dans les eaux turquoise à la découverte des fonds marins d'une richesse exceptionnelle. *p. 286, 303, 306, 336*

*Bon à savoir : aucune poubelle sur ces îles, tout rapporter avec soi.*

6 **S'émerveiller devant l'un des plus longs *hórreos* (silos) de Galice (35 m), à Carnota, perché sur ses pilotis de pierre tel un mille-pattes.**
Au XVIIIe s, chaque village était en compétition pour construire l'*hórreo* le plus long et prouver qu'il était plus riche que tous ses voisins. Mais il n'y a pas que la taille qui compte ! Leur forme change selon le climat, le terrain et les matériaux utilisés : bois, pierre voire brique. Ces greniers permettaient de stocker et faire sécher les céréales, particulièrement le maïs. L'*hórreo* constituait même la dot d'une jeune fille à marier et la suivait si elle changeait de village. *p. 276, 424*

7 **Croquer un *pimiento de Padrón*... Les fameux piments verts galiciens sont très doux... même si quelques exceptions confirment la règle.**
Importés du Mexique au XVIe s par des moines franciscains, ces petits piments verts et charnus sont doux comme des poivrons en début de saison mais un peu plus piquants à la fin. Souvent servis en guise de tapas, ils sont grillés à l'huile d'olive et salés. Selon les aficionados, plus un piment est grand, sombre et a une forme pointue, plus il risque de piquer ! *p. 212, 405*
***Bon à savoir :** la période de récolte s'étend de juillet à septembre, au-delà, attention aux contrefaçons !*

8 **Savourer, du haut des remparts de la forteresse de Baiona (Galice), la vue sur la baie, avant de boire un verre à la terrasse de l'hôtel qui l'occupe.**

Des airs de carte postale pour cet ancien village de pêcheurs, veillé par une puissante forteresse posée sur la presqu'île. L'occasion d'une superbe balade avec vue imprenable sur la baie et l'océan, entre jardins en terrasses et vieux canons. C'est ici que le lieutenant de Christophe Colomb aborde et annonce qu'il revient des Indes. Une copie de la *Pinta*, sa caravelle, est amarrée au port et se visite. *p. 338*

*Bon à savoir : chaque 1er week-end de mars, on recrée une mise en scène de l'abordage de la Pinta.*

9 **Poser sa serviette sur l'une des nombreuses plages sauvages qui bordent les côtes galiciennes : Traba (près de Laxe), Melide (cabo de Home) et la praia de Lago (vers Muxía).**

Cette dernière, sur l'adorable route entre Ponte do Porto et Muxía, est l'une des plus belles plages de Galice. Préservée et bordée par une pinède et des hortensias d'un bleu éclatant, elle est rarement envahie, même au cœur de l'été. Traba est le rendez-vous des kitesurfeurs et Melide celui des pèlerins : c'est la dernière étape avant Saint-Jacques. *p. 260, 264, 325*

***Bon à savoir :** difficile de se baigner les jours où ça souffle.*

10 **En prendre plein la vue dans les gorges du Sil (Galice), où les vignes s'étagent sur des miniterrasses. Un travail de Romain pour vendanger et un paysage à couper le souffle.**

Au fond serpente le Sil, d'un bleu magnifique, qui reflète les vignes cultivées en terrasses sur les rives pentues. Des miradors posés sur des escarpements rocheux, comme ceux de Santiorxo ou de Cadeiras, offrent de superbes panoramas. Le foisonnement de monastères et d'ermitages vaut à la région le surnom de Ribeira Sacra, la « rive sacrée ». *p. 366*

***Bon à savoir :*** *un chemin de randonnée relie tous les miradors. Infos à l'office de tourisme de Monforte de Lemos.*

© Juergen Richter/Look/Photononstop

11 **Se plonger dans une piscine thermale à Ourense (Galice), comme le faisaient déjà les Romains !**

Sur un tronçon de 4 km en lisière de la ville, le long du fleuve Miño, des piscines thermales nous font profiter de leurs multiples vertus médicinales. Les nombreuses sources surgissent dans des bassins qui vont du froid au chaud… très chaud même puisque la température peut grimper jusqu'à 67 °C ! Nombre d'entre eux sont gratuits, une aubaine ! *p. 379*

***Bon à savoir :*** *certains établissements thermaux ferment à 2h30 du matin !*

© Alberto Paredes/Alamy/Hemis

**(12) Respirer un grand bol d'air au phare du Cabo Mayor à Santander (Cantabrie) en empruntant le sentier des falaises qui domine la grande bleue.**

Pour fuir la foule des plages du centre-ville, emprunter ce chemin qui serpente entre terre et mer. Aux beaux jours, les eaux calmes et turquoise magnifient les criques préservées et font le bonheur des vacanciers. Mais quand le vent se lève, les vagues s'écrasent contre la roche dans un splendide spectacle d'écume et de lumière. À la fin de la promenade, le phare du Cabo Mayor offre son plus beau panorama. *p. 89*

© Vit Kovalcik/Shutterstock.com

**(13) Se balader à vélo sur le front de mer de Santander : villas XIXe s, élégants jardins publics et une piste cyclable qui passe à même le sable.**

Du centre-ville à la belle péninsule de la Magdalena, le front de mer égrène une dizaine de plages et quelques remarquables exemples d'architecture balnéaire d'hier. À l'heure du *paseo*, les familles se promènent sur les quais, et la ville reprend vie après la sieste. C'est le moment idéal pour enfourcher sa monture et pédaler vers le jardin public de Magdalena, l'air iodé dans les cheveux. *p. 80*

© Jan Wlodarczyk/Alamy/Hemis

© Juergen Richter/Look/Photononstop

14 **Plonger dans l'histoire en visitant le musée d'Altamira et sa réplique de grotte préhistorique (Cantabrie) : les premiers habitants de la région avaient déjà un sacré coup de crayon !**

En 1868, un chasseur découvre, par hasard, ces grottes et leurs fresques polychromes exceptionnelles, aujourd'hui classées au Patrimoine mondial de l'Unesco. Comme à Lascaux, c'est une superbe réplique que l'on visite, pour protéger les peintures rupestres du passage du temps. Baptisée « chapelle Sixtine de l'art rupestre », on en prend plein la vue. *p. 95*

***Bon à savoir :** y aller plutôt en fin d'après-midi, quand les cars sont partis.*

© Richard Taylor/Sime/Photononstop

15 **Explorer le parc national des Pics d'Europe : en Cantabrie comme en Asturies, les randonneurs seront comblés par la beauté des paysages.**

Étonnant, à moins de 40 km de la mer, une véritable forteresse de pics et de gorges s'élève jusqu'aux 2 648 m d'altitude du Torre Cerredo. Entre la Cantabrie, les Asturies et le León, c'est un véritable paradis pour les randonneurs et les grimpeurs. Vallées encaissées, défilés verdoyants ou monts enneigés, les panoramas offrent de splendides décors de cartes postales. *p. 108*

***Bon à savoir :** en été, des guides organisent des randos gratuites.*

16 **Parcourir à pied le vieux centre d'Oviedo (Asturies), déguster un *carbayon* (gâteau fondant aux amandes) sur la place de la cathédrale et enchaîner avec la tournée des bars à tapas un samedi soir.**

Oviedo, capitale des Asturies, concentre dans son charmant centre historique une belle homogénéité architecturale. On la parcourt facilement à pied pour profiter de sa cuisine remarquable et de ses *sidrerías* animées. Woody Allen, qui a tourné ici, a déclaré : « Oviedo est une ville délicieuse, exotique, belle, propre, agréable. C'est comme si elle n'appartenait pas à ce monde... Oviedo est comme un conte de fées. » Tout est dit ! *p. 138*

**17 Descendre sous terre au musée de la Mine et de l'Industrie à El Entrego (Asturies) et vivre le quotidien des mineurs. Visite explosive !**

Enfilez vos casques, c'est parti pour un profond voyage souterrain. Au cœur d'une reproduction de galeries où mises en scène, sons et lumières créent l'ambiance d'une véritable mine grandeur nature. Du Zola en direct ! Plus haut, dans le musée, on apprend à fabriquer de la dynamite. *p. 148*

***Bon à savoir :** claustrophobes s'abstenir, la visite sous terre dure 40 mn et il est impossible de l'écourter.*

© Walter Bibikow/Photononstop

**18 Palper l'ambiance festive de Gijón (Asturies), ville jeune où les bars et boutiques branchés se cachent dans chaque rue.**

Café-librairie, disquaire, pub de jazz, bars à cocktails ambiance *speakeasy*, Gijón surprend par la qualité de ses petites adresses qui bougent et restent encore épargnées du tourisme. Pourquoi ne pas commencer la soirée dans une *sidrería* en picorant quelques tapas avant de flâner de terrasse en terrasse dans le vieux quartier de Cimadevilla ? *p. 149*

© Javier Larrea/Age fotostock

**19 S'essayer à verser le cidre comme les Asturiens et... s'en mettre partout !**

Boisson régionale des Asturiens, le cidre possède ses rituels, son vocabulaire et ses concours d'*escanciadores*. Un *escanciador* expérimenté sert le breuvage, très peu fermenté, en chute libre pour reformer les bulles. Sans regarder ce qu'il fait et sans une éclaboussure ! On aime l'odeur de pommes qui flotte dans les *sidrerías*, où l'on met parfois de la sciure au sol pour aspirer le trop-plein de cidre. *p. 395*

***Bon à savoir :*** *on ne termine pas son verre, les dernières gouttes doivent être jetées à terre.*

© Pistolesi Andrea/hemis.fr

# ITINÉRAIRES CONSEILLÉS

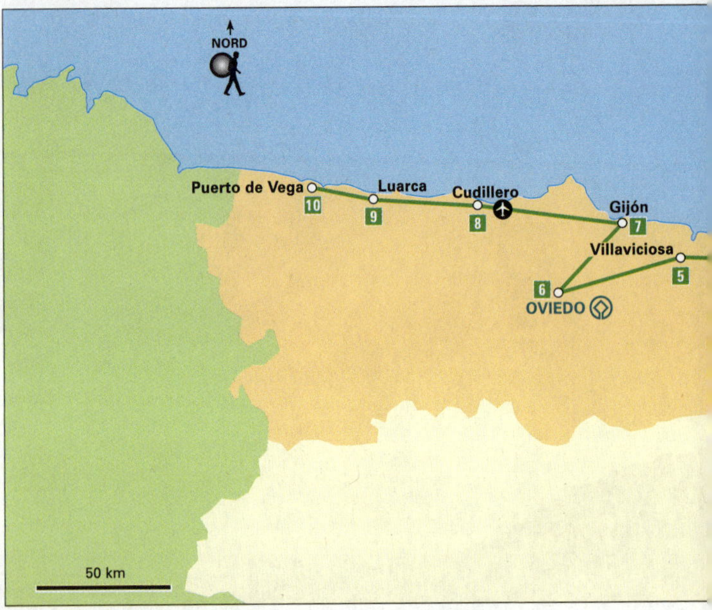


## La Cantabrie en 8 jours

– 1 j. à **Castro Urdiales (1)** la balnéaire, à profiter de la plage de Castro et de l'architecture des villas du front de mer, avant de rejoindre **Santoña (2)** et sa joyeuse animation nocturne.

– **Santander (3)** pour 2 j. : on visite la Catedral, le Museo marítimo de Cantabria, le Museo de Prehistoria y Arqueología de Cantabria, on pousse jusqu'à la péninsule de la Magdalena, sans oublier l'exceptionnelle balade jusqu'au phare du Cabo Mayor. Et session *playa* !

– 1 j. à **Santillana del Mar (4),** ravissante ville médiévale aux édifices religieux du XIIe s et aux nobles demeures XVe-XVIIe s, et au **musée de la grotte d'Altamira (5),** grotte classée au Patrimoine mondial de l'Unesco pour la richesse de ses peintures rupestres. On peut aussi pousser jusqu'aux **grottes de Monte Castillo (6),** elles aussi classées par l'Unesco (et visibles en vrai !).

– 1 j. d'escapade dans la **Cantabrie intérieure,** vers la **vallée du Saja** et le beau bourg montagnard de **Bárcena Mayor (7),** ou, pour les accros aux grottes, vers la **cueva El Soplao (8)** (vallée de la Nansa).

– 1 j. entre **Comillas (9),** pour son architecture balnéaire fin XIXe s très réussie, El Capricho (de Gaudí) et le Palacio de Sobrellano ; et **San Vicente de la Barquera (10),** charmant port à taille humaine.

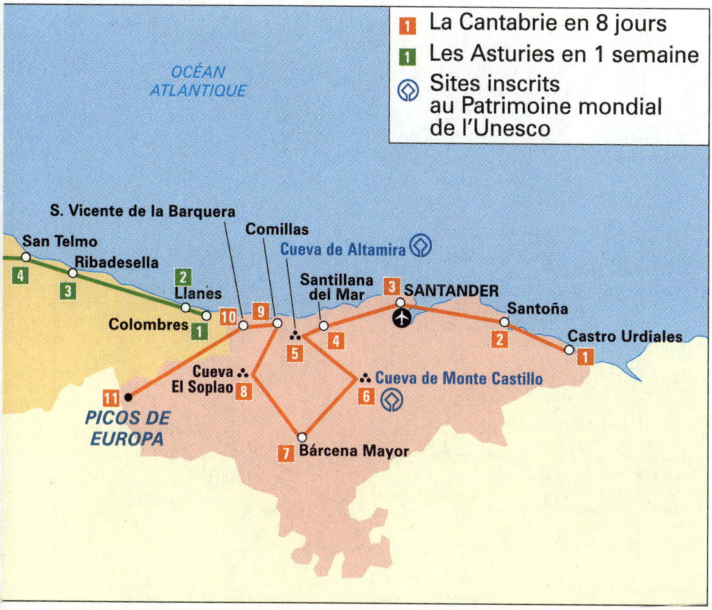


– 2 j. dans les **Picos de Europa (11),** entre randonnées, sports d'eau vive et découverte du patrimoine culturel (Santa María de Lebeña).

## Les Asturies en 1 semaine

– 2 j. sur la côte orientale : **Colombres (1),** pour son Museo de la Emigración et **Llanes (2)** pour sa vieille ville fortifiée ; **Ribadesella (3)** pour sa très longue plage de Santa Marina, son front de mer aux superbes villas début XX^e et sa Cueva de Tito Bustillo ; **San Telmo (4)** pour le remarquable MUJA – un musée consacré aux nombreux dinosaures qui vécurent dans la région ; **Villaviciosa (5)** pour sa *ría,* protégée en tant que « Monument naturel ».

– 1 j. à **Oviedo (6)** : valent la visite la Catedral San Salvador, le Museo de Bellas Artes de Asturias et le Museo arqueológico de Asturias ; et sur le tout proche Mont Naranco, deux chapelles préromanes du IX^e s, uniques, classées elles aussi par l'Unesco (Santa María del Naranco et San Miguel de Lillo).

– 1 j. pour découvrir **Gijón (7),** agréable station balnéaire dont le charmant quartier de pêcheurs de Cimadevilla tranche avec les boutiques branchées et les adresses décalées, dans une ambiance jeune et décontractée.

– 2 j. sur la **côte ouest,** sous le signe de la pêche : **Cudillero (8),** incroyable village de pêcheurs à flanc de falaise, **Luarca (9),** charmant petit port encaissé entre des falaises, et son voisin **Puerto de Vega (10),** moins touristique.

## 10 jours en Galice

– 2 j. à **Saint-Jacques-de-Compostelle (1),** comme décrit plus loin.

– 2-3 j. sur **la côte nord :** les falaises et criques qui parsèment **la côte entre Ribadeo (2) et Viveiro,** le joli village hors du temps de **San Martiño de Mondoñedo (3),** la jolie ville perchée de **Mondoñedo (4)** (belle cathédrale et chouette balade dans le centre ancien) ; **Viveiro (5),** nichée au fond d'une *ría,* entre plage, petit port et ruelles ombragées ; **Cedeira (6)** et sa longue plage au centre-ville ; **Betanzos (7)** et son quartier ancien ; **La Corogne (8),** enfin, pour son centre commerçant si vivant, sa vieille ville de caractère et sa Torre de Hércules, le plus vieux phare en activité au monde, classé au Patrimoine mondial de l'Unesco.

– 2 j. sur les routes de la **superbe Côte de la Mort,** de **La Corogne (8)** au **cap Finisterre (9),** au plus près des assauts de l'Atlantique, entre caps rocheux déchiquetés veillés par de petits phares épars, plages de sable clair incroyablement sauvages et forêts odorantes de pins et d'eucalyptus.

– 2 j. dans les superbes **gorges du Sil (10),** entre caves viticoles, monastères et vignes en terrasses soigneusement entretenues accrochées à flanc de coteaux.

– 1 j. à **Pontevedra (11),** à arpenter ses musées et le lacis de ruelles du centre historique, semé de placettes adorables toutes dévouées au rituel vespéral des tapas !

– 1 j. sur l'une des îles du **Parque nacional das Illas Atlánticas de Galicia** (**Cíes (12), Ons (13)**), à parcourir les sentiers sauvages et à se baigner sur des plages immaculées considérées parmi les plus belles au monde.

*Mosaïque de la tour d'Hercule, La Corogne*

© Serrano Anna/hemis.fr

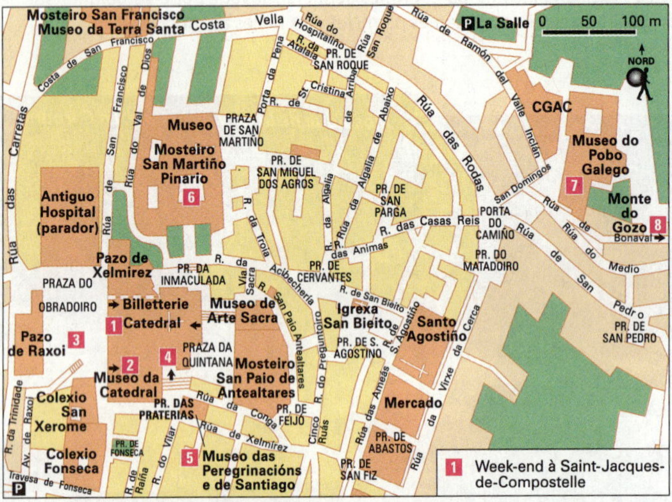


## Un week-end à Saint-Jacques-de-Compostelle

Pour ceux qui préfèrent les liaisons aériennes à la longue marche des chemins de pèlerinage, Santiago offre le cadre millénaire de sa vieille ville. Au programme :

– La **catedral de Santiago (1),** évidemment incontournable, ainsi que le **Museo da Catedral (2),** par lequel on peut également accéder aux toits.

– Une grande balade dans la **vieille ville,** en passant par la superbe et baroque **praza do Obradoiro (3),** la **praza das Praterias (4)** et tout le lacis des ruelles typiques, comme figées dans le temps.

– Toujours autour du pèlerinage consacré à saint Jacques : le **Museo das Peregrinacións (5).**

– Le **Museo de San Martiño Pinario (6),** pour l'invraisemblable maître-autel baroque de cet ancien monastère bénédictin.

– Le **Museo do Pobo Galego (7),** musée ethnographique consacré au peuple galicien, comme son nom l'indique.

– Les curieux iront voir le **Monte do Gozo (8),** point d'arrivée traditionnel des pèlerins avant l'entrée dans Saint-Jacques.

## SI VOUS ÊTES PLUTÔT...

**Patrimoine architectural :** la cathédrale et l'Obradoiro de Saint-Jacques-de-Compostelle, les élégantissimes *praza* et *pazo* (palais) de Fefiñáns à Cambados ; les églises préromanes de Santa María del Naranco et de San Miguel de Lillo (près d'Oviedo), la cathédrale San Salvador d'Oviedo et de Santa María de Tui, sans oublier les *hórreos,* ces drôles de greniers en bois ou en pierre semés le long des petites routes asturiennes et galiciennes.

**Plage et farniente :** Laredo, en Cantabrie ; praia das Catedrales (près de Ribaedo, en Galice) ; les splendides tapis de sable sauvages de la Côte de la Mort (Traba, praia do Lago) et ceux de la côte ouest (Furnas, Ladeira, Melide).

**Nature :** les recoins les plus sauvages de la Côte de la Mort galicienne, les caps livrés aux furies océaniques, la Grande Dune de Corrubedo, les chemins de randonnée sur les flancs escarpés des gorges du Sil et, pour terminer, le must : les îles du Parque nacional das Illas Atlánticas de Galicia.

**Avec des enfants :** Parque de la naturaleza de Cabárceno (près de Santander) ; Museo del Jurásico de Asturias à San Telmo (près de Villaviciosa) ; museo del Ferrocarril de Gijón ; aquarium Finisterrae de La Corogne... et, bien sûr, les kilomètres de plages pour faire des pâtés à n'en plus finir !

**Grottes et peintures rupestres :** la cueva de Altamira, el Soplao et del Castillo en Cantabrie ; la Cueva y Centro de Arte rupestre de Tito Bustillo à Ribadesella, en Asturies.

**Patrimoine celtique :** le cidre des Asturies, les *gaitas* (cornemuses), les paysages trempés d'embruns de la Côte de la Mort en Galice et, de loin en loin, les vestiges de *castros* (villages fortifiés celtes) comme à Baroña ou celui de San Cibrán de Lás (près d'Ourense).

*Parc archéologique à La Corogne*

El Capricho, le palais de Gaudí à Comillas

# LU SUR routard.com

## En Galice, face à l'Atlantique
### (tiré du reportage de Claude Hervé-Bazin)

À l'extrême ouest, ***l'Espagne verte se fait bleue.*** Au pied des forêts de pins et d'eucalyptus, la Côte de la Mort dissimule dans les nappes de brouillard son littoral déchiqueté, semé de phares et chahuté par les tempêtes hivernales. L'été, de longues plages de sable clair s'étalent, bientôt avalées par le roc, le vent et le jusant. Passé le promontoire du cap Finisterre (avec deux « r »), où l'on aimerait croire que finit l'Europe, une autre côte se dessine : plus douce, plus peuplée.

Le littoral est ici entaillé de cinq grandes vallées fluviales envahies par la mer, les ***Rías Baixas.*** Elles sont bordées de petits ports et de villes. Les paysages, aux teintes d'aquarelles, alternent portions sauvages, estrans vaseux et zones balnéaires un peu trop développées.

À ***Carnota,*** à ***Lira,*** deux drôles d'oiseaux se dressent sur leurs lourdes échasses : les plus longs *hórreos* de Galice. Si ces étonnants greniers en pierre sur pilotis, destinés à protéger les récoltes de maïs, fleurissent le long des routes de la région, aucun n'atteint de telles proportions : 34,80 m de long à Carnota, 36,50 m à Lira !

Dans le tréfonds de sa *ría,* le port de ***Noia*** connut une période faste au Moyen Âge. Il en reste un gentil centre historique, veillé par une armée de saints et de vieillards musiciens ornant le portail gothique de sa cathédrale. Au-delà, on remonte plus encore le temps : agrippé à un îlot promontoire, le ***Castro de Baroña*** est l'un de ces villages fortifiés celtes qui parsemaient le littoral galicien.

En partie fermée par la presqu'île d'O Grove, la ***ría de Arousa,*** la plus vaste de toutes, forme comme une petite mer intérieure sur laquelle flottent plusieurs îles – et une multitude de *bateas,* ces plates-formes utilisées pour la mytiliculture.

Ancré sur le flanc oriental de la baie, ***Cambados*** ramène au Siècle d'or espagnol. On y pénètre comme dans un théâtre sur la remarquable *place de Fefiñáns,* encadrée sur deux côtés par le palais du même nom, à la sublime architecture plateresque (Renaissance).

Cambados est la capitale de l'*albariño,* un excellent petit vin blanc fruité que l'on boit sous les tonnelles galiciennes... Un musée lui est consacré et une fête lui est même dédiée, fin juillet.

Mais rien ne vaut de parcourir les celliers et les vignes du ***Pazo a Capitana,*** un fort beau manoir fortifié du XVIIe s au domaine entièrement clos. Aux côtés de l'*albariño,* on y produit encore, comme autrefois, un étonnant *espadeiro,* tiré d'un cépage noir typique de la région du Miño, dans un impressionnant pressoir en pierre brute vieux de... quatre siècles.

# LES QUESTIONS QU'ON SE POSE AVANT LE DÉPART

## ➢ Quels sont les documents nécessaires ?

Pour les ressortissants de l'Union européenne et de la Suisse, pas de visa pour les séjours touristiques, mais une carte d'identité en cours de validité ou un passeport. Les Canadiens, eux, se voient demander leur passeport.

## ➢ Quelle est la meilleure saison pour y aller ?

Il ne fait jamais trop froid ni trop chaud. On dit qu'il pleut souvent : c'est vrai au printemps et en hiver, mais l'été est généralement doux et ensoleillé. Septembre est idéal. En gros, y aller plutôt de mai-juin à début octobre. Mais même à cette période, gardez un pull et un K-way à portée de main, au cas où !

## ➢ Quel budget prévoir ?

Hors saison, les hôtels sont 20 à 50 % moins chers qu'en France, surtout à la campagne. C'est moins vrai sur la côte, notamment en été, en août les prix peuvent doubler. Mais la variété de restos et d'hébergements permet de trouver de bons plans. Autre bonne surprise : les transports et les musées sont peu chers. Les campings et les pensions sont d'un très bon rapport qualité-prix. Chez l'habitant, on peut dormir pour 40 ou 50 €, mais réservez à l'avance pour la période juillet-août, surtout sur la côte.

## ➢ Comment se déplacer ?

Idéalement, en voiture : aucun transport en commun ne dessert les plus belles plages isolées et les caps éloignés. Les routes sont bonnes et certaines des autoroutes gratuites. Sinon, entre les villes, le réseau de bus est très bien développé, de même que le réseau ferroviaire (souvent plus rapide).

## ➢ Y a-t-il des problèmes de sécurité ?

Pas plus qu'en France, et plutôt moins. Sauf à Saint-Jacques-de-Compostelle où les pickpockets s'en donnent à cœur joie en été. Attention aussi à l'océan, rude sur certaines plages. Mauvais nageurs, s'abstenir !

## ➢ Y a-t-il un décalage horaire ?

Non, été comme hiver, la France et l'Espagne affichent la même heure, car les passages heure d'été/heure d'hiver se font aux mêmes dates.

## ➢ Quel est le temps de vol ?

Il faut compter environ 1h45 pour les vols Paris-Oviedo, et environ 2h pour les vols directs entre Paris et Saint-Jacques-de-Compostelle (mais ils sont rares, les directs !). Sinon, Bilbao, tout proche de la Cantabrie, n'est qu'à 1h35 de vol de Paris (et bien desservi).

## ➢ Côté santé, quelles précautions ?

Aucune, à part les vaccins traditionnels. Et puis c'est l'Europe, donc penser à emporter sa carte européenne d'assurance maladie (CEAM).

## ➢ Peut-on y aller avec des enfants ?

Plutôt deux fois qu'une ! Entre les plages, les sports nautiques et les jolies balades sur les sentiers côtiers, il y a de quoi faire. Repérez les meilleurs sites grâce au symbole .

## ➢ Quel est le taux de change ? Comment payer sur place ?

La monnaie est l'euro, ce qui est bien pratique pour les Français. Pour nos amis suisses et canadiens, à titre informatif 1 € = 1,15 Fs = 1,45 $Ca (octobre 2017). Sur place, nombreux distributeurs de billets et change aisé. De même, la plupart des hébergements, restos et commerçants les acceptent. Exceptions à la règle : les petites pensions, certains campings et petits restaurants.

## ➢ Quelle langue parle-t-on ?

L'espagnol, bien sûr, mais aussi le galicien en Galice... et le bable dans les Asturies (mais il n'a pas le statut de langue officielle). Cela dit, avec un peu d'anglais et de français, on arrive à s'en sortir. Et pour vous aider à communiquer, n'oubliez pas notre ***Guide de conversation du Routard*** en espagnol.

## ➢ Et le chemin de Saint-Jacques, comment ça marche ?

On compte 6 chemins de pèlerinage, tous ponctués d'auberges de pèlerins. Le plus fréquenté est le *Camino francés,* qui arrive... de France. L'attestation officielle du pèlerinage *(Compostela)* est accordée à tout pèlerin ayant marché ou chevauché au moins 100 km, ou pédalé 200 km...

## ➢ Quels sports peut-on pratiquer ?

La randonnée pédestre ou équestre, les sports d'eau comme la voile, le surf, la plongée, le canoë-kayak (spécialité asturienne), le rafting, et le canyoning en Galice. Et l'escalade dans les Pics d'Europe.

L'abréviation « c/ », que vous retrouverez souvent dans ce guide, signifie tout simplement *calle,* c'est-à-dire « rue ». En Galice, on parle de *rúa.* Et « s/n », abréviation de *sin número,* indique que la rue n'a pas de numérotation...

# COMMENT Y ALLER ?

## EN AVION

### Les lignes régulières

▲ **AIR FRANCE**

*Rens et résas au ☎ 36-54 (0,35 €/mn – tlj 6h30-22h), sur ● airfrance.fr ●, dans les agences Air France et dans ttes les agences de voyages. Fermées dim.*

➢ Au départ de Paris (Roissy-Charles-de-Gaulle, terminal 2G), Air France dessert ***Vigo*** et ***La Corogne*** avec 2-3 vols/j.

Air France propose à tous des tarifs attractifs toute l'année. Pour consulter les meilleurs tarifs du moment, allez directement sur la page « Nos meilleurs tarifs » sur *● airfrance.fr ● Flying Blue,* le programme de fidélité gratuit d'Air France-KLM, permet de gagner des miles en voyageant sur les vols Air France, KLM, Hop et les compagnies membres de *Skyteam,* mais aussi auprès des nombreux partenaires non aériens *Flying Blue...* Les *Miles* peuvent ensuite être échangés contre des billets d'avion ou des services (surclassement, bagage supplémentaire, accès salon...) ainsi qu'auprès des partenaires. Pour en savoir plus, rendez-vous sur *● flyingblue.com ●*

▲ **AIR EUROPA**

*– Paris : 58A, rue du Dessous-des-Berges, 75013. ☎ 01-42-65-08-00. ● aireuropa.com ● Ⓜ Bibliothèque-François-Mitterrand. Bureau ouv lun-ven 9h-17h, mais vous pouvez réserver par tél tlj 24h/24.*

➢ Au départ d'Orly, et en partenariat avec Air France, Air Europa dessert ***Vigo*** et ***La Corogne*** via Madrid ; et ***Bilbao*** (proche de la Cantabrie) au départ de Roissy-Charles-de-Gaulle avec 3-4 vols directs/j.

▲ **IBERIA**

*– Paris : Orly-Ouest, hall 1. Central de résas : ☎ 0825-800-965 (0,12 €/mn + prix d'appel). ● iberia.com ●*

➢ Iberia dessert toute l'Espagne. Entre autres, toujours au départ d'Orly-Ouest : 6-10 vols/j. vers ***Oviedo-Asturias*** via Madrid ou Barcelone et 6-10 vols/j. via Madrid vers ***La Corogne, Saint-Jacques-de-Compostelle, Santander*** et ***Vigo.***

### Les compagnies *low-cost*

Plus vous réservez vos billets à l'avance, plus vous aurez des tarifs avantageux. Attention, les pénalités en cas de changement de vols peuvent être importantes. Certaines compagnies facturent les bagages en soute (vérifier le poids autorisé) et la réservation des sièges. En cabine également, le nombre de bagages est strictement limité (attention, même le plus petit sac à main est compté comme un bagage à part entière). À bord, tous les services sont payants (boissons, journaux). Attention également au moment de la résa par Internet à décocher certaines options qui sont automatiquement cochées (assurances, etc.). Au bout du compte, même si les prix de base restent très attractifs, il convient de prendre en compte les frais annexes pour calculer le plus justement son budget.

▲ **EASYJET**

*Rens : ☎ 0820-420-315 (en France, 0,12 €/mn + prix d'appel) ; ☎ 0848-28-28-28 (en Suisse, 0,08 Fs/mn + prix d'appel) ; ☎ 902-599-900 (en Espagne, 0,083 €/mn + prix d'appel). ● easyjet.com ●*

➢ Dessert ***Saint-Jacques-de-Compostelle*** au départ de Genève et de Bâle-Mulhouse, et ***Santander*** et ***Bilbao*** au départ de Genève (et Paris pour Bilbao).

▲ **RYANAIR**

*Rens : ☎ 0892-562-150 (en France, 0,34 €/mn + prix d'appel) ;*

*☎ 0902-33-660 (en Belgique, 1 €/mn + prix d'appel) ; ☎ + 44-871-24-600-02 (pour l'Espagne, 0,13 £/mn + prix appel international ; n° en Angleterre). • ryanair.com •*

➢ Dessert ***Saint-Jacques-de-Compostelle*** au départ de Francfort (et de diverses villes d'Espagne), et ***Santander*** au départ de Bruxelles-Charleroi.

▲ **VUELING**

*Rens : ☎ 0899-232-400 (en France, 0,80 €/mn + prix d'appel) ; ☎ 0902-33-429 (en Belgique, 0,75 €/mn + prix d'appel) ; ☎ 902-80-80-22 (en Espagne, 0,91 €/mn + prix d'appel). • vueling.com •*

➢ Au départ de Roissy-Charles-de-Gaulle et de Bruxelles, dessert 3-4 fois/sem en haute saison en vol direct ***Saint-Jacques-de-Compostelle*** (via Barcelone hors saison), et au départ d'Orly, 3-4 fois/sem en vol direct ***Oviedo-Asturias*** et ***Bilbao*** ; dessert aussi au départ d'Orly selon les saisons, via Barcelone, ***Santander, A Coruña*** et ***Vigo.*** En haute saison slt, également quelques vols depuis Bordeaux, Brest, Lille, Nice et Toulouse, ainsi que Genève, vers A Coruña, Oviedo-Asturias, Saint-Jacques-de-Compostelle ou Vigo via Barcelona.

# LES ORGANISMES DE VOYAGES

## En France

▲ **ALLIBERT TREKKING**

*- Paris : 37, bd Beaumarchais, 75003. ☎ 01-44-59-35-35. • allibert-trekking.com • Ⓜ Chemin-Vert ou Bastille. Lun-ven 9h-19h, sam 10h-18h.*

*- Agences également à Chamonix, Chapareillan, Nice et Toulouse.*

Né en 1975 d'une passion commune entre 3 guides de montagne, Allibert propose aujourd'hui des voyages aux quatre coins du monde tout en restant une entreprise familiale. Découvrir de nouveaux itinéraires en respectant la nature et les cultures des régions traversées reste leur priorité. Pour chaque pays, différents niveaux de difficulté. Allibert est le premier tour-opérateur certifié Tourisme responsable.

▲ **COMPTOIR DES VOYAGES**

*• comptoir.fr •*

*- Paris : 2-18, rue Saint-Victor, 75005. ☎ 01-53-10-30-15. Ⓜ Maubert-Mutualité. Lun-ven 9h30-18h30, sam 10h-18h30.*

*- Bordeaux : 26, cours du Chapeau-Rouge, 33800. ☎ 05-35-54-31-40. Lun-sam 9h30-18h30.*

*- Lille : 76, rue Nationale, 59160. ☎ 03-28-34-68-20. Lun-sam 9h30-18h30.*

*- Lyon : 10, quai Tilsitt, 69002. ☎ 04-72-44-13-40. Ⓜ Bellecour. Lun-sam 9h30-18h30.*

*- Marseille : 12, rue Breteuil, 13001. ☎ 04-84-25-21-80. Ⓜ Estrangin. Lun-sam 9h30-18h30.*

*- Toulouse : 43, rue Peyrolières, 31000. ☎ 05-62-30-15-00. Ⓜ Esquirol. Lun-sam 9h30-18h30.*

Comptoir des Voyages s'impose comme une référence incontournable dans le voyage sur mesure, avec 80 destinations couvrant les 5 continents. Ses voyages s'adressent à tous ceux qui souhaitent vivre un pays de façon simple en s'y sentant accueilli. Les conseillers privilégient des hébergements typiques, des moyens de transport locaux et des expériences authentiques pour favoriser l'immersion dans la vie locale. Comptoir vous offre aussi la possibilité de rencontrer des francophones habitant dans le monde entier, des *greeters,* qui vous donneront, le temps d'un café, les clés de leur ville ou de leur pays. Comptoir des Voyages propose aussi une large gamme de services : échanges par visioconférence, devis web et carnet de voyage personnalisés, assistance téléphonique tous les jours 24h/24 pendant votre voyage.

▲ **POP VOYAGES**

*Rens et résas : ☎ 0899-18-94-79 (1,35 € l'appel + 0,34 €/mn). • pop voyages.com • Lun-ven 10h-12h, 14h-19h.*

Spécialiste des voyages en autocar à destination de toutes les grandes cités européennes. Week-ends, séjours et circuits en bus toute l'année, grands festivals et événements européens. Formules pour tout public, individuel ou groupe, au départ de toutes les grandes villes de France.

### ▲ TERRES D'AVENTURE

*N° Indigo : ☎ 0825-700-825 (0,15 €/mn + prix d'appel). • terdav.com •*
*– Paris : 30, rue Saint-Augustin, 75002. ☎ 01-70-82-90-00. Ⓜ Opéra ou Quatre-Septembre. Lun-sam 9h30-19h.*
*– Agences également à Bordeaux, Chamonix, Grenoble, Lille, Lyon, Marseille, Nantes, Rennes, Rouen, Strasbourg et Toulouse.*

Depuis 1976, Terres d'Aventure, spécialiste du voyage à pied, propose aux voyageurs passionnés de marche et de rencontres des randonnées hors des sentiers battus à la découverte des grands espaces de notre planète. Voyages à pied, à cheval, en bateau, à raquettes... Sur tous les continents, des aventures en petits groupes ou en individuel encadrés par des professionnels expérimentés. Les hébergements dépendent des sites explorés : camps d'altitude, bivouac, refuge ou petits hôtels. Les voyages sont conçus par niveaux de difficulté : de la simple balade en plaine à l'expédition sportive en passant par la course en haute montagne.

En province, certaines de leurs agences sont de véritables *Cités des Voyageurs* dédiées au voyage. Consultez le programme des manifestations sur leur site internet.

### ▲ TUI

*Rens et résas au ☎ 0825-000-825 (0,20 €/mn + prix d'appel), • tui.fr • et dans les agences de voyages TUI présentes dans tte la France.*

TUI, numéro 1 mondial du voyage, propose tous les circuits Nouvelles Frontières, ainsi que les clubs Marmara et un choix infini de vacances pour une expérience unique. TUI propose des offres et services personnalisés tout au long de vos vacances, avant, pendant et après le voyage.

Un circuit accompagné dans une destination de rêves, un séjour détente au soleil sur l'une des plus belles plages du monde, un voyage sur mesure façonné pour vous, ou encore des vacances dans un hôtel ou dans un club, les conseillers TUI peuvent créer avec vous le voyage idéal adapté à vos envies. Ambiance découverte, familiale, romantique, dynamique, zen, chic... TUI propose des voyages à deux, en famille, seul ou entre amis, parmi plus de 180 destinations à quelques heures de chez vous ou à l'autre bout du monde.

### ▲ VOYAGEURS DU MONDE EN ESPAGNE ET AU PORTUGAL

*Le spécialiste du voyage en individuel sur mesure. • voyageursdumonde.fr •*
*– Paris : La Cité des Voyageurs, 55, rue Sainte-Anne, 75002. ☎ 01-42-86-17-20. Ⓜ Opéra ou Pyramides. Lun-sam 9h30-19h. Avec une librairie spécialisée sur les voyages.*
*– Également des agences à Bordeaux, Grenoble, Lille, Lyon, Marseille, Montpellier, Nantes, Nice, Rennes, Rouen, Strasbourg et Toulouse. Également Bruxelles et Genève.*

Parce que chaque voyageur est différent, que chacun a ses rêves et ses idées pour les réaliser, Voyageurs du Monde conçoit, depuis plus de 30 ans, des projets sur mesure. Les séjours proposés sur 120 destinations sont élaborés par leurs 180 conseillers voyageurs. Spécialistes par pays et même par région, ils vous aideront à personnaliser les voyages présentés à travers une trentaine de brochures d'un nouveau type et sur le site internet où vous pourrez également découvrir leurs hébergements exclusifs et consulter votre espace personnalisé. Au cours de votre séjour, vous bénéficiez des services personnalisés Voyageurs du Monde, dont la possibilité de modifier à tout moment votre voyage, l'assistance d'un concierge local, la mise en place de rencontres et de visites privées et l'accès à votre carnet de voyage via une application iPhone et Android.

Voyageurs du Monde est membre de l'association ATR (Agir pour un tourisme responsable) et a obtenu sa certification Tourisme responsable AFAQ AFNOR.

***Comment aller à Roissy et à Orly ?***

Toutes les infos sur notre site • *routard.com* • à l'adresse suivante : • *bit.ly/aeroports-routard* •

Voir aussi au sein de chaque ville les agences locales que nous avons sélectionnées.

## En Belgique

### ▲ AIRSTOP

*☎ 070-233-188. • airstop.be • Lun-ven 9h-18h30, sam 10h-17h.*
*– Anvers : Jezusstraat, 16, 2000.*
*– Gand : Maria Hendrikaplein, 65, 9000.*
*– Louvain : Mgr. Ladeuzeplein, 33, 3000.*

Airstop offre une large gamme de prestations, du vol sec au séjour tout compris à travers le monde.

### ▲ CONNECTIONS

*Rens et résas : ☎ 070-233-313. • connections.be •*

Fort d'une expérience de plus de 20 ans dans le domaine du voyage, Connections dispose d'un réseau de 30 *travel shops* dont un à Brussels Airport. Connections propose des vols dans le monde entier à des tarifs avantageux et des voyages destinés à des voyageurs désireux de découvrir la planète de façon autonome. Connections propose une gamme complète de produits : vols, hébergements, locations de voitures, autotours, vacances sportives, excursions...

### ▲ SERVICE VOYAGES ULB

*• servicevoyages.be • 25 agences dont 12 à Bruxelles.*
*– Bruxelles : campus ULB, av. Paul-Héger, 22, CP 166, 1000. ☎ 02-650-40-20.*
*– Bruxelles : pl. Saint-Lambert, 1200. ☎ 02-742-28-80.*
*– Bruxelles : chaussée d'Alsemberg, 815, 1180. ☎ 02-332-29-60.*

Service Voyages ULB, c'est le voyage à l'université. Billets d'avion sur vols charters et sur compagnies régulières à des prix compétitifs.

### ▲ TAXISTOP

*☎ 070-222-292. • taxistop.be •*
*– Bruxelles : rue Théresienne, 7a, 1000.*
*– Gand : Maria Hendrikaplein, 65, 9000.*
*– Ottignies : bd Martin, 27, 1340.*

Taxistop propose un système de covoiturage, ainsi que d'autres services comme l'échange de maisons ou le gardiennage.

### ▲ TERRES D'AVENTURE

*– Bruxelles : chaussée de Charleroi, 23, 1060. ☎ 02-543-95-60. • terdav.com • Lun-sam 10h-19h.*

Voir texte dans la partie « En France ».

### ▲ TUI

*• tui.be •*
*– Nombreuses agences dans le pays dont Bruxelles, Charleroi, Liège, Mons, Namur, Waterloo, Wavre et au Luxembourg.*

Voir texte dans la partie « En France ».

### ▲ VOYAGEURS DU MONDE

*– Bruxelles : chaussée de Charleroi, 23, 1060. ☎ 02-543-95-50. • voyageursdumonde.com •*

Le spécialiste du voyage en individuel sur mesure.
Voir texte dans la partie « En France ».

## En Suisse

### ▲ STA TRAVEL

*☎ 058-450-49-49. • statravel.ch •*
*– Fribourg : rue de Lausanne, 24, 1701. ☎ 058-450-49-80.*
*– Genève : rue Pierre-Fatio, 19, 1204. ☎ 058-450-48-00.*
*– Genève : rue Vignier, 3, 1205. ☎ 058-450-48-30.*
*– Lausanne : bd de Grancy, 20, 1006. ☎ 058-450-48-50.*
*– Lausanne : à l'université, Anthropole, 1015. ☎ 058-450-49-20.*

Agences spécialisées notamment dans les voyages pour jeunes et étudiants. 150 bureaux STA et plus de 700 agents du même groupe répartis dans le monde entier sont là pour donner un coup de main *(Travel Help).*
STA propose des tarifs avantageux : vols secs *(Blue Ticket),* hôtels, écoles de langues, *work & travel,* circuits d'aventure, voitures de location, etc. Délivre la carte internationale d'étudiant et la carte Jeune.

### ▲ TERRES D'AVENTURE

*– Genève : 19, rue de la Rôtisserie,*

*1204. ☎ 022-518-05-13. ● geneve@terdav.com ● Lun-ven 10h-19h, sam 9h30 18h30.*
Voir texte dans la partie « En France ».

▲ **TUI**
*☎ 0848-121-221. ● tui.ch ●*
*– Genève : rue du Rhône, 48, 1204. ☎ 022-318-40-80.*
*– Lausanne : av. du Théâtre, 16, 1005. ☎ 021-310-39-90.*
Voir texte dans la partie « En France ».

## Au Québec

▲ **KARAVANIERS**
*– Montréal : 4035, rue Saint-Ambroise, local 220N, Québec H4C-2E1. ☎ (514) 281-0799. ● karavaniers.com ● Lun-ven 9h-18h, sam 10h-15h.*
L'agence québécoise Karavaniers du Monde a pour but de rendre accessibles des expéditions aux quatre coins de la planète. Toujours soucieuse de respecter les populations locales et l'environnement, Karavaniers favorise la découverte d'une quarantaine de destinations (dont la Galice) à pied et en kayak de mer, en petits groupes accompagnés d'un guide francophone et d'un guide local, avec hébergement en auberge ou sous la tente.

▲ **TOURS CHANTECLERC**
*● tourschanteclerc.com ●*
Tours Chanteclerc est un tour-opérateur qui publie différentes brochures de voyages : Europe, Amérique du Nord, Amérique du Sud, Asie et Pacifique sud, Afrique et le Bassin méditerranéen en circuits ou en séjours. Il s'adresse aux voyageurs indépendants qui réservent un billet d'avion, un hébergement (dans toute l'Europe), des excursions ou une location de voiture. Également spécialiste de Paris, le tour-opérateur offre une vaste sélection d'hôtels et d'appartements dans la capitale française.

# EN TRAIN

## Au départ de Paris et à la province

➢ ***Paris-Burgos :*** 1 départ de gare de Lyon en TGV avec changements à Barcelona-Sants puis Saragosse (au retour, 1 seul changement, à Barcelone). Les départs depuis Gare d'Austerlitz sont beaucoup plus longs...
De Burgos, liaisons sur le réseau espagnol, en train ou en bus (voir chapitre « Espagne du Nord-Ouest utile. Transports »).

## Pour préparer votre voyage

– ***e-billet :*** réservez, achetez et imprimez votre e-billet sur Internet.
– ***m-billet :*** plus besoin de support papier, vous pouvez télécharger le code-barres de votre voyage correspondant à votre réservation directement dans votre smartphone, à l'aide de l'application *SNCF Direct.*
– ***Billet à domicile :*** commandez votre billet par Internet ou par téléphone au *☎ 36-35 (0,40 €/mn, hors surcoût éventuel de votre opérateur) ;* la SNCF vous l'envoie gratuitement à domicile sous 48h, en France.

## Les *pass* internationaux

Avec les ***pass InterRail,*** les résidents européens peuvent voyager dans 30 pays d'Europe, dont l'***Espagne.*** Plusieurs formules et autant de tarifs, en fonction de la destination et de l'âge. À noter que le *pass InterRail* n'est pas valable dans votre pays de résidence. Cependant l'*InterRail Global Pass* offre une réduction de 50 % de votre point de départ jusqu'au point frontière en France. *● interrail.eu ●*
– Pour les grands voyageurs, l'***InterRail Global Pass*** est valable dans l'ensemble des 30 pays européens concernés, intéressant si vous comptez parcourir plusieurs pays au cours du même périple. Il se présente sous 7 formes au choix.

4 formules flexibles : utilisable 5 j. sur une période de validité de 15 j. ou bien 7, 10, ou 15 j. sur une période de validité de 1 mois (267-468 € selon âge et formule).
3 formules « continues » : *pass* 15 j., 22 j. et 1 mois (468-632 € selon âge et formule).
Ces formules existent aussi en version 1re classe ! Les voyageurs de plus de 60 ans bénéficient d'une réduction sur le tarif de l'*InterRail Global Pass* en 1re et 2de classe (tarif senior). Également des tarifs enfant, des tarifs moins de 25 ans et des tarifs famille.
– Si vous ne parcourez que l'***Espagne,*** le ***One Country Pass*** vous suffira. D'une période de validité de 1 mois, et utilisable, selon les formules, 3, 4, 6 ou 8 j. en discontinu : tarifs selon pays, âge et formule. Là encore, ces formules se déclinent en version moins de 25 ans, famille et 1re classe (mais ce n'est pas le même prix, bien sûr). Pour voyager dans 2 pays, vous pouvez combiner 2 *One Country Pass.* Au-delà, il est préférable de prendre l'*InterRail Global Pass.*
*InterRail* offre également la possibilité d'obtenir des réductions ou avantages à travers toute l'Europe avec ses partenaires bonus (musées, chemins de fer privés, hôtels, etc.).
Tous ces prix ne sont qu'indicatifs. Pour plus de renseignements, adressez-vous à la gare ou boutique SNCF la plus proche de chez vous.

## EN VOITURE

➢ ***De Paris*** *(env 1 015 km jusqu'à Santander)* **:** de la porte d'Orléans, prendre l'A 6-E 15 puis l'A 10-E 5 jusqu'à Bordeaux, via Tours et Poitiers. Depuis la porte de Saint-Cloud, la N 118 rejoint aussi l'A 10-E 5. À Bordeaux, prendre l'A 63-E 70-E 5 en direction d'Arcachon et de Bayonne.
Depuis Bayonne jusqu'à Santander (via Bilbao), vous avez le choix entre les nationales (avec la N 10 qui devient, après la frontière, N 1 puis N 634) et l'autoroute, avec l'A 63-E 70-E 5 qui devient A 8-E 70-E 5 une fois en Espagne.
➢ ***De Toulouse*** *(env 540 km jusqu'à Santander)* **:** prendre l'A 64-E 80, directe jusqu'à Bayonne. Puis voir ci-dessus.
➢ ***De Lyon*** *(env 1 005 km jusqu'à Santander)* **:** prendre la direction de Clermont-Ferrand par la N 89. On passe par Tulle, Brive-la-Gaillarde, Périgueux, Libourne et Bordeaux. De là, prendre l'A 63-E 70-E 5 en direction de Bayonne, puis voir plus haut.

### Le covoiturage

Le principe est économique, écologique et convivial. Il s'agit de mettre en relation un chauffeur et des passagers afin de partager le trajet et les frais, que ce soit de manière régulière ou exceptionnelle (pour les vacances, par exemple). Les conducteurs sont invités à proposer leurs places libres sur Blablacar, • *blablacar.fr* • (disponible sur le Web et sur les mobiles). L'inscription est gratuite.

## EN BUS

### Organisme de bus

▲ **EUROLINES**
*Rens : ☎ 0892-89-90-91 (0,34 €/mn + prix d'appel), tlj 8h-21h, dim 10h-18h. • eurolines.fr •*
*– Paris : 55, rue Saint-Jacques, 75005. Lun-ven 9h30-18h30 ; sam 10h-13h, 14h-17h. Numéro d'urgence : ☎ 01-49-72-51-57.*
*– Vous trouverez également les services d'Eurolines sur • routard.com • Eurolines propose 10 % de réduc pour les jeunes (12-25 ans) et les seniors. 2 bagages gratuits/pers en Europe et 40 kg gratuits pour le Maroc.*
*– Gare routière internationale à Paris : 28, av. du Général-de-Gaulle, 93541 Bagnolet Cedex. Ⓜ Gallieni.*

Première *low-cost* par bus en Europe, Eurolines permet de voyager vers plus de 600 destinations en Europe, dont plus de 60 villes en Espagne (en autres Bilbao, La Corogne, Oviedo ou Saint-Jacques-de-Compostelle). Eurolines propose également des hébergements à petits prix sur les destinations desservies.

– *Pass Europe* : pour un prix fixe valable 15 ou 30 j., vous voyagez autant que vous le désirez sur le réseau entre 51 villes européennes. Également un *minipass* pour visiter 2 capitales européennes (7 combinés possibles).

# ESPAGNE DU NORD-OUEST UTILE

## ABC de l'Espagne du Nord-Ouest

- ***Principales villes d'Espagne du Nord-Ouest :*** Gijón (247 290 hab.), Oviedo (221 870 hab.), La Corogne (243 870 hab.), Vigo (294 100 hab.), Santander (173 960 hab.), Ourense (106 230 hab.), Lugo (98 130 hab.), Saint-Jacques-de-Compostelle (95 600 hab.), Ferrol (69 450 hab.), Pontevedra (82 540 hab.).
- ***Superficie :*** Galice, 29 574 km² ; Asturies, 10 604 km² ; Cantabrie, 5 300 km².
- ***Monnaie :*** l'euro.
- ***Langues parlées :*** une langue nationale : l'espagnol (castillan) ; une langue régionale officielle : le galicien ; une langue non officielle : le bable (en Asturies).
- ***Population :*** Galice (2 726 291 hab.) ; Asturies (1 044 480 hab.) ; Cantabrie (588 660 hab.) ; soit près de 4,4 millions d'hab. (10 % env de la population espagnole).
- ***Taux de chômage :*** en moyenne 13 % dans ces trois régions (env 17 % en Espagne, fin 2017).
- ***Régime :*** monarchie parlementaire.
- ***Nature de l'État :*** l'Espagne est un royaume fédéral de communautés autonomes. Galice, Asturies et Cantabrie forment l'Espagne du Nord-Ouest.
- ***Chef de l'État :*** le roi Felipe VI, depuis juin 2014.
- ***Chef du gouvernement espagnol :*** Mariano Rajoy (PP-droite libérale), depuis novembre 2011.
- ***Indice de développement humain (espérance de vie, éducation, niveau de vie)*** : 0,884. Rang mondial : 28e.

## AVANT LE DÉPART

### Adresses utiles

#### En France

**Office espagnol de tourisme :** *pas d'accueil du public, mais rens touristiques lun-jeu 9h-17h et ven 9h-14h au ☎ 01-45-03-82-50, sur • paris@tourspain.es • ou sur • spain.info/fr_FR •* Très compétent et efficace. Nombreuses brochures très bien faites téléchargeables sur le site internet.

■ **Consulat d'Espagne :** *165, bd Malesherbes, 75017 Paris. ☎ 01-44-29-40-00. • cog.paris@maec.es • exteriores.gob.es/Consulados/paris • Ⓜ Wagram ou Malesherbes. Lun-ven 8h30-14h30 (14h ven), et 1er sam du mois (sf j. fériés) 8h30-12h.* Autres consulats généraux à Bayonne, Bordeaux, à Lyon-Villeurbanne, Marseille, Montpellier, Pau, Perpignan, Strasbourg et Toulouse.

■ ***Ambassade d'Espagne :*** *22, av. Marceau, 75008 Paris. ☎ 01-44-43-18-00. Fax : 01-47-23-59-55. • emb.paris@maec.es • exteriores.gob.es/Embajadas/paris • Ⓜ Alma-Marceau. Lun-ven 9h-13h30, 15h-18h.*

## En Belgique

ℹ ***Office de tourisme d'Espagne :*** *rue Royale, 97, Bruxelles 1000. ☎ 02-280-19-26 ou 29. • spain.info/be_FR • Accueil du public lun-ven 9h-14h, accueil téléphonique lun-jeu jusqu'à 17h, ven jusqu'à 15h.*

■ ***Consulat général d'Espagne :*** *rue Ducale, 85-87, Bruxelles 1000. ☎ 02-509-87-70 ou 86. • cog.bruselas@maec.es • exteriores.gob.es/consulados/bruselas • Lun-ven 8h30-14h.*

■ ***Ambassade d'Espagne :*** *rue de la Science, 19, Bruxelles 1040. ☎ 02-230-03-40. • emb.bruselas@maec.es • exteriores.gob.es/embajadas/bruselas • Lun-ven 9h-13h.*

## En Suisse

ℹ ***Office de tourisme d'Espagne :*** *Seefeldstrasse, 19, 8008 Zürich. ☎ 044-25-360-50. • spain.info/fr_ch • Lun-ven 9h-17h.* Comme en France, renseignements également très complets par téléphone, et des brochures à télécharger sur leur site internet.

■ ***Consulat général d'Espagne :*** *av. Louis-Casaï, 58, case postale 59, 1216 Cointrin (Genève). ☎ 022-749-14-60. • cog.ginebra@maec.es • exteriores.gob.es/consulados/ginebra • Lun-sam 8h15-13h (12h sam).*

■ ***Consulat général d'Espagne :*** *Marienstr. 12, 3005 Berne. ☎ 031-356-22-20 ou 23. • cog.berna@maec.es • exteriores.gob.es/consulados/berna • Lun-sam 8h30-13h30 (12h30 sam).*

■ ***Ambassade d'Espagne :*** *Kalcheggweg, 24, 3000 Berne 15. ☎ 031-350-52-52. • emb.berna@maec.es • exteriores.gob.es/Embajadas/berna • Lun-ven 8h-15h30.*

## Au Canada

ℹ ***Bureau de tourisme d'Espagne :*** *2 Bloor St West, 34th floor, suite 3402, Toronto (Ontario) M4W 3E2. ☎ (416) 961-3131. • spain.info/fr_ca • Ⓜ Bloor-Yonge. Lun-ven 9h-15h.*

■ ***Consulat général d'Espagne :*** *2 Bloor St East, suite 1201, Toronto (Ontario) M4W 1A8. ☎ (416) 977-1661 ou 3923. • cog.toronto@maec.es • exteriores.gob.es/consulados/toronto • Au 12e étage. Lun-ven 9h-12h30.*

■ ***Consulat général d'Espagne :*** *1200, av. McGill College, suite 2025, Montréal (Québec) H3B 4G7. ☎ (514) 935-5235. • cog.montreal@maec.es • exteriores.gob.es/consulados/montreal • Lun-ven 9h-13h.*

■ ***Ambassade d'Espagne :*** *74 Stanley Avenue, Ottawa (Ontario) K1M 1P4. ☎ (613) 747-2252. • emb.ottawa@maec.es • exteriores.gob.es/embajadas/ottawa •* ***Section consulaire*** *à la même adresse. Lun-ven 9h-13h.*

## Sur Internet

N'hésitez pas à acheter (et donc réserver) vos billets pour les sites et musées majeurs de la région directement sur leurs sites internet, avant même de partir. En période d'affluence (dès Pâques et les premiers week-ends fériés, ainsi qu'en été), ce sont des coupe-files très efficaces. Et lors de courts séjours, ça permet de gagner pas mal de temps. Cette recommandation est valable en particulier pour les grottes d'Altamira, mais aussi pour d'autres grottes où le nombre de visiteurs est limité.

# Formalités

Pensez à scanner passeport, carte de paiement, et vouchers d'hôtel, sans oublier vos e-billets d'avion. Ensuite, adressez-les-vous par e-mail, en pièces jointes. En cas de perte ou vol, rien de plus facile pour les récupérer. Les démarches administratives en seront bien plus rapides. Merci tonton Routard !

Pour les ressortissants français, belges et suisses, la carte d'identité en cours de validité ou le passeport suffisent pour entrer sur le territoire espagnol. Les ressortissants canadiens se verront demander leur passeport en cours de validité (pour les séjours touristiques de moins de 90 jours).

Les ***mineurs*** doivent être munis de leur propre pièce d'identité (carte d'identité ou passeport). Pour l'autorisation de sortie de territoire lorsque les enfants ne sont pas accompagnés par un de leurs parents, chaque pays a mis en place sa propre régulation. Ainsi, pour les ***mineurs français,*** une loi entrée en vigueur en janvier 2017 a ***rétabli l'autorisation de sortie du territoire.*** Pour voyager à l'étranger, ils doivent être munis d'une pièce d'identité (carte d'identité ou passeport), d'un formulaire signé par l'un des parents titulaires de l'autorité parentale et de la photocopie de la pièce d'identité du parent signataire. Renseignements auprès des services de votre commune et sur • *service-public.fr* •

## Assurances voyages

■ ***Routard Assurance*** *(c/o AVI International)* **:** *40-44, rue Washington, 75008 Paris.* ☎ *01-44-63-51-00.* • *avi-international.com* • Ⓜ *George-V.* Depuis 20 ans, *Routard Assurance,* en collaboration avec *AVI International,* spécialiste de l'assurance voyage, propose aux voyageurs un contrat d'assurance complet à la semaine qui inclut le rapatriement, l'hospitalisation, les frais médicaux, le retour anticipé et les bagages. Ce contrat se décline en différentes formules : individuel, senior, famille, light et annulation. Pour les séjours longs (2 mois à 1 an), consultez le site. L'inscription se fait en ligne et vous recevrez dès la souscription tous vos documents d'assurance par e-mail.

■ ***AVA :*** *25, rue de Maubeuge, 75009 Paris.* ☎ *01-53-20-44-20.* • *ava.fr* • Ⓜ *Cadet.* Un autre courtier fiable pour ceux qui souhaitent s'assurer en cas de décès-invalidité-accident lors d'un voyage à l'étranger, mais surtout pour bénéficier d'une assistance rapatriement, perte de bagages et annulation. Attention, franchises pour leurs contrats d'assurance voyage.

■ ***Pixel Assur :*** *18, rue des Plantes, BP 35, 78601 Maisons-Laffitte.* ☎ *01-39-62-28-63.* • *pixel-assur.com* • *RER A : Maisons-Laffitte.* Assurance de matériel photo et vidéo tous risques (casse, vol, immersion) dans le monde entier. Devis en ligne basé sur le prix d'achat de votre matériel. Avantage : garantie à l'année.

## Carte internationale d'étudiant (carte ISIC)

Elle prouve le statut d'étudiant dans le monde entier et permet de bénéficier de tous les avantages, services et réductions dans les domaines du transport, de l'hébergement, de la culture, des loisirs, du shopping...

La carte ISIC permet aussi d'accéder à des avantages exclusifs (billets d'avion spécial étudiants, hôtels et auberges de jeunesse, assurances, cartes SIM internationales, location de voiture...).

***Renseignements et inscriptions***

- ***En France :*** • *isic.fr* • *13 € pour 1 année scolaire.*
- ***En Belgique :*** • *isic.be* •
- ***En Suisse :*** • *isic.ch* •
- ***Au Canada :*** • *isiccanada.com* •

## Carte d'adhésion internationale aux auberges de jeunesse (carte FUAJ)

Cette carte vous ouvre les portes des 4 000 auberges de jeunesse du réseau *HI-Hostelling* International en France et dans le monde. Vous pouvez ainsi parcourir

90 pays à des prix avantageux et bénéficier de tarifs préférentiels avec les partenaires des Auberges de Jeunesse *HI.* Enfin, vous intégrez une communauté mondiale de voyageurs partageant les mêmes valeurs : plaisir de la rencontre, respect des différences et échange dans un esprit convivial. Il n'y a pas de limite d'âge pour séjourner en auberge de jeunesse. Il faut simplement être adhérent.

***Renseignements et inscriptions***

– ***En France :*** • *hifrance.org* •
– ***En Belgique :*** • *lesaubergesdejeunesse.be* •
– ***En Suisse :*** • *youthhostel.ch* •
– ***Au Canada :*** • *hihostels.ca* •
Si vous prévoyez un séjour itinérant, vous pouvez réserver plusieurs auberges en une seule fois en France et dans le monde : • *hihostels.com* •

# ARGENT, BANQUES, CHANGE

## Change

En Espagne, l'euro (prononcer « é-ou-ro ») se décline en *euros* au pluriel et se divise en *céntimos.*
Pour ceux qui sont concernés (nos amis suisses et canadiens entre autres), les commissions varient sensiblement d'une banque à l'autre. D'une manière générale, s'abstenir de changer dans les banques situées en face des monuments et des sites touristiques.

## Banques et distributeurs automatiques

– Les banques sont ouvertes en général du lundi au vendredi de 10h à 14h, et parfois aussi, dans les grandes villes, le jeudi après-midi et le samedi matin.
– Dans la quasi-totalité des villes et des villages, on peut retirer facilement de l'argent dans les ***distributeurs automatiques*** avec les cartes *MasterCard, Visa* et *Maestro.*

Petite mesure de précaution : si vous retirez de l'argent dans un distributeur, utilisez de préférence ceux attenants à une agence bancaire. En cas de pépin avec votre carte (carte avalée, erreur de code secret...), vous aurez un interlocuteur dans l'agence, pendant les heures ouvrables du moins.

## Cartes de paiement

Elles sont acceptées pratiquement partout, sauf dans les petites pensions et les petits restaurants. Un certain nombre de campings exigent aussi un paiement en liquide, même pour les bungalows. Dans la mesure du possible, nous signalons les adresses qui ne prennent pas de carte de paiement.
Quand vous partez à l'étranger, pensez à téléphoner à votre banque pour relever le plafond de retrait aux distributeurs et pour les paiements par carte, quitte à le faire rebaisser à votre retour.
Avant de partir, notez bien le numéro d'opposition propre à votre banque (il figure souvent au dos des tickets de retrait, sur votre contrat ou à côté des distributeurs de billets), ainsi que le numéro à 16 chiffres de votre carte. Bien entendu, conservez ces informations en lieu sûr et séparément de votre carte.
Par ailleurs, l'assistance médicale se limite aux 90 premiers jours du voyage et l'assistance véhicule aux cartes haut de gamme (renseignez-vous auprès de

votre banque). N'oubliez pas aussi de VÉRIFIER LA DATE D'EXPIRATION DE VOTRE CARTE DE PAIEMENT avant votre départ !
En zone euro, pas de frais bancaires sur les paiements par carte. Les retraits sont soumis aux mêmes conditions tarifaires que ceux effectués en France (gratuits pour la plupart des cartes).
Une carte perdue ou volée peut être rapidement remplacée. En appelant sa banque, un système d'opposition, d'avance d'argent et de remplacement de carte pourra être mis en place afin de poursuivre son séjour en toute quiétude.
En cas de perte, de vol ou de fraude, quelle que soit la carte que vous possédez, chaque banque gère elle-même le processus d'opposition et le numéro de téléphone correspondant.

– ***Carte bleue Visa :*** *numéro d'urgence (Europe Assistance), ☎ (00-33) 1-41-85-85-85 (24h/24). • visa.fr •*
– ***Carte MasterCard :*** *numéro d'urgence, ☎ (00-33) 1-45-16-65-65. • mastercardfrance.com •*
– ***Carte American Express :*** *numéro d'urgence, ☎ (00-33) 1-47-77-72-00. • americanexpress.com •*
– Il existe un serveur interbancaire d'opposition qui, en cas de perte ou de vol, vous met en contact avec le centre d'opposition de votre banque. *En France : ☎ 0892-705-705 (prix d'un appel + 0,35/mn) ; depuis l'étranger : ☎ + 33-442-605-303.*

## Besoin urgent d'argent liquide

Vous pouvez être dépanné en quelques minutes grâce au système ***Western Union Money Transfer.*** L'argent vous est transféré en moins d'1h. La commission, assez élevée, est payée par l'expéditeur. Possibilité d'effectuer un transfert auprès d'un des bureaux *Western Union* ou, plus rapide, en ligne, 24h/24 par carte de paiement (*Visa* ou *MasterCard*).
Même principe avec d'autres organismes de transfert d'argent liquide comme ***MoneyGram, PayTop*** ou ***Azimo.*** Transfert en ligne sécurisé, en moins d'1h.
Dans tous les cas, se munir d'une pièce d'identité. Toutefois, en cas de perte/vol de papiers, certains organismes permettent de convenir d'une question/réponse type pour pouvoir récupérer votre argent. Chacun de ces organismes possède aussi des applications disponibles sur téléphone portable. Consulter les sites internet pour connaître les pays concernés, les conditions tarifaires (frais, commission) et trouver le correspondant local le plus proche :
*• westernunion.com • moneygram.fr • paytop.com • azymo.com/fr •*
– Autre solution, envoyer de l'argent par ***La Poste*** : le bénéficiaire, muni de sa pièce d'identité, peut retirer les fonds dans n'importe quel bureau du réseau local. Le transfert s'effectue avec un mandat ordinaire international (jusqu'à 3 500 €) et la transaction prend 4-5 jours en Europe (8-10 vers l'international). Plus cher, mais plus rapide, le mandat express international permet d'envoyer de l'argent (montant variable selon la destination – 34 au total) sous 2 jours maximum, 24h lorsque la démarche est faite en ligne. *Infos : • labanquepostale.fr •*

# ACHATS

Les magasins ferment pour la pause du milieu de journée vers 13h30 ou 14h, pour ne rouvrir qu'à 16h ou 17h.
L'époque où l'on pouvait acheter des tas de choses pour une poignée de pesetas est révolue... *O tempora ! o mores !* L'Espagne, après son intégration dans l'UE, a connu un développement économique important, et son niveau de vie est aujourd'hui très proche de celui de la France ou de la Belgique.
Il reste cependant des articles à des prix intéressants. Les chaussures, à qualité égale, sont souvent moins chères qu'en France. Les articles en cuir et les

vêtements de marque espagnole (pour beaucoup désormais internationales) offrent également un bon rapport qualité-prix.
Le prêt-à-porter espagnol a le vent en poupe, notamment les groupes textiles galiciens comme *Inditex* et sa marque phare *Zara.* Même si l'écart de prix tend à se réduire, les boutiques des stylistes (dont beaucoup sont galiciens, comme Adolfo Domínguez, Antonio Pernas, Roberto Verino, Kina Fernández ou Purificación García) restent un peu moins chères qu'en France, surtout en période de soldes *(rebajas).*
Enfin, les productions régionales méritent plus qu'un simple coup d'œil : l'artisanat traditionnel du cuir, les céramiques de Buño, de Sagradelos ou de Viveiro, la vannerie de Vigo ou les dentelles de Camariñas, par exemple. Les épicuriens rapporteront vins galiciens, conserves artisanales de Carril, sans oublier, bien sûr, le cidre asturien.

### Et les soldes ?

Ils existent aussi et peuvent valoir le coup : ***en janvier-février*** (ils débutent juste après l'Épiphanie, le 6 janvier) et ***de fin juin à fin août,*** pas de grosses démarques comme en France, mais des rabais de 10 à 25 %, ce qui, sur des prix déjà (un poil) moins élevés que chez nous, peut devenir intéressant.
Ne pas rater les soldes permanents des *magasins d'usine,* qui pratiquent des rabais de 30 à 80 % sur les grandes marques de la mode internationale, comme à Tui en Galice, par exemple.

## BUDGET

La crise récente a eu tendance à contenir les prix en Espagne. Ainsi, il est encore possible de trouver des chambres avec salle de bains commune, dans les petites pensions, autour de 30-40 € en basse saison (et parfois même en été !), y compris dans les villes. Néanmoins, ces endroits ne sont plus légion. Pour la plupart des hébergements, les notions de haute, moyenne ou basse saison sont importantes. En Galice, Asturies et Cantabrie, la haute saison se résume généralement aux mois de juillet et/ou août (surtout août), avec, en plus, comme dans toute l'Espagne, la Semaine sainte (du dimanche des Rameaux au dimanche de Pâques ; en 2018, du 25 mars au 1er avril). Cette notion de saison a toutefois tendance à varier d'une région à l'autre (Santiago est très demandé tout au long de l'année, tandis que les côtes connaissent une saison essentiellement estivale), voire d'un établissement à l'autre. Et il faut bien sûr prendre également en compte les fêtes et jours fériés qui créent des pics de demande. Fin mai, en juin ou septembre, vous ferez de substantielles économies sur l'hébergement. Paradoxalement, à ces périodes, ce sont les hôtels les plus chic qui offrent les plus grosses réductions, parfois jusqu'à 50 % par rapport à la haute saison. Ainsi, il n'est pas rare de trouver de superbes chambres dans des hôtels de charme pour 50-60 €, et même des (petits) *Paradores* à partir de 70-80 € (sur Internet seulement).
Outre les pensions, les petits budgets préféreront les campings. La plupart proposent des bungalows confortables pour 20 à 30 € par personne. Voir la rubrique « Hébergement ».
Nos fourchettes de prix, par catégories, incluent normalement l'IVA (TVA, de 10 %). Toutefois, les prix sur place sont souvent affichés hors taxe (sauf en Galice) : vérifiez ce qu'il en est, afin d'éviter les mauvaises surprises au moment de payer. Autre précision : le petit déjeuner n'est généralement pas inclus dans le prix de la chambre (nous le précisons lorsqu'il l'est). Il coûte en moyenne entre 3 et 5 € par personne (nous le précisons quand son coût est supérieur).

**Recommandation à ceux qui souhaitent profiter des réductions et avantages proposés dans le *Routard* par les hôteliers et les restaurateurs.**

À l'hôtel, pensez à les demander au moment de la réservation ou, si vous n'avez pas réservé, **à l'arrivée.** Ils ne sont valables que pour les réservations en direct et ne sont pas cumulables avec d'autres offres promotionnelles (notamment sur Internet). Au restaurant, parlez-en **au moment** de la commande et surtout **avant** que l'addition ne soit établie. Poser votre *Routard* sur la table ne suffit pas : le personnel de salle n'est pas toujours au courant et une fois le ticket de caisse imprimé, il est souvent difficile de modifier le total. En cas de doute, montrez la notice relative à l'établissement dans le *Routard* de l'année et, bien sûr, ne manquez pas de nous faire part de toute difficulté rencontrée.

## Hébergement

Les prix s'entendent, sauf indication contraire, pour une chambre double avec deux occupants. En revanche, quand nous indiquons le prix des petits déjeuners, il s'entend « par personne ».
- ***Très bon marché :*** moins de 20 € par personne, souvent avec douche commune. Concerne les auberges de jeunesse, celles réservées aux pèlerins des chemins de Saint-Jacques-de-Compostelle, ou encore des auberges privées et accessibles à tous.
- ***Bon marché :*** de 20 à 40 €.
- ***Prix moyens :*** de 40 à 65 €.
- ***Chic :*** de 65 à 90 €.
- ***Plus chic :*** de 90 à 120 €.
- ***Très chic :*** plus de 120 €.

## Nourriture

Le pain, au même titre que la carafe d'eau, est généralement facturé (sauf s'il est inclus dans le menu). Si on le refuse, il n'est évidemment pas compté.

On peut se restaurer à tous les prix un peu partout. En règle générale, à qualité égale, les prix sont un poil moins élevés en Espagne qu'en France. Le midi, les restaurants sont en principe obligés d'afficher un *menú del día* ou, s'ils ne l'affichent pas, de le proposer. Bon, obligés, obligés... dans le texte... Si ce n'est pas le cas, le demander. Avantage : le prix. Inconvénient : ne pas s'attendre à du haut de gamme. La plupart de ces menus du jour (deux plats, dessert, pain, et vin ou eau à volonté) tournent autour de 8-12 €, et dans un restaurant gastronomique plafonne à 25 €. Avec les tapas, on peut s'en sortir à moindres frais. Dernier recours des tout petits budgets : les sandwicheries, comme partout. Les fourchettes de prix indiquées ci-après sont calculées sur la base d'un repas pour une personne, sans la boisson.
- ***Très bon marché :*** moins de 8 €.
- ***Bon marché :*** de 8 à 12 €.
- ***Prix moyens :*** de 12 à 24 €.
- ***Chic :*** de 24 à 40 €.
- ***Plus chic :*** plus de 40 €.

## Parkings

Si vous vous déplacez en voiture, sachez que les parkings ont des tarifs élevés. Le prix à la journée peut grimper jusqu'à 15-20 € dans les grandes villes (où la circulation est de toute façon galère, et où nous vous conseillons d'utiliser les transports en commun). Comme pas mal de parkings souterrains n'acceptent pas les règlements par carte de paiement, prévoir de la monnaie sonnante et trébuchante. Attention également aux places de stationnement en surface qui peuvent être payantes sans que cela soit clairement indiqué... En revanche, si vous êtes verbalisé pour défaut de paiement de stationnement pour une petite durée de dépassement (jusqu'à 1h ou 2h selon les villes), pas de panique, les horodateurs proposent une annulation d'amende *(anulación de denuncia)* dont le coût varie entre 2 et 5 €. Pratique ! Certains hôtels disposent de leur propre parking, souvent un peu moins onéreux, ou ont négocié des tarifs réduits avec les parkings les plus proches : renseignez-vous lors de votre réservation ou à votre arrivée. Attention aux emplacements réservés aux personnes à mobilité réduite, aucun affichage vertical ne les signale, bien regarder au sol avant de se garer, sous peine de retrouver sa voiture en fourrière, avec une lourde amende !

## CLIMAT

La côte atlantique subit l'influence du *Gulf Stream,* qui lui vaut un climat assez doux, été comme hiver. Prenons l'exemple de La Corogne : la température annuelle médiane y est de 15,1 °C, pour des (rares) minima de 0 °C et des maxima aux alentours de 30 °C. Dans les terres, le mercure peut grimper davantage : 35 °C, parfois plus à Santiago en juillet-août. Les vents d'ouest, eux, apportent la pluie : 600 mm par an en Cantabrie, 700 mm à La Corogne (pour 140 jours de pluie et 30 jours de brouillard). Les côtes sont logiquement les plus arrosées ; derrière l'écran des montagnes, souvent, il fait beau (ou moins mauvais).
Au final, il n'y a pas vraiment d'époque favorable : l'été est plus sec sur la côte, mais il y a du monde partout, surtout en août (et les tarifs grimpent). Les montagnes sont plus agréables au printemps ou à l'automne, mais il y fait froid le soir. D'ailleurs, la neige s'accroche aux Pics d'Europe une bonne partie de l'année. Disons que les meilleures périodes restent les mois d'avril à juin pour la Galice intérieure, et de juillet à septembre pour la côte. Mais n'en faites pas une loi : la vraie règle du climat atlantique, c'est son imprévisibilité. Alors on s'adapte !

## DANGERS ET ENQUIQUINEMENTS

Comme tous les pays très touristiques, l'Espagne n'échappe pas à la présence de pickpockets, voleurs à la tire et autres détrousseurs de voitures... La région nord-ouest du pays étant grande ouverte sur l'océan, elle est une plaque tournante de la drogue (surtout les grands ports de la Galice) à destination de l'Europe avec, pour corollaire, une petite délinquance localisée. Cela dit, le Nord-Ouest reste globalement relativement préservé des dérives observées dans d'autres régions.
Dans les hôtels, mais aussi dans les bars, les restos et les taxis, il existe un livre de réclamations *(libro de quejas),* visé par les agents de répression des fraudes de la mairie. En cas de litige, demandez ce document, cela aide souvent à résoudre les problèmes, même s'il arrive que certains commerçants peu scrupuleux refusent de le donner sous divers prétextes !

## FÊTES ET JOURS FÉRIÉS

Outre les innombrables fêtes locales qui peuvent venir égayer (ou perturber) votre séjour (impossible de les recenser toutes !), et pour éviter les gros désappointements, voici les principaux jours fériés de l'année en Espagne du Nord-Ouest. Lorsqu'ils tombent un dimanche, ils sont repoussés au lundi suivant ou à une date ultérieure choisie annuellement par les gouvernements autonomes, dans la limite de 2 jours fériés.

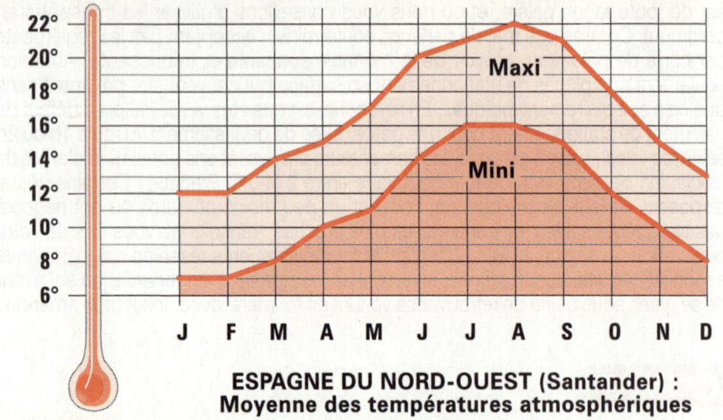


**ESPAGNE DU NORD-OUEST (Santander) :**
**Moyenne des températures atmosphériques**

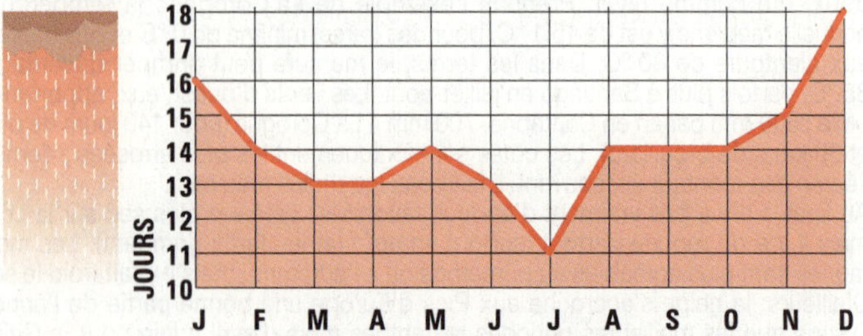


**ESPAGNE DU NORD-OUEST (Santander) :**
**Nombre de jours de pluie**

– ***1er janvier :*** Nouvel An.
– ***6 janvier :*** Épiphanie.
– ***Jeudi et Vendredi saints :*** en 2018, les 29 et 30 mars ; les 16 et 17 avril en 2019. La Semaine sainte s'étend du 25 mars au 1er avril en 2018, du 14 au 21 avril en 2019.
– ***1er mai :*** fête du Travail.
– ***17 mai :*** Journée des lettres (férié en Galice).
– ***24 juin :*** San Juan (férié en Galice en remplacement d'autres jours fériés tombant un dimanche,.. s'il y en a).
– ***25 juillet :*** Saint-Jacques (férié en Galice et Cantabrie).
– ***15 août :*** Assomption de la Vierge.
– ***8 septembre :*** fête des Asturies.
– ***12 octobre :*** fête nationale espagnole.
– ***1er novembre :*** Toussaint.
– ***6 décembre :*** Journée de la Constitution.
– ***8 décembre :*** Immaculée Conception.
– ***25 décembre :*** Noël.

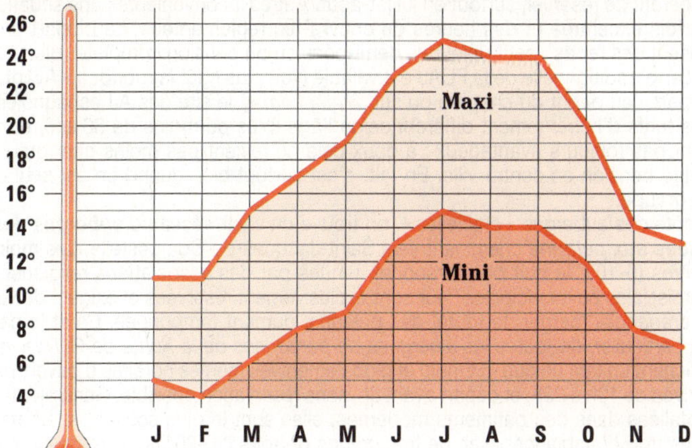


Moyenne des températures atmosphériques

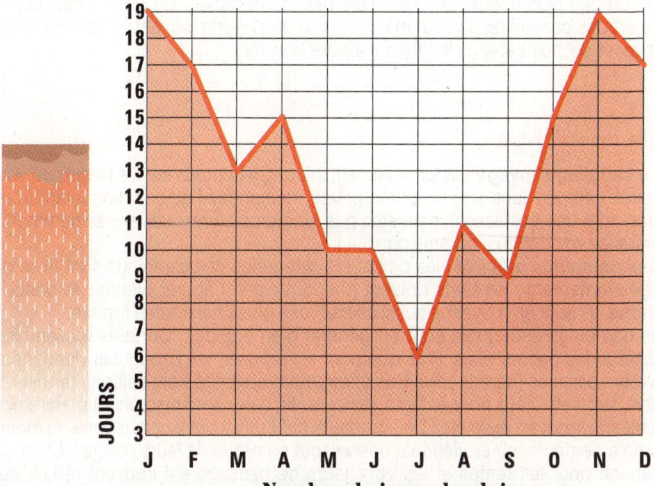


Nombre de jours de pluie

**ESPAGNE DU NO (Saint-Jacques-de-Compostelle)**

## HÉBERGEMENT

### Les auberges

Une vingtaine d'***auberges de jeunesse*** sont affiliées à *Hostelling International* dans le nord-ouest de l'Espagne. Elles sont généralement très bien tenues, mais sont souvent squattées par des groupes sportifs ou scolaires ; il est donc

impératif de réserver, surtout en juillet-août. Autres inconvénients : une situation parfois excentrée et des heures de couvre-feu réglementées. La plupart proposent des repas : petit déjeuner, demi-pension ou pension complète. Bien sûr, la carte traditionnelle de la FUAJ est valable (voir plus haut la rubrique « Avant le départ » au début du chapitre ou sur ● *reaj.com* ●, le site des AJ espagnoles). Les tarifs d'hébergement diffèrent selon l'âge (plus ou moins de 30 ans) et ne sont pas toujours avantageux : à deux cela ne revient pas moins cher qu'une petite pension en centre-ville. En fait, c'est surtout bien quand on est seul ou en groupe.
À côté des auberges « officielles », on trouve un vaste réseau d'***auberges destinées aux pèlerins*** cheminant vers Saint-Jacques-de-Compostelle. Les moins chères (6-10 € la nuit par personne), tenues par des associations religieuses, paroissiales ou municipales, leur sont exclusivement réservées et exigent de voir la *credencial* (carnet de route) des pèlerins, dûment tamponnée. C'est le cas, en particulier, de toutes les *albergues de peregrinos de la Xunta de Galicia,* qui affichent un tarif unique (6 €/nuit) et globalement les mêmes horaires d'ouverture : arrivée de 13h à 22h, et départ avant 8h, sans réservation possible. Généralement installées dans des bâtiments modernes, elles sont le plus souvent spartiates, sans trop d'ambiance, avec de très grands dortoirs (10-20 lits, voire plus), mais impeccablement propres. D'autres auberges, privées, sont ouvertes à tous ; elles sont un peu plus chères (8-12 €), mais plus confortables et conviviales. Dans la plupart des cas, on dispose d'une cuisine, d'une laverie (payante) avec machines à laver et séchoirs et d'un local pour abriter son vélo.

## Les campings

– Le ***camping sauvage*** est formellement interdit, y compris sur les plages. Si vous désirez camper dans une propriété privée, demandez l'autorisation avant (c'est la moindre des politesses), ne restez pas longtemps (une nuit) et – évidemment – remballez vos détritus, comme partout !
– ***Les campings officiels :*** les prix et les catégories des campings sont fixés par le gouvernement ; les tarifs doivent (théoriquement) figurer bien en évidence à l'entrée. Ils sont en moyenne aussi chers, voire plus chers qu'en France.
Les campings espagnols sont en général bien équipés. Certains ressemblent même à des petites villes. Plus que pour s'y reposer, les Espagnols viennent s'y divertir : piscines (parfois payantes et rarement ouvertes hors saison), terrains de sport, supérette, jeux pour enfants, restaurants, bars, voire discothèque. Rarement calmes, surtout en plein été ! De nombreux habitués y ont leur caravane ou mobile home à demeure, où ils viennent passer tout ou partie de leurs congés. Du coup, l'espace pour les tentes et les voyageurs de passage est souvent réduit, surtout en bord de mer, et pas toujours organisé en parcelles clairement délimitées. À contrario, en plein été, on vous imposera parfois la facturation d'une parcelle complète pour votre mini-igloo deux places... Pour respirer un peu, éloignez-vous du littoral : 500 m, 1 km suffisent souvent – les vacanciers espagnols ne sont pas de grands marcheurs ! Seul hic : les campings sont le plus souvent implantés sur les côtes ou autour des grandes agglomérations. Mais rassurez-vous, on vous en a dégoté quelques-uns où la verdure perdure !
– ***Tarifs des campings :*** ils sont habituellement calculés en additionnant tente + voiture + adulte + enfant. Parfois le tarif est établi sur la base de la parcelle (comprenant une tente et une voiture), et il faut alors y ajouter le nombre d'occupants. Dans ce guide, nous vous indiquons le tarif sur la base d'une tente de petite taille, une voiture et deux adultes.
– ***Un bon conseil :*** un grand nombre de campings sont équipés de ***bungalows*** pour deux, quatre ou six personnes, voire plus. Ces petites constructions sont très en vogue et de plus en plus courantes. Le terme désigne toutefois des réalités

très différentes : de la « chambre » minuscule en batterie dans un bâtiment en dur partageant les sanitaires avec le reste du camping, à un authentique chalet en bois avec tout le confort (kitchenette et salle de bains à l'intérieur, terrasse). Ils constituent une solution plus économique que l'hôtel pour une famille ou un groupe de copains.
Si nos campings préférés ne vous suffisent pas :
– pour toute l'Espagne : • *guiacampingfecc.com* •

## Les *casas rurales*

C'est un peu le même principe que les chambres d'hôtes en France, sauf qu'elles sont obligatoirement situées en milieu rural (ou en marge des petites villes). Le phénomène étant relativement récent, ces *casas rurales* sont en général neuves ou récemment restaurées, et impeccables. Du coup, le charme de l'ancien tend à disparaître sous une couche de carrelage ou de béton frais... Le prix d'une chambre double varie entre 40-50 € et 90-100 € selon la catégorie et la saison, petit déjeuner inclus. Peu de chambres, un accueil familial généralement (très) sympathique, des emplacements dans des sites naturels éloignés du brouhaha urbain, les *casas rurales* demeurent une bonne option à seulement 3-4 km de la côte. Bien entendu, la réservation est fortement recommandée en haute saison.
Le haut de gamme correspond à de belles demeures ou à des manoirs ruraux (nommés *pazos*). Ces derniers font l'objet d'une classification complexe : les grosses gentilhommières avec écusson en façade sont dites *casas blasonadas*, celles dans les hameaux *casas de aldea*, et les anciennes institutions religieuses, elles, *casas reitorais*.
– ***Pour plus d'informations :*** *Casas rurales de Galicia,* ☎ *902-200-432.* • *turgaliciarural.es* •

## Les pensions, *hostales* et hôtels

Si la classification hôtelière dépend des diverses communautés autonomes, dans la pratique, on retrouve un peu les mêmes appellations partout. À savoir, au bas de l'échelle, les ***pensions*** (*P* sur les panneaux d'affichage), aussi appelées *pensiones residencias (PR),* à l'ancienne. On trouve encore parfois les termes *hospedaje, habitaciones* ou *casa de huéspedes.* Les pensions ne proposent *jamais* de petit déjeuner. Un cran au-dessus, les ***hostales*** sont un premier pas vers l'hôtel. Les chambres y ont en général une salle de bains privée, ce qui n'est pas forcément le cas des pensions. On y a moins l'impression de résider chez quelqu'un. Ces deux catégories conviendront aux routards plus regardants sur le prix que sur le confort (même s'il s'est nettement amélioré).
Passons aux ***hôtels*** proprement dits. Classés de 1 à 5 étoiles, selon des normes un poil plus généreuses que chez nous, ils sont globalement assez standardisés et sans grand charme, surtout en dessous de 3 étoiles. Ils sont en revanche bien équipés (TV partout, frigo, sèche-cheveux dès 2-3 étoiles). Les efforts de déco sont rares, mais la propreté est presque partout garantie. Le wifi est disponible dans les chambres, sauf dans certains petits établissements, où il ne marche parfois qu'à la réception. Seuls les 4-étoiles sont tenus d'avoir la climatisation. À noter encore, tous les hôtels de catégorie supérieure doivent désormais proposer au moins une chambre adaptée aux personnes handicapées.
– Dans tous les cas de figure, essayez d'***arriver assez tôt,*** en été, pour être sûr d'avoir une chambre. Demandez à la visiter avant, ça vous évitera de vous voir attribuer le canard boiteux de l'hôtel, tourné face à un mur ou à la route. Une simple petite phrase comme « *Se podria ver una habitación ?* » suffit généralement ; parfois, on vous le proposera d'office.

– Les ***prix***, affichés à la réception et dans les chambres, varient selon les divisions de l'année touristique : haute saison *(temporada alta)*, moyenne et basse saison *(temporada baja)*. La Semaine sainte fait toujours partie de la haute saison. On vous rappelle qu'en principe les prix affichés dans les établissements ne sont pas nets ; il faut ajouter la taxe (IVA) de 10 %, sauf en Galice où elle est déjà comprise. Si vous parlez bien l'espagnol, vous pouvez toujours tenter de négocier un peu... Mais, de toute façon, les tarifs baissent presque toujours avec la durée du séjour.
– ***Les chambres :*** pour une simple, demandez une *habitación individual*, pour une double, une *habitación doble* – et si vous voulez un grand lit, précisez *cama de matrimonio* (c'est parfois moins cher car il n'y a qu'un lit à faire, pas deux).
– Les offices de tourisme disposent d'une liste plus ou moins exhaustive des hôtels, *hostales* et *casas rurales* avec parfois les prix en cours.
– Dernier détail pour les affamés du matin : dans les petits hôtels espagnols, c'est *bed* mais rarement *breakfast*... et si on vous propose le petit déjeuner, il se limite en général à deux toasts secs avec un peu de confiture ou un croissant en sachet. En revanche, dans les hôtels de catégorie supérieure, le buffet est plus riche (fruits frais, céréales, plateau de fromages, charcuterie...).

## Les *Paradores*

Ce réseau d'établissements hôteliers exceptionnels a été créé en 1928. Leur principale originalité réside dans le cadre qu'ils proposent : châteaux forts, manoirs, anciens palais, couvents, monastères... Certains d'entre eux sont de construction récente, mais dans ce cas-là, ils s'intègrent bien au paysage et occupent des sites de choix.
– Les ***prix*** varient selon cinq catégories, et demeurent relativement élevés. Compter de 75 à 180 € pour une chambre double, selon la saison et le confort du *Parador* (1 à 5 étoiles) ; petit déjeuner en sus : 15-20 €. Certains *Paradores* sont hors catégorie, comme celui de Saint-Jacques-de-Compostelle qui propose la chambre double à 150 € minimum ; mais ce n'est pas le plus cher d'Espagne, certains vont jusqu'à 300 € ! Si vous avez les moyens de vous offrir un tel séjour, sachez que les tarifs sont toujours inférieurs à ceux de nos *Relais & Châteaux*, auxquels on pourrait les comparer, mais le niveau de service est aussi moins élevé.
– En général, les *Paradores* pratiquent des ***tarifs basse saison*** intéressants, des tarifs week-end, ou autres promotions en fonction de l'occupation. Les tarifs disponibles sur Internet *(● parador.es ●)* sont systématiquement inférieurs aux tarifs « officiels », même au plus fort de l'été. Ainsi, le *Parador* de Santiago est proposé dès 150 € en basse saison et peut monter jusqu'à 380 € en août ! Se renseigner aussi auprès d'*Iberrail France* (voir ci-dessous) sur les nombreuses autres réductions possibles : - 30 % pour les plus de 60 ans (les « Días Dorados ») ; - 20 % pour les séjours d'au moins deux nuits en demi-pension dans un même *Parador* ; « livrets de 5 nuits » *(Tarjeta 5 noches)* dans des *Paradores* différents à environ 575 € – soit environ 115 € la double par nuit –, système de points fidélité échangeables contre une nuit gratuite et une réduc de 15 % en prime sur le resto ; les « Escapada Jovén » à l'intention des 20-30 ans, etc. Tous les prix mentionnés ici sont IVA inclus (10 %).
– À défaut de dormir dans les *Paradores*, on peut toujours s'y restaurer ou y prendre un verre et profiter ainsi du cadre. Le petit déj-buffet est toujours excellent et gargantuesque. Quant au resto, la plupart des *Paradores* de Galice notamment, pour s'adapter à la crise, ont remplacé le menu gastro onéreux par un choix à l'ardoise, proposé par la chaîne *Enxebres*, avec de bons plats à 9-18 €, ainsi que des tapas à prix abordables.
– En été et le week-end, il est ***impératif de réserver.*** Idem le reste de l'année pour les plus courus, comme celui de Saint-Jacques-de-Compostelle.

■ ***Iberrail France :*** *14, rue Bruno-Coquatrix, 75009 Paris.* ☎ *01-42-81-27-27.* ● *service.paradores@iberrail.fr* ● Ⓜ *Opéra ou Madeleine.* Représentant officiel des *Paradores* en France.

■ ***Caractère :*** *Gentsestraat, 20, 9420 Erpe-Mere.* ☎ *05-363-00-77.* ● *info@caractere.be* ● *caractere.be* ● Représentant officiel des *Paradores* pour la Belgique et le Luxembourg.

■ ***Globus Reisen MTCH AG :*** *Sägereistrasse 20, CH 8152 Glattbrugg.* ☎ *058-569-95-07.* ● *info@globusvoyages.ch* ● *globusvoyages.ch* ● Représentant officiel des *Paradores* pour la Suisse.

Pour nos lecteurs qui souhaitent réserver leur hébergement par courrier, nous précisons les codes postaux des établissements, soit dans le bandeau-titre de la ville concernée lorsqu'il y a un code postal unique, soit dans le texte de l'hôtel, logiquement à la fin de l'adresse, lorsqu'il y a plusieurs « arrondissements » dans la même ville.

L'abréviation « c/ », que vous retrouverez souvent dans ce guide, signifie tout simplement *calle,* c'est-à-dire « rue ». En Galice, on parle de *rúa.* Et « s/n », abréviation de *sin número,* indique que la rue n'a pas de numérotation...

## HORAIRES

Attention, à l'exception de certaines stations balnéaires (forcées de s'adapter aux touristes étrangers), les ***horaires des repas*** sont plus tardifs que ceux pratiqués en France. Pour le déjeuner, de 13h30 ou 14h à 16h ou 16h30 ; pour le dîner, de 20h30 ou 21h à 22h30 ou 23h, voire plus tard (à la fraîche !).

- ***Les bars :*** ils prennent vie vers minuit-1h.
- ***Les boîtes de nuit :*** certaines ne commencent à s'animer que vers 2h du matin, les afters vers 4h...
- Les ***magasins*** sont généralement ouverts du lundi au samedi de 9h30 ou 10h à 13h30 ou 14h, et de 16h30 ou 17h à 20h ou 20h30. Ils respectent la sacro-sainte *siesta* !
- En été, certains commerces restent même ouverts jusqu'à 22h ou 23h. Les grands magasins quant à eux sont ouverts sans interruption le midi. Quant aux horaires des ***banques*** ou des ***musées,*** voir les rubriques concernées.

## LANGUE

Nous vous indiquons entre parenthèses le mot galicien lorsqu'il diffère du castillan. Pour vous aider à communiquer, n'oubliez pas notre ***Guide de conversation du Routard*** en espagnol.

### Vocabulaire usuel

| | |
|---|---|
| oui | *sí (si)* |
| non | *no (non)* |
| bonjour | *buenos días (bos días)* |
| salut | *¡ hola ! ¿ qué tal ? (¡ ola ! ¿ qué tal ?)* |
| salut la compagnie | *hola, muy buenas (ola, moi boas)* |
| bonsoir | *buenas tardes (boas tardes)* |
| bonne nuit | *buenas noches (boas noites)* |
| aujourd'hui | *hoy (hoxe)* |
| hier | *ayer (onte)* |
| demain | *mañana (mañá)* |

| | |
|---|---|
| ce matin | *esta mañana (esta mañá)* |
| ce soir | *esta noche (esta noite)* |
| au revoir | *adiós (adeus)* |
| à bientôt | *hasta luego / hasta pronto (ata logo / deica logo)* |
| s'il vous plaît | *por favor* |
| merci | *gracias* |
| merci beaucoup | *muchas gracias (moita gracias)* |
| de rien | *de nada* |
| excusez-moi | *perdóneme, disculpe (perdóeme, desculpe)* |
| Parlez-vous français ? | *¿ Habla Usted francés ? (¿ Fala vostede francés ?)* |
| Comment vous appelez-vous ? | *¿ Cómo se llama Usted ? (¿ Como se chama vostede ?)* |
| Je ne comprends pas | *No entiendo (Non entendo)* |
| Je ne sais pas | *No lo sé (Non o sei)* |
| Comment dit-on en espagnol (galicien) ? | *¿ Cómo se dice en castellano ? (¿ Como se di en galego ?)* |
| Quelle heure est-il ? | *¿ Qué hora es ? (¿ Que hora é ?)* |
| je voudrais | *quisiera (quixiera)* |
| d'accord | *de acuerdo, vale (de acordo)* |
| monnaie | *cambio (troco)* |
| guichet automatique | *cajero automático (caixero automático)* |
| carte de crédit | *tarjeta de crédito (tarxeta de crédito)* |
| pas cher/bon marché | *barato* |
| cher | *caro* |

## À l'hôtel

| | |
|---|---|
| hôtel | *hotel* |
| auberge | *albergue* |
| pension | *hostal, fonda, pensión* |
| garage | *garaje (garaxe)* |
| chambre | *habitación (cuarto)* |
| chambre double | *habitación de dos camas / habitación doble (cuarto de dúas camas / cuarto dobre)* |
| lit à deux places | *cama de matrimonio* |
| lit bébé | *cuna (berce)* |
| Pourriez-vous me la montrer (la chambre) ? | *¿ Me la puede enseñar, por favor ? (¿ Pódema mostrar, por favor ?)* |
| salle de bains | *cuarto de baño* |
| douche | *ducha* |
| toilettes | *servicios* |
| climatisation | *aire acondicionado* |
| réservation | *reserva* |
| Combien par jour ? | *¿ Cuánto por día ? (¿ Canto por día ?)* |
| service compris | *servicio incluido (servizo incluído)* |
| Je voudrais la note | *Quisiera la cuenta (Quixera a conta)* |
| petit déjeuner | *desayuno (almorzo)* |
| couverture | *manta* |
| serviette de bain | *toalla* |

## Au restaurant

| | |
|---|---|
| déjeuner | *almuerzo (xantar, comida)* |
| dîner | *cena (cea)* |

| | |
|---|---|
| repas | *comida* |
| carte | *carta* |
| mouton | *carnero (càrneiro)* |
| agneau | *cordero (cordeiro)* |
| porc | *cerdo (porco)* |
| bœuf | *vaca* |
| jambon | *jamón (xamón)* |
| poulet | *pollo (polo)* |
| veau | *ternera (tenreira, vitela)* |
| filet de porc | *solomillo (solombo)* |
| côtelette | *chuleta (costeleta)* |
| rôti | *asado* |
| grillé | *a la plancha (a prancha)* |
| frit | *frito (fritido)* |
| poisson | *pescado (peixe)* |
| fruits de mer | *mariscos* |
| œufs | *huevos* |
| omelette | *tortilla* |
| salade | *ensalada* |
| légumes | *verduras / legumbres (verdura / legumes)* |
| dessert | *postre (sobremesa)* |
| fromage | *queso (queixo)* |
| glace | *helado (xeado)* |
| vin rouge (hic !) | *vino tinto (viño tinto)* |
| vin blanc (rehic !) | *vino blanco (viño branco)* |
| eau gazeuse, plate | *agua con gas / sin gas (auga con gas / sen gas)* |
| bière, panaché | *cerveza, clara (cervexa, clara)* |
| café noir | *café sólo (café negro / café só)* |
| café au lait | *café con leche* |
| l'addition | *la cuenta (ou me cobras) (a conta ou ¿ cobrasme ?)* |
| assiette | *plato (prato)* |
| verre (pour l'eau) | *vaso* |
| verre (pour le vin) | *copa* |
| couteau | *cuchillo (coitelo)* |
| cuillère | *cuchara (culler)* |
| fourchette | *tenedor (garfo)* |
| sel | *sal* |
| poivre | *pimienta (pementa)* |
| huile | *aceite* |
| vinaigre | *vinagre* |
| beurre | *mantequilla (manteiga)* |
| pain | *pan* |
| bouteille | *botella* |

## Sur la route

| | |
|---|---|
| Où va cette route ? | *¿ A dónde va esta carretera ? (¿ A onde vai esta estrada ?)* |
| Est-ce la route de... ? | *¿ Es ésta la carretera de... ? (¿ É esta a estrada de... ?)* |
| À combien de kilomètres ? | *¿ A cuántos kilómetros ? (¿ A cantos quilómetros ?)* |
| à droite | *a mano derecha (á man dereita)* |
| à gauche | *a mano izquierda (á man esquerda)* |
| tout droit | *todo recto* |

| | |
|---|---|
| Je suis en panne (dur, dur !) | *Tengo una avería (¡ duro, duro !) (Teño unha avaría – ¡ duro, duro !)* |
| station-service | *gasolinera (gasolineira)* |
| sans plomb | *sin plomo (sen chumbo)* |
| au tournant (à l'angle) | *a la vuelta (á volta)* |
| loin | *lejos (lonxe)* |
| près | *cerca (preto)* |
| interdit | *prohibido* |
| descente | *bajada (baixada)* |
| côte | *cuesta (costa)* |
| virage | *curva* |
| travaux | *obras* |
| village | *pueblo (vila, localidade)* |
| feu rouge (ou vert) | *semáforo* |

## Quelques repères

| | |
|---|---|
| rond-point | *rotonda, glorieta* |
| chapelle | *capilla (capela)* |
| église | *iglesia (igrexa)* |
| stop | *parada* |
| coin de rue | *esquina* |
| impasse (plus ou moins coupe-gorge) | *callejón (canella, ruela)* |
| tour | *torre* |
| zone industrielle | *polígono industrial* |
| marché | *mercado* |
| place | *plaza (praza)* |

## Quelques abréviations

| | |
|---|---|
| calle | *c/* (rue) |
| avenida | *avda* (avenue) |
| carretera | *ctra* (route, chemin) |

## À la gare

| | |
|---|---|
| gare | *estación* |
| billet | *billete* |
| À quelle heure le train arrive-t-il à... ? | *¿ A qué hora llega el tren a... ? (¿ A qué hora chega o tren a... ?)* |
| Où faut-il changer de train ? | *¿ Dónde hay que cambiar de tren ? (¿ Onde hai que cambiar de tren ?)* |
| le prochain | *el próximo (o próximo)* |
| le dernier | *el último (o último / o derradeiro)* |
| le premier | *el primero (o primeiro)* |
| réduction | *precio reducido (prezo reducido)* |
| aller simple | *sencillo (simple, sinxelo)* |
| aller-retour | *ida y vuelta (ida e volta)* |
| entrée | *entrada* |
| sortie | *salida (saída)* |
| correspondance | *enlace, cambio* |
| guichet | *taquilla (despacho de billetes)* |
| quai | *andén (plataforma)* |
| bagages | *equipaje / maletas / bultos (maletas / vultos)* |
| wagon | *coche* |
| couchette | *litera (liteira)* |
| contrôleur | *revisor* |

## Le temps

| | |
|---|---|
| jour | *día* |
| semaine | *semana* |
| lundi | *lunes (luns)* |
| mardi | *martes* |
| mercredi | *miércoles (mércoles)* |
| jeudi | *jueves (xoves)* |
| vendredi | *viernes (venres)* |
| samedi | *sábado* |
| dimanche | *domingo* |
| matin | *mañana (mañá)* |
| midi | *mediodía* |
| après-midi | *tarde (tarde / serán)* |
| soir | *noche (noite)* |
| minuit | *medianoche (media noite)* |
| heure | *hora* |
| quart | *cuarto* |
| demi | *media* |
| minute | *minuto* |

## Chiffres

| | | | |
|---|---|---|---|
| un, une | *uno, una (un, unha)* | quinze | *quince* |
| deux | *dos (dous, dúas)* | seize | *dieciséis (dezaseis)* |
| trois | *tres* | dix-sept | *diecisiete (dezasete)* |
| quatre | *cuatro (catro)* | dix-huit | *dieciocho (dezaoito)* |
| cinq | *cinco* | dix-neuf | *diecinueve (dezanove)* |
| six | *seis* | vingt | *veinte (vinte)* |
| sept | *siete (sete)* | cinquante | *cincuenta* |
| huit | *ocho (oito)* | cent | *ciento / cien (cento)* |
| neuf | *nueve (nove)* | deux cents | *doscientos (douscentos, duascentas)* |
| dix | *diez (dez)* | | |
| onze | *once* | cinq cents | *quinientos (cincocentos, quiñentos)* |
| douze | *doce* | | |
| treize | *trece* | mille | *mil* |
| quatorze | *catorce* | | |

– ***Important :*** en castillan, le *v* se prononce plus « b » que « v » ; *cerveza* se dit « cerbesa », *Sevilla,* « Sebilla », *Valencia,* « Balencia », etc. Cependant, tout excès nuit : essayez quand même de pondérer entre le « v » et le « b ».

## Le galicien

Vous devriez vous en rendre compte assez rapidement : en Galice, on parle galicien *(galego)* ! Ici ou là, quelques graffitis préviennent d'ailleurs gentiment le « touriste » : la Galice n'est pas l'Espagne et le castillan n'est pas la langue galicienne. Un ressentiment qui peut se comprendre : la noblesse castillane qui s'était imposée en Galice à partir du XIVe s avait carrément interdit l'usage de cette langue issue de la vieille province romaine de Galleaciae. Franco, un Galicien pourtant, fit de même par la suite. Le galicien est désormais la langue officielle de la communauté autonome de Galice et l'une des quatre langues officielles d'Espagne.

Pour simplifier, on dira que la langue galicienne est une transition entre l'espagnol – castillan – et le portugais, auquel elle ressemble beaucoup. Plus chuintante que l'espagnol, elle n'utilise pas la gutturale *jota (j),* remplacée par un *x* qui se prononce plus ou moins « ch ». Les différences ne sont pas gênantes et, si vous comprenez l'espagnol, vous comprendrez le galicien écrit. Pour l'oral, mieux vaut que votre interlocuteur ne parle pas trop vite.

Même sur les panneaux routiers vous comprendrez rapidement que *praia* est l'équivalent de *playa,* que *praza* et *plaza,* c'est toujours « la place », que *mosteiro* signifie « monastère », comme *igrexa* veut dire « église ». On dit plus volontiers *casa do concello* que *ayuntamiento* pour désigner la mairie et *rúa,* c'est bien entendu la « rue ». Au restaurant, le galicien *auga* remplace parfois *agua* et *pescada* désigne le merlu, tandis que le poisson (*pescado* en espagnol) se dit *peixe.* Bref, rien de bien méchant et vous vous y ferez vite, d'autant que la plupart des habitants s'adaptent en reprenant le castillan lorsqu'ils vous sentent perdu. Les chiffres l'affirment : seuls 0,3 % des Galiciens ne comprennent ni ne parlent le castillan. Rassuré ?

### Le bable

Ou asturien. La langue historique des Asturies et d'une partie du León (on parle d'ailleurs plus généralement d'astur-léonais, rien que ça !). Certains Asturiens aimeraient bien que cette langue, qui se rapproche un peu du galicien, soit co-officialisée comme chez le voisin. Et les plus acharnés de ces partisans de l'officialisation taguent allègrement les panneaux indicateurs (quand ce ne sont pas les communes qui n'indiquent plus les directions qu'en bable...), ce qui, pour le voyageur, peut parfois poser problème. Alors, comprenez vite qu'en bable, le *o* devient *u,* que les *g* et les *j* deviennent des *x,* et vous saurez que *Uviedu* c'est *Oviedo* et *Xixón,* c'est *Gijón.*

## LIVRES DE ROUTE

Peu à lire sur cette zone à part les quelques centaines de titres sur le pèlerinage de Compostelle. Forcément, on vous l'a dit, c'est une Espagne qui ne ressemble pas à l'Espagne.

– ***Toreros de salón,*** de Camilo José Cela, Gallimard, 1994. Recueil de nouvelles assez intimistes où l'auteur se moque gentiment de ceux qui confondent leurs rêves et la réalité.

– ***Galiciens, Corbeaux et Parapluies,*** d'Alvaro Cunqueiro, Actes Sud, 1993. Dans ce récit très précis, presque scientifique, de Galiciens émigrés, revenus au pays puis ressuscités sous forme de corbeaux ou de parapluies, vous trouverez à la fois l'humour froid des Galiciens et les thèmes éternels du voyage, de l'exil, de la nature et de la mort.

– Ramón Chao, le plus français des écrivains galiciens, a écrit ***Le Lac de Côme*** (Éditions Terre de Brume, 2003) qui retrace l'itinéraire d'un émigré galicien sous le franquisme.

– Pour comprendre l'importance de la guerre civile, ***L'Espoir,*** d'André Malraux (paru en 1937 ; Gallimard, « Folio » nº 162), reste incontournable, même si le récit se situe en Espagne centrale. La problématique du choix entre positions communiste et anarchiste pour lutter contre Franco donne au livre une portée assez générale.

– À compléter par ***Le Labyrinthe espagnol,*** de Gerald Brennan (Éditions Ivréa, 1984) qui, lui, fait une large place aux concepts nationalistes, qu'ils soient galiciens, basques, catalans ou même andalous.

– Plus poétique mais non moins politique, ***Le Crayon du charpentier,*** de Manuel Rivas (Gallimard, « Folio » nº 3657, 2002), met en scène la Galice en 1936 ; regards croisés d'un peintre anarchiste et d'un garde civil...

– La littérature galicienne compte aussi l'étonnante Rosalia de Castro (1837-1885), dont on retrouve la prose romantique et engagée dans l'***Anthologie poétique*** (Folle avoine/Territoires, 2003).

– Sur les Asturies, ***Helena ou la mer en été,*** de Julián Ayesta (Les Allusifs, 2004). Paru en 1952, ce livre est considéré comme l'une des œuvres importantes de la littérature espagnole des années franquistes. L'auteur, né à Girón en 1919, signe là son unique roman, une fresque sensuelle et nostalgique de sa jeunesse passée dans cette région.

– Pour comprendre la civilisation celte, on ne peut toujours pas se passer du livre d'Henri Hubert paru initialement en 1932, ***Les Celtes*** (Albin Michel, 2001), même s'il traite plus de l'Europe du Nord que de la péninsule Ibérique.
– Et pour ceux qui s'apprêtent à enfiler leurs plus belles chaussures de rando en direction de Compostelle, pourquoi ne pas se mettre dans le bain avec ***En avant, route !*** d'Alix de Saint-André (Gallimard, « Folio » nº 5264, 2011) : un regard plein d'humour et de tendresse sur le chemin et son monde de pèlerins.

## MUSÉES ET SITES

Les sites majeurs sont tous payants, mais restent assez abordables (3 à 6 €). Certains d'entre eux proposent l'entrée gratuite un jour par mois, mieux vaut alors arriver à l'ouverture. Les musées mineurs sont peu coûteux (entre 1 et 3 €) ; un tiers environ est même gratuit. Et parmi ceux qui sont payants, la gratuité est parfois accordée aux citoyens de l'Union européenne (avoir son passeport ou sa carte d'identité). Les enfants, les retraités et les étudiants bénéficient souvent de réductions ou de la gratuité mais doivent présenter un justificatif. À contrario, les églises de renom sont parfois payantes ! Attention également, les prix augmentent souvent au printemps ou au début de l'été, donc à une période où notre guide est déjà en librairie : ce qui explique certains décalages entre les tarifs que nous annonçons et la réalité...
IMPORTANT : pour les ***horaires,*** les indications sont parfois contradictoires ; il y a les horaires officiels de l'office de tourisme, les horaires indiqués et relevés sur les sites eux-mêmes, les prospectus... et la réalité. Certains petits musées municipaux, par manque de budget, réduisent leurs horaires d'ouverture d'un mois sur l'autre ou ferment occasionnellement, voir plus. Nous vous indiquons ceux effectivement relevés, à prendre donc avec précaution.
– Les jours fériés (fêtes de fin d'année et Semaine sainte en particulier), les horaires sont restreints et encore plus incertains : dans les grandes villes, les offices de tourisme disposent alors en général d'une fiche stipulant les horaires modifiés.

## POSTE

Si l'on trouve en général des bureaux de poste *(correos)* dans le centre des grandes villes (ouverts en gros du lundi au vendredi de 8h30 à 20h30 ; samedi de 9h30 à 13h), dans les petites villes et les villages, la tendance est à la suppression ou à la réduction des heures d'ouverture (seulement le matin, jusqu'à 14h30, par exemple). Reste que les boîtes aux lettres (*buzón* en castillan), jaunes et bien visibles, sont nombreuses, et l'on trouve des timbres (*sellos* en castillan, tarif normal pour l'Europe : 1,25 €) dans tous les bureaux de tabac *(estancos),* reconnaissables à leur panonceau marron et jaune constitué d'un « T » stylisé.
*– Infos : ☎ 902-197-197. • correos.es •*
Attention à ne pas confondre les boîtes aux lettres de l'opérateur national *Correos,* jaunes, avec celles – rouges – d'un autre opérateur présent en Espagne, *Swiss Post* (beaucoup plus long dans l'acheminement des courriers et que l'on ne conseille pas). C'est également valable pour les timbres, qui évidemment ne sont pas interchangeables !

## SANTÉ

Pour un séjour temporaire en Espagne, pensez à vous procurer la ***carte européenne d'assurance maladie (CEAM).*** Il suffit d'appeler votre centre de Sécurité sociale (ou de vous connecter au site internet de votre centre, encore plus rapide !), qui vous l'enverra sous une quinzaine de jours. Cette carte fonctionne avec tous les pays membres de l'Union européenne. C'est une carte plastifiée bleue du même format que la carte Vitale. Attention, elle est valable 2 ans et c'est une carte individuelle (chaque membre de la famille doit avoir la sienne, y compris les enfants). Aucun vaccin n'est obligatoire, mais il est préférable d'avoir son rappel antitétanique à jour, surtout si l'on fait du camping.

## SITES INTERNET

• ***routard.com*** • Le site de voyage nº 1, avec plus de 800 000 membres et plusieurs millions d'internautes chaque mois. Pour s'inspirer et s'organiser, près de 300 guides destinations actualisés, avec les infos pratiques, les incontournables et les dernières actus, ainsi que les reportages terrain et idées week-end de la rédaction. Partagez vos expériences avec la communauté de voyageurs : forums de discussion avec avis et bons plans, carnets de route et photos de voyage. Enfin, vous trouverez tout pour vos vols, hébergements, voitures et activités, sans oublier notre sélection de bons plans, pour réserver votre voyage au meilleur prix.
• ***spain.info/fr*** • Le site officiel de l'office de tourisme espagnol.
• ***turismo.gal*** • Le site officiel, et le plus complet, pour les infos touristiques sur la Galice. De même, • ***turismoasturias.es*** • pour les Asturies et • ***turismodecantabria.com*** • pour... la Cantabrie. Les deux premiers disposent d'une bonne version française.
• ***elpais.es*** • ***elmundo.es*** • Les sites des quotidiens nationaux, pour lire les nouvelles fraîches.
• ***marca.com*** • En espagnol et en anglais, le site du quotidien sportif *Marca* pour vous tenir au courant des exploits sportifs de vos hôtes.
• ***xunta.gal*** • Site du gouvernement galicien. Fort bien fait avec des liens pour le tourisme (espagnol seulement).
• ***terresceltes.net*** • Pour une vue de la Galice et des Asturies sous l'angle celtique...
• ***caminodesantiago.gal*** • Le site officiel des chemins de Saint-Jacques (en espagnol et en anglais). Et aussi : • ***caminosantiago.com*** • (en français), avec quelques infos pratiques, mais pas souvent mis à jour. Quant à • ***chemindecompostelle.com*** •, il est entièrement en français et très complet. Voir aussi la rubrique « Les chemins de Compostelle » dans « Hommes, culture, environnement ».
• ***fundacioncabrales.com*** • Site consacré au cabrales, le fameux fromage.
• ***fedme.es*** • Le site officiel de la Fédération espagnole des sports de montagne et d'escalade, avec liens vers les fédérations régionales : infos sur les GR, les refuges, etc.
– Les sites officiels des villes, lorsqu'ils existent, se trouvent dans les « Adresses utiles » de chaque ville.

## TABAC

Il est strictement interdit de fumer, en Espagne, dans tous les lieux publics, y compris les cafés, les restaurants et les discothèques, et sur les lieux de travail. Cette interdiction s'applique à toutes les administrations publiques et entreprises privées, aux gares, aéroports, stations de métro, mais aussi aux restaurants, aux bars, aux boîtes et aux espaces extérieurs faisant face aux écoles, hôpitaux et aires de jeux pour enfants. Seule exception : les hôtels peuvent conserver 30 % de leurs chambres pour

### LE TABAC EST DANGEREUX !

*Rodrigo de Jerez, compagnon de Christophe Colomb, adorait fumer. Il fut condamné à 10 ans de prison par l'Inquisition espagnole pour satanisme... En effet, on pensait que seul le diable pouvait sortir de la fumée par la bouche.*

les fumeurs. Désormais, la seule possibilité pour les bars d'accueillir des fumeurs est d'aménager des espaces fumeurs, interdits aux mineurs.

# TÉLÉCOMS, TÉLÉPHONE

## Téléphone

***Appels internationaux***

- ***Espagne → France :*** 00 + 33 puis le numéro de votre correspondant à 9 chiffres (c'est-à-dire le numéro à 10 chiffres sans le 0).
- ***France, Belgique*** ou ***Suisse → Espagne :*** 00 + 34 puis numéro du correspondant à 9 chiffres (lignes fixes comme portables).
- ***Renseignements internationaux pour l'Espagne*** *(depuis la France)* ***:*** *☎ 32-12.*
- ***Espagne → Belgique :*** 00 + 32 puis numéro du correspondant.
- ***Espagne → Suisse :*** 00 + 41 puis numéro du correspondant à 8 ou 9 chiffres.

***Appels intérieurs***

Pour les ***appels locaux*** (par exemple, de Santander à Santander) et ***nationaux*** (par exemple, de Santander à Saint-Jacques-de-Compostelle), on compose le numéro complet à 9 chiffres.
- ***Renseignements nationaux*** *(en Espagne)* ***:*** *☎ 11-818 ou 11-888.*
- ***Renseignements internationaux*** *(en Espagne)* ***:*** *☎ 11-825 ou 11-886.*

## Le téléphone portable en voyage

Depuis juin 2017, un voyageur européen titulaire d'un forfait dans son pays d'origine peut utiliser son téléphone mobile ***au tarif national*** dans les 27 pays de l'Union européenne, sans craindre de voir flamber sa facture. Des plafonds sont néanmoins fixés par les opérateurs pour éviter les excès... Cet accord avantageux signé entre l'UE et ses opérateurs télécoms concerne aussi la consommation de ***données internet 3G ou 4G,*** dont le volume utilisable sans surcoût dépend du prix du forfait national (se renseigner). Par ailleurs, si le voyageur réside plusieurs mois en dehors de son pays, des frais peuvent lui être prélevés...
Dans ces pays donc, plus besoin d'acheter une carte SIM locale pour diminuer ses frais.

***La connexion internet en voyage***

Dans l'Union européenne, en Espagne, la plupart des hôtels, restos, bars, et mêmes certains espaces publics disposent du wifi gratuit : nous signalons du coup lorsque les hébergements n'en proposent pas. Mieux que la connexion 3G et 4G qui peut entraîner des frais en usage intensif, le wifi permet aussi de profiter d'un débit parfois supérieur. Une fois connecté au wifi, vous avez accès à tous les services de la ***téléphonie par Internet. Whatsapp, Messenger*** (la messagerie de *Facebook*), ***Viber, Skype,*** permettent d'appeler, d'envoyer des messages, des photos et des vidéos aux quatre coins de la planète, sans frais. Il suffit de télécharger – gratuitement – l'une de ces applis sur son smartphone. Elle détecte automatiquement dans votre liste de contacts ceux qui utilisent la même appli.

## En cas de perte ou de vol de votre téléphone portable

Suspendre aussitôt sa ligne permet d'éviter de douloureuses surprises au retour du voyage ! Voici les numéros des quatre opérateurs français, accessibles depuis la France et l'étranger :

– **Free :** *depuis la France :* ☎ *3244 ; depuis l'étranger :* ☎ *+ 33-1-78-56-95-60.*

– **Orange :** *depuis la France :* ☎ *0800-100-740 ; depuis l'étranger :* ☎ *+ 33-969-39-39-00.*

– **SFR :** *depuis la France :* ☎ *1023 ; depuis l'étranger :* 📱 *+ 33-6-1000-1023.*

– **Bouygues Télécom :** *depuis la France comme depuis l'étranger :* ☎ *+ 33-800-29-1000.*

Vous pouvez aussi demander la suspension de votre ligne depuis le site internet de votre opérateur.

Avant de partir, notez (ailleurs que dans votre téléphone portable !) votre numéro IMEI utile, pour bloquer à distance l'accès à votre téléphone en cas de perte ou de vol. Comment avoir ce numéro ? Il suffit de taper sur votre clavier *#06# puis reportez-vous au site • *mobilevole-mobilebloque.fr* •

# TRANSPORTS

## Le train

– Toutes les grandes villes du Nord-Ouest sont accessibles facilement, sans changement, soit depuis Madrid, soit depuis Barcelone.

– Pour les détenteurs de la carte *InterRail Espagne,* s'ajoutent les frais de réservation (obligatoire) pour chaque trajet à bord des trains Grandes Lignes de type Arco, Talgo, Diurno, Avant, AVE, Euromed, Alvia, Altaria, Alaris et TRD (4,50-10 €). En fait, il faut savoir qu'étant donné les tarifs relativement peu élevés des trains espagnols et les réductions assez faibles que la RENFE accorde avec les cartes *InterRail,* la formule n'est pas très intéressante pour l'Espagne.

– Presque tous les trains sont maintenant climatisés, même les trains de banlieue (hormis les vieilles voitures).

– Comme dans nombre de pays, le tarif des billets dépend du jour et de l'heure. Ainsi, les plus rapides ne sont pas forcément les plus chers ! Vous trouverez aussi des réductions selon l'âge (enfants et seniors en particulier).

– Sur certaines lignes, les lignes AVE (les TGV espagnols) en particulier, prévoir une bonne marge pour vous rendre à la gare, car les bagages sont passés dans des machines de sécurité du même type qu'aux aéroports : cela prend forcément du temps !

– ***RENFE*** *(Red Nacional de los Ferrocarriles de España)* **:** dans la plupart des gares, en plus des guichets de vente, on trouve un ***service commercial de « atención al cliente ».*** Vous pourrez y obtenir toutes les informations utiles (prix, départs, fréquences, avec ou sans couchettes...). Les employés sont généralement très pros et peuvent même vous sortir un listing, histoire de comparer à tête reposée. ☎ *912-320-320 (nº national).* • *renfe.com* • Bon à savoir : sur certains trains régionaux, on peut acheter le *Bono 10,* une carte de 10 trajets simples, qui offre 15 % de réduction ; elle est valide 1 mois.

– Si vous désirez réserver et retirer vos billets en France, une adresse :

■ ***Iberrail France :*** *14, rue Bruno-Coquatrix, 75009 Paris.* ☎ *01-40-82-63-60.* • *renfe@iberrail.fr* • Ⓜ *Opéra ou Madeleine. Lun-jeu 9h30-13h, 14h-18h30 ; ven 10h-13h, 14h-18h.* Représentant officiel de la RENFE en France. Tout se fera en français, moyennant une petite commission pour certains billets !

## L'avion

En Espagne du Nord-Ouest, les principaux aéroports sont les suivants : ***Asturias*** (près de Gijón et Avilés, en Asturies, comme son nom l'indique), ***Santander*** pour la Cantabrie, et ***Santiago, A Coruña*** (La Corogne) et ***Vigo*** en Galice.

Tous ces aéroports sont desservis par ***Iberia*** et sa filiale *Air Nostrum.* En dehors des Baléares et des Canaries, ***Air Europa,*** autre classique espagnol, ne dessert guère que Madrid depuis Vigo, La Corogne et Bilbao. ***Air France*** *(● airfrance.fr ●)* assure des vols directs Paris-Vigo. La compagnie espagnole *low-cost* ***Vueling*** *(● vueling.com ●)* domine le marché. Outre ses liaisons directes avec Paris (y compris Bilbao, pratique pour rejoindre la Cantabrie), elle dessert tous ces aéroports depuis Madrid et Barcelone, de même que Vigo, La Corogne et Santander. Quant à ***Iberia Express*** *(● iberiaexpress.com ●),* la filiale *low-cost* d'*Iberia,* elle assure des liaisons depuis Madrid vers Vigo et Saint-Jacques-de-Compostelle. La compagnie *low-cost* **Ryanair** *(● ryanair.com ●)* est aussi très présente : elle assure, au départ de Santander et de Saint-Jacques-de-Compostelle, des vols vers la plupart des grandes villes espagnoles. Dernière arrivée sur le marché, ***Volotea*** *(● volotea.com ●)* assure des liaisons avec le sud de l'Espagne ou les Baléares au départ d'Asturias, de Santander et de Vigo.

– ***Informations pour tous les aéroports d'Espagne :*** *☎ 902-404-704, ou 913-21-10-00 depuis l'étranger. ● aena.es ●*

## Le bus

Autant les liaisons internationales en bus peuvent s'avérer longues et éprouvantes (directes avec *Eurolines*), autant les bus sont un recours précieux pour les transports à l'échelle locale. Dans certains secteurs – côtiers en particulier –, ils sont même les seuls à permettre de se déplacer ! Relativement abordables, ils offrent des liaisons assez fréquentes entre les grandes villes, un peu moins en été, toutefois, lorsque les rotations sont plutôt renforcées sur le littoral. Dans les régions isolées, comme la Côte de la Mort, en Galice, ils peuvent ne passer que 2-3 fois par jour (voire moins). Il s'agit alors de ne pas les rater et d'être un peu patient pour enchaîner les villages côtiers !

À contrario, dans certains secteurs, les trains sont plus nombreux que les bus ; nous vous l'indiquons naturellement lorsque c'est le cas.

Seules les villes principales disposent de gares routières ; dans les petites villes et les villages, il s'agit juste d'un arrêt signalé par un panneau ou un auvent (et parfois pas signalé du tout). Dans les principales gares routières, il arrive que l'on trouve un office de tourisme – avec, dans les Asturies et en Cantabrie, des dépliants très pratiques donnant les horaires des bus pour les compagnies *Alsa* et *La Cantábrica,* qui desservent les principales villes. En Galice, la compagnie la plus importante s'appelle *Monbus (● monbus.es ●).* Quant à *Alsa (● alsa.es ●),* elle est bien souvent la seule à proposer des longs trajets, vers Madrid par exemple. La plupart de ses bus sont récents et tout confort (avec clim et vidéo). Pour la Cantabrie, un site internet intéressant permet d'avoir en quelques clics les principales liaisons en bus, dans la communauté ainsi qu'avec les autonomies voisines : *● transportedecantabria.es ●*

## La voiture

– ***Attention :*** comme dans toute l'Europe, sont obligatoires dans tous les véhicules (y compris étrangers) circulant en Espagne, un gilet fluorescent (à conserver ***dans*** l'habitacle, à portée de main, et non dans le coffre), ainsi que deux triangles de signalisation. Le gilet devra être utilisé par tout automobiliste amené à quitter son véhicule sur le bord d'une route, sous peine d'une amende de 90 €.

Les routes sont refaites à neuf à peu près partout, du nord au sud de l'Espagne. De nombreuses autoroutes ont été inaugurées ces 10 dernières années ; elles sont plutôt moins chères qu'en France, voire gratuites. Les *autovías,* qui correspondent à nos « voies express » (quatre voies), sont, elles, toujours gratuites. Pour le reste, les Espagnols sont assez respectueux des autres et globalement moins hargneux et impatients : pas d'insultes, pas de coups d'avertisseur permanents... mais peu d'utilisation du clignotant, non plus !

– ***Attention :*** choisissez de préférence des parkings gardés et, surtout, ne laissez rien traîner sur les sièges ou sur la plage arrière. Les bris de glace, même pour voler quelques livres, sont fréquents dans les voitures immatriculées à l'étranger. Conseil : laissez ostensiblement un journal espagnol national ou, encore mieux, régional, ça marche !
– Les ***limitations de vitesse*** sont de 120 km/h (voire 130 km/h) sur autoroute *(autopista)* ou voie rapide *(autovía)* et de 90 km/h sur les routes à chaussée unique, parfois ramenée à 50-70 km/h pour les routes étroites. Bref, surveillez les panneaux, les changements de limitation sont très fréquents... Il n'est pas rare, en effet, qu'on rencontre trois ou quatre panneaux différents sur un tronçon de quelques kilomètres seulement ! En agglomération, si vous ne respectez pas la limitation (20-50 km/h selon le lieu), des feux clignotants vous rappelleront probablement à l'ordre en passant subitement au rouge. La Cantabrie en a installé partout ou presque ; on en compte un peu moins dans les Asturies et en Galice. Et, malgré les apparences, le port de la ceinture est obligatoire. Important également : les stops ne sont pas toujours marqués par une bande blanche au sol.
– Le taux maximum autorisé d'alcoolémie est de 0,5 g/l (0,3 g/l pour les conducteurs possédant le permis depuis moins de 2 ans).
– Il est interdit de téléphoner au volant, y compris avec un kit mains libres.

#### Location de voitures

Vous trouverez dans toutes les gares ferroviaires importantes ou les aéroports des agences de location de voitures, dont les représentants des grandes compagnies internationales. Certaines agences locales proposent des tarifs attractifs.

■ ***BSP Auto :*** *☎ 01-43-46-20-74 (tlj).* *• bsp-auto.com •* Les prix proposés sont attractifs et comprennent le kilométrage illimité et les assurances. *BSP Auto* vous propose exclusivement les grandes compagnies de location sur place, vous assurant un très bon niveau de services. Les plus : vous ne payez votre location que 5 jours avant le départ. Remise spéciale de 5 % aux lecteurs de ce guide avec le code « ROUTARD18 ».

■ Également ***Hertz*** : *• hertz.fr • ☎ 0825-861-861 (0,18 €/mn + prix d'un appel), lun-sam 8h-23h.* ***Europcar :*** *• europcar.fr • ☎ 0825-358-358 (0,15 €/mn + prix d'un appel), tlj, 7h-22h.* ***Avis :*** *• avis.fr • ☎ 0821-230-760 (0,15 €/mn + prix d'un appel).*

## TRAVAIL BÉNÉVOLE

■ ***Concordia :*** *64, rue Pouchet, 75017 Paris. ☎ 01-45-23-00-23. • info@concordia.fr • concordia.fr • Ⓜ Brochant ou Guy-Môquet.* Envoi gratuit de brochure sur demande par téléphone ou e-mail, et des délégations dans 10 régions de France. Travail bénévole. Logé, nourri. Chantiers très variés, concentrés essentiellement sur la période estivale pour l'Espagne : restauration du patrimoine, valorisation de l'environnement, travail d'animation... Places limitées. Également des stages de formation à l'animation et des activités en France. Sachez toutefois que les frais d'inscription coûtent entre 120 et 160 € selon la destination et que le voyage, l'assurance et les formalités d'entrée sont à la charge du participant.

## URGENCES

■ ***Urgences*** *(ambulances, pompiers, police) :* *☎ 112.* Numéro d'urgence commun à la France et à tous les pays de l'UE, à composer en cas d'accident, d'agression ou de détresse. Il permet de se faire localiser et aider en français, tout en améliorant les délais d'intervention des services de secours.

– ***Urgences médicales :*** ☎ *061.* La Galice et la Cantabrie ont conservé ce numéro en plus du **112.**
– ***Pompiers*** *(bomberos)* **:** ☎ *080.*
– ***Policía nacional :*** ☎ *091.*
– ***Guardia urbana :*** ☎ *092.*
– En cas de perte ou de vol de l'un de vos biens, faites une déclaration au commissariat le plus proche. S'il s'agit d'une carte de paiement, faites immédiatement et impérativement opposition (voir plus haut la rubrique « Argent, banques, change »).
– En cas de gros pépin, contactez le ***consulat général de France de Bilbao*** : *c/ Iparraguirre, 26 (5e étage droite), 48011 Bilbao.* ☎ *94-425-51-80. Fax : 94-423-88-12. Tél urgence w-e et j. fériés :* 📱 *669-93-90-76.* • *ambafrance-es.org/bilbao* • Ⓜ *Moyua. Lun-ven 9h-13h.* Également des consulats honoraires à ***Gijón***, à ***La Corogne*** et à ***Vigo.***

## Avoir un passeport européen, ça peut être utile !

L'Union européenne a organisé une assistance consulaire mutuelle pour les ressortissants de l'UE en cas de problème en voyage. Vous pouvez y faire appel lorsque la France (c'est rare) ou la Belgique (c'est plus fréquent) ne disposent pas d'une représentation dans le pays où vous vous trouvez. Concrètement, elle vous permet de demander assistance à l'ambassade ou au consulat (pas à un consulat honoraire) de n'importe quel État membre de l'UE. Leurs services vous indiqueront s'ils peuvent directement vous aider ou vous préciseront ce qu'il faut faire.
***Leur assistance est, bien entendu, limitée aux situations d'urgence :*** décès, accidents ayant entraîné des blessures ou des lésions, maladie grave, rapatriement pour raison médicale, arrestation ou détention. En cas de ***perte ou de vol de votre passeport,*** ils pourront également vous procurer un ***document provisoire*** de voyage.
Cette entraide consulaire entre les membres de l'UE ne peut, bien entendu, vous garantir un accueil dans votre langue. En général, une langue européenne courante sera pratiquée.

# LA CANTABRIE



• Carte *p. 72-73*

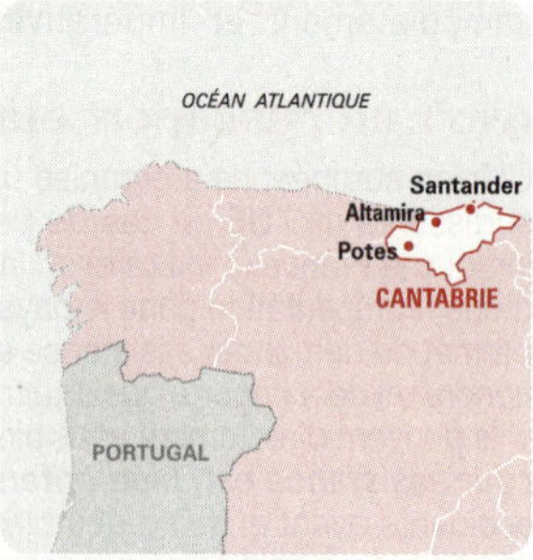


**Le voyageur qui vient du nord-est ne remarque pas vraiment qu'il vient de quitter le Pays basque (qui fait l'objet d'un guide spécifique) pour pénétrer en Cantabrie. La longue côte qui va de l'Adour en France au río Minho au Portugal (río Miño côté espagnol) représente un ensemble homogène : falaises échancrées de *rías,* ces longues vallées envahies par la marée haute, criques et ports de pêche, omniprésence du genêt et du pin maritime. Le climat océanique, frais ou doux mais humide, domine. Voilà la Normandie espagnole !**
**Serrée entre la Biscaye et les Asturies, la Cantabrie, région agricole, s'efforce de jouer ses deux grands atouts touristiques : une longue côte aux belles plages et le massif des Pics d'Europe (voir le prochain chapitre), le plus grand parc national d'Espagne. On peut randonner le matin au milieu des airelles et se baigner le soir dans l'Atlantique – les frileux auront tout de même un peu de mal à se glisser dans l'eau fraîche. Ajoutons les larges vallées, les sources de l'Èbre et l'immense lac de retenue qui canalise le fleuve dès sa naissance, plusieurs zones de protection de la nature, tous ces paysages constituent un trésor naturel étonnant pour une aussi petite région (5 300 km²). Et comme Santander, la capitale, abrite 174 000 des 589 000 habitants que compte la Cantabrie, on n'est jamais gêné par la foule, sauf parfois en été, dans quelques stations balnéaires.**

## UN PEU D'HISTOIRE

L'histoire de la Cantabrie commence au Paléolithique : les grottes d'Altamira, comparables à Lascaux et inscrites au Patrimoine mondial de l'Unesco, représentent d'ailleurs l'un des plus beaux témoignages de la préhistoire mondiale. On dénombre plus de 6 500 grottes dans la région, dont environ 60 sont ornées de peintures rupestres, faisant de la Cantabrie une sorte de Périgord espagnol. Aux hommes du Paléolithique succède un peuple celte, les Cantabres, résistants acharnés à une invasion romaine qui ne leur fait pas de cadeaux : les Cantabres sont pratiquement exterminés, ou réduits en esclavage dans le meilleur des cas.
Au Moyen Âge, la Cantabrie devient l'un des principaux itinéraires compostellans. La côte, abritée par les montagnes, donc préservée des invasions arabes, offre aux pèlerins, dès le X^e s, une route sûre qui permet de rejoindre Compostelle. Ce « chemin du nord » a laissé des traces, ermitages isolés et superbes monastères. À cette époque émerge également une noblesse possédante, dévouée aux rois de Castille : les châteaux témoignent encore de leur puissance.

La Cantabrie reste ensuite pendant des siècles dans l'ombre de la Castille. Ne disposant pas des ressources minières des Asturies ni de la puissance économique des Basques, la province profite pourtant largement de la vogue touristique de la fin du XIXe s. L'architecture balnéaire cantabre est certainement la plus intéressante de la côte, et ce n'est pas un hasard si Gaudí est venu y travailler. On constate avec joie que la région s'avère aujourd'hui l'une des mieux préservées d'Espagne : dès que l'on quitte les grands axes, on se trouve vite dans des paysages d'une rare beauté.

## BON À SAVOIR

Une manière intéressante de visiter la côte est de prendre le train omnibus côtier du réseau *FEVE-RENFE.* • *renfe.com* • Il s'arrête dans toutes les petites gares, offre de superbes panoramas et reste très bon marché.
On retrouve aussi tout le détail des transports (en bus, en train) sur • *transportedecantabria.es* •



# LA CÔTE ORIENTALE



**C'est la Côte d'Azur locale, donc très touristique en juillet-août quand le thermomètre daigne grimper de quelques degrés. Dès la fin août, les stations balnéaires se vident, et on apprécie mieux les beaux panoramas et les ruelles moins encombrées. Pour gagner les petites routes menant à la mer et livrant parfois d'heureuses surprises, il faut quitter la voie rapide qui longe la côte. Face à l'océan, le meilleur peut côtoyer le pire, des ports charmants succéder à des stations hyper touristiques et des plages encombrées suivre des criques vraiment désertes. À vous de dégoter les bons spots !**

## CASTRO URDIALES (39700) 32 200 hab.

**Quand on vient du nord, c'est la première station balnéaire. Ce petit village de pêcheurs était si séduisant qu'il est devenu, dès la fin des années 1880, une station touristique à la mode.**
**C'est d'ailleurs l'architecture balnéaire fin XIXe s qui frappe le plus. Le front de mer déploie beaucoup de très beaux exemples de villas ou de châteaux modernistes (ce mouvement espagnol, cousin de l'Art nouveau). La promenade le long de la plage, en passant par les jolies ruelles du centre ancien, est bien agréable. On grimpe ensuite jusqu'à l'église pour admirer la vue sur le port, en écoutant le piaillement des mouettes. Dépaysant !**

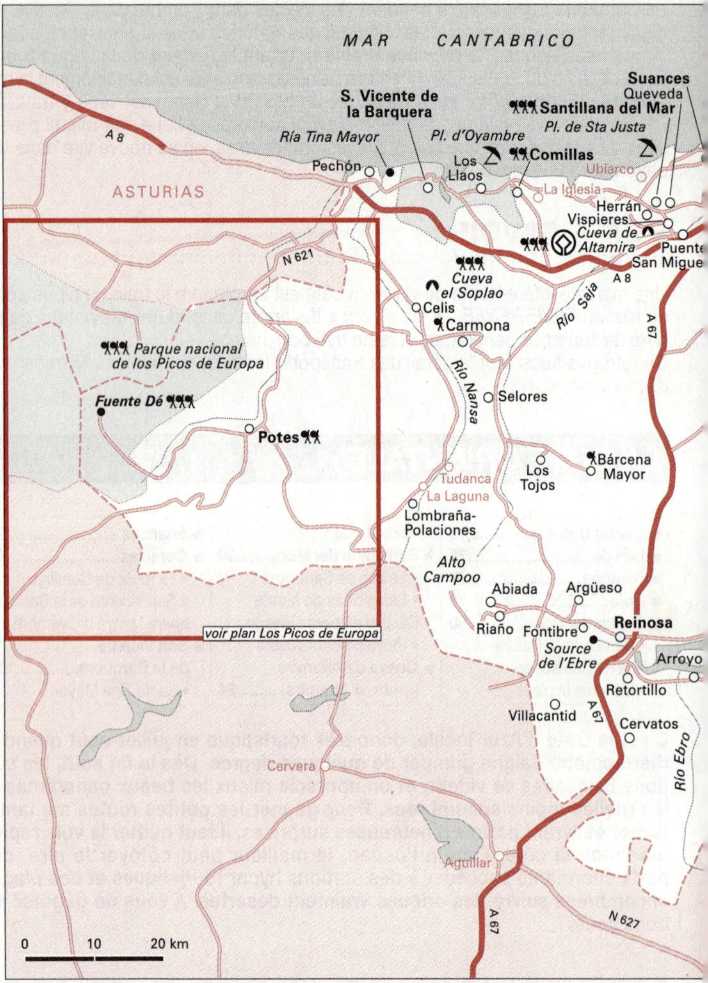


## Arriver – Quitter

🚌 ***Gare routière :*** *c/ Leonardo Rucabado, 42.* ☎ *902-42-22-42.* Avec *Alsa (● alsa.es ●),* vers ***Santander*** (via Laredo) en moyenne 1 bus/h, 6h30 (10h30 le w-e)-21h45 (1h de trajet) ; idem depuis Santander vers Castro, 7h-20h. Également 2 bus/j. vers ***San Sebastián,*** et 1 ou 2 vers ***Oviedo.***

# LA CANTABRIE

## Adresse utile

**Oficina de turismo :** *avda de la Constitución (sur le port), parque Amestoy.* ☎ *942-87-15-12.* • *turismodecantabria.com* • *Tlj 9h30-14h, 16h-19h (9h-21h en été).* Accueil souriant et en français.

## Où dormir ?

### Camping

⛺ ***Camping de Castro :*** *barrio Compijo, s/n, bajo. ☎ 942-94-48-97. • info@campingdecastro.com • campingdecastro.com • Depuis le centre, traverser tte la ville par la N-634, puis prendre à gauche au niveau de la plaza de Toros ; bien fléché ensuite. Fermé déc-fév. Env 26 € pour 2 pers avec tente et voiture.* Joliment situé, en haut d'une colline donc forcément un peu isolé. La voiture est indispensable pour rejoindre le centre-ville et les commerces... On s'y est senti un peu entassé, mais on vous l'indique parce que c'est le seul dans le coin. Snack-bar, supérette, piscine.

### De bon marché à prix moyens (30-65 €)

🏠 ***Pensión La Marina :*** *La Plazuela, 16. ☎ 942-86-13-45. 📱 659-53-61-28. • lamarinacastrourdiales@gmail.com • Resto tlj (sauf mar oct-mai). Résa conseillée. Doubles sans sdb 32-50 €.* Une douzaine de chambres seulement, dont certaines donnent face au port, pas plus chères, mais réservez-les au plus vite ! Toutes simples et bien tenues, elles se partagent les salles de bains. L'accueil de Laura, la patronne, est adorable.

🏠 ***Hostal Catamaran :*** *c/ Victorina Gaínza, 3. ☎ 942-78-41-37. • hostalcatamaran@hotmail.es • hostalcatamaran.com • Dans une rue perpendiculaire à la Grand-Rue, à deux pas du mercado comunal. Au 1er étage. Doubles 49-72 € selon saison.* Ne vous arrêtez pas à la façade moderne sans charme. La vingtaine de chambres, au style clair et contemporain, offrent un bon confort malgré une vue sur cour ou sur rue sans intérêt. Seul bémol : les salles de bains un peu étriquées. L'accueil est charmant.

## Où manger ?

|●| ***Mesón Marinero :*** *c/ Correría, 19. ☎ 942-86-00-05. • info@mesonmarinero.com • Pincho env 2 €, raciones min 12 € ; menu 31 € ; carte env 40 €.* Sous ses airs de resto populaire, c'est pourtant l'une des meilleures tables de la ville, donc forcément pas à petits prix... Agréable terrasse sous les arcades de la néogothique *casa de los Chelines.* Le bar croule littéralement sous un amoncellement de tapas. La salle affiche un décor nautique chic de bois et laiton. La fraîcheur des poissons et fruits de mers, simplement travaillés, laissera un bon souvenir.

|●| Également le resto de la ***Pensión La Marina*** (voir « Où dormir ? »). *Menus en sem 13 €, w-e 16-21 € ; carte 25-30 €.*

## À voir. À faire

***Les plages :*** la commune en compte six, notamment, au centre, la belle plage de Brazomar (qui serait parfaite sans ces immeubles disgracieux).

***Iglesia Santa María :*** *lun-sam mat 10h-12h, 16h-18h.* Perchée sur un promontoire, elle date des débuts du gothique espagnol (XIIIe s). Trois nefs flanquées, entre les XVIIe et XIXe s, de chapelles. La structure générale évoque celle d'une basilique. À l'intérieur, superbe Vierge en pierre polychrome du XIIIe s.

***Castillo** (château) :* du XIVe s, il domine le port. Vous aurez deviné que le phare fut ajouté plus tard (au XIXe s). Expos temporaires l'été. Du château, l'arche unique d'un antique pont romain mène jusqu'à l'ermitage Santa Ana.

## Fêtes et manifestations

– ***La Passion vivante :*** *le Vendredi saint (en 2018 le 30 mars, en 2019 le 19 avr).* Dans les rues de la vieille ville. Les acteurs sont les habitants.
– On fête successivement ***san Juan*** *(la nuit du 23 au 24 juin),* et ***san Pelayo,*** patron de la ville *(26 juin).* Les habitants ont pour coutume de se baigner ce soir-là... à la fraîche !
– ***El Coso Blanco :*** *1er ven de juil.* Fête nocturne avec feux d'artifice et un défilé de chars décorés de manière assez extravagante.
– ***San Andrés*** (le patron des pêcheurs) ***:*** *30 nov.* Fête familiale : on se retrouve tous au restaurant à déguster des escargots.



# LAREDO

(39770) 11 800 hab.

**Certes, la vieille ville est considérée comme l'une des plus belles d'Espagne... Sauf qu'elle a été largement phagocytée par la station balnéaire pas des plus réussie. Il faut donc faire preuve d'un peu d'abnégation pour oublier l'urbanisation massive de la « capitale de la Côte d'Émeraude ». La force de Laredo, c'est sa plage, l'une des plus belles de l'Espagne atlantique. Ici, la pêche reste, malgré le tourisme, l'activité principale.**

## Arriver – Quitter

### En bus

***Station de bus :*** *c/ Reconquista de Sevilla. ☎ 902-42-22-42. • alsa.es • À côté de l'office de tourisme.*

➢ ***Bilbao :*** 1 liaison ttes les 30 mn-1h30, 6h40-21h10, certaines via ***Castro Urdiales.*** Depuis Bilbao, ttes les 30 mn-1h, 7h30-23h15. Env 50 mn de trajet.

➢ ***Santander :*** 1 bus ttes les heures, 7h-2h30 du mat (certains via ***Noja*** et ***Santoña***). Depuis Santander, départs 6h-21h. Trajet : 45 mn-1h10 selon les arrêts.

### En train

La gare *FEVE* de ***Treto*** n'est qu'à 5 km de Laredo, et elle est desservie par la ligne ***Santander-Bilbao*** : env 3 liaisons/j. Plus long que le bus.

## Adresses utiles

***Oficina de turismo :*** *alameda de Miramar, s/n. ☎ 942-61-10-96. • laredoturismo.es • Tlj 9h30-13h30, 16h-19h (9h-21h en été).* Accueil très serviable.

***Taxis :*** *pl. Cachupin, s/n. ☎ 942-60-52-83.*

***Club nautique :*** *au bout de l'avda Emilio Caprile Poloni, sur la pointe. ☎ 942-60-58-12. • rcnlaredo.es •*

## Où dormir ?

### Campings

***Camping Carlos V :*** *avda Derechos Humanos, 15. ☎ et fax : 942-60-55-93. Ouv mai-oct. 18-24 € pour 2 pers avec tente et voiture selon saison. Pas de wifi.* Petit camping dont la principale qualité est la situation : assez proche de la vieille ville (15 mn à pied) et à moins de 100 m de la plage principale.

Propre, ombragé, mais on y est cerné par des immeubles et très à l'étroit (on profite donc, en saison, des voisins qui font la fête). Accueil sympathique de Miguel, le patron, qui parle un excellent français.

⛺ ***Camping Playa del Regatón :*** *avda Regatón, 8. ☎ 942-60-69-95. • recepcion@campingplayaregaton.com • campingplayaregaton.com • Plage indiquée depuis le centre, puis c'est fléché. Fermé oct-mars. Env 26 € pour 2 pers avec tente et voiture.* Comme son nom l'indique, il est situé à la limite même de la plage El Regatón, moins envahie que celle de la ville. Bien équipé, calme, agréable ; les emplacements sont assez larges et suffisamment ombragés par les allées de platanes. On aime surtout son accès direct à la plage, un vrai bonus !

⛺ ***Camping Laredo :*** *c/ República de Filipinas, 2. ☎ 942-60-50-35. • info@campinglaredo.com • campinglaredo.com • À env 400 m du camping Playa del Regatón. Fermé hors saison. Ouv Semaine sainte, puis de mi-mai à mi-sept. Env 31 € pour 2 pers avec tente et voiture.* Camping bien équipé (bar, resto, piscine, supermarché), vaste et moderne (mais il n'y a pas d'ombre partout...), situé à 300 m de la plage El Regatón. Les espaces sont divisés : les jeunes d'un côté, les familles de l'autre, et les familles espagnoles à part (les Espagnols seraient-ils plus bruyants ?!).

## De bon marché à prix moyens (20-65 €)

🏠 ***Albergue El Buen Pastor :*** *c/ Fuente Fresnedo, 1. ☎ 942-60-62-88. • buenpastorfm@telefonica.net • alberguebuenpastor.com • Doubles 29-51 € (sdb commune ou privée) selon saison ; chambres 5 pers 65-85 € selon saison. Tarif pèlerin : nuitée 13 €/pers. CB refusées.* Comme le nom l'indique, vous êtes reçu par des religieuses. Donc vous êtes accueilli gentiment ; les chambres sont nickel, très kitsch, petites fleurs, couettes rose bonbon et, bien sûr, images pieuses. Le calme règne, évidemment ! En accès libre : machine à laver, cuisine (avec frigo, notamment), salle TV et chapelle !

🏠 ***Albergue Casa de la Trinidad :*** *c/ San Francisco, 22-24. ☎ 942-60-66-00. • trinicom@telefonica.net • casadelatrinidad.cantabriamusical.com • Un grand portail métallique permet d'accéder, au fond de la ruelle, à l'auberge. Selon saison, nuitée 16-21 €/pers en dortoir ou chambre de 2 lits simples ; réduc pèlerin.* Si vous aspirez au calme et au recueillement, voici une adresse tenue, cette fois encore, par des sœurs (d'un ordre différent) qui vous accueillent au sein même du couvent de San Francisco. Le décor, l'atmosphère et la largeur des lits s'en ressentent, mais l'accueil est gentil et l'ensemble très bien tenu.

## De chic à très chic (de 65 à plus de 120 €)

🏠 ***Hotel El Ancla :*** *c/ González Gallego, 10. ☎ 942-60-55-00. • ancla@cantabriainter.net • hotelelancla.com • Doubles 75-149 € selon saison, petit déj inclus.* À 100 m de la plage, bordée par un jardin fleuri et par une terrasse, cette grosse villa a de l'allure : hall avec moquette écossaise, pierres apparentes, bois sombres et laitons qui brillent. Service discret et attentionné. Les grandes chambres climatisées, dont certaines avec terrasse, adoptent tantôt un style classique, tantôt des tons bien plus modernes et épurés. On a bien aimé celles aménagées dans des petites maisons indépendantes en rez-de-chaussée. Charmant mais prix largement exagérés en saison !

# Où manger ?

🍴 ***Restaurante Guti :*** *c/ Ruamayor, 7. ☎ 942-60-56-74. Dans la vieille ville. Tlj juil-sept, le reste de l'année fermé mer. Congés : 2de quinzaine d'oct.*

*Menus 13-22 € ; carte env 20 €.* Entre la salle à manger d'un jaune éclatant et la carte proposant de bons produits variés, on est vite séduit par ce petit resto. Les poissons sont succulents, cuits à point, le service est rapide et attentionné, la carte des vins de très belle tenue, surtout pour les riojas. Si c'est plein, allez chez les voisins, c'est LA rue des tapas !

## À voir. À faire

***Le quartier ancien :*** s'y promener le soir ou par un après-midi ensoleillé afin de profiter de ses rues fraîches aux maisons blasonnées. Ne pas manquer l'*ayuntamiento* du XVIe s avec ses jolies colonnes, le marché à l'architecture en fer du début du XXe s, la *iglesia N. S. de la Asunción* et son splendide retable flamand, la jolie *plazuela Marqués de Albaida* et le couvent San Francisco.

***Playa de la Salvé :*** 5 km de sable fin à deux pas du centre. Une des plus belles plages de l'Espagne du Nord effectivement. Si l'on arrive à fermer les yeux sur les immeubles années 1970 qui la bordent... De l'autre côté de la pointe (el Puntal), elle se prolonge par la ***playa del Regatón,*** un peu moins urbanisée.

## Fête et manifestations

– ***N. S. del Carmen :*** *16 juil.* Une procession maritime dans la rade.
– ***Bataille de fleurs :*** *dernier ven d'août.* Défilé en ville de chars réalisés avec des fleurs naturelles.
– ***Fête du débarquement de Charles Quint :*** *le w-e suivant le 15 sept.* Déguisements, marché d'époque et folklore au programme.

# SANTOÑA

(39740) 11 200 hab.

**Il faut, pour gagner Santoña, pénétrer au cœur des marais de l'estuaire de l'Asón, un secteur protégé qui, avec ses 3 500 ha, s'avère l'un des plus importants d'Espagne. Ces zones humides et les oiseaux qui aiment s'y poser font tout l'intérêt de cette petite ville, bien discrète par rapport à ses voisines de cette portion de côte. C'est d'ailleurs Santoña qu'on a le plus appréciée pour son charme et son animation gentiment familiale à la nuit tombée. Au tourisme (malgré quelques jolies plages), Santoña continue de préférer ses activités traditionnelles, à commencer par la pêche : les baleiniers ont fait vivre la ville du XVIIe au XIXe s et, aujourd'hui encore, les anchois de Santoña sont renommés dans toute la Cantabrie sinon au-delà.**

### Adresse et info utiles

***Oficina de turismo :*** *c/ Santander, 5. ☎ 942-66-00-66. • turismosantona.es • Tlj 10h-14h, 17h-20h ; hors saison, mar-dim 9h-16h, fermé lun.*
– ***Marché :*** *c/ Sor María del Carme.* Très animé le samedi matin.

## Où dormir ? Où manger ? Où boire un verre ?

### Camping

**Camping Playa de Berria :** *Dueso, playa de Berria.* ☎ *942-66-22-48. Depuis le centre-ville, direction playa Berria, c'est fléché. Fermé hors saison. Ouv Semaine sainte et de mi-juin à début sept. Emplacement 2 pers env 23 €. Pas de wifi.* À l'extérieur de Santoña, accolé à un cimetière et à la prison, le camping surplombe la belle plage de Berria, l'une des plus séduisantes de cette portion de côte. Il héberge d'ailleurs presque exclusivement des surfeurs ; ambiance jeune et festive. Bon accueil, resto à petits prix. N'oubliez toutefois pas votre parasol, le camping manque cruellement d'arbres.

### Auberge de jeunesse

**Albergue municipal :** *ctra Santoña-Cicero ; à l'entrée de la ville sur la route de Cicero.* ☎ *942-66-20-08. • reservas@alberguedesantona.com • alberguedesantona.com • Depuis Laredo, grand bâtiment moderne à droite avt l'entrée de la ville. Nuitée en dortoir 18-19 € avec petit déj, et 9,30 € pour les pèlerins, sur présentation de la* credencial. *Carte FUAJ obligatoire. CB refusées. Pas de wifi.* Auberge construite le long de la *ría,* offrant de nombreux services et activités : piscine, salle de sport, location de kayak... Les dortoirs, pas bien grands mais modernes et propres, possèdent chacun leur salle de bains. Amusant, les fenêtres du couloir donnent sur le hangar à bateaux.

### De prix moyens à chic

**Alojamiento Buciero :** *c/ Manzanedo, 1.* 📱 *653-98-65-44. • reservas@alojamientobuciero.com • alojamientobuciero.com • Sur la pl. San Antonio, la place principale du quartier piéton. Réception au café* El Buciero. *Doubles 55-80 €, petit déj inclus. Familiales aussi.* Fuchsia, rouge ou violet, la poignée de jolies chambres exhibent leurs couleurs pimpantes, bien loin des classiques cantabriques. Miroirs patinés, cadres dorés, mosaïques et douches à l'italienne confortent le style moderne et frais de cette maison. En soirée, la place est animée, mais les foules familiales s'évaporent à la nuit tombée, et le bruit avec. Le petit déj se prend au troquet au-dessous, entre TV et machine à sous.

**Don Vino :** *c/ Cervantes, 9.* 📱 *649-76-35-96 ou 617-15-07-06. Tlj, sauf dim soir et lun.* Pintxo *env 2 €,* ración *env 8 €.* Ça se bouscule au comptoir ! À peine plus grande qu'un mouchoir de poche (OK, on exagère un peu), cette cave à vins accueille son lot d'habitués qui se pressent collés-serrés devant les vitrines d'excellentes tapas, aussi colorées que travaillées. Un bon p'tit cru chipé au bar, et on se mêle à l'animation nocturne, autour d'un fût déjà bien encombré.

## Achats

Impossible ou presque de passer par Santoña sans se charger de quelques boîtes d'***anchois*** à l'huile d'olive, réputés (à juste titre) pour être les meilleurs de cette côte. Toutes les conserveries, installées dans la zone industrielle (à gauche, à l'entrée de la ville quand on arrive de Castro Urdiales), disposent de magasins d'usine qui pratiquent des prix largement inférieurs à ceux des boutiques de souvenirs de Santillana del Mar... Attention, les conserveries n'ouvrent pas tous les jours.

## À voir. À faire

**Iglesia Santa María del Puerto :** *c/ de O'Donnell.* Édifiée entre les IXe et XIIe s, maintes fois modifiée depuis, notamment au XVIe s. Les éléments architecturaux des diverses époques cohabitent assez harmonieusement. Inévitables retables baroques (XVIIe s) à l'intérieur.

**Balade en bord de mer :** à la fraîche de bon matin ou le soir à l'heure du *paseo,* une promenade appréciable qui mène jusqu'à un promontoire gardé par une statue de la Vierge (tout à gauche quand vous êtes face à la mer).

**Les marais :** classés réserve naturelle depuis 1992, ils abritent des milliers d'oiseaux qui y hivernent ou s'y posent lors de leur long périple vers l'Afrique. Des observatoires aménagés permettent de découvrir (prévoir des jumelles) des hérons en nombre, des cormorans huppés et quelques rapaces.

# NOJA

(39180) 2 600 hab.

**Capitale de la corniche cantabre, à 10 km à l'ouest de Santoña, Noja est située au sommet d'une colline d'où l'on ne voit pas la mer. Il faut descendre vers les plages pour profiter de la vue. Mieux vaut loger dans les villages alentour, beaucoup plus mignons et agréables, car Noja est grignotée par les résidences de vacances. Les plages restent attirantes, notamment la *playa de la Helguera,* au cœur d'une zone protégée, la *playa de Ris* et les plages que l'on atteint par le petit village d'Ajo (comme celle de *Cuberris*).**



## Arriver – Quitter

### En bus

Desservi par *Alsa* : ☎ 902-42-22-42. • alsa.es •

➢ ***Ligne Noja-Santoña-Laredo :*** dans les 2 sens, env 1 bus ttes les 2h (8h-22h depuis Noja, 7h-21h depuis Laredo) ; un peu plus en été. Trajet : 55 mn pour Laredo, 20 mn pour Santoña.

➢ ***Ligne Santander-Noja :*** en été, 4 A/R par j. en sem, 3 le w-e ; le reste de l'année, 2 A/R par j. Trajet : 1h-1h20 selon les bus.

➢ Également 1 bus le dim soir ***Noja-Bilbao*** ; et de Bilbao vers Noja, 1 bus le ven soir et 1 le sam mat. Trajet : 1h20-1h30.

## Adresse utile

***Oficina de turismo :*** *pl. de la Villa, s/n.* ☎ *942-63-03-06.* • *nojaescapada.com* • *En été, lun-sam 9h-21h, dim 10h-13h30 ; avr-juin et sept, lun-sam 9h30-13h30, 16h-19h ; fermé dim. Hors saison, lun-ven 9h30-13h30 ; sam 9h30-13h30, 16h-18h ; fermé dim.*

## Où dormir chic ?

***Hotel Pineda Playa :*** *avda de Los Pinares, 63, playa de Ris.* ☎ *942-63-14-66.* • *info@hotelpinedaplaya.com* • *hotelpinedaplaya.com* • *Au bout de la plage de Ris. Doubles avec sdb 65-120 € selon saison, petit déj 7 €.* Hôtel joliment situé, dominant la plage et la petite côte rocheuse qui la prolonge. Le bâtiment bleu et blanc est un genre de pastiche néoclassique avec des balcons en fer forgé. Chambres spacieuses et confortables, décorées dans des tons frais de bleu et de jaune. Toutes disposent d'un balcon avec vue superbe sur la plage et les rochers. Accueil souriant.

## Où dormir dans les environs ?

### De prix moyens à plus chic (de 45 à plus de 100 €)

**Hostería de Arnuero :** *barrio Palacio, 17, 39194* **Arnuero.** *☎ 942-67-71-21. • info@hosteriadearnuero.es • hosteriadearnuero.es • Dans la rue principale du village. Fermé nov-mars. Pas de repas le lun. Doubles 47-90 € selon confort et saison, petit déj 5 €.* Dans une maison-tour du XVᵉ s, cette *casona* (maison noble cantabre) en pierre grise, entourée de hauts murs et d'un joli jardin, a beaucoup de charme. Le bois clair s'impose au cœur de la déco soignée qui fleure bon la campagne. Les chambres sont, dans l'ensemble, plutôt haut de gamme, l'ambiance reste celle d'une maison de famille chaleureuse. Le bon plan est d'y choisir une chambre sous les combles (*ático,* les moins chères) pour profiter du lieu à moindre coût. Resto sur place.

# SANTANDER

(39000) 174 000 hab.

• Plan *p. 82-83*

**Quand on y débarque pour la première fois en traversant une périphérie ultra-urbanisée, avec ses barres d'immeubles, son lot de concessionnaires et son ballet de grues sur les quais, difficile de trouver le moindre charme à Santander, capitale de la Cantabrie depuis 1983. Et pourtant, à mesure que l'on s'approche du centre-ville, les jolies façades colorées se dessinent au loin, le long de la balade piétonne du front de mer et de jolies plages. En poussant jusqu'au phare du Cabo Mayor, on réalise enfin toute la splendeur de cette baie.**

**En grande partie détruite par un incendie en 1941 et consciente de son manque de monuments anciens, Santander a décidé d'en construire de nouveaux : après l'étonnant palais des Sports prolongé du contemporain Parque de las Llamas, c'est Renzo Piano à qui l'on doit, entre autres, le Centre Pompidou à Paris, qui a planché sur un projet de complexe culturel sur le front de mer (le *Centro Botín,* ouverture prévue en 2017). En résumé, la ville mérite bien une escale de 2 jours pour visiter ses musées passionnants, crapahuter dans son beau jardin public de la péninsule de Magdalena et tâter la vie nocturne qui anime les rues tous les soirs.**

## UN PEU D'HISTOIRE

La ville a été, à priori, fondée par les Romains au Iᵉʳ s av. J.-C. Chassés de leurs terres par les Maures, les Castillans s'y installent. Ils emportent dans leurs bagages les reliques de deux saints dont l'un, sancti Emetherii, donnera son nom définitif à la ville. Santander reste historiquement rattachée à la Vieille-Castille. Le roi Alfonso VIII accorde de larges privilèges au port qui se développe considérablement du XIIᵉ au XVIᵉ s : pêche, commerce avec l'Angleterre et les Flandres, installation de grands chantiers de construction navale.

C'est à la fin de ce même XIXᵉ s que Santander s'affirme comme la station balnéaire de l'aristocratie espagnole : même le roi Alfonso XVIII y passe ses vacances en famille.

## Arriver – Quitter

### En bus

**Estación de autobuses** *(plan B2)* **:** *pl. de las Estaciones.* ☎ *902-21-19-95.* Les départs se font du sous-sol de la gare. *Office de tourisme* en été slt.

■ **Alsa :** ☎ *902-42-22-42.* ● *alsa.es* ● Pour ttes les destinations suivantes :
➢ **Laredo :** env 1 bus ttes les heures, 6h-20h30. Même fréquence depuis Laredo, 7h45-minuit. Durée : 35-45 mn.
➢ **Bilbao :** min 1 bus ttes les heures, parfois ttes les 30 mn, 6h-22h (et 1 bus vers 3-4h du mat). Depuis Bilbao, même fréquence 6h-23h30. Durée : 1h30.
➢ **Irún et la France :** env 10 bus/j., 6h-20h30, et 1 bus vers 3-4h du mat. Depuis Irún, env 12 bus/j., 6h45-23h55. Durée : 3-4h.
➢ **San Vicente de la Barquera ou Llanes :** 5-6 bus/j., 8h30-19h30. Dans l'autre sens, 8h15-22h30. Également 1 bus de nuit dans les 2 sens. Compter env 1h entre Santander et San Vicente, et encore 30 mn jusqu'à Llanes.
➢ **Ribadesella :** 2 bus/j. dans les 2 sens (nuit et ap-m depuis Santander, mat de Ribadesella). Durée : 1h30-2h30.
➢ **Arriondas :** 2 bus/j. dans les 2 sens (mat et ap-m). Env 2h30 de trajet.
➢ **Oviedo et Gijón :** 8-12 bus/j., 7h15-20h15 et 1 départ de nuit. Depuis Gijón 7h15-19h15 (au moins), depuis Oviedo 7h45-19h45, et 1 départ de nuit depuis les 2 villes. Durée : 2-3h pour Oviedo, 30 mn de plus pour Gijón.

■ **Autobuses La Cantabrica :** ☎ *942-72-08-22.* ● *lacantabrica.net* ● Dessert les villes côtières entre Santander et San Vicente de la Barquera :
➢ **Torrelavega, Santillana del Mar, Comillas et San Vicente de la Barquera :** lun-ven env 6 bus/j. (depuis Santander, 8h30-19h15 ; depuis San Vicente, 7h-19h45), 2-3 bus/j. (5-6 en été) les w-e et j. fériés.

### En train

**Estación RENFE-FEVE :** *c/ Rodríguez, pl. de las Estaciones.* 2 gares côte à côte, l'une pour *RENFE* *(plan A2,* ***4*** *; lignes nationales et internationales,* ☎ *912-320-320),* l'autre pour *FEVE* *(plan A2-3,* ***3*** *; lignes régionales,* ☎ *942-20-95-22).*

#### Avec FEVE

➢ **San Vicente, Llanes, Ribadesella, Arriondas et Oviedo :** 2 trains/j., vers 9h et vers 16h au départ de Santander.
➢ **Bilbao :** 3 trains, horaires variables (à 8h, 14h, 19h env).

#### Avec RENFE

➢ **Madrid (via Palencia et Valladolid) :** 2-4 trains/j. L'un d'eux dessert aussi Ségovia (le 1er au départ de Santander, le dernier depuis Madrid). Au moins 2 trains régionaux/j. en plus sur les liaisons Santander-Palencia et Santander-Valladolid.

### En avion

✈ **Aéroport** *(hors plan par A3)* **:** ☎ *902-40-47-04.* ● *aena.es* ● *À 5 km à l'est du centre-ville.*
Nombreuses liaisons avec *Vueling* et *Iberia,* vers les grandes villes espagnoles, ainsi que vers Bruxelles avec *Ryanair.*
➢ Liaison en bus avec *Alsa* (● *alsa.es* ●) depuis la gare routière (départ sur la gauche de la gare), 6h30-22h45, tlj ttes les 30 mn. Même fréquence depuis l'aéroport vers le centre-ville (6h40-23h). Durée : 15 mn, 5 € l'A/R.

## Circulation et stationnement

Comme on peut s'y attendre, la circulation est un peu compliquée dans le centre où, pour le stationnement, il n'y a d'autre alternative que les parkings payants et chers (compter 15-20 €/j.). En revanche, on trouve de nombreux emplacements gratuits en surface, autour de la péninsule de

### Adresses utiles

1 Oficina regional de turismo (zoom)
2 Oficina municipal de turismo (zoom)
3 FEVE (A2-3)
4 RENFE (A2)
5 Police (A3)

### Où dormir ?

10 Camping Cabo Mayor (hors C1)
11 Pensión Angelines (B2)
12 Hospedaje Magallanes (A2)
13 Hostal Cabo Mayor (A-B2)
14 Plaza Pombo B & B (zoom)
15 Jardín Secreto (A2)
16 Hostal Carlos III (D1)
17 Le Petit Boutique-Hotel (C1)
18 Hotel París (D1)

### Où manger ?

30 Casa Lita (zoom)
31 Mesón Rampalay (zoom)
32 La Hijas de Florencio (zoom)
33 El Diluvio (zoom)
34 La Conveniente (zoom)
35 Bodega Fuente Dé (zoom)
36 La Casa del Indiano (zoom)
37 Bar Solórzano (zoom)
38 Días Desur (zoom)
39 El Vivero (A3)
40 Marucho (C2)
41 Bodega Cigaleña (zoom)

### Où boire un verre ?

32 Las Hijas de Florencio (zoom)
33 El Diluvio (zoom)
37 Bar Solórzano (zoom)
41 Bodegón Cigaleña (zoom)
51 Café de Pombo (zoom)
52 El Sol (zoom)

### Où déguster une douceur ?

60 Panadería G. Torre (zoom)

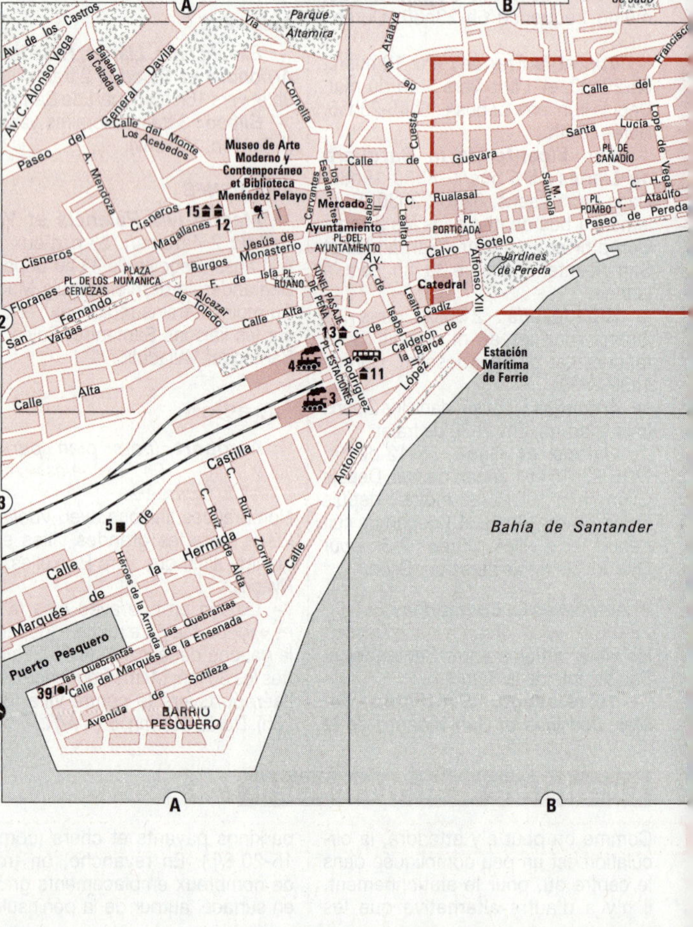

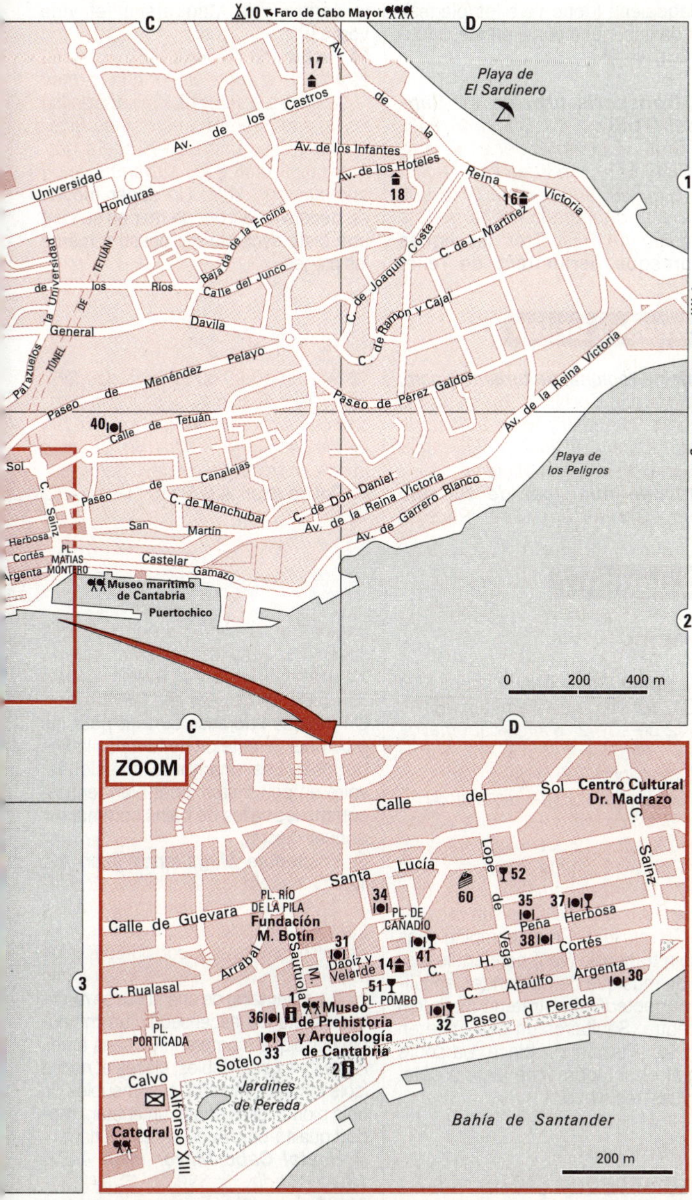
10 Faro de Cabo Mayor
C
D
1
2
3
17
18
16
40
Playa de
El Sardinero
Av. de los Castros
Av. de la Reina Victoria
Av. de los Infantes
Av. de los Hoteles
Universidad
Honduras
Bajada de la Encina
Calle del Junco
C. de Joaquín Costa
C. de L. Martínez
C. de Ramón y Cajal
Paseo de Pérez Galdós
Paseo de Menéndez Pelayo
General Dávila
de los Ríos
Túnel de Tetuán
Pasaje de la Universidad
Patazuelos
Calle de Tetuán
Canalejas
Paseo de San Martín
C. de Menchubal
C. de Don Daniel
Av. de la Reina Victoria
Av. de Garrero Blanco
Playa de
los Peligros
Península de la Magdalena
Sol
C. Sainz
Herbosa
Cortés
Argenta
PL. MATIAS MONTERO
Castelar
Gamazo
Museo marítimo
de Cantabria
Puertochico
0
200
400 m
ZOOM
Calle del Sol
Centro Cultural
Dr. Madrazo
C. Sainz
Santa Lucía
Lope de Vega
52
60
34
35
37
PL. RÍO
DE LA PILA
PL. DE
CAÑADÍO
Calle de Guevara
Fundación
M. Botín
Peña Herbosa
38
Cortés
31
41
Arrabal
M. Sautuola
Daoíz y Velarde
14
C. H. Ataúlfo
Argenta
30
C. Rualasal
51
PL. POMBO
1
36
Museo
de Prehistoria
y Arqueología
de Cantabria
32
Paseo de Pereda
PL.
PORTICADA
33
Sotelo
2
Calvo
Jardines
de Pereda
Alfonso XIII
Bahía de Santander
Catedral
200 m

SANTANDER

la Magdalena (donc vers les plages). Pour dénicher une place en été, il faudra se lever tôt !

**Transports urbains de Santander (TUS) :** *c/ Castilla, 8. ☎ 942-20-06-48. • tusantander.es • Lun-ven 8h30-14h (13h30 en été). Ticket 1,30 € (0,66 € si l'on opte pour une carte d'abonnement rechargeable d'un min de 6 €).* Ttes les lignes ou presque permettent de relier le centre à la Magdalena (et vice versa !).

■ **Tusbic :** *☎ 900-900-722. • tusbic.es • Carte d'abonnement à la journée (2,08 €) ou à la sem (10,43 €) disponible sur le site internet. Les bornes fonctionnent avec une CB. 1re heure gratuite, 0,52-0,63 € les suivantes selon abonnement. Vélo.* Un super moyen de découvrir le front de mer en suivant une piste cyclable qui passe à même les plages.



## Adresses utiles

**Oficina regional de turismo** *(zoom, **1**)* **:** *c/ Hernán Cortés, 4, mercado del Este. ☎ 942-31-07-08. • turismodecantabria.com • Tlj 9h-21h. Également une annexe à la gare routière en été.*

**Oficina municipal de turismo** *(zoom, **2**)* **:** *jardines de Pereda. ☎ 942-20-30-00 ou 01. • santanderspain.info • 15 juin-15 sept, tlj 9h-21h ; en hiver, lun-ven 9h-19h, sam 10h-19h et dim et j. fériés 10h-14h. Annexe (mêmes horaires) playa de El Sardinero.*

■ **Police** *(plan A3, **5**)* **:** *c/ Castilla, 32. ☎ 092.*

## Où dormir ?

### Camping

**Camping Cabo Mayor** *(hors plan par C1, **10**)* **:** *avda del Faro, 35, 39012. ☎ 942-39-15-42. • info@cabomayor.com • cabomayor.com • Aux portes de Santander, à 300 m de la mer ; desservi par le bus no 15 depuis la pl. de las Estaciones (direction Faro, arrêt « Camping »). Fermé 12 oct-mars. Env 24 € pour 2 pers avec tente et voiture en hte saison (33 € avec parcelle). Bungalows 2-4 pers 50-105 € selon saison et capacité. CB refusées.* Grand camping dans un coin tranquille (sauf pendant le festival de musique de Santander, en juillet), correctement entretenu mais loin du centre. Sanitaires un peu juste en plein été. Piscine sur place, parcours de golf et accrobranche juste à côté. Fait aussi resto et bar.

### De bon marché à prix moyens (35-65 €)

**Pensión Angelines** *(plan B2, **11**)* **:** *c/ Atilano Rodríguez, 9, 39002. ☎ 942-31-25-84. • pensionangelines@pensionangelines.com • pensionangelines.com • Sur la droite en sortant des gares routière et ferroviaires, au 1er étage. Doubles avec lavabo 35-45 € ; pas de petit déj. CB refusées.* On indique l'adresse surtout pour les prix, pour le reste on ne fera pas la fine bouche. Les chambres classiques, voire un peu tristes, sont bien tenues, comme les salles de bains communes. Accueil discret.

**Hospedaje Magallanes** *(plan A2, **12**)* **:** *c/ Magallanes, 22, 39007. ☎ 942-37-14-21. • info@hospedajemagallanes.com • hospedajemagallanes.com • Doubles sans ou avec sdb 40-65 € selon saison ; pas de petit déj. Parking proche 10 €.* La vingtaine de chambres se répartit sur 3 étages (ascenseur) d'un immeuble classique (comprendre : sans âme). Récentes, confortables, claires et nettes (sols carrelés, murs blancs, meubles de bois blond), elles offrent un épatant rapport qualité-prix. Accueil très souriant.

**Hostal Cabo Mayor** *(plan A-B2, **13**)* **:** *c/ Cádiz, 1, 39002. ☎ 942-21-11-81. • info@hcabomayor.com • hcabomayor.com • Au 2e étage. Doubles 45-65 € selon saison ; pas de petit déj.* Si cet immeuble n'a, comme beaucoup d'autres en ville, aucune personnalité, les chambres, au style discrètement design, en ont beaucoup plus et s'avèrent d'un vrai confort. Enfin un peu de modernité dans cette catégorie de prix ! L'accueil est charmant et de très bon conseil pour les balades alentour.

**Plaza Pombo B & B** *(zoom, **14**) : c/ Hernán Cortés, 25, 39003. ☎ 942-21-29-50. • info@plazapombo.com • plazapombo.com • Au 3e étage. Selon saison, doubles avec sdb partagée 35-65 €, avec sdb privée 45-80 €.* Idéalement situé sur la jolie place du même nom, cet hôtel offre des chambres à la déco classique plutôt soignée et de bon confort. De celle avec salle de bains partagée à la familiale, les budgets serrés devraient s'y retrouver. L'ensemble n'oublie pas pour autant d'être chaleureux. Avis aux couche-tôt, évitez les chambres donnant sur la plaza Cañadio, à l'arrière, les oiseaux de nuit piaillent fort en terrasse.

## De prix moyens à plus chic (50-135 €)

**Jardín Secreto** *(plan A2, **15**) : c/ Cardenal Cisneros, 37, 39007. ☎ 942-07-07-14. • hola@jardinsecretosantander.com • jardinsecretosantander.com • Doubles 55-75 € selon saison, petit déj compris.* Une poignée de chambres vraiment chouettes, avec des idées déco, des meubles et bibelots de designers. La plupart donnent sur une petite terrasse aménagée au calme et entourée de végétation. On regrette juste la pelouse synthétique de ce jardin secret. Accueil impeccable des deux jeunes gens (un frère et sa sœur) qui ont eu l'envie de cet endroit atypique. Et pour la déco moderne et pimpante, c'est maman qui s'en occupe !

**Hostal Carlos III** *(plan D1, **16**) : avda Reina Victoria, 135, 39005. ☎ 942-27-16-16. • hostalcarlos3@gmail.com • hostalcarlos3.com • Doubles avec sdb 55-82 € selon saison.* Villa balnéaire du début du XXe s, au charme classique, teinté de kitsch. Les chambres ne sont pas luxueuses, mais bien tenues et d'un honorable confort. Certaines ont un petit balcon avec vue sur mer. La plage s'étend à deux pas, et le patron est d'une extrême serviabilité.

**Le Petit Boutique-Hotel** *(plan C1, **17**) : avda de los Castros, 10, 39005. ☎ 942-07-57-68. • info@lepetithotelsantander.com • lepetithotelsantander.com • Doubles 65-138 € selon saison, petit déj compris.* Un vent de fraîcheur souffle sur la côte. Cette maisonnette blanche abrite une poignée de chambres modernes, à des années-lumière des hôtels rustico-kitsch de la région. Chacune arbore son propre style : urbain et design pour *New York*, romantique et frais pour *Paris*, sauvage et boisé pour *Nairobi*... Accueil pro et souriant pour cette adresse coup de cœur, à quelques mètres de la plage. En été, les prix sont tout de même exagérés.

## De plus chic à très chic (min 100 €)

**Hotel París** *(plan D1, **18**) : avda de los Hoteles, 6, 39005. ☎ 942-27-23-50. • informacion@hotelparissantander.es • hotelparissantander.es • Fermé de mi-oct à mi-mai. Doubles 100-125 €. Parking gratuit.* Un charmant hôtel d'un blanc immaculé, à l'architecture Belle Époque avec sa terrasse, ses galeries vitrées et sa véranda. À l'intérieur, ambiance un brin néocoloniale dans les grandes pièces communes avec plantes vertes, teck et bambou. Les chambres se révèlent plus classiques et manquent de charme mais rien à redire sur le confort. La plage s'étend à 100 m, courez-y ! Accueil attentif.

# Où manger ?

## Tapas

**Casa Lita** *(zoom, **30**) : paseo de Pereda, 37. ☎ 942-36-48-30. • info@casalita.es • Tlj, sauf lun hors saison. Pincho env 2 €. CB refusées.* Tartine de *queso manchego* au miel et fruits secs, *croquetas* au crabe sur salade chèvre-noix, on applique dans l'assiette le slogan de la maison : « la cuisine des tapas ». Le chef compte plus de 80 recettes à sa carte, des classiques aux plus originales. À déguster au bar devant les vitrines (arrêtez de saliver !) ou en terrasse sur le front de mer (et les voitures sous le nez, certes !).

**Mesón Rampalay** (zoom, **31**) : *c/ Daoíz y Velarde, 9. ☎ 942-31-33-67. • mesonrampalay@yahoo.es • Tlj sauf mar. Pincho env 2,50 €.* Au pied de l'église Santa Lucía, ce petit troquet offre une parenthèse au calme dans l'animation nocturne de la ville. Intérieur classique et terrasse charmante, on y propose des tapas originales, comme ce poulet croustillant et bacon servi dans un pain à la tomate. Clientèle un peu moins jeune que chez les voisins, mais au moins on s'entend parler.

**Las Hijas de Florencio** (zoom, **32**) : *paseo de la Pereda, 23. ☎ 942-31-04-75. Tapa env 2 €.* Un inévitable bistrot de Santander, à la déco rétro. Il y a parfois tant d'affluence que les clients sont au coude à coude sur les trottoirs. Très bons vins de la Rioja, tapas, et conversations si bruyantes que toute intimité disparaît.

**El Diluvio** (zoom, **33**) : *c/ General Mola, 14. ☎ 942-21-85-63. • diluvio catering@hotmail.com • Tlj sauf dim soir. Pincho env 2,50 €, raciones min 5 €. CB refusées.* Comme les nombreux habitués du quartier, on se pose au comptoir de cette petite salle sobrement contemporaine pour un verre de cidre ou de vin, et de très bons petits plats : copieuses tapas et *raciones*. Mais le sourire doit être en option...

## De bon marché à prix moyens (8-24 €)

**La Conveniente** (zoom, **34**) : *c/ Gomez Oreña, 9. ☎ 942-21-28-87. Tlj sauf dim, le soir slt. Repas 15-20 €.* Grandes tables, tonneaux et énormes cuves de vin décorent cette petite coopérative du XIXe s, figée dans le temps. Charcuteries, vins et fromages de la région, fritures en tout genre.

**Bodega Fuente Dé** (zoom, **35**) : *c/ Peña Herbosa, 5. ☎ 942-21-30-58. Tlj sauf dim. Menu du jour 12 €, ración env 7 €. CB refusées.* La *bodega* dans la tradition, avec casiers à vin et jambons suspendus au-dessus du comptoir de brique. Copieuses assiettes de charcuterie et de fromage dont les effluves font saliver dès l'entrée, mais aussi tapas variées et *raciones*. Ici, « on refait le monde ».

**La Casa del Indiano** (zoom, **36**) : *mercado del Este, c/ Hernán Cortés, 4. ☎ 942-07-46-60. Sous la halle du vieux marché central. Tlj. Menus du jour 13-22 €, plats 9-16 €.* *Pinchos* et *raciones* se dégustent sur l'immense comptoir où les tapas s'étendent sur plusieurs mètres : parfait pour grignoter. On peut aussi manger plus copieusement, dans un très joli décor de vieille maison de commerce des Indes (du temps où les Z'Indes étaient l'Amérique !).

**Bar Solórzano** (zoom, **37**) : *Peña Herbosa, 17. ☎ 942-22-27-24. • solorzanobar@gmail.com • Tlj sauf dim midi et mar. Plat env 12 € ; carte env 20 €.* Meubles rétro, sol moucheté et photos de famille aux murs plantent le décor de cette adresse bobo branchouille. Dans l'assiette, on opte pour les spécialités maison : les calamars ou les moules à la tomate, accompagnés de chips piquantes. Au comptoir, recouvert d'azulejos, on la joue locale en sirotant un cocktail à base de vermouth, autre spécialité de la maison.

**Días Desur** (zoom, **38**) : *c/ Hernán Cortés, 47E. ☎ 942-36-20-70. • diasdesur@yahoo.es • Tlj. Tapas dès 2 €. Menus 14 € (midi sem) et 19 €, carte env 30 €.* L'une des adresses branchées de la ville dont les miroirs, briques et tuyaux apparents donnent le ton : plutôt chic et branché. Si la cuisine reste fidèle aux classiques d'ici (inévitables tapas), elle s'ouvre aussi aux saveurs du monde et la carte, pleine de fraîcheur, change toutes les semaines.

**El Vivero** (plan A3, **39**) : *c/ del Marqués de la Ensenada. ☎ 942-22-30-21. Tlj sauf lun. Menus 15-25 €, carte env 20 €.* Le resto populaire dans toute sa splendeur : cadre sage, nappes blanches et serveurs en noir qui ne quittent pas la télé d'un œil quand il y a match. Cuisine de la mer gentiment tarifée (le menu, vu le prix, tient ses promesses).

🍽 Le ***quartier des pêcheurs*** – *barrio pesquero (plan A3)* – abrite, outre *El Vivero,* une rangée de ***restos*** installés côte à côte le long de la calle del Marqués de la Ensenada. Tous affichent le même décor et tous grillent des sardines au barbecue sur le trottoir. On y trouve également de bonnes langoustes, mais les prix ont sacrément augmenté. Comme les pêcheurs ne sortent pas en mer le dimanche, le quartier est bien moins animé ce jour-là et, le lundi, presque tous les restos sont fermés.

## De chic à plus chic (24-40 € et plus)

🍽 ***Marucho*** *(plan C2,* ***40****)* ***:*** *c/ Tetuán, 21. ☎ 655-85-01-86. • maite.marucho@gmail.com • Tlj sauf mar. Repas env 30 €.* Il est frais, mon poisson ! Les locaux ne s'y trompent pas, pour déguster les meilleurs produits iodés, c'est ici. La salle, placardée de photos des habitués et baignée d'un joyeux brouhaha, fait le plein à chaque service. On vous conseille d'arriver avant l'heure espagnole pour dégoter une table. Crabes et poissons, étalés dans les vitrines, sont cuits et assaisonnés à la perfection. Et ça fait 60 ans que ça dure !

🍽 🍷 ***Bodega Cigaleña*** *(zoom,* ***41****)* ***:*** *c/ Daoíz y Velarde, 19. ☎ 942-21-01-84. • cigalenarestaurante1949@gmail.com • Fermé dim. Menu midi en sem 24 €, menu dégustation 42 € ; pincho env 2,50 €. CB refusées. Café offert sur présentation de ce guide.* Des trophées de chasse et des milliers de bouteilles sur les murs, au plafond et... au bar, un vrai musée du vin (l'endroit en revendique d'ailleurs le titre !). Même si vous ne pouvez pas vous offrir le copieux menu, essayez de vous faufiler pour boire un verre de rioja au bar, ne serait-ce que pour la patine de la salle.

LA CANTABRIE

## Où boire un verre ?

🍷 ***Café de Pombo*** *(zoom,* ***51****)* ***:*** *pl. del Pombo. ☎ 942-22-04-66. Tlj.* Élégant décor entre baroque et gothique (d'anciens confessionnaux servent de vitrines !) que l'on jurerait avoir toujours été là (comme les mamies, nombreuses à l'heure du thé !). Mais ce café n'a que quelques années. Terrasse sous les arcades, idéale pour le petit déj.

🍷 ***El Sol*** *(zoom,* ***52****)* ***:*** *c/ Santa Lucía, 32. ☎ 942-21-58-05. • el_sol_cafe@yahoo.es •* Salle façon néobistrot avec murs en brique, poutres et meubles parfois dépareillés où l'on se pose volontiers entre deux visites. Un café tranquille pour prendre un petit déj, un café ou un thé.

🍷 Et également ***Las Hijas de Florencio*** *(zoom,* ***32****),* ***El Diluvio*** *(zoom,* ***33****),* ***Bar Solórzano*** *(zoom,* ***37****),* ***Bodegón Cigaleña*** *(zoom,* ***41****)* : voir « Où manger ? ».

🍷 Le quartier qui bouge le soir se trouve autour de la ***calle Cortés,*** sur la ***plaza de Cañadio*** *(zoom)* ou encore sur la ***plaza Río de la Pila*** *(zoom).* En terrasse ou assis par terre, les *Santanderinos* s'y massent le week-end.

## Où déguster une douceur ?
## Où acheter de bons produits ?

🍰 ***Panadería G. Torre*** *(zoom,* ***60****)* ***:*** *c/ Santa Lucía, 24. ☎ 942-21-62-03. • gonzaleztorrepansl@gmail.com • Tlj sauf dim ap-m 6h-13h15, 17h-21h.* Poussez la porte de cette boulangerie-pâtisserie, l'odeur de beurre sucré vous titille déjà les narines. Réputé dans toute la ville depuis 1826, ce palais des douceurs mérite largement une escale. On a craqué pour les palmiers, beurrés à souhait !

🧺 ***Marché couvert de la Esperanza*** *(plan A-B2)* ***:*** *tlj sauf sam ap-m et dim.* Cette belle halle du début XX^e^ s concentre l'animation du quartier et d'excellents producteurs.

# À voir. À faire

**Catedral** (zoom) : *☎ 942-22-60-24. Tlj 10h-13h, 16h-19h (16h30-20h sam et 17h-21h dim). Entrée : 1 €.* Il faut d'abord visiter l'église basse pour comprendre l'histoire de ce monument (et de la ville). Très bas de plafond, c'est le plus ancien édifice de la ville. Les robustes piliers de ses trois nefs supportent tout le poids de la cathédrale, construite, par la suite, juste au-dessus. Crypte du XIIIe s avec le reliquaire du saint qui a laissé son nom à la ville et vestiges de thermes romains qui témoignent de l'occupation très ancienne de cette petite colline. L'église supérieure, cathédrale depuis 1754, a été construite majoritairement au XIVe s. Le paisible cloître par lequel on pénètre dans la cathédrale date de cette époque-là, on aime aussi y errer après la visite. Sérieusement endommagée par l'incendie de 1941, la cathédrale a connu une bonne dizaine d'années de reconstruction, dans le respect de son architecture gothique d'origine. Dans les chapelles du XVIIe s, inévitables retables baroques et surprenant sépulcre de l'écrivain Don Pelayo.

***Museo de Prehistoria y Arqueología de Cantabria*** (zoom) : *c/ Bailén, s/n. ☎ 942-20-71-07. • museosdecantabria.es • Mar-dim 10h-14h, 17h-19h30 (20h en été et le w-e). Fermé lun. Entrée : 5 € ; réduc ; gratuit pour ts dim ap-m.* Ce musée, moderne et ludique, fait voyager jusqu'aux origines de l'homme. Des crânes d'*Homo sapiens* au squelette d'*Ursus deningeri* (l'ancêtre de l'ours), en passant par une reproduction de grotte où l'art de la chasse et de la pêche sont détaillés, nos ancêtres n'auront (presque) plus de secrets pour vous ! On passe ensuite à l'art paléolithique, et la visite s'achève par des vidéos de scènes de vie à l'époque romaine. Une visite vraiment passionnante et un beau voyage dans le temps.

***Museo de Arte Moderno y Contemporáneo*** *(musée d'Art moderne et contemporain ; plan A2)* : *c/ Rubio, 6. ☎ 942-20-31-20. • museosantandermas.es •* ***Actuellement fermé, en rénovation, devrait rouvrir courant 2018.*** Muséographie « transversale », comme on dit, où se rencontrent photos trash et pièces de monnaie. Pas mal de photos, des installations et quelques grands noms de l'art contemporain qui défilent dans les salles d'expos temporaires.

***Biblioteca Menéndez Pelayo*** : *c/ Rubio, 6 (même bâtiment que le musée). ☎ 942-23-45-34. Visites guidées ttes les 30 mn lun-ven 9h30-11h30. Fermé w-e. GRATUIT.* Étonnante bibliothèque ancienne (près de 45 000 volumes) restée exactement telle que l'a laissée, au début du XXe s, l'érudit local Marcelino Menéndez y Pelayo.

***Museo marítimo de Cantabria*** (plan C2) : *promontorio de San Martín de Bejamar. ☎ 942-27-49-62. • museosdecantabria.es • ♿ (accès partiel). Mar-dim 10h-19h30 (18h oct-avr). Fermé lun. Entrée : 8 € ; réduc ; gratuit jusqu'à 4 ans et pour ts le dim ap-m.* Ce musée retrace l'évolution de l'activité maritime et industrielle en Cantabrie depuis l'époque romaine. Au 1er étage, maquettes de bateaux, méthodes de pêche, scaphandriers et autres curiosités illustrent le mode de vie des pêcheurs. Au rez-de-chaussée, des squelettes de cétacés en mettent plein la vue : levez les yeux, cette baleine mesure 23,50 m ! Et ce calamar géant pêché en 2013 à quelques encablures... tous tentacules dehors, il atteint 7,70 m pour 150 kg ! On observe aussi une reproduction de la première station biologique de Cantabrie, fondée en 1886. Clou du spectacle, l'aquarium dans le noir où raies et requins vous passent au-dessus de la tête.

***Península de la Magdalena*** *(hors plan par D1)* : *petite péninsule située à l'extrémité est du front de mer. Tlj 8h-22h (9h-20h30 hors saison). Entrée libre. Un petit train fait le tour du parc pour 2,20 €.* Ce qui est, depuis 1977, un vaste et agréable jardin public a longtemps été la résidence d'été d'Alphonse XIII. On aime s'y balader, y pique-niquer et saluer phoques et otaries qui barbotent au zoo aquatique. Tout au fond du parc se dresse l'ancien palace royal, aujourd'hui siège de l'université Menéndez Pelayo et utilisé comme palais des congrès *(3 visites/j. le w-e, 6 en sem hors saison slt ; 3 €)*. Attention, en été, l'ensemble du site est très fréquenté : se garer à proximité relève du défi !

**Balade au Faro de Cabo Mayor** (hors plan par C1) **:** *depuis le centre, longer la mer vers la playa de El Sardinero. Tt au bout de la plage, au rond-point de la pl. Rubén Darío, emprunter les escaliers à droite du bar Corona. Compter 1h30 aller depuis le centre, 1h depuis la playa de Sardinero.* À flanc de falaise (mais pas dangereux car parfaitement balisé), ce sentier serpente entre terre et mer, avec des points de vue exceptionnels. Les sportifs s'offriront une partie de golf sur le beau parcours qui surplombe l'océan, les amateurs de farniente s'étaleront sur les plages (plus préservées) de Molinucos ou Mataleñas. La balade se termine en beauté au phare du Cabo Mayor avec un panorama à couper le souffle. Au retour, on peut redescendre par le même chemin ou couper par la route (plus rapide mais forcément moins joli). À ne manquer sous aucun prétexte !

**Les plages :** la plage de los Peligros, la plus proche du centre, est agréable ; les grandes plages de Sardinero, le quartier balnéaire, tout autant. Attention, l'eau y est traditionnellement froide, et les vagues, fréquentes, font le bonheur des surfeurs et un peu moins des baigneurs. On peut donc leur préférer les criques de la péninsule de la Magdalena comme la plage de El Camallo (où un rocher peut effectivement évoquer un chameau) ou celle des Bikinis (évidemment ainsi surnommée parce que c'est sur son sable blond qu'une Espagne, à l'époque très pudibonde, a découvert les premiers bikinis).

## Fêtes et manifestations

– **Baños de Ola :** *1re quinzaine de juil.* Santander se replonge dans le XIXe s et ses premières années de station balnéaire.
– **Feria de Santiago :** *2de quinzaine de juil.* L'une des plus grosses manifestations tauromachiques du nord de l'Espagne.
– **Festival interculturel de musique et de danse :** *3 sem à partir de la mi-août.* Concerts de musiques du monde, ballets, etc.

# DANS LES ENVIRONS DE SANTANDER

**Parque de la Naturaleza de Cabárceno :** *☎ 902-210-112. • parquedecabarceno.com • Entrée du parc à Obregón à 15 km env de Santander. Au sud-est de Santander, après avoir dépassé l'aéroport, quitter l'autoroute à Portejos/El Astillero, puis c'est fléché. Mars-oct, tlj 9h30-18h ; nov-fév, tlj 10h-17h (18h w-e et fêtes). Entrée : 30 € adulte ; 17 € enfant 4-12 ans ; respectivement 23 € et 14 € hors saison. Également des tarifs ½ journée à partir de 15h30 (14h hors saison).* Splendide réserve naturelle où l'on peut admirer des animaux dans de vastes enclos, et certains même en liberté. Prévoir au moins une demi-journée avec la visite de l'expo de reptiles, d'autant qu'il y a quelques raretés comme les rhinocéros blancs, et qu'on s'emmêle parfois les pinceaux dans les 15 km de circuit. Malgré la présence d'animaux exotiques (la carte de visite du parc reste les gorilles), la grande spécialité de Cabárceno, ce sont les espèces espagnoles : loup, lynx, cerf, bison d'Europe et rapaces *(avec des vols de démonstrations 2-3 fois/j.)*. Sans oublier les ours bruns (en nombre !), très amusants à observer pendant leur bain ! Une belle sortie, mais les tarifs sont exagérés.

**Liencres :** après quelques kilomètres de côtes défigurées par l'urbanisation, Liencres est un miracle. Le *parc naturel des dunes de Liencres* est venu protéger un superbe secteur naturel.

La forêt de pins maritimes de ***Liencres*** abrite une aire de pique-nique aménagée et, au bout de la route, on trouve la magnifique ***playa de Valdearenas.*** Des balades dans les dunes sont possibles grâce aux sentiers aménagés qu'il est interdit de quitter. Attention, milieu fragile !

# SANTILLANA DEL MAR

(39330) 4 200 hab.

• Plan *p. 91*



**Dans *La Nausée,* Jean-Paul Sartre la désigne comme la plus jolie ville espagnole. Il l'a connue avant qu'elle ne devienne une cité ouverte au tourisme. Médiévale, très bien conservée, Santillana se compose d'une série impressionnante d'édifices religieux datant du XII^e^ s pour les plus anciens, de palais et de demeures nobles, de maisons et bâtiments civils du XV^e^ au XVII^e^ s. Si l'on supprimait voitures et antennes de TV, ce serait le décor idéal pour un film de chevaliers et de belles dames, sans avoir à retoucher quoi que ce soit. Face à tant de succès, certains hôteliers et restaurateurs semblent avoir oublié leurs bonnes manières et leurs sens de l'accueil.**

– Conseil : à visiter de préférence en fin de journée, pour éviter les cars qui débarquent le matin ! Si vous êtes en voiture, obligation d'utiliser les parkings extérieurs, gardés et bon marché *(2 €/j. en été, gratuit hors saison).* Une bonne dizaine d'hébergements moins chers dans la zone du Campo de Revolgo.

## Arriver – Quitter

### En bus

➢ ***Ligne Santander-Santillana del Mar-San Vicente de la Barquera :*** avec *La Cantabrica* *(☎ 942-72-08-22 ; • lacantabrica.net •),* en été, tlj env 7 bus/j., 3-4 bus/j. le reste de l'année. Env 45 mn de trajet entre Santillana et Santander, et 35 mn entre Santillana et San Vicente.

➢ Et Santillana n'est qu'à 15 mn en bus de ***Torrelavega,*** où se croisent des lignes permettant de rejoindre ***Castro Urdiales, Potes*** ou ***Reinosa.*** L'arrêt est à l'entrée du Campo de Revolgo.

## Adresse et info utiles

***Oficina de turismo*** *(plan B2) :* *c/ Jesús Otero, 20. ☎ 942-81-88-12. • santillanadelmarturismo.com • En hte saison, tlj 9h-21h ; hors saison, tlj 9h30-14h, 16h-19h.* Accueil charmant, en français parfois.

***Taxis*** *(pour les grottes d'Altamira) :* *608-48-34-41.*

## Où dormir ?

Région très touristique, où le logement est assez cher. Cependant, la balade romantique du soir dans les vieilles ruelles mérite la petite dépense. Pour les restos en revanche, passez votre chemin, on n'y croise pas un seul Espagnol.

### Campings

***Camping Complejo Santillana*** *(hors plan par A1,* ***10****) : ctra a Comillas, km 6. ☎ 942-81-82-50. • campingsantillana.com • Juste à la sortie de la ville sur la CA-131, direction Comillas. Env*

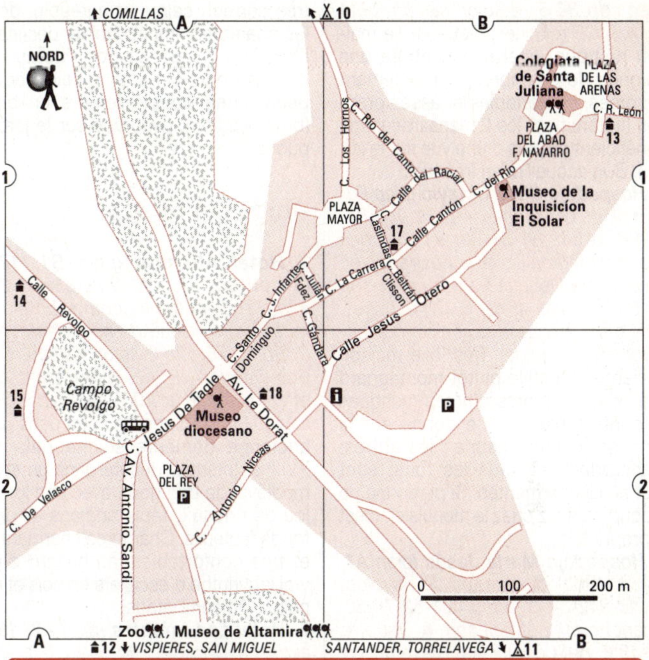


## SANTILLANA DEL MAR

**Adresse utile**

- Oficina de turismo (B2)

**Où dormir ?**

- 10 Camping Complejo Santillana (hors A1)
- 11 Altamira Camping Park (hors B2)
- 12 Posada Herrán (hors A2)
- 13 Hospedaje Casa Octavio (B1)
- 14 Hospedaje María Jesús (A1)
- 15 Los Hidalgos (A2)
- 17 Hotel Altamira (B1)
- 18 Hotel Los Infantes (A2)

*24 € pour 2 pers avec tente et voiture. Bungalows 5 pers 55-80 €. Pas de wifi.* On l'indique surtout car c'est le plus proche de la ville, mais les installations auraient bien besoin d'un rafraîchissement. Supermarché, resto, piscine, tennis, etc. Bon accueil.

**Altamira Camping Park** *(hors plan par B2,* ***11****) : barrio Las Quintas, 29, 39314* ***Queveda-Santillana.*** *☎ 942-84-01-81. • info@campingaltamira.es • campingaltamira.es • À 3 km de Santillana sur la CA-131, direction Santander. Fermé de mi-déc à mi-mars. Env 20 € pour 2 pers avec tente et voiture. Bungalows 2-6 pers 56-100 € selon saison. CB refusées.* Petit camping familial au confort sans grande prétention mais donnant sur les collines verdoyantes environnantes. Petite piscine.

## De bon marché à prix moyens (30-70 €)

**Posada Herrán** *(hors plan par A2,* ***12****) : barrio Herrán, 32, 39360* ***Herrán-Santillana.*** *☎ 942-81-81-12. 676-72-46-51. • posadaherran@yahoo.es • posadaherran.es • À l'écart du village dans le hameau de Herrán, fléché sur la droite depuis la route du musée d'Altamira. Fermé 15 déc-28 fév. Doubles* *avec sdb 36-57 € selon saison, petit déj 4 €. CB refusées.* Cette vieille maison rustique, charmante, abrite une poignée de chambres, agréablement décorées, confortables et assez grandes (notamment les 2 mansardées qui bénéficient en plus d'une vue sur le jardin). Bon accueil et en français.

**Hospedaje Casa Octavio** *(plan B1, **13**) : pl. de Las Arenas, 4-6. ☎ 942-81-81-99. 649-81-31-66. • pensioncasaoctavio@gmail.com • hospedajeoctavio.com • Doubles sans ou avec sdb 30-50 €, triples 45-60 €. CB refusées. Café offert en basse saison sur présentation de ce guide.* Très jolie maison ancienne, au style plutôt montagnard avec des chambres d'hôtes rustiques et confortables. L'une donne sur la terrasse joliment fleurie ; les autres, mansardées et sous les toits, sont tout aussi charmantes. Si personne ne répond, sonnez chez le menuisier, c'est le propriétaire.

**Hospedaje María Jesús** *(plan A1, **14**) : La Robleda, Campo de Revolgo, 16. ☎ 942-84-01-11. 680-52-74-30. • sancho.m@hotmail.com • Doubles 35-48 €, petit déj inclus. CB refusées. Parking gratuit.* Petite pension au calme. Quelques chambres bien décorées et d'une grande propreté. Accueil familial plein de gentillesse.

**Los Hidalgos** *(plan A2, **15**) : Parque de Revolgo (39360). ☎ 942-81-81-01. • loshidalgos@santillanadelmar.com • santillanadelmar.com/hotel-los-hidalgos • Fermé de nov à mi-mars. Doubles 50-70 € selon saison, petit déj inclus. Dîner sur résa slt pour les hôtes 10-12 €. Parking gratuit.* Un hôtel très correct, calme et agréable, dont les chambres, impeccables, déclinent l'imprimé à carreau des rideaux au dessus-de-lit. On a aimé celles équipées d'une double fenêtre en bois (bow-window), avec vue sur le jardin public.

## Chic (min 65 €)

**Hotel Altamira** *(plan B1, **17**) : c/ Cantón, 1. ☎ 942-81-80-25. • info@hotelaltamira.com • hotelaltamira.com • Fermé de nov à mi-mars. Doubles 75-125 € selon saison. Sur présentation de ce guide, petit déj offert ou réduc de 10 % sur les doubles sauf juil-août.* Superbe hôtel dans une ancienne demeure seigneuriale du XVIIIe s. Intérieur décoré dans un style médiéval de bon goût, avec son lot de lourds rideaux, tapis anciens et profonds fauteuils. Chambres charmantes et très confortables, au hasard d'un vrai labyrinthe d'escaliers en bois et de paliers en demi-étage.

**Hotel Los Infantes** *(plan A2, **18**) : avda Le Dorat, 1. ☎ 942-81-81-00. • hinfantes@hotel-santillana.com • hotel-santillana.com • Fermé déc-fév, et ouv slt w-e mars et nov. Doubles 60-140 € selon saison, petit déj env 9 €. Apéro maison offert sur présentation de ce guide.* Vieil hôtel dans une maison noble avec une façade du XVIIIe s. Chambres dans l'ensemble agréables avec des lits immenses (mais certaines manquent sérieusement de vue). Un autre inconvénient : la situation en bord de route. Resto sur place.

## Où dormir ? Où manger dans les environs ?

**La Casona de los Güelitos** *: barrio Vispieres, 8, 39360 Santillana del Mar. ☎ 942-82-19-15. • info@lacasonadelosguelitos.com • lacasonadelosguelitos.com • À 3 km de Santillana. Depuis le centre-ville, prendre la direction du zoo et continuer direction Puente San Miguel, puis tourner à droite vers Vispieres, la maison est 100 m plus loin. Doubles 69-99 € selon saison, petit déj 7 €.* Si proche de la ville et si tranquille. Cette jolie maison en pierre abrite des chambres charmantes, gaies et colorées, dans un style qui fleure bon la campagne. Ici, point de cars et de trottoirs embouteillés mais un hameau paisible, entouré de champs. Petit déj avec pâtisseries et pains maison.

**The Bridge Tavern La Finca** *: barrio San Juan, 6, à **Puente San Miguel**. ☎ 942-82-12-10. • thebridgetavern@hotmail.com • Depuis Santillana, direction Puente San Miguel, traverser Vispieres, continuer tt droit et tourner* *à gauche juste avt le pont. Tlj. Ración env 6 €, plat env 10 €.* Ce pub, au nom et décor pourtant irlandais, propose une bonne cuisine régionale à petits prix. On picore du chorizo au cidre ou on engloutit un *sartén* (littéralement une poêle, qui fait office d'assiette). Le plat de base comprend toujours des frites et des œufs au plat auxquels on ajoute, au choix, calamars frits, viande en sauce... appétits d'oiseau s'abstenir.

## À voir

La ville se visite entièrement à pied. Impossible de décrire toutes les belles demeures à façades blasonnées. Élégante plaza Mayor où s'élève le *Parador Gil Blas.*



*Colegiata de Santa Juliana* (collégiale ; plan B1) : ☎ 942-81-81-58. Tlj sauf lun 10h-13h30, 16h-19h30 (18h30 oct-mai). Entrée : 3 €.* Le plus beau monument roman de Cantabrie date du XIIe s. Ensemble assez complexe avec une église à trois absides et un cloître romantique. À l'intérieur, sarcophage sculpté de sainte Julienne et intéressant retable polychrome. Superbe cloître roman. Nombreux chapiteaux sculptés.

***Museo diocesano*** *(Musée diocésain ; plan A2)* **:** *Cruce, s/n. ☎ 942-84-03-17. • santillanamuseodiocesano.com • Mêmes horaires que la colegiata. Entrée : 2 €.* Quelques beaux exemples de peintures de la haute époque espagnole et orfèvrerie religieuse.

***Museo de la Inquisición El Solar*** *(musée de l'Inquisition ; plan B1)* **:** *c/ del Río. ☎ 942-84-02-73. Tlj 10h-21h (20h en hiver). Entrée : env 3,60 € ; réduc.* Stupeur et tremblement ! Dès l'entrée, on est accueilli par une guillotine, instrument bien éloigné de l'Inquisition. On y découvre tout ce que l'inquisiteur espagnol du Siècle d'or a pu inventer en la matière, de la ceinture de chasteté à l'écrase-pieds en passant par la Vierge de fer, sorte d'armure que l'on chauffait avec un patient à l'intérieur. Bonne façon de comprendre que l'intolérance avait trouvé naguère une terre hispanique accueillante...

## Fête

– ***Fête de Santa Juliana*** **:** *28 juin.* Patronne de la ville. Messe spéciale le matin, suivie de danses folkloriques et d'orchestres jouant dans les rues.

## DANS LES ENVIRONS DE SANTILLANA DEL MAR

***Le zoo de Santillana*** **:** *route d'Altamira, à env 1 km du centre (et 15 mn à pied). ☎ 942-81-81-25. • zoosantillanadelmar.com • Tlj de 9h30 au coucher du soleil. Entrée : 20 € ; 10 € enfant 4-12 ans. Compter 2h de visite.* On déambule dans ce beau zoo en suivant les empreintes d'animaux au sol. Le parc quaternaire accueille bisons, loups, ours et rennes, en clin d'œil à leurs homologues représentés sur les parois des grottes d'Altamira. Dans une autre section, les mimiques des chimpanzés, orangs-outans et ouistitis amusent la galerie. Le zoo s'est spécialisé dans l'élevage et la préservation des espèces en danger, notamment des tigres blancs et des panthères des neiges. La serre tropicale des papillons et les animaux de la ferme remportent les suffrages chez les plus petits.

***Les grottes de Monte Castillo*** **:** *à* **Puente Viesgo.** *À env 23 km au sud-est de Santillana del Mar ; suivre Torrelavega, puis Vargas et Puente Viesgo. De mars à mi-juin et de mi-sept à oct : mer-dim 9h30-14h30, 15h30-18h30 ; fermé lun-mar. De mi-juin à mi-sept : mar-dim 10h30-14h30, 15h30-19h30 ; fermé lun.*

*Nov-fév : mer-ven 9h30-15h30 ; w-e et j. fériés 9h30-14h30, 15h30-17h30 ; fermé lun-mar. En tte saison, dernière visite 50 mn plus tôt. Fermé 1er et 6 janv, et 24, 25 et 31 déc.* ***Résa conseillée, surtout en hte saison, car nombre de visiteurs très limité :*** *☎ 942-59-84-25. • cuevas.culturadecantabria.com • Visite guidée obligatoire (45 mn), donc arriver 1h avt pour la dernière visite, et prévoir 1h entre le début de chaque visite lors de la résa. Entrée : 3 €/grotte (il y en a 2, mais elles se visitent séparément). Groupes d'env 15 pers (risque d'attente si vous arrivez derrière un bus).* Ce petit mont abrite, en fait, quatre grottes : *El Castillo, Las Monedas, Las Chimeneas* et *La Pasiega,* mais seules les deux premières sont ouvertes au public. Une petite marche de 600 m à flanc de montagne permet d'atteindre celle d'*El Castillo,* la plus intéressante. Découverte en 1903, elle présente quelque 275 dessins rupestres datés de 30 000 ans (donc plus anciens que ceux d'Altamira). Un nombre impressionnant d'empreintes de mains, de mystérieuses formes géométriques et de plus classiques représentations d'animaux (aurochs, cerfs, bisons, etc.). Pour la grotte de *Las Monedas* (la plus proche du parking), quelques peintures d'animaux également mais surtout de spectaculaires concrétions calcaires.

**Playa de Santa Justa :** *indiquée sur la CA-351 qui longe la côte entre Santillana et Suances.* Petite plage enclavée où il n'y a pas grand monde et où il fait bon passer les heures chaudes de la journée, loin de la foule de Santillana.

LA CANTABRIE

# CUEVA DE ALTAMIRA (GROTTE D'ALTAMIRA)

**À seulement 2 km de Santillana del Mar, les grottes d'Altamira, classées Patrimoine mondial de l'humanité par l'Unesco, méritent le surnom de « chapelle Sixtine de l'art rupestre ». Elles renferment des fresques polychromes exceptionnelles. C'est l'un des témoignages les plus expressifs de l'art préhistorique en Europe.**

## UN PEU D'HISTOIRE

Les grottes ont été découvertes fortuitement en 1868 par un chasseur de la région, un certain Modesto Peres. Les peintures, quant à elles, ne le furent que 10 ans plus tard. On situe l'exécution de ces peintures entre 15 500 et 13 500 ans av. J.-C. environ.

Le succès d'Altamira fut tel que, comme à Lascaux, on commença par limiter le nombre des visiteurs : leur présence faisait monter la température des grottes et menaçait la conservation des peintures. Finalement, il a été décidé de construire une réplique, comme à Lascaux, à quelques dizaines de mètres de l'originale. Une bonne initiative, d'autant que cette copie a été

### LA PETITE FILLE AVAIT RAISON !

*C'est un archéologue amateur, Marcelino Sanz de Sautuola, qui explora le premier les grottes d'Altamira à partir de 1875. Mais c'est sa fille Maria, âgée de 8 ans à l'époque, qui remarqua en 1879 les peintures. Curieusement, une fois cette découverte connue, Marcelino Sanz de Sautuola fut ridiculisé par les archéologues, notamment français (perfides railleurs...), lorsqu'il affirma que les peintures étaient l'œuvre d'hommes préhistoriques. Les Français eurent l'air malin quand, 65 ans plus tard, on découvrit les peintures rupestres de Lascaux en Dordogne.*

incluse dans un musée tout à fait remarquable. Ce sont ce musée et cette réplique que l'on visite. Seuls quelques (très rares) chanceux arrivent à pénétrer dans la vraie grotte (voir ci-dessous)

## CONSEILS PRATIQUES

– Pour les spécialistes, la visite de la « vraie » grotte reste possible, des loteries sont annoncées sur le site internet. Environ 1 fois/semaine, 5 personnes sont tirées au sort parmi les premiers arrivés à l'ouverture du musée. Si vous êtes de passage, oubliez cette option !
– En été, la réservation est une sage précaution, ou alors il faut arriver en toute fin d'après-midi quand les foules se dispersent. Avantage de la préréservation : on évite la file d'attente, et on se dirige directement vers l'accès au musée. Résa possible par Internet sur • bancosantander.es •, puis « venta de entradas » (ou à partir de • museodealtamira.mcu.es •, voir ci-dessous), et dans les agences bancaires de *Banco Santander.* Attention : pour des raisons de sécurité, le nombre de visiteurs est limité à 1 500/j. Et les jours de gratuité (par exemple tous les dimanches, voir ci-dessous), la résa n'est pas possible, il faut aller directement au guichet d'entrée.

LA CANTABRIE

***Museo de Altamira :*** *Santillana del Mar. ☎ 942-81-80-05. • museodealtamira.mcu.es • Mai-oct, mar-sam 9h30-20h ; nov-avr, mar-sam 9h30-18h ; dim et j. fériés tte l'année 9h30-15h. Fermé lun, et 1er et 6 janv, 1er mai, 24, 25 et 31 déc. Entrée : 3 € ; réduc ; gratuit – de 18 ans et plus de 65 ans, et pour ts le sam après 14h et le dim tte la journée, ainsi que les 18 avr, 18 mai, 12 oct et 6 déc.*
Avant de pénétrer dans la reconstitution de la grotte, on se doit de visiter le musée qui replace Altamira dans son contexte, mais aussi dans l'histoire de l'humanité. Au début, photos, vidéos et reconstitutions de scènes de pêche et de chasse narrent le mode de vie de nos ancêtres. La plus grande différence entre l'homme de Néandertal et nous ? Cinquante ans d'espérance de vie nous séparent !
Suit un parcours de vitrines thématiques : comment s'abritaient les hommes du Paléolithique ? Que mangeaient-ils ? Jouaient-ils de la musique ? Comment enterraient-ils leurs morts ? Photos et reproductions d'objets venus des chantiers de fouilles de toute la Cantabrie, mais aussi de France et d'Amérique, permettent de s'initier à la vie dans les grottes.
De petits ***films*** retracent l'histoire de la découverte de la grotte et expliquent les méthodes de construction de la réplique : comment, millimètre par millimètre, les ingénieurs l'ont copiée à l'identique en taillant de gros blocs de polystyrène et de silicone.
Ensuite, par groupes de 20 à 30 personnes, on peut passer la grande porte qui conduit à la nouvelle grotte (visite libre – ou guidée mais en espagnol). Émerveillement. La ***grande salle des bisons*** est somptueuse.
La variété, la qualité des peintures, qu'il s'agisse du trait ou des couleurs, transportent 16 000 ans en arrière. On comprend l'archéologue français Joseph Déchelette, qui avait défini la grotte (la vraie !) comme « la chapelle Sixtine de l'art quaternaire ».

## SUANCES

(39340) 8 600 hab.

**La route qui y descend en sinuant dans les champs depuis le plateau est bien plus belle que la ville elle-même, trop éparpillée. Situé au débouché d'une rivière venue des montagnes, dans un paysage de Normandie espagnole**

**bordé de falaises et de plages, cet ancien village de pêcheurs est aujourd'hui une station balnéaire, familiale et populaire qui bénéficie, paraît-il, d'un microclimat. On ne lui trouve pas un charme fou mais, à 7 km à peine de Santillana del Mar, elle reste bien moins chère que sa voisine. Et constitue un point de chute économique pour les vacanciers dont le cœur balance entre farniente et visites culturelles.**

## Arriver – Quitter

***Bus :*** départ sur la place de la mairie *(pl. Viares).*

➢ ***Santander :*** avec *La Cantabrica (☎ 942-72-08-22).* Lun-ven, 3 bus/j. pour Santander (2 le mat, 1 l'ap-m) ; rien le w-e. Depuis Santander, 2 bus/j. slt en sem.

## Adresse utile

***Oficina de turismo :*** *Mirador de Cortiguera, c/ Mayor, 1. ☎ 942-81-09-24. • turismo.suances.es • À la lisière de la ville par l'entrée sud. Ouv l'été tlj 10h-14h, 16h-20h (10h-15h dim) ; hors saison, fermé sem, ouv slt w-e. Également un kiosque plaza de la Concha, à proximité de la playa de la Concha, fermé hors saison, ouv slt l'été aux mêmes horaires (☎ 942-84-46-87).*

## Où dormir ? Où manger ?

### Camping

***Camping Suances :*** *c/ Ceballos, 79. ☎ 942-81-02-80. • campingsuances@campingsuances.com • campingsuances.com • À 5 mn de la plage à pied. Fermé d'oct à mi-juin. Env 20-25 € pour 2 pers avec tente et voiture.* Pas bien loin de la plage, camping agréablement aménagé en terrasses, bien équipé, mais peu ombragé. Clientèle de surfeurs plutôt jeunes, donc pas mal d'ambiance en été. Bar à l'entrée qui sert le petit déj.

### Bon marché

***La Galerna :*** *paseo de la Marina Española, 10-A. ☎ 942-81-02-34. • nando_galerna@hotmail.com • ♿ Sur l'artère principale qui longe la plage. Tlj sauf lun hors saison. Menu déj 10 € ; carte env 15 €.* Petit resto-bar avec terrasse. Décor façon cafét pour une généreuse cuisine familiale, des petits plats maison simples, bons et à petits prix. La spécialité : le *sartén,* littéralement une poêle que l'on vous apporte à table. Le plat de base comprend des frites et des œufs au plat auxquels on ajoute chorizo, calamars, poulpe ou poulet... Il n'y a plus qu'à s'affaler sur la plage après ce festin !

### De prix moyens à plus chic

***Hostal Amarantos :*** *c/ Quintana, 4. ☎ 942-81-03-77. 📱 647-02-37-46. • info@amarantossuances.com • amarantossuances.com • Doubles 30-60 € selon saison.* Petit hôtel d'une douzaine de chambres seulement, au rapport qualité-prix indiscutable. Fleuries ou rayées, elles sont fraîches et très bien tenues, ponctuées de joyeuses touches de couleur. Ajoutez un accueil souriant et un petit troquet au rez-de-chaussée où discuter avec les gens du coin, et voilà une gentille adresse familiale, comme on les aime.

***Hotel Mar Azul :*** *avda Acacio Gutierrez, 98. ☎ 942-81-15-51. • hotelazul@hotelesensuances.com • hotelmarazulysurf.com • ♿ Doubles*

LA CANTABRIE

*55-100 € selon saison et confort. Parking.* L'immeuble fait très années 1930, les parties communes jouent un peu aussi de cette nostalgie : trompe-l'œil exotique aux murs et mobilier colonial. Les chambres, aussi spacieuses qu'agréables, affichent un style plus au goût du jour : meubles contemporains et couleurs vives. La plage est à 5 mn à pied et il y a une petite piscine avec solarium. Resto.

## À faire

Les ***plages*** sont l'intérêt majeur de Suances, la ville en compte six, à vous de choisir entre *playa* urbaine, familiale, de surfeurs...



# COMILLAS (39520) 2 500 hab.

**Célèbre station de villégiature de l'aristocratie provinciale, d'où son architecture balnéaire fin XIXe s. On peut y voir aussi quelques pastiches dans le style de l'énorme université pontificale qui domine le village, et c'est à Comillas que Gaudí a réalisé l'une de ses trois seules œuvres hors de Catalogne, *El Capricho.* Comillas se divise en deux : d'une part le quartier de la plage et du port, très fréquenté l'été, avec baignade et marchands de glaces ; d'autre part la vieille ville, bien moins piège à touristes que Santillana del Mar.**
**Ruelles pavées, grandes places piétonnes et maisons anciennes, avec du charme et de la vie. Véritable coup de cœur, Comillas invite à une agréable balade à pied.**

## UN PEU D'HISTOIRE

Le petit port de pêche de Comillas a pris son essor à la fin du XIXe s sous l'impulsion du marquis de Comillas, riche aristocrate qui décida de développer son village, après s'être enrichi dans le commerce maritime international. Comillas devint donc l'une des stations balnéaires huppées de la côte cantabre, et le marquis ne fut jamais aussi heureux que lorsque le roi choisit Comillas pour passer ses vacances (suprême reconnaissance !).

## Arriver – Quitter

### En bus

***Parada de autobuses :*** *c/ Marqués de Comillas, à 200 m à l'ouest de la vieille ville.* ☎ *942-72-08-22.* Desservi par *La Cantabrica.*

➢ ***Pour Santillana puis Torrelavega et Santander :*** lun-ven 7 bus/j. l'été, un peu moins le w-e et le reste de l'année. Valable dans les 2 sens.

➢ ***San Vicente de la Barquera :*** même fréquence.

## Adresse et info utiles

***Oficina de turismo :*** *pl. Joaquim de Piélagos, 1.* ☎ *942-72-25-91. • comillas.es • À l'orée de la vieille ville. Semaine sainte et juin-sept, tlj 9h-21h ; hors saison, tlj sauf dim ap-m 9h-14h, 16h-18h.*

Stationnement interdit et impossible dans la vieille ville, mais il y a un parking à quelques rues de l'office de tourisme, près de l'arrêt de bus.

## Où dormir ? Où manger ? Où boire un verre ?

Nombreux *hostales* et chambres chez l'habitant, dont la liste est disponible à l'office de tourisme. Tous affichent des prix à peu près similaires. *Compter 50-80 € la chambre double en* hostal *et 70-110 € dans un hôtel.*

### Camping

**Camping Comillas :** *paseo Manuel Noriega. ☎ 942-72-00-74. • info@campingcomillas.com • campingcomillas.com • Vers le port, sur la route de Suances. Ouv Semaine sainte et juin-sept. Env 26 € pour 2 pers avec voiture et tente. CB refusées. Pas de wifi.* Dans un joli site, même s'il est coupé en 2 par la route longeant la côte. L'un des terrains surplombe carrément l'océan, mais on le réserve aux locations les plus longues. De là, accès direct jusqu'à une toute petite plage qui disparaît à marée haute, mais une autre, bien plus grande, s'étale 200 m plus loin. Lave-linge, bar et *supermercado,* dans une grande maison joliment peinte en blanc et rouge. Seul problème : peu d'ombre, et des sanitaires parfois avares en eau chaude.

### De bon marché à prix moyens (7-24 €)

**Restaurante Fuente Real :** *pl. de la Fuente Real, 2. 📱 615-94-97-79. • fuente.real@hotmail.com • À côté d'El Capricho. Tlj. Fermé oct-mars. Raciones 5-10 €, platos combinados 7-8 €. CB refusées. Pas de wifi.* Une institution locale, ouverte depuis 1855, dont vous ne pourrez pas louper la superbe façade en azulejos et les réclames d'époque. Tapas et cuisine traditionnelle. Petite terrasse sur la place.

**Restaurante Gurea :** *c/ Ignacio Fernández de Castro, 11. ☎ 942-72-24-46. En haut de la vieille ville. Tlj sauf lun hors saison. Menus du jour 13-24 €, carte 30 €.* Cet élégant resto en bois entièrement vitré offre une cuisine bien traditionnelle dans un cadre à l'unisson. Tranquille terrasse et clientèle d'habitués.

**La Lonja de Comillas :** *paseo el Muelle, s/n. ☎ 942-72-24-58. • info@lalonjadecomillas.com • Au petit port, à la Punta de la Guerra, accessible slt à pied. Congés : début déc-début janv. Tlj sauf mar. Menu du jour 15 € ; carte env 25 €.* La plus belle situation de la ville ! La terrasse de ce resto 100 % produits de la mer surplombe l'adorable port et la mer Cantabrique. Soupe, brochettes, friture, paella, *a la plancha,* ici on cuisine la pêche du jour à toutes les sauces et sous toutes les formes. Parfois dépassé en haute saison cependant.

**Bar El Siglo :** *pl. de la Constitución, 11. Au cœur de la vieille ville. Tlj sauf lun.* L'une des plus agréables terrasses de la ville, sur une place pavée charmante, au pied de l'église. On y vient plutôt pour épancher sa soif d'un bon verre de vin pioché dans la carte étoffée que pour se remplir l'estomac (les plats ne valent pas le détour).

## Où dormir ? Où manger dans les environs ?

### *À Ruiloba* (39527)

Dans la campagne, à 5 km de Comillas. Le hameau fait un peu village de poupée, avec une très jolie église.

### Camping

**Camping El Helguero :** *barrio La Iglesia, s/n. De la nationale, suivre la direction Ruilobuca. ☎ 942-72-21-24. • reservas@campingelhelguero.com • campingelhelguero.com • ♿ Fermé oct-fin mars. Env 27 € pour 2 pers avec tente et voiture en hte saison. Bungalows 3-5 pers 40-125 €/j. (et min 2 nuits) selon confort et saison.* Pas idéalement situé ni très ombragé mais bien tenu et équipé d'un bar-resto, d'une épicerie et d'une piscine. C'est l'un des moins chers de ce secteur.

### Prix moyens (40-65 €)

**Hotel-restaurante La Cigoña :** *pl. La Cigoña, s/n, barrio La Iglesia.*

LA CANTABRIE

*☎ 942-72-10-75. • contacto@lacigona.com • lacigona.com • Fermé nov-mars ; fermé dim soir et mer pour le resto. Doubles 45-60 € selon saison. Menu 18 €, carte env 25 €. Parking gratuit. Côté resto, digestif offert sur présentation de ce guide.* Vieille auberge face à l'église : meubles sombres, rideaux froncés et parquets cirés – on se croirait chez une grand-tante. Chambres toutes différentes, mais qui conservent ce style très rustique. Le resto fait l'unanimité dans le coin pour sa généreuse cuisine traditionnelle.

## À voir

**El Capricho :** *barrio Sobrellano, s/n. ☎ 942-72-03-65. • elcaprichodegaudi.com • Mars-oct, tlj 10h30-20h (21h juil-sept). Nov-fév, tlj 10h30-17h30. Dernière entrée 30 mn avt. Fermé 1er et 6 janv, 24, 25 et 31 déc. Entrée : 5 € ; réduc ; gratuit - de 7 ans. On recommande la visite guidée.* Commandé par un riche homme d'affaires de la région, ce palais estival est réalisé selon les plans de Gaudí en 1883. L'extérieur est étonnant : c'est presque Gaudí pastichant Gaudí ! On admire l'originalité des balcons en fer forgé intégrant des bancs qui tournent le dos au paysage (on retrouve le même concept au parc Güell à Barcelone). Les céramiques de tournesols symbolisent la lumière qui illumine la maison tout au long de la journée grâce aux immenses fenêtres. L'intérieur, tant de fois modifié, ne reflète plus l'esprit de l'architecte, seuls subsistent quelques plafonds et cheminées d'origine. Au fait, pourquoi « El Capricho » ? Le nom s'inspire du genre musical « caprice » qui recourt à des formes libres, non académiques, Gaudí n'en faisant qu'à sa tête !

***Palacio de Sobrellano et capilla-panteón de Sobrellano :*** *à côté d'El Capricho. ☎ 942-72-03-39. Mar-dim 9h30-14h30, 15h30-19h30 (18h30 en mi-saison). L'hiver : mar-ven 9h30-15h30 ; w-e 9h30-14h30, 15h30-17h30. Dernière entrée 1h avt. Fermé lun. Entrée : 3 € pour le palacio, 3 € pour la capilla ; réduc. Visites guidées en espagnol (env 30 mn pour le palacio, 20 mn pour la capilla), à heure fixe, selon affluence.*
Reproduction d'un château Renaissance construit et aménagé au XIXe s par un architecte catalan moderniste, Joan Martorell, ami du marquis de Comillas, l'un des hommes les plus riches d'Espagne à cette époque.
De l'extérieur s'en dégage une certaine austérité, celle des familles catholiques de stricte observance. Ce dont témoigne également l'importance de la chapelle privée, qui abrite nombre des monuments funéraires de la famille (d'où cette appellation de « panteón »).
À l'intérieur, parquets en chêne, cheminées en bois, meubles patinés et tapisseries pseudo-gothiques, salle de billard et bibliothèque assurent au palais un style néo-médiéval assez riche que l'on se plaît à détailler.
– Si le style de cet architecte vous a emballé, en face, sur la colline, se dresse une autre de ses œuvres, l'***ancienne Université pontificale,*** entourée d'un grand parc *(visites guidées – en espagnol – tlj, ttes les heures 10h-13h, et 17h-20h l'été ; tarif : 3,50 €, + 2 € accès à l'enceinte en voiture ; réduc ; rens : 630-25-67-67).*

## DANS LES ENVIRONS DE COMILLAS

La ***route de Comillas à San Vicente de la Barquera*** est remarquable. La zone est d'ailleurs classée parc naturel et longe de petites *rías* et des zones inondables. On se croirait parfois dans les bayous de Louisiane. C'est un refuge dédié à la protection des oiseaux aquatiques. Parmi les plages les plus sauvages du coin, la ***playa d'Oyambre,*** à seulement quelques kilomètres de Comillas.

## Où dormir ?

⛺ ***Camping Oyambre Beach :*** *playa d'Oyambre, s/n, 39528* ***Oyambre.*** *☎ 942-72-26-16. • info@campingoyambrebeach.com • campingoyambrebeach.com • Fermé nov-Semaine sainte. Env 30 € pour 2 pers avec voiture et tente ; mobile homes 4 pers 66-100 €.* Camping qui manque peut-être d'un poil de verdure et d'espace, mais on s'y installe (presque !) les pieds dans l'eau. Accueil dans la bonne humeur. À noter, 2 autres campings dans le même coin : *Caravaning de Oyambre* et *Rodero Camping,* mais celui-ci est le plus proche de la mer.

***Element Surf :*** *barrio Oyambre, 26, 39547* ***Los Llaos.*** *📱 634-40-39-50. • info@elementsurf.de • elementsurf.de • En haut de la plage d'Oyambre, dans la montée derrière le camping* Oyambre Beach. *Fermé de début sept à mi-mai. Séjour à la sem en chambre double 200-400 €/sem selon saison.* Avis aux fous de la glisse ! Cet *hostel,* tenu par de jeunes Allemands, propose des séjours à la semaine comprenant dîner, nuit et petit déj. On peut aussi opter pour des formules avec cours de surf *(env 700 €/sem avec 4h de cours/j.)* dispensés en... allemand ! Ambiance un poil baba, sans stress, chambres simples mais bien tenues et cadre superbe puisqu'on surplombe la mer. En fin de journée, on troque sa planche contre un bon transat. En un mot : détendu !

# SAN VICENTE DE LA BARQUERA

(39540) 4 300 hab.

**Dernière ville importante avant d'arriver dans les Asturies, située au fond d'une baie envahie par les eaux bleues, bordée de vertes collines où les vaches regardent passer les bateaux, au pied des montagnes (Picos de Europa), San Vicente constitue une gentille escale dans un site remarquable et à taille humaine.**

## Arriver – Quitter

### En bus

🚌 ***Estación de autobuses*** *(gare routière)* ***:*** *avda Miramar. ☎ 942-71-09-21.*

➢ ***Potes :*** lun-ven, 2-3 bus/j. ; w-e et j. fériés, 2 bus/j., avec la C^ie^ *Palomera (☎ 942-88-06-11 ; • autobusespalomera.com •).*

➢ ***Ligne Gijón-Irún*** via ***San Vicente, Santander*** et ***Bilbao :*** avec *Alsa.*
- ***Santander :*** dans les 2 sens, env 2 bus le mat, 2 l'ap-m et 1 le soir.
- ***Ribadesella :*** 1 A/R par j.
- ***Arriondas :*** 2 bus/j. dans les 2 sens.
- ***Oviedo :*** 4-5 liaisons/j. dans les 2 sens.

➢ ***Ligne San Vicente-Santander*** via ***Comillas, Santillana*** et ***Torrelavega :*** avec la Cie *La Cantabrica (☎ 942-72-08-22),* lun-ven 4-5 bus/j. (jusqu'à 7 bus/j. en été) dans les 2 sens, un peu moins le w-e (2-3 en hiver).

### En train

➢ Ligne *FEVE-RENFE* ***Oviedo-Santander,*** qui dessert également, entre autres, ***Llanes, Posada, Ribadesella*** et ***Arriondas*** : 2 trains/j., l'un en début de matinée, l'autre en milieu d'ap-m, dans les 2 sens.

## Adresse utile

ℹ ***Oficina de turismo :*** *avda del Generalísimo, 20. ☎ 942-71-07-97. • sanvicentedelabarquera.es • Mars-oct, tlj 10h-14h, 16h-19h (20h Pâques et juil-août) ; fermé dim ap-m en mi-saison et lun en oct. Nov-fév, tlj 9h30-16h30 (dim 10h30-14h).*

## Où dormir à San Vicente et dans les environs ?

### Campings

⛺ ***Camping El Rosal :*** *playa del Tostadero, San Vicente de la Barquera. ☎ 942-71-01-65. • info@campingelrosal.com • campingelrosal.com • Fermé nov-mars. Env 25 € pour 2 pers avec tente et voiture.* Bien situé sur une presqu'île, entre 2 plages dont la *playa del Tostadero,* un charmant camping à taille humaine, correctement équipé (sanitaires un peu saturés en été) et ombragé par une pinède. Supermarché et resto sur place.

⛺ ***Camping Las Arenas :*** *ctra Pechón-Unquera,* ***Pechón.*** *☎ 942-71-71-88. • info@campinglasarenas.com • campinglasarenas.com • ♿ Env 2 km après Pechón et 12 km après San Vicente de la Barquera, assez isolé. Fermé oct-mai. Env 32-35 € pour 2 pers avec tente et voiture.* La plus belle vue de Cantabrie, rien que ça ! Du coup on s'y bouscule en haute saison. Superbement situé et aménagé en terrasses sur une presqu'île surplombant de ses falaises l'estuaire du *Tina Mayor.* Attention à votre tente, ça souffle là-haut ! Bar-café, *supermercado,* piscine et plage en contrebas avec accès privé. Un bémol : sanitaires insuffisants en haute saison.

### De prix moyens à plus chic (50-120 €)

🏠 ***Hotel Las Calzadas :*** *Las Calzadas, 16, San Vicente de la Barquera. ☎ 942-71-26-34. • lascalzadas@hotmail.com • Sur les hauteurs, fléché depuis le centre. Fermé oct-mai. Doubles 45-69 € selon saison.* À 5 mn en voiture du centre, cette immense maison dresse ses tourelles en pleine campagne, dans une totale tranquillité. Jolie vue sur la *ría* ou les Picos de Europa pour peu que l'on évite les chambres du rez-de-chaussée. Chambres très classiques et de bon confort, certaines disposent d'un balcon ou d'une terrasse (premier arrivé, premier servi) ! La salle commune se révèle en revanche bien triste, et on préfère descendre au port pour un petit déj face aux bateaux.

🏠 ***Hotel Don Pablo :*** *El Cruce, 39584* ***Pechón.*** *☎ 942-71-95-00. • info@donpablohotel.com • donpablohotel.com • Depuis San Vicente, suivre la nationale ou l'autoroute direction Llanes, et sortir à Pechón, c'est la dernière maison à la sortie du village. Fermé en hiver. Double env 90 €.* Coup de jeune pour cette grosse maison de campagne située à 15 mn en voiture de San Vicente. Si la façade blanche ne laisse rien paraître, il ne reste de rustique à cet hôtel que le bel escalier en bois et quelques meubles anciens. Les chambres modernes arborent un style frais, parfois rehaussé de couleurs pimpantes ou de papiers peints aux motifs fleuris. Elles ne sont certes pas immenses, mais celles côté océan offrent une vue incroyable. Pour le coup, les salles de bains paraissent vieillottes. Jardin et agréables terrasses où se poser le temps d'un verre. Plage tranquille à 10 mn à pied.

## À voir

👁👁 ***La ville haute :*** encore entourée par des vestiges de murailles. Une rue pavée grimpe vers un vrai château fort dont les origines remontent au XIIe s, longe quelques belles maisons bourgeoises (comme celle, du XVIe s, de la famille Corro) pour déboucher sur l'église *Santa María de Los Angeles (mar-dim l'été, 10h-13h30, 16h-19h30 ; fermé lun ; entrée : 1,50 €).* Gothique, mais plusieurs portails sont romans. Sous des voûtes arachnéennes, trois retables baroques et, dans les chapelles, d'étonnants gisants de nobles locaux des XVe et XVIe s.

### Fête

– ***La Folía :*** *dim après la Semaine sainte.* Cette fête religieuse, aussi populaire que colorée, commémore l'arrivée légendaire de la Vierge en barque dans la baie. Une statue de la Vierge est transportée, dans la liesse, depuis l'église jusqu'à un petit ermitage vers le port. Jolie procession maritime.

## DANS LES ENVIRONS DE SAN VICENTE DE LA BARQUERA

***La ría Tina Mayor :*** *quelques km après San Vicente, prendre la direction Pechón.* La route surplombe joliment cette *ría* encore sauvage.



# LA CANTABRIE INTÉRIEURE



**De belles vallées et déjà de vraies montagnes : il suffit de quelques kilomètres pour échapper à la cohue des plages. En revanche, qui dit vallée dit aussi axe de pénétration et trafic routier intense. Mais, comme souvent, il suffit de quitter la grande route (la nationale qui descend à Burgos) pour se retrouver dans des « bouts du monde » : verdure, espaces sauvages, routes tortueuses. Ah ! On respire !**

## REINOSA ET L'EMBALSE DEL EBRO (39200)

**On atteint ce lac par la route Torrelavega-Reinosa qui suit le tracé d'une antique *voie romaine,* dont on peut voir un tronçon d'environ 5 km en bon état près du village de Bárcena de Pie de Concha. Dans les années 1960, pour canaliser le cours de l'Èbre, le gouvernement espagnol a construit un grand barrage non loin de sa source. Résultat, c'est l'un des lacs de retenue du pays les plus vastes, que fréquentent essentiellement les oiseaux aquatiques, car les équipements touristiques sont réduits à leur plus simple expression.**
**Châteaux, sanctuaires ou ruines sont autant de témoignages qui s'égrènent sur la route. De villages en hameaux, on se plaît à remonter le temps, à travers des paysages préservés.**

### Adresses utiles

***Oficina de turismo :*** *avda Puente de Carlos III, 23, à Reinosa. ☎ 942-75-52-15. • aytoreinosa.es • En été, lun-sam mat, 9h30-14h30, 17h-20h ; fermé sam ap-m et dim. Hors saison, lun-sam 9h30-14h30 ; fermé dim.*

***Centro de visitantes del Embalse del Ebro*** (centre d'interprétation de la *retenue de l'Èbre)* **:** *Campoo de Yuso (en haut du hameau), à* **Corconte.** *648-19-17-62.* ● *medioambientecantabria.es* ● *Juil-août : mar-dim 10h-18h, fermé lun. Hors saison : ven-dim 10h-18h, fermé lun-jeu. Fermé de mi-déc à mi-mars. GRATUIT* Petit espace autour du lac en particulier et de l'eau en général.

## Où dormir ? Où manger à Reinosa ?

**Villa Rosa :** *c/ Héroes de la Guardia Civil, 4.* ☎ *942-75-47-47.* ● *posada@villarosa.com* ● *villarosa.com* ● *Vers la gare ferroviaire. Doubles 70-80 €, petit déj inclus.* Ne vous fiez pas à la classique façade rose de cette jolie villa. Les chambres mélangent tous les goûts, toutes les couleurs et toutes les époques ! De la statue grecque qui vous accueille aux fausses cheminées en passant par la TV géante au plafond, c'est amusant et original, même si on peut ne pas aimer. Une adresse haute en couleur où l'on est bien accueilli. Petit bout de jardin et grand jacuzzi.

**Brasería La Cabaña :** *c/ Juan José Ruano, 4.* ☎ *942-75-08-37.* ● *braserialacabana@hotmail.com* ● *Dans une rue perpendiculaire à la c/ Mayor, à deux pas de la plaza del Ayuntamiento. Tlj sauf lun soir et mar. Menu en sem 12 € ; carte env 20 €.* Excellente brasserie dont le cadre classique cache une merveille de cuisine. On s'attable dans les box en bois pour déguster un copieux menu du jour ou une bonne pièce de boucher. Rare en Cantabrie, les pâtes, excellentes et travaillées, fleurent bon... l'Italie ! En dessert, on craque pour la spécialité maison, *el saquito de la felicidad* : un chou énorme rempli de chocolat fondant et accompagné de glace à la vanille. Conseil d'ami : une balade digestive s'impose !

# À voir à Reinosa

**Balade dans la ville :** la seule commune d'importance autour du lac. Le tout petit centre ancien mérite que l'on s'y dégourdisse un peu les jambes : on peut, par exemple, en se glissant sous les arcades de la calle Mayor jalonnée de boutiques à l'ancienne et de quelques jolis édifices du XIXᵉ s, pousser jusqu'à l'impressionnante façade baroque de l'église San Sebastián. On posera ensuite une fesse sur la tranquille plaza del Ayuntamiento, pour boire un verre avec les gens du coin.

## Où dormir ? Où manger aux alentours du lac ?

### Camping et auberges

**Puente Romano :** *ctra Alto Campoo, km 12, Entrambasaguas, 39210* **Riaño.** ☎ *942-77-93-12 ou 92-79.* ● *info@puente-romano.com* ● *puente-romano.com* ● *Sur la CA-183 qui mène de Reinosa à Alto Campoo. Env 16-20 € pour 2 pers avec voiture et tente.* Au sein d'un complexe touristique (chalets, chambres d'hôtes, resto), un petit camping dans un parc (avec un peu d'ombre) traversé par un torrent franchi par un pont romain (d'où son nom, pardi !). Piscine.

**Auberge de jeunesse :** *à* **Alto Campoo** *(39211).* ☎ *942-20-74-07 (résas).* *686-46-46-27.* ● *albergue.altocampoo@cantabria.es* ● *albergues.jovenmania.com* ● *Tt en haut de la vallée, à droite à l'entrée de la station. Avec la carte HI (obligatoire), nuitée 6,25 € avec petit déj (imbattable !).* Perchée dans la montagne, dans une petite station de ski, cette maison en pierre abrite 40 places en dortoirs de 8 ou 16 personnes. C'est pas le grand luxe, mais on s'y sent bien. Possibilité de demi-pension, sinon prévoir ses provisions, parce que l'été, il n'y a pas grand-chose d'ouvert là-haut. Fonctionne surtout en hiver avec les amateurs de glisse. Pour plus d'infos sur la station : ● *altocampoo.com* ●

**La Cotera :** *à* ***Abiada*** *(39210). ☎ 942-77-92-45. • lacoteramediavilla@gmail.com • alberguelacotera.com • Dans le village, au pied de l'église. Congés : 15 j. en nov. Nuitée en dortoir env 12 € ; double 38 €. Carte env 15-20 €.* Une vraie auberge de village, toute simple et plaisante. Accueil naturellement sympathique. Dortoirs basiques et chambres propres et nettes. Très agréable terrasse avec des tables de pierre où l'on peut faire honneur à une cuisine bien traditionnelle ou prendre un verre après une promenade à cheval dans la montagne (balades organisées par Toño, dont vous trouverez le bureau juste à côté ; *• turismoecuestreabiada.com •*).

## Bon marché

**Cantina La Joyanca :** *pl. de la Joyanca, à* ***Abiada*** *(39720). ☎ 942-77-93-21. • cristiyanca@hotmail.com • Tlj sauf lun. Congés : mai et nov. Menu midi et soir 10 €, tapas 4-5 €.* Une charmante vieille maison au cœur du village, abritant un bar et un salon au coin du feu pour les habitués. On peut y boire un verre et manger de délicieux petits plats, parfois aux saveurs exotiques, préparés avec soin, ou simplement une bonne tartine garnie de produits frais. Ou squatter la terrasse aux pots de fleurs colorés, gaiement décorée par David et Cristina, les sympathiques proprios.

## De chic à très chic (de 60 à plus de 120 €)

**Posada rural de Fontibre :** *El Molino, 23, 39212* ***Fontibre*** *(Campoo de Suso). ☎ 942-77-96-55. 📱 639-32-00-40. • info@posadafontibre.com • posadafontibre.com • À 5 km de Reinosa, par la route d'Alto Campoo (CA-183) ; au hameau de Fontibre, c'est à gauche, un peu plus bas, à 200 m au bout d'un petit chemin. Doubles 62-92 € selon saison ; petit déj 6,50 €. Sur présentation de ce guide, réduc de 10 % sur les doubles.* À 300 m des sources de l'Èbre, dans un vallon verdoyant et tranquille, un ancien moulin du XVIIIe s remarquablement restauré, tenu par une dame adorable. La poignée de chambres, vraiment charmantes, affichent un air de campagne et un style frais et coloré. Reposantes, elles s'ouvrent sur le jardinet et les arbres du vallon. Qu'il fait bon somnoler au coin du feu dans le grand salon paré de bric et de broc ou rosir au soleil sur un transat.

**Hotel Araz :** *Las Rozas de Valdearroyo, 39213* ***Llano.*** *☎ 942-10-41-41. • hotelaraz.es • Juste en face de la minuscule station de train de Llano. Doubles 80-100 € selon saison, petit déj 5 €.* Situé aux confins de la Cantabrie, cet hôtel moderne a des airs de bout du monde. Percé de baies vitrées, il offre une vue imprenable sur la campagne alentour et l'*embalse del Ebro,* quand le brouillard daigne se dissiper ! Les chambres arborent des couleurs unies vives et un style moderne épuré. Suivant cette tendance, les salles de bains sont ouvertes sur la chambre, original ! Le matin, on se régale de miel maison avant d'aller se promener à la fraîche dans un paysage des plus préservé.

# À voir. À faire aux alentours du lac

**Les sources de l'Èbre :** *à* ***Fontibre,*** *env 5 km à l'ouest de Reinosa sur la route d'Alto Campoo. Parking juste après le hameau, sur la gauche de la route.* Un sentier pédestre descend dans un vallon et fait le tour d'un bassin naturel ombragé où naît (enfin, les scientifiques ne sont pas franchement d'accord...) le fameux fleuve espagnol. Sympa pour se dégourdir les jambes, on ne s'attardera pas plus que ça.

– **Petit centre d'interprétation :** *sur place. 📱 648-26-36-96. Juil-août : mar-dim 10h-18h, fermé lun ; hors saison : ven-dim 10h-18h, fermé lun-jeu. Fermé de mi-déc à mi-mars. GRATUIT.*

**Castillo de San Vicente :** à **Argüeso.** ☎ 942-77-96-32. À 12 km au nord-ouest de Reinosa. Tlj 10h30-14h, 16h-18h30 (19h30 juil-août, 17h30 le reste de l'année). Fermé 1er et 6 janv, 1er mai et 25 déc. Entrée : 2 €. Perché sur une colline, ce château médiéval offre une vue spectaculaire sur le village en contrebas et les collines alentour. Construite entre le XIIIe et le XVe s sur les fondations d'une église du IXe s, la fortification vaut le détour pour son extérieur plus que pour les expos qu'elle accueille.

**Centro de interpretación del Románico** (centre d'interprétation de l'Art roman) **:** Campoo de Suso, à **Villacantid.** ☎ 942-59-84-25. • centros.culturadecantabria.com • À 6 km à l'ouest de Reinosa par la CA-285. De mi-juin à mi-sept, tlj sauf lun 10h30-14h30, 15h30-19h30. Fermé lun-mar le reste de l'année en horaires réduits. Fermé 1er et 6 janv, 24, 25 et 31 déc. Entrée : 1,50 € ; réduc. Sous les voûtes d'une adorable petite église romane, un petit « musée » qui a choisi la voie de la modernité (vidéo, écrans tactiles, etc.) pour vous faire découvrir tout ou presque de cette période essentielle de l'art religieux.

**Colegiata de San Pedro :** à **Cervatos.** ☎ 942-75-02-24 ou 942-84-03-17. À 5 km au sud de Reinosa par la N-611. Ouverture... selon l'envie, mieux vaut téléphoner avt. Entrée : 2 €. Une merveille d'église romane dont il faut prendre la peine de détailler le portail et surtout les modillons de la corniche et les sculptures des fenêtres : certaines s'avèrent quelque peu, comment dire, osées... Prenez le temps de déambuler dans cet adorable village, vous croiserez la population locale : les poules !

**Retortillo :** à 5 km au sud-est de Reinosa. Ce petit village, à peine perché au-dessus du lac, s'appelait autrefois *Juliobriga*. Jusqu'au IIIe s où elle a purement et simplement disparu, c'était la ville romaine la plus importante de Cantabrie. Superbe petite église romane du XIe s où un bel escalier de pierre permet d'accéder au clocher.

– Juste à côté, discrètes ruines du *forum* et de maisons d'habitation. On peut également visiter une reconstitution d'une ***domus romana,*** grosse maison bourgeoise de l'époque : ☎ 942-59-84-25. • centros.culturadecantabria.com • De mi-juin à mi-sept, tlj sauf lun 10h30-14h30, 15h30-19h30. Fermé lun-mar le reste de l'année avec horaires réduits. Visite guidée (50 mn-1h). Entrée : 3 € ; réduc. Cette reconstitution fait un peu décor de péplum, mais l'intéressante visite guidée permet de découvrir ce qu'était la vie quotidienne à l'époque romaine. À l'étage, expo du produit des fouilles.

– **H2UR Alto Ebro :** à **Arroyo.** ☎ 942-77-32-56. 📱 656-79-22-45. • h2ur.com • À 10 km de Reinosa. Base sportive tenue par des jeunes passionnés qui organisent de nombreuses activités nautiques, essentiellement entre mai et fin septembre : rafting, hydrospeed, paddle, canoë sur le cours de l'Èbre, entre Arroyo et Aldea de Ebro. Également de l'escalade et de la spéléologie.

## LA VALLÉE DU SAJA

**De Reinosa, on l'atteint en traversant la *sierra del Corcel,* désertique ou presque. Les villages sont accrochés à flanc de montagne, la route grimpe et serpente vers le col de Palombera, au milieu de prairies alpines qui disparaissent dans les brumes épaisses du soir, domaine du rêve et de l'étrange.**
**La végétation de maquis a un air méditerranéen. De l'autre côté du col en poursuivant vers le nord, la descente offre des paysages plus variés. On quitte vite la prairie désertique pour s'enfoncer dans une superbe forêt luxuriante.**

LA CANTABRIE

## Où dormir dans la vallée ?

### Chic (env 70 €)

■ ***Posada Reserva Verde :*** *c/ La Iglesia, 30, 39518* ***Bárcena Mayor.*** *☎ 942-74-10-13. • posada@reservaverde.com • reservaverde.com • Doubles 72-92 €, petit déj inclus.* Adorable maison à la déco soignée qui aurait toute sa place dans un magazine de déco. À chacune sa couleur, à chacune son nom de fleuve, les chambres arborent des tons pastel et boisés, rehaussés de coussins fleuris, elles ont un charme fou ! Côté salon, cheminée et profonds canapés invitent à la *siesta* tant appréciée des Espagnols. Charmante adresse à l'accueil parfait.

■ ***Posada La Colodra :*** *barrio Meana, 59, 39518* ***Los Tojos.*** *☎ 942-70-61-10. • informacion@posadalacolodra.com • posadalacolodra.com • Attention, ça grimpe sec et en épingle à cheveux sur 2 km. Au centre du village. Ouv juil-sept, et slt le w-e hors saison. Double 69 €, petit déj compris. CB refusées.* Dans un joli village qui en abrite quelques autres, une très belle maison du XVIe s parfaitement rénovée. On lui trouve un charme fou avec ses géraniums aux fenêtres ! Les chambres sont toutes disposées autour d'un patio, en partie vitré. Celles du dernier étage offrent une vue superbe sur la vallée. Rien d'étonnant, on reste dans le rustique côté déco. Au rez-de-chaussée, large salon et salle à manger à la déco assez cosy.

### De chic à très chic (de 75 à plus de 120 €)

■ ***Casona Camino Real :*** *barrio La Fuente (Valle de Cabuerniga), 39511* ***Selores.*** *☎ 942-70-61-71. • info@caminorealdeselores.com • ou • reservas@caminorealdeselores.com • caminorealdeselores.com • ♿ Double min 90 € selon confort et saison, petit déj-buffet inclus.* Superbe maison ancienne (1690) rénovée avec passion, originalité et beaucoup d'imagination. On se croirait dans le showroom d'un décorateur ou d'un photographe loufoque. Meubles Renaissance, bibelots en coquillages très kitsch, bois dorés, maquettes de voiliers et fauteuils panthère se côtoient dans un joyeux mélange de styles ! Les chambres sont différenciées par couleurs ou par thèmes : rose, marine, zébrée, laissez-vous aller ! Bref, un trésor d'hôtel perdu au pied des montagnes.

## À voir

👀👀 ***Bárcena Mayor :*** peut-être bien ***le plus beau village*** de Cantabrie centrale, où ils sont pourtant nombreux. Parfaitement restauré, ce gros bourg montagnard a gardé tout son cachet médiéval, avec ses ruelles pavées et ses belles maisons de pierre. À peine 70 habitants permanents et malheureusement presque autant de bus chaque jour en été – on exagère, mais si peu...
Les voitures sont évidemment interdites (à moins de loger au village), mais grand parking gratuit 200 m avant l'entrée.

# LA VALLÉE DE LA NANSA

**Longue vallée isolée qui permet de rejoindre les Picos de Europa. Une grotte étonnante (El Soplao), quelques paysages stupéfiants et quelques villages isolés, dont certains classés « Patrimoine national cantabre ».**
– Voir aussi *• valledelnansa.org •*

## Où dormir ? Où manger dans la vallée ?

**Posada El Puente :** *El Puente, s/n, 39558* ***Carmona.*** *☎ 942-72-81-15. • posadaelpuente.es • À l'entrée du village, impossible à rater. Doubles 45-48 € selon saison. Au resto, repas env 25 €.* Au cœur de la vallée, cette auberge familiale tout en pierre abrite une poignée de chambres sobres et soignées auxquelles on trouve un certain cachet. On apprécie surtout l'environnement : vert, calme et reposant. Au resto du rez-de-chaussée, généreuse cuisine régionale et adorable terrasse où boire le café avec les papis du coin. Le village est l'un de ceux auquel on peut coller le qualificatif de « pittoresque ».

**Hospedaje Polaciones :** *La Laguna, 39556* ***Lombraña-Polaciones.*** *☎ 942-72-90-21. Dans un hameau, juste après le lac de la Cohilla. Menu du jour env 7 €.* Bonne cuisine locale, salle à manger sans prétention, petite terrasse, clientèle d'habitués et patron toujours d'une humeur radieuse. Recommandé pour le déjeuner.



## À voir dans la vallée

**Cueva El Soplao :** *prao el Colla, s/n, à* ***Celis.*** *Bien fléché depuis le village et la route principale. ☎ 902-82-02-82. • elsoplao.es • ♿ Avr-juin et sept-oct, fermé lun, mar-dim 10h-14h, 15h-18h (ouv aussi lun en sept). Juil-août, tlj 10h-19h (21h en août). Le reste de l'année, fermé lun, mar-dim 10h-14h, 15h-17h.* ***Résa presque obligatoire en été.*** *Entrée (visite guidée env 1h) : 12 € ; réduc ; gratuit jusqu'à 3 ans. Visite aventure : 32 €. Prévoir une petite laine : il fait 13 °C max à l'intérieur. Cafét sur place.* On gagne cette grotte par une jolie route de montagne qui traverse la sierra de Arnero et offre, ici ou là, quelques splendides panoramas. Si certaines zones d'El Soplao ont été exploitées de 1908 à 1978 pour en extraire du zinc et du plomb, la grotte n'a été découverte que des années plus tard et ouverte au public que depuis 2005. L'aventure commence quand on embarque dans le petit train qui conduit le visiteur jusqu'à l'entrée de la mine (pas toujours opérationnel). Ensuite, une visite guidée – en espagnol – permet de parcourir un gros kilomètre de galeries. On assiste à un vrai spectacle, avec une jolie mise en son et en lumière et une incroyable diversité de concrétions : colonnes, gours, stalactites ou bien encore ces aériennes stalagmites excentriques qui semblent défier les lois de l'attraction. Savez-vous qu'il faut entre 100 et 150 ans à ces stalagmites (pareil pour les stalactites) pour grandir de 1 cm ? La visite termine en beauté dans la *sala de la opera* où l'on découvre avec émerveillement (et sur fond de musique classique s'il vous plaît) des concrétions aussi fines que de la dentelle, vraiment magique ! Pour les plus sportifs, une visite spéléologique (casque, lampe, bottes et combinaison fournis) permet de découvrir d'autres galeries en 2h30.

# LOS PICOS DE EUROPA



• Carte *p. 110-111*

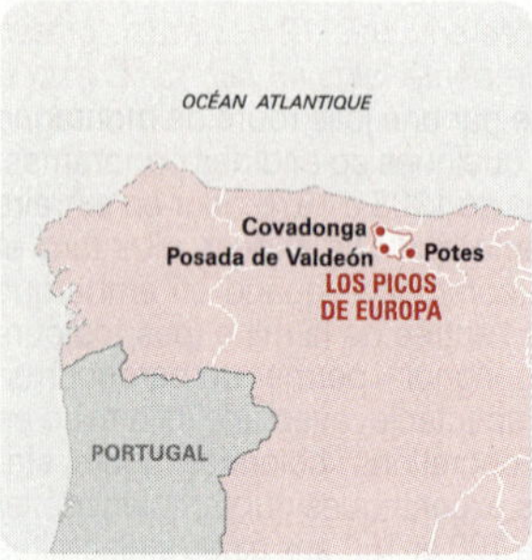


**Tout aussi – sinon plus – attirants que la côte, les Picos de Europa sont une chaîne de montagnes qui s'élève rapidement, à moins de 40 km de la mer, à cheval sur la Cantabrie, les Asturies et le León. Quand on arrive de la mer, on est frappé par le paysage, cette véritable forteresse qui se dégage des hauts pics calcaires. Il y a plus de 2 500 m de dénivelée entre le point le plus bas et le *Torre Cerredo,* point culminant à 2 648 m. Los Picos de Europa constituent une destination à part entière. Pourquoi ne pas visiter Asturies et Cantabrie rien que pour eux ? Ce qui étonne le plus, c'est leur relative concentration capable d'offrir, sur une aussi « petite » étendue, tant de pics, gorges, défilés et possibilités de balades géniales.**

**Un véritable paradis pour les randonneurs et les grimpeurs. D'ailleurs, le parc compte une trentaine de sentiers balisés de petite randonnée (PR), environ 10 par région, 2 de grande randonnée (GR) et 4 circuits de haute montagne.**

**Le parc national des Picos de Europa fascine, car il n'est pas si facile d'accès. Il faut donner un peu de sa personne pour conquérir ces pics, sortir les chaussures de randonnée et parcourir ces sentiers sur plusieurs kilomètres, affronter ses peurs et ses vertiges en longeant d'impressionnantes falaises pour apprécier pleinement la région.**

**Plongez à l'intérieur du massif et vous découvrirez des pics déchiquetés, rocailleux, menaçants, perdus dans une brume mystérieuse à plus de 2 000 m, là où aucune herbe ne pousse. Alors, enlevez le sable collé à vos tongs, on n'est plus sur la plage, mais dans un tout autre pays.**

## UN PEU D'HISTOIRE

Au VIIIe s, face à l'avancée des Arabes dans la péninsule, les montagnes servent une nouvelle fois de retraite. À Covadonga, le roi Pelayo résiste fièrement, en 719, aux assauts des Maures qui veulent mater cette résistance. En vain : Pelayo victorieux, Covadonga devient même le point de départ de la *Reconquista* espagnole. En 1918, le roi Alphonse XIII déclare officiellement à Covadonga la création du premier parc national d'Espagne : le parc national de la Montaña de Covadonga. En 1995, l'ancienne appellation disparaît pour devenir l'actuel parc national des Picos de Europa.

## LOS PICOS DE EUROPA POUR LES NULS

Les Pics se visitent soit au départ de la Cantabrie, soit au départ des Asturies, car aucune route ne traverse le massif, et la petite route qui en fait le tour est longue et difficile. Ainsi, pour aller de Caín (León) à Poncebos (seulement quelques kilomètres plus au nord en Asturies), il faut 3h de marche et 5h de voiture !
Comment choisir ? Une différence essentielle : côté cantabre, une seule route pénètre dans le massif. En revanche, côté asturien, deux routes longent les montagnes à partir de Cangas de Onís. D'où plusieurs bases de départ possibles pour faire de belles randonnées, mais également plus de possibilités de logement (notamment en camping).
Il y a aussi, toujours côté cantabre, le téléphérique de Fuente Dé qui mène directement tout en haut de la montagne. Et que dire des trésors architecturaux et historiques du massif asturien, comme le sanctuaire de Covadonga au nord des Pics ?
Une dernière remarque : grande affluence en été, mais il semble quand même que les randonnées proposées par les guides asturiens soient un peu moins prises d'assaut.
Comme il faut bien venir de quelque part, on a quand même divisé la région en deux : les pics de Cantabrie et les pics des Asturies (avec une petite incursion dans le León, moins fréquenté que ses voisines). L'idéal, évidemment, est d'en faire le tour, tant ce coin est superbe. Ce serait dommage de n'en voir que la moitié !



## BON À SAVOIR

***Centres d'interprétation des Picos de Europa :*** dans les principales villes des régions des Pics, vous trouverez des points d'info très bien faits, sortes d'offices de tourisme consacrés à l'explication du parc (appelés les « ***Centros de interpretación del Parque nacional de los Picos de Europa*** »). Gérés directement par les guides agréés par le ministère du Tourisme, tous très compétents et accueillants, la plupart parlent aussi le français. Vous y obtiendrez toutes les infos nécessaires à l'exploration du massif. Les ***trois centres d'interprétation*** se trouvent à côté de ***Potes*** (Cantabrie), à ***Posada de Valdeón*** (León) et à ***Cangas de Onís*** (Asturies). Voir les adresses précises et horaires dans les pages concernant ces villes.
– En été (1er juillet-30 septembre), les guides organisent et accompagnent gratuitement des ***randonnées*** *(rutas guiadas)* depuis les villages. Ces balades dans les Pics sont proposées tous les jours, sauf le week-end (en fait, ça dépend des années, et de la décision du ministre du Tourisme !), et durent de 3h à 5h. Des affiches sont collées partout dans les principales villes, aux offices de tourisme, sur la devanture des magasins, et précisent les lieux et heures de rendez-vous, les itinéraires et le niveau de difficulté des balades. Seule condition : être ponctuel. En général, deux guides encadrent des groupes de moins de 40 personnes. Voilà une excellente manière de découvrir les Pics grâce à des balades un peu plus originales que les célébrissimes et bondées gorges de Cares ou la descente à pied du téléphérique de Fuente Dé.
Le site internet (en espagnol) du parc national des Picos de Europa décrit entre autres pas mal de randonnées et balades dans les Pics : ● *picoseuropa.net* ●

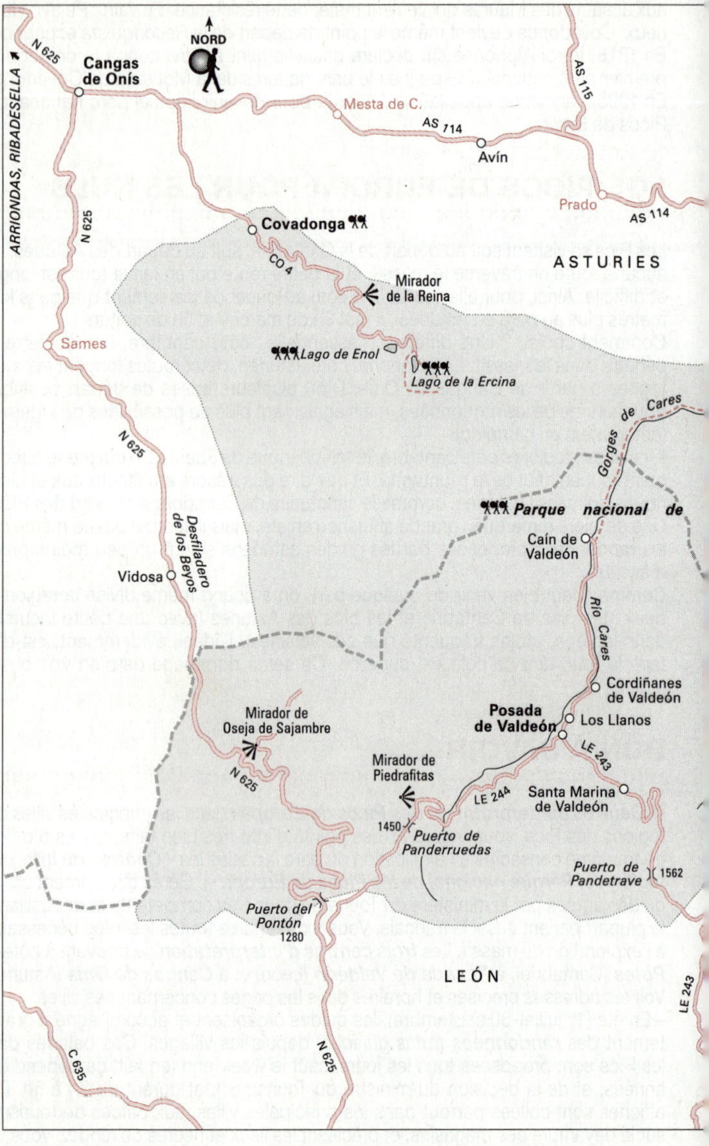
NORD
Cangas de Onís
N 625
ARRIONDAS, RIBADESELLA
Mesta de C.
AS 714
AS 115
Avín
Prado
AS 114
Covadonga
CO 4
ASTURIES
Mirador de la Reina
Sames
Lago de Enol
Lago de la Ercina
Gorges de Cares
Parque nacional de
Caín de Valdeón
Desfiladero de los Beyos
Vidosa
Río Cares
Cordiñanes de Valdeón
Posada de Valdeón
Los Llanos
Mirador de Oseja de Sajambre
LE 243
Mirador de Piedrafitas
LE 244
Santa Marina de Valdeón
1450
Puerto de Panderruedas
Puerto de Pandetrave
1562
Puerto del Pontón
1280
LEÓN
C 635

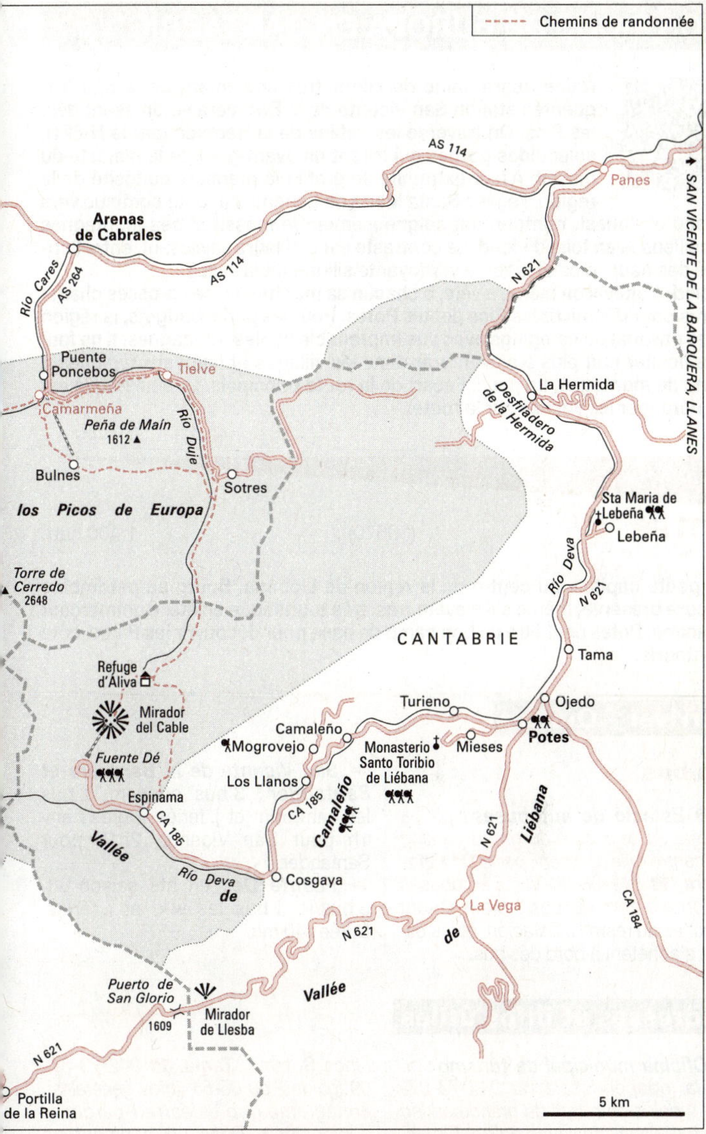


## LOS PICOS DE EUROPA

# LOS PICOS DE EUROPA EN CANTABRIE

**À une quarantaine de kilomètres seulement de la très fréquentée station San Vicente de la Barquera se dressent déjà les Pics. On traverse les défilés de la Hermida (par la N-621), splendides gorges qui livrent un avant-goût de la majesté du massif. À leur extrémité se profile la première curiosité de la région, l'église Santa María de Lebeña. La route continue vers le sud et l'ouest, contournant soigneusement le massif et ses montagnes rocailleuses en toile de fond. Le contraste est d'ailleurs saisissant, entre l'aridité des hauts pics et la route verdoyante sillonnant la vallée.**
**À pied, à cheval ou même à vélo, à chacun sa monture ou ses grosses chaussures pour découvrir les Pics depuis Potes. Pour les petits budgets, la région offre pas mal de campings avec vue imprenable sur les montagnes. Il ne faut pas hésiter non plus à s'aventurer dans les villages et hameaux typiques à flanc de montagne, un peu à l'écart de la route principale. Le seul risque est de déranger les vaches sur la route.**



## POTES

(39570) 1 400 hab.

**La petite capitale au centre de la région de Liébana. Bourg au patrimoine encore préservé, même s'il s'avère très, très touristique en été. Commerçant et animé, Potes peut être un bon camp de base pour découvrir les Picos, côté Cantabrie.**

### Arriver – Quitter

#### En bus

🚌 ***Estació de autobuses :*** *pl. La Serna. Juste à côté du grand parking du centre-ville. Desservi par la* ***Cie Palomera*** *(☎ 942-88-06-11 ; • autobuses palomera.com •).* Les horaires sont affichés au resto *La Estación,* et les billets s'achètent à bord des bus.

➢ ***San Vicente de la Barquera et Santander :*** 3 bus en sem, 2 bus les sam, dim et j. fériés. Durée : env 1h pour San Vicente, 2h15 pour Santander.

➢ ***Fuente Dé :*** en hte saison slt, 3 bus/j., 1 bus les w-e et j. fériés. Durée : 40 mn.

### Adresses et infos utiles

ℹ ***Oficina municipal de turismo :*** *pl. de la Independencia. ☎ 942-73-07-87. À peine en retrait du grand parking central, dans l'ancienne église. En été, tlj 10h-14h, 16h-20h. Hors saison : mar-dim 10h-14h, 16h-18h ; fermé lun.* Expo sur les enluminures du moine Béat juste à côté. Accueil très pro et souriant.

ℹ ***Centro de interpretación de los Picos de Europa :*** *ctra General, s/n, Finca Sotama,* ***Tama.*** *☎ 942-73-81-09 (guides) ou 05-55 (infos générales). • magrama.gob.es/es/red-parques-nacionales • Dans un bâtiment en forme de gros cube en bois, à 4 km de Potes, sur la route de Santander. Tte l'année, tlj 9h-18h. Gratuit.* Présenté comme un musée, le Centre donne plein d'infos sur la faune, la flore, les paysages et les populations des Pics. Des films retracent l'histoire du parc, et des maquettes décrivent l'habitat rural. Une visite intéressante avant d'entamer la véritable exploration. Rappel : ce sont les guides de ce centre qui organisent gratuitement les randonnées au départ des villages alentour. Programme évidemment disponible sur place.

**Oficina municipal de turismo de Liébana :** *à* ***Tama.*** *Maison en bord de route, sur la gauche depuis Potes. Ouv assez variable, normalement Semaine sainte-fin oct : tlj sauf mer et dim 10h-14h, 16h-19h.* Des infos précises sur les Pics dans les vallées de Liébana. Accueil super compétent. À noter, ***d'autres offices de tourisme municipaux*** *ouv tte l'année à* ***Potes,*** *à* ***Camaleño*** *(sur la route de Fuente Dé), et slt Semaine sainte et juil-août à* ***Vega de Liébana.***

– D'autres infos sur le coin et les Picos de Europa dans la région : *● liebanaypicosdeeuropa.com ● valledeliebana.info ●*

***Taxis :*** *en haut de la c/ Doctor Encinas, sur la pl. San Raimundo. ☎ 942-73-04-00.*

## Où dormir ? Où manger ? Où boire un verre ?

### De bon marché à prix moyens

***Casa Cayo :*** *c/ Cántabra, 6. ☎ 942-73-01-50. ● informacion@casacayo.com ● casacayo.com ● En plein centre, dans la ruelle la plus animée du bourg. Fermé de Noël à mi-mars. Double 50 €, petit déj 7 €. Menu déj en sem 20 €, carte env 25 €. Sur présentation de ce guide, réduc de 10 % sur les doubles.* Sûrement la meilleure adresse de Potes. Avec de grandes chambres, joliment arrangées dans un style plutôt rétro. Essayez d'en obtenir une côté torrent pour la vue ; ou dans les combles pour échapper à l'ambiance toujours joyeusement animée du bar au rez-de-chaussée ! Bonne cuisine régionale servie avec le sourire dans une salle avec vue elle aussi (si on dégote une table vers les fenêtres). Excellent accueil, naturel et sincère.

***Los Camachos :*** *pl. Llano. ☎ 942-73-00-64. Tlj. Menu du jour 12 €, raciones 4-12 €.* Un peu à l'écart de l'agitation, on vous le recommande pour un apéro plutôt qu'un vrai repas. Bien dans son jus, ce bar-resto se distingue par la qualité de ses jambons (ils pendent au-dessus de vos têtes) ! Au comptoir avec les locaux (et pas mal de mouches aussi) ou autour d'un fût en terrasse, on partage une assiette de bonnes cochonnailles, accompagnée de fromages du coin, sans oublier un p'tit coup de rouge.

***La Soldrería :*** *c/ el Sol, 30. 695-16-64-90. ● lasidreriadepotes@gmail.com ● Tlj en saison, fermé dim-mer hors saison.* Plus qu'un bar, un vrai lieu de vie ouvert à plein d'expériences : des B.D. et des fanzines qui traînent sur les tables, des expos sur les murs, des tracts politiques au comptoir, des concerts sur la toute petite scène du fond et pas... de télé ! Jus de fruits bio, bière artisanale, sandwichs végétariens et un peu de cidre, quand même.

## Où dormir dans les environs ?

### Camping

***Camping La Viorna :*** *ctra Santo Toribio, Mieses, 39570 Potes. ☎ 942-73-20-21. ● info@campinglaviorna.com ● campinglaviorna.com ● Sur la route qui va au monastère Santo Toribio. Fermé nov-mars. Env 25 € pour 2 pers avec tente et voiture, tarifs dégressifs.* Superbe camping aux emplacements plutôt petits mais situé dans un environnement magnifique, avec les montagnes en toile de fond. Quelques arbustes offrent un peu d'ombre. Piscine, épicerie, cafétéria, baby-foot, billard... bref, excellent équipement général. Clientèle internationale, accueil familial.

### Prix moyens (40-65 €)

***Haras Aritza :*** *c/ La Pedreña, 7, 39584* ***Ojedo-Potes.*** *609-42-49-68. ● hotel@harasaritza.com ●*

LOS PICOS DE EUROPA

*posadaharasaritza.com • Fléché, sur la droite entre Ojedo et Tama quand on arrive de Potes. Doubles 55-88 € selon confort et saison.* Une adresse tranquille entre champs et forêt. Les chambres rustiques aux portes vernies et carrelages luisants offrent un confort supérieur tant elles s'avèrent spacieuses. Les lustres dorés et les photos de chevaux apportent une touche kitsch rigolote. Mais pas de blague, la proprio est folle de ses montures, elle les expose sur tous les murs. Calme absolu et accueil gentil.

## Achats

Les ***marcs*** et autres ***eaux-de-vie*** *(orujo)* sont la principale spécialité de la région de la Liébana. Les plus classiques sont au raisin, à l'herbe ou au miel, mais on trouve de tout, même de l'eau-de-vie à la confiture de lait ! Toutes les boutiques de Potes en vendent, mais on vous conseille plutôt d'aller les goûter chez eux, puis de filer au supermarché pour épargner quelques euros sur une même bouteille.



## À voir. À faire

***La tour del Infantado :*** *en plein centre et immanquable ! Mêmes horaires que l'office de tourisme. Entrée : 3 € ; réduc.* Énorme cube de pierre du XIVe s qui permettait autrefois de contrôler toute la vallée. Une importance stratégique que l'on saisit vite quand on atteint le sommet de la tour. En redescendant, chacun des quatre étages accueille un petit espace d'exposition autour de l'histoire du monastère de Santo Toribio de Liébana.

➢ ***Balade dans le vieux bourg :*** si l'on peut fuir la calle Cántabra et son alignement de boutiques de souvenirs, quelques quartiers du centre méritent que l'on s'y balade comme, sur les hauteurs, le barrio La Solana qui cache quelques authentiques maisons montagnardes. Joli coin aussi (ancienne chapelle, moulin...) autour du pont médiéval de San Cayetano. Sur l'autre rive du *río,* quelques rues sympathiques dans le quartier d'El Sol.

Et un petit tour au ***Centro de interpretación de los Picos de Europa,*** à ***Tama*** (voir plus haut « Adresses et infos utiles ») pour tout découvrir de la région.

– En ville, plusieurs agences de tourisme et d'excursions proposent à peu près les mêmes activités sportives à prix équivalents. Ainsi, il est possible de faire du ***canoë,*** du ***parapente*** ou encore des ***excursions à cheval, à vélo*** ou ***en quad.***

## Fête et manifestation

– ***La Santísima Cruz :*** *14 sept.* Procession jusqu'à Santo Toribio et retour. Beaucoup de monde et fort moment mystique.
– ***Fiesta del Orujo :*** *2e w-e de nov.* On célèbre comme il se doit les producteurs locaux de marc et d'eau-de-vie : dégustation, marché de producteurs...

# DANS LES ENVIRONS DE POTES

***Monasterio Santo Toribio de Liébana :*** *à 2 km. • santotoribiodeliebana.org • Tte l'année, tlj 10h-13h, 16h-19h (18h oct-avr). Messe tlj à 12h (et 13h dim).* Au VIIIe s, des chrétiens, soucieux de préserver le plus gros morceau connu de la Vraie Croix, le déposèrent à Santo Toribio, au cœur des montagnes. Il faut dire que le monastère était célèbre dans toute l'Espagne depuis sa fondation par le saint qui lui donna son nom. Il abritait notamment un atelier d'enluminures, bien connu pour la qualité de la production du moine Béat ; les travaux de Béat de Liébana étaient diffusés dans toute l'Europe. Depuis 12 siècles, Santo Toribio conserve donc le précieux bois dont une analyse scientifique a prouvé en 1958 qu'il s'agissait bien de cèdre ayant poussé en Palestine.

### LE QUATRIÈME LIEU SAINT DE LA CHRÉTIENTÉ

*Peu de gens savent que le monastère Santo Toribio de Liébana est, après Jérusalem, Rome et Saint-Jacques-de-Compostelle (et avant Caravaca de la Cruz), le quatrième lieu saint de la chrétienté, c'est-à-dire un endroit où l'on peut obtenir l'indulgence totale pour ses péchés. Petite injustice tout de même : sur ces cinq lieux, trois sont en Espagne ! Il n'y a pas que les Espagnols qui ont envie d'aller au ciel !*

Le monastère lui-même, reconstruit plusieurs fois, ne présente pas un caractère architectural remarquable, mais le cadre est enchanteur. Dans le cloître, vous pourrez admirer une exposition de reproductions des ***enluminures*** du moine Béat. Le clou de l'église est, bien entendu, le ***reliquaire,*** énorme croix en argent recouvrant les morceaux de la croix que les moines ont remontée (eh oui !). Quant à la ***porte du Pardon,*** elle s'ouvre tous les dimanches. Les années où le 16 avril (jour de la fête de Santo Toribio) tombe un dimanche, il vous suffit d'aller prier ce jour-là devant les saintes reliques puis de passer la porte du Pardon pour être absous : c'est le *Jubileo Lebaniego* (c'était d'ailleurs le cas en 2017, où ce même dimanche 16 était également le dimanche de Pâques !). Inutile de dire que vous ne serez pas seul, c'est l'un des pèlerinages les plus prisés d'Espagne du Nord.

🏛🏛 ***Iglesia Santa María de Lebeña :*** *à 10 km au nord de Potes.* ☎ *942-84-03-17. Tlj sauf lun 10h-13h30, 16h-19h30 (18h30 en hiver). Messe dim à 12h. Entrée : 1,50 €.* La route depuis Potes est somptueuse et vaut à elle seule la balade. Elle serpente au fond du spectaculaire ***défilé de la Hermida,*** gorges étroites et encaissées. Entourée de noyers, de cerisiers et d'un bel olivier séculaire, l'église du X^e s, superbe, est l'un des plus beaux témoignages de l'influence mozarabe en Espagne du Nord. Vraisemblablement bâtie sur un lieu de culte paléochrétien (la pierre qui soutient l'autel est ornée de motifs solaires qui rappellent l'art wisigothique), elle épouse un plan en croix grecque et présente des chapiteaux sculptés romans. La très belle Vierge allaitante du XV^e s, volée en 1993, a retrouvé sa place depuis 2001, ouf !

# LA VALLÉE DE CAMALEÑO

**À l'ouest de Potes, une ample et verdoyante vallée, jalonnée de très jolis villages de montagne. Une bonne route suit tranquillement le cours du Deva, avant de littéralement buter sur l'impressionnant cirque glaciaire de Fuente Dé où le torrent prend sa source.**

## Où dormir ? Où manger dans la vallée ?

### Campings

⛺ ***Camping La Isla :*** *à Turieno (39586).* ☎ *942-73-08-96.* • *campinglaislapicosdeeuropa@gmail.com* • *campinglaislapicosdeeuropa.com* • *Un bus s'arrête 3 fois/j. devant le camping, sur la route Potes-Fuente Dé. Fermé oct-Semaine sainte. Env 22 € pour 2 pers avec tente et voiture.* Calme et ombragé, le long du *río,* ce camping bien au vert ne souffre pas de la proximité de la route, déserte la nuit. Les

LOS PICOS DE EUROPA

bungalows jouissent de la meilleure situation, en surplomb du *río*, les veinards. Bar avec terrasse sympa juste au bord de l'eau, et piscine.

**Camping El Redondo :** *à* **Fuente Dé** *(39588).* ☎ *942-73-66-99.* • *info@campingfuentede.com* • *campingfuentede.com* • *Au terminus de la route à Fuente Dé, prendre la piste sur 100 m, puis tourner à gauche. C'est indiqué. Fermé nov-mars. Pas besoin de réserver, il y a toujours de la place ! Env 23 € pour 2 pers avec tente et voiture. CB refusées.* Camping à taille humaine, très agréablement posé en pleine forêt. Amusant, l'accueil abrite un petit musée d'arts et de traditions populaires. Très joli site où on ne s'étonnerait guère de croiser les 7 nains rentrant du boulot. Le bar s'élargit d'une belle terrasse face aux falaises. Havre de paix et point de départ idéal pour découvrir la chaîne des Picos de Europa. Bon accueil.

LOS PICOS DE EUROPA

## Prix moyens (45-70 €)

**Posada Sobrevilla :** *dans une petite rue (c'est fléché) en retrait par rapport à la route principale, à* **Espinama** *(39588).* ☎ *942-73-66-69.* *651-01-65-19.* • *briz.lucia@hotmail.com* • *posadaruralsobrevilla.es* • *Fermé déc-fév. Selon saison, doubles 60-80 €, familiale aussi ; petit déj env 7 €. Menus 12,50-15 €, carte env 30 €. Sur présentation de ce guide, réduc de 10 % sur les doubles sauf août, ponts fériés et fêtes.* Un hôtel rural en grosse pierre, avec des balcons en bois, face à un paysage montagnard. Chambres de belle taille, fraîches, colorées et impeccablement tenues. La patronne est adorable et mériterait la palme du meilleur accueil des Picos. Le miel du petit déj est fait maison par le patron, apiculteur passionné. Cuisine familiale et régionale au resto, à déguster aussi sur la terrasse.

**Hostal Puente Deva et restaurante Vicente Campo :** *ctra General, à* **Espinama** *(39588).* ☎ *942-73-66-58.* • *consultas@hostalpuentedeva.com* • *hostalpuentedeva.com* • *À la sortie du village, à gauche en allant vers Fuente Dé. Doubles 44-49 €. Menus env 14-20 €, carte 25 €.* Chambres vraiment basiques mais pas désagréables, dans une maisonnette de village. Le resto, dans une maison voisine, propose une honorable cuisine locale dans une salle à l'étage offrant une vue sur les Picos.

**El Caserío de la Liébana :** *ctra Potes-Fuente Dé, km 8, à* **Camaleño** *(39587).* ☎ *942-73-30-48.* • *elcaseriodelaliebana@hotmail.com* • *Sur la route principale de la vallée. Doubles 50-55 € selon taille des sdb, petit déj env 5 €.* Une maison largement centenaire transformée – sans perdre en cachet – en un sympathique petit hôtel sur lequel grimpe librement le lierre. Pierres apparentes et plafonds à l'ancienne pour des chambres spacieuses et soignées. Tranquilles, elles donnent sur la cour intérieure ou sur le jardin à l'arrière, avec vue sur les montagnes. Accueil très gentil, presque timide.

**Mesón Los Molinos :** *à* **Los Llanos** *(39587).* ☎ *942-73-30-57. À 3 km de Cosgaya vers Potes, sur la droite de la route. Menu du jour env 14 € ; carte 20-25 €.* Très agréable resto sur pilotis surplombant les gorges du río Deva. Lourdes tables en bois, murs en pierre et trophées de chasse plantent le décor rustique d'une cuisine à l'unisson. Bonne viande cuite dans la cheminée et cuisine montagnarde de qualité à prix vraiment raisonnable ; d'ailleurs tous les gens du coin viennent y déjeuner. Une dizaine de tables jouissent toutes d'une jolie vue.

## Chic (65-90 €)

**Posada Laura :** *à* **Turieno** *(39586).* ☎ *942-73-08-54.* • *informacion@posadalaura.com* • *posadalaura.com* • *Dans le village (c'est fléché). Fermé Noël-janv. Doubles 60-95 € selon saison, suite aussi ; petit déj 7 €.* Tranquille au cœur du village, donc à l'écart de la route, une jolie maison traditionnelle derrière un agréable jardin planté d'arbres fruitiers. Les chambres, mignonnes comme tout, portent d'ailleurs des noms de fleurs ou de plantes. Les suites, bien plus modernes, offrent le confort d'un étoilé avec jacuzzi. Jolie vue de toutes, balcons pour la plupart. Accueil très chaleureux d'une proprio pleine d'humour.

**Hotel del Oso :** *sur la route principale, à* ***Cosgaya*** *(39582). ☎ 942-73-30-18. • info@hoteldeloso.com • hoteldeloso.com • Fermé janv. Doubles 72-90 € ; petit déj 4-11 €. Menu env 20 €.* On avoue un coup de cœur pour cette auberge genre gros chalet cantabrique, au bord des rives fleuries du Deva. Les chambres sont impeccables, confortables et tranquilles, avec vue sur la montagne. Les serveuses portent le costume traditionnel, et les gros saint-bernard (on se croirait presque en Suisse) font souvent la sieste dehors. Piscine et tennis. Resto au cadre élégant et à la cuisine traditionnelle.

**Hotel Áliva :** *☎ 942-73-09-99. • hotelaliva@cantur.com • cantur.com • À 4 km à pied du haut du téléphérique de Fuente Dé (env 45 mn). Fermé nov-mai. Résa obligatoire. Double 80 €.* Chuuut, écoutez ce silence ! En pleine montagne, donc environnement superbe pour cet hôtel de randonneurs. Assez grandes chambres (certaines peuvent recevoir 6 personnes) toutes blanches et sobrement décorées. Resto sur place, évidemment.

LOS PICOS DE EUROPA

## À voir. À faire dans la vallée

***Fuente Dé :*** terminus de la route au fond d'un magnifique cirque de montagnes. Même pas un hameau. Juste deux hôtels (dont un disgracieux *Parador* construit dans les années 1960), un distributeur automatique (pas négligeable), une cafétéria et le ***point de départ d'un téléphérique*** qui, en 4 mn, vous projette 900 m plus haut.
*– Compter 17 € l'A/R, 6 € pour les - de 12 ans et 11 € le trajet simple. En hte saison, tlj 9h-20h ; hors saison, 10h-18h (la cabine n'a que 20 places en hte saison, donc arrivez avt 9h pour éviter la file d'attente ; ☎ 942-73-66-10).* Une astuce pour éviter l'attente à la redescente en haute saison : demandez un numéro dès votre arrivée, normalement ça vous laissera le temps de faire une petite balade ou de pique-niquer et de profiter du panorama évidemment extraordinaire depuis la plate-forme du téléphérique (le *Mirador del Cable*). Au moment de redescendre, on vous appelle au mégaphone. Départ de nombreuses randonnées (voir plus loin).

***Mogrovejo :*** *à 1 km de Fuente Dé, fléché depuis la route.* Au pied d'une ancienne tour médiévale, un vieux village classé, typique de Cantabrie, peu restauré. Une église trapue, des rues étroites, de vénérables maisons montagnardes et à peine un hôtel et un bistrot, donc peu de touristes... pour le moment.

## Balades dans le coin

➢ ***Los Puertos de Áliva :*** cette balade au départ du *Mirador del Cable* est parmi les plus populaires du coin et, c'est vrai, parmi les plus chouettes. La première partie vous mène, en 4 km à travers un plateau rocailleux, jusqu'au *refuge d'Áliva.* Attention, quand on arrive à une sorte de col, prendre le chemin de droite qui descend. Depuis le refuge, les courageux redescendront à pied jusqu'à ***Espinama,*** dans la vallée. Cette superbe randonnée de 14 km se fait en 3h30. Arrivé en bas, le problème est de récupérer sa voiture restée au téléphérique, si vous avez bien suivi ! Pas de souci, faites du stop, les habitants de la vallée ont l'habitude. Et si vous passez par là en voiture, arrêtez-vous pour ramener les promeneurs jusqu'à Fuente Dé ! On peut aussi effectuer cette balade depuis Espinama (une grande boucle Espinama-Áliva aller-retour) en 6h. Autre solution : ne pas pousser jusqu'à Espinama, prendre la bifurcation à droite, bien balisée et bien indiquée, qui ramène à Fuente Dé.

➢ Une petite variante depuis le refuge d'Áliva : les hardis marcheurs autonomes peuvent se concocter un super parcours ***Áliva-Sotres*** (déjà dans les Asturies) à pied. Une petite journée de marche. Emporter de l'eau. De Sotres, possibilité de rejoindre ***Puente Poncebos*** (à 11 km), ou ***Bulnes*** par la rando appelée *Peña de Maín* et, de là, gagner ***Arenas de Cabrales.*** Avec toujours, en fond de décor, le magnifique *Naranjo de Bulnes,* l'un des pics de la chaîne les plus pittoresques.

➢ Nos lecteurs fortunés peuvent opter pour des parcours en 4x4 entre ***Espinama, Sotres*** et ***La Hermida.*** S'adresser aux multiples agences à Potes. Attention, les chemins dans les Picos de Europa sont très réglementés. Les agences doivent obligatoirement avoir une autorisation. Les voyageurs qui viendraient avec leur propre 4x4 n'ont pas le droit de s'aventurer à l'intérieur du parc national. C'est la préservation du site qui est en jeu !



## LA VALLÉE DE LIÉBANA

**La route suit d'abord sereinement les rives verdoyantes du río Quiviesa avant de s'offrir une bonne série de lacets à l'assaut d'une montagne de plus en plus aride jusqu'aux 1 609 m d'altitude du col *(puerto)* de San Antonio. Quelques kilomètres avant le col, le Mirador de Llesba permet d'embrasser d'un coup d'œil un bon paquet de sommets. Enfin, lorsque nuages et brumes épaisses – fréquents dans la région à partir d'une certaine hauteur – le permettent ! On bascule ensuite dans des paysages toujours aussi sauvages sur le León et le petit village de Llánaves de la Reina, blotti à l'entrée d'étroites gorges. De Portílla de la Reina, quelques kilomètres plus bas, on peut rejoindre Posada de Valdéon, via le col de Pandetrave et une route qui semble parfois emmener au bout du monde !**

### Où dormir ?

⛺ ***Camping El Molino :*** *ctra A San Glorio, s/n, à* ***Vega de Liébana*** *(39577).* ☎ *942-73-60-09.* • *info@campingencantabria.com* • *campingencantabria.com* • *À 8 km env de Potes. Camping fermé de mi-nov à la Semaine sainte ; bungalows ouv tte l'année. Env 19 € pour 2 pers avec tente et voiture. Bungalows 2-4 pers 66-75 € selon saison.* Camping de taille raisonnable, aux emplacements plutôt grands et bien ombragés, dans un coin tranquille, à l'écart du village.

## POSADA DE VALDEÓN (24915) 500 hab.

**Petit bourg tranquille au milieu des Picos, dans la province de León. Camp de base pour de belles balades alentour, notamment au petit village de *Caín,* point de départ d'un superbe circuit. En visitant Posada, vous découvrirez ces beaux greniers à grains *(hórreos)* de montagne, avec tous les outils de la ferme accrochés dessus. Fortement conseillé aux amateurs de randonnée et d'alpinisme.**

### Adresse utile

ℹ ***Centre d'interprétation des Pics d'Europe :*** *El Ferial.* ☎ *987-74-05-49. Juil-sept : lun-ven 8h-15h ; w-e et j. fériés 9h-14h, 16h-18h30. Hors* *saison, ouv slt en sem 8h-15h, fermé w-e sauf lors des ponts fériés 9h-16h30. Comme dans les autres centres, les guides organisent et accompagnent gratuitement des randonnées de découverte des Pics en juil-sept, tlj sauf w-e et j. fériés.* Vous découvrirez 5 parcours dans les vallées de Valdeón et Sajambre. Seule condition, être à l'heure au point de rendez-vous. Avantage : moins de monde que dans les autres régions des Picos.

## Où dormir ? Où manger ?

**Hostal-residencia Campo et Pensión Begoña :** *pl. Cortina El Concejo, 9. ☎ 987-74-05-02* (hostal) *ou 16* (pensión). *• hrcampoamador@yahoo.es • hostalresidenciacampo.com • Au cœur du village. Double sans ou avec sdb 45 € ; petit déj 5 €. Menus 11-15 €. Pas de wifi.* Chambres pas très grandes mais très propres et agréables dans le petit immeuble moderne qui abrite l'*hostal.* Côté *pensión,* on partage la salle de bains avec ses voisins de palier pour un prix modique. Au rez-de-chaussée, la *pensión* accueille aussi un amour d'auberge villageoise où l'on concocte une bonne et généreuse cuisine de ménage à des prix d'autrefois. Salle rustico-kitsch et petite terrasse. Accueil aussi familial que chaleureux.

## Où dormir ? Où manger dans les environs ?

### À Los Llanos *(24915)*

**Albergue de montaña La Cuesta Valdeón :** *c/ San Sebastián. 📱 633-68-23-65. • informacion@alberguelacuesta.org • alberguelacuesta.org • Téléphoner avt pour prévenir de votre heure d'arrivée. Fermé début déc-fin fév. Nuitée 10 €/pers.* Sur la route de Caín, à l'orée d'un joli village traditionnel, auberge toute simple qui accueille pèlerins et randonneurs fatigués dans des chambres de 4 à 8 personnes. Les matelas ne sont pas bien épais mais, vu le prix, pas le droit de chipoter ! Petite cuisine équipée à disposition.

### À Cordiñanes de Valdeón *(24915)*

**Pensión El Tombo :** *c/ Don Ramón Crespo, 17. ☎ 987-74-05-26. • pensioneltombo@hotmail.com • hoteltombo.es • À 2 km de Posada en direction de Caín, dans le village de Cordiñanes. Fermé janv-fév. Double 40 €, familiale aussi ; petit déj 4,50 €. Menu du jour 11,50 €. Parking gratuit.* Une grosse maison qui accueille les touristes depuis les années 1950. Rassurez-vous, elle a été rénovée depuis ! Les chambres affichent d'ailleurs une déco sinon moderne, du moins éloignée du rustique (c'est rare dans le coin !) et s'avèrent tout à fait confortables. Bon resto et jolie terrasse entourée de montagnes.

### À Caín *(24915)*

**Casa Cuevas :** *c/ Manuel de Ocharán, 20. ☎ 987-74-05-00. • info@casacuevas.es • Menu du jour (servi tlj) 12 €.* Repu ! Aux grandes tablées de ce resto rustique, le copieux menu du jour contente tous les randonneurs. Au menu : soupe ou pâtes en entrée, puis place au bœuf, au poulet ou aux œufs accompagnés de chorizo et de pommes de terre. Vous prendrez bien un petit dessert pour faire passer tout ça ? On a aimé le délicieux yaourt maison et son miel, pour finir sur une touche light !

### À Santa Marina de Valdeón *(24915)*

Joli village de montagne dont une des spécialités est l'élevage de chevaux : il paraît que ce sont les plus solides d'Espagne. Vu les pentes et le climat, on veut bien le croire !

**Camping El Cares :** *à 1 km du village par une tte petite route fléchée (et très escarpée) depuis l'entrée de Santa Marina quand on vient de Posada de Valdeón. 619-22-25-58. • info@campingelcarespicosdeeuropa.com • campingelcarespicosdeeuropa.com • Fermé oct-Semaine sainte. Env 25 € pour 2 pers avec tente et voiture. Cabane 4 pers 53 €. CB refusées.* Peut-être le camping le plus isolé du massif, dans un environnement superbe, au cœur des montagnes. Les cabanes comptent 2 lits superposés, pas mal pour les familles mais un peu étroites et sous les toits. Possibilité d'organiser des randonnées à cheval.

**Albergue La Ardilla Real :** *pl. de la Esquina, 1. ☎ 987-74-26-77. • info@refugiolaardillareal.com • alberguelaardillareal.com • Nuitée 18 €/pers, petit déj inclus. Repas 12 €.* Maison traditionnelle au cœur d'un village qui ne compte que ça. Gîte pour randonneurs avec casiers à chaussures au pied de l'escalier et minidortoirs de 4 places (lits superposés). Accueil très cool. Au resto, roborative cuisine avec d'énormes soupes et des plats montagnards.



## DANS LES ENVIRONS DE POSADA DE VALDEÓN

### *CAÍN*

Tout petit village à 9 km de Posada. L'accès a été aménagé, mais on roule quand même sur une route de montagne parfois très escarpée, très étroite par endroits et pentue (Caín est 400 m en dessous de Posada) : bien faire réviser ses freins ! On traverse de paisibles paysages de prairies et on croise des bergeries coupées de bosquets, paradis des moutons, avant de se glisser dans un défilé abrupt et pittoresque. De ponts en torrents, on se retrouve parfois cerné, totalement encaissé même, entre les parois rocheuses. Les vieilles fermes et les rues pavées de Caín sont restaurées au fur et à mesure, et le village devient bien mignon. *Parkings payants : 3 €.*

➢ À partir de Caín débute la superbe randonnée à pied des ***gorges de Cares,*** garantissant quelques émotions. Il est évidemment recommandé de démarrer d'ici plutôt que de ***Poncebos,*** car ça descend (et il est beaucoup plus facile de stationner à Caín). À déconseiller à ceux qui ont le vertige. Bien que ne comportant pas de réel danger, le chemin taillé dans la falaise présente des passages bordés par 200 m de vide. Fin de parcours nettement plus cool. Balade réalisable en 3h (le double pour l'aller-retour). Ne pas oublier d'emporter de l'eau, même si à mi-chemin se trouve une source d'eau potable. Vous arrivez à *Poncebos* (voir plus loin « Balades dans les environs d'Arenas »). Attention : c'est la balade la plus populaire du coin. En été, vous aurez de la compagnie !
Il vous restera 6 km pour atteindre *Arenas de Cabrales.* Demandez auprès des *fondas* si un 4x4 s'y rend (course payante).

# LOS PICOS DE EUROPA EN ASTURIES

**On peut aborder los Picos de Europa par leurs versants asturiens, si l'on vient de Gijón, d'Oviedo ou des plages de la côte orientale. Aucune route ne traverse le massif, certes, mais puisque nous étions, quelques pages auparavant, à Posada de Valdeón, empruntons la route qui longe les pics et conduit de ce village à Cangas de Onís de bien belle manière. Elle traverse notamment le fantastique défilé de los Beyos, se fraie un passage entre des gorges dont la largeur n'excède parfois pas 10 m. Probablement l'un des plus beaux secteurs du massif.**

# CANGAS DE ONÍS

(33550) 6 700 hab.

**À 25 km au sud de Ribadesella et des plages de la côte, à la croisée de plusieurs vallées et de deux rivières (río Sella et río Güeña), entouré de monts et de montagnes vertes toute l'année, Cangas de Onís est un parfait point de départ pour la découverte des Pics d'Europe et surtout du parc de Covadonga. La ville ne possède pas de charme particulier ni de monument réellement intéressant, à l'exception peut-être du *pont romain* (construit en réalité au XIIe s) auquel est suspendue une jolie croix, et d'une toute petite chapelle préromane qui abrite un dolmen gravé.**

## Arriver – Quitter

### En bus

***Estación de autobuses :*** *c/ Picos de Europa. ☎ 902-42-22-42. • alsa.es •* Les tickets s'achètent au bar *La Estación* juste à côté *(☎ 905-84-81-33).*

➢ ***Oviedo :*** 8-15 bus/j. en saison.

➢ ***Arriondas :*** 8-15 bus/j. en saison. La gare ferroviaire d'Arriondas *(☎ 985-84-00-27)* est juste à côté de la gare routière. Les trains *(FEVE)* relient Arriondas à Oviedo (3-4 liaisons/j. ; env 1h40 de trajet) ainsi qu'à Santander (2 trains/j., mat et ap-m, avec arrêt dans ttes les petites gares de la côte).

➢ ***Posada de Valdeón :*** 2 bus/sem l'été slt.

## Adresses et infos utiles

***Oficina municipal de turismo :*** *avda de Covadonga, 21. ☎ 985-84-80-43. • cangasdeonis.com • En été, tlj 9h-20h. En hiver, lun-sam 10h-14h, 16h-19h (20h sept) ; dim 10h-14h (et 16h-20h sept).* Face au pont romain. Excellente source d'information. Bon accueil, service aimable, documentation variée et bien faite.

***Centro de interpretación de los Picos de Europa – Casa Dago :*** *avda de Covadonga, 43. ☎ 985-84-86-14. • magrama.gob.es/es/red-parques-nacionales • Tte l'année, lun-ven 8h-15h ; Semaine sainte et juil-sept lun-ven 8h-17h ; w-e et j. fériés 9h-14h, 16h-19h.* Dans une « maison d'Indien » de 1928, sur le bord de la route et signalée par un panonceau jaune. Des infos sur les randonnées gratuites dans le coin, notamment autour des superbes *lacs Enol* et *de la Ercina,* proches de Covadonga, et de la doc sur tout le massif.

***Taxis :*** *☎ 985-84-87-97.*

– ***Marché sympa :*** *dim mat.*

## Où dormir ?

### Camping

***Camping Covadonga :*** *Soto de Cangas, à 4 km, à la sortie de la ville, sur la route AS-114, vers Covadonga (à 7 km). ☎ 985-94-00-97. • camping covadonga@hotmail.es • camping-covadonga.com • ♿ Fermé hors saison. Ouv Semaine sainte, puis 1er juin-30 sept. Env 21 € pour 2 pers avec tente et voiture.* Bien équipé avec bar, resto bon marché, épicerie. Les tentes bénéficient d'un tout petit peu d'ombrage, mais le coin caravanes est bien arboré. Un poil bruyant car proche de la route.

### De prix moyens à plus chic (40-100 €)

***Hotel Plaza :*** *c/ Roberto Frassinelli, 3. ☎ 985-84-83-08. • cangas hotelplaza@yahoo.es • hotelplaza* *cangasdeonis.com • À 2 pas de la pl. del Mercado, à l'orée de la zone piétonne. Fermé 18 déc-15 mars. Doubles 40-60 € selon saison et confort. Parking gratuit.* Petit hôtel tout propre, bien situé au cœur de la ville mais tranquille dans sa ruelle. Toutes les chambres, pas bien grandes mais colorées, offrent un bon confort, et certaines profitent d'une terrasse ou d'un balcon (à demande : les nos 102, 202 et 203 !). Également une cafét. Accueil timide.

🏠 ***Hotel Santa Cruz :*** *avda Contranquil, 1. ☎ 985-84-94-17. • info@hotelsantacruz.net • hotelsantacruz.net • ♿ Un peu à l'écart du centre, le long du río (3 mn à pied). Doubles 50-75 € selon saison, petit déj inclus.* Les grandes chambres (certaines sous les combles) affichent un style moderne en mixant les tons gris clair et les touches boisées, pour un résultat plutôt frais et plaisant. On préfère évidemment celles avec vue sur les montagnes. Accueil pro et souriant. Fait aussi resto.

🏠 ***Hotel Los Lagos Nature :*** *pl. Camile Beceña, 3. ☎ 985-84-92-77. • hotel@loslagosnature.com • loslagosnature.com • Sur la place de la mairie. Fermé 24 et 31 déc. Doubles 66-99 € selon saison. Resto sur place.* Au cœur de los Picos, on est assez étonné de tomber sur cet hôtel tout moderne et pimpant, bien éloigné des tendances rustiques du coin. Le mobilier clair se mêle aux tissus beiges et au bois, le tout rehaussé de touches vert pomme pour des chambres lumineuses et fraîches à souhait. Les salles de bains contemporaines, pas immenses, complètent le décor. Pour certains, l'hôtel manquera peut-être d'âme, d'autres seront bien contents d'y trouver un si bon confort. En moyenne saison, les prix valent carrément le détour.

## Où dormir dans les environs ?

🏠 ***Hotel Puente Vidosa :*** *N-625, km 134,5 ; à* ***Vidosa*** *(33558). ☎ 985-94-47-35. • reservas@puentevidosa.com • puentevidosa.com • Sur la route du col de Pontón, en plein défilé de los Beyos. Doubles avec sdb 45-70 € selon saison (jusqu'à 87 € avec jacuzzi), petit déj env 6 €.* Un hôtel qui vaut d'abord et surtout pour son site, au cœur du défilé, au pied d'une falaise et au bord du *río*. Les chambres, très classiques, ne sont pas immenses mais s'avèrent fraîches et bien tenues. Spa avec petite piscine couverte, sauna, jacuzzi et solarium. Resto. Collé à l'hôtel, un parcours de ponts suspendus et de tyroliennes vous fera voler entre les montagnes : sensations fortes garanties ! *(45-80 € la ½ journée.)*

## Où manger ? Où boire un verre ?

### De bon marché à prix moyens (8-25 €)

🍽 🍷 ***El Polesu :*** *c/ Ángel Tarano, 3. ☎ 985-94-75-84. À 100 m derrière la mairie. Tlj sauf lun. Raciones 6-10 €.* Une *sidrería* dans son jus, avec son lot de bouteilles aux murs, de tonneaux et ses litres de cidre qui s'écoulent au fil de la journée. Les habitués y grignotent des tapas classiques et savoureuses mais on vient surtout poser une fesse sur les bancs de bois pour passer un bon moment entre copains. Une adresse sans chichis !

🍽 ***A la Sombra de un Sifón :*** *c/ San Pelayo, 24. ☎ 985-84-92-35. • latiendadelasifoneria@hotmail.com • Dans le centre piéton. Fermé mar. Carte 15-25 €. CB refusées. Apéritif maison ou café offert sur présentation de ce guide.* Un resto, un vrai (sans bar à l'entrée, sans télévision avec le son à fond !). Terrasse ou chaleureuse petite salle à la déco dans l'air du temps. Cuisine dans le même esprit qui revisite avec un talent certain les classiques asturiens. Belle carte des vins. Prix raisonnables vu la qualité de l'ensemble. Service diligent.

🍽 🍷 ***La Sifonería :*** *c/ San Pelayo, 28. ☎ 985-84-90-55. • lasifoneria@hot* *mail.com • Juste à côté, logiquement, de* A la Sombra de un Sifón *(mêmes proprios) ! Fermé mar. Carte 15-20 €, tapas 6-22 €. Apéritif maison ou café offert sur présentation de ce guide.* Toute petite boutique qui n'a pas dû beaucoup changer depuis son ouverture en 1896 et qui se visite presque comme un musée avec sa collection de plusieurs centaines de siphons anciens. L'endroit vraiment idéal pour des tapas (grosse ambiance le dimanche pour le marché) ou un verre de cidre.

## DANS LES ENVIRONS DE CANGAS DE ONÍS

### *ARRIONDAS* *(33540)*

À 8 km de Cangas de Onís par la C-637. Important nœud routier et ferroviaire (et ville moderne sans aucun caractère), Arriondas est surtout connue pour être la capitale asturienne du ***canoë-kayak.*** En 1930, un jeune allumé, Dionisio de la Huerta, décide avec un ami de descendre la rivière Sella en canoë jusqu'au pont de Ribadesella. L'expérience leur plaît, ils reviennent l'année suivante avec quelques copains. Aujourd'hui, la grande descente de la Sella *(• riosella.com •)* regroupe près de 2 000 kayakistes et beaucoup, beaucoup plus de spectateurs, à tel point que la ville ne semble vivre que pour et autour du canoë-kayak.
– Des dizaines d'agences proposent ce type d'activités, laissez-vous tenter ! Il faut compter environ 25 € par personne pour la descente de la Sella (retour en minibus compris).

### Fête et manifestation

– ***Descente de la Sella*** et ***Fiestas de las Piraguas :*** *1er ou 2e sam d'août.*

## LE SANCTUAIRE DE COVADONGA

**Un autre haut lieu des Picos de Europa, accessible depuis Cangas de Onís (au nord-ouest de la chaîne). C'est à Covadonga, en 718, quand les Maures eurent achevé la conquête de l'Espagne, que se réfugia le dernier carré de chrétiens avec, à leur tête, don Pelayo. Quelques années plus tard, une petite armée de Maures voulut écraser ce dernier noyau de résistance, mais elle fut battue. Une victoire autant morale que militaire. Après ce jour, le petit royaume des Asturies se développa et fut le point de départ de la *Reconquista.* Covadonga demeure LE symbole de la résistance espagnole. C'est également un site de pèlerinage renommé, visité en 1989 par le pape Jean-Paul II. Qui dit lieu de pèlerinage, dit boutiques de souvenirs par dizaines et restos attrape-touristes à la pelle. Repartez avec un cierge si vous voulez, mais ne déjeunez pas sur place.**
*Nombreux parkings (gratuits) sur le site et en contrebas, souvent bondés, prenez votre mal en patience pour dégoter une place.*
*Voir aussi • santuariodecovadonga.com •*

### À voir

***Santa Cueva*** *(Sainte grotte) : tlj 9h-19h (20h30 juil-sept). Attention : pas de visite pdt la messe (tlj : à 11h le w-e et j. fériés, à 13h30 lun-ven hors saison). GRATUIT.* Très joli site, une cascade qui dégringole dans un petit bassin et une grotte

LOS PICOS DE EUROPA

à flanc de falaise qui abrite une toute petite chapelle romane (mais du début du XX$^{e}$ s !), une très vénérée statue de la Vierge du XVIII$^{e}$ s en bois, habillée d'un seyant manteau rouge et or ou bleu et argent, et le *tombeau de Pelayo* (il est là depuis 737 !).

**La basilique :** *mêmes horaires que la grotte (messe à 12h, 13h30 et 18h selon j.).* Encaissé au cœur des montagnes verdoyantes, cet imposant bâtiment, pastiche néoroman, a été construit entre la fin du XIX$^{e}$ s et le début du suivant. On aime en faire le tour et se sentir tout petit dans cet écrin de verdure.

***Museo de Covadonga :*** *sur l'esplanade, à côté de la basilique.* ☎ *985-84-60-96. Tlj 10h30-14h, 16h-19h30. Entrée : 2,50 € ; réduc ; gratuit jusqu'à 7 ans.* Évidemment consacré au site et à son histoire. Il renferme quelques pièces intéressantes, de naïfs ex-voto à une étonnante couronne qui brille de ses 1 000 diamants en passant par un christ du XVI$^{e}$ s. On découvre aussi une belle collection d'offrandes faites par les pèlerins : pièces de monnaie, montres, bijoux et même des alliances.

## Balades dans le coin

***Les lacs Enol et de la Ercina :*** deux superbes petits lacs de montagne que l'on gagne après 12 km d'une route aussi tortueuse que magnifique, avec de fantastiques à-pics, dans un paysage karstique quasi méditerranéen. L'une des plus belles routes de tout le massif, et le panorama sur les Picos de Europa est superbe. Évidemment, vous risquez de ne pas être seul à grimper jusqu'aux lacs. Et attention, pour des raisons de conservation du site, pendant la Semaine sainte, certains ponts et en été, ***l'accès automobile est interdit de 8h30 à 19h.*** Navettes obligatoires *(8 €/adulte A/R ; réduc – de 12 ans).* Départ de Covadonga *(1$^{er}$ départ à 9h, dernier retour vers 18h30 depuis les lacs, passage ttes les 15 mn),* des parkings relais *(2 €)* le long de la route entre Cangas de Onís et Covadonga ou de la gare routière de Cangas de Onís. Hors saison, pas de bus, chacun y va avec son propre véhicule. Pour les non-motorisés, la seule solution est alors le taxi ou le stop.
– Au parking des lacs, petit point d'info avec plan du site.
– Un peu plus haut se trouve le ***centre d'interprétation Pedro Pidal*** *(ouv parfois pdt la Semaine sainte et certains ponts, et mi juin-sept, tlj 10h-18h ; gratuit).* Reconstitutions assez parlantes des milieux naturels du massif. Accueil en français, une foule de renseignements sur les balades à faire dans les environs. À pied, la randonnée autour des lacs prend environ 1h30-2h. Vous n'y marcherez pas tout seul (les vaches semblent s'être habituées à être prises en photo toutes les 5 secondes !) mais, au risque de se répéter, ce site est franchement superbe.

## ARENAS DE CABRALES (33554) 800 hab.

**À 32 km à l'est de Cangas de Onís, Arenas constitue un bon point de départ pour découvrir le nord des Picos de Europa. C'est une toute petite ville, considérée comme la capitale du cabrales, un délicieux fromage persillé proche du roquefort. Sa production, beaucoup moins normalisée que son cousin français, est essentiellement fermière. Sa qualité dépend des pâturages, des troupeaux, du lieu et de la durée d'affinage (et de l'âge du berger !). Les saveurs varient tout autant, du presque doux à l'emporte-langue (que même un Français aguerri aura alors du mal à déguster seul !). Chaque année, le dernier dimanche d'août, Arenas organise le concours du meilleur fromage de l'année avec dégustation.**

## Adresse et infos utiles

*Oficina de turismo : ctra General, s/n. ☎ 985-84-64-84. • cabrales.es • Petit kiosque dans la rue principale. Fermé hors saison. Ouv slt l'été et pdt certains ponts, à priori tlj sauf lun et l'ap-m w-e.*

➢ ***Bus pour Cangas de Onís :*** env 4 liaisons/j. dans les 2 sens avec *Alsa* (2 le w-e).

➢ ***Bus pour Llanes :*** 1 bus le mat vers 8h-9h (et 1 autre vers 14h depuis Llanes).

## Où dormir ? Où manger ?

### Camping

***Camping Naranjo de Bulnes :*** *☎ 985-84-65-78. • campingnaranjodebulnes@gmail.com • campingnaranjodebulnes.com • À Las Vegas, à 1 km d'Arenas vers l'est. Fermé de mi-oct à mars. Env 27 € pour 2 pers avec tente et voiture. Bungalows et cabanes 2-6 pers 40-120 € selon saison, capacité et confort.* Le premier camping créé dans les Picos côté Asturies par des passionnés de montagne ; la réception, avec ses photos de grimpeurs, donne d'ailleurs le ton. Plutôt plaisant, pas mal ombragé, un côté donne sur la rivière en contrebas. Épicerie-bar sur place (ainsi qu'une agence proposant spéléo, escalade, rando, etc.) et supermarché à 10 mn à pied.

### Prix moyens (40-65 €)

***Casa de Aldea Florentina :*** *barrio Las Cortinas, s/n. ☎ 985-84-67-66. • rural@casaflorentina.com • casaflorentina.com • Un peu au-dessus du village (suivre, du centre d'Arenas, la direction Arangas, puis le fléchage parking). Fermé vac Noël. Doubles 45-60 € selon saison, petit déj inclus.* Derrière un petit bout de jardin, une belle maison asturienne, toute verte, avec un balcon fleuri. Seulement 4 grandes chambres joliment décorées, avec leur lot de meubles en bois foncé et dessus-de-lit fleuri, donnant à la maison tout son charme et sa chaleur. On a surtout aimé l'accueil en français de la souriante Florentina.

***Hotel Villa de Cabrales :*** *ctra General, s/n. ☎ 985-84-67-19. • hotelcabrales.com • Doubles 45-60 €, petit déj inclus.* Une grosse maison de pierre du XVIIe s reconvertie en un hôtel d'un excellent rapport qualité-prix. Grandes chambres confortables et romantiques, dans les tons roses, avec toile de Jouy (et vue pour la plupart), et accueil charmant. En bord de route, mais elle est peu passante la nuit (et il y a du double vitrage). Loue également des appartements, plus kitsch.

***Hotel La Rivera :*** *barrio El Coterín, s/n. ☎ 985-84-65-43. • hotellariveracabrales@gmail.com • hotellariveracabrales.com • Dans une ruelle du centre. Fermé nov-mars. Doubles 40-70 € selon saison, petit déj 5 € ou inclus.* Bien tranquille dans sa ruelle, bien tenu, sans surprise. Pas un charme fou mais une rassurante ambiance de maison de famille avec un salon kitsch à souhait, des tableaux montagnards et des dessus-de-lit fleuris. Adorable accueil de la patronne.

***La Panera :*** *c/ Sublayende, 1. ☎ 985-84-68-10. Accroché à la pente au carrefour principal d'Arenas. Fermé janv. Menu déj env 14 €, carte env 25 €.* Une petite salle rustique décorée de fleurs séchées et vieux fers à repasser (entre autres souvenirs d'antan), largement ouverte sur l'extérieur aux beaux jours. Une jolie terrasse ensoleillée, des patrons accueillants, et une bonne cuisine généreuse ancrée dans la tradition.

LOS PICOS DE EUROPA

## Où dormir ? Où manger dans les environs ?

### *À Avín-Onis* (33556)

***Camping Picos de Europa :*** *☎ 985-84-40-70. • info@picos-europa.com • picos-europa.com • Sur la route Arenas-Cangas. Emplacement 2 pers et voiture env 22 €. Bungalows 2-7 pers*

*44-132 €.* Situé dans les bois donc bien ombragé, un très agréable camping de montagne bien tenu. Resto, piscine, supérette. Le bon plan, ce sont les bungalows en bois confortables, style cabane de trappeur, avec salle de bains et cuisine. Les responsables sont des pros de la randonnée et vous aideront à organiser de superbes balades dans les Picos, ou des descentes en canoë.

### *À Bulnes-Cabrales (33554)*

**Hostal Poncebos :** *☎ 985-84-64-47. À la sortie du défilé de Cares. Doubles sans ou avec sdb 36-65 €. Menu 10 €.* Un sympathique hôtel montagnard tenu par un accueillant patron. Très bien entretenu, simplement confortable. La plupart des clients sont là pour faire des balades en montagne ou pour pêcher le saumon et, au bar, on ne parle que de ça.

## BALADES DANS LES ENVIRONS D'ARENAS

Une très belle route, large et facile, mène en 6 km d'Arenas à ***Poncebos.*** Là, plein de possibilités de balades superbes :

➢ À ***Poncebos,*** un funiculaire permet de rejoindre le hameau de ***Bulnes,*** à 647 m d'altitude. *Un peu cher : env 18 € l'aller et 22 € l'A/R, pour 7 mn de trajet ; réduc enfant 4-12 ans. Service ttes les 30 mn. En hte saison, 10h-20h. Hors saison, 10h-12h30, 14h-18h. 1 départ à 8h30 en sem.* De Bulnes, on peut redescendre sur Poncebos en empruntant un chemin qui traverse les impressionnantes ***gorges du Tejo*** (environ 3h). Il est également possible de rejoindre Sotres.

➢ ***Les gorges de Cares :*** le sentier « historique » des Picos de Europa, et l'une des randonnées les plus spectaculaires (et la plus fréquentée – stationnement très, très compliqué en été !). Ce petit chemin avec des à-pics vertigineux démarre de Poncebos et mène à ***Caín*** dans le León après 3h de marche. Dans ce sens, ça monte (retour 3h aussi).
Possibilité de faire cette balade au départ de Caín, évidemment (voir plus haut « Dans les environs de Posada de Valdeón »).

# LES ASTURIES



• Carte *p. 130-131*

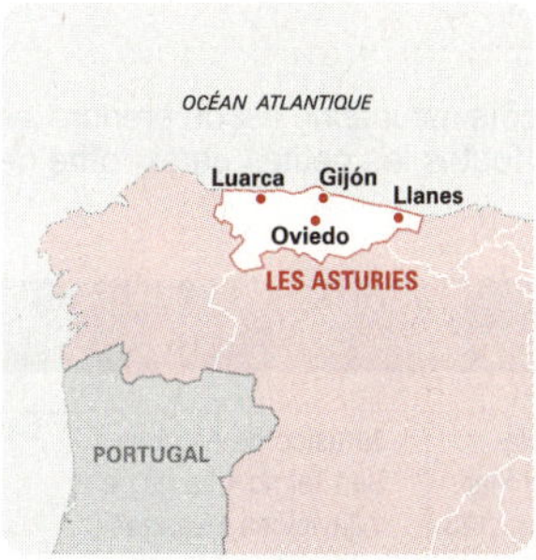


**L'héritier du trône espagnol reçoit le titre de prince des Asturies. C'est dire l'importance historique de ce petit territoire. D'ailleurs, le nom officiel de la région est « Principauté des Asturies », et on y tient ! Pour le voyageur, difficile de différencier la Cantabrie et les Asturies à l'est ou les Asturies et la Galice à l'ouest. Ce sont les mêmes côtes découpées en *rías,* le même arrière-pays montagneux. Seulement voilà : l'Histoire ne l'a pas entendu de cette oreille, et la région a développé au cours des siècles une personnalité puissante.**
**Les Asturies ne sont pas le coin le plus touristique d'Espagne. Par moments, on a même l'impression que le tourisme n'intéresse pas vraiment les Asturiens qui restent, en premier lieu, une nation industrieuse et sont considérés par leurs compatriotes comme un peuple de mineurs de fond. Pourtant la côte jouit de superbes plages, les montagnes abritent d'adorables villages, et les grandes villes, comme Gijón et Oviedo, offrent de belles balades culturelles. Alors, à bas les clichés, foncez !**

## UN PEU D'HISTOIRE

À l'origine occupée par des peuples celtes (la cornemuse est toujours l'instrument de musique national), les Asturies ont brillamment résisté à l'invasion romaine, à l'exception de quelques ports. Les vestiges romains sont très rares, même si le nom des Asturies vient de la capitale primitive, Astorga (Asturica), ville romaine importante, aujourd'hui dans la province de León. En venant du sud, les montagnes offrent une protection naturelle très efficace aux influences et invasions extérieures.
Les mêmes causes produisent les mêmes effets : lorsque les Arabes envahissent la péninsule, de nombreux chrétiens se réfugient dans les montagnes asturiennes. C'est de ces hauteurs qu'en 719, le roi Pelayo écrase les Arabes à Covadonga. On considère que c'est le point de départ de la *Reconquista* (qui prendra tout de même sept siècles). Pelayo devient donc le premier roi connu de ce qu'on a appelé le « royaume d'Oviedo ». Quelques générations et quelques mariages plus tard, Alphonse III le Grand réunit les couronnes des Asturies et de León. La capitale se déplace à León, mais, en souvenir de la prépondérance asturienne, le prince héritier reçoit toujours le titre de « prince des Asturies ».
À la fin du XIe s, le royaume de León n'est pas le plus puissant d'Espagne, mais son alliance est recherchée. Aussi Ferdinand Ier, roi de Castille, n'hésite-t-il pas à

épouser l'héritière de la couronne de León et les Asturies se trouvent alors incorporées à l'ensemble politique castillan. Dès lors, l'histoire politique de la région se confond avec celle de l'Espagne.
Pendant quelques siècles, le développement économique reste surtout lié à l'agriculture et à la pêche, jusqu'à la fin du XIXe s, où les activités minières prennent le dessus. Dans les années 1900, les Asturies produisent près des deux tiers du charbon espagnol. Cela va de pair avec une prolétarisation qui explique deux faits majeurs : l'émigration, liée à la pauvreté, et la politisation. On s'en apercevra en 1934, lors de la révolte des mineurs asturiens. Pendant la guerre civile, la province sera fidèle à la République, à l'exception notable d'Oviedo qui suivra Franco et subira un siège de près de 2 ans.

## BON À SAVOIR

Une manière intelligente et insolite de visiter la côte asturienne est de prendre les trains du réseau *FEVE-RENFE.* Il s'arrête dans toutes les petites gares, offre de superbes panoramas et reste très bon marché.



# LA CÔTE ORIENTALE



**Elle va de la ría Tina Maior (vers San Vicente de la Barquera en Cantabrie) à Gijón. C'est une côte relativement plate, très peu découpée, avec de fort belles plages le plus souvent désertes (sauf en août, faut pas rêver !). Dans les petits ports de pêche isolés, on a souvent l'occasion d'admirer de superbes *casas de Indianos.* Ceux que l'on appelle ici *Indianos* sont les émigrés partis aux Amériques et revenus au pays fortune faite. Ces « oncles d'Amérique » ont bâti, au tournant du XXe s, de magnifiques propriétés qui témoignaient de leur toute nouvelle richesse (voir aussi la rubrique « Population » dans « Hommes, culture, environnement »). L'intérêt pour le voyageur : plusieurs de ces belles demeures sont devenues des hôtels ou des maisons d'hôtes.**

## LLANES

(33500) 14 600 hab.

**Entre San Vicente et Gijón, un joli petit port de pêche, serré entre mer et montagne. La vieille ville fortifiée possède d'agréables ruelles, des *casas de Indianos* et quelques monuments notables.**

### Adresse utile

*ℹ **Oficina de turismo :** c/ Marqués de Canillejas, s/n. ☎ 985-40-01-64. • llanes.es • Semaine sainte et 15 juin-15 sept, tlj 10h-14h, 17h-21h (16h-20h pdt la Semaine sainte) ; hors saison, tlj sauf dim ap-m 10h-14h, 16h-18h30.*

## Où dormir ?

### Camping

⛺ ***Camping La Paz :*** *playa de **Vidiago** (33597). ☎ 985-41-12-35. • delfin@campinglapaz.com • campinglapaz.com • À 5 km env de Llanes : accès fléché depuis la N-634 en direction de San Vincente. Par le train de la* FEVE *(2 trains/j.), s'arrêter à Vidiago (5-10 mn à pied) ; en bus depuis Llanes (4 bus/j., direction Pendueles), demander le camping au chauffeur, il vous dépose presque devant. Fermé de la Semaine sainte à mi-oct. Env 30 € pour 2 pers avec tente et voiture.* Posé en haut d'une falaise, surplombant la jolie petite plage de Vidiago. Sur 4 collines escarpées (mais pas ombragées), aménagées en terrasses, les espaces ont tous une vue panoramique sur l'océan. Attention, ça souffle fort là-haut, et certains emplacements sont même au bord du vide, mieux vaut ne pas avoir bu trop de cidre (on tient à nos lecteurs !).

### Très bon marché (9-12 €)

🏠 ***Residencia Juventudes :*** *c/ Celso Amieva, 15. ☎ 984-10-60-90 ou 985-46-43-61. • info@campamentoscaracuel.com • À 10 mn à pied du centre. Ouv tte l'année. Lits en chambre double 9-12 €/pers. Carte FUAJ obligatoire.* Un peu à l'écart du centre, une AJ toute simple et sans charme mais à des prix imbattables. Pas de dortoirs immenses mais des chambres doubles avec salle de bains privée. On y croise beaucoup de groupes, mais quelques lits sont réservés aux voyageurs de passage. Tentez votre chance !

### De prix moyens à plus chic (45-110 €)

🏠 ***Hotel Sablon's :*** *playa del Sablón, 1. ☎ 985-40-07-87. • info@hotelsablon.com • hotelsablon.com • Sur le front de mer, derrière la vieille ville. Doubles 55-110 € selon saison (les plus chères ont vue sur mer) ; petit déj 7 €.* Posé sur une discrète falaise, juste au-dessus d'une petite plage. Très bel emplacement donc, chambres à la déco très classique et sans fioritures mais plutôt plaisantes et d'un vrai confort.

🏠 ***La Posada del Rey :*** *c/ Mayor, 11. ☎ 985-40-13-32. • reservas@laposadadelrey.es • laposadadelrey.es • En plein centre-ville. Doubles 60-120 € selon saison. Parking 10 €. Petit déj offert sur présentation de ce guide.* Dans la rue la plus animée du centre ; en journée, difficile de s'accorder une sieste pour les chambres qui donnent de ce côté-là, le soir, les rues se vident rapidement vers minuit donc pas de souci. L'hôtel dispose d'une poignée de chambres seulement, agréables et vraiment spacieuses, à la décoration classique mais de bon goût. L'accueil est adorable. Bémol sur le petit déj : café soluble et viennoiseries en sachet dans les chambres, on préfère descendre au troquet du coin !



## Où dormir ? Où manger dans les environs ?

### *À* Cué *(33509)*

➢ *À 2 km de Llanes ; sortir de la ville en direction de l'autoroute puis prendre à gauche la direction Cué.*

🏠 ***Pensión Paulina :*** *Cué. ☎ 985-40-11-68. • pension_paulina@jazzfree.com • pension-paulina.com • Au centre du village (parking gratuit). Fermé de nov à mi-fév. Selon saison, doubles sans ou avec sdb 30-35 €, familiales 40-45 €. Café ou thé du matin offert sur présentation de ce guide, ou accès cuisine offert midi ou soir en basse saison.* Gentille petite maison tenue par une maman (Paulina donc) et son fils (Jésus) qui ont longtemps vécu dans l'Essonne (et parlent donc parfaitement le français). Une dizaine de chambres, toutes simples et d'un honorable confort (surtout à ce prix-là, dans ce coin-là). Et des hôtes franchement adorables qui partagent votre table avec plaisir. On décerne à Paulina la Palme du meilleur accueil des Asturies !

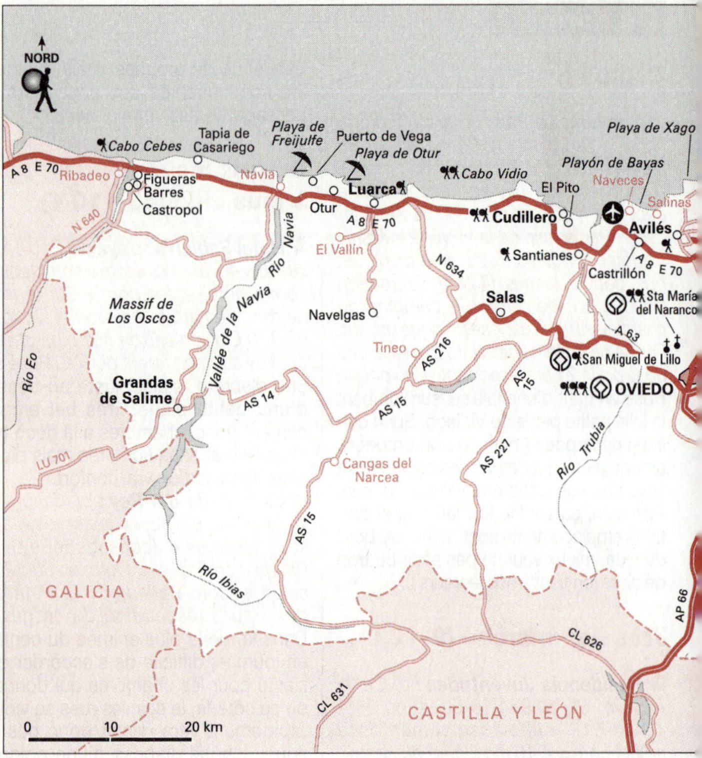




## *À Tresgrandas* (33590)

➢ *De Llanes, suivre la E-70 (vers San Vicente de la Barquera et Santander) sur env 20 km, jusqu'au village de La Franca, puis tourner à droite, direction Tresgrandas (env 3 km plus loin).*

**El Molino de Tresgrandas :** *Llanes. ☎ 985-41-11-91. • hotel@molinotresgrandas.com • molinotresgrandas.com • Au centre du village, tourner à gauche et descendre dans le fond de la vallée (c'est fléché), attention, ça descend sec sur env 1 km. Fermé janv-mars. Doubles 95-110 € selon saison, petit déj 11 €. Sur présentation de ce guide, réduc de 10 % sur les doubles en basse saison.* Adorable vieux moulin (transformé en hôtel rural chic) niché dans la verdure, loin de l'agitation de la côte. Un îlot de charme et de calme, au pied de collines verdoyantes, pour oublier le tohu-bohu du monde... Excellent accueil. Chambres délicieusement décorées avec pierres, poutres et joli parquet, bercées par le ruisseau du moulin qui glougloute jour et nuit. On se croirait dans la maison de Blanche-Neige !

**Restaurante El Rubiu :** *☎ 985-41-14-64. ♿ Dans la partie haute du village, à l'angle de la route principale et de la petite route qui descend vers le fond de la vallée. Fermé dim-jeu soir oct-juin. Menu midi 9 €, 12 € le w-e ; carte env 18 €. CB refusées. Café offert sur présentation de ce guide.* Roberto Camacho, francophone, a vécu en

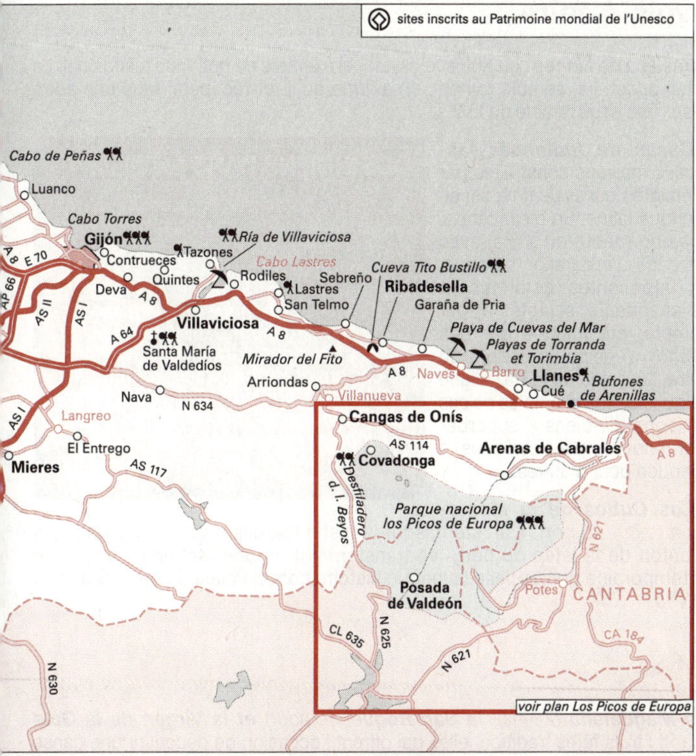


LES ASTURIES



Suisse. Il s'occupe du petit bar en face de cette bonne auberge tenue par sa femme Maria-José. Cuisine régionale à prix sages, dans une petite salle jouissant d'une vue superbe sur la vallée et les montagnes. Savoureuses viandes notamment.

## Où manger ? Où boire un verre ?

🍽 🍸 ***Sidrería El Bodegón :*** *c/ Mayor, 14. ☎ 985-40-01-85. Carte 15-20 €, ración env 7 €.* Tables et bancs de bois, sciure au sol et service franchement décontracté : une *sidrería* dans la tradition. Bonne cuisine régionale, toute simple. Pas mal de poissons et bonne viande. En dessert, on craque pour un bon gâteau maison, au fromage frais ou à la carotte. Agréable terrasse sous les arbres de la plaza Santa Ana.

🍽 🍸 ***La Casona Sidrería :*** *c/ Mayor, 26. ☎ 985-40-09-58. Tlj sauf mer. Ración env 9 €, plats 10-18 €.* La terrasse de cette *sidrería* ne désemplit pas. On pose une fesse sur la table du voisin pour siroter son cidre ou on la joue à l'espagnole, debout près de son tonneau. Dans l'assiette, les classiques régionaux bien consistants devraient vous rassasier. Service expéditif.

## À voir. À faire

**Basílica de Llanes :** du XIV^e^ s, c'est un bel exemple de gothique méridional. Le portail ouest, lui, semble roman ; on affirme qu'il fut récupéré dans une autre église. Très beau retable du XVI^e^ s.

**Casas de Indianos :** fastueuses maisons construites par les émigrés qui avaient réussi en Amérique latine. En plein centre, le ***casino*** (début du XX^e^ s) avec sa façade d'inspiration baroque, ses imposantes colonnes et des chapiteaux sculptés a, par exemple, été financé par des *Indianos.* À peine en dehors du centre, l'avenida de la Paz aligne quelques beaux exemples de ces « maisons d'Indiens », superbement rénovées pour certaines, à l'abandon pour d'autres...

### DES INDIENS DANS LA VILLE

*Au XIX^e^ s, nombreux sont ceux qui ont quitté les Asturies, et la région de Llanes en particulier, pour tenter leur chance en Amérique latine. Quelques-uns ont fait fortune dans le tabac, le textile, le commerce, la banque et l'industrie, à Cuba, en Argentine, au Venezuela. Et aussi et surtout au Mexique. Certains de ces émigrés ont fait leur retour dans les Asturies où ils ont hérité du sobriquet d'Indianos. Leurs somptueuses maisons se dénomment ainsi casas de Indianos.*

**Los Cubos de la Memoria :** *au bout du port.* L'artiste basque Agustín Ibarolla a peint les gros blocs de béton de la jetée du port, les transformant en une étonnante sculpture contemporaine qui rappelle la longue histoire commerciale de ce port depuis le XV^e^ s.

LES ASTURIES

## Fêtes

– ***La Magdalena*** *(22 juil),* ***la San Roque*** *(16 août)* ***et la Virgen de la Guía*** *(8 sept)* **:** trois fêtes traditionnelles qui offrent l'occasion de découvrir une danse aux origines très anciennes, typique de Llanes (et de quelques villages des environs), le *Pericote.* Difficile de vous expliquer à quoi ça ressemble. Essayez d'y assister !

## DANS LES ENVIRONS DE LLANES

***Fundación Archivo de Indianos – Museo de la Emigración*** *(musée de l'Émigration)* **:** *Quinta Guadalupe, à* ***Colombres,*** *à 20 km de Llanes en direction de la Cantabrie. À Colombres, suivre la direction « centro urbano », c'est une immense maison bleue. ☎ 985-41-20-05. • archivodeindianos.es • Tlj 10h-14h, 16h-19h (20h juin-sept). Fermé 25 déc, 1^er^ et 6 janv, et l'ap-m 24 déc et 31 janv. Entrée : 5 € ; réduc.* Au XIX^e^ s, l'émigration, liée à la pauvreté et aux troubles politiques, saigna les Asturies : plus de 250 000 jeunes gens embarquèrent pour les Amériques. L'un de ces migrants partis de rien (Íñigo Noriega Laso) devint le fondateur de la *Banque Hispano-Americano* à Mexico. Très riche, il revint au pays et fit construire cette somptueuse maison. L'occasion de découvrir de l'intérieur l'une de ces *casas de Indianos,* si imposantes par leur taille et leurs couleurs vives, et nombreuses dans la région. On en prend plein les mirettes dès l'entrée avec les rosaces, les moulures vertes et blanches et le beau double escalier. Ensuite, le musée s'avère passionnant : des réclames de bateaux pour embarquer vers l'Amérique du Sud aux valises anciennes, en passant par des photos et de belles maquettes de voiliers et de paquebots. On voit les conditions du voyage, on nous raconte quelques belles réussites et on évoque les innombrables échecs de ces Espagnols partis à la conquête du monde. Bref, le panorama est complet et assez juste. Une visite qui donne à réfléchir.

La côte aux environs de Llanes offre quelques vraies curiosités géologiques. Comme la ***mer intérieure de Gulpiyuri*** (au-dessus de Naves), toute petite étendue d'eau salée bordée d'une minuscule plage de sable. Ou bien encore les ***Bufones de Arenillas*** (accès depuis la N-634 entre Puertas et Vidiago), tunnel vertical creusé par la mer d'où l'eau jaillit, les jours de houle, jusqu'à 30-40 m de hauteur !

***Playas de Torranda et Torimbia :*** *à env 10 km de Llanes ; suivre l'AS-263, direction Niembro (ou Niembru, les panneaux sont en bable) ; à Niembru, 2 petites routes partent, à droite pour Torranda et Barro, à gauche pour Torimbia.* Torranda est une belle plage de sable fin, relativement peu fréquentée. Au pied de falaises bordées de prairies à vaches, Torimbia est beaucoup plus sauvage (et naturiste, d'ailleurs).

***Playa de Cuevas del Mar :*** *sur la route vers Ribadesella.* Petite crique avec quelques grottes. Plage agréable, qui attire un peu de monde.



# RIBADESELLA

(33560) 6 000 hab.

**Entre Llanes (30 km à l'est) et Villaviciosa, abrité par une baie entourée de collines rocheuses et boisées, Ribadesella est un joli port d'estuaire, au débouché d'une rivière qui se jette dans la mer. Moins urbanisé que Llanes, ce gros village est devenu une station balnéaire au début du XXe s grâce à sa très longue plage de Santa Marina. Si la ville ancienne offre quelques remarquables monuments, les amateurs d'architecture préféreront sans nul doute se balader le long de la plage, où l'aristocratie asturienne a construit entre 1900 et 1930 de superbes villas de villégiature.**

## Arriver – Quitter

### En bus

***Estación de autobuses :*** *à l'entrée de la ville. ☎ 985-40-24-85.* Avec *Alsa* (• *alsa.es* •) :
➢ ***Oviedo :*** 4-8 bus/j. dans les 2 sens.
➢ ***Gijón :*** 6-9 bus/j. dans les 2 sens.
➢ ***Arriondas, Villaviciosa :*** 3-7 liaisons/j. dans les 2 sens.
➢ ***Llanes :*** 7-10 bus/j. dans les 2 sens.

### En train

***Estación RENFE-FEVE :*** *à 500 m de l'entrée de la ville, sur l'AS-263 en venant de Llanes. Rens : ☎ 912-320-320 (nº national).* • *renfe.com* •
➢ ***Arriondas et Oviedo*** *(correspondance pour* ***Gijón****) :* 3-4 liaisons/j.
➢ ***Llanes :*** tlj 3-4 trains/j. dans les 2 sens.
➢ ***Santander :*** 2 trains/j. (1 le mat, 1 l'ap-m) dans les 2 sens.

## Adresse et info utiles

***Oficina de turismo :*** *paseo del Muelle, s/n (paseo Princesa Letizia). ☎ 985-86-00-38.* • *ribadesella.es* • *Côté ville ancienne, au bord du fleuve, près du pont. Juil-août : tlj 10h-14h, 16h-20h. Hors saison : mar-sam 10h-14h, 16h-18h30 ; dim 11h-14h ; fermé lun.*

***Taxis :*** *☎ 985-86-15-40.*

## Où dormir à Ribadesella et dans les environs ?

### Campings

⛺ ***Camping Palacio de Garaña :*** *à* ***Garaña de Pria*** *(33591).* ☎ *985-41-00-75.* • *info@campinggarana.es* • *campinggarana.es* • *À 8 km de Ribadesella. Camping fermé de mi-sept à mi-juin, bungalows ouv tte l'année. Env 26 € pour 2 pers avec tente et voiture. Bungalows (2-6 pers) 66-110 € selon taille et saison.* Une ancienne *casa de Indiano* (genre palais colonial) transformée en hôtel. L'ancien domaine avec sa petite chapelle a, lui, été aménagé en camping. Joli site, donc, bien équipé mais peu ombragé. Piscine, tennis, resto. Plage à 2 km.

⛺ ***Camping Ribadesella :*** *à* ***Sebreño.*** ☎ *985-85-82-93.* • *info@camping-ribadesella.com* • *camping-ribadesella.com* • *À 1 km de Ribadesella, fléché. Fermé fin sept-Semaine sainte. Env 28 € pour 2 pers avec tente et voiture. Bungalows 2-6 pers 50-155 € selon saison, capacité et confort.* Camping à étage aux espaces un poil petits, mais bien tenu et disposant de nombreux services (piscines – dont une couverte –, jeux pour enfants, quelques appareils de fitness...).

### Très bon marché (moins de 20 €)

🏠 ***Albergue Roberto Frassinelli :*** *c/ Ricardo Cangas, s/n.* 📱 *606-60-72-00.* • *info@surfcampribadesella.com* • *surfcampribadesella.com* • *Nuitée + petit déj 17,60 € – de 25 ans, env 20 € pour les autres, en tte saison.* Auberge privée, ouverte à tous, idéalement située le long de la plage dans une ancienne villa bourgeoise de 1910. Location de draps. Mini-dortoirs de 4 à 6 personnes. Repas. Accueil jeune et dynamique. École de surf sur place.

### De chic à plus chic (60-140 €)

🏠 ***Hotel Ribadesella Playa :*** *c/ Ricardo Cangas, 3.* ☎ *985-86-07-15.* • *info@hotelribadesellaplaya.com* • *hotelribadesellaplaya.com* • ♿ *Côté ville moderne, sur le front de mer. Fermé nov-Pâques. Doubles 65-145 € selon saison et vue ; petit déj env 9 €. Parking gratuit. Sur présentation de ce guide, réduc de 10 % sur les doubles en basse saison.* Au bord de l'eau, dans une maison bourgeoise du début du XXe s à la jolie façade rouge et grise. Chambres à la déco classique, dans les tons de bord de mer. Les plus agréables ont une vue sur la plage et sur la promenade bordant le grand bleu. Accueil très professionnel.

## Où manger ? Où boire un verre ?

🍽 🍷 ***Sidrería Carroceu :*** *c/ Marqués de Argüelles, 25.* ☎ *985-86-14-19. À 100 m de l'office de tourisme, sur les quais. Fermé jeu. Raciones min 6 €, repas complet env 10 €.* Dans cette grande salle vert foncé, les cadavres de bouteilles de cidre trônent fièrement sur le mur du fond. Les familles du coin s'y retrouvent pour déguster du poisson frais ou partager de bonnes tapas. Bonne ambiance et accueil convivial ! Un bel endroit pour étancher sa soif de tradition.

🍽 ***Casa Basilio :*** *c/ Manuel Caso de la Villa, 50.* ☎ *985-85-83-80.* • *casabasilioribadesella@hotmail.es* • *Tt au bout du port, après la Criée. Tlj sauf dim soir et lun. Fermé déc. Menu midi 18 € ; carte min 25 €.* Un décor bois et carrelage plus fonctionnel que charmant. Dans cette cantine, on se suçote les doigts d'une bonne cuisine de poissons et fruits de mer, clairement savoureuse. Service charmant.

## À voir. À faire

**Cueva y Centro de Arte rupestre de Tito Bustillo** *(grotte et musée de Tito Bustillo)* **:** *avda de Tito Bustillo, s/n. ☎ 985-18-58-60 ou 902-30-66-00. • centrotitobustillo.com • Côté moderne de la ville, juste à la sortie du pont, à gauche. Grotte : ouv mars-fin oct. Ouv mer-dim 10h15-17h, fermé lun-mar. Entrée (grottes et centre) : 7,30 € ; réduc ; gratuit pour ts le mer. Visite guidée (1h env) en castillan par groupes de 15 pers ttes les 45 mn à partir de 10h15, dernier départ à 17h. Attention : on n'accepte que 150 visiteurs/j. afin de ne pas mettre en péril les peintures rupestres, et il faut avoir min 7 ans pour visiter la grotte.* ***Résa plus que conseillée*** *par tél ou sur le site web. Centro de Arte rupestre (fermé 24, 25 et 31 déc, et janv) : juil-août, mer-dim 10h-19h, fermé lun-mar ; le reste de l'année, mer-ven 10h-14h30, 15h30-18h, w-e et j. fériés 10h-14h30, 16h-19h. Entrée (centre et grotte de Ardines mais sans la grotte Tito Bustillo) : 5,30 € ; réduc ; gratuit jusqu'à 3 ans et pour ts le mer. Garder son ticket d'entrée, il donne droit à une réduc au Museo del Jurásico de Asturias et au Parque de la Prehistoria de Teverga (et réciproquement).*

Découverte en 1968, au hasard d'une sortie en escalade, la grotte Tito Bustillo (du nom de l'un des grimpeurs) abrite une dizaine d'ensembles de dessins. Seul le panneau principal est visible : tant mieux, c'est le plus impressionnant ! Au total, plus d'une centaine de chevaux, bovidés et cervidés apparaissent sur cette « toile » peinte de génération en génération pendant 10 000 ans. Splendide ! Pour en voir davantage, il faudra visiter le centre d'art rupestre, ambitieux et contemporain, qui reconstitue l'ensemble des salles, notamment l'intrigante Chambre des Vulves. On peut enfin affiner sa visite en descendant dans la grotte de Ardines, intéressante pour son aspect purement géologique.

– Les amateurs de kayak, même occasionnels, pourront faire des descentes complètes ou partielles de la ***Sella.*** Le départ se fait aussi bien, et globalement aux mêmes tarifs, de Ribadesella que d'Arriondas (voir plus haut dans le guide), la capitale des eaux vives ! De nombreuses agences vous les proposeront.

– ***Grande fête*** *(le soir du 1er ou 2e sam d'août),* jour de la descente de la Sella (voir à Arriondas, « Dans les environs de Cangas de Onís »). Pas de visite ce week-end-là.

## DANS LES ENVIRONS DE RIBADESELLA

➢ ***La route des Dinosaures :*** belle idée. De Ribadesella à Tazones, à env 50 km plus à l'ouest, on recense six sites conservant des traces et empreintes de dinosaures. Ils sont généralement accessibles à marée basse. Des panneaux explicatifs en espagnol vous apprendront l'essentiel. Et, pour approfondir la question, visitez absolument le ***Museo del Jurásico de Asturias,*** dans les environs de Villaviciosa (voir plus loin).

***Mirador del Fito :*** *à env 30 km.* Depuis Colunga, on passe en quelques kilomètres de la mer à la montagne. La route étroite et sinueuse traverse de jolis paysages. Et du mirador, vous embrassez d'un seul coup d'œil toute la région, des Picos de Europa au littoral que vous surplombez. Point de départ de quelques randonnées.

## VILLAVICIOSA (33300) 14 800 hab.

**Installée au bout d'une *ría,* Villaviciosa n'est ni vicieuse ni viciée ; c'est une jolie ville ancienne chargée d'histoire. Sa fierté principale est d'avoir**

**accueilli Charles Quint en Espagne, alors qu'il débarquait de ses Flandres natales (il est né à Gand) pour devenir roi et empereur. Le quartier ancien mérite une visite avec ses beaux balcons en fer forgé, ses maisons blasonnées et ses rues étroites. Passé la ville, la visite de la *ría* vaut tout autant le coup. C'est un écosystème protégé, et vraiment beau. Tous les petits villages abritent des *hórreos,* ces anciens greniers à grains sur pilotis, magnifiquement conservés.**

Petit ***office de tourisme*** : *c/ Agua, 29. ☎ 985-89-17-59. • turismovillaviciosa.es • Dans la rue derrière le théâtre. Mer-dim 10h30-14h, 16h-19h30. Fermé lun-mar.*

## Où dormir ? Où manger ? Où boire un verre ?

### De bon marché à prix moyens (30-65 €)

***Hostal Café del Sol :*** *c/ del Sol, 27. ☎ 985-89-11-30. • hostalcafedelsol@hotmail.com • hostalcafedelsol.wix.com/cafedelsol • S'adresser au café au rdc. À l'étage, doubles avec sdb env 35 €, 30 € avec sdb commune. Pas de wifi.* La petite adresse familiale, certes modeste mais bien tenue et confortable. Bon rapport qualité-prix.

***Hotel Carlos Iero :*** *pl. Carlos Iero, 4. ☎ 985-89-01-21. • astur1006@hotmail.com • hotelcarlos-1.com • Fermé nov-mars. Doubles 45-65 € selon saison. Boisson de bienvenue offerte sur présentation de ce guide.* Dans une maison noble du XVIIe s, un hôtel aménagé avec soin dans le quartier le plus calme de la ville. Grandes chambres décorées de lourd mobilier de bois foncé, de tapis anciens et de dessus-de-lit ou de canapés fleuris. On apprécie ce charme d'antan et l'excellent accueil.

***Hotel Casa España :*** *pl. Carlos Iero, 3. ☎ 985-89-20-30. • correo@hcasaespana.com • hcasaespana.com • Doubles 50-66 € selon saison.* Cette grande maison blanche peut impressionner, mais l'hôtel reste à taille humaine. Déco tendant vers le pastiche médiéval et très bel escalier sous une verrière. Si c'est complet, mêmes propriétaires pour l'*Hotel Conventín,* très bien aussi mais plus contemporain et dans une rue sans charme.

***La Fabrica Chocolate :*** *c/ del Agua, 11. ☎ 985-89-31-67. • rafaelvigil@hotmail.com • Fermé mar et en nov. Carte env 18 €. Apéritif maison offert sur présentation de ce guide.* Installé dans une capitale du cidre et dans la rue de l'Eau, mais on y sert plutôt, comme ne le proclame pas l'enseigne, vins (joli choix), bières et (de fort bonnes) tapas. Sympathique décor un peu à l'ancienne et ambiance souvent à la fête.

## Où dormir dans les environs ?

### Campings

***Camping La Ensenada :*** ***playa de Rodiles*** *(33316). ☎ 985-99-61-56. • pepeheredia@telecable.es • À 11 km de Villaviciosa. Ouv Semaine sainte et fin juin-fin sept ; fermé hors saison. Env 20 € pour 2 pers avec tente et voiture. Pas de wifi.* Camping bien situé (tout au bout de la plage), aux équipements pas tout neufs mais bien entretenus, et plutôt ombragé grâce à sa pinède. Épicerie et bar-cafétéria.

***Camping Playa España :*** ***à Quintes*** *(33314). ☎ 985-89-42-73. • camping@campingplayaespana.es • campingplayaespana.es • À 15 km de Villaviciosa, direction Gijón. Fermé hors saison, ouv Semaine sainte-sept. Env 25 € pour 2 pers avec tente et voiture.* Terrain spacieux à 100 m de la mer, très arboré et donc bien ombragé. Sur place, bar, resto et épicerie. Quand la marée monte, la plage est réduite à une peau de chagrin, et les vagues font le bonheur des surfeurs, peut-être moins celui des familles.

## DANS LES ENVIRONS DE VILLAVICIOSA

*MUJA – Museo del Jurásico de Asturias :* *à San Telmo, à 2 km de Lastres. ☎ 985-86-80-00. • museojurasicoasturias.com • Juil-août, tlj 10h30-20h. Le reste de l'année, mer-ven 10h-14h30, 15h30-18h ; w-e et début sept 10h30-14h30, 16h-19h ; fermé lun-mar. Dernière entrée 1h avt. Fermé en janv, 24, 25 et 31 déc. Entrée : 7,20 € ; réduc ; gratuit pour ts le mer. Audioguide en français : 1,70 €. Garder son ticket d'entrée, il donne droit à une réduc à la Cueva y Centro de Arte rupestre de Tito Bustillo et au Parque de la Prehistoria de Teverga (et réciproquement).*
Saviez-vous que le cœur des sauropodes pouvait peser jusqu'à 400 kg ou que la collerette osseuse des tricératops leur servait à amplifier les ondes pour communiquer ? C'est le genre de découverte que vous ferez dans ce musée génial.
Situés dans un bâtiment en forme de griffe tridactyle, les 2 500 m² d'exposition permanente sont intarissables sur les dinosaures qui fréquentèrent la région, mais aussi le reste de la planète, voici quelques millions d'années. Du moustique coincé dans un morceau d'ambre (oui, le même que dans *Jurassic Park* !), en passant par des fossiles, reproductions de squelettes et maquettes grandeur nature, voilà un musée passionnant à visiter avec les enfants ou entre grands ! On s'approche même tout près d'un couple de *Tyrannosaurus rex* en pleine parade nuptiale. Dans le parc, on se mesure aux spécimens en liberté... tremblez !

***La ría de Villaviciosa*** est protégée comme « Monument naturel » en tant qu'écosystème humide de première importance.
– ***Centre d'information et d'animation :*** *sur la route de Tazones. 📱 630-46-03-45. • riadevillaviciosa.org • Semaine sainte, Noël-Nouvel An et juin-sept, tlj 11h-14h30, 16h-19h30 (18h30 le dim hors été). Hors saison, fermé en sem, ouv slt w-e et j. fériés : sam 11h-14h30, 16h-18h30 ; dim 11h-15h.* Une expo assez sympa et plein de doc.

***Lastres :*** vaut le détour pour ses maisons adorables accrochées à flanc de colline. Ses rues pavées plongent presque dans la mer et offrent une vue splendide sur la grande bleue. Son adorable port de pêche, à l'écart des touristes, mérite bien une escale.

***Tazones :*** minuscule et charmant port de pêche dans une crique. On y accède par un minidéfilé, avant que la route ne plonge vers la mer. La route finit en impasse. Garez-vous (s'il reste de la place...) sur le grand parking à droite, à l'entrée du village. Débrouillez-vous pour trouver une place en terrasse, à condition de pouvoir y assumer les prix prohibitifs !

***Monasterio de Santa María de Valdediós :*** *à env 10 km de Villaviciosa en direction d'Oviedo. 📱 670-24-23-72. • monasteriovaldedios.com • Avr-sept, mar-dim 11h-13h30, 16h30-19h ; oct-mars, mar-dim 11h-13h30. Fermé lun. Entrée : 4 € ; réduc. Le dernier sam du mois, le monastère célèbre une messe selon l'antique rite mozarabe.* On y va surtout, non pour le monastère du XIVe s (encore qu'il ait belle allure), mais pour la petite église d'*El Conventín (iglesia de San Salvador)*, véritable bijou dans son écrin tout vert, dont le plan est celui d'une basilique. Bâtie au IXe s, son architecture aux proportions harmonieuses garde la trace d'une influence mozarabe, notamment dans les arcatures. Le guide vous montrera une tentative de reconstitution de l'aspect originel de l'église.

# OVIEDO ET LES ASTURIES DU CENTRE



**À l'ouest de Cangas de Onís et de Arriondas (voir plus haut « Los Picos de Europa »), la route prend ses distances avec la montagne et traverse la province dans un paysage de collines et de campagnes assez plaisant.**

## LES ASTURIES AIMENT LES SUCETTES

*Si son créateur, Enric Bernat, est catalan comme l'auteur de la célèbre marguerite du logo (un certain Salvador Dalí...), c'est dans l'une de ces industrieuses vallées des Asturies qu'on fabriquait, naguère, la sucette la plus connue au monde : la Chupa Chups, bien sûr.*

En chemin entre Arriondas et Oviedo, sur la N-634, les amateurs de terroir pourront faire une halte à ***Nava*** (30 km avant Oviedo), pour son ***Museo de la Sidra*** *(musée du Cidre)* : *pl. Príncipe de Asturias.* ☎ *985-71-74-22.* • *museodelasidra.com* • *De mi-juin à mi-sept, mar-dim 11h (12h mar et dim)-14h, 16h (17h dim)-20h ; le reste de l'année, mar-sam 11h-14h (15h sam), 16h-19h (16h30-20h sam) ; dim 11h-14h. Fermé lun tte l'année. Entrée : 4 € ; réduc ; gratuit jusqu'à 3 ans. Également des visites combinées musée + cave en activité, sur résa slt sur leur site.* Pour en apprendre encore plus sur le cycle du cidre, depuis la culture des pommes jusqu'à la mise en bouteilles. Et, bien sûr, petite boutique pour en acheter. On y trouve aussi les 10 commandements pour servir le précieux breuvage comme un vrai *escanciador,* à vous de jouer !

## OVIEDO (33000) 225 100 hab.

• Plan *p. 140-141*

**Grande ville moderne avec un agréable centre-ville historique, Oviedo, capitale des Asturies, mérite une étape d'un jour ou deux, de préférence le week-end où l'ambiance est à la fête. Distances courtes (le centre se découvre à pied aisément), habitants ouverts et sympathiques, cuisine remarquable, *sidrerías* animées, bars branchés, Oviedo s'écarte des clichés rustiques asturiens grâce à une population jeune qui fait souffler sur la ville un vent de fraîcheur.**
**Le vieux quartier piéton autour de la cathédrale possède encore beaucoup de charme. Les édifices les plus anciens et les bâtiments rénovés s'y mélangent harmonieusement, tous peints de couleurs différentes, donnant à l'ensemble beaucoup de gaieté. Enfin, vous découvrirez à Oviedo deux des plus belles églises préromanes des Asturies et d'intéressants musées, gratuits pour la plupart !**

## UN PEU D'HISTOIRE

Oviedo succède en 810 à Cangas de Onís comme siège du royaume et devient le véritable berceau de la Reconquête. Alphonse II part d'Oviedo pour le tout premier pèlerinage à Saint-Jacques-de-Compostelle. Oviedo et les reliques de l'église San Salvador deviennent au cours du XIIe s une étape obligée des pèlerins. De ce passé lointain, la ville garde un ensemble de monuments historiques de premier plan inscrits sur la liste du Patrimoine mondial de l'humanité par l'Unesco.
En octobre 1934, Oviedo connaît une grande insurrection ouvrière. Les mineurs s'emparent de la ville. La reprise d'Oviedo par les troupes gouvernementales et la farouche résistance des insurgés occasionnent, bien sûr, d'importantes destructions. En 1936, alors que la garnison d'Oviedo soutient Franco, l'ensemble des Asturies reste fidèle à la République. Durant 2 ans, les deux bords se disputent la ville qui subit à nouveau de terribles dégâts. La nouvelle ville en est le résultat direct.

## Arriver – Quitter

### En bus

La C^ie^ ***Alsa,*** entre autres, dessert de nombreuses destinations. ***Terminal*** *(plan B1) : c/ Pepe Cosmen. ☎ 902-49-99-49 (station d'Oviedo) ou 902-42-22-42. • alsa.es • estaciondeautobusesdeoviedo.com • Également un point d'infos touristiques.*

➢ ***Barcelone :*** 3-4 bus/j. dans les 2 sens. Trajet : 12h.
➢ ***Bilbao :*** 8-12 liaisons/j., 7h45-1h. Trajet : 4h.
➢ ***Gijón :*** bus ttes les 10-15 mn, 6h30-22h30 dans les 2 sens (nombreux bus de nuit le w-e). Trajet : 30 mn.
➢ ***La Corogne :*** 4-6 liaisons/j., 6h30-22h30 vers La Corogne, 6h30h-19h depuis La Corogne. Trajet : 3h30-4h30 selon les arrêts.
➢ ***León :*** env 12 bus/j. dans les 2 sens, 6h15-0h30 (3h40-1h15 depuis León). Durée : 1h30.
➢ ***Luarca :*** 4-6 bus/j., 7h-20h dans les 2 sens. Durée : 1h30.
➢ ***Lugo :*** 3-4 liaisons/j., 6h30-22h30. Durée : 4-5h.
➢ ***Madrid :*** env 12 bus/j., 6h15-23h, plus 2 bus de nuit minuit-2h du mat. Depuis Madrid, 6h15-23h30 puis 2-3 bus de nuit. Trajet : env 5h.
➢ ***Pontevedra :*** 2-4 bus/j., env 6h30-18h. Trajet : 6h30-7h30 selon les arrêts.
➢ ***Santander :*** 8-12 bus/j., env 8h-20h dans les 2 sens. Dernier bus à 1h du mat vers Santander, à 3h20 vers Oviedo. Trajet : 2h30-3h30.
➢ ***Saint-Jacques-de-Compostelle :*** 4-6 bus/j. env 6h30-22h30 dans les 2 sens. Trajet : 4h30-6h30.
➢ ***Salamanque et Séville :*** 3-5 bus/j. Trajet : respectivement 5h et 12h env.
➢ ***Pour Paris et Bruxelles :*** hors saison, 1 liaison slt mar, jeu et sam. En hte saison, tlj. Trajet : respectivement 17h et 21h env.

### En train

***Estación RENFE-FEVE et*** *(plan A-B1) : au croisement de la c/ Uría et de l'avda de Santander. ☎ 912-320-320 (nº national). • renfe.com •*

#### *Avec RENFE*

➢ ***Gijón :*** ligne C1 *(Cercanías)* ; 1 train env ttes les 30 mn (ttes les heures le w-e), 5h20-22h40 env (sam jusqu'à 23h30).
➢ ***León :*** 6-7 trains/j. dans les 2 sens. Trajet : 2h-2h30 selon le train. Le *Regional* (2/j.) est le moins cher.
➢ ***Barcelone :*** tlj, 1 train vers 8h30 (via Pampelune et Saragosse), arrivée vers 19h. Même chose depuis Barcelone, départ vers 12h, arrivée vers 22h30.
➢ ***Madrid (Chamartín) :*** au départ d'Oviedo, 4 trains/j. dans les 2 sens. Trajet : env 5h.

#### *Avec FEVE*

Rappel, ce réseau dessert aussi les petites gares.

LES ASTURIES

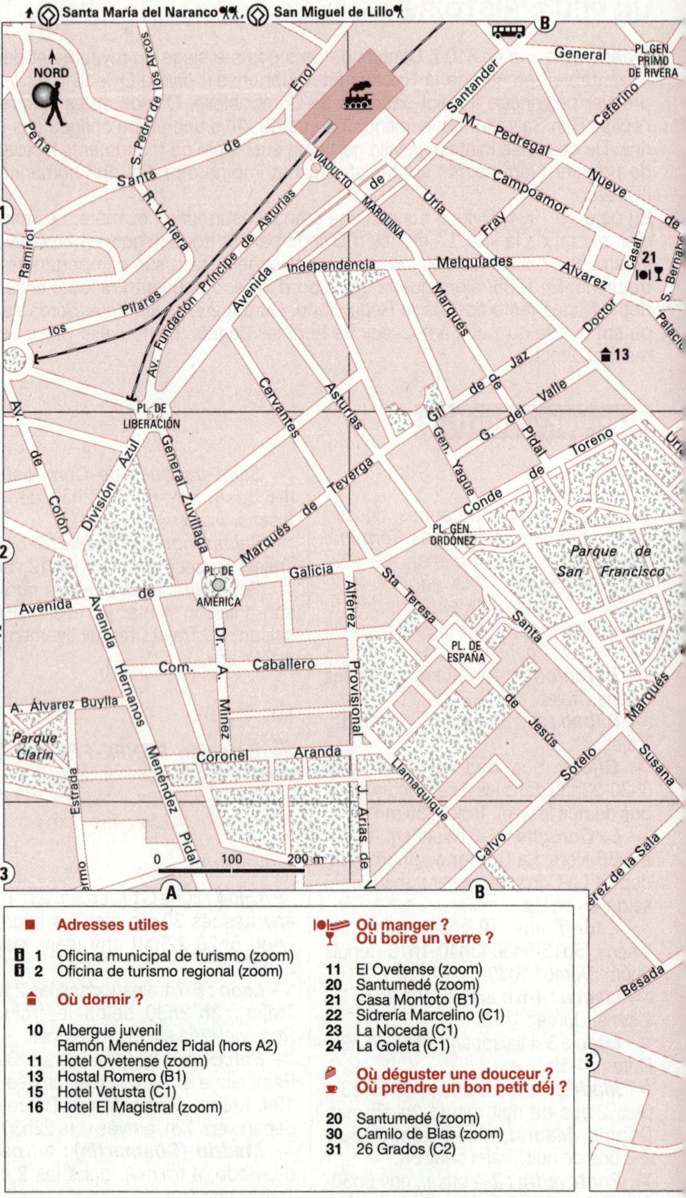


## ■ Adresses utiles

- 1 Oficina municipal de turismo (zoom)
- 2 Oficina de turismo regional (zoom)

## Où dormir ?

- 10 Albergue juvenil Ramón Menéndez Pidal (hors A2)
- 11 Hotel Ovetense (zoom)
- 13 Hostal Romero (B1)
- 15 Hotel Vetusta (C1)
- 16 Hotel El Magistral (zoom)

## Où manger ? Où boire un verre ?

- 11 El Ovetense (zoom)
- 20 Santumedé (zoom)
- 21 Casa Montoto (B1)
- 22 Sidrería Marcelino (C1)
- 23 La Noceda (C1)
- 24 La Goleta (C1)

## Où déguster une douceur ? Où prendre un bon petit déj ?

- 20 Santumedé (zoom)
- 30 Camilo de Blas (zoom)
- 31 26 Grados (C2)

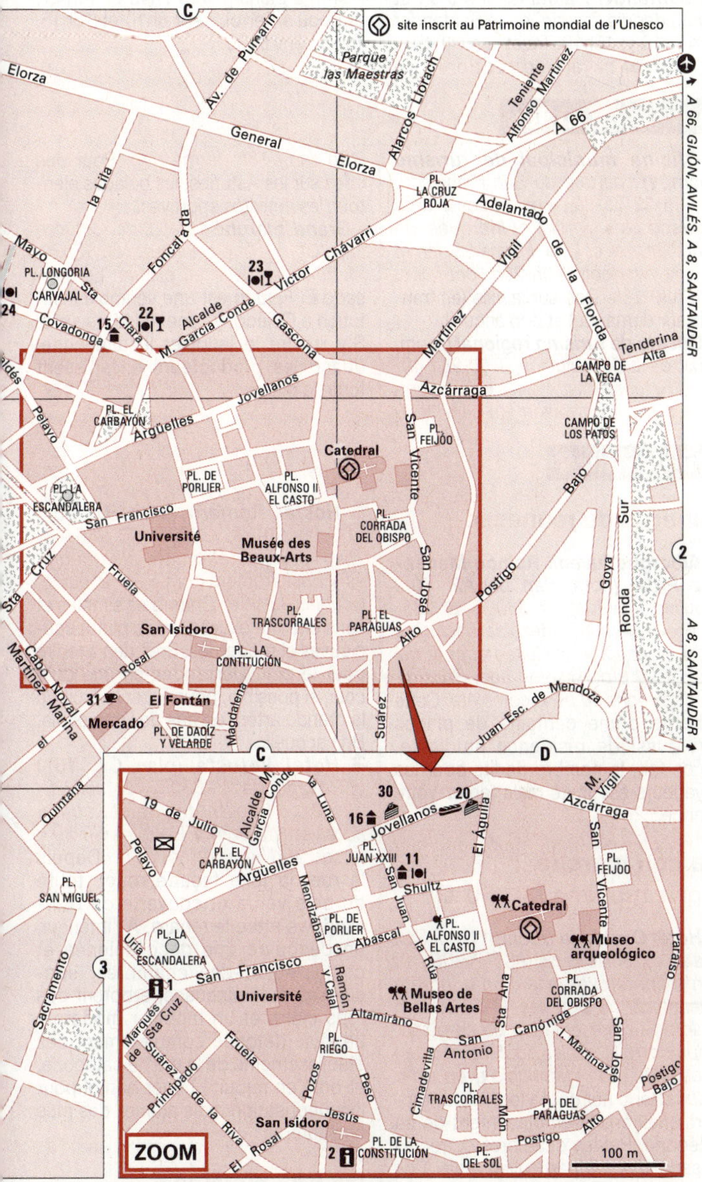
site inscrit au Patrimoine mondial de l'Unesco
Parque las Maestras
General Elorza
Adelantado de la Florida
A 66, GIJÓN, AVILÉS, A 8, SANTANDER
A 8, SANTANDER
PL. LA CRUZ ROJA
PL. LONGORIA CARVAJAL
Catedral
Université
Musée des Beaux-Arts
San Isidoro
El Fontán
Mercado
PL. DE DAOÍZ Y VELARDE
CAMPO DE LA VEGA
CAMPO DE LOS PATOS
ZOOM
Museo arqueológico
Museo de Bellas Artes
PL. DE LA CONSTITUCIÓN
100 m



## OVIEDO

➢ ***Santander :*** 2 trains/j. vers 9h et 15h30 depuis Oviedo, et de Santander vers 9h10 et 16h10. Trajet : env 4h45.

➢ ***Ferrol :*** en direction de Ferrol, 2 trains/j. vers 7h45 et 14h45 ; et depuis Ferrol, vers 8h10 et 15h15. Trajet : env 6h20.

## Adresses utiles

***Oficina municipal de turismo*** *(zoom,* ***1****) : parque de San Francisco. ☎ 985-22-75-86. • oviedo.es • turismoviedo.es • Angle c/ Marqués de Santa Cruz et c/ Uría. Fermé 25 déc et 1er janv. Avr-sept, tlj 9h-20h ; oct-mars, tlj 10h30-18h.* Doc sur la ville (en français sur demande) et bon accueil.

***Oficina de turismo regional*** *(zoom,* ***2****) : pl. de la Constitución, 4. ☎ 984-49-37-85. • turismoasturias.es • Juin-sept, tlj 9h-19h ; hors saison lun-sam 9h30 (10h sam)-18h, fermé dim.* Pour des infos sur les Asturies, les balades alentour, les activités sportives...

– ***Grand marché :*** *pl. 19 de Octubre (plan C2). Halle ouv lun-sam 8h-15h30. Marché extérieur jeu et dim.* Le *mercado El Fontán* est une véritable institution à Oviedo, y flâner titille les sens. S'y rendre le jeudi et le dimanche, quand les producteurs envahissent toute la place.

## Où dormir ?

LES ASTURIES

### Auberge de jeunesse

***Albergue juvenil Ramón Menéndez Pidal*** *(hors plan par A2,* ***10****) : c/ Julián Clavería, 14, 33006. ☎ 985-96-65-70. • rmenendezpidal@asturias.org • reaj.com • ♿ Nuitée et petit déj env 14-24 €/pers selon âge. Possibilité de ½ pens ou pens complète.* Cette auberge d'une centaine de places sert aussi de résidence étudiante. De ce fait, le nombre de lits pour les voyageurs est limité mais tentez votre chance !

### De bon marché à prix moyens (30-60 €)

***Hotel Ovetense*** *(zoom,* ***11****) : c/ San Juan, 6, 33003. ☎ 985-22-08-40. • info@hotelovetense.com • hotelovetense.com • Doubles 42-50 € selon saison. Sur présentation de ce guide, réduc de 10 % sur les doubles janv-juin et oct-déc, non cumulable avec autre réduc.* Sans nul doute le meilleur rapport qualité-prix-emplacement de sa catégorie. Petites chambres correctes et sans charme particulier, mais à ce prix-là on ne va pas chipoter. Accueil très amical et resto au rez-de-chaussée (voir plus loin « Où manger ? »), ceux qui ont le sommeil léger choisiront une chambre sur cour à l'arrière.

***Hostal Romero*** *(plan B1,* ***13****) : c/ Uría, 36-38, 33003. ☎ 985-22-75-91. • hostalromero@telecable.es • hostalromero.com • Au 2e étage. Doubles 32-50 €.* Chambres simples et sans charme excessif mais plutôt spacieuses et modernes. Bref, rien à redire pour le prix. Demandez-en une côté cour, si possible, pour éviter le bruit de la grande artère en bas de l'immeuble. Bon accueil.

***Hotel Vetusta*** *(plan C1,* ***15****) : c/ Covagonda, 2, 33002. ☎ 985-22-22-29. • info@hotelvetusta.com • hotelvetusta.com • Doubles 50-80 € (jusqu'à 150 € en août !).* Depuis la rue, la jolie façade rouge toute de bois vêtue et couverte de bow-windows attire le regard. À l'intérieur, on découvre une déco soignée et chaleureuse. Les chambres, spacieuses et lumineuses, arborent des tons clairs et un mobilier moderne. Le style détonne complètement des établissements de la même catégorie, et on s'en réjouit ! Léger bémol pour l'insonorisation mais accueil des plus chaleureux.

### De prix moyens à plus chic (50-140 €)

***Hotel El Magistral*** *(zoom,* ***16****) : c/ Jovellanos, 3, 33003.*

*☎ 985-20-42-42. • reservas@exehotelelmagistral.com • exehotelelmagistral.com • Doubles env 50-140 € selon saison.* Comme l'annonce sa façade contemporaine, cet hôtel joue la carte de la modernité avec des tons gris et rouges. La partie la plus récente abrite des chambres plus claires et plus confortables qui donnent côté cour. Demandez à y dormir, car elles ne coûtent pas plus cher que les chambres anciennes, plus classiques et moins spacieuses. En août, les prix gonflent de manière exagérée, mais le reste de l'année, le porte-monnaie s'en sort bien ! Accueil très professionnel.

## Où manger ? Où boire un verre ?

Pour se restaurer pas cher et dans une ambiance agréable, la meilleure solution, les *sidrerías.* Populaires, animées, elles fleurissent partout au centre-ville. Délicieuses cochonnailles, fruits de mer parfois à prix raisonnables, *cabrales* (fromage typique des Asturies) et, bien sûr, bon cidre local. À propos, ne jamais se resservir soi-même : c'est au barman de le faire, selon le rite immuable et le savoir-faire ancestral (mais oui !) – on vous en parle en fin de guide (voir « Hommes, culture, environnement »). Rappel : les dernières gouttes du verre ne se boivent pas, on les jette à terre.

### De très bon marché à bon marché (4-15 €)

🍽 🍷 La ***calle Gascona*** *(plan C1)* est LA rue où manger pour plonger dans les traditions asturiennes ! Presque officiellement rebaptisée le boulevard du cidre, vous y trouverez nombre de *sidrerías* où déguster des tapas un verre à la main, ou même dîner, et ce à prix très raisonnables, dans une ambiance populaire et conviviale.

🥖 🍰 ***Santumedé*** *(zoom,* ***20****) : c/ Jovellanos, 14. ☎ 985-22-84-71. Tlj 8h30-21h30. Compter env 5 €.* Idéal pour grignoter sur le pouce. Cette *panadería* propose un large choix d'*empanadas* (délicieux chaussons fourrés au poulet, au fromage, au poulpe, etc.) vendues au poids mais aussi de bons biscuits maison. Économique et nourrissant !

🍽 🍷 ***Casa Montoto*** *(plan B1,* ***21****) : c/ San Bernabé, 9. ☎ 985-22-70-75. Tlj. Compter 10 €.* Un bistrot de toujours qu'on est presque étonné de trouver dans cette zone piétonne et commerciale. Parce que la déco y est réduite à sa plus simple expression : les habitués s'appuient au choix contre des murs de crépi blanc ou sur un comptoir patiné. Toute petite carte de tapas, classiques. Mais les *bollos preñaos* (sortes de brioches au chorizo, une spécialité régionale) de la *Casa Montoto* ont presque un fan-club.

🍽 ***El Ovetense*** *(zoom,* ***11****) : c/ San Juan, 6. ☎ 985-22-08-40. • info@hotelovetense.com • Fermé lun. Menus 10-15 €.* Le resto-*sidrería* au rez-de-chaussée de l'*Hotel Ovetense* sert un bon menu du jour et assure l'ambiance jusque tard le soir. Le jambon braisé et le poulet à l'ail, spécialités de la maison, ravissent les habitués et calent les appétits les plus coriaces. Portions gargantuesques ! Accoudez-vous au comptoir un soir de corrida, vous ne serez pas déçu !

🍽 🍷 ***Sidrería Marcelino*** *(plan C1,* ***22****) : c/ Santa Clara, 6. ☎ 985-22-01-11. • info@sidreriamarcelino.es • Congés : 15 j. en janv et 15 j. entre juin et juil. Menu déj en sem env 11 €, carte env 18 €. CB refusées.* Le resto très, très classique (bar à tapas à l'entrée, petite salle à manger dans le fond) qui n'a d'autres ambitions que de nourrir à bon compte les habitants du quartier en bons plats locaux. Très animé le midi, donc.

### De prix moyens à chic (15-35 €)

🍽 🍷 ***La Noceda*** *(plan C1,* ***23****) : c/ Victor Chávarri, 3. ☎ 985-22-59-59. • sidrerialanoceda@yahoo.es •*

LES ASTURIES

*Fermé mar et 15 j. en juil. Menus déj en sem env 11 € et 15 € w-e, plats 10-18 €, repas 20-25 €.* Recommandée par le bouche-à-oreille, une grande *sidrería*, classique avec son bar envahi par de joyeuses bandes de clients, et sa salle de resto rustique dans le fond. Tapas au bar et savoureuse cuisine asturienne à base de produits frais.

**La Goleta** *(plan C1, **24**) : c/ Covadonga, 32. ☎ 985-21-38-47. • info@lagoleta.com • Tlj sauf dim et lun soir. Menus env 25 € (lun-jeu)-34 €.* Une des meilleures *marisquerías* de la ville. Derrière la vitrine, turbots et langoustes d'une incomparable fraîcheur attendent d'être dégustés. Décor marin de rigueur, on a l'impression de monter à bord d'un bateau avec les murs de bois peints en bleu et les hublots avec vue sur mer, ou plutôt sur des toiles marines !

## Où déguster une douceur ?
## Où prendre un bon petit déj ?

**Camilo de Blas** *(zoom, **30**) : c/ Jovellanos, 7. ☎ 985-21-18-51. • info@camilodeblas.com • Tlj 9h-21h.* Cette splendide pâtisserie a fêté ses 100 ans en 2014. Les étagères garnies et le comptoir ne semblent pas avoir bougé depuis. C'est ici qu'est né le *carbayon*, gâteau individuel aux amandes glacé d'une fine couche de sucre, devenu la douceur la plus célèbre de la ville. Incontournable !

**26 Grados** *(plan C2, **31**) : c/ Rosal, 13. ☎ 985-73-83-31. • comunicacion@26grados.com • Formules petit déj 5-7 €.* Chaises dépareillées, murs bruts, mosaïques et verrière plantent le décor de ce bar-boulangerie aux airs industrialo-bobo. Petit déj anglais, continental ou espagnol, les produits sont bons et frais et le cadre vraiment sympa. De quoi commencer la journée du bon pied. Également des sandwichs et snacks.

Sans oublier ***Santumedé*** *(zoom, **20**) : c/ Jovellanos, 14, tlj 8h30-21h30* (voir ci-dessus « Où manger ? »), pour ses bons biscuits maison.

## Où sortir ?

La vie nocturne à Oviedo est intense, et les plus fêtards pourront trouver leur bonheur jusqu'au petit matin. Les rues s'animent tour à tour. En début de soirée, la *calle del Rosal,* ses alentours et la *plaza del Sol (zoom)* sont à l'honneur. C'est notamment le rendez-vous des adolescents. Plus tard, les noctambules investissent les *calles Món* et *Oscura (zoom),* véritable centre névralgique de la fête à Oviedo, avec d'innombrables bars dont les ouvertures, fermetures et changements de propriétaires se succèdent à un rythme effréné. On peut finir la soirée après 4h dans une des boîtes, nombreuses elles aussi dans le centre.

# À voir. À faire

## *Dans la vieille ville*

Malgré un incendie au début du XVIe s et tous les coups reçus au cours du XXe s, le cœur ancien présente une certaine homogénéité architecturale et pas mal de charme. Surtout la nuit, pour voir le théâtre d'ombres des palais anciens et des vénérables demeures et pour entendre battre le cœur de cette vieille cité...

LES ASTURIES

**Catedral San Salvador** (zoom) : *● catedraldeoviedo.com ● Juil-sept, lun-sam 10h-20h (19h sept) ; le reste de l'année, lun-sam 10h-14h, 16h-18h (20h juin, 19h mars mai et oct). Ts les sam, ferme à 18h. Dernière entrée 1h avt. Fermé dim. Entrée : 7 €, inclus audioguide, cloître, Cámara Santa et museo ; réduc (dont pèlerins sur présentation de la credencial) ; gratuit - de 12 ans.*
« Qui va à Santiago, sans passer par Salvador, rend visite au laquais mais pas au Seigneur », disaient les pèlerins de Saint-Jacques-de-Compostelle à propos de la cathédrale d'Oviedo. Édifiée du XIVe au XVIe s dans le style gothique flamboyant. Façade irrégulière à une seule tour, présentant cependant de remarquables portails sculptés. À l'intérieur, ne pas manquer la *chapelle du Roi chaste,* avec une coupole octogonale richement sculptée et un splendide portail intérieur avec Vierge peinte. Immense et admirable retable du maître-autel en bois sculpté doré et polychrome. Seuls les spécialistes arriveraient à le décrypter tant il est riche et détaillé.
- Dans le transept droit, accès à la ***Cámara Santa,*** l'église primitive du IXe s, détruite lors de l'insurrection de 1934 et partiellement restaurée. On y conserve depuis 1113 le Saint-Suaire d'Oviedo, un tissu qui aurait été appliqué sur le visage de Jésus après sa crucifixion. Il est gardé dans un coffre recouvert d'argent, l'*Arca Santa,* mais des reproductions sont exposées. C'est pour ces reliques qu'Oviedo représentait une étape incontournable du pèlerinage.
- ***Museo de la Catedral :*** *aux mêmes heures.* Il présente quelques très belles pièces du XIIe au XVIe s (le portrait de sainte Lucie avec ses yeux dans une assiette est tout à fait délicieux !). On admirera quelques beaux exemples d'orfèvrerie avant de descendre visiter le cloître et la crypte de Sainte-Léocadie, bel exemple d'art paléochrétien.

**Plaza Alfonso II El Casto** (zoom) **:** devant la cathédrale, cernée d'un ensemble de jolis édifices baroques dont le palais du marquis de Santa Cruz (ou de la Rúa), du XVe s, ce qui en fait le plus ancien bâtiment civil de la ville, ou encore le palais du comte de Toreno (XVIIe s).

**Museo de Bellas Artes de Asturias** (musée des Beaux-Arts ; zoom) **:** *c/ Santa Ana, 1-3. ☎ 985-21-30-61. ● museobbaa.com ● Juil-août : mar-sam 10h30-14h, 16h-20h ; dim et j. fériés 10h30-14h30 ; fermé lun. Hors saison : mar-ven 10h30-14h, 16h30-20h30 ; sam 11h30-14h, 17h-20h ; dim et j. fériés 11h30-14h30 ; fermé lun. Fermé 1er janv, 1er mai, 21 sept, 1er nov, 24, 25 et 31 déc. GRATUIT.*
Musée dont les salles se partagent entre l'élégant palais de Velarde du XVIIIe s et une maison bourgeoise du XVIIe s. Avec près de 15 000 œuvres s'étalant du XIVe s à nos jours, la collection met à l'honneur la peinture asturienne et espagnole en général, sans oublier les écoles flamandes et italiennes. Goya, le Greco, Sorolla, le Titien, Véronèse, Ribera et bien d'autres se croisent sur ces murs.
Au sous-sol, expos temporaires d'artistes asturiens contemporains.
Au rez-de-chaussée, l'espace est consacré aux peintres espagnols du début du XXe s comme Joaquím Mir, Darío de Regoyos ou encore Anglada Camarasa.
Le 1er étage rend hommage à l'Art nouveau, d'avant-garde et au postimpressionnisme. *La Grande Écaillère* de Joan Miró et *Mousquetaire et Cupidon* de Picasso en sont de beaux exemples. Luis Fernández et bien d'autres complètent la palette.
On termine la visite par des œuvres plus contemporaines au 2e étage où la nouvelle génération post guerre civile essaie de connecter peinture et sculpture en suivant les courants de rénovation qui animent le reste du pays.

**Museo arqueológico de Asturias** (zoom) **:** *c/ de San Vicente, 5 (pl. Feijóo). ☎ 985-20-89-77. ● museoarqueologicodeasturias.com ● Mer-ven 9h30-20h, sam*

LES ASTURIES

*9h30-14h, 17h-20h ; dim et j. fériés 9h30-15h. Fermé lun-mar. GRATUIT.* Installé dans un ancien monastère superbement rénové : architecture aussi contemporaine que la muséographie. Le cloître du XVIe s abrite quelques vestiges lapidaires. Ensuite, on traverse les époques en montant les étages : du Paléolithique avec de jolis os gravés aux chapiteaux sculptés de l'art roman, en passant par les surprenants *itinerarios de Barro,* quatre tablettes d'argile gravées au Ier s, romaines ancêtres des cartes routières.

➢ ***Balade en ville*** pour profiter de l'ambiance des vieux quartiers et voir quelques architectures intéressantes, comme les deux palais qui encadrent la ***plaza de Porlier*** *(zoom),* le ***patio de la Universidad*** (du XVIIe s ; *zoom*) ou le sympathique patio du marché ancien *(mercado El Fontán ; plan C2),* très agréable aussi pour boire un verre. En poussant jusqu'à la calle Uría, du côté du *Campo de San Francisco,* une petite visite à la ***statue de bronze de Woody Allen.*** Lauréat du premier prix « Prince des Asturies », catégorie Arts, en 2002, il célèbre la cité : « Oviedo est une ville délicieuse, exotique, belle, propre, agréable. Tranquille et piétonne. C'est comme si elle n'appartenait pas à ce monde, comme si elle n'existait pas... Oviedo est comme un conte de fées. » Peut-être l'une des raisons qui lui ont fait choisir la ville comme cadre d'une partie de *Vicky Cristina Barcelona* ?

LES ASTURIES

## Fêtes

– ***Fiestas de la Ascensión en Oviedo :*** *3 j. de fête pdt le w-e de l'Ascension.* Principalement dans trois lieux de la ville : plataforma de Renfe *(plan B1),* place de la Cathédrale et place de Porlier *(zoom),* et plaza de España *(plan B2).* Une fête qui met à l'honneur les traditions asturiennes : reconstitution de fermes avec animaux en liberté ou presque, marchés de produits locaux, défilés en costumes, concerts, spectacles... Ce week-end-là, les prix augmentent partout !
– ***San Mateo :*** *21 sept.* Fête patronale de la ville, très animée, avec feux d'artifice.

## DANS LES ENVIRONS D'OVIEDO

Sur le ***mont Naranco,*** à 5 km à la périphérie de la ville (suivre la direction de l'*avenida de los Monumentos* depuis le centre-ville, c'est fléché), ne pas manquer deux exemples uniques de l'art préroman asturien, œuvres de Ramiro Iero, du IXe s. Cette architecture, mélange d'influences romaine, wisigothique et musulmane, est unique en Europe, et l'Unesco a inscrit les deux édifices sur la liste du Patrimoine mondial de l'humanité. Parking (indiqué) en bas du chemin qui mène aux églises. Le centre se trouve 200 m plus haut, sur la gauche.
– Petit ***centro de interpretación*** à côté de la iglesia Santa María d'où partent les visites guidées de l'ensemble du site *(☎ 985-18-58-60 ; • prerromanicoasturiano.es • ; juil-août, tlj 10h-14h, 15h30-19h30 ; fév-juin et sept-déc, mer-dim 10h-13h30, 15h30-18h – 18h30 le w-e ; fermé lun-mar et en janv).*
*– Accès par le bus A1 dans la c/ Uría (plan B1-2), 1 bus/h ; ou bien en taxi.*

◎ ♈♈ ***Iglesia Santa María del Naranco*** *(hors plan par A1)* **:** *avr-sept, mar-sam 9h30-13h, 15h30-19h ; dim et lun 9h30-13h. Hors saison, mar-sam 10h-14h30, dim et lun 10h-12h30. Visite guidée ttes les 30 mn ; la dernière, 30 mn avt la fermeture. Fermé j. fériés. Entrée : 3 € (incluse iglesia San Miguel de Lillo) ; gratuit lun mat (mais sans visite guidée).* À l'origine (au VIe s), c'était le palais d'été du roi asturien Ramiro Iero, avec salle de bains et salon de réception. Peu après sa construction, il fut transformé en église. Aujourd'hui Monument national, dominant la ville en sa colline, elle symbolise l'harmonieuse conception de l'architecture préromane. Clés de voûte en T, rythme des arcades différent, colonnes torsadées, médaillons ornant les arches. Chapiteaux extérieurs superbement travaillés. Pour l'histoire, on laisse au guide le soin de vous raconter ses petits secrets.

**Iglesia San Miguel de Lillo** *(hors plan par A1)* **:** *300 m au-dessus de Santa María ; mêmes horaires et billet groupé.* C'était la chapelle, dédiée à l'archange saint Michel, du palais royal voisin, avant sa transformation en église. L'abside a été quelque peu rabotée au XVIIe s et notons que, dans sa reconstruction, on réutilisa des matériaux antérieurs (trois chapelles sont d'origine). Très belles fenêtres sculptées et intéressants montants de portes (lions et saltimbanques), ainsi que les arches du Coro (au 1er étage).

**La Iglesia Skate :** *praza Asipo, à* ***Llanera-Coruño,*** *à env 1,5 km au nord-ouest de l'AS-II (sortie n° 5) qui relie Oviedo à Gijón (env 10 km d'Oviedo). • churchbrigade.org • laiglesiaskate.com • Visites suspendues dernièrement, se renseigner avt.* Alors voilà... c'est un collectif de potes, fous de street art et de skate, qui a récupéré cette église désacralisée pour en faire un terrain de jeu d'enfer, financé en grande partie par le biais du *crowfounding* ! Voûtes et murs aux couleurs éclatantes et aux motifs symétrico-naïfs, et rampes, *slides* et *curbs* prêts à accueillir les *riders* de tous horizons !



# SALAS

(33860) 6 000 hab.

**Toute petite ville qui a conservé son quartier ancien autour de la *collégiale Santa María la Mayor.* On montera tout en haut de la colline pour voir l'*église du hameau de San Martín de Salas.* Sur les murs de l'église, répliques de pierres préromanes, dont les originaux sont conservés aujourd'hui à l'abri, dans le musée de Salas** *(Museo prerománico : pl. de Campas, s/n ; ☎ 985-83-00-04 ; en été, tlj 10h-14h, 17h-20h hors saison, 10h (11h hiver)-14h, 16h-18h ; fermé lun-mer et dim ap-m en hiver ; fermé lun, et les ap-m mer et dim automne et printemps ; entrée : 2 €, réduc, gratuit – de 12 ans).*

### ALPHA ET OMÉGA

*Sur les murs de l'église San Martín de Salas, on admire surtout la première représentation connue de la Croix asturienne, caractéristique, car flanquée de part et d'autre de sa branche verticale d'un alpha (A) et d'un oméga (Ω) majuscules. Première et dernière lettres de l'alphabet grec, elles symbolisent l'éternité du Christ !*

## Où dormir ?

**Hotel Castillo de Valdés Salas :** *pl. de la Campa. ☎ 985-83-01-73. • hotel@castillovaldesalas.com • castillovaldessalas.es • Fermé 15-31 oct. Doubles 69-79 € selon saison, petit déj 7,50 €. Parking gratuit. Sur présentation de ce guide, réduc de 10 % sur les doubles janv-mars, et côté resto, café offert.* Superbe hôtel de charme sur la place principale, collé à la porte médiévale. L'entrée abrite le Musée préroman et le bureau municipal de tourisme. Grande cour-patio avec des galeries en bois, murs chaulés à l'ancienne et déco rustique-chic. Les chambres, plus modernes, affichent des couleurs pimpantes et un style soigné. Accueil cordial, tout est fait pour que vous vous sentiez bien. Resto *(tlj sauf dim soir et lun).*

# LE PAYS DES MINES



**Ce n'est pas la plus belle partie de la province, mais on ne peut pas comprendre les Asturies sans y faire un tour. Au sud d'Oviedo, l'autoroute emprunte la vallée qui pénètre comme un scalpel dans la montagne. C'est là, autour de Mieres et surtout de Langreo, dans la vallée, que s'est concentrée l'industrie asturienne, les mines (fer et charbon) se trouvant aux flancs des *sierras.* De nombreuses petites routes y conduisent et traversent des villages gris et perdus. Aux flancs des montagnes s'accrochent les maisonnettes des mineurs. Parfois, impression de *favelas,* de misère et d'abandon.**



## MIERES (33600) 41 700 hab.

**La capitale de la zone n'est pas une ville triste, même si – situation partagée par beaucoup de villes minières partout en Europe – c'est un peu la brique qui domine. Le centre est occupé par une grande place bordée de cafés chic et, à deux pas, le marché couvert a de l'allure.**

### Où manger ? Où boire un verre ?

Allez d'urgence *plaza de San Juan.* Ne demandez pas où c'est, personne ne connaît. En revanche, si vous demandez la ***plaza del Sidra,*** vous verrez les visages s'éclairer. Sur la place dédiée à l'Évangéliste se trouve une statue grandeur nature d'un Asturien versant du cidre, un *escanciador,* et lui, tout le monde le connaît. Autour de la statue, plusieurs cidreries dont les tables se partagent équitablement la place. Peu importe l'établissement : les prix sont les mêmes, les plats sont les mêmes et, bien sûr, les clients aussi. Le samedi soir, c'est du délire : les *musicos* envahissent le coin, on chante, les bouteilles de cidre s'enchaînent les unes après les autres, c'est la fête.

## DANS LES ENVIRONS DE MIERES

***Museo de la Mineria y de la Industria*** *(musée de la Mine et de l'Industrie)* **:** *c/ El Trabanquín, s/n, à* ***El Entrego.*** *☎ 985-66-31-33. • mumi.es • Fléché à partir de la route nationale. Mar-dim 10h-14h, 16h-19h (10h-20h juil-août) ; fermé lun, et 25 déc, 1er-6 janv. Entrée : 7 € ; réduc (notamment - de 13 ans). Arriver min 2h30 avt la fermeture pour avoir le temps de visiter le musée et ne pas rater le dernier convoi pour la mine !* Pousser la porte de ce musée, c'est faire un saut dans l'histoire, ou plutôt, un plongeon... très profond ! Mais avant de s'enfoncer sous terre, une visite s'impose. Au rez-de-chaussée, maquettes et machines grandeur nature illustrent les anciennes technologies minières. À l'étage, la *casa del Explosivo* et un laboratoire recomposé, pour apprendre à concocter de la dynamite. La suite de la visite est passionnante, à travers la reconstitution d'une mine grandeur nature. Lors de l'achat de votre billet, on vous a donné un numéro de groupe. À l'appel de votre convoi, on vous colle dans l'ascenseur avec un guide, et la descente commence. Arrivé dans le puits de la mine, vous décrocherez votre casque et vous filerez dans les galeries pour comprendre le travail des mineurs. Claustrophobes s'abstenir : la visite dure environ 40 mn et il est impossible de l'écourter. Un regret : que les explications du guide soient seulement en espagnol. Vous apprendrez comment se font les galeries (travail de charpentiers spécialisés, il faut creuser et étayer en même temps). Vous vous baladerez dans d'étroits boyaux, verrez (grâce à des mannequins) comment les mineurs étaient installés sur des échelles dans des puits où ils pouvaient à peine bouger. La lumière est juste suffisante, la sono recrée les bruits des pics entamant les veines de charbon, des pompes évacuant l'eau. Vous avez de la chance : en 40 mn, c'est fini. Il y a un siècle, les ouvriers restaient 8h à 10h en bas. Du Zola en direct. Explosif et palpitant !

# LA CÔTE OCCIDENTALE



**À partir de Gijón, en allant vers l'ouest, la côte se transforme. Les falaises sont plus hautes, les plages moins longues. De nombreux détails architecturaux prouvent qu'on change de région : les *hórreos* se couvrent de lauzes ou d'ardoises, peu à peu. La Galice approche...**
**De Cudillero à Luarca, la côte profite du statut de « Paysage protégé ». Ni camping sauvage ni activité risquant de nuire à la faune et à la flore ne sont tolérés. On regrette, en revanche, que la nationale, construite le long de la côte en raison des montagnes toutes proches, traverse de tout son bitume les paysages sauvages de bord de mer et les nombreux *ríos*.**

## GIJÓN (33200) 275 300 hab.

• Plan *p. 152-153*

**Admirablement située, au bord de la mer, Gijón attire de nombreux touristes en été. On oublie vite son aspect de ville industrielle pour ne retenir que l'agréable station balnéaire.**
**Le plus ancien quartier de Gijón, Cimadevilla, est bâti sur une sorte de promontoire ou presqu'île, qui sépare la vaste baie en deux parties : à l'est la grande plage de San Lorenzo et les immeubles modernes qui la bordent, à l'ouest le port de pêche (encore assez sympathique) et, surtout, le port moderne. Le premier développement de Gijón, au XVIIIe s, a commencé sur la langue de terre qui relie Cimadevilla au continent. Quartier ancien, à l'architecture classique et agréable, à visiter à pied. Au cours du XXe s, elle s'est largement étendue, alignant au bord des autoroutes zones industrielles et centres commerciaux. Sidérurgie, chantiers navals : Gijón n'a, depuis les années 1970, pas été épargnée par les crises. Mais cette ville héritière d'une**

**longue tradition de gauche (on peut pénétrer dans le centre par l'avenida Karl Marx !) a su rebondir en privilégiant sa jeunesse. Aujourd'hui, Gijón se démarque du reste de la région par ses boutiques tendance, ses bars branchouilles, ses quais animés et ses habitants bien en dessous de la moyenne d'âge des villages asturiens. Bref, une ville qui bouge et nous entraîne dans son sillage !**

## Arriver – Quitter

### En bus

***Estación de autobuses*** *(plan B3)* **:** *c/ Ribadesella, 5. ☎ 902-42-22-42.* ***Alsa*** *(● alsa.es ●)* est la principale compagnie qui dessert la ville.

➢ ***Oviedo :*** bus ttes les 10-15 mn, 6h30-22h30 (et nombreux bus de nuit le w-e). Trajet : 30 mn.

➢ ***Avilés :*** bus ttes les 15-30 mn, 6h30-23h. Trajet : 30 mn.

➢ ***Villaviciosa, Lastres et Ribadesella :*** 6-8 bus/j. 6h15-20h (le w-e 9h-20h). Trajet : 30 mn-1h30 en fonction de la destination.

### En train

***Estación RENFE-FEVE*** *(plan A3)* **:** *Sanz Crespo, s/n. ☎ 912-320-320 (nº national). ● renfe.com ●*

➢ La ligne C1 *(Cercanías)* relie ***Gijón*** à ***Oviedo*** ; en été, départ ttes les 30 mn env, 6h-23h25 ; un peu moins le w-e.

➢ Pour rejoindre le tronçon ***Oviedo-Santander,*** prendre la ligne F5 jusqu'à *El Berrón* (2 trains/j.) et changer.

➢ Pour rejoindre le tronçon ***Oviedo-Ferrol,*** ligne F4 direction Cudillero (2 trains/j.) et changer à Pravia.

LES ASTURIES

## Adresses et infos utiles

🅸 ***Infogijón*** *(plan B2,* ***1****)* **:** *puerto deportivo, Espigón Central de Fomento, c/ Rodriguez San Pedro. ☎ 985-34-17-71. ● gijon.info ● Mai-oct et ponts fériés, tlj 10h-20h. Nov-avr, tlj 10h-14h30, 16h30-19h30.* Bonne doc en français et accueil parfait. Propose la *Gijón Card* (voir plus loin dans « À voir. À faire »).

🅸 ***Kiosque d'infos touristiques*** *(plan C2,* ***2****)* **:** *le long de la plage San Lorenzo. Semaine sainte tlj 10h-20h ; de mai à mi-oct, ven ap-m-dim mat 10h-14h, 16h-20h, fermé lun-jeu ; tlj de mi-juin à mi-sept et non-stop 10h-21h de mi-juil à août. Fermé l'hiver.*

■ ***Gijón Bici :*** système de vélos en libre-service et gratuit, accessible aussi aux visiteurs de passage, grâce à la *Tarjeta ciudadana.* On la délivre gratuitement à la ***Oficina Central de Atención al Ciudadano*** *(plan C2,* ***3****)* : *c/ Cabrales, 2.* Munissez-vous d'une photo et d'une pièce d'identité.

## Où dormir ?

### Camping

***Camping Deva*** *(hors plan par D3,* ***10****)* **:** *camín de la Pasadiella, 85 ; à* ***Deva*** *(33222), à 3 km de Gijón, direction Santander. Bus nº 26, direction Deva, arrêt « Camping ». ☎ 985-13-38-48. ● info@campingdeva-gijon.es ● campingdeva-gijon.es ● Env 26 € pour 2 pers avec tente et voiture. Bungalows, cabanes et chalets 2-6 pers, 30-220 € selon capacité, type et saison.* Grand camping partagé entre une zone familiale et un coin pour les jeunes. En haute saison, piscine, bar, resto. Les sanitaires mériteraient un brin de ménage en plus. Un bus part à 50 m pour Gijón et Villaviciosa.

### De prix moyens à très chic (40-150 €)

Dans cette sélection, les hôtels affichent un excellent rapport qualité-prix et rentrent dans la catégorie « Prix moyens ».

En revanche, en juillet et en août, les prix augmentent cruellement, faisant passer les établissements dans les rubriques « Chic ou plus chic ». Malheureusement, c'est le cas pour toute la ville.

**_Hotel San Miguel_** *(plan C3,* ***12****) : c/ Marqués de Casa Valdés, 8, 30002. ☎ 985-34-00-25. • hsmiguel@hsanmiguel.com • hsanmiguel.com • Doubles 60-100 € selon confort et saison.* Un petit hôtel parfaitement situé, à quelques mètres de la plage et à 5 mn à pied du centre. Les chambres sont confortables et bien tenues, on n'en demande pas plus. Déco rétro remise au goût du jour et accueil familial. Guettez les promos sur Internet, vraiment intéressantes, même en pleine saison.

**_Blue Santa Rosa_** *(plan B2,* ***13****) : c/ Santa Rosa, 4, 33201. ☎ 985-09-19-19. • hotelsantarosa@bluehoteles.es • bluehoteles.es • Doubles 59-115 € selon saison. Parking 12 €.* Un petit hôtel d'une minichaîne locale. Chambres modernes, au style épuré mais avec un certain charme. Le blanc est égayé par des touches de couleurs pimpantes comme le rouge et le turquoise, il s'en dégage une certaine fraîcheur et un vrai confort. Un peu chérot l'été, comme partout en ville. Bar sympathique avec une terrasse de poche pour le petit déj.

**_Hotel Asturias_** *(plan C1-2,* ***14****) : pl. Mayor, 11, 33201. ☎ 985-35-06-00. • info@hotelasturiasgijon.es • hotelasturiasgijon.es • Doubles 66-154 € selon saison.* Ce bâtiment sans âme du début du XXe s abrite un hôtel très central, à quelques rues de la plage. Dans la partie ancienne, les chambres les moins chères, à la déco classique, tandis que l'extension arbore un style contemporain-fonctionnel plutôt plaisant. Certaines chambres disposent même d'un jacuzzi, et les plus belles ont vue sur mer, mais il faudra y mettre le prix ! Accueil très professionnel. Tarifs toutefois excessifs l'été.

LES ASTURIES

## Où manger ?

### Prix moyens (12-30 €)

**_Sidrería Casa Fede_** *(plan C1,* ***20****) : c/ Acacia, 5. ☎ 985-34-40-07. • casafede@casafede.com • Tlj sauf mar. Ración 6 €, carte 30 €.* Une bonne cidrerie asturienne classique au décor assez sobre. *Fabada,* paella, salades composées et tapas variées devraient vous contenter. Vous voilà d'attaque pour arpenter les ruelles de Cimadevilla.

**_La Galana_** *(plan C1-2,* ***21****) : pl. Mayor, 10. ☎ 985-17-24-29. • reservas@restauranteasturianolagalana.es • Tlj. Raciones 8-15 €, menú del día 12 € en sem, 16-18 € w-e.* Séparé en 2 espaces entre le bar et le resto, on a préféré rester accoudé au comptoir ! Dans la grande salle rustique, les discussions vont bon train, et il faut donner de la voix et pousser un peu pour commander au bar. Excellentes tapas à accompagner d'un verre de cidre ou de bon vin rouge à prix imbattable *(1 € le verre !).*

## Où boire un verre ? Où écouter de la musique ?

**_La Vida Alegre_** *(plan B2,* ***23****) : c/ Buen Suceso, 8. ☎ 984-06-82-18. • lavidaalegre8@gmail.com • Tlj dès 19h (12h le w-e) et jusque très tard...* Un bar un peu riquiqui (il y a en soirée souvent plus de monde tout au long de la rue qu'à l'intérieur), simplement cool. Sur les murs décrépis, c'est un melting-pot de photos, cartes postales et mots laissés par les clients. Idéal pour boire des verres en bande le soir ou se poser avec un bouquin dans la journée.

**_Bar El Arca de Noe_** *(plan C1,* ***24****) : c/ Escultor Sebastián Miranda, 5. Tlj dès 18h30.* Vieux rade décoré de photos anciennes de Gijón et de portraits de grands jazzmen. D'ailleurs, on n'y écoute ni flamenco ni cornemuse, mais exclusivement du jazz de la Belle Époque. Et pas de tapas, même si on y sert un joli choix de vins.

**_Varsovia Bar_** *(plan C2,* ***25****) : c/ Cabrales, 18. ☎ 984-19-68-42. • info@varsoviagijon.com • Tlj dès 16h.*

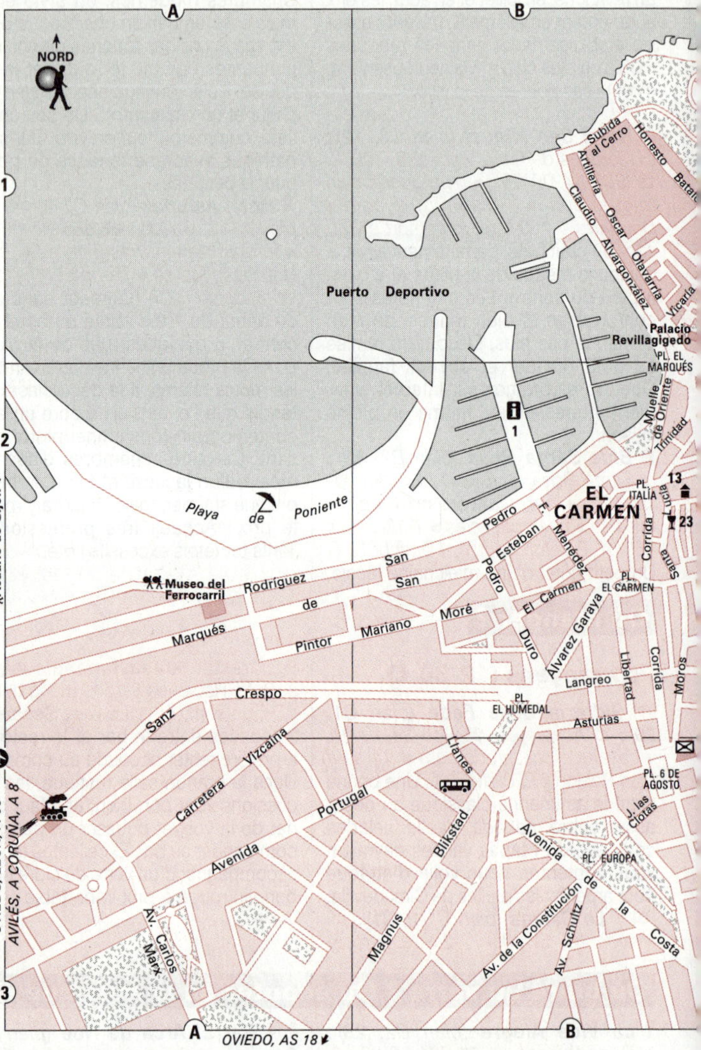


| ■ **Adresses utiles** | **Où dormir ?** |
|---|---|
| 1 Infogijón (B2) | **10** Camping Deva (hors D3) |
| 2 Kiosque d'infos touristiques (C2) | **12** Hotel San Miguel (C3) |
| 3 Oficina Central de Atención al Ciudadano (C2) | **13** Blue Santa Rosa (B2) |

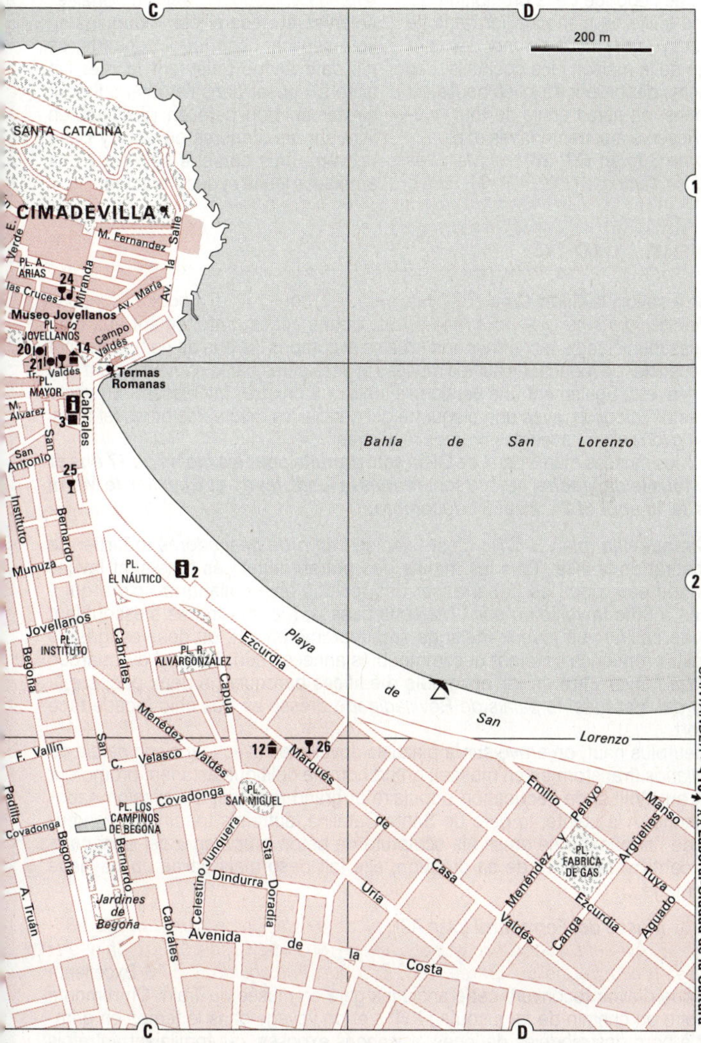


## GIJÓN

**14** Hotel Asturias (C1-2)

**Où manger ?**

**20** Sidrería Casa Fede (C1)
**21** La Galana (C1-2)

**Où boire un verre ? Où écouter de la musique ?**

**23** La Vida Alegre (B2)
**24** Bar El Arca de Noe (C1)
**25** Varsovia Bar (C2)
**26** Toma 3 (C3)

Déco de l'époque de la prohibition qui donne envie de s'encanailler dans ce bar cosy sur le front de mer. La spécialité de la maison : les cocktails. Les étagères débordent de jolies bouteilles colorées, on aurait envie de tout goûter ! Réservé aux trentenaires et plus.

**Toma 3** *(plan C3,* ***26****) : c/ Marqués de Casa Valdés, 27. ☎ 984-04-70-61. • toma3.rrhh@gmail.com • Tlj.* Chaises colorées et dépareillées, bouquins en libre-service, déco rétro, concerts, ce joli café anime gaiement la rue. On aime s'y poser dans l'après-midi pour siroter un bon café en piochant un livre sur les étagères ou pour y boire un verre plus corsé le soir dans une ambiance jeune et décontractée.

## À voir. À faire

– Bon à savoir, la **Gijón Card** *(10 € pour 1 j., 12 € pour 2 j., 15 € pour 3 j. ; le mar, l'office de tourisme la vend à moitié prix)* donne accès gratuitement aux cinq musées municipaux, aux transports urbains (y compris les bus de nuit) et permet de bénéficier de réductions sur les musées et sites gérés par le gouvernement des Asturies, etc. Également une version « Famille » à prix très intéressant. En vente auprès de *Infogijón,* avec une plaquette qui détaille les différentes offres (et aussi sur *• gijon.info •* , avec des promos régulières).

– Tous les musées municipaux de Gijón sont ***gratuits pour les moins de 17 ans et pour tous le dimanche,*** et tous sont ***fermés le lundi, les 1er et 6 janvier, le Mardi gras, le 15 août et 24, 25 et 31 décembre.***

LES ASTURIES

**Cimadevilla** *(plan B-C1)* **:** c'est l'ancien *barrio de pescadores* (quartier de pêcheurs) de la ville. Tous les matins dès potron-minet, les rues sont lavées à grande eau, pour les débarrasser des résidus bien collants du cidre qui y coulait à flots la veille au soir ! Maisons basses, ruelles étroites s'essoufflant sur une colline ; un joyeux mélange architectural, en fait, où des vestiges de murailles romaines côtoient des immeubles années 1960. Au pied du quartier, la *plaza Mayor* offre un joli ensemble d'édifices baroques. À deux pas, sur la *plaza del Marqués,* le *palais de Revillagigedo* dresse sa très chic façade face au port.

Un peu plus haut, on arrive sur la plazuela Jovellanos avec la *maison natale de Jovellanos* (transformée en musée), grand homme politique asturien, promoteur actif, au XVIIIe s, de l'éducation populaire et grand résistant à l'invasion napoléonienne. À la pointe, le parc de Santa Catalina, autrefois terrain de manœuvres de l'armée, où se dresse la sculpture de béton brut *Elogio del Horizonte.* Très controversée lors de sa création, elle fait désormais partie du paysage (dommage...).

**Museo del Ferrocarril** *(plan A2)* **:** *pl. de la Estación del Norte, s/n. ☎ 985-18-17-77. Avr-sept, 10h (10h30 w-e et j. fériés)-19h. Hors saison, 9h30 (10h w-e et j. fériés)-18h30. Fermé lun. Entrée : 2,50 € ; réduc. Audioguide : 1,50 €.* Excellente idée que d'avoir reconverti cette ancienne gare en musée du Train. On remonte l'histoire du chemin de fer jusqu'au XVIe s et on voyage dans le temps en grimpant à bord des modèles de locos et wagons exposés, qui tortillaient autrefois en Asturies. Les salles, vastes et modernes, sont consacrées aux petits objets du train : chronos de chefs de gare, billets, etc.

**Termas romanas de Campo Valdes** *(thermes romains ; plan C1-2)* **:** *Campo Valdés, s/n. Tte l'année, tlj sauf lun 9h30 (10h w-e et j. fériés)-14h, 17h-19h30. Entrée : 2,50 € ; réduc.* Mis au jour en 1903, l'ensemble est en relativement bon état et permet de comprendre le fonctionnement des thermes, comme le *frigidarium* et le *caldarium.* On y apprend qu'aller aux bains était une habitude quotidienne après le travail, non seulement pour l'hygiène mais aussi pour entretenir ses relations sociales ! L'ancien bistrot du coin, quoi, voire le Facebook de l'époque...

**Acuario de Gijón** *(hors plan par A2) : playa de Poniente, s/n, 33212. ☎ 985-18-52-20. • acuario.gijon.es • À 5 mn à pied du centre, au fond de la plage de Poniente, près du museo del Ferrocarril. Tlj 10h 19h, jusqu'à 20h ven-dlm, 21h pdt la Semaine sainte, et tlj jusqu'à 22h juil-août. Horaires réduits certains j. fériés. Dernière entrée 1h avt la fermeture. Entrée : 15 € ; enfant 3-14 ans 7,50 € ; réduc.* Raie, requin, tortue ou pingouin, les espèces les plus impressionnantes sont présentées dans cet aquarium, de quoi amuser les grands et passionner les petits. L'aquarium est aménagé avec des zones tropicales chaudes et des zones d'eau froide, proposant une grande diversité d'espèces : 400 barbotent dans les bassins !

**Laboral – Ciudad de la Cultura** *(hors plan par D3) : c/ Luis Moya Blanco, 261. ☎ 902-30-66-00. • laboralciudaddelacultura.com • Vers l'hôpital et juste en face du jardin botanique. Bus n^os^ 1, 2 et 18, direction Cabueñes, arrêt « Universidad Laboral ». Mer-dim 11h-19h. Accès libre à la cour et aux jardins. Accès à la tour : juil-début sept, tlj à 11h30 (sauf w-e), 12h, 13h30, 17h, 18h30 (et aussi 14h et 20h w-e et j. fériés) ; le reste de l'année, fermé lun-mar, accès mer-ven à 18h, w-e et j. fériés à 11h30, 13h30, 16h et 18h. Montée à la tour et visite de la salle des horloges : 2 €. Visites guidées de l'ensemble du site (théâtre, anciens internats, tour, etc. ; compter 1h) : juil-début sept, tlj à 12h30 et 17h30 (et 19h w-e et j. fériés) ; le reste de l'année, pas de visite lun-mar, visites mer-ven à 17h (et aussi 12h30 w-e et j. fériés) ; 5 €, réduc, gratuit jusqu'à 3 ans.* Cet incroyable ensemble de bâtiments de 130 000 $m^2$, un peu sinon complètement mégalo, a été édifié dans les années 1940 par un officier franquiste, dans l'idée d'accueillir les orphelins de mineurs. La Laboral ne connaîtra jamais ce destin et deviendra une université jésuite de 1955 à 1978. Aujourd'hui, c'est toujours une université, mais les bâtiments hébergent également la radio-télévision régionale, un superbe théâtre, des salles d'expo, etc. On y entre par la cour dite corinthienne pour déboucher sur la grande place, à peine copiée sur la place Saint-Marc à Venise. C'est d'ailleurs un peu l'idée de cet ensemble vaguement utopiste : piquer des idées aux grands monuments de l'humanité. L'église s'inspire ainsi de la basilique Sainte-Sophie d'Istanbul, du théâtre du Parthénon... On peut, pour la vue surtout, grimper jusqu'au 17^e^ étage de la tour qui dresse ses 130 m de hauteur derrière l'église, visiter l'ensemble ou simplement se poser sur la terrasse design du bar d'été au-dessus des jardins à la française.

Les ***plages*** rafraîchissent pour un petit plongeon en plein été, sans plus. Choisissez plutôt celle de *San Lorenzo (plan C-D2)*, au centre, plus grande, plus propre, longée par les *bandarillas* (barrières blanches). Des haut-parleurs indiquent les horaires des marées, les températures de l'eau et de l'air : sympathique attention ! Les autres plages donnent sur le port industriel et n'offrent pas la plus belle vision de la ville.

## Manifestations

- ***Semana Negra :*** *10 j. en juil. • semananegra.org •* Festival du polar qui se tient depuis plus de 25 ans.
- ***Semana Grande :*** *sem précédant le 15 août.* Fête dans la ville jusqu'au 15 août.

## DANS LES ENVIRONS DE GIJÓN

***Parque arqueológico-natural de la Campa Torres*** *(parc archéologique de Campa Torrés) :* ***Cabo Torres.*** *☎ 985-18-52-34. À 9 km à l'extérieur de la ville sur la route de Jove. Se repérer grâce à la raffinerie de pétrole. Avr-sept,*

LES ASTURIES

*mar-dim 10h30-19h ; oct-mars, mar-dim 10h-17h. Fermé lun tte l'année. Entrée : 2,50 € ; réduc ; gratuit dim.* Très beau site possédant un musée ultramoderne avec de bonnes explications (en espagnol seulement) sur le passé romain de Gijón.

***Luanco*** *(à 22 km de Gijón)* **:** c'est toujours un petit port de pêche, mais le béton qui le cerne est en train de gagner la partie. On y trouve le ***Museo marítimo de Asturias*** : *c/ de Gijón, 6, à deux pas du port. ☎ 985-88-01-01. • museomaritimodeasturias.com • Mar-sam 11h-14h, 17h-20h, dim et j. fériés 11h-14h ; fermé lun. Juil-août : tlj 11h-14h, 17h30-20h30. Entrée : 2,80 € ; réduc ; gratuit mar.* Le rez-de-chaussée est consacré à la pêche : aquariums, hameçons et autres filets, et des bateaux traditionnels, des vrais. Parce qu'au 1er étage, ce sont uniquement des maquettes que l'on découvre. Une superbe collection d'embarcations de toutes formes, du monde entier et de toutes les époques, bateaux de légende (comme le *Cutty Stark* ou la *Santa María*) ou complètement anonymes, pacifiques pirogues autant que navires de guerre engagés dans la bataille de Trafalgar. Expos temporaires au 2e étage.

***Le cap de Peñas :*** *à 1 km au nord-ouest de Luanco, c'est fléché.* L'un des caps les plus au nord de la péninsule Ibérique, paysage protégé donc. Hormis quelques fermes, pas grand-chose sinon une nature encore sauvage. Une promenade en bois mène jusqu'au pied du phare d'où l'on a une vue évidemment superbe. Et le paysage devient magique au coucher du soleil. Prenez un verre au restaurant ***Cuatro Vientos*** pour prolonger ce bel instant Le phare abrite un petit ***centro de interpretación*** *(📱 657-09-86-17 ; en théorie juin-sept, tlj 10h30-13h10, 16h30-18h40 ; horaires restreints hors saison ; entrée : 1 €, réduc, gratuit – de 4 ans).* Quelques salles où des photos illustrent la fonction des phares à travers le monde. On pioche quelques infos aussi sur l'environnement marin du cap, les tempêtes et la relation de l'homme à la mer.

# AVILÉS

(33402) 82 600 hab.

**Ne vous laissez pas impressionner par l'arrivée en ville : le port largement industrialisé, les aciéries et les quartiers résidentiels qui ont un peu poussé en hauteur. Par temps gris, on ne fait pas plus triste comme paysage, mais la troisième ville des Asturies cache un centre ancien qui vaut réellement le détour.**

## Arriver – Quitter

### En avion

✈ ***Aeropuerto de Asturias :*** *à* ***Castrillón.*** *☎ 913-21-10-00 ou 902-40-47-04. • aena.es •* Vols quotidiens pour Paris-Charles-de-Gaulle, Madrid et Barcelone. De l'aéroport à Avilés (à 14 km), env 15 bus/j., 7h-23h20 avec *Alsa* (4 € l'aller). Également des bus directs avec Oviedo et Gijón. Compter 25 € en taxi pour Avilés, 48 € pour Gijón et 56 € pour Oviedo.

### En bus

■ ***Alsa :*** *avda de Los Telares, 20 (à côté de la gare ferroviaire). ☎ 985-56-12-77. • alsa.es •*

➢ ***Oviedo :*** bus ttes les 10-20 mn, 6h30-23h30. Même fréquence pour Oviedo-Avilés. Trajet : 30 mn.

➢ ***Gijón :*** 1-2 bus/h, 7h-22h30. Encore plus le w-e. Trajet : 30 mn.

➢ ***Vegadeo :*** 4-5 liaisons/j., 7h30-20h30. La ligne dessert tte la côte : Salinas, Luarca, etc.

LES ASTURIES

## En train

**Estación RENFE-FEVE :** *sur la N-632 qui traverse la ville, à deux pas du centre ancien.* ***FEVE :*** *c/ de Muelle s/n.* ***RENFE :*** *avda de Los Telares, 20. 912-320-320 (n° national). • renfe.com •*

***Avec RENFE***

➢ ***Oviedo :*** ligne C3 *(Cercanías).* 1 train env ttes les 30 mn, 7h19-23h54 (ttes les heures le w-e, 8h20-23h20). Trajet : env 30 mn.

***Avec FEVE***

Avilés est sur la ligne Gijón-Cudillero.

➢ ***Gijón :*** env 20 trains/j., 12h30-22h30. Trajet : env 30 mn.

➢ ***Cudillero :*** env 10 trains/j. (certains avec changement à Pravia), 12h20-20h20. Trajet : env 1h.

## Adresse utile

***Oficina de turismo :*** *c/ Ruis Gómez, 21. ☎ 985-54-43-25. • avilescomarca.info • ayto-aviles.es • De juil à mi-sept, tlj 10h-20h. Hors saison, lun-ven 10h-14h, 16h30-18h30 ; w-e 10h30-14h30.* Bonne petite doc de base et accueil enthousiaste.

## Où manger ? Où boire un verre ?

***Casa Lin :*** *avda de Los Telares, 3. ☎ 985-56-48-27. • info@sidreriacasalin.com • À peine à l'écart du centre ancien. Tlj. Congés : 10 j. en janv. Carte 25-30 €.* Une *sidrería* ouverte depuis 1890, donc quasiment une institution locale, toujours très animée. Service comme il se doit. Et, sur la droite après le comptoir, une salle de resto un peu engoncée dans la tradition pour une bonne cuisine d'humeur marine. Un peu cher, mais la qualité et la fraîcheur des produits le méritent. Sinon, il y a des tapas au bar.



# À voir. À faire

***Balade dans le centre ancien :*** tout commence sur la *plaza de España,* bordée d'un bel *ayuntamiento* néoclassique. Plusieurs rues à arcades (une spécialité locale !) partent de la place et affichent également de très beaux bâtiments : *calle de la Ferrería* ou *rúa de la Frota,* par exemple. De la plaza de España toujours, la *calle San Francisco* longe d'abord une étonnante fontaine d'où l'eau jaillit de six bouches humaines. Grimpez ensuite doucement le long de ses élégantes arcades pour rejoindre, dans son prolongement, la *calle Galiana* qui semble comme figée dans le passé : de vieilles arcades un peu de guingois et, au sol, d'irréguliers galets pour les chevaux, des dalles pour les piétons. Tournez ensuite à gauche dans les jardins à la française du *Parque de Ferrera* (propriété royale jusqu'en 1976 !) dont les allées redescendent vers la *calle Rivero,* longée de maisons en encorbellements avec des colonnes de pierre du XVII^e s. Superbe rue, presque hors du temps elle aussi, à certaines heures de la journée, qui ramène sur la plaza de España. Juste à l'angle, beau palais du XVIII^e s.

***Centro Cultural Internacional Oscar Niemeyer :*** *avda del Zinc, s/n. À 500 m du centre ancien ; accès par une immanquable passerelle piétonne. ☎ 984-83-50-31. • niemeyercenter.org • Place centrale libre d'accès, tlj 10h-23h30 (minuit ven-sam). Pour les expos, tlj sauf lun-mar, 11h-14h, 16h-19h ; juil-août : tlj 10h30-14h, 16h-20h. Fermé 24, 25 et 31 déc, et 1er janv. Entrée : 2 € pour une expo, 3 € pour 2 expos.* Ouvert au printemps 2011 et conçu par l'un des mythes de l'architecture contemporaine, le Brésilien Oscar Niemeyer, qui aura attendu d'être centenaire pour signer sa première œuvre sur le sol espagnol. Vaste esplanade blanche plantée de bâtiments tout aussi immaculés. Épuré, pour le moins, et contrastant presque violemment avec le centre ancien d'un côté et les installations industrielles de la *ría* de l'autre. La tour, son escalier hélicoïdal et son bar à cocktails dans une coupole évoquent une ville du futur d'une bande dessinée des années 1950. Et l'ensemble rappellera évidemment quelques souvenirs aux routards passés par Brasília ! Régulièrement des expositions d'art moderne et contemporain, concerts, un vrai centre culturel.

***Museo de la Historia Urbana :*** *c/ La Ferrería, 35. ☎ 985-56-55-12. En face de l'église San Nicolás de Bari. Mar-sam 10h30 (11h sam)-13h30, 16h-20h ; dim et j. fériés 11h-13h30. Fermé lun. GRATUIT.* Intéressant parcours à travers ce musée moderne qui retrace l'histoire de la ville. Médiévale, moderne, bourgeoise puis industrielle, on traverse les époques par le biais de photos, maquettes et vidéos. Comme un trait d'union entre passé et présent, une vitre offre une belle vue sur le centre culturel Niemeyer.



# CUDILLERO (33150) 5 400 hab.

**Très joli village de pêcheurs bâti à flanc de falaise. Une seule et unique rue traverse le village. Pour le reste, seuls des escaliers parviennent à partir à l'assaut de la pente entre les petites maisons de pêcheurs où sèchent, aux fenêtres ou aux balcons, de petits squales appelés *curadillos.* Le genre de village pour lequel l'adjectif « pittoresque » semble avoir été inventé ! La place principale, à côté du port et bordée de restaurants, peut ressembler à un piège à touristes, mais on lui prête tout de même un charme fou.**

*– Conseil : si vous venez de l'est, pénétrez dans la ville par la seconde entrée. En effet, la route conduit au port moderne, certes pas terrible, mais qui dispose d'un parking. Laissez la voiture (interdite dans le centre) et continuez à pied pour apprécier pleinement la beauté du site.*

## Adresse et info utiles

**Oficina de turismo :** *puerto de Oeste, s/n. ☎ 985-59-13-77. • cudillero.es • Bâtiment moderne à l'entrée ouest de la ville, après le port. Juin-sept, tlj 11h (19h de juil à mi-sept)-14h, 16h-18h (19h30 de juil à mi-sept) ; hors saison, à l'ayuntamiento (la mairie ; ☎ 985-59-00-03), pl. San Pedro, lun-sam 10h-15h ; fermé dim ; sam, aux mêmes horaires mais à l'oficina de turismo.*

**Taxis :** *en remontant la rue principale depuis l'église San Pedro. ☎ 985-59-05-04.*

## Où dormir ?

### De prix moyens à chic (35-90 €)

***Pensión Alver :*** *c/ Garcia de la Concha, 8. ☎ 985-59-00-05. 📱 635-98-48-40. • info@pensionalver.com • pensionalver.com • Tt en haut de la rue principale, sur la droite. Congés : nov-mars. Doubles 35-55 € selon saison, familiales 3-5 pers aussi. Pas de petit déj mais cuisine à* *dispo. CB refusées. Réduc de 10 % sur les doubles en basse et moyenne saison sur présentation de ce guide.* Cette jolie maison bleue qui pourrait être adossée à la colline abrite des chambres pas toutes jeunes ni très lumineuses mais bien tenues et surtout à des prix imbattables. On a un peu l'impression d'être accueilli chez des amis (d'ailleurs la chambre du 2e étage est voisine de l'appart des proprios...).

🏠 ***La Casona de Pío :*** *c/ Riofrío, 3. ☎ 985-59-15-12. • lacasonadepio@lacasonadepio.com • lacasonadepio.com • Juste derrière le port. Congés : début janv-début fév. Doubles avec sdb 60-96 € selon saison, familiales 4 pers 100-170 € ; petit déj 8 €.* Dans une maison très ancienne, où l'on salait autrefois le poisson, rénovée avec la réelle volonté de donner de l'esprit à ces vieux murs. Une dizaine de chambres seulement, charmantes : meubles patinés, tissus à fleurs et courtepointes de grand-mère. Celles au 1er étage disposent d'un joli balcon mais sont plus petites que celles du 2e, plus luxueuses avec bains hydromassants. Accueil à l'image de la maison : charmant.

|●| Près du port, les ***terrasses des restos*** jouent des coudes, et on regrette que la qualité et l'accueil ne soient pas au rendez-vous. Difficile de faire son choix, nous n'avons pas dégoté la perle rare, mais si vous avez de bons tuyaux, nous sommes preneurs !

## Où dormir ? Où manger dans les environs ?

### Campings

⛺ ***Camping Cudillero :*** *ctra Playa de Aguilar, Apartado, 32, Aroncès, à **El Pito** (33154). ☎ 985-59-06-63. • info@campingcudillero.com • campingcudillero.com • ♿ Entre le village et la plage (c'est fléché). Fermé de mi-sept à la Semaine sainte. Env 24 € pour 2 pers avec tente et voiture. Bungalows (2-5 pers) 40-135 € selon saison, taille et équipement.* Confort et propreté impeccables pour ce camping bien au calme. Larges emplacements, ensemble vert et fleuri. Bar, épicerie, aire de loisirs et une jolie piscine. Accueil souriant.

⛺ ***Camping L'Amuravela :*** *c/ Tolombreo de Arriba, à **El Pito** (33154). ☎ 985-59-09-95. • camping@lamuravela.com • lamuravela.com • Remonter la rue principale du village, prendre la 1re à gauche, c'est à 200 m sur la droite. Ouv Semaine sainte et juin-sept ; fermé hors saison. Selon saison, env 20-25 € pour 2 pers avec tente et voiture. Bungalows (2-5 pers) 55-135 € selon taille, confort et saison.* Camping de grande qualité et parfaitement tenu (épicerie, cafétéria, piscine). Si, dans le coin des caravanes, on joue à touche-touche, mobile homes et tentes sont mieux lotis, disposant de larges espaces.

### De prix moyens à très chic (de 40 à plus de 120 €)

🏠 ***Hotel Álvaro :*** *avda Selgas, s/n, à **El Pito** (33154). 📱 645-74-33-02. • alvarofdezbg@gmail.com • hotelalvaro.com • Juste après l'église, en traversant le village d'El Pito. Ouv tte l'année. Selon saison, doubles 40-90 €, apparts 2 pers 50-80 €, et 4 pers 80-125 €. Parking gratuit.* Petit hôtel clair et lumineux, rose bonbon, un peu en bord de route, mais il n'y passe pas foule. Même si on relève quelques fautes de goût, les chambres s'avèrent plaisantes et très bien tenues, modernes et colorées. La no 14 jouit d'un accès au jardin et les nos 30, 31 et 32 d'un balcon. Également des maisonnettes indépendantes et bien équipées pour les longs séjours ou les tribus !

🏠 ***Casona de La Paca :*** *avda Selgas, s/n, à **El Pito** (33154). ☎ 985-59-13-03. • hotel@casonadelapaca.com • casonadelapaca.com • ♿ Remonter tte la rue principale de Cudillero et prendre le virage serré à gauche en* *haut de la montée. C'est la grande maison rouge. Congés : 10 déc-3 mars. Doubles 80-107 € ; petit déj env 10 €. Apparts 4 pers 150-195 € selon saison et capacité. Parking gratuit.* Une ancienne *casa de Indianos* restaurée avec goût et meublée avec un soin attentif. Grandes chambres, belles salles de bains, salon avec cheminée en pierre, fauteuils Louis XV, rien n'a été oublié pour en faire un bel hôtel de charme. Derrière la maison, de petits appartements modernes pour 2 ou 4, bien arrangés, avec cuisine, petit salon et balcon. Vue sur un parc rempli d'azalées. Un vrai délice, et finalement pas si cher, d'autant que l'accueil est franchement adorable. Un vrai coup de cœur !

**Hotel Restaurante Azpiazu :** *playa de Aguilar-Campofrio, Cudillero (33150). ☎ 985-58-32-10. • hotel@azpiazu.com • azpiazu.com • 3 km avt Cudillero. Congés : déc-fév. Doubles 44-77 € selon saison, petit déj 6 €. Menus 14-22 €, carte min 30 €. Parking privé gratuit.* Blotti au creux d'un vallon à deux pas d'une belle plage qui a gardé un aspect sauvage. Joli site pour cet hôtel qui ne manque pas de charme. Chambres plutôt plaisantes de style classique (éviter celles côté terrasse, plus bruyantes en pleine saison). Le resto est réputé dans le coin pour ses bons produits de la mer et ses plats locaux. Accueil très sympa.

LES ASTURIES

## DANS LES ENVIRONS DE CUDILLERO

**Santianes de Pravia :** *petit village le long du río Nalón, à env 15 km de Cudillero.* On y trouve une exceptionnelle *petite église préromane* du VIII^e s *(tlj sauf lun-mar de mi-juin à mi-sept, fermé hors saison).* Outre l'architecture simplissime de l'édifice, vous pourrez y voir deux pièces remarquables : un calvaire du XIII^e s avec saint Jean, la Vierge et le Christ, et une étonnante pierre gravée d'environ 50 cm x 50 cm. Elle porte la formule *Silo princeps fecit* (« bâtie par le prince Silo ») gravée en forme de labyrinthe : on peut lire la phrase de 45 737 manières différentes ! Bien entendu, tout le monde se demande à quoi ça servait. L'hypothèse la plus couramment admise y voit une sorte de table de chiffrage pour décrypter des messages secrets.

**Cabo Vidio :** *à env 10 km à l'ouest de Cudillero, fléché depuis la route principale de la côte.* Un cap encore sauvage dont les paysages ont fait remonter chez nous quelques souvenirs de Bretagne ou d'Irlande. Landes et falaises qui glissent doucement dans la mer. Et une vue qui, si le temps est au beau, porte loin, loin...

# LUARCA (33700) 4 100 hab.

**Charmant petit port encaissé dans de hautes falaises et curieusement bâti en S autour d'une rivière. Vue intéressante depuis la corniche surplombant le cimetière. La ville devient une destination de plus en plus courue par les Espagnols pour les vacances et les week-ends ; les prix et l'accueil (souvent indifférent) s'en ressentent.**

## Arriver – Quitter

### En bus

Les bus arrivent sur la place principale, à côté des bureaux de la police.

➢ ***Oviedo :*** env 6 bus/j., 7h-20h. Trajet : 1h15-1h45.

➢ ***Castropol et Ribadeo :*** 5-6 liaisons/j., 8h40-21h30. Trajet : 1h15.

### En train *(RENFE-FEVE)*

➢ ***Ferrol :*** 2 trains/j. (mat et fin ap-m) pour Ferrol, et 3 dans l'autre sens (mat, midi et soir).

## Adresse et infos utiles

**Oficina de turismo :** *pl. Alfonso X El Sabio, s/n.* ☎ *985-64-00-83.* • *turismoluarca.com* • *En été, tlj 10h30-13h45, 16h-19h15 (18h15 ven-sam). Horaires plus restreints hors saison.* – Voir aussi • *valdes.es* • et • *luarca.org* •

**Taxis :** ☎ *985-64-08-64.*

## Où dormir à Luarca et dans les environs ?

### Campings

**Camping Playa de Taurán :** *pasaje Taurán, s/n.* ☎ *985-64-12-72.* • *tauran@campingtauran.com* • *campingtauran.com* • *À 3 km de Luarca, vers Ribadeo, tourner à droite (c'est indiqué). Continuer encore 3 km dans les terres. Ouv de mi-juin à mi-sept ; fermé hors saison. Env 21 € pour 2 pers avec tente et voiture. Bungalows (2-6 pers) 50-95 €.* Sur une colline dominant la mer, un site superbe, encore très nature. Les parcelles sont parfois à flanc de falaise, sous les eucalyptus, on n'entend que la houle des vagues. Bien ombragé, parfois venteux. Plage à 300 m, mais pas très propre et pleine de rochers. Resto sur place et activités de type « agrotourisme ».

**Camping Playa de Otur :** *ctra Playa de Otur, 33792* **Otur-Valdes.** *647-07-49-24.* • *info@campingotur.com* • *campingotur.com* • *Sur la route de Ribadeo, à 7 km de Luarca, sur la droite. Fermé oct- Semaine sainte. Env 21 € pour 2 pers avec tente et voiture, tarifs dégressifs dès 3 nuit. Bungalows (2-5 pers) 59-108 € selon capacité, confort et saison.* Au vert, ombragé, petit camping à taille humaine où l'on parle le français. Épicerie, bar et resto, sanitaires impeccables. Plage toute proche, location de vélos. La plage est belle à marée basse, mais rétrécit drôlement à marée haute.

### De prix moyens à plus chic (45-120 €)

**Hotel La Colmena :** *c/ de Uría, 2.* ☎ *985-64-02-78.* • *info@lacolmena.com* • *lacolmena.com* • *Doubles 50-65 € selon saison.* Petit hôtel charmant qui couve ses vieilles pierres et son beau parquet. Un élégant escalier dessert de belles chambres spacieuses et lumineuses, dans les tons boisés. La cafétéria du rez-de-chaussée entretient une certaine animation. Accueil discret mais gentil.

**Hotel Báltico :** *paseo del Muelle, 1.* ☎ *985-64-09-91.* • *info@hotelbaltico.com* • *hotelbaltico.com* • *Doubles 45-75 € dans la partie ancienne, 60-100 € côté moderne, selon saison.* Hôtel sur le port. Chambres plutôt spacieuses, classiques et bien tenues dans la partie 2-étoiles. Bon à savoir, de ce côté, les chambres disposent de 2 lits simples ; celles avec un lit double sont vendues en familiales avec un lit d'appoint. On conseille aux inséparables amoureux de coller les matelas plutôt que de payer le supplément famille ! Côté 3-étoiles, les chambres, modernes, affichent une déco résolument contemporaine, et des tarifs plus élevés. Un petit effort sur l'accueil et tout serait parfait.

**Hotel Rico :** *pl. Alfonso X El Sabio, 6.* ☎ *985-47-05-59.* • *info@hotelrico.com* • *hotelrico.com* • *Doubles 47-68 € selon saison.* Petit hôtel construit dans les années 1960, en plein centre et près du port. On l'indique surtout pour ses petits prix, plutôt rare ici, en revanche accueil inexistant. Chambres toutes simples et propres au confort suffisant. Bar où se retrouvent les habitués pour le p'tit noir du matin.

**Hotel Rural 3 Cabos :** *ctra de El Vallín s/n, km 4, 33791.* ☎ *985-92-42-52.* • *recepcion@hotelrural3cabos.com* • *hotelrural3cabos.com* • *Depuis Luarca, direction Otur sur la N-634 pdt 1 km, puis à gauche au croisement direction El Vallín. Grimper la route* *sur 4,5 km, l'hôtel est fléché. Congés : début janv-début fév. Doubles 105-125 € selon confort et saison, petit déj inclus. Parking gratuit.* Perchée en haut d'une colline, cette *finca* offre une vue exceptionnelle sur de vastes et vertes étendues ainsi que sur 3 caps de la côte (d'où son nom !). Bois flotté, charpente apparente et murs de pierre entretiennent son âme traditionnelle, tandis que les larges fenêtres et le mobilier parfois design apportent une touche de modernité. On aime surtout l'extension contemporaine entièrement vitrée du salon. L'hiver au coin du feu ou l'été sur les transats, on en prend plein la vue ! Les chambres, spacieuses et lumineuses, suivent la tendance et offrent un excellent confort. Une de nos plus belles adresses dans la région !

## Où manger ?

**Sport :** *paseo del Rivero, 9. ☎ 985-64-10-78. • sport@arrakis.es • Après la grande place, traverser le pont et suivre à gauche le cours de la rivière. C'est à 150 m. Tlj, sauf mer hors saison. Fermé en janv. Copieux menu du jour 11 €, carte env 25 €.* Bon petit resto au cadre façon yacht-club. Serveurs raccord avec le décor, très classe mais sympathiques. Cuisine de région : *fabada, pulpo a la gallega, angulas al pil-pil,* etc. Fruits de mer à prix raisonnables.

**El Barometro :** *paseo del Muelle, 4. ☎ 985-47-06-62. Sur le port. Tlj sauf le soir mar et dim. Congés : 20 sept-7 oct. Menus 11 € (midi), sinon 16 € ; carte 18-24 €. CB refusées.* Tout petit et sympathique resto que l'on repère à son vieux baromètre sur la façade. À l'intérieur, coquillages et maquettes de bateaux habillent les murs de la salle, simple et plaisante. Poissons et fruits de mer en direct du port que le patron vous annonce comme au théâtre. Cuisine simple et goûteuse. Le rendez-vous de la bourgeoisie locale, mais les prix ne s'affolent pas trop. Une terrasse et ce serait parfait !

LES ASTURIES

# DANS LES ENVIRONS DE LUARCA

**Museo del Oro de Asturias (MOA) :** *à* **Navelgas,** *à env 25 km au sud de Luarca par la AS-219 (direction Pola de Allande). ☎ 985-80-60-18. • museodeloro.es • Mar-sam 11h-14h, 16h-20h (19h de mi-sept à juin) ; dim 11h-14h. Fermé lun. Entrée : 2,50 € ; réduc ; gratuit mer. Pratique : au rdc, un petit office de tourisme, ouv aux mêmes horaires.* Dans une antique *casa solariega* entièrement réaménagée, ce petit musée intéressant aborde l'or, son histoire, son utilisation et ses légendes sous toutes les coutures. Il faut dire que les ressources aurifères de la vallée étaient déjà exploitées par les Romains : une histoire qui dure ! C'est d'ailleurs à Navelgas que se tient tous les ans un championnat d'orpaillage, dans la rivière juste derrière le musée.

# *PUERTO DE VEGA* (33790)

À 15 km à l'ouest de Luarca, on vous conseille de faire escale dans ce petit port de pêche protégé par une sorte de chicane naturelle creusée dans la roche. Un village coloré que l'on a bien aimé, reposant, à l'écart des circuits touristiques, où le temps semble s'écouler tranquillement. Pour les Asturiens, c'est d'abord là où est mort leur grand homme, Jovellanos. On vous montrera même la maison du défunt. On a quand même préféré l'*église Santa Marina,* type même de la cathédrale rurale baroque. C'est un bel édifice tout simple du XVIIIe s. À l'intérieur, le retable est l'œuvre de José Bernardo de la Menna, qui a aussi réalisé celui de la cathédrale d'Oviedo. Vous verrez également plusieurs belles *casas de Indianos* et un très joli casino Art déco.

# DE PUERTO DE VEGA À FIGUERAS

**La route, peu engageante, longe la mer et des paysages plutôt mornes. Des petites routes vous font de l'œil pour vous entraîner vers de belles plages, histoire d'oublier quelques tristes villes comme Navia (où la papeterie, monstre fumant, baigne la plage de ses effluves nauséabondes).**

Vous pouvez essayer la ***playa de Freijulfe,*** qui propose de longs rouleaux dans un environnement sauvage, ou la ***playa de Arnao,*** à côté de Figueras, pour sa belle aire de pique-nique et ses jeux pour nos charmants bambins.

***Tapia de Casariego et le cap Cebes*** *(Cabo Cebes) : quelques km avt Figueras.* Si le village n'apporte pas grand-chose, un chemin longe la côte, zigzaguant au bord des falaises, et permet d'admirer les jolies criques très découpées qui entourent le cap et les vagues qui viennent se fracasser contre les rochers. Quelques belles petites plages de sable fin.

## *FIGUERAS* *(33794)*

Port de pêche semi-industriel sans grand caractère. Sur la colline, quelques superbes *casas de Indianos* dominent la mer et narguent l'Amérique. Jolie vue sur ***Castropol,*** un bourg tout blanc posé juste en face, au bord de la *ría,* dont il n'y a pas que le nom qui fasse penser à une petite ville de l'Est.

### Où dormir ?

#### Camping

***Camping Playa Peñarronda :*** *playa de Peñarronda (logique !),* ***Barres-Castropol*** *(33794). ☎ 985-62-30-22. 616-60-24-96. • campingpenarrondacb@gmail.com • campingplayapenarronda.com • À Barres-Castropol, suivre les panneaux « Peñarronda ». Fermé hors saison, ouv Semaine sainte-fin nov. Env 28 € pour 2 pers avec tente et voiture. Bungalows (2-5 pers) 61-132 € selon taille et saison (min 7 j. en hte saison). CB refusées.* Coincé entre champs et mer, ce camping paysagé se révèle très bien tenu et quasiment collé à la plage. Cafét et bar.

#### Très chic (min 135 €)

***Hotel Palacete de Peñalba :*** *c/ Grande, s/n, Figueras. ☎ 985-63-61-25. • palacetepenalba@gmail.com • hotelpalacetepenalba.com • Double 135 €, petit déj inclus.* Une *casa de Indianos* moderniste bâtie en 1912 par un élève de Gaudí. La déco intérieure reflète aussi l'esprit du temps avec escalier en fer forgé, lustre de Murano et commodes style Louis XV. Les chambres sont à l'unisson, élégantes et chic, figées dans leur élégance d'antan. Le jardin vous attend pour le thé, et les magnolias du parc sont en fleur. La demeure est si originale que l'on y pose volontiers ses valises.

# LES MONTAGNES DE L'OUEST



**Elles offrent les meilleurs chemins de traverse pour qui veut aller vers Santiago en évitant pèlerins et touristes. Vallées encaissées, pics déchiquetés et grosses montagnes érodées s'enchaînent. Bien entendu, pas trop d'hôtels ni de campings, simplement le plaisir de vastes solitudes...**

➢ Entre Figueras et Grandas de Salime, le ***massif de Los Oscos*** est une microrégion à part. À peine à 50 km de la mer, mais le monde moderne semble presque n'avoir pas eu de prise sur certains villages de ces vallées de montagne, comme Villanueva de los Oscos ou San Martín de los Oscos. Vallées encaissées, nature luxuriante, jolies maisons de pierre et déjà des *hórreos* qui annoncent la Galice. Peu d'adresses, peu de touristes. Pour l'instant... Parce que l'on commence à venir s'y mettre au vert depuis les grands centres urbains. Un certain José-Luis Zapatero y a, par exemple, passé des vacances...

# LA VALLÉE DE LA NAVIA

**Une large vallée qui regarde vers le sud-ouest, c'est-à-dire vers la Galice. La route permet d'atteindre assez rapidement Lugo par A Fonsagrada. Zone à la fois agricole et forestière, un peu oubliée du temps. Quand la route longe le bleu profond du río Navia, on ne peut que s'émerveiller.**



## *GRANDAS DE SALIME* (33730)

Gros bourg au creux de la vallée, dernière étape dans les Asturies pour les pèlerins de Saint-Jacques. Pas un charme extrême mais quelques points d'intérêt.

### Adresse utile

***Oficina de turismo :*** *c/ El Salvador, 6. • grandasdesalime.es • ☎ 985-62-73-50. Juil-sept, tlj sauf lun 11h-14h ; et au Museo del Castro Chao Samartín mar-sam 16h-19h. Fermé hors saison.* Visites guidées en juillet-août de la *Colegiata* (lire plus loin « À voir »).

### Où dormir ? Où manger ?

***Albergue-residencia juvenil de Castro :*** *ctra General, s/n, Castro. ☎ 985-92-41-97. • info@alberguedecastro.com • alberguedecastro.com • À 5 km sur la route de Lugo, en face du castro de Chao Samartín. C'est la maison en pierre sur la gauche quand on arrive. Fermé janv-fév. Nuitée 13 €/pers en chambrée de 4 lits, petit déj inclus. Menu 9 €, carte 15 €. CB refusées.* Belle maison du pays, rustique, authentique, à l'orée de ce hameau tranquille. Elle abrite 4 chambres quadruples et chacune dispose de sa propre salle de bains. En fin de journée, les pèlerins se retrouvent autour d'un verre dans le jardin qui se perd dans les montagnes alentour. Accueil très sympa et calme absolu.

## À voir

***Museo etnográfico :*** *dans le village, fléché. • parquehistorico.org • Semaine Sainte et mai-sept, mar-sam 11h-14h30, 16h-20h ; dim et j. fériés 11h-15h ; fermé lun. Hors saison, mar-sam 11h-14h (14h30 sam), 16h-18h30 ; dim et j. fériés 11h-15h ; fermé lun. Fermé certains j. fériés. Entrée : 1,50 € ; réduc ; gratuit mar.* Amusant petit musée qui joue sur les reconstitutions et non sur les explications. On visite les diverses pièces comme si tout avait cessé de fonctionner hier. Après la cuisine, la laiterie, le pressoir, suivent un atelier de cordonnier, une épicerie à l'ancienne, une salle de classe, un salon de coiffure, bref plein de témoignages de la vie rurale d'il y a un siècle. On ne peut retenir un rictus de douleur devant le cabinet de dentiste et ses instruments de torture. C'est un peu en désordre, mais très chouette.

**Castro de Chao Samartín** (village fortifié) : *à l'écart du village (fléché). ☎ 985-62-71-43. • castrochaosamartin.esy.es • Musée : mar-sam 11h-13h, 16h-19h (17h30 oct-mai) ; dim 11h30-13h30 ; fermé lun. Visites guidées du village : mar-sam à 13h et 17h (et 18h l'été), dim à 13h30 ; fermé lun. Compter 1h30 de visite. Entrée : 4 € ; réduc ; gratuit mar.* Ce musée vous dira tout ou presque sur le village fortifié *(castro)* qui s'étend en contrebas, depuis l'âge du bronze. Le rez-de-chaussée présente tous les objets issus des fouilles, et le 1er étage offre une jolie vue sur les *castros*. Le guide vous montrera ensuite, sur place, les restes des thermes, les égouts (eh oui ! ça existait déjà il y a 20 siècles), la place principale.

**Colegiata del Salvador :** *au cœur du village. Visite guidée en été slt.* Dernier vestige d'un ancien couvent, un étonnant édifice du XIIe s en forme de croix grecque, entouré d'un magnifique auvent en pierre et ardoises. Superbe retable du XVIIe s avec de nombreuses statues de saints.

# LA GALICE



• Carte *p. 168-169*

**Isolée dans sa superbe, à la pointe nord-ouest de la péninsule Ibérique, la Galice cultive sa différence. Parmi les régions les plus vertes d'Espagne, elle offre plus de 1 500 km de côtes découpées à souhait, ciselées de profondes *rías* et semées de magnifiques plages de sable blond, qui comptent parmi les plus belles du pays. Dès le Moyen Âge, les pèlerins s'y rendirent, trop heureux de pouvoir affirmer : « J'ai vu le bout de l'Europe et le grand océan. » En retrait, forêts de pins et d'eucalyptus embaument l'air chaud de l'été dans un moutonnement sans fin de collines enchevêtrées et de vallées se hissant vers les sierras du sud-est (2 127 m au Peña Trevinca).**

**Sur le plan culturel, une ville se détache plus que toute autre : la mythique Saint-Jacques-de-Compostelle, enluminée d'églises et de pierres sculptées au gré de plus d'un millénaire de pèlerinages. Qu'on la rejoigne à pied ou à vélo, au terme d'un long cheminement intérieur, ou à la descente de l'avion, comment ne pas tomber amoureux de cette cité au cœur entièrement piéton, organisé autour de vastes places historiques en appelant au grandiose ?**

**Aux marges de la praza do Obradoiro, un air de *gaita* (cornemuse) résonne, première émanation de l'identité galicienne, sang-mêlé aux racines celtes. Les Bretons se plairont à trouver un air de famille aux dolmens et vestiges de *castros* semés à travers le territoire, ainsi qu'aux vieux calvaires de granit où s'amarrent, recto verso, Christ et Vierge à l'Enfant. Dans l'intérieur, un pays de paysans, serein et austère, mitonne de roboratifs *lacón con grelos* (épaule de porc aux feuilles de navets) et *caldo gallego* (pot-au-feu de veau, chorizo et légumes) dans les replis d'innombrables vallées fertiles et dépeuplées. De loin en loin se dressent des armées d'*hórreos,* ces drôles de greniers en granit sur pilotis, où l'on séchait jadis le maïs (dans certains coins, ils ont des parois en bois) et devenus de vrais éléments de fierté pour leurs propriétaires. On les retrouve jusque sur le littoral, où alternent ports de pêche souvent un peu trop urbanisés et parenthèses sauvages de la belle Costa da Morte, fleurie encore de gracieux lys de mer. Malgré la crise, on y dévore à longueur de journée *pulpo a feira* (saupoudré de paprika) et fruits de mer issus des élevages des *rías,* dans un tourbillon très espagnol de bars et de restos bouillonnants d'animation, de festivals et de *fiestas* patronales qui font valser l'été. On y descend parfois un cidre artisanal, plus souvent un bon petit *albariño* fruité ou un *ribeiro* rouge corsé, entre fruits rouges et réglisse.**

**L'humeur n'a pourtant pas toujours été à la fête. Payant le prix de son isolement géographique et politique, la Galice a longtemps cherché au loin une solution à ses problèmes quotidiens. Quelque 2 millions de personnes (pour une population actuelle de 2 750 000 habitants) ont ainsi émigré au cours du dernier siècle et demi, faisant de Buenos Aires l'une des plus grandes villes galiciennes au monde et du cimetière de La Havane celui qui compterait le plus de *Gallegos* au repos ! La psyché régionale s'en ressent encore, imprégnée de cette *morriña* dont parle Manuel Rivas, mélancolie proche de la *saudade* que véhicule le fado portugais. C'est bien cette culture du départ, du voyage en mer, dans laquelle s'enracine cet état d'âme.**

# UN PEU D'HISTOIRE

Les Celtes arrivèrent à proprement parler vers le VIe s av. J.-C. De gros villages fortifiés en pierre apparaissent, le plus souvent perchés sur des points dominants. C'est la civilisation des ***castros,*** qui fusionne apports celtes et savoirs ancestraux. Les premiers écrits (grecs) font référence aux *Kallaikoi,* « ceux qui vivent au milieu des pierres »...

## Les *castros*

Les *castros* sont restés occupés très longtemps et certains demeurent encore enfouis sous les villes modernes. On en répertorie au moins 130 à travers toute la Galice et bien d'autres encore dans les provinces et au Portugal voisins. Les campagnes de fouilles révèlent un accroissement important de la population dans les vallées fertiles et une ébauche d'urbanisation très précoce.
Nombre de *castros* sont aussi proches de ***mines d'étain,*** nécessaire à la production du bronze (indispensable pour les armes). La route qui transporte l'étain en Méditerranée contourne l'Europe par le cap Finisterre et Gibraltar, et les ports galiciens sont fréquentés par les navigateurs phéniciens, grecs puis romains.
Au départ, les *castros* semblent placés sous l'autorité conjointe d'un chef et d'un druide (des potes d'Astérix ?) et fonctionnent comme de mini-entités féodales. Le culte des morts, l'existence de sanctuaires liés aux arbres, aux sources et aux rivières sont avérés. Après la romanisation, certains *castros* adoptent un plan « à la romaine » avec deux grandes voies à angle droit, et le commerce se développe. On a ainsi trouvé à Viladonga des preuves d'échanges avec des villes aussi éloignées que Lyon, Milan ou Trèves.

## Les Romains en Galice

Outre l'étain, le fer, le charbon, l'or (surtout) sont exploités. Tout cela attise bien des convoitises. Les Romains, qui ont pris pied dans la péninsule Ibérique dès le IIIe s av. J.-C., remontent peu à peu vers le nord-ouest. Selon les historiens romains, il faut plus d'un siècle (et trois Scipion, du grand-père au petit-fils) pour que le pays soit conquis ! Enfin presque : un petit peuple résiste là-haut... En 137 av. J.-C., Decimus Brutus peut montrer à ses troupes ébahies le soleil se couchant sur l'Atlantique. Mais rien n'y fait : les *Gallaicoi* résistent encore et toujours. En 73 av. J.-C., ils reprennent même tout le territoire situé au nord du Tage ! Avant de s'attaquer à la Gaule, César décide d'en finir, mais la ***pax romana*** n'est finalement décrétée qu'en 23 av. J.-C.
Dès lors, la péninsule Ibérique est organisée administrativement et divisée en six provinces dont une, au nord-ouest, est appelée *Gallaecia.* Son territoire est peu ou prou celui de la Galice actuelle, à laquelle s'ajoutent les Asturies, le nord du Portugal jusqu'au Duero et la moitié de la province de León.

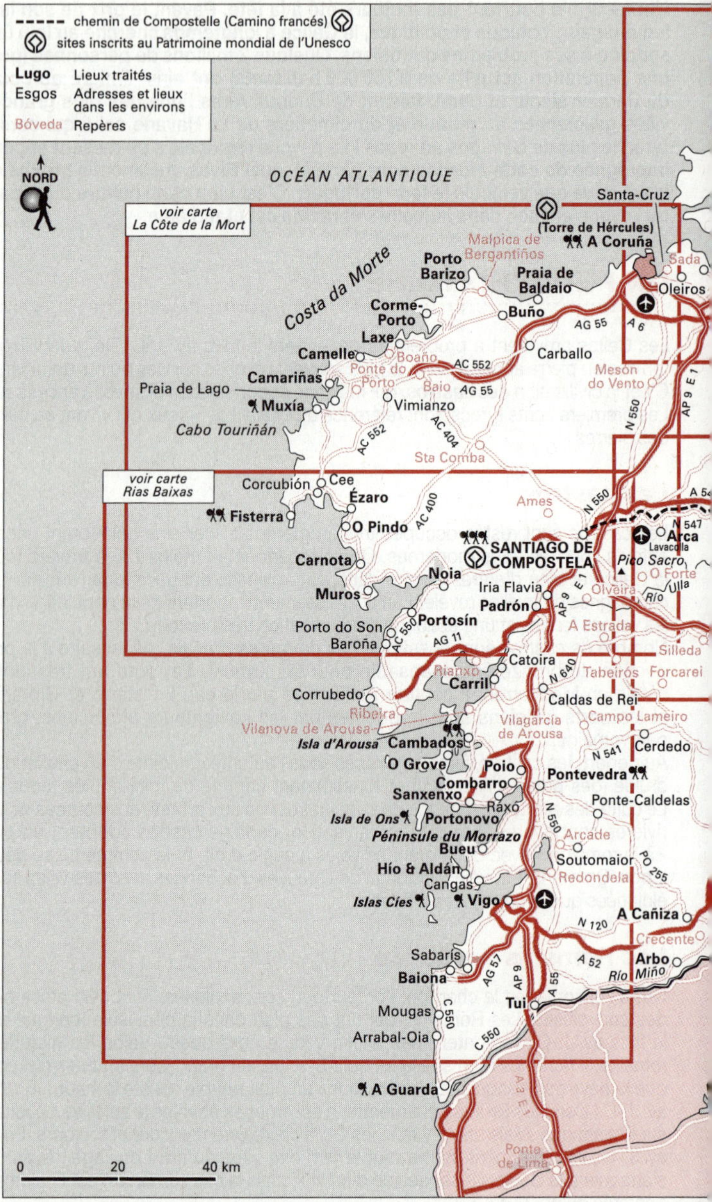
chemin de Compostelle (Camino francés)
sites inscrits au Patrimoine mondial de l'Unesco
Lugo Lieux traités
Esgos Adresses et lieux dans les environs
Bóveda Repères
NORD
OCÉAN ATLANTIQUE
voir carte La Côte de la Mort
voir carte Rias Baixas
Costa da Morte
Santa-Cruz
(Torre de Hércules)
A Coruña
Malpica de Bergantiños
Porto Barizo
Praia de Baldaio
Sada
Oleiros
Corme-Porto
Buño
AG 55
A 6
Laxe
Carballo
Camelle
Boaño
AC 552
Ponte do Porto
Mesón do Vento
Camariñas
Baio
Praia de Lago
Muxía
Vimianzo
N 550
AP 9 E 1
Cabo Touriñán
AC 404
Sta Comba
Corcubión
Cee
Ézaro
Fisterra
AC 400
Ames
O Pindo
Arca
Lavacolla
SANTIAGO DE COMPOSTELA
N 547
Carnota
Pico Sacro
O Forte
Noia
Iria Flavia
Olveira
Ulla
Muros
Padrón
Río
Portosín
A Estrada
Porto do Son
AC 550
Baroña
AG 11
Silleda
Catoira
Rianxo
N 640
Tabeirós
Forcarei
Carril
Corrubedo
Caldas de Rei
Ribeira
Vilagarcía de Arousa
Campo Lameiro
Vilanova de Arousa
Isla d'Arousa
Cambados
Cerdedo
N 541
O Grove
Poio
Pontevedra
Combarro
Sanxenxo
Raxo
Ponte-Caldelas
Isla de Ons
Portonovo
Péninsule du Morrazo
Arcade
Bueu
Soutomaior
Hío & Aldán
PO 255
Redondela
Cangas
Islas Cíes
Vigo
A Cañiza
N 120
Crecente
Sabarís
A 52
Arbo
AG 57
Baiona
AP 9
Río Miño
A 55
Tui
Mougas
C 550
Arrabal-Oia
A Guarda
A 3 E 1
Ponte de Lima
0
20
40 km

## LA GALICE

LA GALICE

Lugo en est la capitale. Un réseau de voies romaines assure la liaison avec les grandes villes de Galice comme Brigantium (Betanzos), Braga ou Asturica (Astorga), mais aussi avec Séville. En 64-70, les Galiciens se voient octroyer la citoyenneté romaine.
Reste que, si les villes sont romanisées, la campagne l'est peu. Les vestiges romains y sont rares, hormis les voies, les ponts et les bornes milliaires, qui maillent le territoire pour mieux le contrôler. Il y a bien des thermes, mais là, on est plus prudent : les Celtes vénéraient déjà les sources, les gués et les fontaines. Il n'est donc pas certain qu'ils aient attendu les Romains pour mettre en valeur leurs eaux. La Galice romaine (les historiens parlent de civilisation galaïco-romaine) offre ainsi un visage bien différent de la Gaule gallo-romaine, où s'installèrent de nombreux vétérans des légions. Après la conquête, la civilisation des *castros* s'est maintenue sans changement fondamental. Les Galiciens sont encore sur leurs collines, et vous visiterez quantité de bourgades isolées sur des points élevés, qui sont les héritières des antiques *castros.*

## Le grand bal des barbares

Quelques décennies seulement après que le christianisme est devenu religion officielle de l'Empire romain, la Galice est, à la fin du IVe et au début du Ve s, le principal foyer de l'***hérésie priscillienne*** – dont on vous parle dans le chapitre « Hommes, culture, environnement », rubrique « Histoire ».
L'arrivée des ***Suèves*** à cette même période (409) ne change probablement pas trop le mode de vie des *castros.* Ces Germains des plaines de l'Elbe se convertissent bientôt au christianisme (avant de se rétracter, puis de se reconvertir), « déposent l'épée et s'emparent de la charrue », selon l'historien Sánchez Albornoz. Ils fondent un royaume théoriquement dépendant de Rome, qui s'étend un temps jusqu'à Séville, avant de se faner à la fin du VIe s. Le territoire passe ensuite aux mains des ***Wisigoths.***

### D'UN FINISTÈRE À L'AUTRE

*Lors de l'invasion des îles britanniques par les Saxons au Ve s de l'ère chrétienne, de nombreux Bretons s'enfuient (du pays de Galles notamment) par bateau pour se réfugier sur nos côtes... bretonnes ; d'autres sur les côtes galiciennes. Ils fondent même un évêché qui prend le nom de Brittonia !*

L'***invasion arabe,*** qui s'étend à l'essentiel de la péninsule Ibérique en quelques années, à partir de 711, n'affecte pas trop la Galice, excentrée et protégée par ses montagnes. Seule Tui, sur l'actuelle frontière portugaise, est conquise, avant d'être abandonnée suite à une révolte berbère. Le caractère peu hospitalier de la région, accidentée, et la résistance des peuples locaux, ritualisée à travers la victoire légendaire de Pelayo à Covadonga (qui n'eut jamais lieu), refroidissent les Maures, qui se contentent d'occuper une partie du León – et, de là, lancent quelques *rezzous* sur les villes galiciennes. Certains nobles locaux les y encouragent d'ailleurs, pour tenter de se défaire des Asturiens, qui ont mis le grappin sur la région !
Avec les Asturies, la Cantabrie, le nord de la Navarre et de l'Aragon, la Galice fournit néanmoins les premiers contingents de la Reconquête. Dans leur sillage, une nouvelle se répand à point nommé : la supposée découverte, vers 814, à Campus Stellae, de la ***tombe de l'apôtre Jacques.*** Galvanisés, les chrétiens de toute la région et au-delà commencent à cheminer sur les pas du roi Alphonse II le Chaste, qui, le premier, s'y rend et y fait élever un sanctuaire. Le religieux devient instrument politique et catalyseur. Son successeur, Ramiro Iero, assied mieux encore la renommée du pèlerinage de saint Jacques le Matamore (« tueur de Maures »). Celui-ci, dit-on, lui serait apparu durant la bataille de Clavijo, livrée contre les troupes arabes en 844, sous les traits d'un fougueux cavalier menant ses hommes à la victoire... Une légende de plus, direz-vous, mais la vie serait bien triste, sans légendes !

## Santiago, cœur spirituel au Moyen Âge

Oubliées les invasions vikings (normandes), les querelles de succession et de possession entre royaumes des Asturies, de León et comté de Galice... La montée en puissance de Santiago en tant que ville sainte est le phénomène majeur de l'histoire médiévale. Le pèlerinage enrichit toute la région. Avec les pèlerins arrivent les moines, bénédictins surtout, obéissant à la règle de Cîteaux. La Galice se couvre de monastères. Dans leurs bagages, les religieux apportent de nouvelles techniques de culture. Pour certains, ils auraient importé la vigne en Galice. C'est douteux : les Celtes produisaient du vin, les Romains aussi. En revanche, il est certain que l'expansion du vignoble galicien date de cette époque. Enrichis par les dons, les offrandes, les pèlerins et le vin, à la tête de réseaux commerciaux secondés par l'importante population juive de Galice, les monastères essaiment, fondent abbayes, couvents, églises et chapelles. Les architectes, les tailleurs de pierre d'ici et d'ailleurs, appelés par le clergé ou venus en pèlerins, bâtissent de vrais joyaux, resplendissant de portails et de tympans romans, à l'image de cet exceptionnel *portail de la Gloire* sculpté par maître Mateo, à Santiago. Bon nombre de constructions se greffent à de plus anciens sanctuaires : il n'est pas rare d'y trouver encore des éléments wisigothiques, voire des colonnes récupérées sur d'antiques édifices romains !

## À l'ombre de la Castille

Le passage en 1230 de la Galice dans l'orbite de la Castille voit la région perdre peu à peu de son autonomie. Dans les années 1370, n'y tenant plus, les nobles galiciens se tournent un temps vers le Portugal voisin, émancipé depuis le XIIe s, mais retombent finalement dans l'escarcelle de la Castille.

Un siècle plus tard, la Galice, en proie aux épidémies et à de mauvaises récoltes, est secouée par les ***révoltes irmandines.*** En 1431-1435, puis à nouveau en 1467-1469, paysans, bourgeois et une partie de la petite noblesse *(hidalgos)* se soulèvent contre les excès de la grande noblesse féodale. C'est le temps de la création des *irmandades,* les « fraternités », qui prêchent une société plus égalitaire. L'esprit de Priscillien n'est pas mort. Les principaux leaders *irmandiños* sont capturés et tués.

Tout cela fait que les Galiciens se soulèvent contre Isabelle la Catholique lorsqu'elle accède au pouvoir : ils lui préfèrent sa nièce, Jeanne. Pas très bonne joueuse, Isabelle impose le castillan dans l'administration et octroie le monopole du commerce avec l'Amérique à Séville et à Cadix. Pour les Galiciens, c'est un beau gâteau qui s'éloigne. Les monastères galiciens passent sous gestion castillane et les châteaux détruits sont interdits de reconstruction. Pire, la Galice n'a pas de vrai représentant à Madrid. Elle est dirigée par un gouverneur-capitaine général (aussi juge suprême !) qui a le titre de vice-roi, exactement comme si elle était une colonie...

## La sortie de l'isolement

Il faut attendre 1623 pour que l'isolement politique de la Galice cesse, avec son intégration aux ***Cortès.*** Philippe IV y met une seule condition : que soient levés 100 000 ducats pour la construction de six navires destinés à surveiller les côtes de la région. La disposition n'est pas inutile : les ports galiciens sont régulièrement pillés par les ***corsaires anglais.*** En 1589, dans le sillage de la défaite de l'Invincible Armada, sir Francis Drake s'est attaqué (sans succès) à La Corogne, puis a littéralement rasé Vigo pour se venger.

Avec l'arrivée de Philippe V et des ***Bourbons*** sur le trône d'Espagne, les relations entre Castille et Galice évoluent favorablement. Philippe V ne partage pas les vieilles préventions des héritiers d'Isabelle à l'encontre des Galiciens. L'une de ses premières décisions est de construire un vrai port de guerre à Ferrol pour y installer sa flotte du Nord. L'arrivée d'une nouvelle population (marins mais aussi administrateurs, ingénieurs, hommes d'affaires) permet le développement de La Corogne, toute proche. Ferrol peut, enfin, se poser en concurrente de Cadix. En 1776, la liberté de commercer avec l'Amérique est enfin accordée aux armateurs galiciens et, en 1785, La Corogne se dote d'une chambre de commerce, sur le modèle de celle de Bilbao. Dans la société, sur fond de progrès technique, les idées des philosophes français sont assez bien accueillies par une partie de la bourgeoisie du nord de la région.

## Troupes napoléoniennes, royalistes et libéraux : un sacré foutoir !

Les idées, oui, les armées, non ! L'***invasion napoléonienne,*** en 1808, entraîne une réaction immédiate en Galice malgré l'avance foudroyante des Français et le succès sans ombrage du maréchal Soult à La Corogne. L'insurrection, conduite par les prêtres, est générale. Elle fournit le ferment de la guerre d'indépendance espagnole, jusqu'à la défaite napoléonienne 6 ans plus tard. À Vigo, la victoire contre les Français est encore fêtée chaque année ! En réalité, les Français ne sont qu'un prétexte pour le clergé : les idées de la Révolution, tel est son véritable ennemi. Reste que le ferment libéral demeure et s'exprime par la voix du colonel Díaz Porlier, qui se soulève en 1815 au nom de la Constitution contre la ***restauration absolutiste*** de Ferdinand VII. Il est condamné à mort – mais, petite consolation, gagne une statue à La Corogne...

En 1820, c'est la Galice tout entière qui se révolte contre Ferdinand VII. Une *Junte* libérale prend le pouvoir et entraîne un mouvement national anti-absolutiste. Le ministre Mendizabal ordonne la ***desamortización,*** c'est-à-dire la nationalisation des biens des monastères et leur abandon par les moines. Certes, le clergé n'est plus aussi puissant qu'au Moyen Âge, mais les Galiciens ressentent durement la mesure. La restauration absolutiste (1823-1833) de Ferdinand VII n'y change rien. Quelques années plus tard, sous Isabelle II, nouveau coup de yo-yo libéral et coup de grâce : le royaume de Galice cesse officiellement d'exister ! Le pays est redécoupé en provinces, sur le modèle des départements français.



## *El rexurdimento* (la renaissance)

Tout au long du XIX^e s, différents mouvements politico-sociaux occupent la scène, reflétant les grands courants qui agitent tour à tour le pays : les carlistes, traditionalistes partisans de la renaissance du royaume galicien ; les provincialistes (1840-1865), plus libéraux, opposés à la scission de la Galice en quatre provinces ; les fédéralistes (1865-1875), favorables à une Constitution galicienne ; les ***régionalistes,*** enfin (1875-1907), inspirés par les écrits de Rosalía de Castro, Curros Enriquez et Eduardo Pondal. S'opposant au centralisme madrilène et au clientélisme politique local, ces derniers défendent une vision idéalisée et utopique de la Galice éternelle, à une période où la région, en proie aux difficultés économiques, semble menacer de se diluer pour de bon dans le grand tout espagnol. L'*Asociación Regionalista Gallega* défend leurs idées à compter de 1881.

Peu à peu, l'***idée nationaliste*** fait son chemin. Dans toutes les villes de quelque importance se recréent des *irmandades* à forte visée autonomiste ou des sociétés scientifiques et littéraires locales qui exaltent le patrimoine, la langue et les particularismes galiciens. Les partisans du mouvement demandent la reconnaissance du galicien comme langue officielle et l'obtention d'un siège à la Société des nations pour la Galice !

Enfin, 1929 voit la création de l'Organisation républicaine galicienne autonome (ORGA), qui affiche clairement la couleur : certains nationalistes galiciens sont aussi républicains.

En 1936, en plein ***Front populaire,*** les électeurs de la région approuvent à 99 % le statut d'autonomie qui leur est présenté par référendum. Il n'aura pas le temps d'être mis en place avant la débâcle de la guerre civile – marquée, dès la fin juillet 1936, par la victoire des nationalistes (franquistes) sur la résistance républicaine, pourtant nourrie par les partis nationalistes galiciens. L'un des premiers actes du gouvernement de Franco est d'annuler le statut d'autonomie régionale.

## L'autonomie de retour !

En 1981, alors que l'Espagne s'émancipe définitivement du franquisme, la Galice retrouve son autonomie. Le nouveau statut, qui la reconnaît comme nationalité historique, est assorti d'une clause qui fait du galicien une des quatre langues officielles de l'Espagne avec le basque, le catalan et le castillan.
L'homme qui l'a négocié est un fin politique : ***Manuel Fraga Iribarne*** (1922-2012), ministre du Tourisme et de l'Information sous Franco, puis ministre de l'Intérieur dans le premier gouvernement postfranquiste. De 1989 à 2005, Fraga dirige la Galice sans interruption, en s'appuyant sur les innombrables réseaux qu'il a su créer. Fraga est d'ailleurs l'un des fondateurs, en 1976, de l'*Alianza Popular,* issue des rangs franquistes modérés et intégrée depuis au *Partido Popular* (PP), le grand parti de droite espagnol. La popularité de Fraga est énorme. Pour les observateurs, son charisme et son poids personnel débordent largement son électorat naturel. En face, l'opposition se partage entre Parti socialiste de Galice (PSG) et partis nationalistes unis au sein du Bloc nationaliste galicien (BNG).

## Un nouveau statut ?

Aux élections régionales de juin 2005, Fraga est finalement battu sur le fil du rasoir par une coalition unissant socialistes et nationalistes. Au même moment, un débat enflamme la région : le statut d'autonomie doit-il être révisé et la Galice reconnue comme nation plutôt que comme « simple » nationalité historique ? La gauche et les nationalistes, qui trouvent le statut galicien bien timide comparé à ceux de la Catalogne et du Pays basque, y sont favorables, mais la droite s'y oppose. Les débats ne sont pas tranchés.



# MONASTÈRES ET ÉGLISES

Vous ne pourrez pas tout visiter : il y en a trop ! Pour vous aider à choisir, on va vous donner un petit truc, empirique mais qui marche bien sur toute la région qui va de l'Adour au Miño. Les ***sanctuaires les plus anciens*** (et donc souvent les plus remarquables) portent en général le nom des mêmes saints, certainement à cause d'une assimilation entre divinités païennes et saints chrétiens : san Estebán (ou *santo Estevo* en galicien, premier martyr chrétien connu), san Vicente (ou *san Vicenzo,* martyr espagnol du IIIe s et patron des vignerons), san Pedro, santa Comba (le nom est d'origine celte), san Martino (il y a souvent confusion entre deux saints : saint Martin de Tours vénéré par les pèlerins et saint Martin de Dume, évêque de Braga, vénéré par les Galiciens). En règle générale, ces sanctuaires occupent de beaux sites et présentent des éléments architecturaux ou décoratifs intéressants : vous n'avez plus qu'à les pister.
Deux cas peuvent se présenter : soit les églises sont ouvertes au public et peuvent être visitées toute la journée (sauf interruption de 14h à 16h, voire un peu plus). Soit elles sont fermées et on demande la clé à la maison la plus proche. On peut aussi, alternativement, venir avant la messe, qui commence en général vers 12h, l'église ouvrant 30 mn avant. Évitez de jouer les touristes pendant les offices (de toute façon, les regards des fidèles vous en dissuaderaient vite). Les monastères sont parfois ouverts au public, parfois pas, parfois gratuits, parfois payants ; au pire, on peut quand même généralement accéder à l'église au moment de la messe.

## LA GALICE POUR LES NULS

En Galice, le noyau administratif de base est le *municipio* (*concello* en galicien) qui regroupe plusieurs paroisses *(parroquias)*, formant une sorte de canton.
Pour le voyageur, cela se traduit par une signalisation routière parfois difficile à comprendre. D'abord parce qu'il arrive que le *municipio* porte un nom différent de celui des paroisses qui le composent, comme O Saviñao dans la *Ribeira Sacra* dont la ville principale est Escairón. Donc le panneau « O Saviñao » vous conduit en fait à Escairón. Ensuite parce que les noms changent brutalement : pour aller à Santa Uxía de Ribeira, vous aurez à suivre des panneaux marqués « Ribeira » (nom du *municipio*) ou « Santa Uxía » (nom de la paroisse). Dans ce guide, nous avons en général suivi les grands axes routiers et peu tenu compte des subtilités administratives.

# LE CHEMIN DE SAINT-JACQUES



**Son importance est telle qu'on a préféré lui consacrer un chapitre, dans lequel on suit le principal itinéraire menant à la ville sainte, le *Camino francés*. Les autres étapes des itinéraires compostellans ou les villes proches du chemin sont traitées dans les chapitres correspondants. Pour d'autres informations pratiques, voir aussi « Les chemins de Compostelle » dans « Hommes, culture, environnement » en fin de guide.**

## LES ÉTAPES GALICIENNES DU CAMINO FRANCÉS

• Carte *p. 176-177*

**« L'homme est semblable au voyageur qui, le soir, gravit une colline : arrivé au sommet, il n'est pas plus près des étoiles mais il les voit mieux ».**
**J. Tannery**

**On arrive en Galice par le col de Pedrafita, trouée dans un massif lourd de type hercynien, voie naturelle déjà utilisée par les légions romaines. Passer le col et se diriger vers le hameau de O Cebreiro qui marque la première étape galicienne. À partir de ce minuscule village, il reste encore environ 160 km à parcourir pour rejoindre Santiago.**
**Nous vous indiquons bon nombre d'auberges de pèlerins (institutions religieuses ou appartenant au gouvernement de la Galice – Xunta de Galicia), ainsi que d'autres établissements privés où séjourner et se restaurer. Les**

**auberges sont en général localisées le long du chemin pour les pèlerins à pied, qui n'auront donc aucun mal à les trouver. En revanche, les cyclistes devront parfois quitter la route et pousser leur vélo.**

## O CEBREIRO *(27670)*

Pittoresque hameau perché à 1 300 m d'altitude en haut du col de Pedrafita, qui pourrait être un bourg auvergnat sous la neige hivernale. Le sanctuaire dépendait d'ailleurs de l'abbaye d'Aurillac au XIIIe s. Avec plusieurs centaines de visiteurs quotidiens en été (pour moins de 20 habitants à l'année !), O Cebreiro est entièrement voué à la « culture du pèlerin de Saint-Jacques », plus facile à tondre qu'un mouton. Pratiquement toutes les maisons proposent des chambres, des repas, des souvenirs et des petits déjeuners dès 6h du matin, mais les sourires sont rares. Malgré ce côté « usine à pèlerins », O Cebreiro reste un lieu enchanteur, en dehors du temps, juché au-dessus des vicissitudes du monde. C'est ici qu'on trouve les *pallozas,* maisons anciennes circulaires au toit de chaume dont l'origine remonte aux premières constructions celtes.

### SACRÉ COQUIN

*Une tradition médiévale voulait que l'on offre le gîte et le couvert aux pèlerins. Ils arboraient la coquille de Saint-Jacques en signe de reconnaissance. D'ailleurs, le terme « coquin » désignait un vagabond qui portait cette coquille de façon abusive.*

### Adresse utile

**Information aux pèlerins :** *au cœur du village, entre Casa Carolo et Mesón Moreno. ☎ 982-36-70-25. Lun-ven 11h-15h, 16h-18h. Fermé le w-e.* Liste à jour des refuges, conseils et graphique des dénivelées. Français parlé.

### Où dormir ? Où manger ? Où boire un verre ?

**Albergue de peregrinos de la Xunta :** *à la sortie du village, dominant la route. 660-39-68-09. Accueil 13h-22h. Nuitée 6 €/pers.* Bâtiment récent de 2 étages et d'une centaine de places, avec lits superposés. Correct et bien tenu mais pris d'assaut l'été (se pointer donc à la réception le plus tôt possible). Emplacements pour 20 vélos et 3 box pour les chevaux.

**Casa Frade :** *au centre du hameau. ☎ 982-36-71-04. Doubles avec sdb 38-45 €. Ni petit déj ni wifi.* Petite maison de montagne typique assez bien aménagée. Ni petit déj, ni resto. Accueil sérieux de Mme Esperanza, prénom de bon augure pour la suite du pèlerinage !

**Hospedería San Giraldo de Aurillac :** *à côté du santuario de Santa María. ☎ 982-36-71-25. Doubles avec sdb 55-60 €. Menu 10 €, midi et soir.* S'adresser à l'hôtel *Cebreiro.* Dans une très vieille maison, des chambres pas très grandes mais avec une atmosphère et du confort. Jolie vue depuis certaines. Cuisine très basique au resto-boutique de souvenirs. Les proprios possèdent 2 autres hôtels, le *Cebreiro (☎ 982-36-71-25, double 50 €),* juste au-dessus du resto du même nom (en face du sanctuaire), avec de belles chambres propres et modernes, et la *Casa Rural Baliña (☎ 982-36-71-82),* à proximité du hameau, aux mêmes prix que l'*Hospedería.*

**Venta Celta :** *en face de la Casa Frade. 667-55-30-06. Menus 10-15 €, raciones et tapas 4-12 €.* Saucissons, tresses d'ail suspendues, musique celte, les plats qui mijotent sur la cuisinière dans un coin de la salle et une cheminée pour retrouver un peu de la chaleur qui manque à l'accueil. Fait épicerie.

**Taberna O Moreno :** *presque au bout du village, face au bureau d'info. ☎ 982-36-70-50. Tlj. Menu 10 €.*

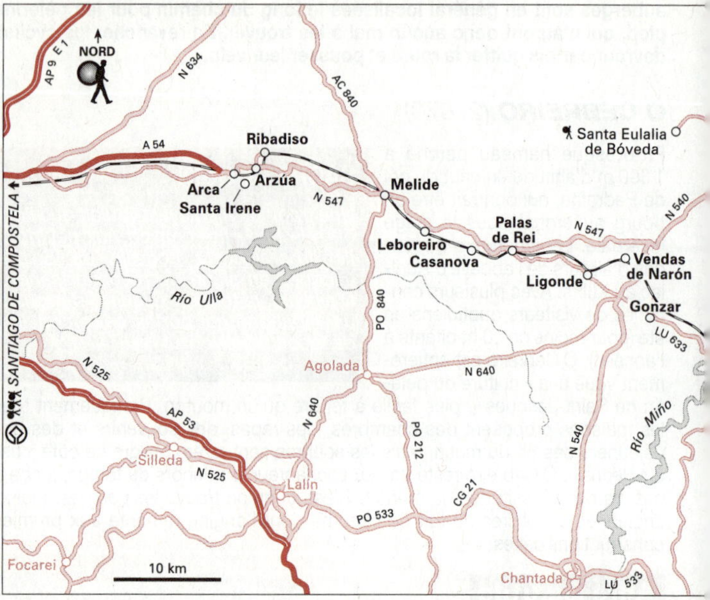




Maison rustique en pierre du pays, avec une belle vue sur la vallée (mais pas depuis la terrasse, dommage !). Cuisine roborative, impeccable pour refaire le plein de calories après l'effort : œufs avec jambon, *lacón*, côtes de porc et même du *pulpo con cachelos* (poulpe et pommes de terre vapeur).

## À voir

**Santuario de Santa María la Real :** *dans le village. Tlj 9h-13h, 15h-17h40.* Joli petit sanctuaire du XIIIe s, en pierre de la montagne, fondé par le comte Gérard d'Aurillac afin d'héberger les pèlerins français. À l'intérieur, belle statue du Christ, sans doute d'école allemande, bien décharné, peut-être pour susciter la compassion... Dans une vitrine, un calice et une patène, responsables d'un miracle au XIVe s, rappellent la légende du Saint-Graal, coupe mythique utilisée par Jésus lors de la Cène. Les Galiciens se sont d'ailleurs attribués ce symbole, au point de le faire figurer en bonne place sur leur drapeau !

***Parque etnográfico :*** *dans le village. ● museos.xunta.gal/cebreiro ● L'été, mar-sam 8h30-14h30 ; sinon, mar-sam 11h-18h. Fermé dim et lun. GRATUIT.* Un groupe de *pallozas* bien restaurées, avec leurs murs de granit et leur toit de chaume caractéristiques. À l'intérieur, quelques meubles et ustensiles anciens.

## *LIÑARES (27413)*

Minuscule hameau le long du chemin (et de la route qu'il suit, peu ou prou, sur ce trajet), à 4 km d'O Cebreiro.

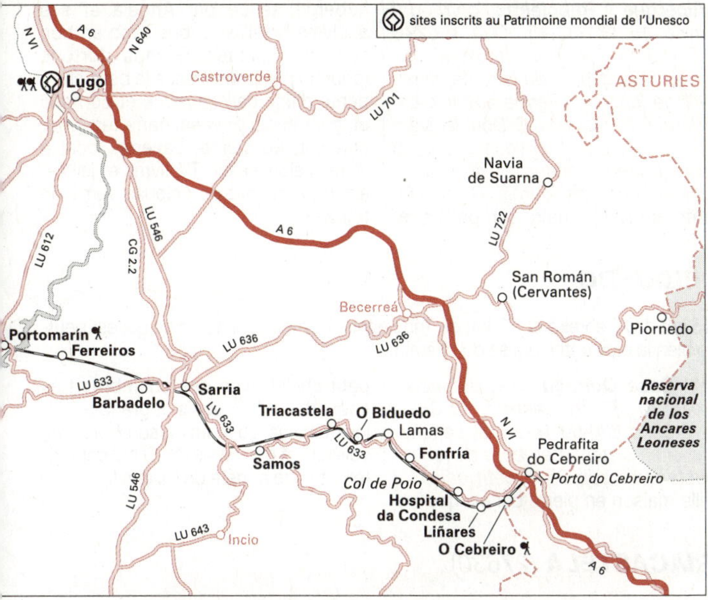


## LE CAMINO FRANCÉS EN GALICE



🏠 🍽 ***Casa Jaime :*** *Liñares, 4, 27670* ***Pedrafita do Cebreiro.*** *☎ 982-36-71-66. • casajaime1993@gmail.com • Double avec sdb 40 €, petit déj 3 €.* Le long de la route, une grosse bâtisse mais une petite *casa rural* (4 chambres à peine). Fait resto le soir (exclusivement pour les pèlerins) et épicerie bien fournie. Accueil familial.

## HOSPITAL DA CONDESA *(27670)*

À 2 km de Liñares, petit village le long de la route qui cache une église du XIIe s bien trapue. Entre Liñares et Hospital da Condesa, arrêtez-vous donc près de la statue en bronze du pèlerin, qui lutte pour avancer malgré le vent : courage, ça ira mieux au retour !

🏠 ***Albergue de peregrinos de la Xunta :*** *☎ 982-16-13-36. 📱 660-39-68-10. Accueil 13h-22h. Nuitée 6 €/pers. Pas de wifi.* À l'entrée du village, le long du chemin, dans une ancienne école. Comprend 22 places dans 2 dortoirs. Cuisine équipée.

🏠 🍽 Si l'auberge est complète, le ***Mesón O Tear*** *(☎ 982-36-71-83)*, au cœur du bled, propose 2 chambres avec lit *matrimonial* à 30 €. Sert aussi des petits déjeuners et des repas *(env 10 €)*. Mais pas de sourires, ça coûte trop cher.

## FONFRÍA *(27670)*

À 12 km d'O Cebreiro et 9 km de Triacastela. Halte historique sur le chemin (mais l'hospice médiéval a disparu au XVIIIe s).

⌂ ***Albergue A Reboleira :*** *Fonfría do Camiño, 15. ☎ 982-18-12-71. 629-82-65-59. • alberguefonfria@yahoo.es • ♿ En surplomb de la route, dans le village (parking). Fermé nov-fév. Lit en dortoir (28 places) 8 €. Double avec douche et w-c 26 € si vous apportez votre sac de couchage ou 40 € avec draps et serviettes fournis. Dîner 9 €.* Contemporaine mais sympathique auberge, tenue par Angela et ses acolytes brésiliens, tous avec un bon sens de l'accueil. Grands dortoirs (pour 80 personnes) sous la belle charpente d'une *palloza* revue et corrigée et chambres privées parfaites pour une nuit au calme. Laverie, local à vélos, salon – avec TV, livres et jeux –, ainsi qu'un bout de pelouse semé de transats.

## O BIDUEDO

À 15 km d'O Cebreiro et à 7 km de Triacastela. Hameau qui abrite ce qui est peut-être bien la plus petite église du chemin.

⌂ |●| ***Casa Quiroga :*** *à O Biduedo-Lamas, 27632* ***Triacastela.*** *☎ 982-18-72-99. 630-00-15-27. ♿ Le long du chemin piéton et en bord de route. Double avec sdb 35 €, petit déj 5 €.* Vieille maison en pierre qui évoque un petit chalet avec des chambres très coquettes. Murs épais et grandes salles de bains. Le resto *Mesón Betularia,* voisin, sert des repas *(10 €)* qui contenteront votre appétit de pèlerin !

## TRIACASTELA *(27630)*



À 22 km d'O Cebreiro, niché au creux d'une vallée. Un joli bourg de 700 habitants disposant de tout le nécessaire (distributeur de billets, pharmacies, supérettes, restos, etc.). La tradition affirme que les pèlerins, autrefois, ramassaient ici la chaux qui devait servir à la construction de la cathédrale de Santiago.

### Où dormir ? Où manger ?

#### De bon marché à prix moyens

⌂ ***Albergue de peregrinos de la Xunta :*** *rúa do Peregrino, s/n. 660-39-68-11 ou 638-96-28-14. ♿ Accueil 13h-22h. Nuitée 6 €/pers.* Près du centre-bourg, dans des pavillons modernes en verre assez réussis. 84 places et une laverie.

⌂ ***Albergue de peregrinos Aitzenea :*** *praza Vista Alegre, 1. ☎ 982-54-80-76. • info@aitzenea.com • aitzenea.com • Fermé nov-mars. Nuitée 8 €/pers.* Cette maison ocre bordant la rue principale du village abrite une auberge privée bien tenue et bien conçue : murs en pierre d'hier et mobilier d'aujourd'hui dans les 4 dortoirs mixtes de 6 à 14 lits. Cuisine, espace vélos, laverie, snack-bar. Bon accueil et... massage de pieds !

⌂ |●| ***Albergue Atrio :*** *rúa do Peregrino, 1-3. ☎ 982-84-84-88. • xoan65@gmail.com • xoan65.wixsite.com/albergueatrio • À côté de l'église. Congés : 10 nov-15 mars. Nuitée 9 €/pers. Double avec sdb 40 €, familiales également.* Jolie bâtisse de pierre récemment établie au cœur du village, et offrant une vingtaine de places en chambrettes de 2 à 6 lits. Le décor moderne et bien léché plaira aux pèlerins dans le vent. Local à vélos, cafétéria. En prime, un agréable jardin à l'arrière, pour socialiser et se reposer les gambettes.

⌂ |●| ***Xacobeo :*** *rúa Leoncio Cadorniga Carro, 4. ☎ 982-54-80-37. • info@complexoxacobeo.com • complexoxacobeo.com • ♿ Dans la rue principale (piétonne). Fermé 23 déc-janv. Nuitée 10 €/pers. Double avec sdb 45 €, petit déj-buffet env 6 €. Menus 10-11 €.* Un « complexe » tenu par une accueillante équipe. Dortoirs et chambres propres comme un sou neuf. Garage à vélos, cuisine, laverie... Au resto, spécialités de grillades, ainsi que de bonnes tapas et *raciones* servies en terrasse ou dans une salle rustique.

**Restaurante Esther :** *avda Nueva Castilla, s/n. ☎ 982-54-84-55. À la sortie est du village. Menu 10 €, carte env 15 €.* Ce bar-resto du cru dispense une cuisine simple et honnête, pas très recherchée mais locale et de saison. Petite terrasse avec vue sur le champ voisin. Très bon accueil (mêmes proprios que la *Casa Pacios*).

**Casa Pacios :** *à Vilavella (27632). ☎ 982-54-84-55. 692-15-02-56. • info@casapacios.com • casapacios.com • À 2 km du bourg, en direction du hameau de Vilavella par une tte petite route (c'est fléché) ; navette gratuite pour le bourg. Double avec sdb env 40 € ; appart 2 pers 60 €, 4 pers 85 € ; petit déj 5 €. CB refusées.* Une grosse ferme dont les origines remontent au XVe s : murs bien épais, petites fenêtres et cour pavée. Un certain charme (sinon un charme certain !). Superbes appartements aménagés dans les écuries ou l'ancien grenier à foin. Les chambres, autour de la cour, sont plus basiques mais confortables (bonne literie et salles de bains fonctionnelles). Piscine et possibilité de balades à cheval (sur résa).

## *SAMOS (27620)*

Ravissant village le long de la rivière. Le monument le plus important est l'***abbaye bénédictine*** *(abadía-monasterio de San Julián de Samos)*, énorme, pesante *(☎ 982-54-60-46 ; • abadiadesamos.com • ; tlj 9h30-12h30 – 12h45-13h30 dim et j. fériés –, 16h30-18h30 ; visites guidées ttes les heures ; durée 30 mn ; 4 €/ pers).* On se reposera les yeux en allant visiter la minuscule chapelle romane du IXe s de l'autre côté de la route avec son cyprès millénaire et ses vestiges de polychromie.

– Dans la rue principale : distributeur, pharmacie et supérette.

LA GALICE

### Où dormir ? Où manger ?

#### Camping et auberge

Il n'y a pas à proprement parler de camping, mais une pelouse à l'entrée de la ville où l'on peut planter sa tente. Douches et sanitaires à la mairie, à proximité de l'auberge monastique. Vous pouvez toujours, si vous êtes pèlerin, utiliser les commodités qui se trouvent dans cette même auberge.

**Albergue de la Abadía de Samos :** *dans l'abbaye, bien sûr. ☎ 982-54-60-46. • hospitumsamos@gmail.com • abadiadesamos.com • Accueil 13h-22h, pas de résas et départ impératif avt 7h30 ! Don bienvenu. Pas de wifi.* Géré par les moines. Si l'entrée est discrète (à côté de la mini station-service), les dortoirs sont immenses (68 places au total) et d'une belle hauteur sous plafond. Ambiance plutôt chants grégoriens que Francky Vincent, mais on fait avec !

#### De prix moyens à chic

**Hotel A Veiga :** *avda Compostela, 61. ☎ 982-54-60-52. • hotelaveiga@hotmail.com • hotelaveiga.com • Non loin du centre. Fermé vac Noël. Double avec sdb min 45 €, petit déj inclus. Menu 11 €, carte env 20 €.* Un hôtel récent, en bord de route, dont les chambres et la salle à manger donnent sur une véranda et la rivière. Chambres spacieuses à la déco neutre avec de jolies salles de bains. Bon accueil et rapport qualité-prix très honnête, qui vaut aussi pour le resto.

**Casa de Díaz :** *rúa Vilacha, 4. ☎ 982-54-70-70. 619-16-47-48. • casadediaz@galicia.com • casadediaz.com • De la LU-633, en allant vers Sarria, bifurquer à env 3 km de Samos et continuer sur 1 km. Doubles avec sdb 39-59 € (d'autres, petites, dès 30 €) ; petit déj 3,50 € ou buffet 6,50 €.*

*Dîner sur résa pour les hôtes slt 14 €.* Charmant ensemble d'édifices rénovés avec une dizaine de chambres, ce qui en fait presque un petit hôtel. Vastes chambres à la déco plutôt rustique : lits sombres et lampes de cuivre. Dans le grand jardin, les oies s'égaillent autour de l'*hórreo,* les dindons glougloutent, les hôtes prennent le frais sur la terrasse ou le soleil près de la piscine. Ambiance et accueil un peu chicos. Mieux vaut appeler avant d'y aller, car il n'est pas sûr que l'on entende votre coup de sonnette.

**Taberna O Gayo :** *c/ Salvador, s/n. ☎ 982-54-61-53. Dans une petite rue perpendiculaire à l'axe principal, face au musée de l'abbaye. Menu 10 €.* Un petit resto sans fard, à l'ambiance authentique et à la généreuse (très généreuse même !) cuisine maison.

## *SARRIA* (27600)

Petite ville (13 500 habitants avec les villages environnants) pile dans l'axe entre Lugo (30 km au nord) et Monforte de Lemos (32 km au sud). Mis à part sa situation idéale pour les transports et les excursions, c'est aussi la plus grande ville en termes de services pour les pèlerins sur le *Camino francés.* Le quartier ancien se trouve sur les hauteurs. Sachez également que Sarria se trouvant à 111 km à l'est de Compostelle, il suffit de partir d'ici pour avoir droit au diplôme de pèlerin (la *Compostela*).

### Adresses utiles

LA GALICE

**Oficina municipal de turismo :** *rúa Vigo de Sarria, 15. ☎ 982-53-00-99. • sarriaturismo.com • À l'entrée de Sarria en venant de Samos. Lun-ven 10h-18h, w-e 10h-15h. Fermé certains mois de l'année.* Infos sur le *Camino* et nombreuses brochures. Pour obtenir le certificat de passage *(credencial),* il faut se rendre à l'iglesia de San Salvador *(rúa do Castelo ; mar-dim 11h-13h ; fermé lun)* ou de Santa Mariña *(rúa Maior ; mar-dim 16h30-21h ; fermé lun).*

**Correos** (poste) **:** *rúa Calvo Sotelo, 183.*

**Pharmacies :** *rúa Benigno Quiroga, 17, et rúa Calvo Sotelo, 118.*

**Centro de Salud** (dispensaire) **:** *☎ 982-53-09-58 ou 21-11.*

**Taxis :** *☎ 982-53-00-04 ou 28.*

**Peregrinoteca :** *rúa Benigno Quiroga, 16. ☎ 982-53-01-90. • peregrinoteca.com • Près du pont sur le río Sarria.* Équipement pour la marche : gourdes, bâtons, sandales confortables, cartes, sac à dos... mais aussi de superbes cartes postales faites par José María, le proprio photographe.

**Atelier de vélos : Dos Ruedas,** *praça de Galicia, 41. ☎ 982-53-35-22. • bicicletasdosruedas.com •*

### Où dormir ? Où manger ?

#### Camping

**Camping Vila de Sarria :** *sur la carretera (route principale), au km 113. ☎ 982-53-54-67. • info@campingviladesarria.com • campingviladesarria.com • Fermé d'oct à mi-mars. Env 18 € pour 2 pers avec tente et voiture.* Dans une forêt de chênes, un vaste site bien ombragé et planté de pelouse. Supermarché, bar, resto, salle de billard et de lecture. Loue aussi des tentes *(7 €).*

#### Très bon marché

**Albergue de peregrinos de la Xunta :** *rúa Maior, 79. 660-39-68-13. (1place). Dans l'ancienne rue principale, non loin de l'église Santa Mariña. Accueil 13h-23h. Nuitée 6 €.* Comporte

41 places, mais équipements très limités.

**Albergue A Pedra :** *rúa Vigo de Sarria, 19. ☎ 982-53-01-30. 📱 652-51-71-99. • info@albergueapedra.com • albergueapedra.com • À côté de l'office de tourisme. Fermé nov-mars. Nuitée 10 € en dortoir ; chambres individuelles 25-35 € ; doubles avec lavabo 32 €, avec sdb 40 € ; pas de petit déj.* Chambres de 2 à 8 lits. Plus calme que les établissements du centre et bien tenu, avec des couleurs sympas. Cuisine, garage à vélos, et jardin sur l'arrière où faire sécher son linge (ou pique-niquer !). Fait aussi bar. José, sympa comme tout, donne beaucoup d'infos.

**Albergue Casa Don Alvaro :** *rúa Maior, 10. ☎ 982-53-15-92 📱 686-46-88-03. • info@alberguedonalvaro.com • alberguedonalvaro.com • Accueil 11h-23h. Congés : 20 j. à Noël. Nuitée 9 € en dortoir.* Une maison du XVIIIe s (avec cuisine et cheminée d'époque) aménagée en auberge privée pour pèlerins, tenue par la sympathique Mónica. À l'arrière, une terrasse et un jardin au calme. Cuisine, laverie, chauffage, cheminée, garage à vélos. Et même un bassin spécial pour faire dégonfler les pieds après une rude journée : un vrai spa pour les petons !

**Albergue O Durmiñento :** *rúa Maior, 44. ☎ 982-53-10-99. 📱 600-86-25-08. • durmiento_sarria@hotmail.com • Fermé déc-fév. Nuitée 10 €. Repas 9 €.* Une auberge privée agréablement restaurée, avec une déco claire et nette, dans l'air du temps. Dortoirs de 4, 6, 8 ou 10 lits. Terrasse. Copieuse cuisine familiale. Excellent accueil.

**Albergue Los Blasones :** *rúa Maior, 31. ☎ 982-53-06-66. 📱 600-51-25-65. • info@alberguelosblasones.com • alberguelosblasones.com • ♿ Congés : nov-janv. Lit en dortoir env 8-10 €/pers, petit déj 3 €. Réduc de 10 % sur présentation de ce guide, sauf l'hiver.* Une autre petite auberge privée pour les pèlerins. Et, comme son nom l'indique, c'est une maison *blasonada,* avec son blason en façade donc. Petit jardin à l'arrière, cuisine, lave-linge, garage à vélos et cafét.

Nombreux ***bars à tapas, cafétérias*** et ***restos*** en ville. Notamment sur le paseo del Malecón, au bord de la rivière, et dans la rúa Maior. Voir par exemple la *Pulpería do Luis,* au carrefour de la rivière et du pont, qui propose exclusivement des plats à base de poulpe.

## Prix moyens

**Hotel Roma :** *rúa Calvo Sotelo, 2. ☎ 982-53-22-11. • correo@hotelroma1930.es • hotelroma1930.es • Un peu à l'écart du centre moderne, face à la gare ferroviaire. Double env 50 €. Menu 16 €.* L'hôtel le plus emblématique de Sarria, avec sa façade années 1930 bien restaurée. Les chambres, fonctionnelles et bien tenues, sont beaucoup plus sobres. Bon resto, à conseiller surtout pour les grillades *(churrasco).*

LA GALICE

# À voir

Le plus beau monument de Sarria est, sans conteste, le ***convento Santa María Madalena,*** rúa da Mercede, en haut de la rúa Maior *(tlj 10h [9h en été]-13h, 17h-19h ; GRATUIT).* De ce monastère fondé au XIIe s par deux pèlerins italiens, se visitent le magnifique cloître de granit et l'église gothique, ornée d'intéressants bas-reliefs. En y montant, ne pas manquer au passage le portail roman de l'*iglesia de San Salvador* *(ouv 11h-13h, fermé lun),* dominé par un Christ Pantocrator avec les deux bras levés. Ne pas hésiter non plus à flâner dans la vieille ville, qui recèle de belles maisons blasonnées et quelques palais urbains.

## *BARBADELO (27616)*

Toute petite commune éclatée en plusieurs hameaux. L'église romane de l'ancien monastère de Santiago de Barbadelo est l'une des plus belles de la région.

Superbe tympan orné d'un Christ Pantocrator. Nef d'une sobriété toute romane et retable d'une exubérance toute baroque *(se renseigner sur place pour visiter).*

## Où dormir ? Où manger ?

**Albergue de peregrinos de la Xunta :** *660-39-68-14. Bâtiment récent à côté de l'église de Santiago. Accueil 13h-22h. Nuitée 6 €.* Comprend 18 places dans une école réaménagée. Garage pour 5 vélos.

**Casa Barbadelo :** *à* **Vilei.** *☎ 982-53-19-34. 636-67-83-24 • info@barbadelo.com • barbadelo.com • Au km 108 du chemin. Fermé nov-Semaine sainte. Nuitée 9 €/pers en dortoir. Double avec sdb 45 €, familiale aussi. Repas 9-12 €.* Une auberge privée dans un ensemble de bâtiments récents et fort bien tenus. Joli coin de campagne tout autour, et pas mal d'idée dans la déco, y compris au resto où trônent des collections de toutes sortes. Piscine pour les résidents, les veinards ! Proprio de bon conseil : il a déjà fait le chemin.

**Casa Nova de Rente :** *Rente, 2. ☎ 982-18-78-54. 696-77-66-01. • casaruralnovaderente@hotmail.com • casanovaderente.com • Fermé déc-fév. Double 35 €. Menu 9 €.* Bonne grosse ferme à l'aspect montagnard. Chambres bien tenues avec un mobilier de grand-mère et des rideaux à fleurs. Accueil très familial.

**Casa Caxigueiro :** *à* **Sabenche,** *27613 ; à 5 km de Sarria vers Portomarín, sur la LU-633. ☎ 982-53-40-20. 618-95-13-44. Fermé 24 juin, 25 juil, 8 sept et 24 déc. Double avec sdb 61 €, familiale aussi, appart 2-4 pers 88 €. Menus 11-17 €. Apéritif maison offert sur présentation de ce guide.* On aime beaucoup cette charmante *casa rural* exilée en pleine cambrousse, avec ses boiseries, ses vieilles pierres et son beau mobilier authentique. Bon confort dans les 6 chambres, pour certaines décorées de fresques anciennes. Côté cuisine, c'est l'agneau (*año* en galicien) qui tient la vedette, car il est élevé dans la ferme. Pour finir le repas avec une infusion, on peut faire sa cueillette dans le jardin. Excellent accueil.

**Casa Carmen :** *dans le hameau de* **San Silvestre** *; en venant de Sarria, à droite au sommet d'une colline, au-dessus de Santiago de Barbadelo. ☎ 982-53-22-94. 606-15-67-05. • albergueacasadecarmen@gmail.com • Menu du jour 10 €.* Dans une ferme-auberge rustique à souhait. L'accueil est sympa, les aliments viennent de la ferme, rien à dire, sinon que le patron pourra vous ouvrir sa chapelle privée, tout à côté, où trône un saint Sylvestre, bel exemple d'art populaire galicien du XVIe s. Propose également des lits en dortoir *(10 €/pers)* et des chambres doubles basiques *(35 € avec sdb partagée)* qui pourront dépanner le pèlerin imprévoyant.



## FERREIROS

Minuscule hameau à 10 km de Portomarín, où l'on trouvera une auberge de pèlerins et un bar-resto.

**Albergue de peregrinos de la Xunta :** *installée le long du chemin. 660-39-68-15. Accueil 13h-22h. Nuitée 6 €.* Une ancienne école de village qui propose simplement 22 places et un local à vélos.

## PORTOMARÍN *(27170)*

Jolie bourgade reconstruite dans les années 1960 sur une colline surplombant les eaux d'un lac artificiel (barrage hydroélectrique) où dorment les vestiges de l'ancien village englouti. Le chemin aboutit à la praza Maior dont un côté est bordé d'arcades du XVIe s. C'est sur cette place qu'a échoué l'iglesia San Xoán ou San Nicolao *(ouv 10h-13h, 16h-19h ; fermé lun),* après avoir été démontée pierre à

pierre pour la sauver de la noyade ! Datant du XIIIe s, elle évoque une tour fortifiée et crénelée. Hormis le portail principal, on y trouvera des restes de fresques gothiques et une mignonne petite Annonciation sculptée au XVIIe s.
D'un point de vue pratique, Portomarín (1 550 habitants) dispose de distributeurs automatiques, de pharmacies et d'un bon nombre d'hôtels et de restos.

## Où dormir ? Où manger ?

**Camping Santa Mariña :** *área de turismo rural. ☎ 982-54-51-05. 690-69-28-61. Indiqué à l'entrée du village. Env 16 € pour 2 pers avec tente et voiture ; bungalow 4 pers env 75 € ; double avec sdb 55 €. Menu 13 €.* Remarquablement placé à l'extérieur de la ville, pas loin du *río* vers lequel le terrain descend en pente douce. Un vrai petit ensemble touristique avec 37 parcelles pour campeurs, 5 bungalows et 9 chambres doubles. Au resto, menu et spécialité d'anguilles frites. Manque quand même un peu d'ombrage. Box pour les chevaux des pèlerins cavaliers *(12 €)* et possibilité d'organiser les derniers kilomètres jusqu'à Saint-Jacques à cheval. Quad, buggies et canoë sont également au rendez-vous. Accueil et ambiance décontractés.

**Albergue de peregrinos de la Xunta :** *rúa Condes de Fenosa. ☎ 982-54-51-43. Derrière l'église. Accueil 13h-22h. Nuitée 6 €.* Installée dans un bâtiment contemporain, elle comporte 114 places. Cuisine.

**Albergue O Mirador :** *rúa do Peregrino, 27. ☎ 982-54-53-23. • info@omiradorportomarin.com • omiradorportomarin.com • À peine en contrebas de la rue principale du centre. Nuitée 10 €. Menu 10 € servi midi et soir, carte 15-20 €.* Auberge qui, comme son nom l'indique, offre une vue superbe sur le lac, de la véranda du resto comme des petits dortoirs à la déco coquette, avec ou sans salle de bains intérieure. Bar-resto animé par une équipe dynamique. Laverie et local à vélos.

**Posada del Camino :** *rúa de Lugo, 1. ☎ 982-54-50-81. • restauranteposadadelcamino.com • À côté de la praza Maior et de l'église. Doubles sans ou avec sdb 22-35 €. Menu 10 €. Pas de wifi.* L'un des plus vieux hôtels de la ville, bien tenu et parfaitement situé. Chambres à l'ancienne, très économiques, avec de petites fenêtres. Bonne cuisine et service aimable au resto. Agréable terrasse face à l'église.

**Hotel & albergue Ferramenteiro :** *rúa Chantada, 3. ☎ 982-54-53-61 (hôtel) ou 62 (albergue). • info@hotelferramenteiro.com • hotelferramenteiro.com • ♿ En plein centre. Nuitée 10 €/pers côté albergue. À l'hôtel, doubles 80-90 €.* Hôtel contemporain doté d'un beau décor design et de chambres douillettes, les plus chères avec terrasse face au lac. Tarifs un peu élevés, mais c'est sans doute l'hôtel le plus confortable du coin. Les pèlerins se dirigeront plutôt vers la grande auberge en contrebas, moderne et bien équipée : 130 lits, cuisine, laverie et garage à vélos.

## Fête

– **Fête de l'Eau-de-vie :** *le dim de Pâques (c'est-à-dire le jour de la Résurrection).* Et, effectivement, l'*aguardiente* (aussi connue comme *orujo* en Galice) de Portomarín, ça réveillerait un mort !

## GONZAR *(27188)*

Tout petit village dont on repère de loin le clocher, étonnamment haut.

**Albergue de peregrinos de la Xunta :** *route 535, à la sortie du village. ☎ 982-15-78-40. 660-39-66-17. Accueil 13h-22h. Nuitée 6 €.* Propose 30 places. Cuisine, laverie, chauffage. Juste à côté, le café *Descanso del Peregrino* est ouvert dès 6h pour le petit déj.

LA GALICE

## VENDAS DE NARÓN

Au centre du hameau, une très vieille borne indique le chemin depuis quelques siècles.

**Albergue de peregrinos de la Xunta :** *sur la N-540, à votre gauche après le pont surplombant le carrefour. ☎ 982-54-52-32. 660-39-68-18. Accueil 13h-22h. Nuitée 6 €.* L'auberge domine le grand carrefour des routes. Comprend 32 places. Cuisine, laverie. Sur la plupart des documents, elle figure sous le nom *Albergue d'Hospital da Cruz.*

## LIGONDE (27568)

Tout petit village tapi au creux d'un vallon. Au km 25 de la N-547, prendre la direction de Ligonde, le hameau d'Airexe se trouve à 3 km. De l'autre côté de la route, au km 28, vous croiserez la très belle *igrexa de Vilar de Donas* aux murs et à la voûte couverts de peintures gothiques avec, notamment, une magnifique Annonciation *(un habitant du village garde la clé, se renseigner sur place pour visiter).*

**Albergue de peregrinos de la Xunta :** *dans le hameau d'**Airexe,** sur la place du village. 660-39-68-19. Accueil 13h-22h. Nuitée 6 €.* Simplissime, avec 20 lits et 5 emplacements à vélos. Selon les documents, elle s'appelle *Ligonde, Lixonde* ou *Airexe.*

**Casa Rectoral de Lestedo :** *à **Lestedo,** 1,5 km depuis la route vers Santiago (fléché) et 4 km avt Palas de Rei. ☎ 982-47-08-02. 618-28-07-86. • alojamientorectoraldelestedo@gmail.com • rectoraldelestedo.com • Congés : nov-mars. Doubles avec douche ou sdb 60-85 €, familiales aussi ; petit déj 7 €. Repas (dîner slt) 18 €.* Cette belle maison en pierre, jadis un « hôpital » auberge de pèlerins, a été superbement restaurée et aménagée avec goût dans l'air (design) du temps. Les 7 chambres sont claires, avec des meubles modernes et des tissus aux motifs floraux pastel qui réchauffent la pierre brute. La véranda, qui sert de salon de lecture, est très agréable, ainsi que la salle de resto, clean et fonctionnelle. Bon accueil.

Entre Ligonde et Airexe, 2 petits **restos** bon marché.

## PALAS DE REI (27203)

Bourgade aujourd'hui sans grand charme, un pèlerin vous indiquera pourtant le chemin du *castelo de Pambre,* enchâssé dans la verdure et bercé par le clapotis d'un torrent (à 10 km de la nationale). Sachez qu'il fait partie des châteaux les plus photographiés de Galice *(en principe, visite de la cour intérieure tlj 11h-14h, 16h-20h – 12h-17h30 nov-mars ; • castelodepambre.com •).* N'ayez donc pas peur d'être le millionième à prendre ce fameux cliché...

**Albergue de peregrinos de la Xunta :** *avda de Compostela, 19 ; au centre de la ville, face à la mairie. 660-39-68-20. Accueil 13h-22h. Nuitée 6 €.* Comprend 64 places dans l'ancien bâtiment et 112 lits dans le nouveau *pabellón,* plus excentré (à Lugar de Chacotes). Cuisine et laverie.

## CASANOVA

À 5 km de Palas de Rei. Rien de particulier à signaler ; mieux vaut donc avoir un roman palpitant à lire le soir, avant de reprendre la route de bon matin.

**Albergue de peregrinos de la Xunta :** *660-39-68-21. Au croisement avec Ambreixo, prendre Casanova sur la gauche. Connue*

LA GALICE

*sous le nom d'O Mato. Accueil 13h-22h. Nuitée 6 €.* L'auberge, une toute petite maison blanche, est à 1,5 km et compte 20 places. Local à vélos.

## LEBOREIRO

À 4 km de Casanova. L'église est un bel exemple de transition vers le gothique, et le village a conservé un petit pont médiéval.

**Casa de los Somoza :** *à O Coto (15809* ***Melide****), au km 42 de la N-547. ☎ 981-50-73-72. • infocasadelossomoza@gmail.com • casadelossomoza.com • Fermé janv-fév. Double 55 €, petit déj 6 €. Menus 10-15 €.* Une dizaine de chambres dans cette *casa rural* bien tenue, flanquée du traditionnel *hórreo*. L'intérieur reste simple, sans recherche d'un style particulier. Mais les volumes et le confort des chambres comblent le manque de personnalité. Le petit déj est très bon et l'accueil des plus aimable. Bar d'été avec une grande terrasse.

## MELIDE *(15800)*

À 5 km de Leboreiro. Petite ville un peu décatie, mais qui ne manque ni de charme ni de restos. Pour les bons marcheurs, c'est pratiquement la dernière étape puisque Santiago n'est plus qu'à 50 km. Le chemin du nord par Oviedo rejoint le *Camino francés*. Les pèlerins deviennent légion !
*– Infos : • turismomelide.com •*

### Où dormir ? Où manger ?

**Albergue de peregrinos de la Xunta :** *rúa San Antonio. 660-39-68-22. Dans le bourg. Accueil 13h-22h. Nuitée 6 €.* Moderne et impeccable mais moyennement conviviale, elle propose 156 places. Laverie. Garage à vélos et 6 box pour les chevaux.

**Albergue de San Antón :** *rúa San Antón, 6. ☎ 981-50-64-27. 698-15-36-72. • alberguesananton@gmail.com • alberguesananton.com • Fermé déc-fév. Réception 10h30-23h. Nuitée 10 €/pers (12 € juil-août), petit déj env 3 €.* Une auberge de pèlerins nouvelle génération, moderne et confortable. Dortoirs très propres de 4 à 8 lits et sanitaires communs tout neufs. Snack-bar et grande pelouse à l'arrière pour pique-niquer. Garage à vélos. Super accueil.

2 *pulperías* populaires se partagent les faveurs de la clientèle locale et la longue avenue du centre-ville. **Pulpería Ezequiel :** *avda de Lugo, 48 ; ☎ 981-50-52-91, menu 10 €.* Et **Pulpería A Garnacha :** *camiño Viejo de Santiago, 2 ; ☎ 981-50-73-47 ; fermé lun soir, plats max 10 €.*

**Restaurante Sony :** *Codeseira, 41. ☎ 981-50-54-73. • sony@restaurantesony.com • À la sortie nord du bourg, sur la gauche en direction de Santiago. Menu du pèlerin 9 €, 15 € le w-e ; carte 15-20 €.* Non, ce n'est pas une vitrine d'électronique japonaise mais une bonne cantine villageoise rustique.

LA GALICE

## À voir à Melide et dans les environs

**Igrexa Santa María :** *à la sortie de Melide.* Entourée de cyprès, cette sobre église romane du XIIe s abrite de curieuses peintures gothiques du XVe s.

**Mosteiro de Sobrado dos Monxes :** *dans le village de* ***Sobrado****, à env 30 km. Visite tlj 10h-13h, 16h30-19h30.* Monastère cistercien qui est resté longtemps actif. De ce fait, il a souvent été remodelé, notamment à la Renaissance et au XVIIIe s, et les éléments baroques prédominent. Pour drainer la région, les moines ont creusé l'étang voisin de Sobrado, désormais un refuge pour oiseaux aquatiques.

Ne pas manquer non plus la ***igrexa de Santo Antolín de Toques,*** seule église préromane de Galice.

## RIBADISO

À 12 km après Melide. Rien autour de l'auberge.

***Albergue de peregrinos de la Xunta :*** *☎ 981-50-11-85. 660-39-68-23. Au bord du chemin piéton et de la rivière, non loin de la N-547, après le km 60 (attention, ce n'est pas indiqué). Accueil 13h-22h. Nuitée 6 €.* Dans un ancien hôpital de pèlerins, proche du pont médiéval. Comporte 70 places, une cuisine et un local à vélos. Zone de camping et aire de pique-nique très agréables au bord de la rivière.

## ARZÚA

À 2 km après Ribadiso. Le chemin a la bonne idée de suivre son tracé originel et de se glisser dans la dernière rue ancienne de cette petite ville avec toutes les facilités : épicerie, restos, etc. Vous voici dans la capitale du fromage galicien appelé *tetilla,* tout simplement en raison de sa forme en pis de vache ! Arzúa a droit chaque année au début du mois de mars à une ***foire aux fromages*** *(● festa doqueixo.org ●)* extrêmement réputée dans toute la Galice.



***Albergue de peregrinos de la Xunta :*** *rúa Cima do Lugar, 6. 660-39-68-24. Dans le village, au croisement avec la rúa das Dores. Accueil 13h-22h. Nuitée 6 €.* Grosse maison ancienne avec des fenêtres vertes, comptant 50 places et 10 emplacements pour les vélos.

## SANTA IRENE *(15871)*

À 17 km après Arzúa. En pleine campagne.

***Albergue de peregrinos de la Xunta :*** *à la sortie du village, au bord d'un ancien tronçon de la N-547. 660-39-68-25. Accueil 13h-22h. Nuitée 6 €.* Propose 36 places, 5 emplacements pour les vélos et 4 pour les chevaux. Cyclistes, ouvrez l'œil, vous pouvez la louper.

***Albergue privado de Santa Irene :*** *presque en face de celle de la Xunta. Accueil 12h-22h30. Fermé nov-Semaine sainte. On peut réserver : ☎ 981-51-10-00. Nuit en dortoir 13 €, petit déj 5 €. Repas (ts les soirs sauf dim) 10 €. CB refusées.* Petite maison presque à l'orée de la forêt qui compte 15 places. Accueil très gentil (même s'il faut parfois insister un peu pour que la porte s'ouvre !). Pas de cuisine, mais vous pouvez y commander le dîner, même si vous dormez à l'auberge publique.

## ARCA

Santiago est à 16 km. L'étape suivante (et ultime), celle de Monte do Gozo, est traitée dans la rubrique « Dans les environs de Saint-Jacques-de-Compostelle » à la fin du chapitre sur Saint-Jacques.

L'entrée du village est marquée « O Pedrouzo ». Plusieurs restos et épiceries.

***Albergue de peregrinos de la Xunta :*** *à l'entrée du village. 660-39-68-26. Accueil 13h-22h. Nuitée 6 €.* L'auberge dispose de plus de 120 places et de 9 box pour les chevaux. Sur certains documents, l'auberge est dénommée *Arca do Pino* ou *O Pino,* qui est le nom du *municipio.* Café et supermarché à proximité.

# SAINT-JACQUES-DE-COMPOSTELLE (SANTIAGO DE COMPOSTELA)

(15700) 95 600 hab.

• Plan *p. 188-189*

« L'extraordinaire se trouve sur les chemins des gens ordinaires. »

Paulo Coelho

**Liée pour l'éternité à son pèlerinage, Saint-Jacques-de-Compostelle, de réputation universelle, est l'une des plus belles, des plus attachantes villes d'Espagne. Autour du phare de sa cathédrale, églises, monastères et vieux palais, semés au gré d'un lacis de ruelles pavées réservées aux piétons et de places taillées dans une pierre chaleureuse, transportent hors du temps et du monde même. Santiago, ville mystique ? Le fervent recueillement des pèlerins devant le buste de saint Jacques et le *porche de la Gloire* – apothéose de l'art roman –, où ils émettent leur vœu le plus cher après ce long cheminement introspectif, nourrit l'âme de cette ville si particulière...**
**Si la cathédrale remonte en partie à la fin du XI^e^ s, la ville a subi un grand lifting baroque aux XVI^e^ et XVII^e^ s à l'instigation des autorités religieuses. On pourrait craindre un certain défaut d'harmonie : il n'en est rien. Le granit, au grain brillant au soleil, unit les façades dans une même élégance renforcée par une profusion de sculptures et d'ornementations. Certes, aujourd'hui, le cœur historique s'enveloppe d'une carapace de nouveaux quartiers à l'architecture moderne banale, qui tranche singulièrement. Traversez-les sans regarder, et installez-vous au centre, entre restos, cafés et terrasses !**
**Cité universitaire très animée en hiver malgré la pluviométrie (le quart de la population est étudiante !), Saint-Jacques-de-Compostelle demeure éminemment touristique l'été – qui est une saison sèche. Le 25 juillet, jour de la Saint-Jacques, est la fête la plus importante de l'année. Lorsque ce jour tombe un dimanche, selon le cycle 6/5/6/11 ans, c'est une « année sainte » ou « année jacquaire ». Ferveur et fréquentation sont alors décuplées, comme en 2004 et 2010. Les visiteurs du tombeau de l'apôtre peuvent, s'ils souhaitent suivre le protocole à la lettre : se confesser, puis communier et prier pour le pape, afin d'obtenir l'indulgence plénière... c'est-à-dire la rémission totale de leurs péchés ! Prochain *Año Santo* prévu en 2021.**

## UN PEU D'HISTOIRE SAINTE

Jacques pêchait des poissons avec son frère Jean sur la barque de Pierre, avant de devenir l'un des disciples de Jésus, qui le surnomma *Bonaerge,* « fils du tonnerre », pour son ardeur à la prédication. Selon la légende, à la mort du Christ, Jacques part évangéliser l'Espagne puis retourne à Jérusalem, où il est décapité vers l'an 44. Sa dépouille est alors transportée par ses disciples jusqu'en Galice, à bord d'une barque dotée d'un équipage d'anges. Puis son tombeau est oublié. Vers l'an 814, une miraculeuse pluie d'étoiles en signale l'emplacement à un ermite nommé Pelayo. Aussitôt, Théodomire, évêque d'Iria Flavia (proche de l'actuelle Padrón), identifie les reliques comme celles de l'apôtre Jacques. On décide alors

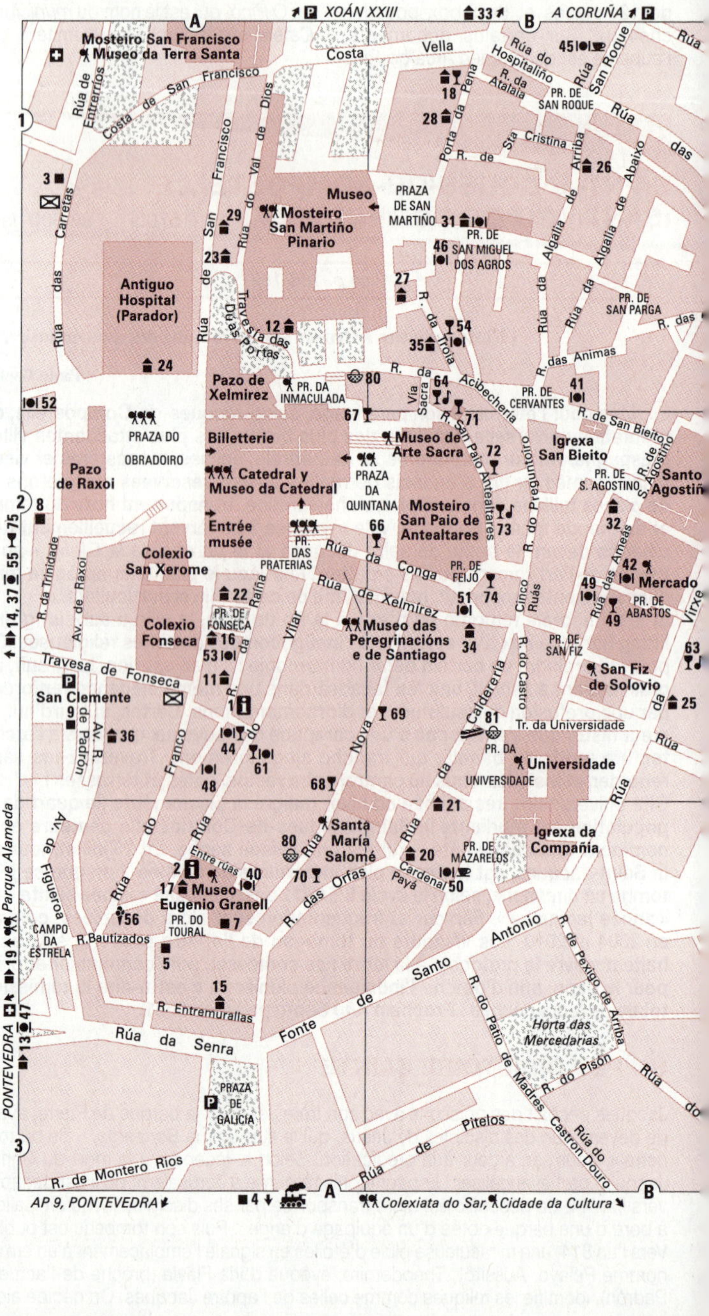

XOÁN XXIII
33
A CORUÑA
A
B
1
2
3
Mosteiro San Francisco
Museo da Terra Santa
Costa Vella
Costa de San Francisco
Rúa de Entrerríos
Rúa do Hospitaliño
R. da Atalaia
PR. DE SAN ROQUE
Rúa San Roque
Rúa das
45
18
28
Porta da Pena
R. de Sta Cristina
Arriba
26
Algalia de Abaixo
Algalia de Arriba
3
Rúa das Carretas
Rúa de San Francisco
Rúa do Val de Dios
Museo
PRAZA DE SAN MARTIÑO
29
Mosteiro San Martiño Pinario
31
PR. DE SAN MIGUEL DOS AGROS
46
23
27
Antiguo Hospital (Parador)
Travesía das Dúas Portas
12
R. da Troia
54
35
R. das Animas
R. das
PR. DE SAN PARGA
Rúa da Algalia
24
Pazo de Xelmírez
PR. DA INMACULADA
80
R. da Acibechería
Vía Sacra
64
41
PR. DE CERVANTES
R. de San Bieito
52
67
71
PRAZA DO OBRADOIRO
Billetterie
Museo de Arte Sacra
Igrexa San Bieito
Pazo de Raxoi
Catedral y Museo da Catedral
PRAZA DA QUINTANA
R. San Paio Antealtares
72
R. do Preguntoiro
PR. DE S. AGOSTIÑO
R. de S. Agostiño
Santo Agostiño
8
Entrée musée
Mosteiro San Paio de Antealtares
73
32
66
PR. DAS PRATERIAS
Rúa da Conga
Colexio San Xerome
PR. DE FEIJÓ
R. da Trinidade
Av. de Raxoi
Rúa de Xelmírez
74
42
Mercado
22
51
49
PR. DE ABASTOS
Virxe
Colexio Fonseca
PR. DE FONSECA
R. da Raíña
Vilar
Museo das Peregrinacións e de Santiago
Cinco Rúas
Rúa das Ameas
16
34
R. do Castro
PR. DE SAN FIZ
63
53
Travesa de Fonseca
Caldereria
San Fiz de Solovio
11
San Clemente
9
R. do Vilar
1
Rúa Nova
25
Av. R. de Padrón
36
69
81
Tr. da Universidade
44
61
PR. DA UNIVERSIDADE
Universidade
Rúa do Franco
48
68
21
Rúa da Caldeirería
Rúa
Av. de Figueroa
Parque Alameda
Santa María Salomé
Igrexa da Compañía
80
20
PR. DE MAZARELOS
2
Entre rúas
40
70
Cardenal Payá
17
Museo Eugenio Granell
50
56
PR. DO TOURAL
7
R. das Orfas
CAMPO DA ESTRELA
R.Bautizados
5
Antonio
R. de Pexigo de Arriba
19
15
Santo
Fonte de
R. do Patio de Madres
R. Entremurallas
Horta das Mercedarias
47
Rúa da Senra
13
R. do Pisón
PONTEVEDRA
PRAZA DE GALICIA
Rúa do
Rúa do Castrón Douro
Pitelos
Rúa de
R. de Montero Rios
AP 9, PONTEVEDRA
4
Colexiata do Sar, Cidade da Cultura

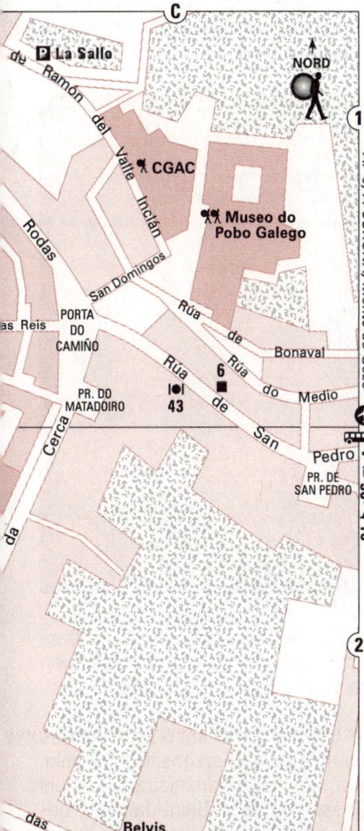


## ■ Adresses utiles

1 Oficina de turismo de Galicia (A2)
2 Oficina central de información turística (A3)
3 Oficina del peregrino et consigne à bagages des pèlerins (A1)
4 Tour'n Ride (hors A3)
5 Pharmacie Bescansa (A3)
6 Velocípedo (C1)
7 Supermarché Froiz (A3)
8 Police municipale (A2)
9 Police nationale (A2)

## Où dormir ?

10 Camping As Cancelas (hors C2)
11 Hospedaje Ramos (A2)
12 Hospedería San Martín Pinario – Seminario Mayor (A1)
13 Hotel Herradura (hors A3)
14 Mundo Albergue (hors A2)
15 Pensión Residencia Mapoula (A3)
16 Casa Celsa - Barbantes (A2)
17 Hostal Suso (A3)
18 Hospedaje Mera et Hotel Costa Vella (B1)
19 Roots & Boots et Catedral Suites (hors A3)
20 Hotel Real (B3)
21 Hostal Pazo de Agra (B2-3)
22 Pensión Libredón (A2)
23 Hotel Sete Artes (A1)
24 Parador de Santiago – Hostal Dos Reis Católicos (A1)
25 Hotel Virxe da Cerca (B2)
26 Hotel Alda Algalia (B1)
27 Hotel Campanas de San Juan (B1)
28 Hostal Casa Félisa (B1)
29 Domus Stellae (A1)
30 Albergue de Peregrinos Acuario (hors C2)
31 Hotel San Miguel (B1)
32 Hotel Pazo de Altamira (B2)
33 Hotel Altaïr et Hotel Moure (hors B1)
34 Hotel Montenegro (B2)
35 Hotel Carris Casa de la Troya (B1)
36 Pensión 25 de Julio (A2)
37 Hostal Alfonso (hors A2)

## Où manger ?

31 Solleiros (B1)
40 Restaurante Entre-Rúas et A Tulla (A3)
41 Casa Manolo (B1)
42 Mariscomanía (B2)
43 O Dezaseis (C1)
44 O Gato Negro (A2)
45 La Bodeguilla de San Roque (B1)
46 Los Sobrinos del Padre (B1)
47 Avelaiña (hors A3)
48 Restaurante Orella (A2)
49 Abastos 2.0 (B2)
50 Cafetería Candilejas (B3)
51 A Curtidoría (B2)
52 Casa Marcelo (A1)
53 Los Caracoles (A2)
54 Bierzo Enxebre (B1)
55 A Táboa de Picar (hors A2)

## Où manger une bonne glace ?

56 Bico de Xeado (A3)

## Où boire un verre ? Où sortir ?

18 Cafeteria de l'Hotel Costa Vella (B1)
44 Bar Trafalgar et O Gato Negro (A2)
61 Café Casino (A2)
63 Pub Momo (B2)
64 Casa das Crechas (B1)
66 Quintana Café (B2)
67 Café Litérarios (A-B1-2)
68 Rhin Café Bar (A2)
69 Cervecería rúa Bella (B2)
70 Copas Rotas (A3)
71 Paraíso Perdido et A Gramola (B1-2)
72 La Carrilana (B2)
73 Borriquita de Belém (B2)
74 Modus Vivendi (B2)
75 San Clemente (hors A2)

## Achats

80 Ámboa (A3)
81 Buen Jamón (B2)

# SAINT-JACQUES-DE-COMPOSTELLE

de construire sur ce sanctuaire une chapelle, à l'origine de la fondation de la ville. Si les premiers pèlerins arrivent quelques années plus tard, le roi Alphonse II, confronté à l'invasion musulmane, fait du tombeau de saint Jacques un symbole de la *Reconquista*.

Saint Jacques devient le saint patron de l'Espagne. Une cité grandit autour de sa chapelle, finalement remplacée au XIIe s par une cathédrale à même d'accueillir la grande affluence des pèlerins (environ 500 000 par an entre les Xe et XIIe s). Le concept d'année sainte est instauré en 1122 par le pape Calixte II. C'est l'âge d'or de Compostelle, fief du puissant évêque Xelmirez, qui arme une flotte pour battre Vikings et Arabes sur les mers, finance la *Reconquista* et l'établissement de colons. Les moines bénédictins font du pèlerinage un phénomène européen. Au XVIe s, les guerres de Religion marquent le début du déclin : l'Espagne ferme ses frontières et entre en conflit avec la plupart des pays européens. Pire encore, un ecclésiastique italien, confesseur du pape Clément VII, met en doute la réalité même du voyage de prédication de saint Jacques en Espagne... Le pèlerinage connaît une grande désaffection, accentuée au cours des XVIIIe et XIXe s.

### SOUVENIRS DE COMPOSTELLE

*Depuis le Moyen Âge, le pèlerin dispose d'un carnet, la credencial, tamponné à chaque étape. Il lui donne accès aux gîtes bon marché réservés aux peregrinos. Arrivé à Santiago, ce carnet permet d'obtenir la Compostela, attestation officielle de l'authenticité de son pèlerinage. C'est là, pour certains, l'origine du verbe « composter »... Aujourd'hui, la Compostela peut s'obtenir si l'on a au moins parcouru les 100 derniers km à pied (ou 200 km à vélo). Une autre preuve que le pèlerin est arrivé à bon port : il en rapportait jadis une coquille Saint-Jacques, que l'on trouvait en nombre sur les côtes voisines. Ce coquillage demeure le symbole du saint, de la ville et du pèlerinage.*

L'université (fondée en 1495), le marché rural et le développement du secteur des services permettent à la ville de survivre tranquillement. Avec sa position centrale, elle devient en 1982 la capitale de la Galice et son siège administratif. Depuis son classement au Patrimoine mondial de l'Unesco en 1985, Saint-Jacques-de-Compostelle connaît un regain d'intérêt autour de son pèlerinage, qui attire chaque année de plus en plus de randonneurs, croyants ou non. Certains viennent même de Chine et du Japon !



## Arriver – Quitter

### En avion

✈ ***Aeroporto de Santiago*** *(hors plan par C2)* ***:*** *à* ***Lavacolla,*** *à 10 km au nord-est de Saint-Jacques, sur la route de Lugo.* ☎ *902-40-47-04 ou 913-21-10-00.* • *aena.es* • Sur place : distributeurs de billets et loueurs de voitures (*Hertz, Avis-Budget, Entreprise, Europcar, Sixt* et *Thrifty*). Au niveau arrivées, à côté d'*Avis*, un ***comptoir de l'oficina de turismo*** *(mai-oct tlj 9h15-17h45 ; sinon un comptoir info au niveau des départs ouv 24h/24),* avec des infos à jour sur les transports en commun et bonne carte de la ville.

➢ *Vueling* assure env 5 vols/sem directs (2 slt hors saison) avec ***Paris.*** Les compagnies *Iberia, Ryanair, Easyjet, Air Europa, Air Nostrum* et quelques autres opèrent aussi des liaisons internationales et nationales vers ***Genève, Bâle-Mulhouse, Madrid, Barcelone, Séville, Valence, Alicante, Bilbao*** et certaines capitales européennes.

➢ ***Accès au centre-ville :*** outre les ***taxis*** (tarif fixe 21 €, + 20 % la nuit, le dim et les j. fériés), les ***bus Freire*** *(☎ 981-58-81-11 ;* • *empresafreire.com* •*)* font la navette dans les 2 sens : départ de l'aéroport ttes les 30 mn, 7h-1h (6h-minuit dans le sens

Saint-Jacques/aéroport). Tarif : 3 € pour 40 mn de trajet. Dessert la gare routière *(hors plan par C2)* et la gare ferroviaire *(hors plan par A3)*, puis la rúa da Rosa et la praza de Galicia *(plan A3)*, à l'entrée sud de la vieille ville.

➢ ***Pour Lugo :*** 5-7 bus/j. avec *Freire* depuis l'aéroport, 7h-20h. Tarif : env 9,50 €.

➢ ***Pour La Corogne :*** 1-2 bus/j. avec *Travidi (☎ 981-25-70-82 ; • travidi.com •)*, à 10h30 et 22h15 en sem, 22h15 slt w-e et j. fériés. Tarif : env 7,55 €.

## En train

***Estación RENFE*** *(hors plan par A3)* **:** *rúa Hórreo, s/n. ☎ 912-320-320 (nº national). • renfe.com •* Sur place : ATM, location de voitures (*Avis* et *Europcar* à la sortie à droite, *Entreprise* au-dessus, sur l'avda de Lugo ; sauf sam ap-m et dim). Pour rejoindre le centre : bus nºˢ C6, 6 ou 7.

➢ ***La Corogne :*** env ttes les 15 mn-1h30 (1h en moyenne), 6h50-23h lun-ven, 7h40-22h30 w-e. Durée : env 30 mn.

➢ ***Padrón :*** 9-10 trains/j., 6h15 (10h15 w-e)-22h. Durée : 15 mn.

➢ ***Vilagarcía de Arousa*** (durée 20-40 mn), ***Pontevedra*** (35 mn-1h) et ***Vigo*** (50 mn-1h35) **:** ttes les 30 mn-1h30, 6h15 (7h30 dim)-22h.

➢ ***Ourense :*** 9-13 trains/j., 7h (8h30 le w-e)-20h30. Durée : 40 mn.

➢ ***Monforte de Lemos :*** 3 trains/j., vers 8h30, 10h et 17h, avec changement à Ourense. Durée : 1h20-1h40.

➢ ***Oviedo :*** 2 trains/j., vers 8h30 et 10h avec changement à *León*. Durée : 7h30-9h.

➢ ***Porto*** *(Portugal)* **:** 2 trains/j. à 6h15 et 16h30 avec correspondance à *Vigo*. Durée : 3-4h.

➢ ***Madrid :*** 3-5 trains/j. (avec changement à *León* pour certains), jusqu'à 9/j. en été. Durée : 5h-9h30.

➢ ***Hendaye*** (*France* ; durée : 11h10) **:** 1 train/j. vers 10h avec arrêts à Ourense, Monforte de Lemos, Ponferrada (3h40), León (5h20), Burgos (7h40), Vitoria-Gasteiz (9h), Donostia-San Sebastián (10h45) et Irún (11h)... Pour ***Paris*** (26h) et d'autres villes françaises, avec correspondances et nuit à *Hendaye*.

## En bus

***Estación de autobuses*** *(hors plan par C2)* **:** *praza Camilo Diaz Baliño. ☎ 981-54-24-16. • tussa.org • Guichet d'info : tlj 6h-22h.* Sur place : consigne à bagages (6h-21h30 ; 3,50 €/j.) où l'on peut laisser son vélo, et ATM. Pour rejoindre le centre : bus nº 5, ttes les 20-30 mn, 6h40 (7h sam, 7h30 dim)-22h40 (22h30 w-e).

Plusieurs compagnies se partagent les destinations :

■ ***Monbus :*** *☎ 902-29-29-00. • monbus.es •*

➢ ***Ferrol :*** 5-7 bus/j., 9h15-20h30 (21h dim). Durée : 1h20.

➢ ***La Corogne :*** ttes les heures en sem, 6h30-21h15 ; un peu moins fréquents le w-e (10h-21h sam, 10h-22h30 dim). Durée : 50 mn-1h30.

➢ ***Noia*** (durée 50 mn-1h) et ***Muros*** (1-2h) **:** env ttes les heures (parfois 1h30), 9h-21h30 en sem ; 7-8/j. le w-e, 9h-20h15. La plupart des bus vont jusqu'à Muros.

➢ ***Carnota*** (1h20-2h10), ***Cee*** (1h40-2h40) et ***Fisterra*** (1h30 pour les directs en été, sinon jusqu'à 3h de trajet) **:** 4-7 bus/j., 9h-19h (18h15 w-e).

➢ ***Padrón*** (30 mn) **:** env 11 bus/j. en sem, 6h50-20h30 ; 7 bus/j. sam, 6/j. dim (10h-20h30 w-e). Durée : 30 mn.

➢ ***Carril*** (1h), ***Cambados*** (1h30) et ***O Grove*** (2h) **:** 4 bus/j. en sem, 11h-20h30, 2 slt le w-e (le 1ᵉʳ et le dernier).

➢ ***Pontevedra*** (50 mn-1h30) et ***Vigo*** (1h30-2h) **:** en sem, à 6h50, puis ttes les 30 mn-1h30, 9h-22h. Le w-e, ttes les 1-2h, 9h10 (10h dim)-21h.

➢ ***Ourense :*** 6 bus/j. en sem 9h15-20h, 5 le sam 10h-18h, 6 le dim 10h-21h. Durée : 1h40-2h.

➢ ***Monforte de Lemos :*** 2 bus/j., 15h-18h, en sem ; 1 seul le w-e (15h sam, 14h dim). Durée : 2h10.

■ ***Alsa :*** *☎ 902-42-22-42. • alsa.es • Tlj 6h30 (7h30 dim)-21h15.*

➢ ***Madrid :*** 5-6 bus/j., 7h (9h45 dim)-21h30. Durée : 8-10h.

➢ ***Porto et Lisbonne*** *(Portugal)* **:** 3-4 bus/j. en saison, 10h-17h30 pour Porto ; seul celui de midi continue jusqu'à Lisbonne. Durée : 3h30-4h15 pour Porto, 10h pour Lisbonne.

➢ ***Oviedo :*** 4-6 bus/j., 5h45-18h. Durée : 4h30-6h45.

➢ ***Bayonne :*** tlj à 18h en saison (plus 9h ven-sam en août) ; slt 2 bus/sem en hiver (à priori ven et sam à 18h). Durée : 14h. Également départs pour ***Lyon*** (27h), ***Marseille*** (23h30) et ***Paris*** (24h), mais jours et heures très variables selon saison.

➢ ***Ponferrada :*** 9-10 bus/j., 7h-21h30. Durée : 3h30-4h30.

➢ ***León*** (5-6h) et ***Valladolid*** (8h30) ***:*** tlj à 8h (plus 9h45 pour León).

➢ ***Burgos :*** 4 bus/j., tlj à 9h45, 14h, 16h et 17h. Durée : 7h50-9h.

➢ ***Salamanca :*** 1 bus/j. à 16h10, plus lun et ven à 8h40 et sam à 10h25. Durée : 6h-7h30.

■ ***Freire :*** *☎ 981-58-81-11. • empresafreire.com •*

➢ ***Lugo :*** 10 bus/j. en sem, 7h-20h (via l'aéroport). 6/j. slt le w-e. Durée : 1h35-2h.

■ ***Arriva :*** *☎ 981-31-12-13. • arriva.gal •*

➢ ***Padrón :*** ttes les heures env en sem 6h-22h30. 7 slt le w-e, 8h-20h. Durée : 20-30 mn.

■ ***Grupo Ferrín*** *(HEFESL)* ***:*** *☎ 981-87-36-43. • grupoferrin.com •*

➢ ***Muxía :*** 2 bus/j., à 8h45 (9h45 w-e) et 16h45 (18h45 dim). Durée : env 2h.

## À pied ou à vélo

Pas moins de 6 chemins de pèlerinage majeurs rejoignent Saint-Jacques-de-Compostelle. Drainant les pèlerins arrivant de toute l'Europe, le ***Camino francés*** est le plus important. Le ***Camino inglés*** vient de Ferrol ou La Corogne, ports où les pèlerins anglais avaient l'habitude de débarquer (petits bras, va...). Le ***Camino del Norte*** longe la côte depuis le Pays basque. Le ***Camino primitivo*** est le parcours originel emprunté, dit-on, par le roi Alphonse II, arrivé des Asturies au IXe s. Ajoutons la ***vía de la Plata*** venant d'Andalousie et le ***Camino portugués...***

■ ***Tour'n Ride*** *(hors plan par A3,* ***4****)* ***:*** *rúa Laverde Ruiz, 5. ☎ 981-93-66-16. • tournride.com • Tte l'année, lun-ven 10h-14h, 16h30-19h ; sur rdv le w-e. Résa en ligne conseillée.* Location de VTT : 19-25 €/j. selon modèle (tarifs dégressifs) ; nombreux accessoires en option. Le patron propose à ceux qui ne voudraient faire qu'une partie du chemin de Compostelle à vélo de leur livrer ses VTT dans la ville de leur choix. Sur son site, il détaille quelques exemples d'itinéraires, mais tout est à la carte. Il vend des emballages simples en carton pour vélo pour l'avion (7 €).

■ ***Velocípedo*** *(plan C1,* ***6****)* ***:*** *rúa de San Pedro, 23. ☎ 981-58-02-60. • elvelocipedo.com • Lun-ven 9h30-13h30, 15h30-20h ; sam 10h-14h ; fermé dim.* L'autre loueur sérieux de Santiago, qui dispose d'un atelier de réparation, peut mettre votre vélo dans un carton costaud (21 €) et le renvoyer à bon port (environ 105 € pour la France, 110 € pour la Belgique et 130 € pour la Suisse ; tarifs dégressifs pour plusieurs vélos). Location de VTT à partir de 15 €/j.

## Circulation et stationnement

Le centre historique n'est pas très étendu et ne s'apprécie qu'à pied : l'accès aux voitures y est de toute façon interdit (seul le *Parador* donne un *pass* d'accès à ses clients). On abandonne donc son auto en périphérie du centre-ville. Il existe un ***parking gratuit*** (mais non surveillé) sous la voie ferroviaire aérienne, au bout de la *rúa de Hórreo,* proche de la gare, à 10 mn à pied du centre *(hors plan par A3)* ; ainsi que des ***places de stationnement gratuites*** dans les quartiers résidentiels modernes, notamment autour de la *rúa de París (hors plan par C2),* à 20 mn à pied du centre par la rúa de San Pedro.

**P** ***2 parkings bon marché :*** *l'un esplanada de Salgueiriños, ouv 8h-20h (hors plan par B1), à env 3 km au nord du centre, accessible par le bus n° 1 ou en 30 mn de marche ; l'autre rúa Feliciano Barrera Fernandez, ouv 7h-19h (hors plan par A3), dans le quartier de Santa Marta, à 20 mn de marche en direction du sud-ouest (bus n° 1 ou C2). On s'y*

LA GALICE

*gare pour 1,50 €/j., et même gratuitement pour le 2e ; mais attention, on ne peut y laisser son véhicule la nuit (amende de 6 € pour les étourdis).*

P Plus près du centre, il vous faudra débourser davantage. Par ordre de prix, vous trouverez : *le* **parking Belvis,** *rúa das Trompas, s/n (plan C2-3), 7,50 €/24h ; le* **parking Xoán XXIII,** *avda Xoán XXIII, s/n (hors plan par A1), 10,60 €/24h (15 € avec entrées et sorties illimitées) ; le* **parking La Salle,** *rúa de Ramón del Valle Inclán, 6 (plan C1), 12 €/24h ; le* **parking praza de Galicia,** *sur la place du même nom (plan A3), env 13,50 €/24h, et encore le* **parking San Clemente,** *rúa de San Clemente (plan A2), qui atteint déjà 15,90 €/24h...*

## Adresses et infos utiles

### Infos touristiques

**Oficina central de información turística** *(plan A3,* ***2****)* **:** *rúa do Vilar, 63. ☎ 981-55-51-29. • santiagoturismo.com • Mai-oct, tlj 9h-21h. Hors saison, lun-ven 9h-19h ; w-e et j. fériés 9h-14h, 16h-19h.* Dispose de listes très complètes des hébergements (avec leurs tarifs) à Saint-Jacques même et à proximité, ainsi que d'un plan pratique de la ville avec monuments et circuits de découverte. Propose également un audioguide en français *(12 €/24h)* pour explorer le centre historique. Leur site internet fourmille d'infos précises. Donne également un *Agenda cultural de eventos.* Excellent accueil, très pro et souvent en français.

**Oficina de turismo de Galicia** *(plan A2,* ***1****)* **:** *rúa do Vilar, 32. ☎ 881-86-63-97. • turismo.gal • Mai-oct, lun-ven 9h-20h ; sam 10h-20h ; dim et j. fériés 10h-15h. Hors saison : lun-sam 10h-19h, fermé dim.* Quelques belles brochures thématiques (gastronomie, artisanat, histoire, culture, espaces naturels...) utiles pour découvrir la région et ses points forts. Également des infos sur les chemins de Compostelle (hébergements et renseignements pratiques liés au pèlerinage) et sur les transports (trains et bus). Accueil gentil et compétent.

### Accueil des pèlerins

■ **Oficina del peregrino** *(plan A1,* ***3****)* **:** *rúa Carretas, 33. ☎ 981-56-88-46. • oficinadelperegrino.com • Dans une ruelle en contrebas de la cathédrale. Semaine sainte-oct, tlj 8h-21h ; le reste de l'année, tlj 10h-19h. Fermé 1er janv et 25 déc.* C'est ici que se trouve le guichet où les pèlerins reçoivent leur « diplôme » *(Compostela)* après avoir montré leur carnet *(credencial)* dûment tamponné. Aide aussi les pèlerins à se loger en ville. Prévoir une bonne heure de queue en fin de journée. Sur place, consigne à bagages *(2 €/j.)* et à vélos *(3 €/j.),* ainsi qu'un guichet de vente de billets de trains et de bus de la compagnie *Alsa.*

### Poste

✉ **Correos** *(poste ; plan A2)* **:** *à l'angle de travesa da Fonseca et rúa do Franco.* **Autre bureau** *à côté de l'Oficina del peregrino, rúa Carretas (plan A1). Lun-sam 8h30-20h30, dim 8h30-15h.* Expédition de sac à dos d'une étape à l'autre ou vers chez soi. Rapatriement de vélo à bon port pour environ 80 € vers la France, 90 € vers la Belgique (emballage et assurances en sus, 42 €). *Infos : • elcaminoconcorreos.com •*

■ Voir aussi plus haut, rubrique « Arriver – Quitter. À pied ou à vélo », les solutions pour expédier son vélo.

### Urgences

■ **Police municipale** *(plan A2,* ***8****)* **:** *baixo do Pazo de Raxoi. ☎ 092 ou 981-54-23-23. À l'arrière (contrebas) de l'hôtel de ville.*

■ **Police nationale** *(plan A2,* ***9****)* **:** *avda de Rodrigo de Padrón, 3. ☎ 091 ou 981-55-11-00.*

■ **Urgences médicales :** *☎ 061.*

✚ **Centro de Salud Galeras** *(plan A1)* **:** *rúa de Entrerríos, 3. ☎ 881-54-03-80. Permanence 8h30-14h.* À deux pas du bureau d'accueil des pèlerins, un nouveau centre médical spécialisé pour l'accueil des étrangers. Pratique en cas de *galeras* !

**Hospital Clínico Universitario** *(hors plan par A3) : travesía de Choupana, s/n. ☎ 981-95-00-00. Au nord-ouest du centre.* Hôpital public.

**Clínica La Rosaleda** *(hors plan par A3) : rúa Santiago León de Caracas, 1. ☎ 981-55-12-00.* Plus proche, mais privée.

**Pharmacie Bescansa** *(plan A3, **5**) : praza do Toural, 11. ☎ 981-58-59-40. Tlj 8h-2h.* En plus d'être utile, c'est une très belle pharmacie, fondée en 1843, avec ses pots en céramique bien alignés sur les étagères d'époque.

## Divers

**Mercado** *(marché ; plan B2) : praza de Abastos, rúa das Ameás. Lun-sam 8h-14h (les jours de grand marché étant jeu et sam) ; fermé dim.* Abrité par des halles en granit, c'est un marché alimentaire haut en couleur où l'on se procure charcuterie, fromages, fruits et légumes, etc.

**Supermarché Froiz** *(plan A3, **7**) : praza do Toural, 2. Lun-sam 9h-21h30, fermé dim.* Central et très bien approvisionné.

# Où dormir ?

Affluence oblige, les prix augmentent en été et durant la Semaine sainte. Le reste du temps, ils sont raisonnables, même dans le cœur historique.

## Camping

**Camping As Cancelas** *(hors plan par C2, **10**) : rúa do 25 de Xullo, 35, 15704. ☎ 981-58-02-66. • info@campingascancelas.com • campingascancelas.com • Env 2 km à l'est du centre. Accès bus nº 4 (ttes les 30 mn) ; arrêt à 150 m ; le nº 11 est plus fréquent (15 mn), mais il s'arrête près du grand centre commercial, à 400 m, au pied d'une côte pentue... Selon saison, 27-34 € pour 2 pers avec tente et voiture ; bungalows (4-5 pers) 50-105 €.* Sur les hauteurs verdoyantes de la ville nouvelle, un camping ombragé, au calme, avec piscine, supérette, resto et laverie. Bons emplacements en palier, séparés par des haies. Loue une douzaine de bungalows en bois tout équipés, un poil serrés et datés mais bien tenus, avec cuisine équipée et agréable petite terrasse devant.

## Auberges (moins de 20 €)

**Roots & Boots** *(hors plan par A3, **19**) : rúa Campo do Cruceiro do Gaio, 7, 15705. 📱 699-63-15-94. • info@rootsandboots.es • rootsandboots.es • À 10 mn à pied à l'ouest de la vieille ville, par le parc de Alameda. Lits en dortoir (4-10 lits) 12-20 € selon taille et saison.* La balade jusqu'au centre est plutôt agréable et l'auberge possède un avantage de taille : un grand jardin verdoyant à l'arrière, avec tables, chaises et cuisine ouverte sur le côté. Un must par beau temps (ça arrive !). Aux étages, 9 dortoirs propres et aérés, avec vieux parquet et vue sur la cathédrale ou le calme jardin (choix cornélien !). Une AJ vraiment agréable et bien tenue par un patron accueillant.

**Mundo Albergue** *(hors plan par A2, **14**) : rúa San Clemente, 26, 15705. ☎ 981-58-86-25. 📱 674-41-56-00. • info@mundoalbergue.es • mundoalbergue.es • À 200 m à l'ouest de la cathédrale. Nuitée 14-17 €/pers ; lits doubles en dortoir 26-30 €.* Une auberge accueillante installée dans une belle demeure centenaire, décorée dans un style très contemporain. À l'étage un grand dortoir impeccable, les lits doubles sont surmontés d'un lit *single*. La cuisine est superbe et il y a même un petit jardin avec terrasse. Laverie, garage à vélos, consigne. Bon accueil francophone.

**Albergue de peregrinos Acuario** *(hors plan par C2, **30**) : rúa Estocolmo, 2, 15707. ☎ 981-57-54-38. • revervas@acuariosantiago.com • acuariosantiago.com • ♿ À 20 mn à pied à l'est de la vieille ville, ou bus nº 6.*

LA GALICE

*Accueil 9h-minuit. Fermé fin déc-début mars. Lits 10-12 €/pers, même prix peu importe la taille du dortoir.* Le *Camino francés* passe à proximité. Dans la ville moderne, au rez-de-chaussée d'un bâtiment sans charme, des dortoirs colorés de 4 à 12 lits, séparés par des cloisons légères ou des rideaux. Ils se partagent en 2 sections, l'une plus ancienne, l'autre plus récente (et agréable), de part et d'autre d'une cuisine centrale. On est un peu les uns sur les autres, mais c'est propre, sympa et pas cher. Consigne à bagages, garage à vélos, laverie.

## De bon marché à prix moyens (30-55 €)

■ ***Hospedaje Ramos*** *(plan A2, **11**) : rúa da Raíña, 18 (3e étage), 15705. ☎ 981-58-18-59. Fermé nov-mars. Double avec sdb 42 €, pas de petit déj. CB refusées. Pas de wifi.* Au cœur de la vieille ville, on recommande chaudement cette petite pension offrant 6 jolies chambres simples récemment rénovées, nickel, toutes avec double vitrage (certaines douches sont très petites). Vue sur la ville en prime. Excellent rapport qualité-prix-accueil.

■ ***Hospedaje Mera*** *(plan B1, **18**) : rúa Porta da Pena, 15, 15704. ☎ 981-58-38-67. • reservas@hospedajemera.com • hospedajemera.com • Fermé janv-mars. Doubles 30-45 € selon confort et saison ; pas de petit déj. Sur présentation de ce guide, réduc de 10 % sur les doubles.* À deux pas du monastère San Martiño Pinario, on aime bien cette petite pension récemment rafraîchie, abritant une dizaine de chambres fonctionnelles à la déco minimaliste, parfaitement tenues et équipées de TV, lavabo ou salle de bains complète. Excellent rapport qualité-prix. Accueil gentil.

■ ***Hostal Pazo de Agra*** *(plan B2-3, **21**) : rúa da Caldereria, 37, 15704. 📱 696-84-56-31. • pazodeagra@yahoo.es • pensionpazodeagra.com • Doubles avec sdb 36-45 € selon saison ; pas de petit déj. Réduc de 10 % sur les doubles sur présentation de ce guide.* Dans une vieille maison du centre historique, cet *hostal* très familial offre une douzaine de chambres à l'ancienne (5 doubles seulement), au confort simple mais bien tenues ; toutes avec balcon sur la ruelle.

## Prix moyens (40-65 €)

■ ***Pensión Residencia Mapoula*** *(plan A3, **15**) : rúa Entremurallas, 10, 15702. ☎ 981-58-01-24. • mapoula@mapoula.com • mapoula.com • Au 3e étage. Doubles avec sdb 42-60 € selon saison. Réduc de 5 % sur présentation de ce guide.* Dans une ruelle calme juste à l'entrée de la vieille ville, ce petit hôtel familial propose d'agréables chambres standardisées avec parquet, pierres apparentes, petit frigo, lumineuses et bien tenues. Bon rapport qualité-prix et accueil en français du charmant proprio, s'il vous plaît !

■ ***Hostal Suso*** *(plan A3, **17**) : rúa do Vilar, 65, 15705. ☎ 981-58-66-11. • hostalsuso@gmail.com • hostalsuso.com • Fermé janv-fév. Doubles 45-62 € selon étage et saison.* Au cœur de l'animation de la vieille ville, chambres impeccables et confortables (parquet flottant et TV), donnant sur la ruelle ou les toits. La plupart ont été refaites sur des notes design. On accède aux plus chères par ascenseur. Cafétéria au rez-de-chaussée. Bon rapport qualité-prix. Accueil sympa.

■ ***Hostal Casa Félisa*** *(plan B1, **28**) : rúa Porta da Pena, 5, 15704. ☎ 981-58-26-02. • casafelisa@hotmail.com • casafelisa.es • Doubles 40-65 € selon confort et saison. Menu du jour en sem le midi 11 € (12 € en été), plats 8-16 €.* Cette vénérable maison à l'entrée du centre historique compte une quinzaine de chambres agréables, avec ou sans salle de bains. Évitez celles du dernier étage, vraiment banales. Le petit jardin verdoyant avec resto est le grand atout de cette adresse ! On peut juste venir y manger si on passe dans le coin.

## De prix moyens à chic (40-99 €)

■ ***Domus Stellae*** *(plan A1, **29**) : rúa de San Francisco, 4, 15705.*

LA GALICE

*☎ 981-56-06-72. • info@domusstellae.com • domusstellae.com • Pas d'accueil, ni de panneau : on s'adresse à la boutique de souvenirs. Fermé janv. Compter 60-70 € pour 2 selon saison, jusqu'à 80 € en août.* Voilà une poignée de petits studios idéalement situés (la cathédrale est à 100 m), aménagés dans une maison ancienne aux pierres apparentes, rénovée sur des notes contemporaines. Ils disposent d'un sofa dépliant et d'une petite cuisine de qualité, avec même une machine à laver le linge ! Un très bon rapport qualité-prix.

**Hotel Real** (plan B3, **20**) **:** *rúa da Caldererìa, 49, 15703. ☎ 981-56-92-90. • hotelrealcom@gmail.com • hotelreal.com • Doubles 56-85 € selon confort et saison, petit déj compris.* En plein centre historique, ce petit établissement propose une douzaine de chambres fonctionnelles, agréables et proprettes, avec pierres apparentes, parquet flottant et baignoire dans les *twin*. La plupart possède un bow-window, toutes sont bien insonorisées. Charmant petit salon et patio calme à l'arrière. Très bon accueil.

***Hospedería San Martín Pinario – Seminario Mayor*** *(plan A1,* ***12****)* **:** *praza da Inmaculada, 3, 15704. ☎ 981-56-02-82. • reservas@sanmartinpinario.eu • sanmartinpinario.eu • ♿ Doubles côté « albergue » 40 € (simple 23 €), côté « hôtel » 55-80 € selon saison, petit déj inclus. Repas midi 12 € 13h-15h30, menu 10 € le soir 20h-21h30.* Juste à côté de la cathédrale, les 150 cellules réformées de cet ancien monastère bénédictin (XVIe-XVIIIe s) accueillent désormais les voyageurs. Au dernier étage, une auberge de pèlerins aux chambres étroites, un peu monacales et aux matelas mous, mais toutes pourvues de sanitaires, et parfois d'un lit superposé ; il peut y faire très chaud en été. Dans les étages inférieurs, des chambres plus spacieuses et récentes, avec murs blancs et pierres apparentes, mobilier en fer et salle de bains, en adéquation avec l'esprit (spartiate) du lieu. En bonus : des bancs pour lire tranquillement dans le cloître et un réfectoire où sont servis des repas. L'ensemble est tout de même un peu cher.

***Pensión 25 de Julio*** *(plan A2,* ***36****)* **:** *avda de Rodrigo de Padrón, 4, 15705. ☎ 981-58-22-95. • recepcion@25dejulio.com • 25dejulio.com • Réception au bar (fermé dès 15h en fév). Doubles 39-75 € selon taille et saison. Parking 10 €. Réduc de 10 % sur les doubles en basse saison si séjour min 2 nuits sur présentation de ce guide.* À 300 m de la cathédrale, mais sur une place très calme (face au commissariat de police !), 6 chambres refaites et très colorées, de tailles différentes, réparties sur 3 niveaux. Toutes avec double vitrage et parquet. Bon accueil francophone du patron qui tient le bar sympa en terrasse où se prend le petit déjeuner.

***Pensión Libredón*** *(plan A2,* ***22****)* **:** *praza de Fonseca, 5, 15705. ☎ 981-57-65-20. • info@libredon.com • libredon.com • Fermé déc-mars. Doubles 45-80 € selon confort et saison ; pas de petit déj. Café offert sur présentation de ce guide.* À 30 m de la cathédrale, cette pension domine la jolie fontaine de la place de Fonseca et propose une bonne quinzaine de chambres parfois pas bien grandes (juste la place du lit), mais récemment rénovées dans un style simple, avec tout le confort. Agréable vue sur la place et la ruelle très vivantes, mais il faudra dormir fenêtre fermée. Accueil pro.

***Hotel Campanas de San Juan*** *(plan B1,* ***27****)* **:** *rúa Campanas de San Juan, 6, 15704. ☎ 981-55-27-37. • pensioncampanasdesanjuan@gmail.com • campanasdesanjuan.com • Doubles 50-80 € selon saison.* Dans cette maison ancienne du cœur historique, plantée face au monastère San Martiño Pinario, 7 jolies petites chambres aménagées avec goût, simplicité et confort. Il se dégage du lieu un certain charme mais, attention, certaines sont moins lumineuses et moins spacieuses que d'autres pour le même prix.

***Hostal Alfonso*** *(hors plan par A2,* ***37****)* **:** *rúa Pombal, 40, 15705. ☎ 981-58-56-85. • reservas@hostalalfonso.com • hostalalfonso.com • Congés : janv. Doubles 45-68 € selon saison, petit déj inclus. Parking à 50 m.* Sur une rue bordant le centre-ville, dans une maison ancienne entièrement restaurée, un petit hôtel de charme à la déco cosy. Chambres petites mais

LA GALICE

douillettes, avec vue exceptionnelle sur la cathédrale (nos préférées) à l'arrière, ou donnant sur le parc Alameda de l'autre côté de la rue très passante (double vitrage). Agréable petit patio pour se poser. Accueil gentil.

**Hotel Costa Vella** *(plan B1,* ***18****) : rúa Porta da Pena, 17, 15704. ☎ 981-56-95-30. • hotelcostavella@costavella.com • costavella.com • Doubles 65-97 € selon catégorie et saison. Parking 10 €, à 300 m. Petit déj offert sur présentation de ce guide.* À l'entrée de la vieille ville, flanqué d'un superbe jardin, ce petit hôtel propret offre des chambres confortables, décorées de façon classique et soignée sur fond de murs aux pierres apparentes. Les 4 plus chères jouissent même d'un coin salon avec canapé dépliant et d'une galerie avec vue sur les toits ou le jardin. Une adresse très plaisante.

**Casa Celsa – Barbantes** *(plan A2,* ***16****) : rúa do Franco, 3, 15702. ☎ 981-58-32-71. • info@casacelsa.com • casacelsa.com • Fermé déc-fév. Doubles 40-92 € selon confort et saison ; pas de petit déj.* À deux pas de la cathédrale, dans un bel édifice ancien, bien restauré, aux fenêtres fleuries donnant soit sur la praza de Fonseca, soit sur la ruelle très passante (double vitrage). Belles chambres, spacieuses et lumineuses, avec parquet et déco contemporaine. D'autres sur l'arrière, moins chères mais sans vue. Accueil attentionné, et en français !

**Hotel Sete Artes** *(plan A1,* ***23****) : travesía das Dúas Portas, 2, 15704. ☎ 881-16-24-87. • reservas.setear tes@ocahotels.es • ocahotels.com/sete-artes • Fermé janv. Doubles 60-99 € selon confort et saison.* À proximité de la cathédrale, ce petit hôtel de charme met en valeur les vieilles pierres de la maison. Ses chambres sont ravissantes et tout confort. Les moins chères sont cependant assez petites, leurs salles de bains riquiqui et sans vieilles pierres aux murs. Eau, thé et café à disposition toute la journée.

**Hotel Alda Algalia** *(plan B1,* ***26****) : praciña de Algalia de Arriba, 5, 15703. ☎ 981-55-81-11. • aldaalgalia@aldahostels.es • aldaalgalia.es • Doubles 50-120 € selon saison.* Dans un coin tranquille, ce petit hôtel cosy, à l'élégante déco design, marie habilement granit galicien (vieux de 4 siècles) et mobilier moderne. On y trouve une quinzaine de chambres charmantes aux tons orangés, de bon confort et impeccablement tenues. Certaines ont cependant des salles de bains bien riquiqui pour leur prix.

## De chic à très chic (65-145 €)

**Hotel Moure** *(hors plan par B1,* ***33****) : rúa Loureiros, 6, 15704. ☎ 981-58-36-37. • info@mourehotel.com • mourehotel.com • ♿ À côté de l'*Hotel Altaïr *(mêmes proprios). Congés : janv. Doubles 85-110 € selon saison et confort, petit déj inclus en hte saison slt. Parking 10 €, à 150 m. Sur présentation de ce guide, réduc de 10 % sur les doubles nov-mars, sauf Semaine sainte.* Voici sans doute notre hôtel chic préféré à Santiago : tout de béton brut et de bois clair dans les parties communes (très scandinaves), il s'enorgueillit d'une cage d'escalier en acier brut, menant à une quinzaine de chambres immaculées, relevées de touches noires et de pierres apparentes. Quel contraste ! Ici un minipatio, là une baignoire jacuzzi ronde directement dans la chambre, un bow-window... Elles sont toutes différentes, magnifiques et très romantiques. Café et thé à disposition. Accueil pro et efficace.

**Hotel Montenegro** *(plan B2,* ***34****) : rúa de Xelmírez, 18. ☎ 981-57-25-42. • info@htmontenegro.com • htmontenegro.com • ♿ Congés : janv. Doubles 70-110 € selon catégorie et saison, petit déj inclus.* À 100 m à peine de la cathédrale, dans une rue calme, cet hôtel de bon standing occupe une maison ancienne réhabilitée. Les objets de déco et le mobilier design osent les touches colorées et font joliment écho aux pierres apparentes et aux sols de granit. Les 15 chambres douillettes sont du même tonneau, avec de beaux parquets et des lits confortables drapés de couettes dodues. Les *superiores* offrent, bien sûr, davantage d'espace.

**Hotel San Miguel** *(plan B1,* ***31****) : praza de San Miguel dos Agros, 9,*

*15704. ☎ 981-55-57-79. • hotel@sanmiguelsantiago.com • sanmiguelsantiago.com • Doubles 60-150 € selon catégorie et saison, petit déj-buffet 9,50 €.* En plein centre mais sur une placette calme, une belle bâtisse typique de Santiago avec galeries vitrées. Belles chambres à la déco contemporaine et des salles de bains (pour une fois spacieuses) séparées de la chambre par des vitres opaques pour profiter de la lumière du jour sous sa douche. On aime particulièrement celles qui donnent sur le beau jardin de l'excellent resto *Solleiros* (voir « Où manger ? » plus loin). Accueil dévoué et doux.

**Hotel Altaïr** *(hors plan par B1,* ***33****) : rúa Loureiros, 12, 15704. ☎ 981-55-47-12. • info@altairhotel.net • altairhotel.net • À l'extérieur de la porte d'entrée du centre historique, dans une rue calme. Congés : janv. Doubles 95-140 € selon saison ; petit déj 8,50 € (produits locaux de qualité). Parking La Salle à 150 m, 10 €. Sur présentation de ce guide, réduc de 10 % sur les doubles nov-mars, sauf Semaine sainte.* Les 11 chambres à la déco chaleureuse de cette vieille demeure sont inspirées du concept esthétique japonais wabi-sabi, cherchant à atteindre un équilibre entre simplicité et beauté de la patine. Des murs en pierre du XVIIIe s juxtaposés au chêne clair, des tons naturels et orangés... sans oublier TV, clim et insonorisation pour le confort moderne. Certaines disposent d'un petit balcon. Bon accueil.

**Hotel Carrís Casa de la Troya** *(plan B1,* ***35****) : rúa da Troia, 5, 15704. ☎ 981-55-58-79. • casadelatroya@carrishoteles.com • carrishoteles.com • Doubles 65-205 € selon confort et saison, petit déj 8 €.* Membre d'une petite chaîne locale, cet hôtel du centre historique propose des chambres bien confortables, aménagées dans un édifice ancien mettant en valeur certaines parois en pierres apparentes. Douche pluie, oreillers moelleux, TV, le tout est douillet, même si certaines chambres sont un peu petites ; préférez-en une sur l'arrière, bien au calme. Accueil à la fois pro et sympa, souvent en français.

**Catedral Suites** *(hors plan par A3,* ***19****) : rúa Campo do Cruceiro do Gaio, 15705. 📱 629-60-77-06. • info@catedralsuites.com • catedralsuites.com • À l'extérieur du centre-ville, en bordure du parc de l'Alameda. Pas de réception, sur résa slt. Apparts 2-6 pers 65-170 € selon taille et saison.* Ceux qui cherchent un peu plus d'espace et de tranquillité apprécieront ces appartements superbement réaménagés dans une maison centenaire (1 ou 2 chambres). Les incontournables murs en pierres apparentes font de l'œil à un mobilier moderne et un équipement complet de qualité (belle cuisine, machine à laver, etc.). L'appart du rez-de-chaussée dispose même d'une terrasse et d'un beau jardin privatif ! Une adresse de qualité qui conviendra particulièrement aux familles.

**Hotel Pazo de Altamira** *(plan B2,* ***32****) : rúa Altamira, 18, 15704. ☎ 981-55-85-42. • reservas@pazodealtamira.com • pazodealtamira.com • Doubles 70-200 € selon confort et saison ; petit déj-buffet 12 €.* Juste devant le marché, cette vieille bâtisse en granit s'ouvre sur 16 magnifiques chambres toutes récentes, très confortables et sobrement aménagées avec du mobilier design. Un charme fou ! Les plus chères, aux 2e et 3e étages, disposent d'une galerie-salon avec vue sur la place ou le marché. À l'étage supérieur, très agréable salon sous les toits.

**Hotel Virxe da Cerca** *(plan B2,* ***25****) : rúa da Virxe da Cerca, 27, 15703. ☎ 981-56-93-50. • vdacerca@pousadasdecompostela.com • pousadasdecompostela.com • Doubles 95-160 € selon saison dans l'édifice ancien, 85-125 € dans l'édifice moderne ; petit déj 11 €. Parking 13 € (mais le Belvis, à côté, est moitié moins cher !).* Juste en contrebas du marché, déjà hors de la vieille ville, l'hôtel occupe un ancien monastère jésuite du XVIIIe s. On y trouve une quarantaine de chambres de très bon confort, douillettes, décorées avec goût et élégance dans l'aile ancienne, plus classiques mais toutes de plain-pied sur le beau jardin intérieur dans l'aile moderne. Si la plupart sont spacieuses, quelques-unes sont à contrario petites dans la bâtisse historique, gaffe ! Celles donnant sur la route passante sont carrément à proscrire. Accueil dynamique.

LA GALICE

**Hotel Herradura** (hors plan par A3, **13**) **:** *avda Xoán Carlos I, 15701. ☎ 981-55-23-40. • info@hotelherradura.es • hotelherradura.es • Doubles 85-100 € selon saison. Parking 8 € (à 100 m).* Idéalement située à 5 mn à pied de la cathédrale et à côté du parc Alameda, cette maison ancienne, avec ses bow-windows typiques de la région, ne manque pas d'allure. Parties communes et chambres font dans le classique confortable, l'ambiance est paisible et l'accueil très pro. Une adresse reposante, à prix juste.

### Spécial coup de folie (min 155 €)

**Parador de Santiago – Hostal Dos Reis Católicos** (plan A1, **24**) **:** *praza do Obradoiro, 1, 15705. ☎ 981-58-22-00. • santiago@parador.es • parador.es • Doubles 155 285 € selon saison et confort, suites également ; petit déj inclus (ouf !). Menu 49 €.* Sur le parvis de la cathédrale, cet ancien hôpital de pèlerins du XVe s est connu comme étant l'un des plus beaux hôtels d'Espagne. Avec ses 4 cloîtres, ses salles élégantes et spectaculairement décorées de mobilier ancien, on s'y promène un peu comme dans un musée. Côté chambres, la différence est notable entre les *standard,* sans trop d'âme, et les *superiores* – d'ailleurs, les prix vont du simple au double ! Sans y séjourner, on peut malgré tout y prendre un café sur la terrasse qui offre 2 superbes vues : une sur la cathédrale, l'autre sur le parc Alameda.

## Où dormir dans les environs ?

**Albergue de peregrinos de Monte do Gozo :** *rúa do Gozo, réception au pavillon nº 29, 15820* ***San Marcos.*** *717-12-44-91. Accueil 13h-22h. Pas de résas. Lit en dortoir (8 pers) 6 €, limité à 1 nuitée (avec départ obligatoire avt 8h !). Credencial obligatoire. Pas de wifi.* En haut du vaste village de vacances moche tout en béton, répartis dans plusieurs pavillons bien tristes, des dortoirs (8 lits) réservés aux pèlerins. En secours pour une arrivée tardive, sinon on ne voit pas l'intérêt de s'arrêter là ! Santiago n'est plus qu'à 6 km, allez, encore un peu de courage...

**Pazo Xan Xordo :** *Xan Xordo, 6, 15820* ***Lavacolla.*** *☎ 981-88-82-59. • reservas@pazoxanxordo.com • pazoxanxordo.com • ♿ Env 7 km au nord-est de Santiago par la N-634 (panneau) et à 1 km du* Camino francés. *Sur la ligne de bus de l'aéroport, passage ttes les 30 mn pour Santiago. Congés : janv-fév. Doubles 50-65 € selon saison, petit déj 6,60 €. Réduc de 10 % sur les doubles si résa directe sur présentation de ce guide.* Perdue dans un coin de campagne paisible, sur un domaine de 64 ha, cette *casa rural* occupe une vaste bâtisse en granit du XVIIe s avec une dizaine de belles chambres spacieuses et confortables, à la déco éminemment classique (lit à baldaquin dans la plupart). Gentil jardin pour se poser. Accueil aimable.

## Où manger ?

La vieille ville compte une multitude de restos pour toutes les bourses. Beaucoup se regroupent dans la *rúa do Franco (plan A2-3)* – un peu piège à touristes. Juste à côté, on préfère ceux de la *rúa da Raíña (plan A2)* pour leur ambiance locale et plus étudiante.

### Tapas

**O Gato Negro** (plan A2, **44**) **:** *rúa da Raina, s/n. ☎ 981-58-31-05. Tlj sauf dim soir et lun 12h30-15h, 19h30-23h. Tapas et raciones 3,50-12 €.* Le vieux comptoir en bois vert, adossé à 3 tonneaux, fait face aux tables en formica colonisées par des familles entières et aux tabourets bancals posés sur des sols en pierre brute. Quelques vieilles photos aux murs achèvent la touche rétro. Bonnes tapas avec du poulpe en vedette, des *empanadas,* des *pimientos de Padrón* en été... Allez-y !

LA GALICE

🍷 🍽 ***Bierzo Enxebre*** *(plan B1, **54**) : rúa da Troia, 10. ☎ 981-58-19-09. Tlj 12h-minuit.* Le bar surmonté de saucissons et le mur couvert de bouteilles donnent le ton : ici, on lève volontiers le coude en grignotant des *tapillas* et *raciones* d'*embutidos* (charcuterie) du Bierzo (région du León). Le décor fait assez carte postale, mais c'est avant tout la terrasse, étalée dans la ruelle piétonne, qui attire la foule le soir venu.

🍷 🍽 ***Abastos 2.0*** *(plan B2, **49**) : praza de Abastos et rúa das Ameás, 17. ☎ 981-57-61-45. • taberna2.0@somosabastos.com • Tlj sauf dim et lun midi 12h-15h30, 20h-23h. Menu tapas 21 €.* Le midi, ses rideaux se lèvent pour révéler, non pas un stand de fruits et légumes ou de poissons, mais un resto-bar à tapas contemporain, où l'on ne sert que des *raciones* du jour inspirées par les arrivages, à accompagner d'un verre de vin. Excellent et plutôt inventif, pour une fois. Accueil pro et aimable, sans chichis. En face, le resto propose un menu dégustation plus cher *(35 €).*

## De très bon marché à bon marché (moins de 12 €)

🍽 ***Mariscomanía*** *(plan B2, **42**) : praza de Abastos, rúa das Ameás (à gauche de l'entrée principale). ☎ 981-56-09-82. • info@mariscomania.com • Tlj sauf dim 12h-15h. CB refusées.* Difficile de faire plus frais : vous achetez vous-même au marché vos fruits de mer ou crustacés et les cuistots de cette cantine toute simple vous les préparent pour 4 € par personne ! On choisit au préalable son mode de cuisson : à la vapeur, bouilli ou grillé. On peut aussi commander quelques plats maison.

🍽 ***Casa Manolo*** *(plan B1, **41**) : praza de Cervantes. ☎ 981-58-29-50. • casamanolo@hotmail.com • À côté de l'église San Bieito. Tlj sauf dim soir 13h-16h, 19h30-23h30. Menu 9,50 €.* On y vient nombreux pour le menu, offrant un grand choix (12 entrées et autant de plats), copieux et de bonne tenue, quoiqu'un peu grassouillet. Le service est rapide et le cadre contemporain, sympa, spacieux – mais très bruyant. Bon rapport qualité-prix.

🍽 ☕ ***Cafetería Candilejas*** *(plan B3, **50**) : praza de Mazarelos, 11. ☎ 981-58-60-70. Tlj. Menu 9,50 €, plats 3-12 € (la plupart 7-8 €).* Un traditionnel bistrot avec son comptoir, sa télé, son mobilier fonctionnel et ses habitués qui tapent le carton. Dans l'assiette, des plats simples et copieux, du genre salades, sandwichs, omelettes, poulpe grillé... Vaste terrasse ensoleillée aux beaux jours. On peut aussi y prendre un petit déj. Bon rapport qualité-prix-quantité.

## De bon marché à prix moyens (env 8-18 €)

🍽 ***Avelaiña*** *(hors plan par A3, **47**) : c/ Tras do Pilar, 7. ☎ 981-94-03-04. • gastro-avela@hotmail.com • Dans la ruelle à côté de l'hôtel* Herradura. *Tlj. Menu 10,50 € (sauf ven soir et w-e), plats 6-17 €.* Avec sa déco jeune, simple et presque modeste, voici un p'tit resto qui cache bien son jeu ! Notamment pour son copieux menu proposé en semaine midi et soir, confectionné avec de bons produits et un réel effort de finesse. Ambiance bien cool qui plus est, tout ça nous va bien !

🍽 ***Restaurante Entre-Rúas*** *(plan A3, **40**) : rúela de Entrerrúas, 2. ☎ 981-58-61-08. • nebrayork@gmail.com • Ruelle située entre les nos 59 et 61 de la rúa do Vilar. Tlj sauf dim. Menus 11,50-13 €,* raciones *et plats 5-12 €. Digestif offert sur présentation de ce guide.* La ruelle, minuscule, débouche sur une placette occupée par une charmante terrasse aux chaises garnies de coussins. Ce petit resto mitonne une cuisine galicienne familiale sans génie particulier, mais à prix doux. Un peu lent peut-être.

🍽 ***A Tulla*** *(plan A3, **40**) : rúela de Entrerrúas, 1. ☎ 981-58-08-89. • atullarestaurante@gmail.com • Ruelle située entre les nos 59 et 61 de la rúa do Vilar. Tlj (sauf le soir dim-mar hors saison) 13h-16h, 19h-minuit. Menus 10-12 €, boisson comprise ; plats 5-13,50 €.* Tenu par Toto (ex-pêcheur) et Cruz, ce miniresto familial partage sa placette cachée avec l'*Entre-Rúas*. Les portions sont copieuses à souhait et la cuisine de qualité – en particulier, les poissons et les fruits de mer. Pour changer, un menu végétarien. *Ñam !*

**O Dezaseis** (plan C1, **43**) : *rúa de San Pedro, 16. ☎ 981-56-48-80. • correo@dezaseis.com • Tlj sauf dim 14h-16h, 20h30-minuit. Menu midi en sem 13 €, raciones et plats 6-15 €.* À l'écart du centre, on est séduit par ce resto à l'élégante déco rustique (agréable véranda au sous-sol), où les locaux côtoient les touristes. Cuisine régionale copieuse et savoureuse de *raciones*, salades, tortillas et plats de poisson ou de viande plus consistants. Une adresse qui tient la route !

**La Bodeguilla de San Roque** (plan B1, **45**) : *rúa San Roque, 13. ☎ 981-56-43-79. • info@bodeguilladesanroque.com • Lun-ven 9h-0h30 ; w-e et j. fériés 10h30-16h, 19h-0h30. Menu déj en sem 11 €, plats 9-18 €.* Loin de l'agitation touristique, une agréable petite salle rustique avec son comptoir, ses jambons suspendus et ses tables en marbre. Dans l'assiette, de bonnes *raciones* du jour, des salades, sandwichs et de délicieux plats plus conséquents comme le *tixola* (fricassée) ou le *salteado* de poulpe (aux légumes et gambas). Également un *comedor* au 1er étage et une terrasse sur la rue passante.

**Restaurante Orella** (plan A2, **48**) : *rúa da Raíña, 21. ☎ 981-58-24-59. • orella@hotmail.es • Fermé fév. Tapas et raciones 3-11 €, plats 9,50-16,50 €.* Ici, la spécialité, ce sont les oreilles de cochon. On les sert frites, cuisinées à la sauce galicienne, ou juste bouillies, avec un peu d'*albariño* pour faire glisser... Honnêtement, faut aimer ! Plus sûr : des tapas, *sopas, bocadillos,* du poulpe et des plats plus solides et plus chers, servis dans une longue salle sans fioritures.

**Los Sobrinos del Padre** (plan B1, **46**) : *rúa da Fonte de San Miguel, 7. ☎ 981-58-35-66. Tlj, sauf lun hors saison. Congés : déc-janv. Menus 10-12 €, plats 5-11 €.* Petit resto avec terrasse installée dans une ruelle pas trop passante. Cette *casa del buen pulpo* propose, outre le fameux céphalopode dans tous ses états, des moules, des fritures de poissons et 4 menus copieux à petits prix. Service efficace.

**Los Caracoles** (plan A2, **53**) : *rúa da Raíña, 14. ☎ 981-56-14-98. • loscaracolesrestaurante@yahoo.com • Tlj sauf mar. Menu env 15 € (midi slt, prix variable selon saison), plats 7-16 €. Digestif offert sur présentation de ce guide.* À deux pas de la cathédrale, un petit resto convivial mêlant touristes et habitués dans un cadre de vieilles pierres. Les pèlerins, qui ont dû croiser pas mal d'escargots sur le *camino,* pourront apprécier le gastéropode en *cazuela,* à la mode galicienne (un brin épicé). Bon choix de fruits de mer et plats traditionnels également.

**A Táboa de Picar** (hors plan par A2, **55**) : *c/ Pombal, 17. ☎ 981-58-33-64. • ataboadepicar@gmail.com • Dans la rue qui descend le long du parc Alameda. Tlj sauf lun. Menus midi 9,50 € (sem)-12 € (w-e), plats 6-14 €.* À 5 mn à pied du centre touristique, une salle contemporaine plaisante qui offre une vue superbe sur l'ensemble de la cathédrale et, sur l'arrière, un bien agréable jardin. Le cadre parfait pour goûter aux spécialités locales.

## De chic à plus chic (env 22-50 €)

**Solleiros** (plan B1, **31**) : *praza de San Miguel dos Agros, 9. ☎ 881-16-82-28. • info@otragaluz.com • Tlj sauf dim soir et mar soir 13h30-16h, 20h-23h30. Congés : 2 sem en fév. Menus 14 € (midi en sem)-48 €, plats 16-25 €.* Ce resto chic du boutique-hôtel *San Miguel* propose une cuisine galicienne *gastronómica* dans un cadre élégant. On s'installe au choix dans une salle cosy et moderne ou mieux, dans le superbe jardin intérieur accessible par une passerelle en verre. Très bon rapport qualité-prix et service aimable en prime... que demander de plus ?

**A Curtidoría** (plan B2, **51**) : *rúa da Conga, 2-3. ☎ 981-55-43-42. • info@acurtidoria.com • ♿ Tlj sauf dim soir 12h-17h, 20h30-minuit. Menu midi en sem 13 €, plats 12-20 € ; arroces env 35 € 2 pers.* Cet élégant resto aux murs parsemés de toiles contemporaines dispose de 2 salles lumineuses occupant un bâtiment ancien joliment restauré. Dans l'assiette, savoureuse

LA GALICE

cuisine d'inspiration moderne où viandes, produits de la mer en arrivage direct du *mercado de Abastos,* et surtout de délicieux *arroces,* occupent une place de choix. Service attentionné.

**Casa Marcelo** *(plan A1,* ***52****) : rúa Hortas, 1. ☎ 981-55-85-80. • mtejedor@me.com • Mar-sam 13h30-15h45, 20h30-minuit ; fermé dim et lun. Congés : 15 j. en fév et en déc. Résa vivement conseillée (on vous donnera une heure de service), ou venir dès l'ouverture. Compter 35-50 €.* C'est en passant devant la façade discrète de ce resto que notre machine à détecter les bonnes tables (un engin que nos concurrents nous envient !) s'est mise à bipper fortement. C'est donc la serviette autour du cou que nous nous sommes installés sur un comptoir face au plan de travail du chef et de sa brigade, l'unique grande tablée centrale étant complète. Pas vraiment de carte, le chef (francophone) nous demande nos goûts, allergies et budget, puis compose un repas sur mesure d'environ 5-6 petits plats réalisés avec brio par sa brigade. Et là, le festival de saveurs commence jusqu'au dessert en apothéose (notre machine avait encore visé juste !). Bref, une table de haut vol, qui mérite à elle seule de venir à Saint-Jacques, et même à pied !

## Où manger une bonne glace ?

**Bico de Xeado** *(plan A3,* ***56****) : rúa do Vilar, 81. Tlj 12h-1h (2h ven-sam).* Pour les gourmands, un passage obligé pour déguster une glace artisanale 100 % naturelle. Vraiment délicieuses, faites avec des vrais fruits de la vraie saison et du vrai lait de vraies vaches ! Difficile de faire son choix, tant les parfums originaux ne demandent qu'à être goûtés (miel, noisette, orange, *hierbabuena, licor café de Gomariz, tarta de queso...*).

LA GALICE

## Où boire un verre ?

La **praza da Quintana** *(plan A-B2),* épousant le chevet de la cathédrale et le flanc du monastère San Paio de Antealtares, demeure le rendez-vous le plus central pour boire un verre. On se presse alors aux terrasses du **Quintana Café** *(plan B2,* ***66****)* et du **Café Litérarios** *(plan A-B1-2,* ***67****),* à l'autre bout de l'esplanade (notre préféré), avec ses parasols juchés en haut des marches et sa vue théâtrale.

**Café Casino** *(plan A2,* ***61****) : rúa do Vilar, 35. ☎ 981-57-75-03. • cafecasinosantiago@gmail.com • Tlj 9h-23h (minuit jeu, 2h ven-sam).* C'est l'ancien casino de la ville, fondé en 1873, promu au rang de salon de thé-resto. Les moulures, lambris et cheminée en bois sculptés dans les années 1900 s'ornent de griffons et autres chimères, à l'image des lustres très kitsch... Bien sûr, on paie le cadre, mais comment résister à la pause devant une tarte ou un gâteau, vautré dans un vieux fauteuil moelleux, bercé par un piano *en vivo* (certains soirs seulement) ? Pour le reste, la cuisine et le service sont corrects sans être inoubliables.

**Cafeteria de l'Hotel Costa Vella** *(plan B1,* ***18****) : rúa Porta da Pena, 17. Voir « Où dormir ? ».* À l'entrée de la vieille ville, dans un superbe et calme jardin très fleuri où gargouille une fontaine, des tables s'alanguissent sous les arbres et les parasols. Un cadre assez unique à Saint-Jacques. On s'y pose avec plaisir pour se reposer les gambettes.

**San Clemente** *(hors plan par A2,* ***75****) : rúa San Clemente, 6. ☎ 981-56-54-26. Tlj sauf mar 13h-16h, 20h-minuit. Raciones 8-15 €.* Sur une place à l'écart du brouhaha touristique et pourtant à seulement 200 m de la cathédrale, une petite terrasse de resto où il fait bon se poser pour boire un verre. À chaque *copa* commandée, on vous servira 4 petites tapas (gratuites !) pour l'accompagner : *ensaladilla rusa,* tortilla, *croquetas, empanadas, pimientos de Padrón...* Bien pour l'apéro, en revanche le resto nous a semblé bien cher.

## Où sortir ?

Les ***bars de la rúa Nova*** *(plan A2-3)* sont particulièrement animés en début de soirée. On y descend des canons à l'heure de l'apéro avec les gens du cru, au ***Rhin Café Bar*** *(nº 32 ; plan A2,* ***68****)* et à la ***Cervecería rúa Bella*** *(nº 17 ; plan B2,* ***69****)* par exemple, gentiment installée sous les arcades, avec fûts chromés bien en vue. Les plus jeunes, eux, affluent au ***Copas Rotas*** *(nº 39 et rúa das Orfas, 10 – la maison donne sur les 2 rues ; plan A3,* ***70****),* antenne de cette chaîne de bars *low-cost* qui a émergé avec la crise. On y trouve bière et verre de vin à 1 €, à accompagner de *montaditos* au même prix, dans un cadre rose bonbon plutôt *acogedor* (accueillant, quoi !). Petit déj à 4,50 € pour 2.

***Les bars de la rúa da Raíña*** *(plan A2)* **:** optez donc pour les comptoirs à l'ancienne du ***Bar Trafalgar*** *(plan A2,* ***44****),* avec juke-box des années 1970 ou du ***O Gato Negro*** *(voir « Où manger ? » ; fermé dim soir et lun),* qui conservent leur fond d'authenticité joyeuse, même en période touristique.

***Les bars de la rúa San Paio de Antealtares*** *(plan B1-2)* **:** passé minuit, c'est ici que l'animation et la jeunesse locale se rassemblent. Au nº 3, le ***Paraíso Perdido*** *(plan B1-2,* ***71*** *; fermé lun-mar)* donne sur une placette en renfoncement partagée avec ***A Gramola*** *(qui donne aussi rúa da Acibechería, 10),* où se mêlent joyeusement les fêtards. Un peu plus bas sur la rue, on se presse également à ***La Carrilana*** *(nº 16 ; plan B2,* ***72*** *; fermé dim)* et au bout de la rue, on tombe sur le ***Modus Vivendi*** *(praza de Feijó, 1 ; plan B2,* ***74****),* plus calme et retiré. Le sous-sol tamisé et les petits salons de ce dernier font taverne à l'ancienne, tout en boiserie et voûtes.

***Casa das Crechas*** *(plan B1,* ***64****)* **:** *vía Sacra, 3. ☎ 981-57-61-08. • resevascrechas@gmail.com • Tlj 13h-4h.* Ce pub à l'irlandaise aux nuances de celtitude galicienne a fêté ses 30 ans en 2017. Ambiance mystique un peu sombre et déco fantasmagorique dans le sillage des petites sorcières suspendues au plafond... Terrasse dans la rue où se donnent de bons concerts de folk galicien en saison dans une ambiance festive ou au sous-sol en période scolaire (en général, du mardi au jeudi). Une valeur sûre.

***Borriquita de Belém*** *(plan B2,* ***73****)* **:** *rúa San Paio de Antealtares, 22. 655-33-34-22. • borriquitadebelem@gmail.com • borriquitadebelem.blogspot.com • Tlj sauf dim-lun 21h-4h.* Un coup de cœur pour ce bar tenu par l'impayable Tito, qui organise des concerts rock, jazz ou latino de super qualité (en général du mercredi au samedi ; voir sur le site). Et ça déménage ! Même après un long *camino,* quand à minuit les chaussures de marche se transforment en 2 lourdes citrouilles, on arrive encore à les déplacer, en faisant du sur place, au rythme de la musique.

***Pub Momo*** *(plan B2,* ***63****)* **:** *rúa da Virxe da Cerca, 23. ☎ 981-56-55-80. • info@pubmomo.com • pubmomo.com • Tlj 16h-4h.* On aime beaucoup ce pub à la déco originale avec son enfilade d'alcôves et de terrasses couvertes pour atteindre un jardin fleuri inattendu avec fontaine à jet d'eau et palmiers. Un endroit formidable pour boire un verre ! Auteurs-compositeurs locaux s'y produisent les mardi et jeudi.

Passé minuit, on commence à danser dans les bars. Rendez-vous au ***Tarasca*** *(rúa de Entremuros, 13)* ou à l'***Avante*** *(rúa Cantón de San Bieito, 4)* où on écoute de tout, surtout du rock. À moins de préférer le charme de la taverne du ***Malas Pécoras*** *(rúa de Algalia de Abaixo, 7)* où un guitariste vient souvent jouer de manière informelle (mais on n'y danse pas). Et dans la *zona nueva,* si vous êtes amateur de jazz ou de blues, ne manquez pas le ***Dado Dada*** *(rúa de Alfredo Brañas, 19 ; • reservas.dadodada@gmail.com • dadodada.es • ; concerts en général les mar et jeu dès 22h).*

À partir de 4h (après la fermeture des bars...), ceux qui n'ont pas encore vidé leurs batteries rejoindront les boîtes de nuit de la *zona nueva* (ville nouvelle), notamment la ***Ruta 66*** de solide réputation *(rúa Curros Enríquez, 3 ; ouv mer-sam, fermé dim-mar).*

## Achats

***Buen Jamón** (plan B2, **81**) : rúa Caldeirería, 31. ☎ 981-03-13-38. • info@buenjamon.es • Lun-sam 9h30-14h30, 17h-21h ; dim 11h-14h30, 17h30-21h.* Un magasin spécialisé dans le jambon ibérique de bellota, la *Rolls* du jambon espagnol. Forcément, pas bon marché mais aux saveurs uniques. Ne pas s'encombrer d'un jambon entier, très cher et qui nécessite le matériel adéquat pour la coupe, en revanche grand choix sous vide de jambon tranché, *solomillo, salchichón,* chorizo, *caña de lomo, lomito...* qui se gardent bien. Un cadeau qui fait toujours plaisir aux gourmets ! Pour un repas sur le pouce, propose de succulents sandwichs pour 4 €. Miam !

***Ámboa** (plan A3, **80**) : rúa Nova, 44. ☎ 981-58-33-59. • amboamaeloc.com • Lun-sam 10h-20h30, fermé dim.* Dans la lignée de la vieille tradition d'orfèvrerie de la ville, cette boutique propose de beaux bijoux résolument contemporains, élégants et abordables, associant argent et jais, cette jolie pierre noire que l'on appelle ici *acibeche* (*azabache* en castillan). Grand choix de céramique d'art espagnole également. *Annexe rúa Acibecheria, 33 (plan A1, angle praza da Inmaculada) ; ☎ 981-56-39-32 ; mêmes horaires ; plus petit et moins de choix.*

## À voir. À faire

On vous rappelle que l'office de tourisme municipal (voir plus haut « Adresses et infos utiles ») propose un ***audioguide en français*** *(12 €/24h ; également en écoute gratuite sur leur site • santiagoturismo.com •)* pour explorer en solo le centre historique.

***Catedral de Santiago*** (plan A2) : *entrée principale par la praza das Praterias (au sud) pdt les travaux de restauration de la façade principale (praza do Obradoiro). Pas d'entrée possible praza da Inmaculada (au nord), c'est une sortie ! ☎ 981-56-93-27. • catedraldesantiago.es • Tlj 7h-20h30. Pdt les offices religieux, la visite est tolérée en silence et dans le respect de la prière. Les horaires de messes sont affichés à l'extérieur ; messes des pèlerins (à ne pas manquer) tlj à 12h et 19h30. Conseil : venir tôt pour éviter la foule.*

### SANTIAGO MATAMOROS

*Ce surnom (« tueur de Maures ») donné à l'apôtre saint Jacques, évangélisateur de la péninsule, eut des conséquences considérables. Les Espagnols le choisirent comme saint patron de la Reconquista et réussirent à chasser les Arabes hors d'Espagne. Ou comment transformer une conquête de territoire en guerre de religion.*

En l'an 814, aussitôt le tombeau de l'apôtre Jacques découvert dans les bois de Libredón, le roi Alphonse II le Chaste ordonne la construction d'une chapelle *in situ.* C'est alors la naissance du pèlerinage vers Saint-Jacques-de-Compostelle. Bien vite, le sanctuaire se trouve trop exigu. Sous l'impulsion d'Alphonse III, une plus grande église est bâtie en 899, mais pillée 100 ans plus tard lors d'une razzia arabe ; heureusement, les reliques du saint ont été mises à l'abri. La popularité du pèlerinage s'étendant encore, une cathédrale est finalement édifiée aux XI$^{e}$ et XII$^{e}$ s, plus précisément de 1075 à 1211. De style roman, elle ambitionne d'être le plus grand temple chrétien de son époque. Ses proportions coupent le souffle : son plan forme une croix latine de 97 m de long sur 65 m de large, aux voûtes s'élevant jusqu'à 22 m de haut sur deux niveaux. Au cours des siècles suivants, des travaux d'embellissement sont continuellement menés : panthéon royal, cloîtres, tour de défense, retables, sculptures... Et ce jusqu'aux XVII$^{e}$ et XVIII$^{e}$ s, où l'architecture baroque transforme littéralement la cathédrale et la ville pour leur donner l'aspect que nous lui connaissons aujourd'hui. C'est alors que le splendide chœur roman du maître Mateo, passé de mode et jugé trop petit et peu confortable, est détruit. Le nouveau chœur inclut donc des stalles en bois et non en pierre.

– ***La façade principale baroque, praza do Obradoiro*** *(en partie cachée par des bâches et des échafaudages pour les travaux de restauration – dommage pour la photo souvenir ! La tour de gauche est terminée, celle de droite est en cours, puis suivra la façade et la statue de saint Jacques ; fin des travaux prévue pour l'année sainte de 2021)* **:** elle a été plaquée au XVIIIe s sur la façade romane pour la protéger (certains disent cacher...) des vents d'ouest dominants. Percée de baies, elle est encadrée par deux hautes tours très enluminées lui donnant l'apparence d'une pièce montée. Si vous vous demandez à quoi elle peut bien ressembler, regardez une pièce espagnole de 1, 2 et 5 centimes : elle est gravée dessus ! On y accède (d'ordinaire) par un grand et bel escalier double du XVIIe s (Renaissance), inspiré de celui du palais Farnèse à Rome.

– Arrivé en haut des marches, le regard embrasse l'ample ***nef*** et la perspective qu'elle ouvre sur le ***retable principal,*** tout au fond, étourdissant de richesse (voir plus loin).

– Il faut pour l'heure se retourner pour découvrir le magnifique ***porche de la Gloire*** *(pórtico de la Gloria),* façade originelle (XIIe s) de la cathédrale, qui ne se voit plus que de l'intérieur, car aujourd'hui masquée par la façade baroque *(mais là encore, il faudra se contenter d'une photo cachant les travaux de sa restauration).* Ses trois arcs en plein cintre épousent l'axe des trois nefs du sanctuaire. Au centre, sur le tympan, l'architecte Mateo a représenté le Christ entouré des évangélistes et des prophètes (jadis polychromes) ; au-dessus, sur l'archivolte, les 24 vieillards musiciens de l'Apocalypse s'apprêtent à célébrer la gloire de Dieu. L'apôtre Jacques, assis, s'appuie sur la colonne centrale (trumeau), sculptée d'un arbre de Jessé (arbre généalogique du Christ) d'une grande finesse, première représentation connue de ce thème dans la péninsule Ibérique. Les pèlerins plaçaient autrefois leur main droite à ses pieds, vers le milieu de la colonne, pour qu'un de leurs vœux soit exaucé (il y a désormais une barrière)... Du côté opposé, l'architecte Mateo est représenté à genoux. Les étudiants avaient jadis pour habitude de cogner trois fois leur tête contre son front : l'art de transmettre son génie ! Sur les colonnes de part et d'autre, on observe apôtres et prophètes (dont le souriant Daniel à gauche), écrasant de leur sagesse griffons et chimères.

– Remontez ensuite la nef le long des nombreux confessionnaux jusqu'au grand orgue et à la croisée du transept, où pend le ***Botafumeiro,*** l'impressionnant encensoir géant en laiton argenté de 62 kg qui voltige pour les grandes célébrations ! L'original était en argent pur, mais il a été volé par les troupes napoléoniennes... Il est actionné par huit hommes (les *tiraboleiros*), selon une tradition remontant au XIe s (sans doute instituée, à l'origine, pour dissimuler l'odeur des pèlerins...).

– Dirigez-vous à gauche, dans le transept, vers la porte nord de la cathédrale donnant praza da Inmaculada. Là, sur la droite, quelques marches mènent à la ***capela de Corticela,*** jadis un oratoire indépendant. On y accède en passant sous un portail roman du maître Mateo (adoration des Mages) s'entrouvrant comme au théâtre, par des rideaux rouges. L'édifice, consacré en 899, a été reconstruit au XIIIe s en conservant certaines structures primitives.

– L'accès à l'***intérieur du maître-autel,*** ronflant de dorures, est à deux pas. Il suffit de s'installer dans la longue file d'attente. En haut des quelques marches, le but ultime du pèlerinage est atteint : les pèlerins embrassent le buste de saint Jacques. Le passage est bref, mais donne l'occasion d'apercevoir le chœur baroque aux grandes stalles de bois et aux énoooormes angelots dorés ! Une fois redescendu de l'autre côté du maître-autel, on descend directement dans la ***crypte*** où est exposée la châsse en argent contenant les reliques de l'apôtre et de ses disciples, Théodore et Athanase, qui escortèrent sa dépouille jusqu'en Espagne.

– Dans le déambulatoire, derrière le maître-autel, la ***chapelle du Sauveur*** *(capela do Salvador)* demeure la plus ancienne (XIe s) de la cathédrale. Sponsorisée par les rois de France, elle conserve un retable en pierre polychrome orné de fleurs de lys. Juste à côté, la petite ***porte du Pardon*** *(Puerta Santa)* n'est ouverte que lors des années saintes.

– ***Visite possible de la tribune intérieure et des toits de la cathédrale*** (sur résa uniquement), en passant par le *Museo da Catedral* (voir ci-après).

**Museo da Catedral** *(musée de la Cathédrale ; plan A2)* **:** *praza do Obradoiro. ☎ 902-55-78-12. • catedraldesantiago.es • Tlj : avr-oct 9h-20h, nov-mars 10h-20h. Les billets s'achètent à l'accueil, à droite de l'escalier de la cathédrale.*

– ***Visite de la collection permanente :*** *entrée 6 € ; réduc. Audioguide en français : 3,50 € (très religieux).*

Le musée, immense, comporte quatre niveaux. Il présente un superbe ensemble d'objets religieux et objets d'art remontant pour les plus anciens au XIIe s. À ne pas rater !

– Le rez-de-chaussée se consacre plus spécifiquement au ***chœur*** roman du maître Mateo, dont une partie a fait l'objet d'une très belle reconstitution mêlant pièces d'origine et éléments resculptés aisément différenciables, mais présentant néanmoins une très belle unité. Une œuvre unique en son genre ! Une vidéo propose parallèlement une reconstitution numérique de la cathédrale à l'époque romane. D'autres éléments lapidaires, comme de belles colonnes en albâtre torsadées à demi sculptées du XIIe s, rappelant un peu les colonnes salomoniques baroques mais antérieures de quatre siècles.

– Le 1er étage présente une belle collection d'***art religieux*** des XIIIe-XVe s et XVIe-XVIIIe s. Dans la 1re salle, on remarquera un saint Sébastien percé de flèches (très symétriques !) ; une superbe Annonciation du XIIIe s en granit ; une autre en bois, de 1325, sans doute offerte par la reine Isabelle du Portugal quand elle vint en pèlerinage (la Vierge enceinte salue de la main !). Notons encore un tympan en granit polychrome du XIVe s. La 2e salle présente un étrange *Rêve de Jean* en bois polychromé du XVIIIe s, tandis que la 3e petite salle est entièrement consacrée à l'apôtre Jacques, avec un superbe parement d'autel en bois peint représentant le transfert de son corps de Jaffa en Galice, et une statue en granit polychrome du saint assis (mi-XIIIe s), pleine de majesté.

– Au 2e niveau, on débouche sur un ***cloître*** monumental du XVIe s, dont l'architecture gothique se mêle d'éléments plateresques. Ses couloirs sont dallés de tombes de chanoines. Côté gauche, on accède à la ***chapelle des Reliques,*** où d'innombrables... reliques, justement, sont exposées sur un grand maître-autel en bois, copie de l'original maniériste, parti en fumée en 1921. Au centre, ne manquez pas le célèbre buste-reliquaire de Santiago el Menor – ainsi nommé pour le différencier de Santiago el Mayor. La chapelle fait aussi office de panthéon, avec les sépultures de cinq personnages royaux (dont deux rois du León). Ne manquez pas non plus la ***salle du trésor,*** qui recèle quelques objets en or incrustés de pierres précieuses présentés dans un coffre-fort ! Et encore quelques superbes petits crucifix des XIe-XIIIe s. Enfin, petit coup d'œil, à cet étage sur la droite, à la belle ***bibliothèque.***

– Le 3e et dernier niveau expose des vêtements liturgiques et une grande collection de ***tapisseries*** flamandes et espagnoles, réalisées d'après des cartons de Rubens, Teniers et Goya. Ne ratez pas, au passage, la grande oriflamme du navire commandant les forces chrétiennes lors de la bataille navale de Lépante qui, en 1571, mit fin à l'avancée turque en Europe. Longue de 17 m, elle fut offerte par Juan d'Autriche, fils illégitime de Charles Quint, qui était à la tête de la flotte victorieuse.

– ***Visite des toits :*** *tlj ttes les heures, 10h-13h, 16h-19h. Durée : 1h. Billet : 12 €, 15 € avec la collection permanente en plus ; réduc.* La visite, commentée, intéressera surtout ceux qui parlent espagnol ou anglais, sinon on s'ennuie un peu... Elle permet néanmoins de voir de près les tours, de profiter de la vue sur la ville et les belles places encadrant la cathédrale au sud et à l'est, et de se pencher en direction du cloître.

– ***Visite de la tribune :*** *tlj à 11h et à 18h (17h le w-e). Durée : 50 mn. Billet : 10 €, collection permanente incluse ; réduc.* La visite commentée permet de découvrir

LA GALICE

l'intérieur de la cathédrale vue d'en haut, par le corridor qui parcourt tout son périmètre. Des perspectives originales à découvrir, notamment la partie supérieure du *baldaquino del altar mayor.*
– ***Fouilles archéologiques de la cathédrale :*** *visite guidée lun-ven à 16h ; pas de visite le w-e. Durée : 1h. Billet : 10 €, collection permanente incluse ; réduc.* Pour les passionnés d'histoire, une plongée dans les entrailles du sanctuaire, entre vestiges des basiliques primitives et nécropoles romaine et romane. On voit aussi un pan de la muraille d'enceinte primitive de la cité.
– ***Pazo de Xelmírez :*** *mêmes horaires que le musée. Visite libre, incluse avec les précédentes.* À gauche de l'escalier de la cathédrale (plaza do Obradoiro), ce palais épiscopal fut construit par l'archevêque Diego Xelmírez pour remplacer l'ancienne résidence épiscopale détruite pendant les révoltes. Au XVIIIe s, on ajouta un nouvel étage aux deux étages initiaux, ce qui détonne à côté de la construction primitive romane, et qui obligea à renforcer les murs avec une nouvelle façade en guise de contrefort. À l'intérieur, intéressante cuisine médiévale et un salon destiné à accueillir des fêtes et banquets avec encorbellements décorés de scènes médiévales. Rouvert récemment, le palais reçoit aussi des expos temporaires d'art religieux.

***Praza do Obradoiro*** *(plan A1-2)* **:** veillée à l'est par la façade baroque de la cathédrale et celle du ***pazo de Xelmírez*** (XIIe s), résidence du premier archevêque de Santiago, l'esplanade fut longtemps l'atelier (*obradoiro* en galicien) des tailleurs de pierre œuvrant à la construction de ces édifices monumentaux. La place est fermée au nord par l'***hôpital des pèlerins*** *(plan A1),* construit par les Rois Catholiques en 1499, aujourd'hui devenu l'un des plus célèbres *Paradores* d'Espagne (voir « Où dormir ? »). Il présente un magnifique portail sculpté mi-gothique mi-plateresque. Le bar de l'hôtel dispose d'une petite terrasse avec vue sublime sur l'hôpital, son balcon soutenu par des modillons sculptés et la cathédrale en fin de journée. À l'ouest, le ***pazo de Raxoi*** *(plan A2),* du XVIIIe s, un grand bâtiment à arcades, abrite aujourd'hui l'hôtel de ville et le siège du gouvernement régional de Galice. Sur le côté sud, le ***colexio San Xerome*** *(collège Saint-Jérôme ; plan A2),* désormais siège du rectorat de l'université, présente un sublime portail gothique du XVe s. Juste derrière, *rúa do Franco,* le ***colexio Fonseca*** *(collège Fonseca),* du XVIe s, reçoit dans deux salles et dans sa cour intérieure des expos temporaires *(tlj sauf dim 10h-14h, 16h-20h ; GRATUIT).*

➢ ***La vieille ville :*** autour de la cathédrale s'entremêlent les places et les rues les plus typiques de la cité, où l'on prend plaisir à se perdre, le nez en l'air, en quête des plus belles façades... et des plus belles terrasses à la belle saison.

Nichée sur le flanc sud de la cathédrale, la belle ***praza das Praterias*** *(place des orfèvres ; plan A2)* tient son nom des nombreux artisans qui y travaillaient autrefois l'argent (*prata* en galicien), dans les ateliers des arcades adossées au cloître. Juste au-dessus s'ouvre la seule ***façade romane*** (1103-1117) survivante de la cathédrale. Le maître Mateo ne la reconnaîtrait sans doute pas : au fil du temps, des éléments romans du chœur abattu en 1603 et de l'ancienne façade nord détruite par un incendie au XVIIIe s y ont été réincorporés, d'où ce foisonnement de sculptures. De nombreux monstres, centaures et singes ailés surgissent d'entre l'enchevêtrement des saints et des prophètes. Côté gauche, ne manquez pas le superbe roi David, assis avec sa lyre, œuvre du maître Estebán. Dans le renfoncement, en contrebas, contre les anciens ateliers des orfèvres, se cache une coquille Saint-Jacques géante.
Au centre de la place, la belle « ***fontaine des chevaux*** » baroque (1758) a inspiré à Federico García Lorca un poème, *Danza de Lúa en Santiago* (Danse de la Lune à Santiago), peu connu, mais très apprécié des locaux pour avoir été écrit en galicien ! Au-dessus se dresse la ***casa do Cabido,*** édifiée à la même époque. Ce bel exemple de baroque local est réputé pour son étroitesse : surtout bâti pour des raisons esthétiques, l'édifice ne mesure pas plus de 3 m de large ! Il reçoit

aujourd'hui des expositions temporaires passionnantes d'art contemporain, dans ses salles étroites, sur trois niveaux. On vous en recommande vivement la visite, souvent tranquille *(mar-sam 10h-14h, 17h-21h ; dim 11h-14h ; fermé lun ; GRATUIT).* La *ruá do Vilar,* bordée de belles arcades et de bâtiments de la Renaissance, débute juste à l'angle.

**Museo das Peregrinacións e de Santiago** (plan A2) **:** *praza das Praterias. ☎ 981-56-61-10. • museoperegrinacions.xunta.gal • Mar-ven 9h30-20h30, sam 11h-19h30, dim 10h15-14h45. Fermé lun et j. fériés. Entrée : 2,40 € ; réduc ; gratuit – de 18 ans et plus de 65 ans.*

Installé sur le flanc est de la place, ce musée, dont la muséographie a été complètement repensée et enrichie du fonds de l'ancien musée du même nom de la *casa Gótica,* est un complément indispensable à la visite du musée de la Cathédrale. Sur trois niveaux, les salles thématiques, chargées de trésors, retracent la ***grande histoire du pèlerinage*** de Compostelle et son influence sur le monde chrétien au fil des siècles. D'abord, le concept de pèlerinage, présenté au rez-de-chaussée comme une manifestation religieuse commune à différentes cultures dans leur quête de purification et de salut. Ensuite, de magnifiques fragments de retables et statues en bois évoquent l'origine du culte voué à saint Jacques. Puis les chemins de Compostelle : gravures, témoignages, paquetage, costumes et objets souvenirs des pèlerins d'antan.

Suit, au 1er étage, une foule d'***œuvres représentant saint Jacques*** en pèlerin (toiles et statues en bois polychrome ou en granit), mais aussi à cheval en *Matamoros,* terrassant les Maures lors de la *Reconquista* comme le veut la légende. Ne pas manquer la lourde croix processionnelle plateresque en argent, le très beau portrait de l'apôtre par Juan de Flandes du XVe s, et cet étonnant *Santiago* sculpté à Cuzco (Pérou), où le cheval du saint repose ses jambes antérieures sur le dos de quelque Espagnol rebelle... Les Indiens s'étaient en effet placés sous la protection de l'apôtre et retournaient l'utilisation de ce symbole contre les conquistadors. Au 2e étage, riche ***collection d'objets de culte*** liés au saint : calices et croix en argent, colliers, médaillons et sculptures réalisés en jais *(acibeche),* cette pierre noire brillante de la région. Enfin, au sous-sol, on peut jeter un coup d'œil aux expositions temporaires.

Quelques marches et vous voilà ***praza da Quintana*** *(plan A-B2).* Plus vaste encore, l'esplanade est encadrée par les hauts murs du monastère *San Paio de Antealtares* à l'est et le chevet de la cathédrale à l'ouest, avec l'accès à la *porte du Pardon.* Son portail plateresque, coiffé par un saint Jacques encadré de ses disciples Théodore et Athanase, arbore 24 hauts-reliefs de prophètes et apôtres provenant de l'ancien chœur roman du maître Mateo, réinstallés ici au début du XVIIe s. Au nord, côté praza de Vivos (voir encadré), la Quintana est fermée par la superbe façade de la ***Casa da Parra*** (XVIIe s), au balcon greffé d'une vigne vierge et soutenu par des modillons. On peut même y voir des cornes d'abondance. Si vous êtes dans les parages à la nuit tombée, vous remarquerez encore, dans le recoin sud-ouest de la place, l'ombre mystérieuse d'un homme, bâton de pèlerin en main et chapeau en tête, portée sur le mur de la cathédrale. L'illusion, voulue, est due à la petite colonne située devant et à la corde passant au-dessus !

### PLACE DES MORTS, PLACE DES VIVANTS

*Au cœur de Santiago, la grande praza da Quintana se divise en deux sections désignées, l'une, sous le nom de Quintana de Vivos (en haut), l'autre sous celui de Quintana de Mortos (en bas). Pourquoi ? Parce que la partie inférieure, accessible par un escalier symbolisant le passage de vie à trépas, était jadis occupée par un cimetière ! Alors réfléchissez bien avant de rejoindre les terrasses des cafés du bas...*

LA GALICE

**Museo de Arte sacra** *(musée d'Art sacré ; plan B2)* **:** *vía Sacra, 5. ☎ 981-56-06-23. À l'angle de la rúa San Paio de Antealtares. Lun-sam 10h30-13h30, 16h-19h ; dim 16h-19h. Entrée : 1,50 €.* Dans l'enceinte du monastère baroque de San Paio de Antealtares, encore habité par des sœurs bénédictines, on découvre une petite collection de peintures, sculptures, pièces d'orfèvrerie et autres objets liturgiques appartenant au lieu. On entre par l'église, aux maître-autel et autels latéraux dorés d'un baroque achevé. Au début de l'expo, celui dédié à saint Jacques, dont on affirme qu'il fut réalisé par les disciples de l'apôtre, est autrement plus modeste ! Il est veillé par un beau christ du XIIIe s dominant une stèle funéraire romaine du Ier s.

**Praza da Inmaculada** *(plan A1)* **:** cette longue esplanade épouse le flanc nord de la cathédrale, percé par la façade d'Acibecharía, devant laquelle les pèlerins terminent rituellement leur parcours du *Camino.* Victime d'un incendie au XVIIIe s, elle a été reconstruite dans un style mêlant baroque et néoclassique. En vis-à-vis se dresse l'énorme monastère bénédictin San Martiño Pinario, qui fut au XVe s le plus grand et le plus riche de Galice. Il est aujourd'hui occupé par un séminaire ; son aile ouest abrite un hôtel (voir « Où dormir ? »).

**Museo de San Martiño Pinario** *(plan A-B1)* **:** *praza de San Martiño. ☎ 981-58-92-00. • museosanmartinpinario.com • Juil-sept : tlj 11h-14h, 16h-19h. Oct-juin : mar-dim 11h-13h30, 16h-18h30 ; fermé lun. Entrée : 3 € ; réduc.*
On y accède par l'église, où tous les regards convergent vers le magnifique maître-autel baroque, pièce colossale aux colonnes salomoniques, doré de la tête aux pieds, au-dessus duquel foisonnent saints, angelots et décors floraux – sans oublier un saint Jacques caracolant, épée en main. Exceptionnellement, ici, on peut passer sous l'autel pour accéder au chœur, encadré de stalles en bois finement sculptées et surmonté de deux orgues d'un baroque tout aussi achevé (visez un peu la taille des anges !). Les portes sont recouvertes de cuir repoussé et doré. Le musée à proprement parler, qui s'étend vers la sacristie, expose vêtements et objets liturgiques, grosse collection d'angelots (décidément !), orfèvrerie, vaisselle du monastère, croix épiscopales incrustées de pierres précieuses, statuaire et peinture. On notera une salle dédiée à l'imprimerie (avec une collection de plaques de gravures de saint Jacques) et une section consacrée au savoir médical, avec sa pharmacie ancienne. En chemin, on passe par le chœur supérieur où ont été réinstallées les anciennes stalles en bois (XVIIe s) de la cathédrale.
En partant (ou en arrivant), jeter un œil au plafond (au niveau de la billetterie). De la pierre, évidemment. Eh bien non, perdu ! Aussi curieux que cela puisse paraître, il est en bois. Une visite à ne pas manquer, là encore !

**Museo da Terra Santa** *(plan A1)* **:** *costa de San Francisco, dans le monastère du même nom. ☎ 981-58-16-00. Mar-dim 10h30-13h30, 16h-19h ; fermé lun. Entrée : 3 € ; gratuit – de 14 ans.* Ce n'est autre que le plus ancien monastère franciscain d'Espagne. Fondé en 1214 après le voyage de saint François d'Assise dans la péninsule Ibérique, il a été largement reconstruit au XVIIIe s et abrite aujourd'hui un hôtel chic et ce musée – auquel on accède par l'église. Il présente le résultat des fouilles conduites par l'Institut archéologique franciscain en Terre sainte, des premiers silex taillés du Paléolithique aux armes orientales médiévales, en passant par poterie et verrerie romaines. Honnêtement, rien d'exceptionnel, si l'on excepte une gigantesque maquette de la basilique du Saint-Sépulcre de Jérusalem et cet étonnant artisanat de nacre d'une finesse remarquable, introduit en Palestine par les franciscains au XVIe s. Plutôt inattendu, on termine avec quelques obus et un casque troué de la Première Guerre mondiale !

À la limite est du centre historique se dresse le ***marché*** *(praza de Abastos ; plan B2 ; lun-sam 8h-14h – les jours de grand marché étant jeu et sam ; fermé dim).* Construites en 1950, ses halles en granit remplacent les ruines de la forteresse d'Altamira. On y trouve tous les produits de la région : piments de Padrón, *grelos* (genre de feuilles de navet), poissons, crustacés, fruits de mer, viande, fromages (*tetilla* en forme de pis de vache ou de téton)... Venir tôt pour profiter de l'animation à son comble.

La proche ***église romane San Fiz de Solovio*** *(plan B2 ; au bout de la rúa das Ameàs)* présente un magnifique petit tympan représentant l'*Adoration des Mages*. On devine encore assez bien des traces de peinture rouge et bleue. L'intérieur ne se visite pas.

***Universidade*** *(université ; plan B2-3)* **:** *praza da Universidade.* Fondée en 1501, profondément remaniée au XVIIIe s, elle abrite aujourd'hui la faculté d'histoire et géographie. Elle a intégré l'***igrexa da Compañía*** voisine *(église de la Compagnie-de-Jésus ; plan B3),* construite au XVIIe s à l'orée de la *praza de Mazarelos.* Lorsque les jésuites furent expulsés en 1769, saint Pierre et saint Paul remplacèrent saint Ignace de Loyala et saint François-Xavier sur la façade ! Désacralisée, elle reçoit parfois des expos temporaires. En contrebas, repérer l'***arco de Mazarelos*** : cette porte demeure l'unique vestige de l'enceinte médiévale de la ville. Par ici, jadis, entraient les vins d'Ulla et de Ribeiro... À droite de l'église se trouve la ***facultad de filosofía.***

Par la rúa Cardenal Payá et la rúa de Tras Salomé, on rejoint rapidement la ***igrexa de Santa María Salomé*** *(plan A-B2-3 ; rúa Nova, 31)* dédiée à la mère de saint Jacques. Consacrée au XIIe s, elle conserve sa façade d'origine, au beau portail roman (intérieur sans intérêt particulier). Avant d'y parvenir, ne manquez pas de jeter un coup d'œil, au n° 3 de la rúa de Tras Salomé, aux médaillons en façade, encadrés par une sirène et son pendant masculin, le triton.

Bordée d'arcades, la rúa Nova débouche sur la *praza do Toural (plan A3),* où le ***Museo Eugenio Granell*** *(☎ 981-57-21-24 ; • fundacion-granell.org • ; ♿ mar-ven 11h-14h, 16h-20h ; sam 12h-14h, 17h-20h ; fermé dim-lun ; entrée 2 €, réduc, gratuit mer et – de 18 ans)* occupe l'ancien palais des marquis de Bendaño (XVIIIe s). Outre les œuvres de Granell lui-même, mêlant surréalisme et abstraction, le musée expose sa collection d'art ethnique et quelques œuvres d'artistes surréalistes, de Picabia à Man Ray en passant par André Breton et Marcel Duchamp (les œuvres tournent régulièrement). Une expo permanente est dédiée à Amparo Segarra, artiste très contemporain connu pour ses photomontages ; des expos temporaires également.

LA GALICE

## Autour de la vieille ville

***Parque Alameda*** *(hors plan par A3)* **:** *accès par le campo da Estrela, à l'entrée sud de la vieille ville.* Le plus connu des parcs de la ville occupe une grosse colline boisée offrant une vue magnifique sur le centre historique et la cathédrale. En vous y baladant, vous tomberez nez à nez avec les « deux Marie ». Ces statues en bronze, peintes de couleurs vives, représentent Maruxa et Coralia, deux sœurs en costume traditionnel qui perdirent la tête après avoir vu leurs frères tués pendant la guerre civile. Près du sommet, atteint par de longues et belles allées d'arbres, se dresse une vieille église romane (fermée).

### « LAS DOS MARÍAS » ALIAS « LAS DOS EN PUNTO »

*Les « deux Marie », représentées par des statues dans le parc Alameda, étaient très populaires à Santiago. Dans les années 1960, elles se baladaient systématiquement dans le parc à 2h pile ; on les appelait de ce fait « las dos en punto ». Maquillées et apprêtées de façon extravagante, elles allaient flirter – malgré leur âge avancé – avec les étudiants de passage.*

**Museo do Pobo Galego** *(musée du Peuple galicien ; plan C1) : rúa San Domingos de Bonaval. ☎ 981-58-36-20. • museodopobo.gal • Mar-sam 10h30-14h, 16h-19h30 ; dim et fêtes 11h-14h ; fermé lun. Entrée : 3 € ; réduc ; gratuit - de 18 ans et pour ts le dim. Église et cloître en accès libre.* Ce musée ethnographique a été aménagé dans un ancien monastère joliment restauré, fondé au XIIIe s par santo Domingo de Guzmán. Son église gothico-Renaissance abrite le panthéon des Galiciens illustres. Le musée présente une collection d'objets galiciens classés par thèmes : pêche, agriculture, artisanat, instruments de musique, costumes traditionnels, architecture des maisons et des villages... Mais le tout est bien pauvre en explications ! Admirable triple escalier en colimaçon qui dessert les salles depuis la galerie du cloître.

**CGAC – Centro Galego de Arte Contemporáneo** *(Centre galicien d'art contemporain ; plan C1) : rúa de Ramón del Valle Inclán. ☎ 981-54-66-19. • cgac.xunta.gal • ♿ Mar-dim 11h-20h. Fermé lun. GRATUIT.* Ce grand bâtiment moderne épuré et lumineux, contrastant avec l'architecture ancienne du quartier, accueille essentiellement des expositions temporaires, renouvelées tous les 3 mois et présentées sur trois niveaux. Artistes locaux et de renommée internationale s'y côtoient au gré des saisons.

**Colexiata do Sar** *(musée de la Collégiale de Sar ; hors plan par B3) : rúa da Ponte do Sar. ☎ 981-56-28-91. • colegiatadesar.com • Au sud-est du centre-ville, près du río Sar (à 15 mn à pied de la vieille ville, après la voie ferrée). Tlj 10h-13h, 16h-19h. Entrée : 2 € ; inclus dans l'une des visites de la cathédrale.* Loin du brouhaha du cœur historique, le lieu dessine une vraie parenthèse temporelle, avec son église romane du XIIIe s aux piliers si fortement inclinés qu'ils ont dû être renforcés par de puissants arcs-boutants au XVIIIe s. La poussée est telle que les voûtes en sont toutes déformées, un miracle que le bâtiment tienne encore debout ! On y accède par le cloître roman du XIIe s, dû au maître Mateo, qui a conservé sur un côté de jolies colonnettes aux chapiteaux ornementés. Là sommeillent deux gisants des XIIIe et XIVe s. À l'intérieur, un nouveau musée d'art sacré présente une collection d'objets religieux issus du fonds du musée de la cathédrale.

**Cidade da Cultura** *(hors plan par B3) : ☎ 881-99-75-84. • cidadedacultura.gal • À 15 mn en bus au sud du centre-ville, ligne n° 9 depuis la rúa da Senra (plan A3) ou la rúa da Virxe da Cerca (plan B-C2) lun-ven et sam mat, ttes les heures env ; bus C11 (peu fréquent) sam ap-m, dim et j. fériés. Tlj 8h-23h (22h en hiver). Visites guidées de mi-juin à fin sept, tlj sauf lun à 11h30 et 17h30. GRATUIT.* Ce grand complexe moderne a de quoi décontenancer. Dessiné par l'Américain Peter Eisenman, apôtre de la déconstruction architecturale, il louvoie sur une colline dominant Saint-Jacques par le sud, les vagues de ses trois grandiloquents bâtiments de verre et de pierre cherchant – sans grand succès – à se fondre dans le paysage. On peut douter de l'utilité d'une telle construction en pleine période de crise, mais la Xunta de Galicia en est très fière. On y trouve, pour l'heure, une bibliothèque, les archives galiciennes, des salles dédiées aux arts de la scène et aux événements culturels, ainsi que le ***Centro Gaiás*** *(ouv mar-dim 11h-20h, fermé lun ; GRATUIT),* abritant un musée de 6 600 m² (rien de moins !) où sont organisées des expositions temporaires d'art contemporain dans de vastes espaces bien vides ! Sinon, quelques animations et concerts ponctuels à repérer sur leur site.

## Fêtes et manifestations

– ***Récitals des tunas :*** *sous les arcades de la mairie, sur la praza do Obradoiro en été, le soir et parfois même la journée ; sinon certains w-e hors saison.* Ce sont des

groupes de musiciens chantant des mélodies et chansons d'amour. Ils portent de grandes capes ornées de rubans de toutes les couleurs.
– ***Festa de Santiago Apóstolo*** *(fêtes de l'Apôtre Saint-Jacques)* : *env 15-31 juil (dates variables).* Formidable atmosphère dans la ville, animée par une variété de concerts dans une ambiance des plus festive. Le 24 juillet, immense feu d'artifice et spectacle audiovisuel sur la façade de la cathédrale. Le 25, jour de la *Patria Galega,* la praza do Obradoiro ne suffit pas à contenir la foule ! Et le 30, défilé de costumes typiques de Galice. Feu d'artifice de clôture le 31 juillet.

## DANS LES ENVIRONS DE SAINT-JACQUES-DE-COMPOSTELLE

***Monte do Gozo :*** *à env 6 km à l'est de Saint-Jacques.* Surnommé aussi le ***mont de Joie,*** c'est la dernière étape avant Saint-Jacques pour les pèlerins, qui n'ont plus que 1h30 de marche à parcourir (mais dans un cadre urbain peu joyeux). Sur cette colline (368 m) surplombant Saint-Jacques-de-Compostelle à l'est, ils découvrent enfin les tours de la cathédrale (pour bien voir la ville, il faudrait écarter le rideau d'arbres qui bouche la vue). Avec plusieurs centaines de kilomètres dans les jambes, les pèlerins s'y écroulent souvent de soulagement et de joie. Le sommet est affublé d'une sorte de monolithe représentant saint François d'Assise et Jean-Paul II.
De là, ils entreront dans Santiago en suivant l'antique chemin des pèlerins, par l'*avenida dos Concheiros* (ou Coquillards) et la *porta do Camino.* La *rúa das Casas Reais* qui mène à la *praza de Cervantes,* puis la *rúa Acibechería* et la *vía Sacra* qui conduisent tout droit à l'immense place de l'Obradoiro, à la cathédrale et sa statue triomphante de saint Jacques.

LA GALICE

***Pico Sacro :*** *non loin du village d'O Forte, à env 15 km au sud-est de Saint-Jacques. Prendre la N-525 direction Ourense jusqu'à Lestedo.* Encore une vue sur les tours (très) lointaines de la cathédrale depuis l'une des hautes collines qui entourent Santiago. La légende veut que les disciples de saint Jacques aient demandé à la reine des lieux de leur prêter deux bœufs pour transporter le corps de l'apôtre. Elle leur offrit deux *toros* sauvages qui, à la vue du corps du saint, furent immédiatement apprivoisés. Ce miracle entraîna la conversion de la reine et de ses sujets.

## PADRÓN (15900) 8 880 hab.

**Sous une croûte d'immeubles et d'industries peu avenants, Padrón cache un cœur historique tranquille plutôt plaisant, délimité par le río Sar – lui-même bordé par une charmante allée de platanes aux airs de cours provençal (marché). Nommée par les Romains *Iria Flavia,* la ville serait, selon la légende, le lieu exact où arriva la barque transportant le corps sans vie de l'apôtre Jacques, mort en Palestine... Padrón demeure donc une étape incontournable du pèlerinage de Compostelle, sur le *Camino portugués.***
**Pour le reste, elle est surtout connue pour ses petits piments verts et charnus, doux en début de saison, piquants en fin, servis simplement grillés. Nous, on en raffole ! Mais attention : la période de récolte va de juillet à septembre. En dehors de ces dates, les piments auront été congelés ou, horreur, seront des contrefaçons importées !**

## Arriver – Quitter

### En train

**Estación RENFE :** *A Matanza, s/n. ☎ 912-320-320 (n° national). • renfe.com • Env 600 m à l'est de la vieille ville, par l'avda de la Estación.*

➢ **Santiago :** 9-10 trains/j., 6h25 (8h10 w-e)-21h45. Durée : 20 mn.

➢ **Vilagarcía de Arousa, Pontevedra et Vigo :** 7-10 trains/j., 6h30 (10h55 dim)-22h15. Durée : respectivement 20 mn, 40 mn et 1h10.

### En bus

**Estación de autobuses :** *avda Camilo José Cela (dans une rue perpendiculaire à gauche, à la sortie nord du centre).* 2 compagnies se partagent les destinations :

■ **Monbus :** *☎ 902-29-29-00. • monbus.es •*

➢ **Santiago :** env 7-10 bus/j., 7h35 (8h50 w-e)-21h50. Durée : 25-40 mn.

➢ **Pontevedra :** env 4-6 bus/j., 7h20-19h30 en sem, 10h30-20h30 le w-e. Durée : 1h.

➢ **Vigo :** slt 1 bus/j. à 7h20 en sem, 4-5 le w-e 10h30-20h30. Durée : env 1h30.

➢ **Carril** (durée 25 mn), **Vilanova de Arousa** (50 mn), **Cambados** (1h) et **O Grove** (1h40) **:** env 4 bus/j., 11h30-21h lun-ven, 2 slt le w-e (le 1er et le dernier).

■ **Arriva :** *☎ 981-31-12-13. • arriva.gal •*

➢ **Santiago :** ttes les heures env en sem, 6h-22h30. 7 bus/j. ttes les 2h, 8h-20h, le w-e. Durée : 25 mn.

## Adresses et info utiles

**Oficina de turismo :** *avda Compostela, s/n. 📱 646-59-33-19. • terrasdeiria.com • Dans un kiosque à l'entrée sud du centre historique. Mar-ven 9h-21h, sam 10h-20h, dim et lun 9h-15h.* Plan de la ville, brochure en français, itinéraires de promenades thématiques dans les environs (en anglais ou espagnol)...

✉ **Correos** (poste) **:** *praza Cantón de la Igrexa, face à l'église Santiago.*

– **Marché :** *dim mat, paseo del Espolón (Alameda). Tlj praza de Abastos.* Venir tôt car beaucoup de monde. En été, c'est là qu'il faut acheter son stock de piments !

## Où dormir à Padrón et dans les environs ?

### Auberges

**Albergue de Peregrinos de Padrón :** *costanilla do Carme, 8, à Padrón. 📱 673-65-61-73. • alberguepadron@gmail.com • Au pied du convento del Carmen, de l'autre côté du pont. Réception 13h-22h. Ne prend pas de résas et vite complet en saison. Lit en dortoir 6 €, draps compris ; sur présentation de la credencial slt.* L'étage de cette vieille maison rénovée dispose d'un grand dortoir de 46 lits superposés. Sanitaires communs nickel et cuisine à dispo.

**Albergue Rossol :** *praza Rodríguez Cobián, 1, à Padrón. ☎ 981-81-00-11. 📱 678-02-39-18. • info@alberguerossol.com • alberguerossol.com • Face à l'église, à côté de la poste. Lit en dortoir 14 €, draps compris ; petit déj 3,50 €.* Une auberge privée toute récente, installée à l'étage d'un café tranquille et accueillant. Dortoir nickel, lumineux et coloré avec 18 lits encastrés dans des cubes superposés, fermés par un rideau pour préserver son intimité. En tout, 4 salles de bains neuves, dont 2 au café du rez-de-chaussée. Laverie, casiers, garage à vélos. Accueil sympa.

### Prix moyens (35-68 €)

**Hotel Chef Rivera :** *rúa Enlace Parque, 7, à Padrón. ☎ 981-81-04-13 ou 14-54. • chefrivera@chefrivera.com • chefrivera.com • Dans une ruelle*

LA GALICE

*face au kiosque de l'office de tourisme. Resto fermé dim soir et lun soir sauf août. Doubles 46-55 €. Menus 13,50-30 €, plats 14-25 €. Parking gratuit.* Dans un bâtiment donnant sur une rue tranquille, voici des chambres impeccables et confortables, dont l'atmosphère est rehaussée par une gentille pointe de déco rustique. La patronne est bordelaise et son mari, espagnol, a travaillé dans des restaurants de grands hôtels dans le monde entier. Resto réputé, au cadre élégant, où sont venus le précédent roi et sa reine. La cave, fantastique, compte plus de 800 crus !

**Pensión Jardín :** *avda de la Estación, 3, à Padrón. ☎ 981-81-09-50. • pensionjardin@gmail.com • pensionjardin.com • Face au jardin botanique, à l'angle de l'axe principal et de la route de la gare. Selon saison, doubles 35-45 €, 50-60 € pour la plus grande ; pas de petit déj.* Une belle demeure ancienne en pierre précédée de quelques palmiers, à l'orée de la vieille ville, malheureusement située sur un carrefour. Passé la porte d'entrée, le silence est garanti et l'on découvre des chambres coquettes et confortables, de très bon rapport qualité-prix. Au rez-de-chaussée, la plus chère, d'allure romantique, dispose d'un lit à baldaquin. Excellent accueil.

**Casa de Marcelo :** *Xuane, 15914* **Carcacía.** *☎ 986-55-74-79. 606-95-71-54. • info@casademarcelo.com • casademarcelo.com • À env 6 km à l'est de Padrón, par l'avda de la Estación (panneaux). Fermé oct-Semaine sainte. Doubles 48-68 € selon taille et saison.* Dans la campagne de Padrón, cette charmante vieille demeure s'ouvre sur 4 chambres confortables et chaleureusement décorées de meubles anciens ; deux d'entre elles disposent d'une galerie donnant sur la verdure et d'une surprise cachée derrière un tableau au mur. Cuisine à dispo, plus barbecue dans le jardin fleuri avec coins pour se poser au calme. Accueil familial et chaleureux.

LA GALICE

## Où manger ? Où boire un verre ?

**Os Carrisos :** *rúa Real, 35. 629-82-04-91. Face au kiosque de l'office de tourisme. Tlj. Tapas et raciones 5-12 €.* ¿ *Donde ir de tapeo* ? Si la question vous tarabuste, voici la réponse. Du classique *pulpo* à l'*empanada* de sardine en passant par les moules et la tortilla, *Os Carrisos* a tout ce qu'il faut, servi dans 2 jolies salles en pierres apparentes – dont l'une sous une grande treille (à l'intérieur !). Quelques tables sur la rue aussi.

**Pulpería Rial :** *praza das Travesas, 13. ☎ 981-81-16-24. • pulperiarial@gmail.com • Dans une ruelle piétonne de la vieille ville. Tlj sauf mar. Congés : de mi-sept à début oct. Menu déj en sem 10 €, plats 4-14 €.* On adore sa terrasse occupant une placette entière, dans un recoin un peu caché de la ville ancienne. Comme son nom l'indique, spécialisé dans le poulpe à la galicienne, mais sert aussi poissons et viandes à prix doux. Pour les mauvais jours, reste la salle de bar avec TV, écharpes et maillots de foot. Accueil aimable. Une bonne adresse.

**A Casa dos Martínez :** *rúa Longa, 7. 634-98-05-36. • martinezbistro@gmail.com • Dans la vieille ville. Tlj sauf dim soir et lun (fermé aussi mar-mer en hiver). Menu du jour le midi en sem 20 €, repas complet env 30 €.* C'est la bonne table de Padrón, installée dans un cadre contemporain chaleureux, avec des bougies sur les tables – dommage, la TV jure un peu... Le chef, passionné par son métier, est touchant par ses délicates attentions et assure également le service. Sa cuisine, inventive et savoureuse, sublime les excellents produits de saison qu'il débusque en sillonnant le terroir. On s'est régalés !

**A Capilla :** *rúa Fondo da Vila, 14. 609-47-93-94. Au début de la ruelle piétonne, à l'entrée sud du centre historique. Mar-dim 8h-15h et à partir de 19h ; fermé lun.* Ce petit bar chaleureux brillant comme un phare dans la nuit pourrait bien s'ancrer dans un port, avec ses vieux murs de pierre brute et ses poutres. On y admire les affiches de foot, les vieilles photos, les exploits des joueurs sur grand écran et la profondeur des verres... Une franche bonne ambiance règne ici.

# À voir. À faire à Padrón et alentour

**Igrexa de Santiago :** *praza Cantón de la Igrexa. Lun-sam 10h-13h, 17h-20h ; dim 10h-12h.* Cette belle église du XIV^e^ s s'est posée au bord du *río* et de son pont, au bout de l'allée de platanes de l'Espolón. Sous l'autel, vous pourrez voir la bitte d'amarrage en granit où fut attachée la barque qui, selon la légende, transporta en Espagne la dépouille de l'apôtre Jacques depuis la Palestine. La déformation du nom de cette pierre – *El pedrón* – a donné le sien à la ville. Le saint est naturellement à l'honneur, avec un relief en bois des XVI^e^-XVII^e^ s rappelant l'événement et, dans une vitrine du bas-côté, un *Matamoros* des plus offensif...

De l'autre côté du vieux pont de Santiago sur le río Sar, se dresse le ***convento do Carmen*** (XVIII^e^ s), encore actif. Le large parvis offre un vaste panorama sur le vieux Padrón. On ne peut voir l'église qu'au moment de la messe *(tlj 19h-20h).*

**Casa-Museo Rosalía de Castro :** *A Matanza, s/n. ☎ 981-81-12-04. • rosalia.gal • Env 600 m à l'est de la vieille ville, face à la gare ferroviaire, de l'autre côté des voies. Tlj sauf lun et dim ap-m, 10h-13h30 (14h en été), 16h-19h (20h en été). Entrée : 2 € ; gratuit – de 6 ans ; audioguide inclus mais en espagnol et anglais slt.* La grande écrivaine, fille (cachée) d'une jeune femme de la noblesse et d'un prêtre, vécut ici jusqu'à sa mort en 1885. Figure de proue des régionalistes galiciens, précurseur de la poésie castillane moderne, elle figurait jadis sur les billets de 500 pesetas ! La maison abrite des manuscrits originaux, quelques objets personnels et, à l'étage, conserve ses pièces meublées comme à l'époque, entre toiles aux murs et parquets bien cirés. Rosalía de Castro repose aujourd'hui au panthéon des Galiciens illustres, à Saint-Jacques-de-Compostelle.

**Fundación Camilo José Cela :** *rúa de Santa María, 16, à* ***Iria Flavia,*** *à 500 m au nord de la sortie de Padrón. ☎ 981-81-24-25. • fundacioncela.wordpress.com • Mar-sam 10h-14h, 16h-19h (20h juil-août). Fermé dim, lun et j. fériés. Entrée : 2,50 € ; réduc ; gratuit mar et sam ap-m. Visite guidée slt, ttes les heures à heure pile.* C'est ici que naquit cet immense romancier, poète et essayiste en 1916 (mort en 2002), couronné par un prix Nobel de littérature pour l'ensemble de son œuvre en 1989. Maintes fois censuré par la dictature franquiste pour son goût prononcé pour un réalisme sec et rugueux, pour le morbide et les personnages mutilés, son œuvre est âpre et dénonce la brutalité intrinsèque espagnole. La visite guidée de sa maison (faite par un guide totalement fan et plein d'humour) est passionnante et pleine d'anecdotes cocasses sur la personnalité hors du commun de Cela. On y découvre ses manuscrits, ses ouvrages dans des éditions du monde entier (son premier roman, *La Famille de Pascal Duarte,* est le roman espagnol le plus traduit dans le monde après *Don Quichotte* !), ses objets personnels et souvenirs (il gardait tout, jusqu'aux bouteilles d'alcool bues aves ses amis Hemingway et Picasso ou sa barbe, qu'il coupa lors de son exil à Majorque en 1957, mise sous enveloppe !). À l'étage, on découvre les bureaux sur lesquels il a écrit chacun de ses livres, son impressionnante bibliothèque d'environ 40 000 ouvrages, ses nombreux prix – dont son Nobel, bien sûr. Ses admirateurs traverseront la nationale pour se rendre sur sa tombe dans un petit cimetière, tandis que les novices fileront acheter un exemplaire de *La Ruche (La Colmena)* qu'ils dévoreront fissa.

# Fêtes et manifestations dans les environs

La *Terra de Montes,* cette zone centrale à l'est de Padrón, est une région agricole où le temps semble s'être arrêté, mais qui se réveille à l'occasion de ses fêtes annuelles, absolument uniques, qui remontent aux temps les plus anciens. Si vous êtes dans le coin à ces périodes, à ne pas manquer !

– ***Les Généraux d'Ulla (Xenerais da Ulla) :*** *entre A Estrada et Vedra.* Au moment du carnaval, les habitants de quelques villages de la haute vallée du río Ulla (à l'ouest de Padrón) enfilent leurs habits de généraux d'opérette pour faire mine d'envahir les villages voisins. On n'a pas compris grand-chose, mais il y a des messagers, des sentinelles, des aides de camp, et tout ce petit monde galope dans tous les sens, jusqu'à la fête du soir et le banquet pris en commun dans une réconciliation d'autant plus facile qu'il n'y a pas eu de bagarre. Les costumes sont réellement étonnants. Certains sont anciens, conservés de génération en génération, d'autres sont tout neufs, fruits de longues heures de veillée.
– ***A Rapa das Bestas :*** *à* ***Sabucedo,*** *1er w-e de juil.* Cette fête exceptionnelle fait la réputation de ce village à environ 40 km au sud-est de Padrón. Les hommes partent dans la montagne chercher et regrouper les chevaux semi-sauvages qui vivent en liberté. Les bêtes sont amenées dans l'immense corral de pierre à l'extérieur du village (le *curro*), les jeunes sont isolés pour être marqués, et on choisit les bêtes qui vont être vendues. Jusque-là rien d'anormal. Mais la cérémonie a un autre but : avant de les relâcher sur les hauts plateaux, on doit couper les crins des chevaux. Les hommes descendent donc dans le *curro* afin d'immobiliser les bêtes, une à une, et de leur tailler la crinière. Cela se fait à la main ; les chevaux fous de terreur sautent, ruent et tentent de se défendre. C'est païen, sauvage, ça remonte à la nuit des temps. Des milliers de visiteurs envahissent le village pour s'entasser sur les gradins du corral. *Infos sur • rapadasbestas.gal •*
– ***Fiesta del Pimiento de Herbón :*** *1er sam d'août, à* ***Herbón,*** *à 2 km à l'est de Padrón.* Venez fêter le *pimiento de Padrón* !

LA GALICE

# LA CÔTE NORD



• Carte *p. 218-219*

**La côte nord de la Galice, avec ses *rías* profondes, ses caps acérés et ses falaises déchiquetées, est appréciée des touristes pour ses superbes plages de sable et ses petites stations balnéaires tranquilles comme Ribadeo, Foz, Viveiro ou Cedeira. À l'ouest de La Corogne, on parle de *Rías Altas* (les *rías* d'en haut, par opposition aux *Rías Baixas,* celles d'en bas, qui désignent la région de Pontevedra-Vigo). À l'est de La Corogne et jusqu'à Muros, la zone devient *Costa da Morte,* « Côte de la Mort » (brrr !). La route qui longe le littoral vous conduira ensuite jusqu'au cap Finisterre, le point le plus occidental d'Espagne.**

# RIBADEO

(27700) 9 930 hab.

**Limitrophe des Asturies, Ribadeo est la porte d'entrée en Galice pour les voyageurs longeant la côte nord. Ce gentil port de pêche et de commerce, très actif au Moyen Âge, s'est reconverti avec succès dans le tourisme. Le centre piéton, animé de nombreux commerces, et la poignée de maisons blasonnées et d'édifices modernistes en font une ville où l'on flâne avec plaisir.**

## Arriver – Quitter

***Estación de autobuses :*** *avda da Rosalia de Castro, à 500 m de la praza de España. ☎ 982-13-12-08.*
➢ La compagnie *Arriva* propose 1-2 liaisons/j. avec ***La Corogne*** (slt le dim), ***Saint-Jacques-de-Compostelle*** et ***Lugo.*** Attention, presque aucun bus le w-e. Avec *Alsa,* 4-6 bus/j. de/vers ***Oviedo*** et 4-8 bus/j. de/vers ***Gijón,*** 2/j. pour ***Santander*** et ***Madrid.***

***Estación RENFE-FEVE :*** *à env 1 km du centre. ☎ 981-37-04-01 ou 912-320-320 (nº national). • renfe.com •*
➢ Ribadeo est sur la ligne Oviedo-Ferrol : 4 trains/j. de/vers ***Ferrol*** (3h de trajet), 2 trains/j. de/vers ***Oviedo*** (4h de trajet) ; dessert au passage ***Foz, Burela, Viveiro, O Barqueiro*** et ***Ortigueira*** en Galice et ***Luarca*** dans les Asturies.

## Adresse utile

***Oficina de turismo :*** *praza de España. ☎ 982-12-86-89. • turismo.ribadeo.gal • En été, tlj 9h-14h, 16h-20h ; hors saison, horaires plus restreints.* Bon accueil. Départ des bus pour la *praia das Catedrais.*

## Où dormir ? Où manger ?

### De bon marché à prix moyens

***Hostal Costa Verde :*** *praza de España, 11. ☎ 982-13-03-05. 696-88-56-39 • info@hostalcostaverde.com • hostalcostaverde.com • Resto tlj sauf mar oct-mai. Congés : nov. Doubles 35-50 € selon saison et confort (lavabo ou sdb), familiales aussi ; petit déj 5 €. Repas 10-20 €.* S'adresser au bar du rez-de-chaussée. Chambres à la déco plutôt sommaire mais bien tenues, toutes avec TV. Idéalement placé et accueil gentil. Cuisine simple servie au resto d'en bas.

***La Botelleria :*** *rúa San Francisco, 24. ☎ 982-13-01-45. • botelleria@hotmail.com • Dans l'une des rues piétonnes qui débouchent sur la praza de España. Tlj sauf lun (ouv lun en été). Menu 10 €, plats et raciones 8-18 €. CB refusées.* Sympathique (à l'image de son patron) bar à vins. La petite salle du resto est tout au fond et mixe allègrement buffet ancien et chaises design. Également une terrasse. Il y a de l'idée dans la déco comme en cuisine. Jolis plats de saison, au gré du marché, inventifs juste ce qu'il faut, et bonnes *raciones* à partager. Service charmant.

***Taberna Antón :*** *rúa San Francisco, 38. 620-26-07-96. Tlj sauf lun. Raciones 6-12 €.* De l'authentique, du chaleureux, du rustique. Parmi les goûteuses spécialités, on retiendra la tortilla, le *pulpo a feira* et le *lacón* (épaule de porc) maîtrisés à la perfection. Accueil sympa et sans chichis.

### De prix moyens à chic

***Hotel-restaurante O Cabazo do Zacurro :*** *rúa Río do Amalló, 1. ☎ 982-12-85-17. 696-66-14-14. • ocabazo@ribadeoturismo.com • hotelrestauranteocabazo.com • Un peu à l'écart de la praza de España (5 mn à pied) et très calme. Resto fermé*

LA GALICE

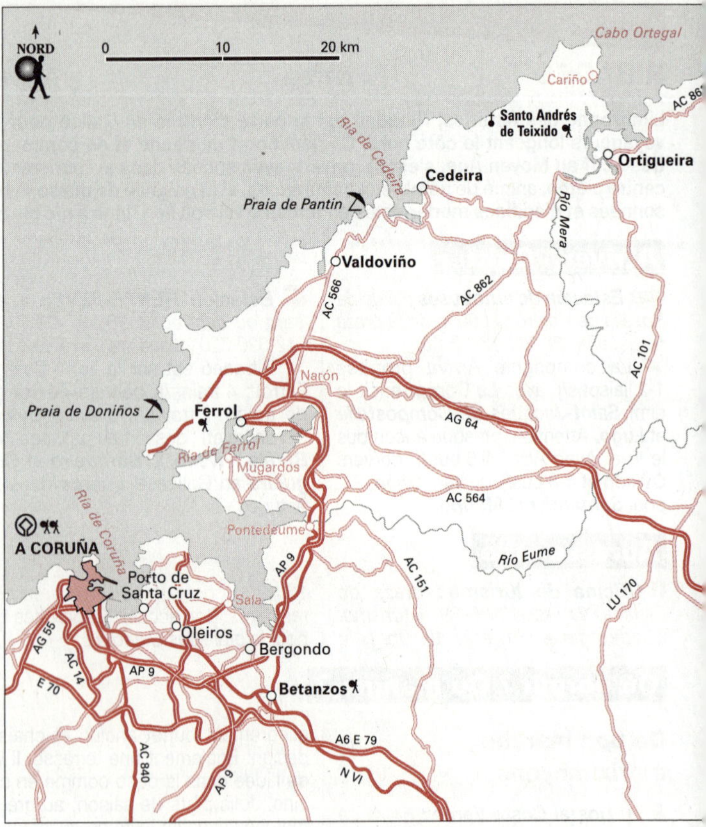


*dim soir (sauf août). Doubles avec sdb 53-110 € selon saison ; petit déj 8 €. Menu midi et soir en sem 13 €, w-e 20 € ; carte env 25 €. Parking gratuit. Digestif offert sur présentation de ce guide.* Une valeur sûre, aux chambres vastes et sobres, intégrant du mobilier de style à un cadre résolument contemporain. Certaines sont mansardées, et les meilleures ont un balcon avec vue sur la *ría* ou sur le jardin. Petit déj copieux et accueil chaleureux.

**Hotel A.G. Porcillán :** *rúa Guimarán, 5. ☎ 982-12-05-70. • hotelagporcillan@hotmail.com • hotelagporcillan.com • Sur le quai du port. Congés : janv-mars. Doubles 55-100 € selon vue et confort.* Adorable hôtel dont la façade étroite donne sur le petit port de plaisance. Déco marine de bon goût, dans les couloirs comme dans les 11 chambres pimpantes et colorées, les plus chères avec balcon, voire bain hydromassant. Dommage que l'insonorisation entre les chambres laisse à désirer. Super accueil de la part d'un patron attentif, qui dispense de bons conseils de visite.

**San Miguel :** *porto Deportivo, s/n. ☎ 982-12-97-17. • sanmiguelribadeo@gmail.com • Au bout du port de plaisance. Sept-juin, fermé dim soir et lun soir. Congés : 2 sem en janv. Menu 22 €, carte 35-50 €. Apéritif maison,*

LA CÔTE NORD DE LA GALICE

*café ou digestif offert sur présentation de ce guide.* Une sorte de chalet, un peu perché, qui offre naturellement une vue imprenable sur la *ría.* Cuisine d'humeur marine (mais pas que) aussi sérieuse que généreuse. Une adresse pas donnée, appréciée par les gens du cru.

## Où dormir ? Où manger dans les environs ?

**Hotel Mi Norte :** *ctra de A Mariña, km 559, 27293* ***Devesa.*** *☎ 982-12-30-34. 667-40-45-56. • info@hotelminorte.com • hotelminorte.com • Sur la N-634, à 4 km de Ribadeo vers Foz et à 3 km env de la praia das Catedrales. Congés : Noël. Doubles avec sdb 60-90 € selon chambre et saison (jusqu'à 110 € en août).* Notre coup de cœur dans le coin. Certes, cette maison bordée par la route n'est pas des mieux placée, mais sa charmante propriétaire, cinéphile invétérée, lui a donné une vraie personnalité. Chacune des chambres est consacrée à un film : de *Tout sur ma mère* d'Almodóvar à *Amélie Poulain* en passant par *007* ou *African Queen* (au décor fatalement néocolonial). La chambre *L'Amant* (la plus chère) est, elle, d'inspiration orientale et dispose d'une terrasse avec vue sur mer.

**Bar-restaurante La Cofradía :** *praza L. Calvo Sotelo, 2, au port de* ***Rinlo.*** *☎ 982-12-30-07. À env 10 km à l'ouest de Ribadeo, en direction de Foz par la N-364, puis continuer à droite vers Rinlo. Fermé mar (sauf juil-sept). Carte 25-30 € ; arroz 2 pers env 32 €.* Cette vieille taverne portuaire vivait paisiblement cachée dans une jolie petite crique rocheuse. Puis le hasard a voulu que quelques vedettes du show-biz s'intéressent à son riz aux fruits de mer *(arroz caldoso de mariscos)* simple et goûteux. Depuis, les prix flambent et ce n'est pas justifié. Mais là, pour le coup, on ne peut pas dire qu'on n'en connaît pas la raison !

## DANS LES ENVIRONS DE RIBADEO

Après avoir épuisé le panorama de Ribadeo depuis ses miradors, notamment du fort de San Damián, qui accueille également des expositions, voici la côte en direction de Viveiro : près de 70 km de falaises entrecoupées de superbes ***plages de sable,*** la plupart assez sauvages, et souvent ourlées par des chemins douaniers.

Après Ribadeo, par la route côtière, ne pas manquer la ***praia das Catedrais,*** impressionnant ensemble de falaises sculptées par la mer avec des arches qui peuvent évoquer les arcs-boutants d'une cathédrale gothique. Elle a été élue parmi les cinq plus belles plages espagnoles par le journal *El País.* Baignade cependant ***dangereuse,*** et accès possible seulement à marée basse, ce qui laisse une plage (!) horaire de 2h le matin et 2h le soir... Pour évacuer tout le monde avant la marée haute et éviter de perdre des touristes en cours de route, ***l'accès en saison se fait uniquement sur réservation préalable*** : pendant la Semaine sainte et de juillet à septembre, l'accès est alors limité à 4 812 personnes par jour (c'est précis !) et mieux vaut s'y prendre plusieurs jours à l'avance (possible de réserver 3 mois avant). Réservation obligatoire via le site • *ascatedrais.xunta.es* • ou par votre hôtel (ils proposent tous ce service). Autre solution, passer par les bus de l'office de tourisme de Ribadeo *(3 excursions/j. depuis le bureau de la praza de España ; compter 2,50 €/pers).*

**Kiosque d'info :** *sur le parking (gratuit) de la praia das Catedrais, tlj 10h-15h, 16h-19h.*

## Où dormir le long des plages ?

### Campings

***Camping Ribadeo :*** *à 2 km de Ribadeo par la N-634. ☎ 982-13-11-67. • campingribadeo@hotmail.com • campingribadeo.com • Env 22 € pour 2 pers avec tente et voiture. Bungalows 3 pers 66-77 €.* Le plus proche de la ville. Un joli site très vert, ombragé et planté de vastes pelouses. Au rayon équipements, rien ne manque : piscine, resto-bar, supérette, jeux pour enfants, location de canoës et windsurf...

***Camping Poblado A Gaivota :*** *praia de Barreiros, à* ***San Cosme de Barreiros*** *(27790). ☎ 982-12-44-51. • campinggaivota@gmail.com • campingpobladogaivota.com • ♿ Le plus proche de Foz sur la plage de Barreiros (fléché depuis la N-634). Fermé de mi-oct à fin mars. Env 25 € pour 2 pers avec tente et voiture. Cabanes et bungalows 4 pers 55-110 € selon saison. CB refusées. Réduc de 10 % sur le prix du camping sur présentation de ce guide.* Sympathique camping, bien tenu, aux emplacements délimités par des haies de yuccas et d'hortensias. Ombragé et à deux pas de l'océan. Bar-cafétéria. Idéal pour rayonner dans le coin et bon accueil.

LA GALICE

## FOZ (27780)

Son nom signifie « bouche » en phénicien. À 29 km à l'ouest de Ribadeo, sur la route de Viveiro, Foz se caractérise en effet par l'étroitesse de sa *ría,* qui se présente ici sous forme d'estuaire. C'est une petite ville bien située et prisée des vacanciers espagnols, mais sans autre intérêt que sa jolie plage de sable blond.

### Où dormir ?

**Camping Rapadoira Llás :** *paseo Marítimo, s/n (ctra de Llas). ☎ 982-14-07-13 (en été) ou 981-28-02-18 (en hiver). • rapallas@hotmail.com • campingfoz.com • À env 2 km du centre, bien indiqué à l'entrée de la ville. Fermé de mi-sept à mi-juin. Env 25 € pour 2 pers avec tente et voiture. Loc de tentes « comanche » 2 pers 55-65 €.* Tout petit camping récent, clôturé, qui manque encore d'ombre, mais la plage est à deux pas... Un autre bon point : la zone réservée aux tentes est au fond du terrain, donc plus abritée du vent. Supérette, snack, laverie.

**Camping San Rafael :** *praia de Peizas, à env 2 km de Foz par la N-642. ☎ 982-13-22-18. 618-53-04-01. • info@campingsanrafael.com • campingsanrafael.com • Env 21 € pour 2 pers avec tente et voiture. Pas de wifi.* Petit camping familial aux équipements sommaires : un resto-bar, une épicerie et basta. En revanche, on saura apprécier le calme, la propreté, la proximité immédiate de la mer et la gentillesse de l'accueil. Pas d'ombre au tableau, donc, si ce n'est... le manque d'ombre !

### Où dormir chic dans les environs ?

**Finca Goleta :** *rúa Goleta, 6, 27788* ***Espiñeira-Foz.*** *☎ 982-13-73-01. 687-85-42-90. • goleta@fincagoleta.com • fincagoleta.com • À 5 km env au sud de Foz, en direction de Ribadeo, juste avt le pont sur la rivière Masma (panneau sur la droite en direction d'Espiñeira) ; c'est 400 m plus loin après le petit pont en pierre. Fermé janv-fév. Doubles avec sdb 80-100 € selon saison et confort, familiales aussi ; petit déj 7 €. Appart 2-4 pers 110-150 €. Apéritif maison ou café offert sur présentation de ce guide.* Le cadre est superbe. Au bord de la rivière, adossée à une colline plantée d'eucalyptus et de pins, cette maison de charme de 1830 possède un traditionnel *hórreo* en granit. C'était autrefois une *casa de Indianos,* la maison d'été d'une riche famille d'émigrés galiciens revenus d'Argentine. Chambres mansardées ou non, arrangées avec soin, donnant sur la rivière ou le jardin. Salle de jeux installée dans la *lareira,* l'ancienne cuisine avec cheminée. Très bien pour des familles. Accueil excellent.

## SAN MARTIÑO DE MONDOÑEDO

Appelé également ***Obispo Santo.*** On y accède depuis Foz par une route qui serpente entre des forêts d'eucalyptus. À 5 km environ, au détour d'un virage, ce village hors du temps apparaît, coiffé de son originale ***église*** du XIIe s vouée à saint Martin de Tours *(théoriquement tlj 11h-14h, 16h-20h ; fermé lun et dim ap-m ; demander la clé au point info, derrière l'église).* La tradition veut qu'un évêque nommé Gonzalo et qui exerçait dans le coin ait miraculeusement mis en fuite une flotte viking qui menaçait la côte. Il s'agirait en fait du premier ermitage fondé par une colonie de migrants bretons qui fuyaient l'Angleterre au Ve ou VIe s. Preuve des liens historiques entre Bretagne et Galice !

## *BURELA*

À 13,5 km au nord-ouest de Foz. Port spécialisé dans la pêche au thon, le plus important sur la côte nord de la Galice. Toute la ville (moderne...) se voue à la pêche et à la mise en conserve dudit poisson.
– Très belle plage de sable blanc à la sortie est de la ville.

### Où dormir dans les environs ?

**Casa do Mudo :** *Senra, 25, dans la localité de* **Cervo** *(27891).* ☎ *982-55-76-89.* 📱 *692-49-68-78.* • *informacion@casadomudo.com* • *casadomudo.com* • ♿ *À 11 km de Burela ; de la N-642, prendre la LU-1505 vers l'intérieur des terres. Fermé 1er-25 oct. Doubles avec sdb 66-91 € selon saison et taille ; petit déj-buffet env 8 € ; repas (sur résa) 21 €.* Un *pazo* pétri de charme, en pierre et toit d'ardoises, cerné d'un jardin bien entretenu et flanqué d'un *hórreo*. Déco classique dans les 5 chambres dotées de tout le confort (sauf la TV que l'on partage dans une belle salle commune avec cheminée). Ensemble vraiment nickel et accueil adorable.

## À voir dans les environs

**Cerámica de Sargadelos :** *Paraño, s/n,* **Cervo** *(27891). Dans le village de Sargadelos, à 4 km de Burela en direction de Viveiro (fléché depuis la route).* ☎ *982-55-78-41.* • *sargadelos.com* • *Visite de l'usine lun-ven 8h30-14h ; expo-vente : lun-ven 9h30-14h, 15h-19h30 ; w-e et j. fériés 11h-14h, 16h-19h. GRATUIT.* Si vous êtes dans le coin, n'hésitez pas à faire un crochet par cette usine de céramique. Pour peu que vous soyez en Galice depuis quelques jours, vous aurez remarqué la vaisselle blanc et bleu utilisée par certains bars, restos et hôtels. Elle vient de cette usine, connue dans tout le pays pour ses faïences aux motifs géométriques et figuratifs modernes et inspirés. Le tour de l'usine permet de comprendre le processus de fabrication, mais le point d'orgue de la visite se trouve dans le bâtiment voisin : la salle d'expo. À l'étage, quelques pièces conçues par des artistes en résidence depuis les années 1950 avec pas mal de créativité. Quant à la superbe piscine... eh bien, elle est exclusivement réservée au personnel !

LA GALICE

## MONDOÑEDO (27740) 3 900 hab.

**Une belle petite ville perchée sur sa colline à inclure dans vos circuits touristiques, car elle se trouve près des côtes (à 23 km de Foz par la N-634) et fait aussi partie des itinéraires compostellans. Faute d'y dormir (rien de folichon côté hébergement), n'hésitez pas à vous y arrêter pour admirer sa cathédrale et arpenter ses ruelles tortueuses. En Galice, Mondoñedo est également célèbre pour avoir vu naître le grand écrivain *Alvaro Cunqueiro,* qui a notamment publié une version galicienne des légendes de la Table ronde.**

### Adresse utile

**Oficina de turismo :** *rúa do Progreso, 34.* ☎ *982-50-71-77.* • *concellomondonedo.es* • *Dans une ruelle qui monte presque face à la cathédrale, près de la* BBVA. *Tlj 10h30-14h, 16h15-19h.*

## Où acheter des gâteaux ?

À Mondoñedo, la spécialité locale est un gâteau à base de cheveux d'anges, d'amandes et de fruits confits, la *tarta de Mondoñedo.*

***La Alianza Confitería :*** *rúa do Progreso, 22.* ☎ *982-52-11-00. Tlj sauf lun 9h30-14h30, 16h30-21h.* Un salon de thé à 100 m de la cathédrale, où déguster ce gâteau fort riche et consistant (mais pas donné).

***O Rei das Tartas :*** *praza da Catedral, 15. 696-44-91-06. Tlj 9h-minuit.* Le roi de la tarte s'appelle Carlos, et sa tarte est si bonne qu'elle a essaimé partout dans la région (une vingtaine d'enseignes). La même maison tient aussi une cafétéria-musée dans le centre historique *(rúa de Guevara, 20).*

# À voir. À faire

***Catedral :*** *tlj 10h-14h, 16h-20h.* Sa façade offre un curieux mélange. La base est romane (XIIIe s), sans nul doute, mais le XVIIIe s lui a ajouté des clochetons baroques. Ne chipotons pas. À l'intérieur, un énorme retable baroque s'intègre ainsi au chœur roman et quatre chapelles baroques avec statues et bois doré occupent désormais l'abside. Avec un peu d'attention, on observera que la voûte du chœur conserve des restes de polychromie médiévale. Baroque encore, le très bel orgue du XVIIIe s. Il reste pourtant ***une merveille,*** non romane mais gothique, juste sous la tribune d'orgue : la fresque murale qui représente le *Massacre des Innocents.* Le peintre avait certainement encore en mémoire les derniers combats de la Reconquête, car ses soldats romains ressemblent sacrément à des Sarrasins. À droite, dans la chapelle du Saint-Sacrement, on peut admirer une rare Vierge anglaise du XVIe s. Cloître du XVIIe s d'une vraie simplicité.

– ***Museo diocesano y Catedralicio*** *(musée d'Art sacré) : dans la cathédrale. • mondonedoferrol.org/museos • Mar-sam 10h15-14h, 16h15-18h30 ; dim 16h30-19h30. Fermé lun. Entrée avec visite guidée : 2 €.* Joli petit musée qui conserve les plus belles pièces d'orfèvrerie, peintures et sculptures de la cathédrale. Vous verrez notamment un étonnant crucifix populaire polychrome ou encore une émouvante Vierge à l'Enfant du XIIIe s.

***Santuario de Nuestra Señora de los Remedios*** (sanctuaire de Notre-Dame des Remèdes) **:** *tt en haut de la colline, à l'ouest du centre ancien. Ouv slt pdt les messes.* L'église actuelle a remplacé, au XVIIIe s, un ancien ermitage qui honorait la patronne de la ville. Le retable baroque est prodigieux, énorme, sculpté avec finesse, tout doré, avec des anges joufflus et des feuilles d'acanthe.

***Museo del Mago Merlín*** (musée du Mage Merlin) **:** *rúa Concepcion, 7 ; en montant de l'office de tourisme vers la mairie (horaires variables, se renseigner à l'office de tourisme).* Il s'agit en fait de la librairie de Manolo Montero, l'un des personnages les plus atypiques de la région. Manolo voue un culte à son ami, l'écrivain Álvaro Cunqueiro, et s'est glissé dans la peau de Merlin, personnage principal de son œuvre. Il se balade vêtu à l'instar de ce grand magicien, et a regroupé dans sa librairie-musée, outre les œuvres de son copain, tout ce qui a trait à la magie et à la sorcellerie en Galice. Il n'allume pas la lumière (mages et sorcières se plaisent dans l'obscurité), grommelle volontiers, mais peut se révéler un très brillant causeur. Allez donc lui rendre visite, il adore ça.

➢ ***Balade dans le centre ancien,*** aux rues étroites bordées de maisons blasonnées. À côté de la cathédrale, le *palais épiscopal* a fière allure. Passer voir aussi le sévère *seminario Santa Catalina,* derrière la cathédrale (côté abside). En longeant les arcades, face à la cathédrale, on aboutit à une ruelle qui conduit à la *Fonte Vella,* jolie fontaine Renaissance. Prendre à droite devant la fontaine, tourner à droite à

nouveau pour admirer de belles maisons, puis s'engager dans la *rúa do Progreso* pour découvrir la *praza do Concello* et son chouette *ayuntamiento* baroque.
Si vous êtes de passage un jeudi, pensez à faire un tour au marché sur la place de la cathédrale.

## Manifestation

– ***San Lucas :*** *18 oct.* • *assanlucas.es* • Très important ***marché aux chevaux*** instauré en 1156 : ça ne date pas d'hier.

## DANS LES ENVIRONS DE MONDOÑEDO

***Mosteiro de San Salvador :*** *à* ***Vilanova de Lourenzá,*** *8 km de Mondoñedo par la N-634.* ☎ *982-12-10-06 ou 11-04 (visites). Visites guidées lun-sam à 12h, également en été lun-ven à 16h et 18h. Fermé dim. Entrée : 3 € ; gratuit – de 12 ans.* Sa façade est l'œuvre de l'architecte qui a reconstruit celle de la cathédrale de Santiago au XVIIIe s. Il paraît que la façade du monastère de Vilanova a servi de brouillon ou d'essai avant qu'il ne s'occupe de Santiago. Imposante, cette façade avec un seul campanile (l'argent devait manquer pour l'autre), colonnes néoclassiques et statues superbement sculptées. À l'intérieur, beau retable baroque et petite collection d'objets liturgiques.

LA GALICE

# VIVEIRO (27850) 16 000 hab.

• Plan *p. 225*

**De plus en plus station balnéaire et de moins en moins port de pêche, Viveiro s'étend au fond d'une vaste *ría* découpée et boisée, à 66 km à l'ouest de Ribadeo. Les touristes se concentrent surtout près de la plage de *Covas,* à 1 km du centre historique. La vieille ville retient elle aussi l'attention, grâce à son agréable lacis de ruelles bordées de maisons en granit et parsemées d'églises très anciennes. On la parcourt à pied, en partant de la *porta de Carlos V* (qui date de Charles Quint, d'où son nom), vestige d'un rempart médiéval. Entre plages, balades sur le port et ruelles ombragées, voici un coin qui fleure bon les vacances.**

### Arriver – Quitter

***Estación de autobuses*** *(plan B2) : avda R. Canosa.* ☎ *982-56-01-03. En plein centre.* Bus de/vers ***Ribadeo, Ferrol, La Corogne, Santiago*** et ***Lugo*** (avec *Arriva*).

***Estación RENFE-FEVE*** *(plan B2) : Verxeles, s/n.* ☎ *981-37-04-01 ou 912-320-320 (nº national).* • *renfe.com* • 4 trains/j. entre Viveiro et ***Ferrol*** (2h de trajet). Compter env 5h pour ***Oviedo*** (2 trains/j. slt). Viveiro est sur la ligne Oviedo-Ferrol (2 trains/j.) qui dessert aussi ***Ribadeo*** et les Asturies, puis ***Foz*** et ***Burela*** en direction de Ferrol.

### Adresse utile

***Oficina de turismo*** *(plan B1-2) : avda R. Canosa.* ☎ *982-56-08-79.* • *viveiroturismo.com* • *Sur la route principale, au grand rond-point de la ville, face à la gare routière. Juil-sept, lun-ven 10h-14h, 16h30-20h ; sam 11h-14h, 17h-19h30 ; dim 11h-14h. Hors saison, horaires plus restreints (sauf Semaine sainte) et fermé dim.*

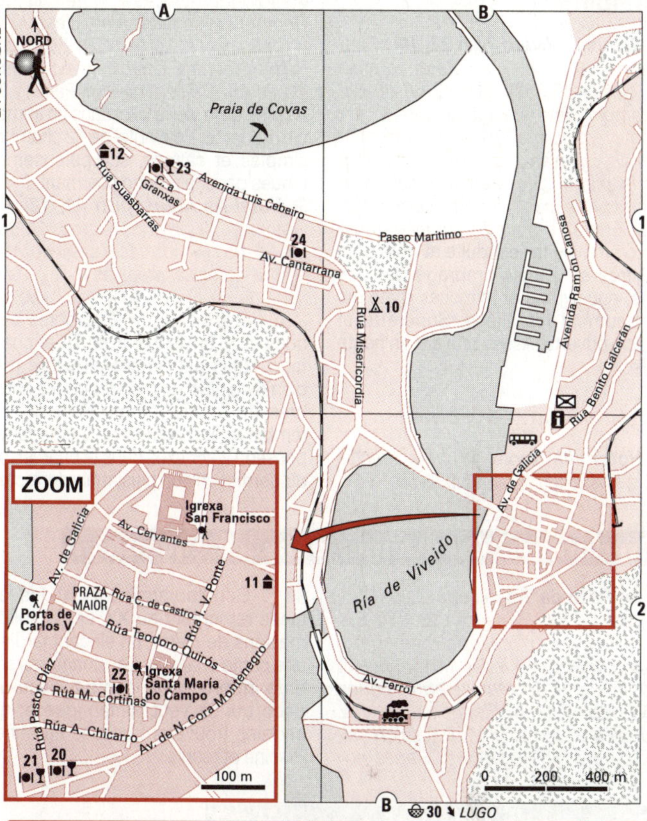


## VIVEIRO

**Adresse utile**
- Oficina de turismo (B1-2)

**Où dormir ?**
- **10** Camping Vivero (B1)
- **11** Hotel Vila (zoom)
- **12** Hotel As Areas (A1)

**Où manger ?**

**Où boire un verre ?**
- **20** O Recuncho (zoom)
- **21** Quinta Asador (zoom)
- **22** O' Asador (zoom)
- **23** As Tixolas (A1)
- **24** Restaurante La Paz (A1)

**Achats**
- **30** Atelier d'Otero Regal (hors B2)

## Où dormir ?

Les hôtels recommandables sont rares dans la vieille ville, mais il est possible de loger dans des chambres d'hôtes agréables et assez bon marché (liste à l'office de tourisme). La plupart des hôtels sont installés à Covas, où les campeurs trouveront également un pied-à-terre.

## Camping

⅄ ***Camping Vivero*** (plan B1, **10**) : *Cantarrana, s/n, 27850. À côté de la praia de Covas (27837). ☎ 982-56-00-04. • campingdevivero@gmail.com • campingvivero.com • Juste après le pont menant à Covas, bien indiqué. À 200 m de la plage. Ouv Semaine sainte et juin-sept ; accueil 9h-23h. Fermé oct-mai. Env 22 € pour 2 pers avec tente et voiture.* De taille réduite et doté d'un sol très sec, mais ombragé par des pins, eucalyptus et mimosas d'été qui embaument les allées. Supérette et snack-buvette. Assez bruyant en haute saison.

## Prix moyens (40-65 €)

⌂ ***Hotel Vila*** (zoom, **11**) : *rúa Nicolás Cora Montenegro, 57. ☎ 982-56-13-31. • info@hotel-vila.es • hotel-vila.es • Grimper l'avda Cervantes, c'est 200 m à droite après l'igrexa San Francisco. Fermé Noël-fév. Doubles avec douche et w-c 45-60 € selon saison. Parking 3 €.* À l'orée de la vieille ville, dans un immeuble moderne. Petit hôtel de 12 chambres simples et calmes, scrupuleusement tenues par une proprio charmante.

⌂ ***Hotel As Areas*** (plan A1, **12**) : *rúa Granxas, 84, praia de Covas. ☎ 982-56-06-05. • hotelasareas@hotmail.com • hotelesasareas.es • Tt près de la plage de Covas. Doubles avec sdb 39-64 € selon saison.* Chambres basiques et à l'ancienne, avec TV et chauffage, dans cet hôtel vieillissant mais bien tenu. Vue sur mer depuis les chambres du dernier étage. Petit déj pas terrible quand même. La même famille possède 2 annexes dans le quartier, pas du dernier cri non plus, mais correctes.

## Où dormir ? Où manger dans les environs ?

LA GALICE

⌂ |●| ***Pazo da Trave*** : *ctra Galdo, s/n, Galdo (27850 Viveiro). ☎ 982-59-81-63. • pazo@pazodatrave.com • pazodatrave.com • À 4 km de Viveiro par la route de Muras, en direction de Lugo. Fléché. Congés : janv-fév. Doubles et suites 60-120 € selon saison ; petit déj (léger) 9 €. Repas env 30 €.* Gentilhommière dont les origines remontent au XVᵉ s : de solides maisons de pierre, un élégant jardinet, une petite chapelle. Les chambres sont d'un irréprochable confort, avec une déco qui se veut romantique et que certains trouveront un peu surannée. Piscine et tennis.

## Où manger ? Où boire un verre ?

|●| 🍸 Dans la rúa del Pastor Díaz, 2 bars-restos prisés des habitants de Viveiro marquent l'entrée dans la vieille ville. ***O Recuncho*** *(zoom, **20** ; au 55 ; ☎ 982-56-31-91 ; carte env 15 €)*, typique ! Avec son accueil aussi brut de décoffrage que la déco et son honorable cuisine de région. Et la ***Quinta Asador*** *(zoom, **21** ; au 66 ; ☎ 982-82-61-20 ; menu 10 € midi sem, carte 20-25 €)* : avec ses belles pierres et boiseries, un peu plus chère, un peu plus touristique et réputée pour ses grillades et son poulpe.

|●| ***O' Asador*** (zoom, **22**) : *rúa Melitón Cortiñas, 15. ☎ 982-55-18-65. • oasador@msn.com • Derrière la praza Fontenova, en plein centre historique (ne pas confondre avec l'Asador Carlos V, en périphérie de Viveiro). Résa conseillée. Carte 25-35 €. Apéro maison offert sur présentation de ce guide.* L'une des valeurs sûres du vieux centre. Salle à manger rustico-chic pour une cuisine de tradition travaillée avec des idées d'aujourd'hui. Intéressants desserts. Service attentif.

|●| 🍸 ***As Tixolas*** (plan A1, **23**) : *rúa Suasbarras, 42, à Covas. ☎ 982-56-07-07. Au bord du grand parking de la plage. Tlj (sauf mar hors saison) 11h-1h. Carte 15-25 €.* Prisé pour ses tapas et *raciones* de poisson et de poulpe réalisées à la perfection. Le cadre vintage très réussi invite à la rêvasserie et à la détente. D'ailleurs, on peut aussi venir juste y prendre un verre et grignoter des tapas, jusque tard.

**Restaurante La Paz** *(plan A1,* ***24****) : avda Cantarrana, 22 ; angle avec Vila de Ribadeo. ☎ 982-55-02-42. • info@restaurantelapaz.net • Sur l'avda de Covas, parallèle à la plage. Tlj sauf mar. Menu midi 16 €, carte 30-35 €.* Salle à la déco tout ce qu'il y a de plus banal, mais les plats (de poisson surtout) sont copieux et savoureux. Le menu du midi est valable, mais le soir, les prix semblent tout de même surestimés. Service aimable.

## Achats

***Atelier d'Otero Regal*** *(hors plan par B2,* ***30****) : Camiño Real, 127. ☎ 982-56-25-89. • oteroregal.com • À la sortie de la ville, sur la route de Lugo. Tlj 9h45-13h45, 16h-20h.* Cet artiste céramiste local expose et vend des créations uniques, artisanales, dont la beauté et la qualité n'ont rien à envier à celles de Sagradelos. Et les prix sont nettement plus abordables ! Visite gratuite de l'atelier et du musée. Les œuvres sont vendues sur place, en ligne, ou dans certaines boutiques en ville.

# À voir. À faire

***Porta de Carlos V*** *(zoom) :* construite en 1548 dans le style Renaissance espagnole, cette porte était l'entrée de la ville fortifiée.

***Igrexa Santa María do Campo*** *(zoom) : en haut de la vieille ville. Tlj 19h30-20h30.* La plus ancienne (XIIe s) et la plus pure des églises de style roman de Galice. Elle abrite une jolie croix de procession en argent datant du XVIe s. Point de départ des processions lors de la Semaine sainte.

***Igrexa San Francisco*** *(zoom) : avda Cervantes, à l'orée de l'enceinte de la vieille ville. Tlj 11h30-13h30, 18h30-20h.* Église d'un couvent franciscain fondé au XIIIe s. On peut, à gauche de l'entrée, visiter le cloître qui a conservé ses arches romanes. L'église a été reconstruite au XIVe s dans le style gothique galicien. Très belle abside. Les fenêtres, longues, étroites, sont remarquables. Joli retable typique de la Renaissance flamande dans une des chapelles. Depuis l'église, on peut suivre la route menant au mont San Roque (à 3 km), d'où l'on se remplit les yeux des couleurs de la baie !

Très belle ***praia de Covas,*** proche du centre-ville. Du sable, un cordon de dunes et de jolis îlots lui donne un côté indéniablement pittoresque... et attire pas mal de baigneurs, forcément ! Plus calme, dans les environs de Viveiro, la belle ***praia de Area*** est réputée pour son sable immaculé. C'est également un spot renommé pour la pratique du kitesurf et du windsurf (ce qui sous-entend qu'il y a souvent du vent !).

➢ Nombreuses ***randonnées*** faciles à faire dans la région des collines autour de Viveiro. Infos et cartes à l'office de tourisme.

***La forêt d'eucalyptus de Chavín*** *(Souto da Retorta Eucaliptal de Chavín) : sur la commune de Chavín, à 8 km env, au sud de Viveiro, suivre le fléchage. Agréable balade (à pied) d'env 30 mn depuis le parking.* Cette forêt d'eucalyptus centenaires constitue l'un des plus anciens (et des mieux préservés) massifs de Galice et sans doute d'Europe. Le plus gros de ses arbres, surnommé *o avó* (l'ancêtre), mesure 70 m de haut avec un tronc de 2,50 m de diamètre et 10,50 m de circonférence. Un record européen !

# Fêtes et manifestations

- ***Semaine sainte de Viveiro :*** *• semanasantaviveiro.com •* Connue et reconnue dans toute la Galice, avec sa procession de pénitents qui portent dans les rues des images articulées et une statue du Christ au son des tambours.

– ***Rapa das Bestas :*** *à* ***Candaoso,*** *1er dim de juil.* Dès l'aube, les hommes partent regrouper les chevaux sauvages dans la montagne, qu'ils rassemblent dans une arène de pierre appelée *curro.* C'est à l'issue d'un véritable combat entre les éleveurs les plus courageux et des montures terrorisées que sera triée la horde. Il s'agit en effet de séparer ceux qui seront vendus, de marquer les poulains de l'année et, clou du spectacle, de couper les crins de l'encolure et de la queue de ceux que l'on relâchera. En un mot : spectaculaire !
– ***Resurrection Fest :*** *début juil (en 2018, 11-14 juil).* • *resurrectionfest.es* • Dans un style radicalement différent des précédents, voici le plus gros festival métal, punk et hardcore d'Espagne. Avec plus de 60 000 festivaliers chaque année, quasi impossible de trouver une chambre à cette période !
– ***Romería de Naseiro*** *(romaxe do bo Xanar)* **:** *4e dim d'août.* L'un des pèlerinages les plus courus de Galice. Dans l'église San Pedro et dans la vallée de Naseiro.

# DE VIVEIRO À FERROL

## O PORTO DO BARQUEIRO

À 17 km à l'ouest de Viveiro, l'un des plus ravissants ports de pêche et de plaisance de la région.

### Où dormir ? Où manger ?



**Hostal La Marina :** *Puerto del Barquero, 7, 15337* ***Mañón.*** *☎ 981-41-40-98.* • *info@hotelportodobarqueiro.com* • *hotelportodobarqueiro.com* • *Double avec sdb 30 € (40 € en août). Carte 10-20 €.* Agréable pension arrimée au quai, doublée d'un populaire restaurant avec véranda. Le rapport qualité-prix est excellent pour ces 8 chambres sobres, dont 4 donnent sur le port (et ce, sans supplément). Côté resto, cuisine de la mer fraîche et sans prétention, à tarifs fort modérés. Accueil chaleureux.

**Hostal O Forno :** *Porto do Barquero, 1, 15337* ***Mañón.*** *☎ 981-41-41-24. 📱 636-47-38-76.* • *oforno@hostaloforno.com* • *hostaloforno.com* • *Fermé 15 oct-Pâques. Doubles avec sdb 35-50 € selon saison, familiales aussi. Carte 15-25 €.* Hôtel couleur brique dont les galeries vitrées surplombent le quai. Chambres plaisantes et d'un confort suffisant, dont les meilleures donnent sur le port. Si vous n'y logez pas, il fait bon s'attarder au resto pour déguster une assiette de poivrons de Padrón, des calamars ou une succulente tortilla bien baveuse.

## O PORTO DE BARES

Croquignolet petit port d'origine phénicienne, auquel on accède depuis O Porto do Barqueiro par une route escarpée dominant la *ría.* On y trouve une longue plage de sable blond et fin, baignée par des eaux limpides, peu fréquentée et cernée d'un panorama idyllique : c'est vraiment l'une des plus belles plages de toute la côte nord ! Sur place, trois restos et une *hospedaje* très correcte *(Portomar Hospedaxe,* • *portomar.eu* •) permettent de prolonger le plaisir. On peut ensuite pousser jusqu'à la pointe de Bares *(Punta da Estaca de Bares),* dominée par un miniphare de 1850, qui marque la limite (toute symbolique...) entre mer Cantabrique et océan Atlantique. Paysages fantastiques battus par les vents.

## ORTIGUEIRA *(15330)*

À 57 km au nord-est de Ferrol, dans une superbe *ría* abritée. On ne vient pas à Ortigueira pour son esthétique décousue, ni pour son minuscule quartier ancien dont on fait le tour en 2 mn. Non ! On y vient avant tout pour le Festival du monde celte.

En repartant vers Ferrol et La Corogne, détour possible par le cap Ortegal, via une route côtière qui se finit en cul-de-sac : à-pics vertigineux et vent du large combleront les amateurs de nature sauvage.

## Arriver – Quitter

**Estación de autobuses :** *avda Juan Luis Pía Martínez, même emplacement que la gare ferroviaire, à env 300 m du centre.*

➢ De/vers **Viveiro, Ferrol** et **Ribadeo,** avec *Arriva (● arriva.gal ●).*

**Estación RENFE :** *même emplacement que la gare routière. ☎ 981-37-04-01 ou 912-320-320 (n° national). ● renfe.com ●*

➢ Env 4 trains/j. pour **Ferrol** (1h20 de trajet) et **Ribadeo** (1h45). Ortigueira est sur la ligne Oviedo-Ferrol (2 trains/j.), qui dessert aussi **Foz, Burela, Viveiro** et **O Barqueiro,** entre autres.

## Adresses utiles

**Oficina de turismo :** *A Lagarea. ☎ 981-97-41-03. ● concellodeortigueira.com ● Petit bureau à l'entrée d'Ortigueira en venant de Cedeira-Ferrol. Ouv slt l'été, lun-sam 10h30-14h, et aussi 17h30-20h30 ven-sam. Fermé hors saison.*

**Centro de recepción de visitantes :** *avda Malecón, s/n (paseo Marítimo). ☎ 981-42-20-89. ● turismoortigueira.com ● En saison, lun-sam 10h30-13h30.*

## Le Festival du monde celte

Le festival est désormais reconnu dans toute l'Espagne (et il fête d'ailleurs ses 40 ans en 2018). Heureusement, le public lui avait déjà rendu au centuple sa chaleur et sa joie de vivre ! Car il attire tous les ans, ***autour de la mi-juillet,*** jusqu'à 100 000 personnes dans une ville de moins de 6 000 habitants. Tout ce petit monde vient communier dans l'amour de la cornemuse, du violon irlandais et de l'accordéon diatonique, depuis qu'en 1978, deux étudiants de l'école de cornemuse d'Ortigueira se sont inspirés du Festival interceltique de Lorient. L'ambiance est festive : le kilt sied à bon nombre de festivaliers et la bière concurrence les petits blancs galiciens.
Un concert a lieu tous les soirs à 22h (à 12h le dimanche) avec des orchestres et groupes venus de tout l'arc Atlantique. La musique traditionnelle n'y est pas privilégiée et toutes les tendances peuvent s'exprimer. La scène principale accueille les artistes reconnus tandis que la petite scène reçoit les jeunes talents.
Vous pouvez également assister à des conférences *(tlj à 11h)* : des musicologues reconnus viennent présenter le rôle de la cornemuse dans la musique traditionnelle italienne ou l'influence de la thématique celte dans la musique de cour française du XVIIe s ! Et puis il y a les ateliers *(tlj 15h-17h)* où les musiciens viennent se perfectionner dans le maniement de la *gaita,* cornemuse galicienne, ou écossaise (ce n'est pas la même), de la guitare, du *fiddle* (violon irlandais) ou de l'accordéon diatonique *(moins de 10 pers/atelier ; inscriptions préalables : ● obradoiros.festival@concellodeortigueira.com ● ou sur le site web du festival).* Vous pouvez aussi apprendre les danses traditionnelles des pays celtes. Enfin, des projections de films musicaux sont organisées *(tlj aussi)* pour ceux qui trouveraient encore le moyen de s'ennuyer. Le dernier soir, une *queimada* géante vient aviver les regrets et réchauffer les cœurs.

### Renseignements pratiques

*– Vous les trouverez sur le site web : ● festivaldeortigueira.com ● Par courrier ou par tél :* ***Festival de Ortigueira,*** *rúa da Alameda, s/n, 15330 Ortigueira. ☎ 981-40-00-00.* ***En 2018, le festival devrait se tenir du 12 au 15 juil.***

➢ Un ***train spécial*** relie tlj Ferrol et Ortigueira. Des ***bus gratuits*** font la navette entre les points stratégiques : gare, camping, parkings.

LA GALICE

🏠 🍽 Il est impossible de se loger, les quelques hôtels et *casas rurales* étant prioritairement réservés aux musiciens. Une zone de ***camping*** gratuite et surveillée avec douches et w-c est installée à l'extérieur de la ville.

– Tous les ***spectacles,*** conférences, cours de musique sont GRATUITS. Les représentations ont lieu sur le port et sous chapiteau.

## SAN ANDRÉS DE TEIXIDO

Entre Viveiro et Cedeira (à environ 12 km au nord-est de Cedeira). Ce tout petit village et cette ***chapelle*** en granit dominant la mer ont des airs de bout du monde. Il s'en dégagerait en plein été une atmosphère presque spirituelle, si les restos et stands de souvenirs étaient moins présents (spécialité locale : l'amulette en pâte à sel !). Selon la légende, tout homme est tenu de se rendre en pèlerinage à San Andrés, sous peine d'y passer une fois mort... sous la forme d'un animal ! Brrr ! C'est pour cela qu'au cours de la procession personne ne s'aventure à écraser le moindre insecte ! Et il s'agit bien d'un rituel chrétien (enfin, un peu animiste quand même), et non bouddhique ou jaïn !

## CEDEIRA *(15350)*



À environ 35 km au nord-est de Ferrol. Petite station balnéaire bien agréable (même si son architecture ne déclenchera pas de crise extatique) étalée sur les deux rives d'une *ría* aux collines boisées toujours vertes, été comme hiver. La saison ne dure ici que le temps de l'été. Profitez-en donc pour vous faire un festin de tortilla (omelette aux pommes de terre) : elle est réputée être la meilleure de toute la péninsule !
Non loin du village, les falaises de Vixia de Herbeira se targuent d'être les plus hautes de la côte européenne (620 m de verticalité plongeant dans les flots).

⛱ Longue ***plage*** de sable, en plein centre-ville. Ambiance plutôt familiale.

### Adresse utile

ℹ ***Oficina de turismo :*** *avda de Castelao, s/n. ☎ 981-48-21-87. • cedeira.es • turismo.cedeira.gal • Sur l'avenue principale. Juin-sept, lun-ven 9h-14h, 16h-20h30 ; sam 10h-14h, 17h-20h ; dim 11h30-13h30. Nov-mars, lun-ven 9h-14h30 ; sam 11h-14h. Avr-mai et oct, lun-ven 9h-14h, 17h-20h ; sam 11h-14h. Fermé dim hors saison.*

### Où dormir ? Où manger ?

🏠 ***Hostal Chelsea :*** *praza Sagrado Corazón, 10, 4e étage. ☎ 981-48-23-40. • info@hostalchelseacedeira.com • hostalchelseacedeira.com • Sur la place centrale, à 100 m de la plage. Doubles avec sdb 39-47 € selon saison.* Rien à voir avec son mythique homonyme new-yorkais ! Ici, il s'agit d'un petit *hostal* familial, très simple mais bien tenu, installé dans un immeuble moderne, bordant une grande place populaire entourée de cafés. Accueil très aimable.

🏠 ***Hospedería Rural Cordobelas :*** *Lugar de Cordobelas, 29. ☎ 981-48-06-07. 📱 679-05-97-76. • info@cordobelas.es • cordobelas.es • De Cedeira, route de Ferrol, puis à 1 km suivre à gauche une route à flanc de colline (fléché). Congés : de mi-déc à mi-janv. Résa conseillée. Doubles 55-72 € selon saison ; bon petit déj 5,50-9 €. Apparts 4 pers 83-110 € selon saison.* L'une des plus jolies maisons d'hôtes *(casas rurales)* de la région, assise sur d'épais murs de pierre. Depuis la plupart des chambres, charmantes et décorées à l'ancienne, on a une vue splendide sur la ría de Cedeira. Belle pelouse pour le farniente. Accueil cordial en français. Une bonne adresse.

🏠 ***Hotel Herbeira :*** *Lugar de Cordobelas, s/n. ☎ 981-49-21-67. • info@hotelherbeira.com • hotelherbeira.com • Sur la route de Ferrol, à moins de 1 km du centre de Cedeira. Congés : 20 déc-12 janv. Doubles 70-122 € selon saison, familiales aussi, bon petit déj-buffet 8 €. Sur présentation de ce guide, café offert.* Un 3-étoiles récent et design qui joue la carte de la blancheur et du dépouillement. Bon confort dans les chambres et joli panorama sur la baie et la ville depuis la piscine cristalline. La mer n'est pas loin : un chemin descend en 5 mn à la plage. Accueil vraiment gentil et attentionné.

|●| ***A Taverna Do Puntal :*** *O Puntal de Vilarube, s/n ; à 3 km de Cedeira en direction de Ferrol, juste après le pont blanc. ☎ 981-48-05-32. • antiapuntal@gmail.com • Ouv midi et soir en été, fermé le soir en hiver. Ración 6 €, repas env 15 €.* Belle auberge rustique au pied de la *ría*. Carte de *raciones frías* (froides – salades, jambons, fromages) et *calientes* proposées en demi-portion également. Et là, c'est le pied ! Calamars, moules et de bonnes *tortillas de patatas* !

|●| ***Mesón San Antón :*** *rúa Ezequiel López, 25. ☎ 981-48-12-90. En bord de rúa, en plein centre, derrière la pizzeria Lanus (!). Tlj. Carte 15-20 €.* Resto proposant une cuisine à la fois typique et rehaussée d'une touche de modernité : *rape* (lotte), *berberechos* (coques) et autres *almejas* (palourdes) sont magnifiées au détour de créations parfois surprenantes. On ne vous parle même pas du « croquants (sic) d'un poussin aux 3 sauces » : vivent les logiciels de traduction ! Petite salle intimiste avec mezzanine, mais pas de terrasse. Service très sympa.

➢ ***La route de Cedeira à Ferrol :*** prendre de préférence la route côtière (C-646), beaucoup plus belle que la route directe (C-642). Vous longerez de belles plages sauvages, ainsi que des plantations d'orangers et de citronniers, miracles du microclimat galicien !



## *VALDOVIÑO* *(15552)*

Grosse bourgade que l'on pourrait traverser sans s'arrêter mais qui cache de très jolies plages.

### Où dormir ?

⛺ ***Camping Valdoviño :*** *ctra de la Playa. ☎ 981-48-70-76. • campingvaldovino@yahoo.es • ♿ À l'entrée est de la ville. Fermé de mi-sept à mi-mai. Env 29 € pour 2 pers avec tente et voiture ; chalet 4 pers 85 €.* Joli site ombragé et fleuri, populaire auprès des surfeurs (la plage est toute proche). Beaux chalets avec terrasse, épaisse pelouse pour planter son igloo et sanitaires pimpants. Sur place : resto-bar, supérette, cuisine collective, école de surf... Rien ne manque et l'accueil est top !

🏠 ***Hotel A Roda :*** *praia del Rio, 15552 Meirás. ☎ 981-48-62-63. • hotelaroda.meiras@gmail.com • hotelaroda.com • ♿ À 1,5 km de la route principale (fléché). Double avec sdb 50 €. Apparts 3-4 pers 65-80 € selon saison.* Petit hôtel récent joliment posé sur un bout de falaise dominant une adorable petite plage. Chambres toutes simples mais très propres, parmi lesquelles on préférera les nos 104 à 109 et 204 à 208, pour leur vue mer. Cafétéria basique. Prêt de vélos.

## À voir. À faire

🏄 👫 ***Praia de Pantin :*** appelée aussi *O Rodo* et située juste avant Valdoviño. Incontournable si vous êtes en Galice pour vous frotter à ses vagues. Cette plage est effectivement la plus connue des passionnés de ***surf.*** Si vous passez la 1re quinzaine de septembre, ne ratez pas la *Ferrolterra Pantin Classic,* compétition internationale qui s'y déroule chaque année.

# FERROL

(15400) 69 450 hab.

• Plan *p. 234-235*

**En bref, le plus grand port de guerre du nord de l'Espagne et la ville natale de Franco. Pas vraiment ce qui laisserait présager d'une belle découverte ! Et pourtant, le centre ancien, aux rues parfaitement alignées, ne manque vraiment pas d'allure.**
**Le quartier de la Magdalena a été reconstruit au XVIIIe s, lorsque Philippe V a décidé d'ancrer à Ferrol sa marine de guerre sur l'Atlantique nord. Et le petit-fils de Louis XIV n'a pas mégoté : les immeubles ont de la gueule, les avenues sont larges et tirées au cordeau. Mais Ferrol ne s'affirme pas comme un véritable fief touristique. Pourtant dénommée « cité de la mer », il vous faudra l'envisager dans un rayon de quelques kilomètres, afin d'apprécier ses grandes plages propices aux sports nautiques.**



## UN PEU D'HISTOIRE

Ferrol est pratiquement une création de Philippe V à lui seul, premier roi Bourbon d'Espagne. Imitant son grand-père Louis XIV, il décide de créer trois grands ports de guerre et choisit Cadix pour le Sud, Carthagène pour l'Est et Ferrol pour le Nord. Certes, il y avait ici un petit village de pêcheurs, mais il ne résista pas longtemps à l'urbanisation nouvelle. Pour loger les officiers, ingénieurs et fonctionnaires indispensables au développement du port, on crée de toutes pièces un nouveau quartier sur un plan parfaitement géométrique. Le port est recreusé, des arsenaux sont construits, la ville se voue entièrement à la guerre, sa position stratégique lui ayant valu de nombreuses batailles navales ! Ferrol n'a pas changé aujourd'hui. Les quartiers récents sont tout aussi géométriques.

## Arriver – Quitter

***Estación RENFE*** *(plan C1)* **:** *avda de Compostela, s/n. ☎ 912-320-320 (nº national). • renfe.com •*

➢ La ligne dessert ***Ortigueira, O Barqueiro, Viveiro, Burela, Foz, Ribadeo,*** et elle continue en Asturies, jusqu'à ***Luarca*** et ***Oviedo.*** 4 trains/j. dont 2 qui desservent ***Luarca*** et ***Oviedo.***

***Estación de autobuses*** *(plan C1)* **:** *paseo da Estación. ☎ 981-31-13-70.* ***Monbus :*** *☎ 902-29-29-00. • monbus.es •* ***Arriva :*** *☎ 981-31-12-13. • arriva.gal •*

## Adresses utiles

***Ferrol turismo*** *(plan C1,* ***1****)* **:** *praza de España. ☎ 981-94-42-51 • ferrol.gal • descubreferrol.es • Également un* ***kiosque*** *sur le port (plan A3,* ***2****). Tlj 10h30-13h30, 16h30-19h30 (hiver 16h-18h30).* Délivre d'excellentes infos et plein de brochures thématiques intéressantes.

ℹ *Oficina regional Turgalicia* (plan C1, **3**) : *praza Camillo José Cela, s/n.* ☎ *981-33-71-31.* • *turismo.gal* • *Lun-ven 9h-14h, 16h-18h ; sam 10h-12h30. Fermé dim.*

## Où dormir ?

### Prix moyens (40-65 €)

**Pensión Residencia Zahara** (plan C1-2, **10**) : *praza del Callao, 15403.* ☎ *981-35-12-31 ou 00-52.* • *hostalzahara@gmail.com* • *hostalzahara.com* • *Doubles 33-47 € selon saison.* Un hôtel engageant et hyper central, propre comme un sou neuf avec ses petites salles de bains couvertes de mosaïques. Un rapport qualité-prix imbattable. Réception à la cafétéria du rez-de-chaussée.

**Hotel El Suizo** (plan B2, **11**) : *rúa Dolores, 67, 15402.* ☎ *981-30-04-00.* • *info@hotelsuizo.es* • *hotelsuizo.es* • *Doubles 63-70 € selon saison, petit déj-buffet inclus. Garage privé.* L'occasion de dormir dans un immeuble « moderniste » du centre-ville. Cette élégante bâtisse du tout début du XXe s a été transformée en hôtel dans les années 1990 mais a conservé pas mal d'allure dans ses parties communes. Chambres de style, plutôt grandes et tout confort, avec des salles de bains en marbre comme on n'en fait plus. Accueil pro et chaleureux, français parlé.

**Hotel Valencia** (hors plan par C1, **12**) : *ctra de Catabois, 390, 15405.* ☎ *981-37-03-52.* • *reservas@hotelvalenciaferrol.com* • *hotelvalenciaferrol.com* • ♿ *À l'entrée de la ville en venant de Cedeira. Doubles 45-77 € selon saison, petit déj 5,50 €. Parking gratuit.* Un accueillant hôtel contemporain, fonctionnel et rutilant de propreté. Situé sur un grand axe, il conviendra pour une « nuit-étape ». Mais si votre intention est de connaître un peu mieux la ville, autant vous rapprocher du centre. Pâtisserie juste à côté.

LA GALICE

## Où dormir dans les environs ?

### Camping

**Camping As Cabazas** : *ctra de Cobas-S. Jorge.* ☎ *981-36-57-06.* • *info@ascabazascamping.com* • *ascabazascamping.com* • *À env 10 km : sortir de Ferrol en direction de l'autoroute AP-9/E-1 puis suivre la C-3603 direction Covas, fléché sur la gauche entre Covas et Pedreira. Fermé oct-mai. Env 17,50 € pour 2 pers avec tente et voiture.* Terrain en pente, ombre rare, équipements rudimentaires... Qu'à cela ne tienne : on vient surtout ici pour l'accès direct à la *praia de Cariño,* connue des amateurs de surf (surtout des amatrices, le championnat féminin est organisé ici), de windsurf et de plongée sous-marine. Cafétéria, épicerie.

## Où manger ?

### De bon marché à prix moyens (8-24 €)

Allez faire un tour dans la rue ***Pardo Baixo,*** près de la ***praza do Callao*** *(plan C1-2),* où une dizaine de restos avec des menus du jour (en semaine) entre 8 et 12 € se disputent la clientèle des employés locaux.

**Casa Rivera** (plan C1, **20**) : *rúa Galiano, 57.* ☎ *981-35-07-59.* • *casa.rivera1955@gmail.com* • *Tlj sauf dim. Menu 9 €, carte 15-20 €.* Une table sûre, fondée en 1955. Cuisine locale aussi goûteuse que généreuse ! Accueil d'une aussi grande générosité. On se sent donc très vite à son aise dans la salle à l'étage, où le tic-tac de l'horloge rivalise avec la musique d'ambiance.

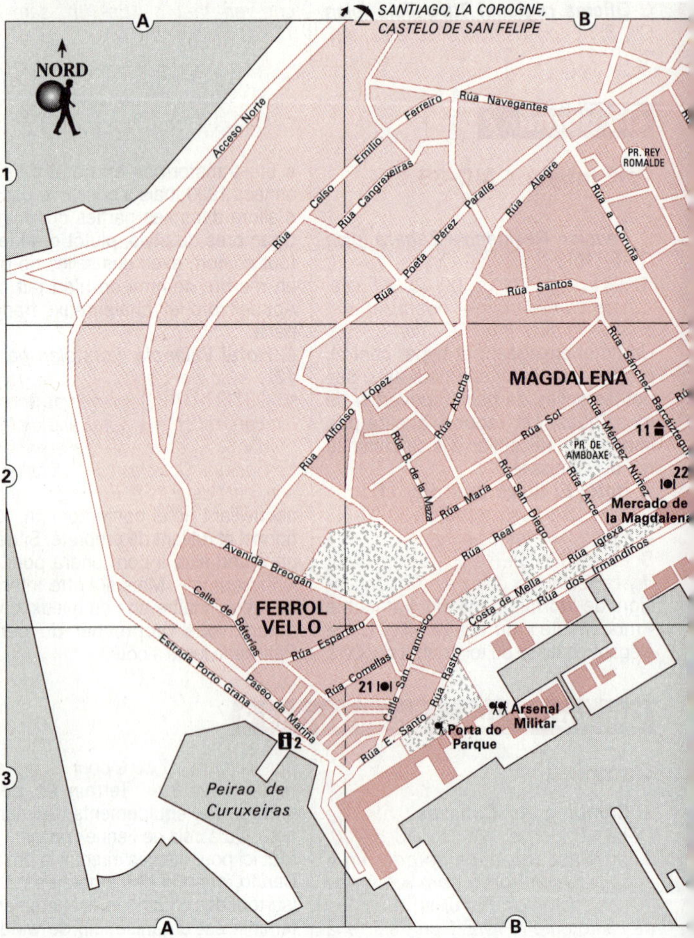


| ■ **Adresses utiles** | 🏠 **Où dormir ?** |
|---|---|
| **1** Ferrol turismo (C1) | **10** Pensión Residencia Zahara (C1-2) |
| **2** Kiosque de Ferrol turismo (A3) | **11** Hotel El Suizo (B2) |
| **3** Oficina regional Turgalicia (C1) | |

|●| ***Frank*** *(plan B3,* ***21****) : rúa San Francisco, 42-44. ☎ 981-35-50-71. • frankferrol4244@gmail.com • Ouv mer-dim 20h30-23h30 et dim 13h30-15h30 ; fermé midi lun-sam, et soir lun-mar.* Raciones *9-15 € (media* raciones *possibles).* Dans ce décor aux tons boisés d'une agréable sobriété, on déguste une cuisine de marché finement travaillée, s'appuyant sur les meilleurs produits saisonniers et riche en saveurs nouvelles. Un délice

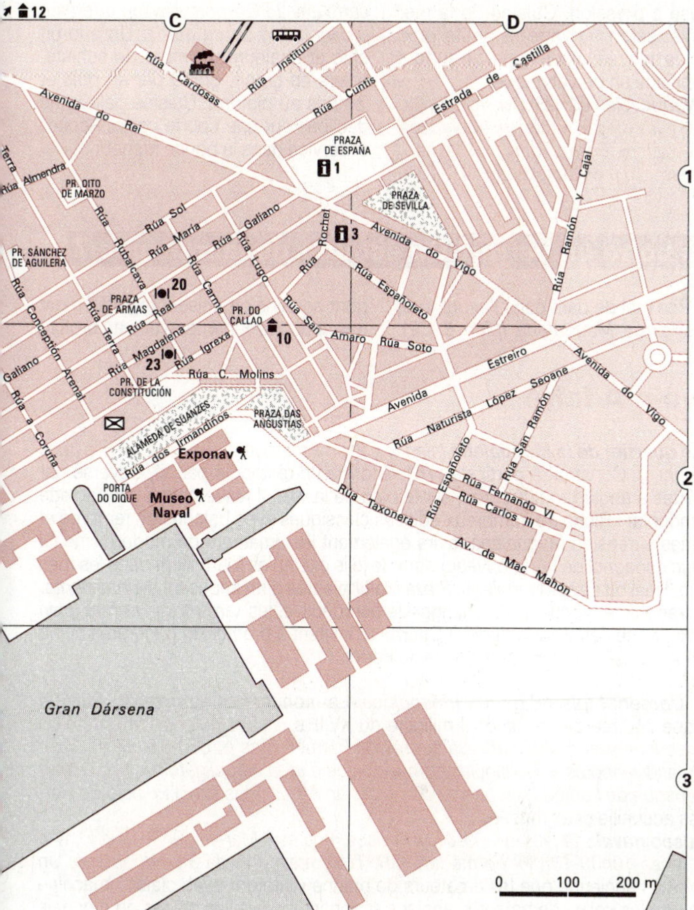




## FERROL

| | | |
|---|---|---|
| | 12 Hotel Valencia (hors C1) | 21 Frank (B3) |
| |●| | **Où manger ?** | 22 O'Lagar (B2) |
| | 20 Casa Rivera (C1) | 23 Nautic (C2) |

de bout en bout, des amuse-bouches jusqu'au dessert. Service adorable et souriant, tarifs modérés... Notre petit coup de cœur culinaire !

|●| ***O'Lagar*** *(plan B2,* ***22****)* **:** *mercado de la Magdalena, rúa Igrexa, 132.* ☎ *981-35-51-70. Tlj sauf dim. Raciones 5-10 €.* Seulement quelques tables en plein air posées devant l'une des entrées du vieux marché couvert. C'est l'annexe de la *sidrería* voisine : goûtez leur cidre artisanal, servi dans une

tireuse à pression. Cuisine de la mer simple, selon arrivage, à petits prix. Rien de très raffiné, on apprécie surtout l'ambiance un peu atypique.

|●| ***Nautic*** *(plan C2, **23**) : rúa Igrexa, 32. ☎ 981-35-39-86. • marianauticferrol@gmail.com • Fermé dim soir et lun. Congés : 10 j. en oct. Menus 10-15 €, carte env 25 €. Apéro maison offert sur présentation de ce guide.* Un endroit chic et chaleureux : murs de schiste, piliers en granit, grand bar en bois et lambris au plafond. Cuisine galicienne déclinée sur une courte carte. Accueil et service dans la bonne humeur.

## Où boire un verre ? Où écouter de la musique ?

🍷 ♩ Pas mal de bars dans l'esprit pub, dans la *rúa Magdalena (plan B-C2),* dont certains organisent régulièrement des concerts. Orientez-vous au bruit !

# À voir. À faire

***Le quartier de la Magdalena*** *(plan B-C2) : c'est l'essentiel du centre-ville (rues piétonnes).* Construit à partir de 1761, il forme un rectangle parfait, traversé par des rues à angle droit. En gros, sur le plan de la ville, il ressemble à une tablette de chocolat ! Riche de nombreux édifices classiques avec balcons de fer forgé et galeries vitrées, la *Magdalena* ravira également les amateurs de modernisme (le cousin espagnol de l'Art nouveau) dont de jolis exemples fourmillent dans les rues María, Real ou de la Magdalena. *Praza Maior* plantée d'un imposant *ayuntamiento,* très franquiste... Enfin, pour changer de perspective, les *xardíns de Herrera (plan B3),* où trône l'obélisque dédié à Churruca, invitent à profiter du panorama sur la *ría* et les arsenaux, nerf de la guerre de Ferrol...



***L'arsenal*** *(plan B3) : rúa Irmandiños.* La monumentale **porta do Parque** marque l'entrée de cet arsenal militaire du XVIIIe s. *Visites guidées slt en été ou j. fériés (compter 1h20), sur résa auprès de* Ferrol Guías *(📱 696-53-10-70 ; • ferturguias@yahoo.es • ferrolguias.com •) ; pièce d'identité obligatoire ; 5 €. Départ du kiosque de l'office de tourisme du port (plan A3, **2**).* Plus loin, l'*Edificio de Herrerías* accueille deux musées :

– ***Museo naval :*** *☎ 981-33-89-07. • armada.mde.es • Mar-ven 9h30-13h30, w-e et j. fériés 10h30-13h30. Fermé lun. GRATUIT, mais don de 3 € encouragé.* Un musée à l'ancienne que les amateurs de marine visiteront avec plaisir : machine à coudre les voiles de bateaux, anciens scaphandres, vieilles pièces de monnaie récupérées sur des épaves et, bien sûr, de belles maquettes.

– ***Exponav :*** *☎ 981-35-96-82. • exponav.org • Vac de Noël, Semaine sainte et 15 juin-15 sept, tlj 10h30-14h, 17h-20h ; le reste de l'année, tlj sauf lun 10h30-14h30. Entrée : 2 € ; réduc.* Un musée de la construction navale, unique (paraît-il) en Europe. Musée (très) technique qui aurait gagné à l'être un peu moins, à l'image de la sortie où l'on traverse des reconstitutions de cabines de bateaux au fil des siècles...

➢ ***Excursions en bateau :*** *infos à l'office de tourisme ou au 📱 602-92-69-58.* Deux formules sont proposées en été, au départ du muelle de Curuxeiras *(plan A3)* :

– Une simple traversée de la *ría* pour rallier le port de pêche de Mugardos, où l'on a coutume de déguster des tapas de poulpe dont la réputation n'est plus à faire. *Départ ttes les heures 11h-20h ; billet 6 € A/R, trajet en 10 mn.*

– Une exploration en 1h de l'estuaire, en admirant au passage ses forteresses (San Felipe, La Palma...) et ses recoins pittoresques. *6 départs/j. 12h-19h ; durée 1h ; billet 7 € ; 10 passagers min.*

## Fête et manifestation

– ***Rondalla de las pepitas :*** *en 2018, théoriquement la nuit du 18 mars (à se faire confirmer).* Au crépuscule, des musiciens envahissent les rues et sollicitent une pluie de fleurs fraîches, jetées depuis leurs fenêtres par de *bellas señoras.* Bars et restos proposent tous un gâteau en forme de cœur fabriqué pour l'occasion.
– ***Semaine sainte :*** l'une des plus spectaculaires de Galice. Les processions qui ponctuent cette semaine de mars ou d'avril, selon l'année, méritent que l'on s'y attarde pour admirer leurs superbes chars religieux.

## DANS LES ENVIRONS DE FERROL

***Castelo de San Felipe*** *(hors plan par A1)* **:** *à env 9 km ; accès par l'étroite route d'A Graña (fléché). Tlj 10h-14h, 16h-20h. GRATUIT.* Juste après un pittoresque village de pêcheurs, un château construit à la fin du XVIe s et rebâti au cours du XVIIIe s par des ingénieurs qui ont apparemment pas mal pompé sur Vauban. Considéré comme le fort le plus important de Galice, il devait protéger le port des incursions des pirates anglais. La petite route que l'on est obligé d'emprunter ensuite offre de jolis panoramas sur la *ría.* Et permet de saisir l'importance du port militaire...

***Les plages de Doniños, d'O Vilar, de San Xurxo...*** *(hors plan par A1)* **:** au nord-ouest de Ferrol se succèdent de grandes plages propices au farniente, certes, mais aussi à la rencontre de l'océan : surf, windsurf, plongée... à chacun son rythme ! La plus proche, celle de Doniños, est logiquement la plus fréquentée.



# BETANZOS

(15300) 13 200 hab.

**Ancien port aujourd'hui ensablé, Betanzos est une jolie petite ville médiévale, à une vingtaine de kilomètres au sud-est de La Corogne, réputée pour sa gastronomie et ses ruelles animées. Il fait bon y passer une soirée. Elle fut initialement construite sur une acropole entre les rivières *Mero* et *Mandeo.* Le quartier ancien, autour des deux églises *Santa María* et *San Francisco,* composé de maisons aux galeries en bois du XIXe s, a gardé beaucoup de charme. Ces galeries donnent l'impression que les habitants de Betanzos cherchaient à agrandir leurs maisons. Il est vrai qu'à l'époque où elle était encore enserrée dans ses murailles, la ville devait se sentir à l'étroit... Au centre, la *praza Irmáns García Naveira* fait le lien entre anciens et nouveaux quartiers.**

## UN PEU D'HISTOIRE

Au Moyen Âge, la cité est florissante grâce à sa bourgeoisie commerçante : la campagne alentour est riche et la pêche prospère. Oui, mais voilà : les Betanceiros ont quelques idées égalitaires et s'affichent au premier rang des guerres irmandines. Le roi de Castille, écrasant la rébellion, ne leur fait donc pas de cadeaux.
Par ailleurs, le maïs arrive bientôt d'Amérique et s'adapte aux zones humides autour de Betanzos : la croissance repart. Au XVIIIe s, les bourgeois de la ville sont tout acquis aux idées des encyclopédistes et développent assidûment la francophilie. Ils se tiennent au courant des progrès techniques (y compris des montgolfières, restées un symbole de la ville) et la ville reste, au XIXe s, un puissant foyer libéral. Ces progressistes lorgnent toujours vers Paris. Ils imitent même Haussmann en rasant quelques vieux quartiers, font venir de France une copie de la

*Diane chasseresse* du Louvre et créent un parc de loisirs « encyclopédique » : vulgarisation de leur savoir ? Libérale, prompte à la rébellion et francophile, Betanzos en sera une étape d'autant plus intéressante.

## Arriver – Quitter

### En bus

➢ ***Depuis Santiago :*** 5 bus/j. avec *Alsa* et 1 bus/j. en sem avec *Monbus* (☎ *902-29-29-00 ;* ● *monbus.es* ●). Aucun départ de *Monbus* le w-e.
➢ ***Ferrol :*** 8-9 bus/j. en sem et 4-5 bus/j. le w-e avec *Arriva* (☎ *981-23-90-01 ou 902-27-74-82 ;* ● *arriva.gal* ●).
➢ ***La Corogne :*** avec *Arriva,* 1 bus ttes les 30 mn en sem, ttes les heures le w-e.
➢ ***Lugo :*** avec *Arriva,* 4 bus/j., 2 le w-e.

### En train

➢ ***La Corogne :*** 4-7 trains/j., 40 mn de trajet.
➢ ***Ferrol :*** 4-7 trains/j., 40 mn de trajet.

## Adresse utile

ℹ ***Oficina de turismo :*** *praza de Galicia, 1.* ☎ *981-77-66-66.* ● *betanzos.es* ● *En été, tlj sauf dim 10h-14h, 16h30-19h30 ; en hiver, horaires réduits.*



## Où dormir ? Où manger ? Où boire un verre ?

🏠 ***Hotel Garelos :*** *rúa Alfonso IX, 8.* ☎ *981-77-59-30.* ● *info@hotelgarelos.com* ● *hotelgarelos.com* ● ♿ *Dans une rue en contrebas de la place centrale (c'est fléché). Congés : vac de Noël. Doubles 70-90 €, familiales aussi ; petit déj inclus. Parking 6 €.* Façade moderne tout comme l'intérieur, et tout est nickel. Les 22 chambres, très classiques, ont tout le confort. Prix toutefois un peu surestimés.

|●| ***Vinoteca Versalles :*** *Ferradores, 9, venela do Campo.* ☎ *981-77-29-10. Dans une des ruelles en pente partant de la praza Irmáns García Naveira, la place centrale. Tlj sauf mer. Congés : 2de quinzaine de nov. Menu 9 €, carte env 10 €.* C'est la petite annexe du grand café historique posé sur la place. Un petit comptoir et 8 tables à peine, mais de loin notre meilleure adresse pour des tapas ou des *raciones* (inévitable tortilla...) accompagnées d'un verre de vin local.

|●| 🍷 ***Mesón O Pote :*** *travesía do Progreso, 9.* ☎ *981-77-48-22.* ● *info@mesonopote.com* ● *Dans une ruelle entre 2 arcades de la praza Irmáns García Naveira. Fermé mer. Congés : 1re quinzaine de sept. Résa conseillée. Menu env 19 €, tortilla 13 € ; carte 20-25 €.* Ce resto a remporté en 2011 le championnat de la meilleure *tortilla de patatas* d'Espagne, ce qui explique sans doute son prix relativement élevé ! On y sert aussi du *rabo de toro* et du poulpe, dans une salle rustique un poil sombre, mais jolie.

🍷 La ***praza Irmáns García Naveira*** est entourée de grands cafés où les autochtones, attablés entre amis, aiment à siroter un verre de *ribeiro* accompagné d'une incontournable *ración de tortilla* (Betanzos, comme Cedeira, est connue dans toute l'Espagne pour son omelette aux pommes de terre !). Faites comme eux... Et si vous en oubliez l'heure, le clocher de l'église vous rappellera à l'ordre pour reprendre la route !

## À voir. À faire

👣 ***Balade dans la vieille ville*** pour profiter des jolies vues sur les maisons avec leurs galeries de verre. De nombreuses demeures blasonnées, des portes anciennes, quelques restes de murailles. Aller voir l'église *Santa María do Azougue,* gothique mais dotée d'un joli porche roman ainsi que le tombeau des Andrade, posé sur un sanglier et un ours de pierre, dans l'église *San Francisco.* Descendre le long du *río* et passer par la *Galera,* rue bordée d'*hórreos* multicolores où séchait jadis le maïs. Bref, flâner...

**Museo das Mariñas :** *rúa Emilio Romay, 1.* ☎ *981-77-19-46. Derrière la place centrale. Lun-ven 10h-13h (juil-août tlj 9h-14h), 16h-20h ; sam 10h30-13h. Fermé dim. Entrée : env 1,30 € ; réduc.* Un petit musée façon cabinet de curiosités d'autrefois où, au hasard des salles et des couloirs, on croise un varan empaillé, une copie (mais d'époque !) d'une Apostole de Rubens, une vieille machine à écrire Underwood, des plaques photographiques des frères Lumière... Ce musée mérite néanmoins la visite pour sa splendide collection de costumes galiciens anciens (une bonne centaine), doublée d'une fort belle collection de broderies et de dentelles.

**Parque Pasatiempo :** *en principe tlj 9h-20h. À l'extérieur du centre-ville.* Il faut s'y rendre pour comprendre... Ce délire rococo a été construit puis offert à la Ville par deux émigrés argentins de retour au pays, les frères García Naveira, qui voulaient en faire un lieu de délassement à visée pédagogique (ne manquez pas l'arbre généalogique du capital !). Alors ils ont mêlé jardin botanique, volières d'oiseaux exotiques, terrasses et ruisseaux, copies de statues anciennes, azulejos, grottes (peuplées de dinosaures de pierre !) et bas-reliefs. Leur intention était de permettre aux visiteurs de découvrir des choses qu'ils n'auraient jamais eu la chance d'entrevoir sans quitter leur ville natale comme la mosquée du Caire. Même si tout ça paraît un peu désuet (et un peu à l'abandon dans le cas du jardin supérieur), la balade reste bien agréable. Et puis les pavillons chinois, ça change des monastères cisterciens, non ?

### SOLIDE COMME UN *HÓRREO* !

*En Galice, cette étrange construction est rectangulaire et sert à entreposer des légumes, tandis qu'aux Asturies elle est carrée, souvent avec une balustrade, et fonctionne comme garde-manger pour la viande et le pain. Tout un symbole de la paysannerie galicienne, longtemps sous le joug des terratenientes, les grands propriétaires. Ici, on trouve bon nombre d'hórreos en granit, coiffés d'un toit, et d'ardoises ou de paille d'orge (plus résistante que le blé à l'usure du temps).*

## Fêtes

– ***Fiesta de Betanzos :*** *autour du 15 août.* Elle dure 11 jours ! Même en Espagne, c'est un record. Le 16 août, une énorme montgolfière en papier est rendue au ciel depuis la praza do Campo.

# A CORUÑA (LA COROGNE) (15000) 243 870 hab.

• Plan *p. 240-241*

**Deuxième plus grande ville de Galice après Vigo, La Corogne est un grand port de pêche dynamique doublé d'un port industriel. Elle occupe une presqu'île très découpée qui pourfend l'azur de l'Atlantique, veillée à son extrémité par le plus vieux phare en activité au monde, bâti par les Romains ! Le long de l'isthme s'étalent de larges plages très populaires auprès des familles espagnoles l'été venu et, dos au vent, une vieille ville de caractère prolongée par un centre commerçant qui ne manque jamais d'animation. Bref, de quoi justifier une escale avant de partir à l'assaut de la Côte de la Mort.**

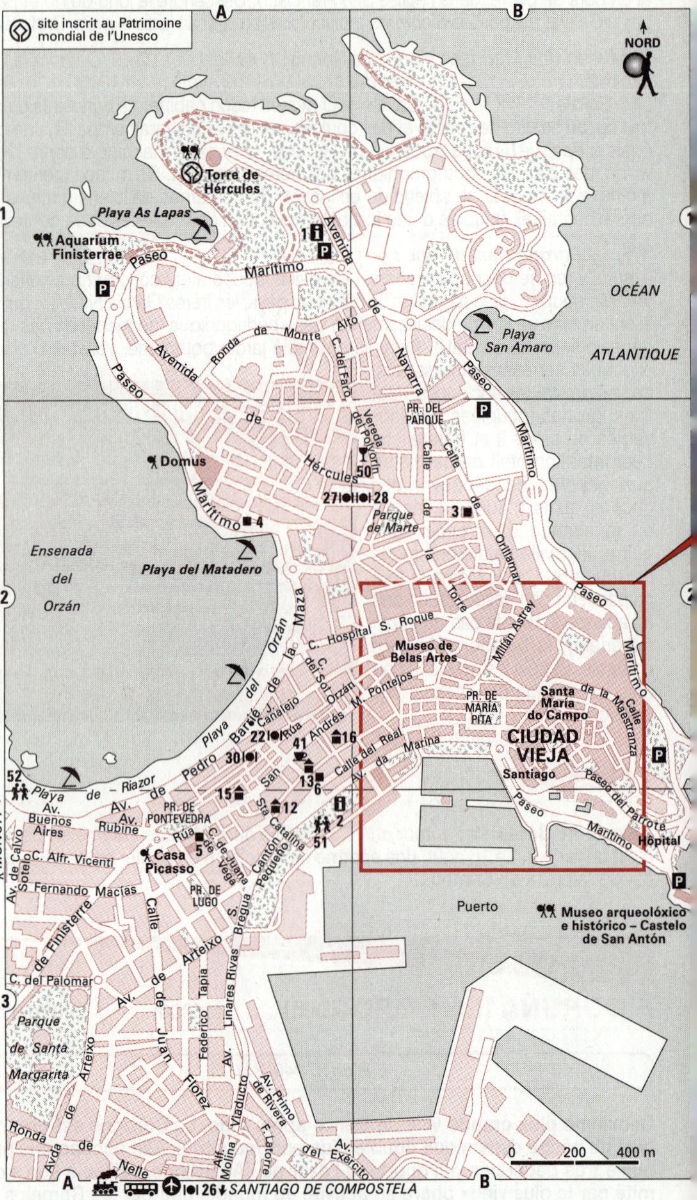
site inscrit au Patrimoine mondial de l'Unesco
A
B
NORD
Torre de Hércules
Playa As Lapas
Aquarium Finisterrae
Paseo Marítimo
Avenida de Navarra
Ronda de Monte Alto
C. del Faro
OCÉAN ATLANTIQUE
Playa San Amaro
Paseo Marítimo
Avenida de Hércules
Paseo Marítimo
Vereda del Polvorín
PR. DEL PARQUE
Calle de la Torre
Calle de Orillamar
Domus
Parque de Marte
Ensenada del Orzán
Playa del Matadero
Paseo Marítimo
C. Hospital S. Roque
Museo de Belas Artes
Millán Astray
C. del Sol
Orzán
M. Pontejos
Paseo del Orzán
Maza
Av. de Pedro Barrié de la Maza
J. Canalejo
Rúa San Andrés
Calle del Real
Av. da Marina
PR. DE MARÍA PITA
Santa María do Campo
CIUDAD VIEJA
Santiago
Calle de la Maestranza
Paseo del Parrote
Hôpital
Playa de Riazor
MUNCYT
Av. Buenos Aires
Av. Rubine
PR. DE PONTEVEDRA
Rúa de Juana de Vega
Sta Catalina
Cantón Pequeño
Av. de Calvo Sotelo
C. Alfr. Vicenti
Fernando Macías
Casa Picasso
PR. DE LUGO
Calle de Finisterre
Calle de Arteixo
S. Bregua
Puerto
Museo arqueolóxico e histórico – Castelo de San Antón
C. del Palomar
Parque de Santa Margarita
Av. de Juan Florez
Federico Tapia
Av. Linares Rivas
Arteixo
Ronda de Nelle
Avda de
Alf. Molina
Viaducto
Av. Primo de Rivera
F. Latorre
Av. del Exército
0 200 400 m
SANTIAGO DE COMPOSTELA
1
2
3
4
5
6
12
13
15
16
22
26
27
28
30
41
50
51
52

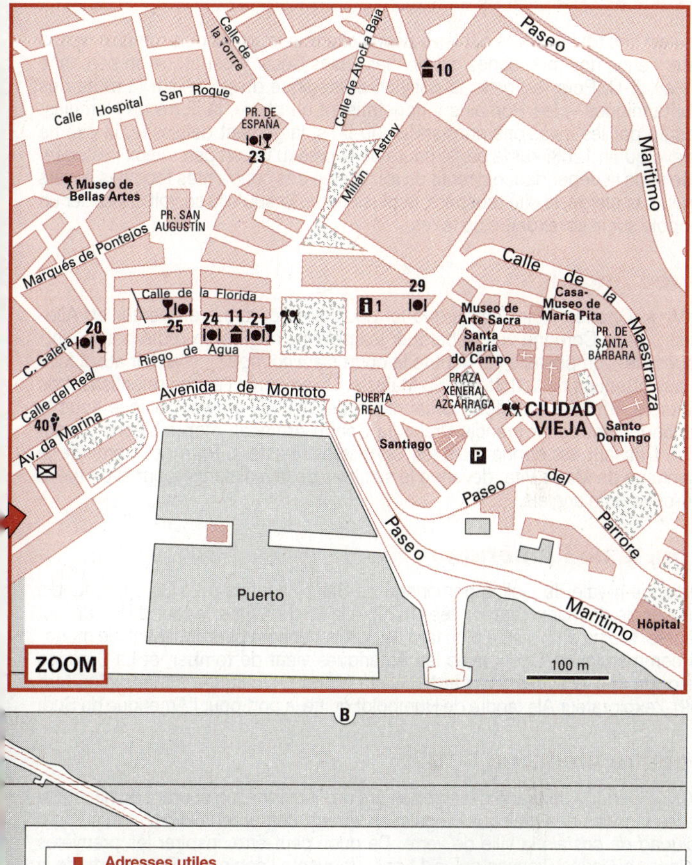


■ **Adresses utiles**

1 Oficina de información turística (zoom)
2 Oficina regional de turismo – Turgalicia (A3)
3 Police municipale (B2)
4 Location de vélos Eco-Lógica (A2)
5 Agence consulaire de France (A3)
6 Pharmacie (A2)

**Où dormir ?**

10 Hostal Miau (zoom)
11 Hotel Alborán (zoom)
12 Hotel Lois (A3)
13 Pensión Residencia Carbonara (A2)
15 Hotel Nido (A2-3)
16 Apartamentos turísticos Mola 16 (A2)

**Où manger ?**

20 La Bombilla (zoom)
21 El Tequeño (zoom)
22 Bio Bania (A2)
23 Pulpeira de Melide (zoom)
24 El Rey del Jamón (zoom)
25 Antigua Casa Jesusa (zoom)
26 Pulpeira A Nova Lanchiña (hors A3)
27 O Bebedeiro (A-B2)
28 El de Alberto (B2)
29 El Descansillo (zoom)
30 Comer y Picar (A2)

**Où manger une bonne glace ? Où boire un café ou un chocolat ?**

40 Heladería Colón (zoom)
41 Café Siboney (A2)

**Où boire un verre ? Où sortir ? Où écouter de la musique ?**

50 El Polvorín (B2)
51 Dux et Amura (A3)
52 Playa Club (A2-3)

## LA COROGNE

LA GALICE

## UN PEU D'HISTOIRE

Le lieu est très tôt fréquenté par les bateaux phéniciens, grecs puis romains, venus acheter l'étain des montagnes galiciennes. Jules César y débarque en personne en 61 av. J.-C. Pour renforcer la position stratégique du port – sur la route des îles britanniques –, les Romains y construisent un phare, la Torre de Hércules. Dévastée par les invasions normandes du IXe s, largement délaissée, la cité ne se relève qu'en 1208, sur la partie haute de la presqu'île, un peu mieux protégée. Placée sous la dépendance directe du roi, libérée des contraintes féodales envers seigneurs et clergé, la cité prospère, et plus encore lorsqu'elle se voit concéder un monopole sur le sel exonéré de taxes.

### Sacrés Anglais

Au XVIe s, Charles Quint embarque ici pour être couronné empereur en Allemagne... Si La Corogne voit débarquer les pèlerins anglais en route pour Saint-Jacques-de-Compostelle (ici débute le court *Camino inglés*), elle doit aussi faire face aux attaques de la flotte de Sa Majesté. Un an après l'échec retentissant de l'Invincible Armada, une flotte britannique de 17 000 hommes, placée sous le commandement de sir Francis Drake (la Contre-Armada), met le blocus devant la ville. L'assaut est donné mais les *Coruñeses* résistent. Parmi eux émerge le personnage de María Pita, devenue le symbole de la résistance pour avoir tué le porte-oriflamme anglais.

### La porte de l'Amérique



L'Audience royale de Galice déménage de Saint-Jacques à La Corogne, tandis qu'une école de marine est fondée (1620). À la fin du XVIIe s, la tour d'Hercule est restaurée. Moins d'un siècle plus tard, le port est encore plus florissant : le monopole commercial de Cadix avec les Amériques vient de tomber, et La Corogne développe ses activités avec le Nouveau Monde. Quelques années plus tard (1799), l'explorateur Alexandre de Humboldt quitte le port pour l'Amérique du Sud.

### L'époque moderne

Au XIXe s, période de grand développement de l'industrie, un courant architectural orne les façades des maisons de galeries vitrées, conférant à la cité son surnom de *ciudad de cristal* : la ville de verre. De quoi, peut-être, inspirer les premières esquisses du jeune Picasso qui, à 11 ans, fréquente l'école des Beaux-arts de la cité, où son père est prof de dessin. Dans la lumineuse Barcelone où il passera ensuite son adolescence, le peintre de *Guernica* ne regrettera jamais cette sombre Corogne aux longs hivers pluvieux... En 1981, au sortir de la dictature franquiste, La Corogne perd son titre de capitale de la Galice.

## Arriver – Quitter

### En avion

✈ ***Aeroporto Alvedro*** *(hors plan par A3)* **:** *avda del Alvedro, s/n, à Culleredo.* ☎ *902-40-47-04.* ● *aena.es* ● *Env 8 km au sud de la ville.* Sur place : ATM, loc de voitures *(Avis, Entreprise, Europcar, Hertz).*

➢ Les compagnies *Vueling, Iberia, Tap, Air Nostrum* et *Air Europa* assurent des liaisons quotidiennes avec ***Madrid, Barcelone, Séville, Lisbonne*** (Portugal), etc.

➢ ***Accès au centre-ville :*** en taxi, comptez env 20 €. ***Radio-Taxis*** *(☎ 981-24-33-33).* Bien moins chers (1,50 €), les ***bus Asicasa*** *(ASC ; ☎ 981-23-57-59),* à prendre à droite en sortant du terminal (un peu cachés), effectuent des rotations dans les

2 sens, ttes les 30 mn en sem 7h15-21h45, ttes les heures 8h (9h dim et fêtes)-22h le w-e (7h30 sam, 8h30 dim, 22h30 depuis La Corogne). Compter 30 mn de trajet. En ville, arrêt côté port à la Porta Reial *(zoom)* ou praza de Ourense *(plan A3),* et avda A. Molina *(hors plan par A3),* face à la gare routière.

## En train

**Estación RENFE** *(hors plan par A3)* **:** *rúa Joaquín Planelles Riera, s/n. Résas : ☎ 912-320-320 (nº national). • renfe.com • Accès centre-ville : bus nº 5 (à prendre devant la pharmacie, à 100 m à gauche).* Sur place : ATM ; pas de loueurs de voitures.

➢ ***Santiago :*** en sem, env ttes les 30 mn-1h, voire 15 mn aux heures de pointe, 5h40-22h10. Le w-e, même fréquence, 7h-21h (22h10 dim). Durée : 30-40 mn.

➢ ***Padrón :*** 5-7 trains/j., 5h40 (8h w-e)-20h. Durée : env 1h.

➢ ***Vilagarcía de Arousa*** (durée 50 mn-1h20), ***Pontevedra*** (1h-1h30) et ***Vigo*** (1h30-2h) ***:*** env ttes les heures, 5h40-21h en sem, 7h-21h le w-e.

➢ ***Ferrol :*** 7 trains/j. lun-sam 7h-21h, 5 le dim (11h-21h). Durée : 1h-1h40.

➢ ***Lugo*** (1h30-2h) et ***Monforte de Lemos*** (2-3h) ***:*** 6 trains/j. pour Lugo (5 le sam), 9 pour Monforte (8 le sam), mat et soir slt.

➢ ***Ourense :*** 16 trains/j. (12 le w-e), 6h30 (8h10 w-e)-20h. Durée : 1h10-3h30. Les rapides ne sont pas forcément plus chers !

➢ ***Madrid :*** 10 trains/j. (5-7 le w-e), 6h40 (8h w-e)-22h30. Compter env 57 € pour les *Alvia* (rapides : moins de 6h de trajet). Durée : 5h30-...11h.

➢ Compter 1 direct/j. pour ***Hendaye*** (France ; durée 11h45), vers 9h30, avec arrêts à ***Ponferrada*** (4h), ***León*** (6h), ***Palencia*** (7h), ***Burgos*** (8h), ***Vitoria-Gasteiz*** (9h20), ***Donostia-San Sebastián*** (11h) et ***Irún*** (11h30)... Pour les villes françaises, correspondances à *Hendaye.*

## En bus

***Estación de autobuses*** *(hors plan par A3)* ***:*** *Caballeros, 21. ☎ 981-18-43-35. Env 2 km au sud du centre-ville, à côté du magasin Corte Inglés. Accès centre-ville : bus nº 1A ou 4.* Sur place : distributeurs, pharmacie, consigne (8h-22h). Plusieurs compagnies se partagent les destinations :

■ ***Monbus*** *(Castromil)* ***:*** *☎ 902-29-29-00. • monbus.es •*

➢ ***Santiago :*** ttes les 30 mn-1h (1-2h en été), 6h25 (8h sam, 10h dim et été)-21h (22h20 sam). Durée : 1h-1h30.

➢ ***Noia*** (durée 2h) et ***Muros*** (2h30-3h) ***:*** 3 bus/j., vers 12h, 16h (12h sam) et 19h ; dim 1 seul vers 19h15.

➢ ***Pontevedra*** (2h) et ***Vigo*** (2h30) ***:*** 8 bus/j., 8h-20h, soit ttes les 1h-2h30 ; 6 slt le dim, 11h-20h.

■ ***Vázquez :*** *☎ 981-14-84-70. • autocaresvazquez.net •*

➢ ***Laxe :*** 5 bus/j. en sem 9h25-20h30, 3 slt le w-e. Ts (sf 1) passent par *Corme.*

➢ ***Cee*** (durée : 1h45) et ***Fisterra*** (2h30) ***:*** 5 bus/j. en sem 8h15-19h45, 3 le sam (vers 8h, 14h et 20h), 2 le dim (vers 9h15 et 18h30).

➢ ***Muxía*** (1h15-2h30) et ***Camariñas*** (1h45-2h30) ***:*** lun-ven vers 8h15 et 16h (via *Laxe*), sam vers 8h et 15h30, dim à 9h15, 14h30 et 17h. Ts desservent Camariñas, sauf celui de 16h.

■ ***Arriva :*** *☎ 981-31-12-13. • arriva.gal •*

➢ ***Ferrol :*** ttes les 30 mn 6h30-22h. Le w-e, ttes les 30 mn-2h30, 8h-22h. Durée : 50 mn-1h40. Attention, 1 bus sur 2 est 2 fois plus lent ! Changement pour *Ortigueira* (3 correspondances/j., 2 le sam, 1 le dim).

➢ ***Lugo :*** env 10 bus/j. en sem 6h30-20h30, 5 slt le w-e (9h-20h sam, 11h-20h30 dim). Durée : 1h15-2h. Changement pour *Ribadeo.*

➢ ***Ourense :*** env 3 bus/j., 8h-19h. Durée : 2h30-3h.

■ ***Alsa :*** *☎ 902-42-22-42. • alsa.es •*

➢ ***Madrid :*** 7-9 bus/j., 6h40 (10h dim)-22h30. Durée : 6h30-9h (plus rapide qu'en train !).

➢ ***Oviedo :*** 2 bus/j., 6h35-19h. Durée : 4h15-5h45.

➢ ***Santander*** (trajet 7-9h), ***Bilbao*** (9h-10h30) ***:*** 2-3 bus/j., 10h-19h. Ceux de 10h et 19h continuent jusqu'à ***San Sebastián*** (12h) et ***Biarritz*** (13-18h).

➢ ***Ponferrada :*** 6-7 bus/j., 6h40 (9h dim)-22h30. Durée : 2h30-3h30.

➢ ***León :*** 5-8 bus/j. dim-ven 6h40 (9h dim)-16h, 3 le sam (à 9h, 14h45 et 16h). Durée : 4h30-5h30.

➢ ***Salamanque :*** 2-3 bus/j., dont min 2 vers 15h15 et 16h45. Durée : 6h30-8h20.

➢ ***Porto*** (5h15) et ***Lisbonne*** (10h45), au Portugal *:* 1 bus/j. vers 11h. Compter respectivement 39 et 59 €.

## Circulation et stationnement

La circulation peut s'avérer difficile dans le centre, et les ruelles de la vieille ville ne s'apprécient qu'à pied. On conseille donc d'abandonner la voiture dans l'un des ***parkings gratuits*** situés sur le *paseo Marítimo,* qui longe la presqu'île de La Corogne, par exemple à côté de l'aquarium *(plan A1),* de la tour d'Hercule *(plan A1)* ou au sud de la playa San Amaro *(plan B2).* Le bus n° 3A (pas très fréquent) permet de rejoindre le centre après s'être garé. Sinon, des ***parkings souterrains*** (assez onéreux : env 20 €/j.) dans le centre, comme l'immense Orzán y Riazor, sous la promenade de la plage *(plan A2).* Certains hôtels proposent à leurs clients des réductions sur le tarif officiel des parkings.

## Adresses et infos utiles

LA GALICE

■ ***Oficina de información turística*** *(zoom,* ***1****) : praza de María Pita, 6. ☎ 981-92-30-93. • turismocoruna.com • Lun-ven 9h-20h30 (19h30 nov-janv) ; sam 10h-14h, 16h-20h (19h nov-janv) ; dim et j. fériés 10h-19h.* Nombreuses brochures en français, itinéraires de découverte thématiques de la ville, liste des hébergements, etc. Accueil gentil. Organise des visites guidées gratuites (réservation obligatoire minimum 30 mn avant) du jeudi au dimanche sur différents thèmes (tour d'Hercule, hôtel de ville, balade nocturne ou sur les traces de Picasso...). Certaines n'ont lieu qu'en été, 2 sont proposées de fin mars à fin décembre : la tour d'Hercule le samedi midi et la promenade nocturne le vendredi (21h30 de juin à août, 20h30 le reste de l'année). *Autre* ***point d'info*** *sur le parking de la Torre de Hércules (plan A1,* ***1****) : juin-sept, lun-ven 9h-20h30 ; w-e et j. fériés 10h-20h30 ; reste de l'année, tlj 10h30-17h30.*

■ ***Oficina regional de turismo – Turgalicia*** *(plan A3,* ***2****) : xardíns de Méndez Núñez (à côté du Teatro Colón). ☎ 881-88-12-78. • turismo.gal • Lun-ven 10h-14h, 16h-19h ; sam 11h-14h, 17h-19h ; dim et j. fériés 11h-14h.* Brochures thématiques en français sur toute la Galice.

■ ***Police municipale*** *(plan B2,* ***3****) : rúa Tui, à l'angle de Miguel Servet. ☎ 092.*

■ ***Agence consulaire de France*** *(plan A3,* ***5****) : rúa Juana de Vega, 33 (1er étage). ☎ 981-20-91-39. • consuladofrancia@wanadoo.es • Lun et mer 16h-18h30 (parfois différent en été).*

■ ***Consulat honoraire de Belgique*** *(hors plan par B3) : avda del Exército, 10 (1er étage). ☎ 981-17-00-00. • consubel@finismar.es • consuladodebelgica.com •*

■ ***Pharmacie*** *(plan A2,* ***6****) :* ***Vega Velasco,*** *rúa Real, 92. ☎ 981-22-21-34. Tlj 9h-minuit.*

■ ***Bicicoruña :*** *☎ 900-81-44-40 (n° Vert). • bicicoruna.es • Disponible tlj 7h30-22h30 (21h nov-mars). La carte magnétique coûte 10 €/mois.* Si l'on prend la peine de s'enregistrer en ligne à l'avance (et de passer récupérer sa carte magnétique), on pourra accéder au réseau de vélos gratuits de la municipalité. Stations sur le paseo Marítimo (entre la casa do Hombre et l'aquarium), au port, face à la playa del Orzán, playa do España, etc. Utilisation limitée à 2h. Interdit aux moins de 14 ans.

■ ***Location de vélos :*** *chez* ***Eco-Lógica*** *(plan A2,* ***4****), rúa do Cantábrico, 2. ☎ 981-90-40-40. • eco-logicaespana.com • Tlj 10h-21h. Env 25 €/j.,* *avec casque et antivol (tarif dégressif).* Également des tandems et des balades en Segway.

– **Marché :** *lun-sam 9h-15h, praza de San Augustín (zoom) et praza de Lugo (plan A3).*

## Où dormir ?

On ne trouve presque que des pensions au centre-ville. Les hébergements plus cossus, quant à eux, se situent dans la périphérie, qui manque singulièrement de charme...

### De bon marché à prix moyens (30-65 €)

**Hostal Miau** *(zoom,* **10***) : rúa Orillamar, 4, 15001. ☎ 981-22-99-87. • hostalmiaucoruna@gmail.com • Réception au bar du rdc. Double avec sdb 47 €. Parking 12 €. Petit déj ou apéritif maison offert sur présentation de ce guide.* Proche du centre, cette maison à galeries compte 9 belles chambres lumineuses avec TV et chauffage, petites et nickel, aménagées dans un style contemporain dépouillé. Vue sur la rue (un peu bruyante) ou sur les toits. Une excellente adresse.

**Hotel Alborán** *(zoom,* **11***) : rúa Riego de Agua, 14, 15001. ☎ 981-22-65-79. • info@hostalalboran.es • hostalalboran.es • Selon saison, doubles 45-60 €, familiales aussi.* À deux pas de la praza de María Pita, cœur de la ville piétonne, cet immeuble à galeries typique abrite une trentaine de chambres plutôt étroites, un peu bruyantes pour celles qui donnent sur l'avenue. La rénovation a apporté des touches design noir et blanc ; certaines, dont les familiales, ont un bow-window (y compris à l'arrière, beaucoup plus calme). Une bonne option centrale à prix contenus.

**Hotel Lois** *(plan A3,* **12***) : rúa Estrella, 40, 15003. ☎ 981-21-22-69. • admini stracion@loisestrella.com • loisestrella.com • Double env 60 €. Parking 12 €.* La nouvelle génération de petits hôtels de centre-ville : dans un cadre design très étudié, une dizaine de chambres claires et spacieuses, opportunément situées dans une ruelle piétonne animée (mais bonne isolation sonore). Bon petit déj et resto au rez-de-chaussée. Super accueil, pro et attentionné.

**Pensión Residencia Carbonara** *(plan A2,* **13***) : rúa Nueva, 16 (1er étage), 15003. ☎ 981-22-52-51. • recepcion@hostalcarbonara.com • hostalcarbonara.com • Doubles avec sdb 35-65 € selon saison. Pas de petit déj.* Gentille pension de 14 chambres, impeccables, confortables et égayées de couleurs fraîches. Les *superiores* sont plus spacieuses, ont un balcon ou une *galería* et une bouilloire en plus. On apprécie l'accueil dynamique d'Erika, ses conseils et la présence d'une cuisine (petit supplément). Une bonne option à seulement 5 mn à pied du vieux centre.

**Hotel Nido** *(plan A2-3,* **15***) : rúa San Andrés, 146, 15003. ☎ 981-21-32-01. • hotelnido@yahoo.es • hotel-nidocoruna.com • Doubles 39-65 € selon saison, familiales. Parking 10-12 €.* Vous n'y passerez pas toutes vos vacances, mais pour une nuit ou deux, il fera l'affaire, avec ses 47 chambres propres, au confort modeste et au décor dépouillé. Celles qui disposent d'un balconnet sont un peu moins tristes.

### De prix moyens à très chic (55-150 €)

**Apartamentos turísticos Mola 16** *(plan A2,* **16***) : rúa General Mola, 16, 15003. 678-50-39-30. • welcome@apartamentosmola16.com • apartamentosmola16.com • Compter 55-65 € en basse saison et jusqu'à 120-150 € au cœur de l'été pour 4-5 pers.* Erika, la proprio de la pension *Carbonara* (voir ci-dessus), loue aussi 2 appartements à 200 m de là, dans le lacis de ruelles du centre-ville : un 2 pièces pas bien grand au 2e étage et un duplex plus spacieux au 3e. Les deux sont superbes, très élégants, avec parquet, déco toute blanche rehaussée de touches grises, chambre, canapé dépliant dans le salon, grande TV, cuisine complète et même une machine à laver le linge. Super cosy !

## Où dormir dans les environs ?

### Campings

⛺ ***Camping Los Manzanos :*** *avda Emilia Pardo Bazán, 15179* ***Santa Cruz Oleiros.*** *☎ 981-61-48-25. • informacion@campinglosmanzanos.com • campinglosmanzanos.com • Env 9 km à l'est de La Corogne. À Santa Cruz Oleiros, prendre l'avda Emilia Pardo Bazán vers Meirás. Fermé oct-Semaine sainte (bungalows ouv tte l'année sauf 24 déc, 31 déc et 1er janv). Résa conseillée. Env 28 € pour 2 pers avec tente et voiture ; bungalows 2 pers 60-76 €, 4 pers 100-130 € selon saison (min 4 nuits de mi-juil à fin août).* Situé dans un charmant coin de nature ombragé, à 1 km de la plage, ce superbe camping dispose de vastes espaces de gazon jamais envahis – même au cœur de l'été –, où l'on s'installe librement. Une perle rare ! On y trouve aussi de beaux bungalows en bois ou en pierre, les plus spacieux avec mezzanine, tous avec une super terrasse en bois. Resto réputé pour ses grillades, supérette, piscine, jeux pour enfants... et même une TV qui n'est sortie que pour les grands matchs – ici, la sérénité prime.

⛺ ***Camping Green Village :*** *praia de Gandario, 15165* ***Bergondo.*** *☎ 981-79-14-53. • carrocal@yahoo.es • Env 20 km à l'est de La Corogne. Fermé fin sept-mai. Env 19 € pour 2 avec tente et voiture.* Un camping de bord de mer plutôt calme, aux équipements basiques, couvert de pelouse et assez bien ombragé. Cafétéria, laverie. La belle plage de sable qui s'étend juste à côté est son plus grand atout. Accueil sympa.

### Auberge de jeunesse

⌂ ***Albergue Xuvenil Gandarío :*** *Cornide, 20, 15167* ***Bergondo.*** *☎ 981-79-10-05. • albergue.gandario@xunta.es • ♿ Env 20 km à l'est de La Corogne. Fermé sept-juin. Carte FUAJ obligatoire. Nuitées en dortoir (2-6 lits) 9-13 € selon âge (plus ou moins de 30 ans) ; petit déj 3 €. Repas 8 €, slt pour les hôtes. Check-in après 16h. CB refusées.* À deux pas de la plage de Gandarío, cette vaste AJ membre de *Hostelling International* abrite des dortoirs impersonnels mais propres, avec salle de bains et mobilier en sapin. Laverie, table de ping-pong et terrains de sport. Sur la plage : kayak, plongée avec tuba, windsurf, voile, etc.

## Où manger ?

Une foule de restos occupent les *rúas Olmos, Galera* et *da Franja (zoom et plan A-B2),* qui s'alignent dans le prolongement l'une de l'autre, en direction de la praza de María Pita. Plusieurs ruelles voisines, comme les *rúas Barrera* et *Torreiro,* regroupent elles aussi des bars à tapas à la mode.

### Très bon marché (max 8 €)

🍽 🍷 ***La Bombilla*** *(zoom,* ***20****) : rúa de la Galera, 7. ☎ 981-22-46-91. À l'angle de la rúa Torreiro. Tlj. Tapas, sandwichs et raciones 1-7 €.* Les amateurs de tapas s'armeront de patience aux heures de pointe pour atteindre le bar... Classique d'entre les classiques, *La Bombilla* fait recette avec ses copieuses tapas à 1 € et ses *cañas* (bières) guère plus chères. À tel point que les convives envahissent la ruelle, puis tout l'angle de la rue... Une adresse pour faire des rencontres et lier conversation.

🍽 🍷 ***El Tequeño*** *(zoom,* ***21****) : praza de María Pita, 21. ☎ 981-22-00-38. Tapa 1,50 €.* Les tapas ne sont pas inoubliables, mais très copieuses, et ça ne vous ruinera pas. Le cadre est génial : vous voilà en terrasse sur la belle place de María Pita, au cœur de la ville piétonne.

### De bon marché à prix moyens (8-16 €)

🍽 ***Bio Bania*** *(plan A2,* ***22****) : rúa Cordelería, 7. ☎ 981-22-13-01. • biobania@gmail.com • Ouv lun-sam 13h30-16h et ven-sam 21h-23h30. Fermé dim.*

*Congés : 1 sem fin juil. Menu du jour env 12 €, plats 9-12 € ; carte 20-30 €.* Envie de surprendre vos papilles ? Osez cet excellent resto végétarien à l'atmosphère colorée, pimentée de quelques belles photos d'Inde aux murs. Dans l'assiette, des salades, des escalopes à base de gluten de blé, des plats de tofu (grillé ou non) et autres spécialités bio, fraîches et légères. Les desserts sont excellents et les jus frais aussi (mais ils sont chers). Finissez par une infusion et vous repartirez zen, naturellement ! Accueil sympa.

**Pulpeira de Melide** *(zoom, **23**) : praza de España, 16. ☎ 981-15-21-97. • info@pulpeirademelide.com • Tlj.* Est-ce un resto ou un bar ? La distinction n'est jamais simple en Espagne, et le mariage est souvent fécond. Les mamies du quartier viennent s'y offrir une *copa* en réclamant quelques *pinchos* à grignoter pour profiter du cadre tendance et des tables hautes en terrasse, fort convoitées. Une petite faim ? Jetez un œil au tableau électronique à l'intérieur (qui évolue en fonction des arrivages) ou demandez la carte... sur iPad. Le poulpe est incontournable : la famille le travaille depuis 4 générations. Quoi d'autre ? Un carpaccio de coquilles Saint-Jacques, peut-être, ou une simple salade de tomates locales, parfumées à souhait.

**El Rey del Jamón** *(zoom, **24**) : rúa da Franja, 45. ☎ 981-22-74-85. Tlj sauf lun.* Bocadillos 3-6 €. Au choix : quelques tables en terrasse ou une salle rustique disparaissant derrière une armée de jambons et de saucissons pendus au plafond ! Une foule d'appellations à prix variables, en sandwich ou en assiette, et pourquoi pas avec du fromage local, le *tetilla.* Incontournable dans ce secteur.

**Antigua Casa Jesusa** *(zoom, **25**) : rúa Oliva, 1. ☎ 981-20-71-43. Ruelle perpendiculaire à la rúa da Franja. Plats 8-16 €.* Pourquoi celui-ci parmi la horde de restos du secteur ? Parce que vous y dégusterez une vraie bonne cuisine galicienne, avec un excellent *pulpo especial* accompagné de calamars et de petites patates, et des *mariscos* (fruits de mer) super frais, à accompagner d'un verre de vin. Quelques tables dans la ruelle. Le service est attentionné, tendance chic, mais les cuisines ont parfois du mal à suivre... dommage.

**Pulpeira A Nova Lanchiña** *(hors plan par A3, **26**) : rúa Capitan Juan Varela, 30. ☎ 981-23-58-54. • esther.outeiro@gmail.com • À 300 m de la gare ferroviaire. Mar-sam 11h-15h30, 19h-minuit. Fermé dim et lun. Plats 5-12 €.* À l'écart du centre, ce resto-bar authentique, avec ses habitués au comptoir, sa télé, ses jambons et son ardoise où le *pulpo* tient la vedette, intéressera ceux qui attendent un bus ou un train. Un condensé de gastronomie galicienne de bonne facture, à prix modiques, largement plébiscité par les gens du cru.

## De prix moyens à chic (15-36 €)

**O Bebedeiro** *(plan A-B2, **27**) : rúa Angel Rebollo, 34. ☎ 981-21-06-09. • info@adegaobebedeiro.com • Tlj sauf dim soir et lun. Résa impérative 4 ou 5 j. à l'avance le w-e. Menus 22-36 € ; carte 25-30 €.* Le *Bebedeiro* tient presque de la légende à La Corogne. Cette superbe taverne rustique, aux tables et tabourets en bois brut, est confite dans des murs en pierre parsemés de vieux outils, d'objets usuels d'antan et d'instruments de musique. De la vénérable cheminée d'autrefois aux fourneaux modernes, le poids de la tradition s'impose, au gré d'une délicieuse cuisine traditionnelle, fine et généreuse, mitonnée avec les produits frais du coin ; chaque jour, une dizaine de plats du marché s'ajoutent à la carte. Un grand classique qui tient ses promesses.

**El de Alberto** *(plan B2, **28**) : rúa Angel Rebollo, 18. ☎ 981-90-74-11. • eldealberto@gmail.com • Tlj sauf dim soir et lun. Menus 20-32 € ; carte 25-30 €.* Après près de 3 décennies passées à œuvrer derrière les fourneaux du *Bebedeiro,* Alberto a décidé d'ouvrir son propre resto... à 50 m ! Derrière ses murs plus sobres (cadre rouge et blanc), il propose une carte très galicienne axée sur les produits frais, où se côtoient classiques et touches plus novatrices. Les poissons du jour sont à l'honneur et les prix se tiennent. On peut aussi essayer le *racatuli* : légumes sautés aux gambas et gratinés. Gardez de la place pour le dessert et ne négligez pas l'*albariño de la casa*.

|●| ***El Descansillo*** *(zoom, **29**) : rúa Nosa Señora do Rosario, 9. ☎ 981-22-10-39. Ven-sam 14h-16h, et mar-sam 20h-23h. Fermé dim et lun. Plats et raciones 5-17 €.* Au-dessus de la place de María Pita, déjà dans la vieille ville, ce resto discret occupe un local coquet aux tables ornées de fleurs fraîches. Morue aux olives, poulpe sur purée de poulpe, loup sauvage avec son risotto aux algues... la cuisine chante la Galice tout en s'éloignant de la chape de plomb de la tradition.

|●| ***Comer y Picar*** *(plan A2, **30**) : rúa Comandante Fontanes, 1. ☎ 981-28-52-20. Tlj sauf dim-mar soir. Menu midi 16 €, raciones 5-13 €, carte env 25 €.* Dans une tranquille salle vitrée aux couleurs ensoleillées, tout près de la plage, ce resto propose une cuisine galicienne à base de produits de qualité, exécutée avec savoir-faire et raisonnablement tarifée. Service très attentif et sympa.

## Où manger une bonne glace ?
## Où boire un café ou un chocolat ?

***Heladería Colón*** *(zoom, **40**) : avda da Marina, 26. ☎ 981-22-73-73. Face au Teatro Colón. En été, tlj 10h-23h.* Les glaces au yaourt artisanales sont excellentes : essayez donc la framboise *(ñam-ñam !)*, la noix, la lait meringué, l'ananas, la pêche... en petit pot ou en *cucurucho* (cornet).

***Café Siboney*** *(plan A2, **41**) : rúa Nueva, 28. ☎ 981-22-78-36. Lun-ven 7h45-22h (23h ven) ; sam 9h-14h, 16h-23h. Fermé dim.* Marque de café réputée en Galice, *Siboney* trouve ses racines dans le Cuba des années 1940. Dans la longue salle étroite et élégante, on s'attable devant des tasses fumantes et parfumées de grandes variétés (Costa Rica, Colombie, Brésil, Kenya...), à accompagner de quelques bricoles. Idéal au petit déj (5 formules bon marché), au déjeuner ou pour se rafraîchir (smoothies, cafés frappés, thés glacés...).

LA GALICE

## Où boire un verre ? Où écouter de la musique ?
## Où sortir ?

***El Polvorín*** *(plan B2, **50**) : Vereda del Polvorín, 33. 650-66-93-71. Mer-sam 19h (12h sam)-3h. Fermé dim-mar.* Petit bar à la déco hétéroclite décalée : vieilles TV des années 1970, chaises de bureau, tables et comptoir en formica. Un *lugar* sympa pour boire un verre en soirée avec quelques trentenaires de bonne humeur qui papotent. Concerts épisodiques.

***La rúa Orzán*** *(plan A2)* : c'est la rue des fêtards et des noctambules. On y trouve une foule de bars et pubs, dont certains avec musique live. Parmi ceux-ci, le ***Retro Pub*** *(au n° 19)*, toujours très animé en fin de semaine. Croulant sous les bibelots celtes (carte de Bretagne à l'appui), le ***Cova Celtica*** *(au n° 82)* est, lui, connu pour sa musique folk, sa bière à gogo, ses grosses tables de bois et ses épis de maïs en déco. D'un tout autre genre, le ***8 Luces Café*** *(au n° 96)*, arrimé à l'angle de la rúa Cordelería, affiche une déco sophistiquée aux canapés en cuir blanc, et une petite terrasse appréciable en journée. Les quadras en goguette y viennent tôt (ferme à 0h45). Le proche ***Faluya*** *(au n° 75)*, décrété « zone antifasciste », est l'un des antres favoris de ceux qui s'identifient à la gauche radicale. Dans le prolongement de la rúa Orzán (vers l'est), le ***Dublin*** *(rúa Panaderas, 50)* demeure la valeur sûre irlandaise. À deux pas en contrebas, ***Cañahueca*** *(Cordonería,*

*14)* est 100 % bière et rock. Pearl Jam, Metallica, Led Zeppelin et Deep Purple y résonnent sur fond de pressions elles aussi anglophones (*Foster's* australienne, *Beamish* irlandaise).

Si vous appréciez les nuits blanches, on trouve encore une foule de bars et discothèques. Parmi les préférés du moment : ***Dux,*** au design royalo-baroque multicolore bluffant, et ***Amura*** *(plan A3,* ***51****),* tous deux avec terrasse sur le port, au Los Cantones Village *(avda Alférez Provisional, 3).* N'oublions pas l'incontournable ***Playa Club*** *(plan A2-3,* ***52****),* le long de la plage de Riazor *(Andén de Riazor, s/n ; jeu-sam et veille de j. fériés 15h30-6h).* Si vous tenez jusqu'à 9h du mat, enchaînez par le petit déj dans la grande salle vitrée de la cafétéria, à l'étage... les yeux (rouges ?) dans le bleu de la mer.

## À voir. À faire

Cœur vibrant de la ville, l'incontournable ***praza de María Pita*** *(zoom)* surprend par son air baroque. Ses nombreuses terrasses de cafés sont idéales pour admirer le bâtiment de l'hôtel de ville qui brille de majesté avec ses tuiles cuivrées.

***La vieille ville*** *(Ciudad vieja ; zoom)* **:** occupant un promontoire dominant la *dársena,* au sud-est de la presqu'île de La Corogne, juste au-dessus de la praza de María Pita, elle offre de jolies ruelles bordées de maisons pittoresques, d'églises et de placettes verdoyantes. La plus grande, ***praza Xeneral Azcárraga,*** forme comme une oasis avec ses grands platanes, ses magnolias, sa fontaine rafraîchissante et ses terrasses de cafés ombragées. Déjà, de là, se distingue le clocher de la ***igrexa Santiago*** du XIIe s, l'église la plus ancienne de la ville. Son portail ouest, roman, montre saint Jacques caracolant au centre du tympan ; le côté nord vaut aussi le coup d'œil, avec ses deux têtes de bœuf encadrant l'entrée.
Plus au nord, la ***praza de Santo Domingo*** est dominée par l'église baroque du même nom, grandiloquente et austère. À son extrémité ouest, la ***prazuela de Santa Bárbara,*** plantée de marronniers, est veillée par le petit *convento de Santa Bárbara* (XIVe s), occupé par les clarisses. Sa porte d'entrée est surmontée d'un splendide linteau sculpté d'un *Jugement dernier*. La courette, seule accessible, présente un bas-relief de la Vierge entourée des saintes Barbara et Catherine.
En redescendant par la *rúa de las Herrerías,* on atteint rapidement la ***Casa-Museo María Pita*** *(au nº 28 ; ☎ 981-18-98-53 ; mar-sam 11h-13h30 et 18h-20h, dim mat slt ; fermé lun ; GRATUIT),* qui vous replongera à l'époque de l'Invincible Armada, de la guerre anglo-espagnole et du siège de La Corogne par les forces navales de sir Francis Drake. C'est alors que María Pita, une femme de caractère, quatre fois veuve, se mua en héroïne de la résistance *coruñesa.*
Deux rues plus loin (en revenant vers la praza Xeneral Azcárraga), voici la ***colexiata Santa María do Campo*** *(tlj sauf dim 9h-13h, 17h-19h),* bel édifice fin XIIIe-début XIVe s dont la façade donne sur une petite esplanade plantée d'un calvaire. Le tympan du portail est consacré à l'Épiphanie, mais le plus intéressant est à l'intérieur : malgré un agrandissement, la nef a conservé sa structure romane d'origine, deux statues colonnes et des tombeaux très anciens. L'autel est en argent repoussé, et les chapelles sont surchargées d'objets clinquants... On y voit même la chaise sur laquelle Jean-Paul II posa son auguste séant lors de l'une de ses visites ! À côté, sur la place, le ***Museo de Arte sacra da Colexiata*** *(en été, mar-ven 9h-14h, sam 10h-13h ; oct-mai, mar-ven 10h-13h et 15h30-17h30, sam 10h-13h ; fermé dim-lun tte l'année ; GRATUIT)* expose des objets liturgiques (XVIe-XXe s).

***Museo arqueolóxico e histórico – Castelo de San Antón*** *(plan B3)* **:** *paseo Marítimo Alcalde Francisco Vázquez, 2. ☎ 981-18-98-50. • coruna.es/cultura • Mar-sam 10h-19h30 (21h juil-août), dim et j. fériés 10h-14h30 (15h juil-août). Fermé lun. Entrée : 2 € ; réduc. Parking gratuit.* Construite à la fin du XVIe s sur un îlot rocheux pour garder l'entrée du port, cette petite forteresse fut transformée

LA GALICE

au fil du temps, prenant sa forme actuelle au XVIIIe s pour accueillir un lazaret, puis une prison jusqu'au milieu du XXe s. Au sous-sol, les anciens quartiers de la garde abritent la section archéologique, où l'on verra des dagues de bronze, des bijoux et un très étonnant casque en or remontant à l'époque des *castros* celtibères. Certains, plus vieux encore (2000-2500 av. J.-C.), proviennent d'un tumulus. Au niveau supérieur, la maison du gouverneur expose armes, mobilier ancien, vestiges repêchés sur des épaves de navires coulés dans les environs et objets liturgiques, dont un christ en ivoire du XIIIe s et de superbes Vierges en bois polychrome des XIIe et XIIIe s. Bref, un peu de tout, parfois très intéressant, parfois pas du tout, pour une visite agréable et à l'abri de la foule, à achever en explorant citernes et chemin de ronde.

À l'ouest de la praza de María Pita, le ***centre commerçant*** *(zoom et plan A-B2)* bourdonne d'activité autour de trois artères piétonnes parallèles : *rúa Riego de Agua, rúa de la Franja* plus étroite, envahie de restaurants et bars à tapas, et *rúa Florida.* Même si le quartier est plus récent que la vieille ville, il n'est pas dénué de charme. *Rúa Riego de Agua,* à l'angle de la *rúa Angel,* vous pourrez faire escale à la ***Gran Antilla*** *(ouv 9h30-14h – 14h30 w-e –, et 17h-21h),* une vieille pâtisserie aux gâteaux savoureux. Plus à l'ouest, l'artère débouche sur l'*avenida da Marina,* qui aligne une fantastique série d'immeubles à galeries, la *Ciudad de cristal,* étincelantes verrières au soleil, image de marque de La Corogne.

***Museo de Bellas Artes*** *(musée des Beaux-Arts ; zoom)* **:** *rúa Zalaeta, s/n. ☎ 881-88-17-00. • museobelasartescoruna.xunta.es • Mar-ven 10h-20h ; sam 10h-14h, 16h30-20h ; dim 10h-14h. Fermé lun et j. fériés. Entrée : 2,40 € ; gratuit – de 18 ans, plus de 65 ans et pour ts sam ap-m et dim mat.* Occupant un vaste bâtiment moderne, la collection d'art municipale intéressera surtout les passionnés. Dans la section consacrée à la peinture européenne du XVIe au XVIIIe s, on verra un *saint André* de José de Ribera, un superbe *Ecce Homo* de Luis de Morales *(salle 1),* puis deux grands tableaux de Carducho (peintre de la cour espagnole au XVIIe s avant que Velázquez ne prenne sa place) représentant la vie de saint Juan Mata ; ajoutons deux tout petits Rubens évoquant la mythologie gréco-romaine et le *cabinet de collectionneur* de Francken, plein de détails amusants *(salle 2).* On sort enfin de l'art religieux ! L'étage se consacre à la peinture espagnole des XIXe et XXe s : nombreux portraits (plus ou moins réussis), un joli Pérez Villaamil *(salle 4),* puis un tableau de Picasso pour ne pas oublier qu'il a commencé sa (jeune) carrière à La Corogne *(salle 6).* Ne pas rater non plus les gravures satiriques de Goya *(salle A).*

LA GALICE

***Casa Picasso*** *(plan A3)* **:** *rúa Payo Gómez, 14 (2e étage). Sonner à l'interphone ! ☎ 981-18-98-54. Mar-sam 10h30-14h, 17h30-20h ; dim et j. fériés 10h30-14h. Fermé lun. GRATUIT.* Picasso a 10 ans quand ses parents déménagent à La Corogne et s'installent dans cet appartement. Trois ans plus tard, le jeune garçon expose ses deux premières toiles, des portraits à l'huile, dans un magasin de meubles du coin. Un journaliste griffonne un encadré dans un quotidien local : « S'il continue sur la même voie, on ne doute pas qu'il atteindra la gloire et un avenir brillant. » Vous ne verrez pas d'œuvres de Picasso ici, tout juste deux lithos, mais découvrirez des intérieurs attachants qui offrent un petit voyage dans le temps.

***Museo Nacional de Ciencia y Tecnológia – MUNCYT*** *(hors plan par A3)* **:** *praza do Museo Nacional, 1. ☎ 900-10-01-34. • muncyt.es • À env 2 km à l'ouest du centre, en suivant le bord de mer. En été, mar-sam 11h-20h, dim et j. fériés 11h-15h. Le reste de l'année, mar-ven 10h-17h, sam 11h-19h, dim et j. fériés 11h-15h. Fermé lun. GRATUIT.* Dans son écrin ultramoderne, ce musée retrace l'évolution des sciences et techniques au cours des derniers siècles. Les progrès en matière de physique, énergie, transports ou encore télécoms sont abordés au travers d'une sélection d'objets représentatifs de leur époque, présentés de manière intelligente : de quoi regretter la brièveté de la visite, qui laisse comme un arrière-goût de pas assez. Cela dit, les ancêtres d'ordinateurs et de téléphones en feront sourire plus d'un !

**Domus** (Museo do Home ; plan A2) : *Ángel Rebollo, 91. ☎ 981-18-98-40. • mc2coruna.org/domus • Juil-août, tlj 10h-20h. Reste de l'année, lun-ven 10h-19h (18h janv-avr) ; w-e, j. fériés et Semaine sainte 11h-19h. Entrée : 2 € ; réduc ; ciné 3D 4 €. Billet groupé avec l'aquarium et la Casa de las Ciencias : 12 €.* Parmi les nombreuses constructions pharaoniques de l'Espagne des années 1990-2000, ce musée occupe un immense bâtiment en forme de voile conçu par l'architecte japonais Arata Isozaki. Il se consacre à l'être humain, présenté de manière ludique et interactive. On explore ainsi le monde de la génétique, les sens, le fonctionnement du cerveau, l'anatomie et l'évolution physique et physiologique. Tout cela serait très bien si les explications étaient aussi disponibles dans d'autres langues ! En attendant, on s'amusera à se prendre en photo à côté de la représentation de l'homme le plus grand du monde (2,72 m) et on testera sa force physique en tirant des ballons de foot dans des cages équipées d'un senseur.

**Aquarium Finisterrae** (plan A1) : *paseo Marítimo Alcalde Francisco Vázquez, 34. ☎ 981-18-98-42. • mc2coruna.org/aquarium • Tlj 10h-20h en juil-août, jusqu'à 18h janv-avr, 19h mai-juin et sept-déc (11h-21h w-e et Semaine sainte). Entrée : 10 € ; réduc. Billet combiné avec le Domus et la Casa de las Ciencias : 12 €. Parking gratuit.* Sans être grandiose, cet aquarium mérite le détour pour sa manière d'aborder le monde de la mer. Dans l'immense salle ***Maremagnum,*** l'environnement du littoral atlantique, sa géologie, ses espèces, ses enjeux prennent vie à grand renfort de panneaux explicatifs (espagnol), de bornes interactives et d'aquariums où badinent murènes géantes et bancs de sardines. Voici l'occasion de découvrir des réponses à des questions que l'on ne s'était (peut-être) jamais posées : comment les poulpes fabriquent-ils leur encre ? Combien de temps vit un poisson ? Lequel nage le plus vite ? Les enfants, eux, filent vers le bassin pour tenter de trouver pourquoi les bateaux téléguidés, comme les plus grands, flottent... Au fond, la salle ***Humboldt*** est consacrée aux expos temporaires (de qualité). Au sous-sol, la salle du ***Nautilus,*** dont la déco feutrée évoque le monde du capitaine Némo, s'entoure d'un grand aquarium hanté par quelques gros spécimens : requins, raies, bars, daurades... Enfin, les ***bassins extérieurs*** abritent des phoques, nourris à heures fixes.

**Torre de Hércules** (plan A1) : *avda de Navarra, s/n. ☎ 981-22-37-30. • torredehérculesacoruna.com • Tlj 10h-18h (21h juin-sept) ; dernière entrée 30 mn avt. Entrée : 3 € ; réduc ; gratuit lun. Parking gratuit. Dépliant en français.* Symbole de La Corogne, classé au Patrimoine mondial de l'Unesco en 2009, voici le plus vieux phare du monde encore en fonctionnement ! Construit par les Romains au Ier s apr. J.-C., il se dresse à l'extrémité nord-ouest de la péninsule, face aux flots de l'Atlantique, sur un promontoire sauvage semé de genêts et de bruyères – l'occasion d'une jolie balade en longeant le littoral. Culminant à l'origine à 41,5 m, la Torre de Hércules possédait alors une rampe extérieure destinée à faciliter l'acheminement du combustible jusqu'à la lampe ! Abandonnée vers le Ve s, pillée pour ses blocs de pierre, réutilisée vers l'an 1000 pour surveiller les attaques

### GARDIEN DE PHARE, UN MÉTIER DANTESQUE

*Les phares sont classés par leurs gardiens en trois catégories : paradis (si le phare est placé sur le continent), purgatoire (sur une île) ou enfer (en pleine mer). L'enfer, ici, ce n'est pas « les autres », mais la solitude, qui pèse lorsque l'on est isolé par une tempête !*

LA GALICE

normandes puis musulmanes, elle a été restaurée et surélevée à la fin du XVIIIe s dans l'esprit du monument d'origine. D'entrée, on explore ses fondations originelles, mises au jour lors de fouilles archéologiques (baissez la tête, les grands !), avant de grimper jusqu'à la lanterne, 59 m plus haut (rassurez-vous, il n'y a que 216 marches...).

Bordant le centre-ville sur fond d'immeubles modernes, les ***plages du Riazor et del Orzán*** *(plan A2-3)* sont larges, longues et très fréquentées en été, malgré leur sable plutôt grossier. On y profite d'un superbe coucher de soleil depuis la large promenade littorale. Dans le prolongement, côté nord, se cache la petite ***playa del Matadero*** *(plan A2)* puis, au pied de la Torre de Hércules, la très jolie plage d'***As Lapas*** *(plan A1),* une anse idéale pour la baignade à marée basse (il s'y forme comme un bassin naturel). De l'autre côté de la péninsule, la ***playa San Amaro*** *(plan B1)* est petite et pas trop fréquentée, à défaut d'avoir un charme renversant. Douches partout.

– Si vous séjournez quelques jours à La Corogne, vous pourrez vous adonner à la ***plongée*** *(Buceo Galicia : ☎ 981-21-22-06 ; • buceogalicia.com •)* et au ***surf*** *(Raz Surf Camp : ☎ 981-75-24-08 ; • razsurfcamp.com •)* sur la longue ***playa de Razo,*** proche de La Corogne.

## Fêtes et manifestations

– ***Feux de la Saint-Jean :*** *dans la nuit du 23 au 24 juin, plages du Riazor et del Orzán. • hoguerassanjuan.com •* L'une des manifestations les plus populaires : plus de 100 000 personnes se retrouvent sur les plages autour des feux de joie après les rituels conduits par les *meigas* (fées galiciennes). On chante, on danse et on picole en grillant des patates au feu et en mangeant des sardines (les stands ne manquent pas) ! Tout autour de la *Noite da Quema* se brode un programme de musique, théâtre, danse et événements sportifs (dès la 2de quinzaine de mai).
– ***Feria Medieval :*** *sur 6 j. fin juil, dans les ruelles de la Ciudad vieja.* Au programme : artisanat, gastronomie, bandes de copains en costume, musique, danse et théâtre de rue... et même une fête foraine, avec des manèges, animations et jeux médiévaux, sur la place Mar⊠a Pita !
– ***Fiestas de María Pita :*** *août.* Nombreux spectacles folkloriques pour cette célébration de l'héroïne María Pita, en particulier pendant la *Semana Grande.* C'est aussi l'occasion de corridas, de foires aux livres et B.D., artisanat, de concerts rock sur la plage du Riazor...
– ***Fête patronale :*** *vers le 7 oct.* En l'honneur de N. S. del Rosario, patronne de la ville.



# DANS LES ENVIRONS DE LA COROGNE

***Praia de Bastiagueiro :*** *à 5 km à l'est de La Corogne par la route côtière.* Une jolie plage (500 m) au sable blond dans un repli du littoral rocheux, dans un secteur un peu moins construit. Sûre pour la baignade et pour la planche à voile (assez venteux). On se gare en retrait, ce qui aide à préserver le cadre. Évidemment, en été, vous ne serez pas seul !

***Santa Cruz :*** *3 km après Praia de Bastiagueiro.* Cette bourgade côtière, qui prend l'été des airs de station balnéaire, se singularise par son pittoresque château planté sur un îlot, face au port (accès libre par une passerelle). Il fut construit à la fin du XVIe s dans le sillage de l'attaque de Drake. Un petit centre des visiteurs y a été aménagé (expos temporaires).

# DE LA COROGNE AU CAP FINISTERRE PAR LA COSTA DA MORTE (CÔTE DE LA MORT)

• Carte *p. 254-255*

**Passé La Corogne, en direction du cap Finisterre, la Côte de la Mort, superbement découpée, offre de magnifiques panoramas naturels. Cette région, parmi les plus sauvages et préservées de Galice, est superbement tapissée de bois de pins et d'eucalyptus, riche en villages de pêcheurs paisibles, en plages de sable fin, et parsemée de calvaires et d'*hórreos* – ces étonnants greniers à maïs en pierre sur pilotis. Le second temps fort du voyage après Santiago !**

### NAUFRAGEURS !

*Côtes rocheuses déchiquetées, écueils, brumes soudaines, vents et courants violents... la Côte de la Mort ne doit pas son nom au hasard. Depuis le XIXe s, une bonne centaine de navires y ont fait naufrage. Certaines catastrophes auraient pu être évitées... si les habitants du coin n'avaient pas allumé des feux sur la côte, afin d'attirer sur les rochers les navires croyant apercevoir un port de refuge.*

– Infos sur la Côte de la Mort : • *finisterrae.org* •

## CARBALLO ET LA PRAIA DE BALDAIO

En sortant de La Corogne, prendre la direction de Carballo, puis la petite route côtière menant vers l'ouest (Caión). Les affreuses banlieues de La Corogne s'effacent à peine que, déjà, d'immenses plages sauvages se dessinent ! Derrière ses dunes, la *laguna de Baldaio* constitue un refuge important pour la faune : on peut y admirer toute l'année, mais surtout en hiver, un grand nombre d'oiseaux, et parfois même des loutres. Ne pas manquer de grimper jusqu'au ***mirador de Santa Mariña.*** De là-haut, exceptionnel panorama sur la côte, des îles Sisargas jusqu'à La Corogne.

### Arriver – Quitter

#### En bus

Attention, les changements d'horaires sont fréquents !

➢ ***La Corogne :*** avec *Vázquez (☎ 981-14-84-70 ; • autocares vazquez.net •),* 6 bus/j. en sem env 8h15-18h15 ; 5 le sam 10h-18h et 2 le dim 11h15-19h30. Durée : 30-45 mn.

➢ ***Fisterra :*** avec *Vázquez,* 5 bus/j. en sem 8h50-20h20 ; 3 le sam et 2 le dim. Durée : 1h30-1h40.

### Où dormir dans le coin ?

***Casa de Entremuros :*** *Cances Grande, 77, 15107 Carballo. 📱 627-77-70-74. • info@casaentremuros.com • casaentremuros.com • À env 6 km de Carballo sur la route de Malpica (AC-418), prendre à gauche direction Cances. Panneau à droite au niveau de la station-service. Doubles 50-60 € selon saison, petit déj 6 €.* Cette belle maison bourgeoise du XIXe s, dissimulée derrière

LA GALICE

sites inscrits au Patrimoine mondial de l'Unesco
0
5
10 km
NORD
Punta de Nariga
RÍAS GALLEGAS
Punta Roncudo
Corme-Porto
Ria de Corme y Laxe
Punta Insúa
Praia de Balarés
Laxe
Praia de Traba
Cabo Veo
Cabo Tosto
Arou
Camelle
Cabo Vilán
Traba
Xaviña
Camariñas
Ria de Camariñas
Praia de Lago
Muxía
Leis
Merexo
Cabo da Boutra
Ozón
Molinos
Tabernanova
Vimianzo
Ogas
Cabo Touriñán
Santa Mariña
Morquitián
Buiturón
Villarmid
Berdoias
Serramo
Nemiña
Pereiriña
Berdeogas
Bañas
Brandomil
Lires
Bermún
Dumbria
Tedín
Buján
Praia de Estorde
Cee
Corcubión
Olveiroa
Embalse de Fervenza
Cabo de la Nave
Mallas
Miñóns
Xallas
Ameixenda
Aro
Redonda
Picota
Fisterra
Arcos
Montes de la Ruña
Ézaro
Pindo
Pino do Val
Cabo Finisterre
Illa Lobeira Grande
Quilmas
Valadares
Suevos
Entis
Caldebarcos
Punta de Caldebarcos
Viso
Esperante
Serra de Outes
Carnota
San Julián
Silvosa
Lira
Vara
Ponte Nafonso
Lariño
Louro
Muros
Boa
Noia
Portosín
Argalo
Punta de Louro
Ria de Muros y Noia
Porto do Son
Niñor
Ponteceso
Cospindo
Anllón
Canduas
Bosque
Boaño
Sarces
Cundins
Borneiro
Anós
Ponte do Porto
Tuñones
Carnes
Baio
Cheis
Lamas
Carreira
Tines
Zas
Pico da Meda
AC 423
AC 431
AC 430
AC 432
AC 433
AC 552
AC 440
AC 404
AC 441
AC 400
AC 445
AC 550
641
561
567

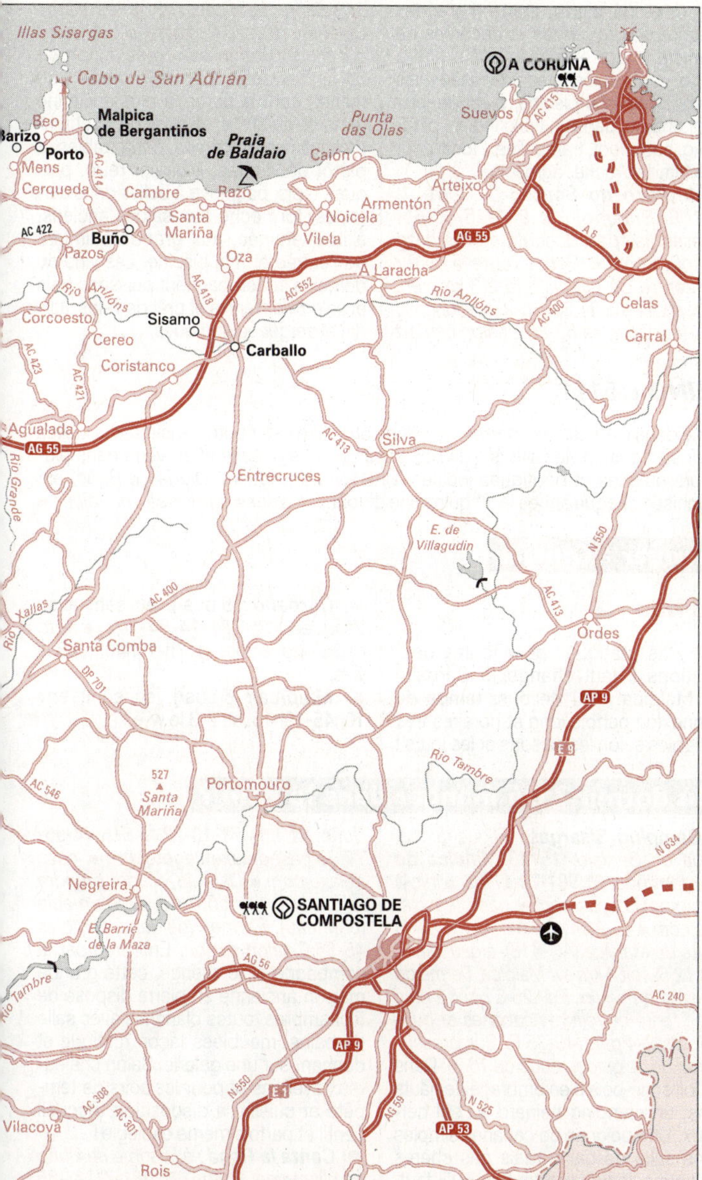


## LA CÔTE DE LA MORT – La Costa da Morte

ses murs de pierre, abrite 4 grandes chambres bien tenues et décorées de manière sobre et élégante. Cuisine à dispo, vaste salon avec cheminée mais surtout une jolie piscine, plein de jeux pour enfants dans un tipi d'indien, ping-pong, baby-foot, trampoline... Idéal pour une famille. Accueil agréable.

**Pazo do Souto :** *La Torre, 1, 15106* ***Sisamo.*** *☎ 981-75-60-65. • reservas@pazodosouto.com • pazodosouto.com • Petite route à partir du centre de Carballo (à 2,3 km vers l'ouest). Resto tlj 20h30-23h. Congés : nov-fév. Doubles 60-80 € selon confort et saison, familiales et suites aussi. Dîner sur résa 20 €, plats 12-25 €. Apéritif maison offert sur présentation de ce guide.* Cette très belle maison de maître, dont la partie la plus ancienne remonte au XIVe s, dispose de 13 chambres joliment décorées, confortables et plutôt douillettes. Mobilier rétro, parquet, tapis, baignoire à bulles dans certaines, font écho aux salons anciens, à la cheminée, aux grands palmiers de l'entrée et à la piscine. Les vins du domaine accompagnent poissons frais et *solomillo.* Tennis et prêt de vélos. Jardin et verger écologiques.

## BUÑO *(15111)*

Situé dans l'intérieur des terres, ce village ordinaire est réputé dans toute la Galice pour sa tradition de potiers – un bel artisanat qui s'expose et se vend dans plusieurs galeries et boutiques locales. Une foire de potiers *(Olería de Buño)* est organisée chaque année la 1re quinzaine d'août. *Infos sur • finisterrae.com/oleria •*

LA GALICE

### Arriver – Quitter

#### En bus

Pas pratique : pour toutes destinations il faut changer à Carballo ou Malpica. Peu de bus, temps de connexion parfois long et horaires très variables selon les saisons et les jours !

➢ **Carballo :** 5 bus/j. en sem avec *Vázquez (☎ 981-14-84-70 ; • autocaresvazquez.net •),* 7h-19h40, slt 3 le w-e.

➢ **Malpica :** 6 bus/j. en sem, env 10h45-19h15, slt 2-3 le w-e.

### Où dormir ? Où manger dans le coin ?

**Camping Sisargas :** *Filgueira, 12, praia de Baldaio, 15113* ***Malpica de Bergantiños.*** *☎ 981-72-17-02. • info@campingsisargas.com • campingsisargas.com • ♿ À env 5 km de Buño sur la route de Malpica (AC-418), à gauche au km 12,5, soit 4 km avt Malpica. Fermé de mi-sept à mi-juin. Env 25 € pour 2 pers avec tente et voiture ; cabanes et bungalows 2-4 pers 45-75 €. Sur présentation de ce guide, réduc de 10 %.* Dans un joli sous-bois bien ombragé de hauts pins, un camping peinard au sol herbeux. Une poignée de cabanes simples sans salle de bains mais pas chères et 3 bungalows avec tout ce qu'il faut, cuisine incluse. Bloc sanitaire neuf, bar, resto, supérette, salle commune avec jeux, tennis et piscine. Accueil jeune et sympa. La 1re plage n'est qu'à 3 km.

**Casa de Laxe :** *O Rueiro, 20, à Buño. ☎ 981-71-10-72. 📱 616-44-96-77. • casadelaxe@agatur.org • casadelaxe.com • Dans le village, prendre la route sur le côté de la pharmacie (panneau). Fermé Noël-janv. Doubles 45-55 € selon saison.* Entourée par la campagne et le silence, cette grande maison ancienne en pierre dispose de 5 chambres toutes blanches avec salle de bains, meublées façon rustique et donnant sur une galerie. Salon chaleureux avec insert pour les soirs de tempête et cuisine à disposition. Accueil gentil et parfois même espiègle !

**Canta la Rana :** *à la sortie de Buño en allant vers Pazos. ☎ 981-71-13-65 ou 14-97. • canta.larana@yahoo.es • Tlj sauf mar soir. Menus déj en sem 9-15 €, plats 8-20 €.* Posée au bord de la route, la maison se fait une spécialité des viandes grillées et des poissons (a *la plancha* ou *a la gallega*) et laisse tranquillement « chanter la grenouille »... Une terrasse accueille les (nombreux) convives aux beaux jours. On y a entendu plus de verres tinter que de batraciens coasser.

## À voir. À faire

**Ecomuseo Forno do Forte :** *Forno Novo, s/n. ☎ 981-71-15-20. • concellomalpica.com/fornodoforte • Prendre la route descendant sur le côté de la pharmacie, puis en bas à gauche (panneau). Horaires variables, ouv en général 10h (11h hiver)-14h, 16h-20h (18h hiver). Fermé lun et dim (ouv dim mat été). GRATUIT.* Occupant un ancien hameau de potiers, l'écomusée donne l'occasion de découvrir maisons traditionnelles, atelier typique des années 1950 et salles d'expo de vieux outils agricoles et de matériel de pêche. Des potiers y officient par roulement et on peut même s'initier à la pratique du tour. Pour les achats, les boutiques se regroupent près de l'église.

➢ ***Camino dos Faros :*** environ 200 km de superbes sentiers côtiers balisés depuis Malpica de Bergantiños jusqu'à Fisterra. Se fait généralement en huit étapes de 18 à 32 km. *Infos très complètes sur • caminodosfaros.com • ou dans chacun des offices de tourisme de l'itinéraire côtier.*

## *PORTO BARIZO* (15113)

À 10 km au nord-ouest de Buño, ce village de pêcheurs lové au fond d'une baie est dominé par une colline de granit plantée de végétation et... d'éoliennes. Au tableau : des ruelles tranquilles bordées de maisons anciennes restées dans leur jus et une jolie petite plage. À quelques kilomètres, le phare de Nariga, perdu dans une nature sauvage sublime, offre un point de vue magnifique sur l'océan.

➢ ***Pas de bus*** pour Porto Barizo. Seule alternative à la bagnole : prendre le bus La Corogne-Laxe avec *Vázquez*, changer à Carballo pour Malpica *(6 bus/j. en sem, 3 slt le w-e),* puis finir à pied sur 5 km ou prendre un taxi. Pas pratique !

LA GALICE

### Où dormir ? Où manger ?

***Hostal Casa da Vasca :*** *Porto Barizo, 42. ☎ 981-72-19-60. 📱 608-58-36-54. • reservas@casadavasca.com • casadavasca.com • Laisser le village sur la gauche et aller jusqu'au bout de la route (parking). Resto fermé mar hors saison, sauf pour les hôtes. Doubles 55-95 € selon saison et confort, 1 appart 4 pers également. Plats 6-18 €.* Isolée en bord de mer, cette petite pension abrite 6 chambres ordinaires, bien tenues et simplement aménagées, dont certaines orientées pile poil face à l'océan. Côté resto, excellentes *raciones* à déguster derrière la baie vitrée, les yeux dans le bleu. Bon rapport qualité-prix général. Accueil sympa et pro.

***Casa da Sebe :*** *O Castro. ☎ 981-72-06-55. 📱 618-28-90-52. • info@casadasebe.net • casadasebe.net • Sur les hauteurs du village (panneau depuis la route principale) ; suivre la direction du phare puis à gauche après le cimetière. Fermé 1res quinzaines de fév et de nov. Doubles 60-75 € selon confort, sinon 1 appart et 1 chalet 4 pers ; petit déj 8 €. Dîner slt pour les hôtes sur résa : menu 23 €, plats 8-22 €.* Dominant la baie, cette vieille maison de village a été restaurée et décorée de meubles d'autrefois ou de copies d'anciens. Une poignée de belles chambres sobres et confortables, certaines avec vue sur le jardin et sa petite piscine, d'autres sur l'océan. Salon avec billard à dispo.

***Refugio As Garzas :*** *Porto Barizo, 40. ☎ 981-72-17-65. • info@asgarzas.com • asgarzas.com • À côté de l'*Hostal Casa da Vasca*. Resto fermé lun, ainsi que le soir mar-jeu et dim (sauf été et fêtes). Congés : nov. Doubles 73-90 € selon taille et saison,* *petit déj inclus. Menu 60 €, carte min 50 €.* Cette maison moderne de caractère abrite 4 chambres confortables et décorées avec goût dans un style contemporain épuré charmant ; 3 sont tournées vers la mer et disposent d'un petit balcon. Mais c'est avant tout un resto chic (et cher) qui propose une savoureuse cuisine de marché, inventive et copieuse, à base de produits régionaux, servie dans une belle salle panoramique.

## *CORME-PORTO* *(15114)*

Planté sur le flanc nord de la vaste ría de Corme y Laxe, ce petit port s'est malheureusement beaucoup urbanisé... Reste que vous pourrez découvrir dans les environs une jolie côte sauvage taillée dans le granit et quelques plages de sable bien préservées. Une foule de joies simples en fait !

### Arriver – Quitter

#### En bus

Attention, les changements d'horaires sont fréquents !

➢ ***La Corogne (par Buño et Carballo) :*** 4 bus/j. lun-ven 6h30-18h15, slt 2 bus le w-e, avec *Vázquez (☎ 981-14-84-70 ; ● autocaresvazquez.net ●).* Durée : 1h45.

➢ ***Laxe :*** 3 bus/j. en sem 11h25-22h15, slt 2 le w-e. Durée : 30 mn.

### Où dormir dans les environs ? Où manger ?

***Casa de Verdes :*** *Cundins, 15149 Cabana de Bergantiños. ☎ 981-74-86-22. 686-09-22-55. ● info@casadeverdes.com ● casadeverdes.com ● Dans le hameau de Cundins, atteint depuis Ponteceso, env 12 km au sud-est de Corme-Porto. Doubles 45-54 € selon saison, appart 4 pers 80-100 €. Séjour min 2 nuits automne-hiver.* Perchée sur une colline dominant un vert vallon, cette vieille ferme restaurée dispose de 7 chambres confortables, décorées d'une gentille touche rustico-moderne typiquement espagnole. Également un appartement séparé, récent, avec 2 chambres, cuisine, et salon. Accueil simple et chaleureux des proprios, cultivateurs de fleurs et légumes.

***Restaurante Miramar :*** *rúa Arnela, 35, à Corme-Porto. ☎ 981-73-80-39. ● info@miramardecorme.com ● Dans la rue principale menant au port, sur la gauche. Tlj, sauf mar hors saison. Menus du jour en sem 10-15 €, plats 9-18 €.* Les immeubles qui l'encadrent, le bar de pays sombre à l'entrée et l'allure générale vieillotte ne plaident pas en sa faveur... Pourtant, si une petite faim vous prend, c'est ici que vous mangerez le mieux, avec en bonus une vue panoramique plongeante sur la baie. Plats simples et abordables inspirés par les produits frais du coin.

## À voir. À faire dans les environs

En venant de Ponteceso, la route s'élève rapidement au-dessus de la *ría*, offrant quelques beaux aperçus sur cet écosystème assez exceptionnel : vasières, zones inondables et oiseaux aquatiques à profusion. Rapidement, une bifurcation mène, à gauche (en 4 km), à la jolie petite ***praia de Balarés,*** ensoleillée jusqu'au soir. Aucune construction ici, hormis un bon petit café-resto *(Miramar).* Tables et bancs sont à disposition pour un pique-nique à l'ombre de la pinède, face au tapis de sable clair et fin. Un lieu de baignade idéal pour les enfants (pas de vagues).

Environ 2 km avant d'arriver à Corme, à 2 pas du port, la ***praia da Ermida*** est bordée par une pinède dans un coin assez épargné par les constructions.

LA GALICE

*Cabo Roncudo (cap) :* après avoir traversé Corme, la route côtière y mène (en 2,8 km) à travers de jolis paysages sauvages de landes, où prospèrent fougères, genêts et bruyères. Au pied du (mini) phare, beau point de vue sur l'océan et la côte, avec quelques émouvantes croix blanches émergeant du granit. Un coin photogénique !

***Castro de Borneiro :*** *à env 6,5 km au sud-ouest de Ponteceso, par la route de Baio. Accès libre.* Dégagé par des fouilles archéologiques, il s'agit d'un village celte habité du IIIe s av. J.-C. au IIe s apr. J.-C. (âge du fer). Les spécialistes y ont recensé 43 édifices. On n'en voit que les bases rondes, mais la balade dans le sous-bois s'avère agréable.

## LAXE *(15117)*

C'est d'abord un port de pêche, avec une criée animée, une barre d'immeubles peu gracieux et la jolie église **Santa María da Atalaya** (fin XVe s). Mais Laxe est aussi une petite station balnéaire sereine, dotée d'une belle plage de sable blond lovée au fond d'une baie curviligne. D'autres se dessinent dans le secteur, offrant autant de parenthèses océanes.

### Arriver – Quitter

#### En bus

***Parada de autobuses :*** *sur le front de mer.* Attention, les changements d'horaires sont fréquents !

➢ ***La Corogne (par Buño et Carballo) :*** 3 bus/j. lun-ven 8h-17h45, sam 9h-14h15, dim 10h-19h15 avec *Vázquez (☎ 981-25-41-45 ; • autocaresvazquez.net •).* Durée : 1h avec le direct du mat en sem, sinon 2h-2h15.

➢ ***Corme-Porto :*** même bus que pour La Corogne, sauf celui de 8h en sem qui ne passe pas par la côte.

➢ ***Camariñas :*** 1 bus/j. le sam à 17h25, le dim à 18h40.

➢ ***Muxía :*** 1 bus/j., à 16h30 en sem et même bus que pour Camariñas le w-e, toujours avec *Vázquez.* Durée : env 1h.

### Adresse utile

***Oficina de turismo :*** *avda Cesareo Pondal, 26. ☎ 981-70-69-65. • finisterrae.org • concellodelaxe.com • À droite de la mairie, face à la mer. Hors saison, lun-ven 8h-13h, fermé w-e. Pdt Semaine sainte et été, ouv slt mar et mer 8h-14h car le bureau principal est transféré au* ***kiosque*** *(☎ 981-72-83-13) face à la plage : juil-août tlj sauf lun 11h-14h, 17h-20h.* Plan du village, liste des plages, *miradores* et autres sites notoires du coin, petit guide proposant des itinéraires de randonnée pédestre et à VTT. Accueil enthousiaste.

### Où dormir ? Où manger ? Où boire un verre ?

***Pensión Residencia Bahía :*** *avda Besugueira, 24. ☎ 981-72-82-07. 630-16-03-17. • info@bahialaxe.com • bahialaxe.com • Doubles 38-50 € (50-70 € avec terrasse) selon saison, petit déj inclus à prendre au resto-snack* Bahía. *Plats 9-13 €.* Serviable, dynamique et francophone, Manolo s'occupe si bien de ses hôtes qu'il fait à lui seul la meilleure promotion de la région ! Demandez à consulter son classeur d'infos touristiques, il y a tout ce qui compte sur la Côte de la Mort ! Son hôtel se situe juste au-dessus du port de pêche, sur un versant de colline dominant la baie. Les chambres sont d'un bon confort, propres et calmes ; les plus chères déploient une belle terrasse panoramique sur la mer. Le resto-snack du même nom, tenu par son frère, à 500 m de là dans la rue principale qui descend au port, propose calamars et couteaux, *bocadillos* et *raciones* copieux, à prix doux.

**Mar de Fondo :** *Rosalía de Castro, 4. ☎ 981-73-54-74. 675-81-78-86. Sur le front de mer, à 30 m de la praza Ramón Juega. Tlj, sauf mar hors saison. Congés : 1 sem en janv et en juin, 2 sem en oct.* Raciones *7-13 €.* Ouvert par le fils d'un pêcheur du cru, qui rêve de réussir à cuisiner les étoiles de mer, le resto offre un cadre plus moderne et agréable que ses voisins. Les *raciones* aux effluves d'iode y sont reines. La terrasse apporte un réel plus. À 30 m, on trouve le ***Bar Rivera,*** spécialiste autocélébré des *raciones* et petits déjeuners depuis 60 ans, où les pêcheurs viennent en habitués.

## À voir dans les environs

***Punta Insúa :*** *suivre la rúa Real, c'est à 1,5 km (indiqué).* Le tout petit phare fait piètre figure comparé aux géants bretons, mais la balade est belle, au milieu de paysages marins. En chemin, on passe par un superbe site de pique-nique.

***Praia de Soestos :*** *à 2,5 km à l'ouest de Laxe, dans la direction de Camariñas, prendre à droite sur 2,3 km.* Sauvage et bien connue des surfeurs, cette jolie plage au sable gris clair est encadrée par deux collines qui la protègent (un peu) du vent. Aucune construction ici, à l'exception de quelques vilaines tables de pique-nique en béton sur le parking... Certains y garent leur camping-car pour la nuit. On peut aussi y accéder à pied depuis Laxe, par un sentier, en 2,5 km. À noter, juste après la bifurcation pour la plage, en direction de Traba/Camariñas, un beau *pazo* en pierre du XVIII^e s.

***Laguna et praia de Traba :*** *env 7 km au sud-ouest de Laxe (bifurcation vers Boaño 4,3 km après celle de Soestos).* Superbe ! Ourlant une large vallée encadrée par des collines boisées, cette plage d'anthologie, sauvage à souhait, s'adosse à une lagune que l'on peut approcher au fil d'une longue passerelle en bois (nombreux oiseaux migrateurs en saison). Sur place : tables de pique-nique, douches, mais la baignade peut être dangereuse si ça souffle. On peut s'y rendre à pied depuis Laxe le long du littoral (8 km) ; on passera au début par l'ermitage Santa Rosa de Lima, construit par un marin sauvé des eaux. Départ près du kiosque de l'office de tourisme, au niveau de la plage de Laxe.

***Castelo de Vimianzo :*** *à 17 km au sud-ouest de Laxe, dans les terres. ☎ 981-71-63-54. Ouv 10h-14h, 16h-18h30 ; Semaine sainte et de juil à mi-sept, 10h30-14h, 16h-20h30. Fermé lun. GRATUIT.* Remontant aux XII^e-XIII^e s, le château a pris sa forme actuelle vers la fin du XV^e s, après les guerres irmandines. Stratégique, il permettait de contrôler le commerce de la sardine et du sel dans la région, sans omettre le butin amassé sur les navires naufragés... Derrière ses créneaux massifs, il abrite aujourd'hui des ateliers. Dentellières et tisserands y travaillent à l'année, sabotiers, vanniers, sculpteurs sur pierre et autres orfèvres durant les week-ends et pendant l'été. Une tour accueille aussi un centre d'interprétation de la Côte de la Mort. Chaque année *(début juil),* les villageois rejouent l'assaut du château par le peuple (à minuit pile !). Un événement accompagné de nombreux concerts, bals, défilé de costumes médiévaux et féria artisanale. *Infos sur • asaltoaocastelo.org •*

***Cruceiro dos Santos :*** *à 300 m au sud du hameau de Cheis, env 15 km au sud-est de Laxe, entre Baio et Tines.* Ce bourg d'une vingtaine de maisons est connu pour son beau calvaire du XV^e s planté au milieu des fougères et des arbres. Cas unique en Galice, il représente la Trinité.

## Manifestation

– ***Fiesta del Naufragio :*** *17 août, jour de la Fiesta de la Virgen del Carmen.* La tradition, dit-on, aurait été initiée par un marin local qui fit plusieurs fois naufrage.

Après la messe et la procession, on rejoue un authentique naufrage dans le port ! Tous les participants rentrent à la nage, sauf un, qui symbolise les nombreux disparus en mer. On fait aussi la fête les 4 jours précédents, en l'honneur de la Vierge des Miracles, de la Vierge d'Atalaya puis de saint Roc.

## *CAMELLE* (15121)

Au-delà de la grande praia de Traba, à environ 20 km au sud-ouest de Laxe, le petit port de Camelle s'ancre sur le flanc d'un gentil bras de mer dominé par de hautes collines de granit et de verdure. Si le bourg n'est pas à proprement parler charmant, il y règne une ambiance de bout du monde assez plaisante. On entre ici dans le vif du sujet : vers l'ouest, la Côte de la Mort livre ses plus beaux arpents de terre et de falaises, de rochers et d'histoires de naufrages.

### Où manger ?

**Bar Rotterdam :** *c/ del Muelle, 20. ☎ 981-71-02-15. Face au port après le musée. Tlj. Fermé nov-Semaine sainte. Plat env 9 €.* Pour casser une graine en route, sympathique bar-resto fréquenté par les gens du coin et les pêcheurs. On s'installe en terrasse ou en salle en écoutant les ragots locaux. Pas de carte, le choix est inscrit sur un post-it que sort le patron de sa poche : poulpe, palourdes, *chipirones, carne asado,* merlu et paella maison. Le tout préparé à la demande par sa femme. C'est bon et pas cher. Mais pourquoi *Rotterdam* alors ? Car le fiston y a travaillé un temps. Ça aurait pu être Dunkerque ou Knokke-le-Zoute !

## À voir. À faire

**Xardín-museo do Alemán :** *tt au bout du port, à l'orée de la jetée. Accès libre.* Manfred Gñadlnger, alias Man, vécut 40 ans en ermite au milieu des rochers amoncelés à l'orée du port. Il y aménagea une cabane, aujourd'hui en ruine et, à la manière d'un Facteur Cheval, assembla des centaines de rochers, petits et grands, en sculptures improbables émergeant du chaos granitique. En 2002, quand la marée noire du naufrage du pétrolier *Prestige* détruisit une partie de son œuvre, il sombra dans la mélancolie et se laissa mourir. Depuis, le temps a fait son œuvre : beaucoup de sculptures ont été descellées par les tempêtes hivernales et, peu à peu, le site s'en retourne à la nature, mais la partie encore existante mérite le coup d'œil. On pourra voir également quelques belles pièces exposées au **Museo Man de Camelle,** face au port *(de mi-juin à mi-sept : tlj sauf lun, 11h-14h, 17h-20h ; le reste de l'année, fermé lun-ven, ouv slt le w-e ; entrée : 1 € ; infos sur • mandecamelle.com •).*

**La Ruta do Litoral (RC-2) :** *sur 22,8 km, en allant vers Camariñas. Début de l'itinéraire 300 m au-dessus de Camelle (direction Arou).* Ce n'est certes pas la plus rapide, mais sans doute la plus jolie façon de rejoindre Camariñas ! Sinuant de vallée en vallée, épousant par endroits le bord de mer et les déclivités avant de se perdre dans les champs, cette petite route aux multiples bifurcations, qui laisse par endroits place à la piste, offre un joli voyage dans le temps et dans la

### METS TON GILET !

*Lors du naufrage du HMS Serpent au large de la Punta Boi, en novembre 1890, la quasi-totalité des marins à bord périssent. Certes, le temps est à la tempête, mais la côte est toute proche... Pourquoi autant de morts ? L'amirauté n'avait fait embarquer que 25 gilets de sauvetage pour l'ensemble de l'équipage ! Les trois survivants en ayant chacun mis un, la Royal Navy rend alors leur port obligatoire pour tous ses hommes.*

Galice profonde. À 1,5 km à l'ouest de Camelle, le hameau d'***Arou*** se pose sur une jolie plage protégée par une armada de rochers de granit. Plus avant, les vents violents qui balaient la côte ont poussé le sable vers les montagnes de granit érodé, donnant naissance à la « dune remontante » de l'***Enseada do Trece,*** aussi connue sous le nom de « mont Blanc ». Plus qu'une dune, c'est un flanc de montagne couvert de sable, jusqu'à 204 m au-dessus des flots. En contrebas, une succession de merveilleuses petites anses se découpe ***(praia do Trece).*** À l'ouest, le cap Trece (ou de Tosto) marque le lieu le plus dangereux de la Côte de la Mort. En face, le ***cemiterio dos Ingleses*** a été aménagé pour accueillir les dépouilles des marins du *HMS Serpent,* qui sombra ici même en 1890, suite à une erreur de navigation. Vers la fin du parcours, un détour mène au phare du ***Cabo Vilán,*** installé dans le sillage de la catastrophe du *Serpent* (voir Camariñas « À voir. À faire »). Avis aux ***randonneurs*** : la *Ruta do Litoral* peut aussi être empruntée à pied ; compter environ 8h de marche.

## *CAMARIÑAS* (15123)

Lové dans une échancrure de la Côte de la Mort, au nord d'une *ría* fermée par le phare du *Cabo Vilán,* Camariñas (6 200 habitants) abrite un port de pêche dynamique – vivant et accueillant à défaut d'être beau. C'est aussi la capitale régionale de la dentelle. Les *palilleiras,* épouses de marins, tuaient le temps (et leurs yeux) en brodant en attendant le retour de leur homme... Aujourd'hui encore, on enseigne cet art à l'école et de nombreuses boutiques proposent napperons, serviettes et autres ouvrages. Il y a même un *musée de la Dentelle* (lire « À voir. À faire »). Sur les plages alentour, la pêche à pied est de rigueur et les habitants raffolent de leurs coquillages ramassés, qu'ils préfèrent à ceux issus des élevages de la région.

LA GALICE

### Arriver – Quitter

#### En bus

🚌 ***Parada de autobuses :*** *sur le front de mer, face au Muelle.* Attention, les changements sont fréquents !

➢ ***Muxía et Cee :*** 1 bus/j. le mat, lun-ven, vers 7h avec *Monbus* (*☎ 902-29-29-00 ; • monbus.es •*). Durée : 30 mn et 1h. Le w-e, 1 bus le sam à 18h et 2 bus le dim à 16h25 et à 18h50 mais slt jusqu'à Muxía avec *Vázquez* (*☎ 981-14-84-70 ; • autocaresvazquez.net •*).

➢ ***La Corogne :*** 1 bus/j. avec *Vázquez* à 6h30 en sem et à 18h40 le dim, aucun le sam. Durée : 1h30.

### Adresse utile

ℹ ***Oficina de turismo :*** *kiosque en bois au début du paseo Marítimo, côté mer. ☎ 981-73-70-04. • turismocamarinas.net • finisterrae.org • Août-sept, tlj 11h-15h, 17h-20h. Le reste de l'année, en principe ouv jeu-dim 10h-14h, 16h-20h ; fermé lun-mer.* À défaut, quelques infos au musée de la Dentelle (lire « À voir. À faire »).

### Où dormir ?

#### De bon marché à prix moyens (35-50 €)

🏠 ***Hotel O Parranda :*** *Casadillo, 1. ☎ 981-70-54-68. 📱 677-43-33-03. • info@oparranda.com • oparranda.com • ♿ Selon saison, doubles 40-50 €, familiales également, petit déj inclus.* Posé juste au-dessus du port, cet hôtel familial, impeccablement tenu, présente un excellent rapport qualité-prix. Les chambres, aux coloris ensoleillés, sont simples, très propres, la plupart assez spacieuses. Le proprio, José Manuel, parle le français.

**Hostal Pensión Gaviota :** *rúa do Río, 15. ☎ 981-73-63-26. • hostalgaviota@hotmail.com • hostalgaviota.en.eresmas.com • Doubles 35-40 € selon saison. CB refusées.* Un peu en retrait du port, au calme, cette pension à la façade verte, sans prétention, est admirablement tenue par une aimable famille. Chambres fonctionnelles (carrelées), sans charme mais bien proprettes, avec sanitaires complets, et galerie ou terrasse pour certaines. Bon rapport qualité-prix.

**Hotel Puerto Arnela :** *praza del Carmen, 20. ☎ 981-73-72-40. • hotelpuertoarnela@gmail.com • hotelpuertoarnela.es • ♿ Congés : nov-janv. Doubles 50-60 €, petit déj inclus. Sur présentation de ce guide, réduc de 10 % sur les doubles en basse saison.* C'est une vénérable maison de pays en pierre, située en retrait du port et du front de mer. Le lieu est avenant et abrite 5 chambres plutôt confortables ; certaines ont même une petite terrasse privative. Resto réputé (voir plus loin « Où manger ?... »). Un regret : l'affreuse terrasse inachevée juste devant.

## Où manger ? Où boire un verre ? Où prendre le petit déjeuner ?

### De bon marché à prix moyens (8-24 €)

**Restaurante Villa de Oro :** *rúa Areal, 5. ☎ 981-73-63-54. • restaurantevilladeoro@hotmail.es • Du paseo Marítimo, prendre la rue qui pénètre dans le cœur du village juste après le kiosque de l'office de tourisme (panneau). Tlj. Menu midi en sem 10 €, plats 8-17 €. Digestif offert sur présentation de ce guide.* Ambiance locale un brin bruyante dans ce resto familial à la déco avenante. Dans l'assiette, de bons petits plats de poisson, *mariscos* et viandes, copieux et pas trop chers. On s'est régalés ! Avec son bar de pays, une adresse très fréquentée par les habitants. Accueil gentil.

**Bar Playa :** *avda Ambrosio Feijoo, 3. 📱 635-52-30-02. Raciones 5-11 €.* À la belle saison, l'odeur des sardines qui grillent sur le trottoir ne manquera pas de vous guider jusque-là. Situé pile face au port, ce bar de pays aux tarifs démocratiques propose aussi un bon choix de *raciones* fraîches. Petites tables individuelles ou grandes tablées en bois.

**Café-bar-museo O Curbeiro :** *rúa del Carmen, 14. 📱 667-74-04-05. • maikacampos@yahoo.es • Mars-mai : fermé lun-jeu. Congés : janv-fév. Menu midi et soir en sem 12 €. Carte 15-20 €. CB refusées. Apéritif maison offert sur présentation de ce guide.* Sur le port, on ne peut pas manquer sa terrasse aux tonneaux bleus. Bons sandwichs et *raciones,* à grignoter avec un petit verre, façon *croquetas* et *pimientos de piquillo* (poivrons farcis au poisson).

**Confitería Camariñas :** *rúa Tras Hortas, 1. ☎ 981-73-60-59. Tlj sauf mar 7h-13h30, 16h30-21h.* Plus proche du bar que du salon de thé, le lieu est néanmoins idéal pour prendre le petit déj ou faire une pause, en dévorant de succulentes tartes tout droit sorties du four (quelle odeur !). Pour les amateurs de salé, *empanadas gallegas* (thon, poivrons, aubergines et courgettes) et des pizzas en fin de semaine. Bon accueil.

N'oublions pas le resto du **Puerto Arnela** *(praza del Carmen, 20 ; voir plus haut dans « Où dormir ? »). Tlj (sauf lun en hiver). Congés : nov-janv. Menu midi en sem 15 €, carte env 25 €. Apéritif maison offert sur présentation de ce guide.* Le lieu est réputé pour ses poissons et fruits de mer bien frais, et surtout pour sa *parrillada* pour 2, qui nourrit facilement 3 ou 4 personnes.

## À voir. À faire

**Museo do Encaixe** *(musée de la Dentelle)* **:** *praza de Insuela, 57 ; à côté de la mairie (casa de Concello). ☎ 981-73-63-40. • mecam.net • Mar-dim 11h-14h, 16h-19h (17h-20h de mi-juin à août). Fermé lun-ven en sept et lun le reste de l'année. Entrée : 2 € ; réduc.* Ce mignon petit musée expose châles et mantilles, matériel de dentellière (fuseaux anciens), broderies de toutes sortes, ombrelles et éventails, et même une superbe robe de mariée brodée... noire, datant du XVIIIe s. Non, la broderie n'est pas un art qui se meurt ! Une trentaine de jeunes filles en apprennent encore les rudiments à l'école locale. D'ailleurs, vous pourrez voir leurs travaux d'aiguille sur place.

***Faro de Vilán :*** *à 4,5 km au nord.* Une superbe petite route y conduit, mais on peut aussi longer la côte à pied. C'est le premier phare électrique installé en Espagne, à la suite du naufrage, en 1890, du *HMS Serpent.* Haut de 24 m, il abrite un petit centre d'interprétation *(• farovilan.com • ; tlj 11h-21h de mi-juil à mi-sept ; le reste de l'année mer-dim 11h-14h, 15h30-20h, fermé lun et mar ; fermé vac de Noël ; GRATUIT)* sur l'histoire des naufrages et des phares de la Côte de la Mort. Certains jours de brume, on ne le voit même pas !

➢ ***Plusieurs sentiers de randonnée*** permettent de découvrir dolmens, moulins et ermitages le long de la côte, dans des paysages magnifiquement désolés. De Camariñas, une randonnée en boucle de 22 km (environ 6h) permet ainsi de gagner sans grande difficulté l'ermitage de la Virxe do Monte, le Cabo Vilán et son parc éolien, puis le cimetière des Anglais. On peut aussi poursuivre son chemin jusqu'à Camelle (19 km ; 5h). Demander la carte des itinéraires à l'office de tourisme.

LA GALICE

## Manifestation

– **Feira do Encaixe** *(festival de la Dentelle)* **:** *pdt la Semaine sainte.* On peut assister à des démonstrations de broderie et même à un défilé de mode entièrement consacré à la dentelle.

## *PRAIA DE LAGO (15126)*

Au sud de Ponte do Porto, sur l'adorable petite route côtière menant à Muxía, la large et longue *praia de Lago* est l'une des plus belles de la côte galicienne. Préservée et bordée par une pinède et des hortensias d'un bleu éclatant, elle n'est encore pas trop envahie, même au cœur de l'été (à part le week-end, bien sûr). En retrait, deux petits hôtels et restos invitent à s'oublier là un (bon) moment.

### Où dormir ? Où manger ?

#### Campings

***Camping Playa de Leis :*** *San Pedro de Leis de Nemancos, 80, 15125* ***Leis.*** *☎ 981-73-03-04. 📱 610-96-72-46. • playaleis@yahoo.es • campingplayaleis.es • À env 5 km au sud-ouest de Ponte do Porto et 8 km au nord-est de Muxía. Ouv tte l'année. Compter 18 € pour 2 pers avec tente et voiture ; bungalows 2-8 pers 40-80 € selon saison ; apparts 2-4 pers 50-55 €.* À 100 m (au-dessus) de la mignonne petite plage sauvage de Leis, ce camping de plus de 300 places s'éparpille en terrasses, sous une agréable pinède (attention à la résine !), avec jolie vue sur la *ría.* Les bungalows en bois, tous avec cuisine, 1 ou 2 chambres, salle de bains et miniterrasse, sont bien équipés. En bref, une impression d'intimité et de tranquillité s'impose malgré la taille des lieux. Sur place : resto, supérette, laverie, jeux pour enfants... Le patron parle le français.

⛺ ***Camping Lago-Mar :*** *à l'extrémité ouest de la praia de Lago, 15126* **Merexo.** ☎ *981-75-06-28.* 📱 *655-42-52-16.* ● *campinglagomar@yahoo.es* ● *campinglagomar.es* ● *Fermé oct-mai. Env 26 € pour 2 pers avec tente et voiture ; bungalows 4 pers 70-85 €.* Perché dans la pinède, juste au-dessus du ruban de sable, le *Lago-Mar* offre un autre bon choix aux adeptes du camping. On y est un peu plus entassé qu'au *Playa de Leis,* mais la plage est plus accessible et le site est aussi très agréable. Sanitaires bien tenus, piscine, laverie, supérette, bar mais pas de resto.

### De bon marché à prix moyens (30-70 €)

🏠 🍴 ***Arco Iris :*** *praia de Lago, 15126* **Merexo.** ☎ *981-75-06-45.* 📱 *658-04-51-62.* ● *arcoirisbar@hotmail.es* ● *Fermé oct-Semaine sainte. Hors saison, resto fermé en sem, ouv slt le w-e. Doubles avec sdb 30-36 €. Plats 6-12 €.* Idéalement posé face à la plage, ce bon petit bar-resto familial propose 4 chambres simples et bien tenues à l'étage, fardées aux couleurs de l'arc-en-ciel (*arco iris* en espagnol). Un exceptionnel rapport qualité-prix pour ce joli coin.

🏠 🍴 ***Hotel Playa de Lago :*** *praia de Lago, 15126* **Merexo.** ☎ *981-75-07-93.* 📱 *658-08-68-30.* ● *info@hotelplayadelago.com* ● *hotelplayadelago.com* ● ♿ *Fermé oct-mai. Doubles 65-80 €, des familiales également. Menu du jour 20 €, plats 9-18 €.* Devant la plage (mais du mauvais côté de la route), cette pension abrite des chambres fonctionnelles, confortables et propres. Rien d'extravagant pour le prix, mais certaines, à l'étage, disposent d'un balcon avec vue sur la mer. Au resto, en terrasse ou en salle avec vue panoramique, on déguste une cuisine traditionnelle fraîche, pleine de goût, avec en vedette le fameux *arroz con bogavante* *(env 45 € pour 2 pers).* Accueil sympathique et francophone.



## *MUXÍA (15124)*

Port moderne amarré sur la côte sud de la ría de Camariñas, Muxía (5 700 habitants) occupe une longue presqu'île veillée, en son extrémité, par une église léchée par les vagues de tempête. Escale des pèlerins en route vers le cap Finisterre, la bourgade gouverne un arrière-pays attachant où s'éparpillent petites routes tortueuses et vieux hameaux. En direction du sud, le littoral, accidenté, est jalonné de belles plages sauvages.

### Arriver – Quitter

#### En bus

🚌 ***Parada de autobuses :*** *sur le front de mer, devant le resto* D'Alvaro. Attention, les changements sont fréquents !

➢ ***Camariñas :*** 1 bus à 6h lun-ven, à 18h10 le dim avec *Vázquez (☎ 981-14-84-70 ; ● autocaresvazquez.net ●)* ainsi que 1 bus à 19h lun-ven, avec *Monbus (☎ 902-29-29-00 ; ● monbus.es ●).* Aucun le sam. Durée : 30 mn.

➢ ***Cee :*** en sem slt, 3 bus/j. 7h25-16h avec *Monbus.* Aucun le w-e. Durée : 30 mn.

➢ ***Santiago :*** 2 bus/j. à 6h45 lun-ven (7h30 sam-dim) et à 14h30 lun-sam (18h45 dim) avec *Grupo Ferrín (HEFESL ; ☎ 981-87-36-43 ; ● grupoferrin.com ●).* Durée : env 2h.

➢ ***La Corogne :*** avec *Vázquez,* 1 bus à 6h lun-ven, vers 18h le dim. Aucun le sam. Durée : 2h.

### Adresse utile

ℹ ***Oficina de turismo :*** *rúa Marina, s/n.* ☎ *981-74-25-63.* ● *caminandocaraomar.com* ● *finisterrae.org* ● *Dans un kiosque en bois* *sur le paseo Marítimo, à côté du café O Xardín. Juil-oct, lun-ven 9h30-15h, 16h-20h ; w-e et j. fériés 10h-14h, 16h-20h. Le reste de l'année, rúa Virxe da Barca, 47 et horaires restreints.* Plan de la ville, liste des plages du coin, itinéraires de randonnée pédestre (dont une belle boucle jusqu'au Monte Facho – 5h environ), routes de découverte de la région, calendrier des festivités...

## Où dormir ? Où manger ?

### Auberges

**Albergue del pelegrino de Muxía :** *rúa Enfesto, 22. 610-26-43-25. Sur la colline, à l'entrée de Muxía à gauche en arrivant par le Camino ; du front de mer, prendre à gauche au niveau du café O Xardín, puis 2e à gauche. Accueil 13h-22h. Lit en dortoir 6 €/pers, draps compris. Credencial obligatoire.* Dans un grand bâtiment tout en béton un peu à l'écart du centre, cette auberge nickel mais sans âme peut accueillir 32 personnes dans 2 dortoirs. Une dizaine de douches et une cuisine commune.

**Albergue Delfín :** *avda López Abente, 22. 622-34-53-58. • alberguedelfinmuxia@gmail.com • Face au port, sur le front de mer. Fermé déc-fév. Nuitée 10 €/pers.* Antithèse de l'auberge précédente, le *Delfín* ressemble plus à une AJ d'Asie du Sud-Est qu'à un caravansérail pour pèlerins, avec ses drapeaux de prière tibétains, son coin cuisine et son unique dortoir de 14 lits surtout fréquenté par de jeunes voyageurs.

**Albergue@Muxia :** *rúa Enfesto, 12. ☎ 981-74-21-18. • info@albergueamuxia.com • albergueamuxia.com • Dans le bas de la rue de l'auberge municipale. Nuitée 11 €/pers.* Une nouvelle auberge impeccable avec 2 grands dortoirs de 20 lits. Sanitaires flambant neufs, cuisine, salle commune avec lave-linge. Patron dévoué et enthousiaste.

**Bela Muxía :** *rúa da Encarnación, 30. ☎ 981-74-20-41. 687-79-82-22. • albergue@belamuxia.com • belamuxia.com • Au bout du front de mer, dans une ruelle en retrait (fléché). Fermé janv. Nuitée 15 €/pers en dortoir (12 € pour les pèlerins) ; doubles 45-50 € selon vue ; également 1 appart 4-5 pers.* Une auberge pimpante et ultramoderne qui propose aussi une formule hôtelière intéressante. Au rez-de-chaussée, 2 grands dortoirs de 16 et 20 lits, impeccables, avec gros matelas confortables, casier et lumière individuels, partagent pas moins de 8 douches (très bien tenues). Les chambres doubles, avec terrasse commune et vue sur mer à l'étage sont d'excellent confort (belle douche privée, sols en béton brut, TV, et chauffage en hiver). En prime, pour les familles, bel appart sur le toit avec vue géniale. Et pour tous : parties communes joliment décorées, énorme cuisine et laverie. Accueil pro et dynamique.

### De prix moyens à chic

**Hostal La Cruz :** *avda López Abente, 44. ☎ 981-74-20-84. • reservashostalacruz@rodriguezmoledo.com • hostallacruz.com • Face à la plage, à l'entrée de la ville. Doubles 40-60 €/pers selon saison, petit déj inclus.* Grand hôtel classique sans charme particulier mais présentant l'avantage d'être situé juste en face de la plage. Si c'est complet, le patron vous proposera des chambres neuves dans le centre mais sans vue, ni plage devant ! Bon accueil.

**A de Loló :** *rúa Virxe da Barca, 37. ☎ 981-74-22-22. • info@hoteladelolo.com • hoteladelolo.com • Au bout du front de mer, dans une ruelle en retrait (fléché). Tte l'année (resto fermé nov et janv-fév). Doubles 70-90 € selon saison, petit déj inclus. Menus pèlerin 9,50-15 €, sinon menu 25 € ou plats 12-22 €.* Dans une vénérable maison ancienne tout en pierre, restaurée de façon très contemporaine, 8 chambres de bon confort, peu spacieuses mais charmantes, un brin design. Agréable terrasse pour se poser sur le toit, avec une petite salle d'expo mitoyenne. Côté resto, une cuisine soignée et goûteuse concoctée par un chef imaginatif.

**Restaurante A Casa do Peixe :** *avda López Abente, 34. ☎ 981-74-22-15. • info@restauranteacasadopeixe.com • Tlj sauf lun hors saison. Menu pèlerin 12 €, raciones 4-11 €, plats 9-16 €.* Face à la plage, une référence pour se régaler d'un bon poisson, de pouces-pieds et de fruits de mer (à choisir dans le vivier). Comme ça tourne bien (les locaux y viennent en famille), la fraîcheur est garantie. Service efficace en terrasse ou dans une jolie salle à la déco contemporaine d'inspiration marine. Le patron parle le français. Une valeur sûre.

**Restaurante D'Alvaro :** *rúa La Marina, 22. ☎ 981-74-25-01. • info@restaurantedalvaro.com • ♿ Tlj sauf jeu. Congés : janv. Menu pèlerin (sauf juil-août) 15 €, plats 11-20 €.* La déco est soignée, mais on est d'abord séduit par la gentille terrasse aux chaises cannées, posées face au front de mer. Dans un second temps, on succombe au contenu vraiment goûteux des assiettes : poissons et *mariscos* en vedette, avec monsieur poulpe décliné à toutes les saveurs, sans oublier quelques viandes et salades. Encore une bonne adresse à prix justes.

## Où dormir ? Où manger dans les environs (en allant vers Fisterra) ?

### De prix moyens à chic

**Casa Castiñeira :** *au lieu-dit* ***Buiturón.*** *☎ 981-74-82-63. 📱 647-56-27-42. • info@casacastineira.es • casacastineira.es • ♿ Env 12 km au sud de Muxía. Prendre la route de Cee et, à la hauteur de Sinagoga, tourner vers Buiturón en direction du cabo Touriñan et de la praia Nemiña. Doubles 60-85 € selon saison, familiales également ; petit déj inclus. Table d'hôtes sur résa 25 €/pers. Apéritif maison offert sur présentation de ce guide.* Perdue dans un hameau en rase campagne, cette vieille ferme rénovée abrite 9 chambres aménagées avec goût et confort, dans un style rustique chic. La plupart donnent sur la campagne. Également une suite en duplex, plus chère, dans une annexe. Cheminée dans le salon, jardin avec puits, piscine et jeux pour enfants. Une adresse tranquille, tenue par des cultivateurs. Accueil dynamique et pro.

**Casa de Trillo :** *au lieu-dit* ***Santa Mariña.*** *☎ 981-72-77-78. 📱 677-40-73-11. • info@casadetrillo.com • casadetrillo.com • ♿ Env 8 km au sud de Muxía par la route de Cee (fléché sur la droite au bout de 4 km, puis toujours tt droit dans la campagne). Congés : 3 sem en janv. Doubles et apparts 60-95 € selon confort et saison, petit déj inclus.* Les Galiciens adorent ces vieilles demeures rurales de pierre transformées en hôtels de charme, pour des week-ends au vert entre cheminée et *hórreos*. Cette *Casa de Trillo* abrite 6 chambres charmantes et romantiques à souhait, toutes différentes. Également 2 appartements dans une aile moderne, bien équipés (cuisine) mais un peu froids. Minigolf. Accueil doux.

**Restaurante Casa Valentin :** *As travesas, Aldea Pereira, au lieu-dit* ***Pereiriña.*** *☎ 981-74-80-37. • restaurantevalentinastravesas@hotmail.com • ♿ Env 15 km au sud de Muxía, sur la route de Cee. Tlj sauf sam et dim soir. Menus 10-15 €, plats 7-15 €.* Au bord d'une route de campagne, ce resto mérite le détour pour ses viandes savoureuses préparées selon des recettes galiciennes typiques. Également de copieux plats de poisson et *mariscos* à déguster dans une vaste salle bruyante aux murs vert pomme flashy ou dans la véranda au fond. Et il y a foule ! Les locaux y viennent nombreux, en famille, ravis du rapport qualité-prix exceptionnel et du service super efficace.

## À voir. À faire

**Santuario de N. S. da Barca :** *rúa Virxe da Barca (panneaux), à 600 m du centre, au bout de la presqu'île de Muxía (10 mn à pied). Tlj. Entrée libre.* Plantée sur un cap de granit dominant l'océan, cette église massive du XVe s, à l'extérieur austère, semble faire le gros dos contre les tempêtes. À l'intérieur, on découvre un beau retable (XVIIIe s) dans lequel s'insèrent des bustes des 12 apôtres. Quelques ex-voto en forme de maquettes de bateaux trahissent l'importance du lieu pour les Galiciens. À l'extérieur, sur un promontoire, un monolithe en granit affligé d'une fracture ouverte (*a ferida,* la « blessure » en galicien) rappelle le naufrage du pétrolier *Prestige* devant ces côtes en novembre 2002. Joli panorama.

### PÊCHEURS ET PRÊCHEURS, MÊME COMBAT !

*Au bar Porto, dans le centre de Muxía, regarder les photos prises près du sanctuaire les jours de tempête. Les vagues géantes déferlent trois ou quatre fois l'an sur la porte de l'église, qui résiste depuis des siècles aux assauts de l'océan. Comme quoi, prêtre ou marin en Galice, on doit toujours affronter l'eau. Bénite ou non.*

Pour se baigner avec les enfants, la petite ***praia da Cruz,*** à l'entrée de Muxía, fait très bien l'affaire : elle forme une sorte de lagune peu profonde aux eaux parfaitement calmes. Certes, vous n'y serez pas seul... Au-delà, vous trouverez de splendides plages sauvages bordées de végétation : citons la proche ***praia de Lourido*** à l'ouest, la ***praia dos Muiños*** à l'est, en route vers la grande ***praia de Lago*** (voir plus haut), sans oublier la belle ***praia de Nemiña,*** à environ 15 km au sud. Adossée à quelques dunes, sans ombre, cette dernière est tapissée d'un sable fin très clair (douches, bon resto – *Saburil*). Et puis, la côte révèle encore une foule de petites criques de sable blanc désertes, à découvrir par vous-même.

***Cabo Touriñán :*** *à 17 km au sud-ouest de Muxía.* Selon certains, le cap, dénudé et coiffé d'un phare, serait le véritable point le plus occidental de l'Europe, plus à l'ouest que le cap Finisterre (en fait, c'est le Cabo da Roca portugais). Le panorama y est superbe, un classique pour le coucher du soleil !

➢ De là, un chemin côtier mène à la ***plage de Nemiña,*** en direction du sud (environ 8 km, soit 2h30). Au début, il passe près de l'îlot do Castello, accessible à marée basse si l'on n'a pas peur de se mouiller un peu (ruines celtes).

## Manifestation

– ***Romaría da Virxe da Barca :*** *le 1er dim après le 8 sept.* En signe de dévotion à la Vierge – et aux divinités païennes –, ne manquez pas le passage sous la *Pedra dos Cadrís,* ou tentez de faire bouger la *Pedra de Abalar* (aujourd'hui brisée), ces blocs de granit façonnés par les éléments.

# FISTERRA (FINISTERRE) (15155) 5 000 hab.

• Plan *p. 271*

**Lové près de l'entrée d'une large baie, à l'abri des déferlantes atlantiques, le port s'ancre en retrait du fameux cap Finisterre et de son phare, terminus**

LA GALICE

**revendiqué (à tort) de l'Europe à son extrémité ouest. Une partie des pèlerins de Compostelle poursuivait le voyage jusqu'ici : après le tombeau du saint, ils venaient voir l'océan immense, frontière du monde connu, et s'y baignaient après avoir brûlé leurs vêtements. Rite de purification, symbole d'une vie nouvelle qui commençait... ou simple besoin d'une bonne douche ?**
**Si l'on en croit les annales, les Romains découvrirent ici un autel au soleil *(Ara Solis)*. Coiffant les promontoires et les falaises, les Celtes rendaient hommage à l'astre du jour à l'endroit où il disparaît chaque soir. Les siècles ont passé, les mythes se sont envolés.**
**Restent quelques paysages grandioses et Fisterra, une grosse bourgade aux ruelles pentues, qui conserve un certain caractère à défaut d'avoir un charme fou.**

## Arriver – Quitter

### En bus

***Parada de autobuses*** *(plan B1)* ***:*** *rúa Federico Ávila, s/n. Dans la descente menant au rond-point du port, à proximité de l'office de tourisme.*
➢ ***Cee*** (durée : 20 mn), ***Carnota*** (50 mn), ***Muros*** (1h15), ***Noia*** (2h15) et ***Santiago*** (3h, ou env 1h30 par les directs de 8h20 et 15h)***:*** 5-6 bus/j. lun-ven 8h20-19h avec *Monbus (☎ 902-29-29-00 ; • monbus.es •)* ; 6 bus le sam et 4 le dim 9h45-19h. *Vázquez (☎ 981-14-84-70 ; • autocaresvazquez.net •)* assure aussi 2-3 rotations/j. en sem 7h50-13h55, 1 le sam à 8h40 et 2 le dim 9h55-18h10, mais avec changement à Baio (par l'intérieur des terres, donc).
➢ ***La Corogne*** (2h-2h10)***:*** 5 bus/j. en sem, 7h10-16h45, 3 le sam 8h40-16h10, 2 les dim et j. fériés 9h55-18h10, avec *Vázquez.*

## Adresses utiles

***Oficina de turismo*** *(plan B1)* ***:*** *rúa Real, 2. ☎ 981-74-07-81. • concellofisterra.com • finisterrae.org • Dans la ruelle parallèle au port, dans l'auberge des pèlerins. Tlj 13h30 (11h en été)-21h.* On y trouve de la doc et quelques infos si la personne de l'accueil n'est pas trop prise par les arrivées à l'auberge. À défaut, on peut s'adresser en face à l'agence *Brigantia Viajes – Mar de Galicia.*

***Brigantia Viajes*** *(ex-**Mar de Galicia** ; plan B1, **2**)* ***:*** *rúa Santa Catalina, 48. ☎ 981-74-00-74. • brigantiaviajes.grupoeuropa.com • Lun-ven 10h-14h, 17h-20h. Fermé w-e.* Une agence efficace et dynamique qui propose une foule d'activités, d'excursions et de visites guidées dans le coin. Des tas d'infos à glaner. Location de vélos *(15 €/j.),* vente du billet de bateau pour le cap Finistère, de billets de bus *open* pour Santiago... ou organise des sorties avec les pêcheurs au départ de Lira, au sud de Carnota (lire plus loin « À voir. À faire »).

## Où dormir ?

### Auberges

On dénombre une bonne dizaine d'auberges à Fisterra. On ne dormira pas dehors ! Notre sélection :

***Albergue de peregrinos de Fisterra*** *(plan B1, **10**)* ***:*** *rúa Real, 2. ☎ 981-74-07-81. • alberguefisterra@hotmail.com • ♿ Réception 13h30-21h. Lit en dortoir 6 €/pers, draps compris ; sur présentation de la credencial slt.* Dans une vieille maison située juste derrière le port, 24 lits répartis en 2 dortoirs nickel. Sanitaires communs et cuisine à dispo. On vous y remettra la *Fisterrana,* le certificat attestant que vous êtes arrivé « au bout du monde ».

LA GALICE

**Albergue de Paz** (plan B2, **11**) : *rúa Victor Cardalda, 11. ☎ 981-74-03-32. 672-43-67-87. • alberguedepaz@hotmail.com • Dans une ruelle, au-dessus du château (fléché). Compter 12 €/pers, draps inclus, donation libre pour le petit déj.* Notre auberge préférée à Fisterra ! Pèlerin ou non, on s'y installe comme à la maison, dans les 3 dortoirs de 2-4 lits de l'étage (très agréables et colorés) ou celui de 8 lits, refait, au rez-de-chaussée. On a apprécié le très bon accueil, parfois en français, la salle commune avec sa grande cuisine ouverte et l'ambiance amicale.

**Albergue Finistellae** (plan B2, **12**) : *rúa Manuel Lago País, 7. 637-82-12-96. • reservas@finistellae.com • finistellae.com • Fermé nov-Semaine sainte. Lit en dortoir 12 €/pers. Double 35 €.* Cette vieille maison, située au-dessus du port, abrite une vingtaine de lits superposés répartis en 2 dortoirs ; celui du 1er, enroulé autour de l'escalier, n'est pas le plus agréable... Le lieu, bien propre, avec cuisine commune, est accessible à tous, pèlerins ou non. À 100 m de là, les proprios ont aussi une pension, avec 6 petites chambres simples, sans charme, mais impeccables et bien équipées.

## Bon marché (30-45 €)

**Hostal Rivas** (plan A1, **13**) : *rúa Alcalde Fernández, 55. ☎ 981-74-00-27. • info@hostalrivas.com • hostalrivas.com • Dans la rue principale menant au phare, au-dessus du port. Fermé nov-Semaine sainte. Doubles 30-45 € selon saison.* Cette petite pension rénovée propose 9 chambres fonctionnelles impeccables. Petite vue sur l'océan pour celles tournées vers le port (nos préférées), sinon les autres donnent sur la rue, un peu bruyante. Bon rapport qualité-prix.

## De prix moyens à chic (55-85 €)

**Hotel Rústico Prado da Viña** (plan A1, **14**) : *camino Barcia, s/n. ☎ 981-74-03-26. 633-26-75-83. • hotelruralpradodavina@gmail.com • pradodavina.es • Au-dessus du village, belle grimpette à pied ! Fermé de mi-nov à mi-mars. Doubles 55-85 € selon saison (réduc pèlerins).* Gratifiée d'une architecture traditionnelle, cette maison moderne, bâtie dans un quartier résidentiel calme, dispose d'une quinzaine de jolies chambres confortables à la déco soignée ; 2 d'entre elles ont même un minisauna ! Et toutes ont une vue dégagée sur le port et le large. Petite piscine dans un agréable jardin.

## De chic à plus chic (60-110 €)

**Hotel Mar da Ardora** (plan A1, **15**) : *rúa Atalaia, 15. ☎ 981-74-05-90. 667-64-13-04. • hotelmardaardora@gmail.com • hotelmardaardora.com • Fermé Noël-janv. Doubles 85-110 € selon confort et saison, petit déj compris.* Perché sur les hauteurs du bourg, au-dessus de la praia Mar de Fóra, ce gros cube blanc prend des airs de Cyclades. Habillées de tonalités grises et blanches, sur des notes mi-design mi-chicos, les 6 chambres ne sont pas très grandes, mais très confortables. Elles bénéficient toutes de baies vitrées et d'une terrasse privative tournée vers le large et le soleil couchant.

**Hotel Alén do Mar** (hors plan par B1, **16**) : *Calcoba, 3. ☎ 981-74-07-45. • info@hotelalendomar.com • hotelalendomar.com • Env 2 km avt le centre-ville, à gauche au début de la route côtière. Congés : déc-début mars. Doubles 62-90 € selon confort et saison, excellent petit déj inclus.* La maison ancienne aux murs de pierre a été intégrée dans un bâtiment moderne de style design, un peu froid peut-être, livrant au regard de vastes espaces communs semés de grandes baies vitrées. Du même tonneau, les chambres, agréablement spacieuses et lumineuses, déroulent parquets en chêne et terrasse privée pour la plupart, ouvrant sur la verdure ou la mer. Très bon accueil. Le début de la *praia de Langosteira* n'est qu'à 100 m (plusieurs restos).

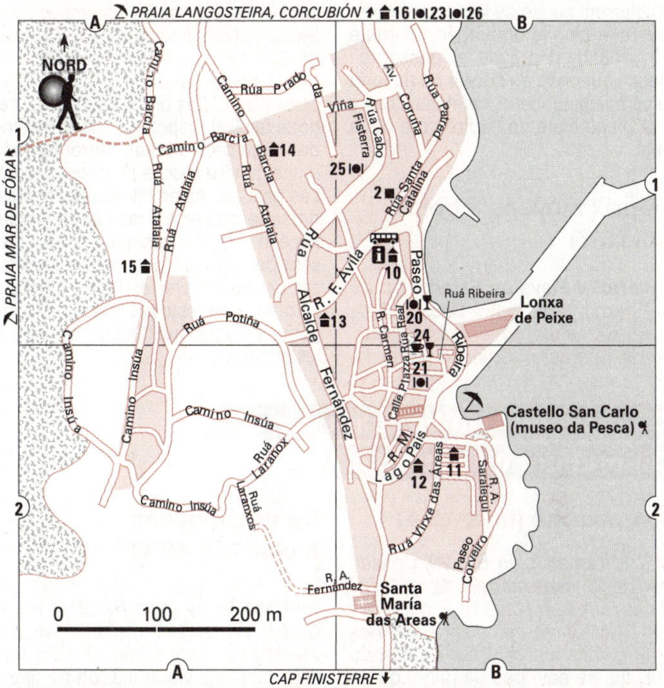


## FISTERRA

■ **Adresses utiles**

- ℹ Oficina de turismo (B1)
- **2** Brigantia Viajes (ex-Mar de Galicia) (B1)

**Où dormir ?**

- **10** Albergue de peregrinos de Fisterra (B1)
- **11** Albergue de Paz (B2)
- **12** Albergue Finistellae (B2)
- **13** Hostal Rivas (A1)
- **14** Hotel Rústico Prado da Viña (A1)
- **15** Hotel Mar da Ardora (A1)
- **16** Hotel Alén do Mar (hors B1)

**Où manger ? Où boire un verre ?**
**Où prendre un petit déj ?**

- **20** Miramar (B1)
- **21** Casa Velay (B2)
- **23** Tira do Cordel (hors B1)
- **24** Bar A Galeria (B2)
- **25** Don Percebe (B1)
- **26** Ó Fragón (hors B1)

## Où dormir ? Où manger entre Fisterra et Corcubión ?

### Camping

*Camping Ruta Finisterre :* *praia de Estorde, 216, 15137* **Cee.** ☎ *981-74-63-02 (ou 55-85 hors saison).* • *campingrutafinisterre@hotmail.es* • *rutafinisterre.com* • *À env 7 km de Fisterra et 3 km avt Corcubión, face à l'hôtel* Playa de Estorde. *Ouv Semaine sainte et de mi-juin à mi-sept. Fermé hors saison. Env 26 € pour 2 pers avec tente et voiture.* Les emplacements se répartissent au gré de larges terrasses, sous une pinède ombragée. La route est cependant proche et passante : mieux vaut donc en choisir un au fond du camping. Épicerie, cafétéria, laverie et la plage juste de l'autre côté de la route.

### De prix moyens à chic (40-75 €)

**Hotel Playa de Estorde :** *praia de Estorde, 217, 15137* ***Cee.*** *☎ 981-74-55-85. • playadeestorde@gmail.com • restauranteplayadeestorde.com • À env 7 km de Fisterra et 3 km avt Corcubión. Fermé nov-fév. Doubles 45-75 € selon saison et vue ; petit déj inclus en basse saison. Menu 18 €, plats 7-20 €.* Les pieds dans l'eau, cet hôtel familial dispose d'une quinzaine de chambres nickel, agrémentées d'une gentille touche de déco colorée. Les plus agréables (et les plus chères) ont une superbe vue sur la plage, l'océan ou le joli jardin, où se languissent des chaises longues. Ne les laissez pas vous en refiler une donnant sur la route ! Bon resto sur place, prolongé par une magnifique terrasse léchée par les embruns.

## Où manger ? Où boire un verre ? Où prendre un petit déj ?

### Bon marché (max 12 €)

***Miramar*** (plan B1, **20**) **:** *paseo Ribeira, 22, face au port. ☎ 981-74-01-07. Lun-sam 10h-15h et dès 18h ; dim 11h-15h et dès 19h. Raciones 4-12 €.* C'est un ch'ti bar de rien du tout, qui ne paie pas de mine, qu'on remarque à peine, dans son bâtiment gris souris, mais c'est ici que convergent les locaux à l'heure de l'apéro. Autrement plus populo que le *Centolo* (plus haut dans la rue), et bien moins cher pour un bon *pulpo.*

***Bar A Galeria*** (plan B1-2, **24**) **:** *rúa Real, 31. ☎ 981-71-22-45. Au-dessus du port, dans la ruelle de l'auberge des pèlerins. Tlj 9h30-15h, 19h (17h en hiver)-2h. Petit déj complet 4 €.* Un rade comme on les aime, atypique, accueillant, à la déco surprenante : des objets hétéroclites partout, des photos du Fisterra d'antan, une bibliothèque fournie (c'est aussi une *bibliotaberna* !), des vinyles suspendus au plafond parmi les coquilles Saint-Jacques et un homme-grenouille ! Le tout se termine par une baie vitrée ouverte sur le port en contrebas. Pour l'ambiance musicale, c'est plutôt zen le matin et rock le soir, et pour la bibine, c'est au choix, servi avec le sourire. Bien à toute heure, dès le petit déj !

### De prix moyens à chic (12-45 €)

***Casa Velay*** (plan B2, **21**) **:** *rúa la Cerca, 11. ☎ 981-74-01-27. • casavelay@gmail.com • Plats 7-18 €.* Installé dans une vieille maison de granit dominant la plagette du port, ce resto sert depuis 1958 une cuisine familiale galicienne copieuse, mitonnée à prix juste par d'aimables femmes. Agréable terrasse au pied des palmiers au-dessus du port et salle panoramique.

***Don Percebe*** (plan B1, **25**) **:** *rúa Alcalde Fernández, s/n. ☎ 981-74-05-12. Tlj, sauf lun hors saison. Congés : janv. Menu du jour en sem 10 €, plats 7-17 €, poissons et crustacés au poids 20-50 €/kg.* Incontestablement le meilleur rapport qualité-prix pour manger poissons et *mariscos,* tout le monde vous le dira ! Il suffit d'aller jeter un œil sur le vivier pour s'assurer de la fraîcheur, sur les prix au poids affichés pour se rassurer sur l'addition et enfin de s'installer pour commencer à dépiauter tout ça (les crustacés bien sûr, pas vos notes comparatives !). Pour le cadre, oublier la vue, on ne peut pas tout avoir à ce prix-là !

***Ó Fragón*** *(hors plan par B1,* **26**) **:** *au lieu-dit de San Martino de Arriba. ☎ 981-74-04-29. • ofragonrestaurante@gmail.com • À env 2 km à l'est du port, à gauche à la sortie de la ville,*

LA GALICE

*avt la station-service (fléché), puis grimper jusqu'au hameau. Tlj sauf mar (tlj en juil-août). Congés : 1 sem fév, 15 j. nov. Menu 35 €, plats 9-20 €. Apéritif maison offert sur présentation de ce guide.* Ce fameux resto gastronomique a quitté le port pour s'installer sur cette colline, dans un bâtiment à l'architecture très design, tout en baie vitrée, avec une vue géniale sur toute la baie de Fisterra. La carte change tous les jours pour une cuisine créative et savoureuse. Le rendez-vous des gourmets et gourmettes, heureux de retrouver leur chef chouchou et sa brigade !

**Tira do Cordel** *(hors plan par B1, **23**) : praia Langosteira, San Roque. ☎ 981-74-06-97. • info@tiradocordel.com • À env 1,5 km à l'est du port, direction Cee. Tlj sauf lun (tlj en juil-août). Congés : janv. Menu 45 €, plats 12-20 €, poissons et crustacés au poids 30-60 €/kg.* Les pieds dans l'eau de la belle *praia Langosteira,* dans un décor rustique marin, ce resto chic et cher reste apprécié pour ses poissons (grillés) et fruits de mer. Terrasse couverte un peu *cheap* mais avec vue sur la mer. Une bonne adresse mais tout de même assez onéreuse.

## À voir. À faire

***Castelo San Carlos – Museo da Pesca*** *(musée de la Pêche ; plan B2) : à l'extrémité sud du port. ☎ 981-74-05-05. Juil-août, tlj 11h-14h, 16h-20h ; reste de l'année, ouv slt w-e 11h30-13h30, 15h30-18h30, fermé lun-ven. Entrée : 2 €.* Dans un petit fort du XVIIIe s dessiné par le Français Charles Lemour, ce musée municipal vous expliquera tout sur l'art et la manière de taquiner le goujon (euh, pardon, la sardine...). Saviez-vous, par exemple, que les anciens filets en coton étaient plongés dans de la résine de pin diluée pour les rendre plus résistants ? Que les nasses « françaises » servaient à pêcher la langouste, à l'époque où les Espagnols dédaignaient le mollusque et nous l'expédiaient ?

À la sortie du village *(plan B2),* en direction du cap Finisterre, la ***igrexa Santa María das Areas*** *(ouv en été slt, en principe tlj 11h-13h30, 16h30-19h ; fermé hors saison)* présente une structure romane sobre, en granit et grès rose. Tous les ans, le dimanche de la *Semaine sainte,* s'y déroule une représentation de la Passion, avec soldats romains et Christ barbu qui ne sont autres que les habitants du village.

La meilleure option pour la baignade semble être la jolie ***praia Langosteira (San Roque),*** à l'entrée est de Fisterra, séparée de la route par un large cordon dunaire, à franchir sur une passerelle en bois ; pas trop construite, elle s'étend sur 2 km. Dissimulée aux regards, face à l'Atlantique, la ***praia Mar de Fóra*** (500 m) est plus appréciée des surfeurs. Plus au nord, par Bujan, la longue et large ***praia de O Rostro*** (2 km) est encore plus belle et plus sauvage avec ses gros rouleaux (notre préférée). Avis aux amateurs ! Sur la route de Cee, d'autres plages plutôt correctes, mais bordées par la route.

– ***Marché aux poissons :*** *Lonxa de Peixe (sur le port). Lun-ven 16h-20h. Entrée : 1 € (s'il y a quelqu'un pour encaisser, sinon GRATUIT !).* Ouverte au public, la vente de la pêche du jour à la criée se fait dans le grand bâtiment sous verrière sur le port. Quelques beaux instants de vie à partager avec les pêcheurs.

– ***Sortie avec les pêcheurs :*** *s'adresser à **Brigantia Viaje,** rúa Santa Catalina, 48 (plan B1, **2**). ☎ 981-74-00-74. Lun-ven 10h-14h, 17h-20h. Fermé w-e. Sur résa slt, compter 50 €/pers (min 3 pers).* Vous avez toujours rêvé de braver les déferlantes pour ramener votre lot de sardines ? Voici l'occasion rêvée de vous y coller. De juin à octobre, l'agence organise des sorties pêche d'environ 4h, tous les jours au départ du port de Lira, au sud de Carnota.

– ***Balade en mer :*** *avec **Cruceros Fisterra.** 607-19-80-95. • crucerosfisterra.com • Semaine sainte-fin oct. 4 départs/j. 11h-17h30, puis vers 20h ou 21h pour le coucher du soleil. Compter 12-15 €/pers selon la sortie ; ½ tarif enfant ; gratuit – de*

LA GALICE

*6 ans.* Propose jusqu'à quatre sorties par jour au cap Finisterre (durée : 1h30), ainsi qu'une sortie certains soirs pour une balade un peu plus longue avec un détour jusqu'à la plage de l'Estorde avant de rejoindre le phare au coucher du soleil.

## Randonnées

➢ ***Camino de Santiago :*** *89,4 km depuis Santiago, généralement divisés en 3-4 étapes, avec nuits à Negreira (21 km), Olveiroa (33 km), Corcubión (21 km) et Fisterra (14 km). Certains le font en 3 j. sans s'arrêter à Corcubión. D'autres en 6 j. avec bifurcation par Dumbría après Olveiroa pour aller à Muxía (30 km) et rejoindre ensuite Fisterra par la côte (29 km).* Faut-il y voir une transmutation du culte celte du soleil ? Toujours est-il que, dès le XIIe s – et peut-être même avant –, les pèlerins de Compostelle poursuivent leur route jusqu'à l'extrémité de l'Europe, vers ces lieux mystérieux où se serait échouée la barque transportant le corps de l'apôtre. Beaucoup, aujourd'hui, suivent encore leurs pas – même si, avouons-le, les plus belles sections du pèlerinage se situent davantage à l'est. Restent le mythe et la quête spirituelle. Si, vous aussi, vous rêvez de renouer avec les rites anciens, sachez que c'est à la plage de Langosteira (voir plus haut) que l'on se baigne, et non au cap, bardé de falaises !

➢ ***Camino dos Faros :*** environ 200 km de superbes sentiers côtiers balisés, de Fisterra à Malpica de Bergantiños. Se fait généralement en huit étapes de 18 à 32 km. Infos très complètes sur ● *caminodosfaros.com* ● ou dans chacun des offices de tourisme de l'itinéraire côtier.



# LA CÔTE OCCIDENTALE



● Carte Rías Baixas *p. 277*

**Les cinq *rías baixas* (rias basses) qui entaillent la côte occidentale de la Galice présentent des paysages moins sauvages, plus doux que ceux des *rías altas* (rias hautes) de la côte nord. Mais qu'est-ce qu'une *ría,* vous demandez-vous peut-être ? Rien d'autre qu'un phénomène géologique : des vallées fluviales envahies par la mer, il y a 30 millions d'années, suite à un affaissement des terres.**

**Principal pôle balnéaire de Galice, les *Rías Baixas* réservent la surprise de côtes miraculeusement préservées, intercalées entre des portions de littoral croulant sous le béton et l'affluence estivale... Devant cet état de fait, nous avons décidé de faire des choix : certains secteurs littoraux, défigurés, sont sciemment ignorés. Simplement parce que nous ne vous conseillons pas d'y perdre votre temps. Cela dit, cette partie de la Galice offre d'autres centres d'intérêt. D'abord, des vieilles villes de caractère, comme Cambados, Pontevedra et Baiona. Ensuite, les plaisirs de la table : mollusques et crustacés sont élevés un peu partout dans les *rías* et les vignobles de l'appellation *Rías Baixas* ont su aussi marquer leur territoire. D'ailleurs, de grandes fêtes gastronomiques se tiennent régulièrement sur cette côte, honorant chacune à son tour un coquillage, un poisson, un crustacé ou un fameux produit du terroir local.**

# DU CAP FINISTERRE À NOIA

**Finie la Côte de la Mort : vous entrez dans une Galice un peu moins austère et sauvage, où les villages et les ports se multiplient dans les anfractuosités des *rías.* Le territoire est un peu plus peuplé et davantage construit. Passé la première des *Rías Baixas,* sans grand intérêt avec son port industriel de Corcubión (très construit) et Cee (moche), vous retrouverez un peu de sérénité vers Ézaro.**

## *ÉZARO* (15151)

À 10 km au sud de Cee, adossée à des montagnes de granit rose parsemées d'éoliennes, cette bourgade littorale dissimule un microport qui se la coule douce au bord de la rivière Xallas. Côté mer, la mignonne petite plage donne envie de piquer une tête !

LA GALICE

### Où dormir ? Où manger ?

**Casa de Santa Uxia et restaurante Landua :** *lugar de Santa Uxia. 671-63-03-65. • info@casadesantauxia.es • casadesantauxia.es • À 3 km du bourg d'Ézaro. Au niveau de la cascade, monter à gauche jusqu'au mirador ; c'est 1,5 km plus loin (fléché). Resto tlj sauf mer en été ; le reste de l'année, fermé lun-mer, ouv jeu-dim slt. Fermé de mi-déc à fin janv. Double 75 €, familiales également, petit déj inclus. Au resto, menu unique 30 €.* Paumé dans une campagne sauvage aux airs montagneux, le hameau, quasi à l'abandon, dégage un certain charme avec sa chapelle et son crucifix. On est conquis par cette vieille maison complètement rénovée dans le style du pays et décorée avec goût. Chambres magnifiques et confortables, avec parquet, pierres apparentes et... sérénité garantie. Petit jardin-terrasse les pieds dans l'eau du lac de retenue (baignade interdite mais prêt de kayak). Côté resto, une cuisine savoureuse à base de produits bio de saison, concoctée avec talent par Alberto, un jeune chef consciencieux. Accueil doux de Maria, sa femme.

### À voir. À faire

➢ ***La cascade Xallas :*** d'environ 40 m de hauteur, elle alimente la rivère Xallas qui va se déverser dans la mer. On y accède par un petit chemin qui contourne la centrale électrique *(visite gratuite du centre d'interprétation de l'électricité le w-e 11h-14h, 16h-20h),* puis par des passerelles en bois qui conduisent au pied des chutes. Au petit port, location possible de kayaks *(12 €/h)* pour une approche de la cascade par la rivière. Ne pas manquer également de monter au ***mirador de Xallas,*** qui offre une vue panoramique superbe sur la côte de Fisterra en face, la cascade vue d'en haut et le lac de retenue plus loin sur les hauteurs.

## *O PINDO* (15296)

Ce bourg tranquille a grandi derrière le paravent d'une courte péninsule rocheuse avec d'un côté le port et, de l'autre, une magnifique petite plage aux eaux turquoise veillée par la *igrexa de San Clemente.* De là, un sentier se hisse vers le sommet du mont O Pindo, appelé aussi l'*Olympe celte* (600 m, environ 2h de marche), impressionnant pour le panorama qu'il offre, mais aussi pour ses roches sculptées avec fantaisie par la nature. On peut également faire une agréable balade côtière entre O Pindo et Quilmas, parmi les rochers de granit rose rappelant ceux de la Côte d'Armor bretonne. Ne pas hésiter à pousser jusqu'à Caldebarcos pour sa belle plage sauvage et une pause déjeuner des plus agréable.

### Où manger dans le coin ?

|●| ***Restaurante Fontevella :*** *à* ***Caldebarcos.*** *☎ 981-76-03-04. À env 5 km au sud de O Pindo, fléché à droite avt le bourg. Tlj juil-août, ouv slt le midi et sam soir le reste de l'année. Congés : nov. Plats 10-20 €, crustacés au poids (à prix très raisonnables).* Dominant la superbe baie de Caldebarcos et sa grande plage, un resto de poisson et fruits de mer qui attire les nombreux locaux et touristes de passage pour un bon repas iodé en terrasse, sous la véranda ou dans une salle climatisée. Délicieux *pulpo a la plancha, zamburiñas* et *arroz con lumbrigante* à prix correct *(48 € pour 2 !).* La bonne occase pour se faire une langouste !



## *CARNOTA* (15293)

L'un des villages les plus accueillants du secteur, Carnota est réputé pour son *hórreo* situé en contrebas de l'église, l'un des plus longs de Galice (près de 35 m !). Il a été bâti au XVIIIe s, à une époque où les villages n'hésitaient pas à rivaliser ainsi pour montrer leur richesse. Un autre *hórreo* remarquable, coincé entre un pigeonnier et un cimetière, se trouve près de l'église de ***Lira,*** à 4 km au sud, en direction de Muros.

### Où dormir ? Où manger à Carnota et dans la direction de Muros ?

Nos adresses sont présentées ici du nord vers le sud.

⌂ |●| ***Hostal Miramar :*** *praza de Galicia, 5, à Carnota. ☎ 981-85-70-16. • info@hostalmiramar.es • hostalmiramar.es • Sur la place du village. Doubles 40-45 € selon saison ; familiales également. Menu du jour en sem 10 € ; plats 7-15 €.* Cet hôtel familial rénové dispose d'une dizaine de belles chambres confortables, avec petit balcon et vue sur l'océan au loin pour la plupart. Très bien tenues, elles présentent un excellent rapport qualité-prix. Côté resto, une cuisine familiale galicienne, bonne, copieuse et à prix doux. Très bon accueil.

⛺ ***Camping Ancoradoiro :*** *Ancoradoiro, 6, 15250* ***Lariño,*** *Muros. ☎ 981-87-88-97. • wolfgangh@hotmail.es • rc-ancoradoiro.com • À mi-chemin entre Carnota et Louro, un peu après Lira. Fermé, selon météo, oct-Semaine sainte. Env 20 € pour 2 pers avec tente et voiture. Pas de wifi.* Idéalement placé dans une zone tranquille, à l'extrémité sud de la très belle plage de Lariño, ce petit camping bien tenu et correctement ombragé constitue une bonne escale. Emplacements bien séparés par une végétation fournie. Cafétéria, épicerie (choix réduit), jeux pour enfants, laverie... mais accueil peu chaleureux, dommage.

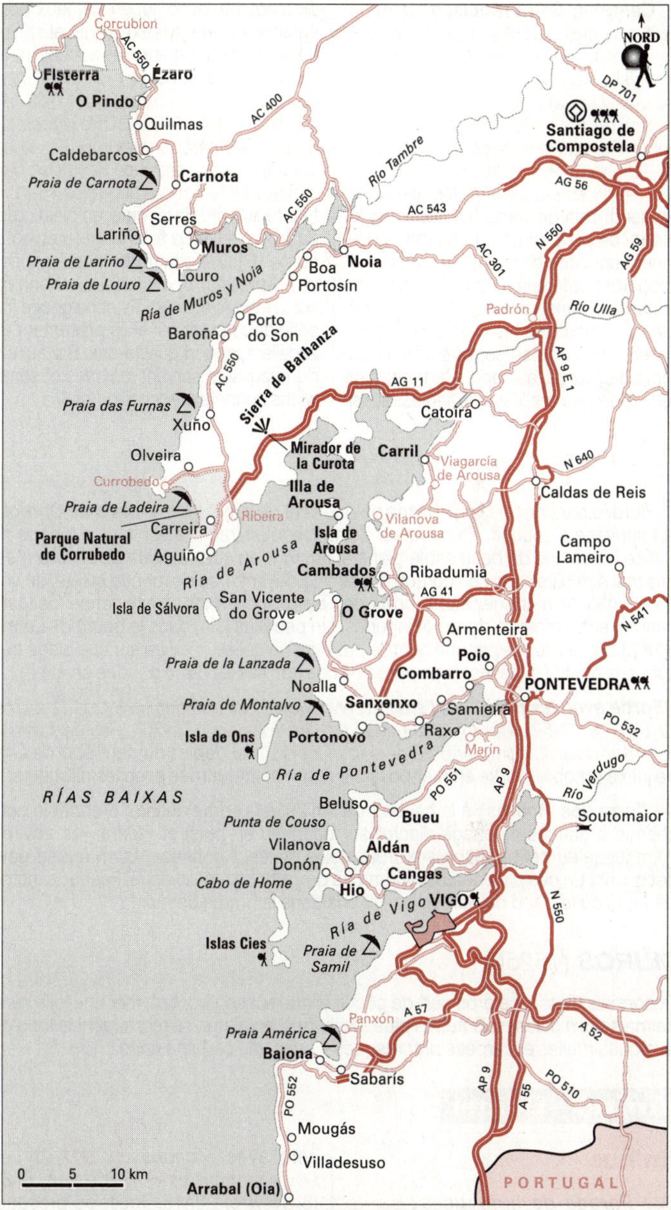
NORD
Corcubión
AC 550
Fisterra
Ézaro
O Pindo
Quilmas
Caldebarcos
Praia de Carnota
Carnota
AC 400
Río Tambre
Santiago de Compostela
DP 701
AG 56
AC 543
AC 550
Serres
Lariño
Muros
Noia
Praia de Lariño
Louro
Praia de Louro
Boa
Portosín
Ría de Muros y Noia
AC 301
N 550
AG 59
Padrón
Río Ulla
Porto do Son
Baroña
AC 550
Sierra de Barbanza
AP 9 E 1
AG 11
Praia das Furnas
Xuño
Catoira
Mirador de la Curota
Carril
Olveira
Viagarcía de Arousa
N 640
Currobedo
Illa de Arousa
Caldas de Reis
Praia de Ladeira
Ribeira
Carreira
Vilanova de Arousa
Parque Natural de Corrubedo
Isla de Arousa
Campo Lameiro
Aguiño
Ría de Arousa
Cambados
Ribadumia
AG 41
Isla de Sálvora
San Vicente do Grove
O Grove
N 541
Armenteira
Praia de la Lanzada
Poio
Combarro
PONTEVEDRA
Noalla
Sanxenxo
Samieira
Praia de Montalvo
PO 532
Raxo
Isla de Ons
Portonovo
Marín
Ría de Pontevedra
PO 551
AP 9
Río Verdugo
RÍAS BAIXAS
Beluso
Bueu
Soutomaior
Punta de Couso
Vilanova
Aldán
Donón
Cangas
Cabo de Home
Hio
N 550
VIGO
Ría de Vigo
Islas Cies
Praia de Samil
A 57
Panxón
A 52
Praia América
Baiona
Sabarís
PO 552
AP 9
A 55
PO 510
Mougás
Villadesuso
0
5
10 km
Arrabal (Oia)
PORTUGAL

## RÍAS BAIXAS

**Camping San Francisco :** *camino do Convento, 21, 15291* ***Louro.*** *☎ 981-82-61-48. ● contacto@campingsanfrancisco.com ● campinglouro.com ● Env 4 km avt Muros, au niveau du centre de Louro, sur la hauteur (panneau). Fermé de mi-sept à mi-juin. Env 25-28 € pour 2 pers avec tente et voiture selon emplacement.* Installé dans un gentil coin de verdure à 300 m de la plage, ce petit camping occupe carrément l'enceinte d'un ancien monastère (disparu) ! Cafétéria et réception se sont installées dans un vieux bâtiment en pierre, tandis que les tentes se répartissent sans trop se serrer sur un beau tapis de gazon, au fond. Parfaitement tenu mais peu ombragé, le lieu est aussi bien équipé, avec superette, jeux pour enfants, laverie, (vieux) tennis et tables de ping-pong. Équipe très accueillante.

**Hostal Sahorta :** *rúa San Francisco, 16, 15291* ***Louro.*** *☎ 981-82-69-69. 652-82-15-20. ● info@hostalsahorta.es ● hostalsahorta.es ● Env 4 km avt Muros, au centre de la station balnéaire. Fermé oct-mai. Doubles 35-42 €.* Planté au bord de la route, en plein cœur du bourg et face à la plage, cet hôtel abrite 16 jolies chambres bien équipées et proprettes, dont certaines donnant sur la mer. Avec frigo, TV et baignoire (ou belle douche vitrée), elles présentent un excellent rapport qualité-prix. Bar au rez-de-chaussée, servant *raciones* et sandwichs honnêtes. Accueil cordial.

## À faire

Bordée par une très large bande de dunes et de végétation, la ***praia de Carnota*** est sauvage à souhait. Étendue sur 7 km (jusqu'à Lira), elle est la plus longue de Galice ! Rien que du beau sable blanc et fin. Plus au sud, la ***praia de Lariño*** n'est pas mal non plus avec son cordon dunaire verdoyant. Peu de monde en été, un vrai luxe ! Enfin, ne manquez pas la ***praia de Louro,*** sertie dans un site naturel de toute beauté, entre grosses dunes et lagunes. Un peu plus loin, dans le bourg de Louro, le front de mer, longé par une gentille promenade dallée, s'ouvre sur une plage très sûre aux multiples anses, fort appréciée des familles (et donc bondée en été !).

– ***Sortie avec les pêcheurs :*** *s'adresser à* ***Mar de Lira,*** *Aldea Miñarzo, 31 à* ***Lira.*** *☎ 981-76-12-52. ● margalaica.net ● Lun-ven 10h-14h, 17h-20h. Pas de sortie le w-e. Sur résa slt, compter 50 €/pers (min 3 pers).* Au départ du petit port de Lira, de juin à octobre, sortie en mer possible d'une demi-journée avec les pêcheurs.

➢ ***Torre dos Mouros :*** à la hauteur du km 29, à la sortie de Lira, prendre le petit chemin à gauche (fléchage discret sur panneau en bois) et monter sur environ 2 km jusqu'au petit parking aux trois stèles celtes. Continuer 100 m à pied pour découvrir l'un des plus beaux panoramas de cette côte galicienne. Féerique même les jours où le *Cabo de Remedios* est pris dans la brume de mer !

LA GALICE

## *MUROS* *(15250)*

Désormais classé, ce gros port de pêche aligne sur son front de mer une jolie série de maisons à galeries. D'autres plus anciennes, en pierre, se regroupent le long de quelques ruelles escarpées pittoresques – enfin une certaine unité !

### Arriver – Quitter

#### En bus

***Parada de autobuses :*** *sur le front de mer. Les bus s'arrêtent face à l'hôtel* La Muradana.

➢ ***Santiago*** (durée : 1h10-2h) via ***Noia*** (45 mn-1h) **:** env 10 bus/j. en sem avec *Monbus (☎ 902-29-29-00 ; ● monbus.es ●),* 6-8 le w-e, 6h35 (8h15 w-e)-20h15. Tous, ou presque, s'arrêtent à Noia.

➢ ***Carnota*** (20 mn), ***Cee*** (50 mn) et ***Fisterra*** (1h-1h15) **:** 3-5 bus/j. avec *Monbus,* 7h (10h hors saison)-20h45.

## Adresse utile

🅸 ***Oficina de turismo :*** *kiosque en bois sur le port (ouv en alternance avec celui de Louro).* ☎ *981-82-60-50.* • *muros.gal* • *Juil-août, fermé dim mat, ouv 10h-14h, 16h30-19h30 ; hors saison à la mairie* (concello), *Curro da Praza, 1, ouv lun-ven 8h-15h, fermé w-e.*

## Où dormir ? Où manger ?

### Prix moyens

***Hostal Ría de Muros :*** *avda Castelao, 53 (2e étage).* ☎ *981-82-60-56.* • *prriamuros@hotmail.com* • *Face au port. Doubles 40-60 € selon confort et saison ; pas de petit déj.* Dans cette charmante maison ancienne à arcades du front de mer, une petite dizaine de chambres aménagées avec soin et sobriété : murs blancs, meubles anciens... Celles du 2e étage sont mansardées (mais hautes de plafond). La plus spacieuse (et la plus chère), qui épouse toute la façade de l'immeuble, déploie une belle vue sur le port. Accueil gentil.

***Casa Sam Pedro :*** *Curro da Praza (pl. de la mairie).* 📱 *698-15-32-08.* • *casasampedromuros@gmail.com* • *Juin-oct, tlj midi et soir ; fermé le soir le reste de l'année. Plats 6-18 €.* Pour grignoter quelques bonnes tapas à l'heure de l'apéro ou les grands classiques en matière de *mariscos* du cru, belle et grande terrasse ou salle à la déco contemporaine aux premiers frimas. Ambiance jeune et sympa. Quelques jolies chambres également mais un peu chères *(70-90 € la double).* À l'autre bout de l'esplanade, le ***Bar El Muelle*** cache sa petite terrasse en renfoncement et son bar derrière des murs de grosse pierre du pays. Un bon choix aussi pour le *pulpo da ría,* quelques *raciones* pas chères *(5-12 €),* ou pour une copieuse *tortilla de patatas.*

LA GALICE

## À voir

***Igrexa parroquial San Pedro :*** cette ancienne collégiale datant de 1400 révèle une très large nef en style ogival marin. Une chapelle abrite un minimusée d'objets liturgiques.

***Molino de Marea del Pozo del Cachón*** (centre d'interprétation des Moulins à marée) **:** *à* ***Serres,*** *env 2 km au nord du centre de Muros, à droite juste après le pont. Mar-sam 10h-14h, 16h-19h. Fermé dim-lun. GRATUIT.* Comme sur le rivage de Bretagne, les moulins à eau de mer de Galice utilisaient la force des marées pour moudre le blé et le maïs. Considéré comme le plus grand d'Espagne (22,50 m), celui-ci, bâti dans les années 1820, comptait six entrées d'eau, avec chacune son propre moulin. Le meunier et sa famille habitaient à l'étage. Abandonné dans les années 1950, c'est désormais un musée-centre culturel qui propose des expos temporaires sur le thème de la mer.

# NOIA (15200) 14 880 hab.

**Nichée tout au fond d'une grande *ría* (la seconde des *Rías Baixas*), dans un amphithéâtre de collines vertes et boisées, Noia conserve un beau centre ancien et une splendide cathédrale à taille humaine. Tout autour courent quelques ruelles piétonnes et commerçantes, propices à une balade citadine**

**dans une ambiance tranquille. Elles débouchent sur le río de Vilacoba, franchi par plusieurs passerelles. Sinon, pas grand-chose à faire ici, pour une courte étape, donc.**

## Arriver – Quitter

### En bus

**Estación de autobuses :** *rúa da Pedra Sertania, s/n (angle Peirao do Marqués). À deux pas du centre, près de la ría.*

➢ **Muros :** env 6-10 bus/j. 11h-21h, avec *Monbus (☎ 902-29-29-00 ; • monbus.es •)*. Durée : 40 mn-1h.

➢ **Fisterra** (durée : 2h) via **Cee** (1h30) et **Carnota** (1h) **:** 3-4 bus/j. avec *Monbus* 11h-20h en sem, 3-4 bus/j. 11h-19h15 le w-e. Dessert ts les villages côtiers en chemin. Pour Fisterra, changement à Cee.

➢ **Santiago :** bus ttes les 1-2h avec *Monbus* en sem, 6h45-21h, 9 le sam (dès 8h), 7 le dim (dès 9h). Durée : 1h. Correspondance 2/j. pour La Corogne.

➢ **Portosín** (30 mn), **Porto do Son** (1h) et **Ribeira** (2h) **:** env 13 bus/j. en sem avec *Grupo Ferrín,* 6h50-21h. Le w-e, 7 bus/j. 8h-20h.

## Adresse et infos utiles

**Casa da cultura « Antón Avilés de Taramancos » :** *corredoira de Luis Cadarso, 6. ☎ 981-82-41-69. • noia.es • Dans la ruelle entre l'Alameda et l'igrexa Santa María A Nova. Juil-sept, tlj 9h30-13h30, 18h-20h ; hors saison, ouv lun-ven 9h-13h30, 17h-20h (en principe) ; fermé w-e.* Plan de la ville, renseignements sur les sites et monuments de Noia...

– **Marchés :** *fermé lun. Ouv 8h-13h, praza de Abastos (marché alimentaire), sur le malecón de Cadorso. Jeu mat et dim mat, mercado de San Lazaro, sur le même malecón, de l'autre côté de la ría.*



## Où dormir ? Où manger ? Où boire un verre ?

### De bon marché à prix moyens

**Hotel Elisardo :** *rúa Costa do Ferrador, 15. ☎ 981-82-01-30. • hotelelisardo@hotmail.com • Congés : 24 déc-3 janv. Doubles 36-46 € selon saison. Menu du jour en sem 10 € ; plats 5-20 €. Réduc de 10 % sur les doubles sur présentation de ce guide.* En bordure du centre historique, une bonne dizaine de chambres spacieuses, confortables et nickel, d'un excellent rapport qualité-prix. Le resto sert une cuisine familiale simple et typique à base de bons produits frais exposés en vitrine réfrigérée.

**Hospedería Valadares :** *rúa Egás Móniz, 1. ☎ 981-82-04-36. • hospederiavaladares.es • Au bout de l'Alameda. Doubles 40-50 € selon saison, petit déj inclus. Menu 12 €, plats 8-14 €.* Inutile d'en faire des tonnes : ce petit hôtel posé à l'orée de l'Alameda s'avère central, bien insonorisé (double vitrage) et très bien tenu. Agréable petite salle de resto à l'étage. Et, pour ne rien gâcher, l'accueil est chaleureux.

**Casa Mar da Vila :** *rúa Porta da Vila, 6. ☎ 981-82-02-48. • casa@mardavila.com • mardavila.com • Face à l'Alameda, vers l'igrexa Santa María A Nova. Resto fermé mar soir. Doubles env 50-60 €. Plats 8-19 €.* Cet hôtel-resto-bar central occupe un bâtiment ancien aux pierres apparentes, redécoré sur des notes très contemporaines, qui font écho à l'esprit tendance du bar. À l'étage, les 6 chambres, petites (voire riquiqui), avec clim et TV, baignent dans une même atmosphère. On a apprécié le resto à l'étage, un brin chic (spécialités de la mer) et la très belle terrasse intérieure protégée de vieux murs. Bref, une halte qui a tout pour plaire... à moins d'être claustrophobe.

**Casa do Torno :** *Lugar do Torno, 1. ☎ 981-84-20-74. 661-14-82-55. • casatorno@wanadoo.es • casadotorno.es • À env 1 km au sud du centre de Noia, direction Boiro (prendre à gauche juste après avoir franchi le pont). Fermé de déc à mi-mars. Doubles 50-62 € selon saison.* Aménagée dans une ancienne école du XIXe s, cette maison d'hôtes dispose de 7 belles chambres agréables et tout confort, baignant dans une atmosphère de bon goût un peu rétro rehaussée de poutres, parquets, pierres apparentes, carrelages anciens. Une adresse de charme, d'un bon rapport qualité-prix. En prime, un jardin agréable et un accueil sympa du jeune couple.

**Restaurante Ferrador :** *rúa Costa do Ferrador, 11 ☎ 981-82-00-80. À côtó dc l'*Hotel Elisardo*, entre l'Alameda et la ría. Tlj (fermé le soir en sem oct-mai). Menu déj en sem 10 €, plats 8-16 €.* La bonne table de la ville, spécialisée dans les produits de la mer, exposés en vitrine réfrigérée. Jolie salle en vieille pierre avec mezzanine. Pas cher pour la qualité proposée. Service prévenant.

**Tasca Típica :** *rúa Cantón, 15. ☎ 881-86-39-54. • abelnoia@gmail.com • Dans la ruelle piétonne à gauche de la cathédrale. Fermé mar.* Raciones *7-15 €.* Dans cet étonnant palais du XIVe s décoré d'armures et d'armes anciennes, on grignote de correctes *raciones,* salades, *empanadas* aux fruits de mer et petits poissons frits... accompagnées d'un verre de vin de Galice. Plaisante terrasse sous les arcades. Très touristique !

## À voir. À faire

**Catedral San Martiño de Noia :** *praza do Tapal. Tlj 8h30-12h (13h30 dim), 16h30-20h30. GRATUIT.* En plein cœur de la vieille ville, cette cathédrale de style « gothique galicien », achevée au XVe s, arbore sur sa façade une superbe rosace aux anges musiciens. Juste en dessous, le portail principal, finement sculpté, présente un Christ en majesté entouré des 12 rois d'Israël et soutenu par les apôtres. Autant de sculptures influencées par le fameux porche de la Gloire de la cathédrale de Santiago. Jetez aussi un coup d'œil au portail latéral de la Vierge à l'Enfant, très attachante. Une visite à ne pas manquer.

***Igrexa Santa María A Nova – Museo das Laudas*** *(musée des Pierres tombales)* **:** *rúa E. Ferreiro. Lun-ven 10h30-13h30, 16h-20h (18h oct-mai) ; w-e 10h30-13h30. GRATUIT.* Dressée au cœur d'un cimetière, cette intéressante église gothique du XIVe s présente, sur son portail, une jolie *Vierge à l'Enfant* à la polychromie ancienne avec, à ses côtés, une belle *Adoration des Mages.* Aujourd'hui désacralisée, elle abrite une collection de pierres tombales gravées d'inscriptions, figures humaines et autres symboles de confréries (marins, nobles...). Ajoutons, dans l'ordre chronologique, de très beaux fonts baptismaux du XVe s, quelques gisants, la chapelle plateresque (Renaissance) de los Carneiros et un superbe retable baroque de 1760. Des concerts y sont organisés épisodiquement (été et Noël).

***Le parc de la Alameda :*** lieu de promenade vespérale par excellence, le parc déroule ses rangées de palmiers au-dessus d'un vieux kiosque et de vénérables bancs en fer forgé (1926 !). Quelques terrasses de cafés invitent à une escale, comme la *Cervecería Solpor* (*churros* le matin, bière à gogo le soir...). Dans l'angle sud-est, le ***convento San Francisco,*** édifié au XIVe s, cumule les rajouts postérieurs. L'église n'a guère d'intérêt, mais l'ancien cloître, réintégré dans l'hôtel de ville *(Casa do Concello),* est intact *(lun-ven 8h-13h30 ou 15h selon saison, fermé w-e).*

LA GALICE

# LA SIERRA DE BARBANZA

**Cette longue langue de terre montagneuse sépare la *ría de Muros y Noia* de la *ría de Arousa.* Une seule route en fait le tour, de Noia à Padrón. Si l'intérieur demeure sauvage et montagneux, la côte nord, entre Noia et Xuño, passant par les agréables petits ports de Portosín et de Porto do Son, offre quelques beaux paysages, assez peu construits, avec de jolies plages plutôt tranquilles. Une balade agréable, plus adaptée à ceux qui disposent d'un véhicule : ils pourront s'arrêter en chemin pour un bon déjeuner de fruits de mer, une pause baignade, voire passer une nuit dans un hébergement peu onéreux ou dans un camping les pieds dans l'eau. Les randonneurs trouveront pas moins de 16 sentiers balisés, côtiers ou sur les hauteurs de cette très belle sierra. Protégée du vent d'ouest, la côte sud, elle, est touristique et fortement urbanisée ; sans grand intérêt.**



## Arriver – Quitter

### En bus

La compagnie *HEFESL* du *Grupo Ferrín* (☎ *981-87-36-43 ;* • *grupoferrin.com* •) assure une liaison régulière entre Noia et Ribeira. De Noia, compter 15 mn pour Portosín, 30 mn pour Porto do Son et 1h30 pour Ribeira.

➢ ***Noia et Ribeira :*** 13 départs/j. en sem 6h50-21h, 7 le w-e 8h-20h.

## Adresse utile

**i** ***Oficina de turismo :*** *rúa do Espíritu Santo, 27, à* ***Porto do Son.*** *☎ 981-85-34-31.* • *portodoson.gal* • *À l'entrée du musée* Marea. *De juil à mi-sept, tlj 10h-14h, 17h30-20h. Hors saison : ouv ven-dim 10h-14h, 17h-20h ; fermé lun-jeu.* Dispose d'une riche documentation sur la sierra de Barbanza, d'un livret avec photos de tout ce qu'il y a voir et à faire, dont les 24 plages de cette côte nord, et d'un calendrier des festivités. Pour les randonneurs, carte des 16 sentiers balisés (de 5 à 18 km, à parcourir en 1h à 4h), accompagnée d'un dépliant très bien fait pour chacun d'eux. Infos pour faire du surf ou de la plongée également. Personnel jeune, dynamique et de bon conseil.

## Où dormir ? Où manger en chemin ?

Les adresses qui suivent sont présentées du nord au sud, entre Noia et Xuño, pour vous aider à les trouver plus facilement.

### *À Boa (15970) et Portosín (15999)*

⛺ ***Camping Punta Batuda :*** *ctra AC-550, Miñortos, à* ***Boa.*** *☎ 981-76-65-42.* • *camping@puntabatuda.com* • *puntabatuda.com* • *À la sortie sud de Boa, 2 km avt Portosín en venant de Noia. Env 25 € pour 2 pers avec tente et voiture ; bungalows 4-6 pers 75-90 €.* Organisé en terrasses surplombant la mer, ce camping de 1re catégorie bénéficie de bonnes installations et d'une belle vue, mais il prend, en plein été, un caractère industriel assez déplaisant. Sur place : piscine, laverie, supérette, resto-bar, tennis, terrain de foot, ping-pong, minigolf, animations et la plage tout à côté. Surtout bien avec des enfants ; pour plus de tranquillité, continuez votre route jusqu'aux prochains !

🏠 ***Casa do Fieiro :*** *O Fieiro, 12, Miñortos, à* ***Boa.*** *☎ 981-82-14-07.*

*630-49-45-73. • info@casadofieiro.com • casadofieiro.com • À la sortie sud de Boa, env 100 m à gauche après le camping* Punta Batuda *en venant de Noia, puis 1,3 km (fléché). Fermé janv. Doubles 45-60 € selon saison et vue. Repas sur résa 20 €. Sur présentation de ce guide, réduc de 10 % sur les doubles en basse saison.* Au calme, à 400 m au-dessus de la plage de Boa, entre vignes et terrasses herbeuses, cette vieille maison a été rénovée de fond en comble dans un style contemporain assez réussi. Les 6 chambres sont charmantes, confortables et accueillantes. Les plus chères ont une vue sur la mer. Accueil gentil. Une bonne affaire !

**Bodegón O' Pescador :** *au port de* **Portosín.** *981-76-68-21. Face au quai des bateaux de pêche. Fermé lun. Congés : oct. Menu 9 €, plats 4-14 €. Sur présentation de ce guide, apéritif maison, digestif ou café offert.* On aime bien ce resto spécialisé dans le poisson frit, où l'on peut aussi craquer pour un énorme sandwich au pain de campagne ou 1 001 *raciones* aux parfums d'embruns, simples et copieuses. La terrasse sur le port est très populaire en été (patience exigée) et, aux mauvais jours, la salle se fait chaleureuse avec ses grandes photos anciennes et ses objets marins.

## À Porto do Son *(15970)*

**Camping Cabeiro :** *praia de Cabeiro, 35, Noal. 981-76-73-55. • campingcabeiro@gmail.com • campingcabeiro.es • À env 7 km au sud de Portosín, 1 km avt Porto do Son, côté mer. Fermé de mi-sept à mi-juin. Env 21 € pour 2 pers avec tente et voiture ; bungalow 4 pers 90 €.* « *¡ Tu casa en la playa !* » Ce petit camping bien tenu a les pieds dans l'eau, sur la jolie plage de Cabeiro. Beaucoup de caravanes, mais les tentes peuvent se mettre sur les côtés du vaste espace herbeux semi-ombragé. Les bungalows au fond du camping sont bien au calme. Resto sur la plage.

**Hotel Villa del Son :** *rúa Trincherpe, 11. 981-85-34-37. • hotelvilladelson@yahoo.es • hotelvilladelson.es • Doubles 38-60 € selon taille et saison.* Dans une ruelle piétonne entre le port et la place centrale, un petit hôtel moderne aux 13 chambres refaites au goût du jour. Confortables, calmes, fonctionnelles, elles sont sans charme particulier mais à prix très corrects. Resto également. Personnel serviable.

**O Porto :** *au port de Porto do Son. 981-76-72-63. Face au quai des bateaux de pêche. Tlj. Menu du jour le midi en sem 9 €, plats 6-15 €.* Ce resto-*tapería* à la déco très contemporaine propose (comme partout !) un grand choix de poissons et fruits de mer. Les *empanadas* de *zamburiñas* sont délicieux. Sa popularité assure la fraîcheur des produits et le vivier est bien plein. Salle spacieuse et lumineuse tout en baies vitrées et quelques tables sur le trottoir.

## À Baroña *(15979)* et Xuño *(15995)*

**Camping Os Castros :** *ctra AC-550, Lugar de Inúa, à* **Baroña.** *660-71-13-44. • terividela@hotmail.com • À 3,7 km au sud de Porto do Son, direction Ribeira. Fermé sept-juin. Env 24 € pour 2 pers avec tente et voiture.* Pour changer des campings où l'on est un peu entassé, voici une belle escale toute simple sous les grands pins, à deux pas du *castro de Baroña* et de ses 2 plages (dont une nudiste). On en redemande ! Bar sur place et resto à côté.

**Camping Fraga Balada :** *praia das Furnas, ctra AC-550, km 27, à* **Xuño.** *981-76-98-48. • campingfragabalada.com • Ouv tte l'année. Env 18 € pour 2 pers avec tente et voiture ; doubles avec sdb 35-45 €.* Tranquillement installé sous une pinède clairsemée, jamais bondé (même en été), ce gentil camping n'est qu'à 600 m de la belle *praia das Furnas.* Les campeurs y trouveront de l'herbe pour planter la tente (au fond), une supérette et un resto. De là, on peut aussi rejoindre la *Lagoa de Xuño* par un sentier. À l'étage du resto, la patronne propose également 9 chambres colorées, simples et très correctes pour le prix. Une bonne affaire dans ce coin où l'hébergement est rare.

**Pensión-bar-restaurant As Furnas :** *face au parking de la praia* *das Furnas, à **Xuño.** ☎ 981-76-92-72. • admin@lasfurnas.com • lasfurnas.com • Fermé nov-fév (bar ouv slt). Doubles sans ou avec sdb 30-35 €. Menu 10 €, plats 7-15 €.* Sympathique petit bar-resto face à la superbe plage das Furnas. Cuisine familiale classique en fonction du retour de pêche. À l'étage, 11 chambrettes à l'ancienne, correctes et très simples, mais à ce prix et en ce lieu, on ne va pas se plaindre !

## À voir en allant vers le sud

**Marea :** *rúa do Espíritu Santo, 27, à **Porto do Son.** ☎ 981-85-34-31. • mareamuseo.com • De juil à mi-sept, tlj 10h-14h, 17h30-20h ; hors saison, fermé lun-mar, ouv mer-jeu sur résa slt, et ven-dim. Entrée : 2 € ; réduc. Abrite aussi l'office de tourisme.* Grandes photos d'hier et d'aujourd'hui, témoignages audio, documents vidéo et objets divers retracent l'histoire de la pêche locale, de la vie au contact de la mer, des naufrages, mais aussi des métiers traditionnels (cordonniers, charpentiers, etc.). Intéressant et bien fait.

**Le mirador de Monte Enza :** *à la sortie de **Porto do Son,** en allant vers le sud, prendre l'unique petite route qui monte dans la sierra (fléchée « Cascada de Ribasieira »). En prenant à chaque croisement vers la gauche, on grimpe jusqu'au mirador où est installé un centre d'observation maritime.* Difficile de qualifier la vue époustouflante de là-haut, tout simplement extra-or-di-nai-re ! La pointe de Louro en face, celle de Fisterra au loin derrière, la baie de Noia à l'est, la côte déchiquetée jusqu'au cabo de Corrubero à l'ouest et bien sûr l'épine dorsale de la sierra avec ses petits ventilateurs alignés sur son sommet, sûrement pour rafraîchir l'air, mais inefficaces ! En redescendant, au dernier croisement, la route à gauche conduit à la cascade de Ribasieira, 8 km plus loin (puis prendre le sentier forestier fléché, mais difficile de se garer pour attaquer la grimpette).



**Castro marítimo de Baroña :** *3,7 km au sud de Porto do Son, direction Ribeira. Parking sur la droite de la route principale (petit centre d'interprétation, ouv 11h-14h, 17h30-21h en été). Une jolie promenade (10 mn) sur un sentier qui descend doucement à travers une pinède mène au castro ; un sentier, à gauche, conduit à l'une des plus belles plages (en partie nudiste) de la région.* Voici l'un des plus beaux témoignages de la culture celtique en Galice. Les ruines de ce *castro* datant de l'âge du fer occupent une avancée rocheuse battue par les flots, assez évocatrice, donnant une touche romantique et mystérieuse au paysage. Restent les bases ovales des maisons, à demi soudées aux roches granitiques.

**Illa do Mar :** *peu avt d'arriver à Caamaño, à env 8 km au sud de Porto do Son, à la hauteur du hameau d'A Lagoela.* Planté face à la côte, un îlot invite à jouer les Robinsons. Accessible à pied sec à marée basse, il abritait jadis un *castro* celte (un cas unique sur les côtes galiciennes).

➢ À la sortie sud du petit village de Caamaño, une bifurcation, à droite, mène rapidement au début du ***Sendero da Ponte do río Sieira.*** À seulement 200 m de là, un adorable petit pont de pierre médiéval en ogive se languit sur un mini-*río.*

**Praia das Furnas :** *accès depuis **Xuño,** après Caamaño.* Voilà une longue (2,3 km) plage sauvage à souhait, battue par les vagues. Par beau temps, les eaux limpides prennent de superbes teintes turquoise. Un vrai bonheur pour la baignade, mais se méfier des courants.

***Lagoas de Xuño et San Pedro de Muro :*** *à 2,5 km au sud de Caamaño, au niveau d'A Agra, prendre à droite vers Alboneda.* Le *Sendeiro das lagoas litorais* (sentier littoral, donc !), long de 4,5 km, rejoint les lagunes, situées juste en retrait de la plage de Basoñas-Xuño. Une belle balade pour découvrir l'écosystème dunaire et les oiseaux migrateurs (deux observatoires). Autre accès possible depuis le camping *Fraga Balada*.

# PARQUE NATURAL DE CORRUBEDO

**La pointe sud-ouest de la sierra de Barbanza est classée *Parque natural do Complexo dunar de Corrubedo e lagoas de Carregal e Vixán.* Cette zone protégée abrite deux lagunes entourées de zones humides, des dunes sauvages – dont la plus grande (1,3 km) dune mobile de Galice – et des kilomètres de plages magnifiques et totalement préservées. Un lieu idéal pour observer la faune (large variété d'oiseaux) et la flore de la région, au gré de plusieurs sentiers de randonnée pédestre bien aménagés, et piquer une tête lorsque l'océan le permet. Ribeira, ville portuaire sans grand intérêt, est à 4 km de la porte d'accès sud-est du parc, l'autre entrée se fait par le village d'Olveira au nord.**

## Arriver – Quitter

Pas pratique sans véhicule.

### En bus

La gare routière de ***Ribeira*** est la plus proche du parc. De là, bus pour Corrubedo : descendre à Olveira pour entrer par la partie nord du parc (mais on est bien loin du centre des visiteurs). Sinon, prendre un taxi pour rejoindre l'entrée principale du parc (à 4 km de Ribeira).

➢ ***Corrubedo :*** 12 bus/j. lun-ven 7h40-21h30, soit ttes les 40 mn-2h15. 6-9 le w-e. Fréquences identiques au retour (dernier bus un peu avt 22h) avec *Grupo Ferrín* *(HEFESL ; ☎ 981-87-36-43 ; • grupoferrin.com •).*

➢ ***Noia :*** env 13 bus/j. en sem avec *Grupo Ferrín,* 6h50-21h. Le w-e, 7 bus/j. 8h-20h. Tous marquent un arrêt sur la route côtière à Xuño, Caamaño, Baroña, Porto do Son et Portosín. Durée : 2h.

➢ ***Padrón et Santiago :*** env ttes les heures avec *Arriva* *(☎ 981-31-12-13 ; • arriva.gal •),* 6h-22h en sem, moitié moins le w-e. Durée : respectivement 1h-1h15 et 1h30-2h.

## Adresse utile

***Centro de visitantes Casa da Costa :*** *O Vilar, 15967* ***Carreira.*** *☎ 981-87-85-32. À env 4 km à l'ouest de Ribeira. En venant du nord, prendre la direction d'Aguiño et de Carreira, puis à droite après 2,5 km (panneau). Lun-ven 10h30-13h30 ; w-e 10h30-13h30, 16h-18h.* Infos sur les sentiers de randonnée pédestre, la faune et la flore à découvrir, les endroits les mieux adaptés à la baignade. En contrebas, un ***centre d'interprétation*** s'intéresse au milieu naturel et à la pêche.

LA GALICE

## Où dormir ? Où manger dans les environs ?

***Camping Las Dunas :*** *Bretal, 29 à* ***Olveira-Ribeira*** *(15969). ☎ 981-86-80-09. • campinglasdunas@hotmail.com • campingladunas.net • À env 7 km au nord-ouest de Ribeira, sur la route de Corrubedo. Fermé hors* *saison. Ouv Semaine sainte et de mi-juin à mi-sept. Env 20,50 € pour 2 pers avec tente et voiture.* À 600 m de l'entrée nord du parc, grand terrain herbeux bordé par une pinède, derrière la maison des propriétaires. Vraiment tranquille, même en plein été. Bloc sanitaire nickel, barbecue à dispo mais aucun autre équipement. Les proprios, très disponibles, donnent plein d'infos.

Voir également les adresses à ***Xuño,*** à moins de 10 km, dans le chapitre précédent « La sierra de Barbanza ».

**Restaurante Faro de Salvora :** *rúa do Porto, 9, à* ***Aguiño*** *(15965). ☎ 981-84-15-81. À env 5 km au sud du parc, sur le port d'Aguiño. Menu du jour midi en sem 8,50 €, sandwich au poulpe 4 €, raciones et plats 7-16 €.* Grande terrasse sur le port et salle à l'étage pour une cuisine sans éclats mais qui dépanne bien. Sandwichs, *mariscos,* poissons et viandes. Simple et efficace.

## À voir. À faire

***Gran Duna Móbil :*** *accès depuis Olveira, sur la route de Corrubedo, à env 6 km de Ribeira, au nord du parc.* Depuis le parking, une longue passerelle en bois mène, en 10 mn environ, à ce gros serpent de sable ondulant sur 1,3 km de long, pour 300 m de large et 20 m de hauteur au maximum. Arrivé au pied, on ne peut pas (théoriquement) aller plus loin. Les habitués s'en fichent, qui franchissent la barrière et grimpent hardiment pour rejoindre, au-delà, l'estuaire du *río do Mar* et l'extrémité de la **praia da Ladeira,** étirée sur 4 km. Un endroit superbe, sauvage en diable, que l'on peut aussi atteindre par un second sentier depuis le parking (ce qui évite d'esquinter la dune en passant...).

***Praia do Vilar :*** *au sud du parc, juste en contrebas du centre d'info (voir « Adresse utile »).* Une jolie plage adossée à quelques gros rochers de granit, surveillée en été. Elle s'étend vers le sud en s'élargissant, mais sans aucune ombre.

➢ Des abords du centre d'info, le ***Camiño da Auga,*** en boucle, permet de rejoindre la *Lagoa de Vixán,* au sud, où se trouve un observatoire ornithologique. Plus court, le ***Camiño da Gandarela*** mène, au nord, jusqu'à la *Lagoa de Carregal.*

## À voir dans les environs

***Le mirador d'A Curota :*** *sur les hauteurs de* ***Palmeira,*** *à env 10 km au nord-est de Ribeira.* Il domine toute la ría d'Arousa. Panorama superbe ! Vue d'ici, l'île d'Arousa ressemble à une grosse tortue prenant un bain de soleil.

## CARRIL

(36610) 1 550 hab.

**Port de pêche tranquille, Carril s'amarre face à un gros îlot naturel planté de pins, la *isla Cortegada* – intégrée au parc national des Îles de l'Atlantique. Tout le monde ici, ou presque, vit de la mer, jusqu'aux restos avec terrasses qui bordent la placette principale. Petite plage agréable et calme sur la *ría* mais on ne peut s'y baigner qu'à marée haute ; à marée basse, on y ramasse coques et palourdes.**

## Arriver – Quitter

### En bus

➢ ***Padrón et Santiago :*** avec *Monbus* (☎ 902-29-29-00 ; ● monbus.es ●), 3-4 bus/j. en sem 6h45-18h55, 2 slt le w-e 10h-18h55. Durée : respectivement 30 mn et 1h.
➢ ***Cambados*** (35 mn) et ***O Grove*** (1h10) *:* 3-4 bus/j. en sem 11h55-21h25, avec *Monbus* (2 slt le w-e 12h25-21h25). Théoriquement (à se faire confirmer), le 1er et le dernier passent par ***Sanxenxo*** (bateau pour l'***île d'Ons***).
➢ ***Vilagarcía de Arousa :*** bus *Pereira* (☎ 986-50-10-27 ; ● pereirasl.com ● benitoabalo.com ●) ttes les 30 mn, 7h30 (8h sam, 8h30 dim)-22h30 (0h50 en été). De Vilagarcía, plus de bus pour ***Cambados*** et bus pour l'***île d'Arousa*** (avec *Monbus*).

## Où dormir ? Où manger ?

***A Esmorga – Posada del Mar :*** *rúa Lucena, 16. ☎ 986-51-01-41. 605-82-12-26. ● info@aesmorga.es ● aesmorga.es ● Sur la minuscule plage urbaine de Carril. Doubles 60-80 € selon saison, petit déj compris.* Ce petit hôtel de charme, aménagé dans une vieille maison en granit, a les pieds dans l'eau. Ses 7 chambres, confortables, affichent un design contemporain individualisé réussi. La plupart ont une vue sur la mer (mais aussi sur le port industriel de Vilagarcía !). Elles bénéficient toutes de clim, baignoire ou douche à jets hydromassants, sèche-cheveux, lits confortables et TV. Au rez-de-chaussée, un bistrot avec terrasse sert verres et tapas.

***Caramuxos Bar :*** *praza da Libertad, 1. ☎ 986-51-04-07. ● caramuxos@caramuxosbar.com ● Sur le port de Carril. Tlj. Fermé nov. Raciones et plats 6-12 €.* C'est avant tout un bar de pays, et c'est ici que les locaux viennent se taper des ventrées de *zamburiñas, chipirones* et autres *almejas.* Certes, la terrasse donne sur le rond-point du port, mais il n'y a pas trop de passage et les bons prix compensent...

## Où dormir dans les environs ?

***Casal dos Celenis :*** *A Revolta, 6, Godos (Santa María), 36615* ***Caldas de Reis.*** *☎ 986-53-52-40. 659-09-30-43. ● info@casaldoscelenis.com ● casaldoscelenis.com ● ♿ Dans les terres, pas facile à trouver. Aller à Vilagarcía de Arousa, contourner la ville par l'est puis, au rond-point avec la sculpture des 2 mains, prendre la direction de Caldas de Reis par « Alto de Pousadorio » (et non par la N-640 !). Continuer la PO-305 sur env 5 km et prendre à droite à la hauteur du km 2 (pas de fléchage !). Doubles 72-83 € selon saison.* Dans un hameau perdu entre vignes et forêt, la vieille demeure, rénovée avec un goût exquis, cache à l'étage 9 chambres magnifiques et confortables. Salon, jardin, piscine, fontaine et une *bodega* ouverte en fin de semaine. Accueil chaleureux et dynamique. Une bonne adresse pour se mettre au vert.

## Achats

***Conservas Los Peperetes :*** *rúa Valentín Viqueira, 28. ☎ 986-56-53-74. ● peperetes.com ● Sur le front de mer de Carril, après le port vers Catoira. Lun-ven 9h-13h, 16h-19h. Fermé w-e.* Pour emporter chez vous un petit goût de Galice, cette conserverie artisanale met en boîte poulpe, sardines, calamars, moules, morue, bonite, caviar d'oursin et même pouces-pieds... Pas

LA GALICE

donné, mais ce sont les meilleurs produits et les plus frais que l'on puisse trouver. Depuis la boutique, on peut jeter un œil sur l'atelier.

## Manifestation et fête dans le coin

– ***Romería Vikinga :*** *1er dim d'août, à* ***Catoira*** *(à 2 km au nord de Carril). Infos sur • ruta-vikinga.com •* Quelques copies de drakkars remontent la *ría* à grands coups de rames, les Normands débarquent, les chrétiens résistent, puis rendent finalement les armes. Il y a de beaux duels, plein d'hommes à la mer avant que tout ce petit monde – acteurs, habitants et touristes – fraternise dans un déluge de bière et de vin blanc au son des cornemuses.
– ***Festa da Ameixa :*** *2e sem d'août, à Carril.* On y célèbre les palourdes, cuisinées de toutes les manières possibles.

# L'ÎLE D'AROUSA (36626) 4 980 hab.



**Passé Vilagarcía et Vilanova de Arousa, stations balnéaires archi bondées en été, on est content de traverser le pont de 2 km qui relie la terre ferme à l'île d'Arousa. Bien qu'également très fréquentée, mais à moindre échelle, cette île a su conserver une certaine authenticité. Le bourg d'Illa de Arousa, strié de ruelles paisibles, s'amarre sur un isthme séparant le port nord, le plus grand, avec ses barques et bateaux de pêche colorés, du joli petit port sud. Au-delà, le reste de l'île est tout de pinèdes et de plages. La pointe sud, elle, est classée zone protégée. Ce *Parque natural do Carreirón* a pour ambition de préserver les estrans et leur faune ailée. On s'y balade au gré de jolis sentiers balisés (interdit d'en sortir !).**

## Arriver – Quitter

### En bus

🚌 ***Parada de autobuses :*** *avda da Ponte et praza do Campo (près de la mairie).*

➢ ***Vilagarcía de Arousa*** (20-40 mn) **:** 4 bus/j. en sem 7h-19h avec *Monbus (☎ 902-29-29-00 ; • monbus.es •),* 2 bus le sam 11h55-18h10, 1 le dim à 11h55 (mais ça change souvent !). De là, liaisons pour ***Padrón*** et ***Santiago*** (2-3 bus/j., 8h30-19h10), ainsi que pour ***Cambados*** (7-10 bus/j., 12h-21h30 ; certains continuent sur ***O Grove***).

➢ ***Pontevedra :*** 2 bus/j. lun-ven 7h-15h45 avec *Núñez Barros (☎ 986-54-22-03 ; • autocaresnb.com •),* aucun le sam, 1 le dim à 16h. Durée : 1h15.

### En train

La gare ferroviaire la plus proche est à ***Vilagarcía de Arousa*** (accès en bus d'Ilha de Arousa) :

➢ ***Santiago :*** env 20 départs/j. 6h-22h10 en sem (7h15-22h10 le w-e). Durée : 20-45 mn (la moitié s'arrête à ***Padrón***).

➢ ***Pontevedra :*** 17 départs/j. 6h50-22h40. Durée : 15-20 mn.

## Adresses utiles

ℹ ***Oficina de turismo :*** *rúa de Palmeira, 24. ☎ 986-52-70-80. 📱 687-80-71-09. • ailladearousa.es • Près du muelle de Pau, face à la mairie* (casa do Concello), *dans une ancienne conserverie. Fermé lun. Mar-sam 10h-14h,*

*16h30-19h30 ; dim et j. fériés 11h-14h (et aussi 16h30-19h30 en hte saison).* Plan de l'île et toutes les infos nécessaires à son exploration. Sur place : écomusée consacré aux conserveries *(GRATUIT, visite guidée 1,50 €).*

■ ***Location de vélos : Vai en Bike,*** *rúa de Palmeira, 22 (face à la mairie). 687-10-94-30. Comptor 18 €/j., dégressif.* Idéal pour faire le tour de l'île.

## Où dormir ?

Les possibilités de logement ne sont pas très nombreuses et, finalement, séjourner à Cambados et venir pour la journée peut s'avérer une bonne option.

### Campings

***Camping Salinas :*** *praia de Xestelas. ☎ 986-52-74-44. 628-46-58-53. • info@salinascamping.com • salinascamping.com • Au sud de l'île. Fermé oct-avr. Resto fermé mar en début et fin de saison. Env 24 € pour 2 pers avec tente et voiture ; mobile homes 4 pers 60-80 €/j. selon période.* En bordure de la zone protégée, ce petit camping tout simple, ombragé par des platanes, dispose d'un accès direct à la plage. On y trouve 2 zones de *libre acampado,* mais camping-cars et voitures ont aussi le droit de s'y installer. Beaucoup de monde en été... Resto, laverie. Accueil sympa.

***Camping El Eden :*** *praia de Conserrado. ☎ 986-52-73-78. • eledencampingplaya@yahoo.es • eledencampingplaya.com • Au sud de l'île. Ouv Semaine sainte, puis w-e de mai, puis juin-sept. Fermé hors saison. Env 20-25 € pour 2 pers avec tente et voiture ; bungalows 2-6 pers 36-110 € selon capacité et saison (min 3 nuits en hte saison).* Les installations sont nickel et donnent directement sur la plage, à proximité de la zone protégée, mais d'ici à y voir un paradis... ou alors un paradis passablement surpeuplé, où Adam et Ève auraient cédé la place à des mamies en maillot et des anges blonds vrombissant autour des 2 petites piscines. Oui, en été, l'intimité manque, y compris pour les bungalows tout équipés (avec douche et cuisine). Sur place : laverie, jeux pour enfants, resto-bar, supérette...

### Bon marché (30-45 €)

***Pensión Rey :*** *rúa Fondo do Cruceiro, 3, dans le bourg d'Illa de Arousa. 625-16-12-13. • juanrey83@hotmail.es • pension-rey.com • Ouv Semaine sainte et juin-sept, fermé hors saison. Doubles 30-45 € selon confort ; pas de petit déj.* Pour changer de la plage, cette petite pension simple et centrale dispose de 11 chambres, pas très grandes mais très correctes pour le prix, avec douche, TV, 1 ou 2 lits. Certaines, à l'arrière, donnent sur un vieux pigeonnier.

***Pensión Residencia Casa Blanca :*** *rúa As Aceñas, 2. ☎ 986-55-12-48 ou 15-06. • prcasablanca.com • Prendre tt droit en venant du pont, puis à gauche au 2e rond-point. Fermé nov-mai. Double 40 €, familiales également ; petit déj inclus. Parking.* Cette pension blanc et rouge, installée dans un secteur verdoyant malgré sa proximité avec un rond-point passant, abrite 17 chambres fonctionnelles et spacieuses, aux salles de bains récentes, avec vue sur les pins. Accueil pro et très aimable.

## Où manger ?

***Restaurante A Salga :*** *rúa O Naval, 7. ☎ 986-55-16-19. Au nord du bourg, sur le porto do Xufre. Menu du jour midi en sem 8,50 €, plats 7-20 €.* Installé dans un grand bâtiment donnant sur le port, c'est la bonne table de l'île. Spécialité de poisson et fruits de mer *a la brasa* avec, en vedette, le thon et l'espadon. Évitez la salle aseptisée et préférez la terrasse avec vue sur la grande bleue.

**Restaurante A Meca :** *paseo do Cantiño, 12. ☎ 986-55-15-51. À l'autre extrémité du porto do Xufre. Tlj 12h-minuit (plus tard le w-e). Résa conseillée pour la terrasse. Plats 5-20 €.* Mi-bar mi-resto, *A Meca* est réputé pour ses fruits de mer bien préparés à prix décents (mais qui feraient bien d'être affichés...), servis sur une petite terrasse très prisée donnant sur le port. En dessert, ne manquez pas le *flan de queso.* Bon *albariño* maison.

## À voir. À faire

L'île d'Arousa compte tout plein de plages. Dès la descente du pont, vous tomberez sur la ***praia do Bao,*** longue, au sable clair mais épais, semée de rochers de granit. Beaucoup de monde en été sur toute la côte orientale bien protégée, de la ***praia de Camaxe*** (1,1 km) à la belle ***praia Salinas*** – adossée à la pinède du ***parc naturel do Carreirón*** (1,3 km$^2$). Ce secteur est bordé par plusieurs campings, restos-bars de plage et autres *chiringuitos* (buvettes). Au plus fort de la saison, les proprios des terrains côtiers (inconstructibles) les transforment en parkings payants ! Dans la réserve même, les sentiers, ombragés par les pins, vous mèneront à quelques anses plus sereines et à des zones humides où pêchent canards et aigrettes.

## Fête

– ***Festa do Pulpo :*** *1er w-e de sept, sur le quai d'O Xufre.* L'occasion de déguster le poulpe à toutes les sauces (ou sans) et plein d'autres spécialités à petits prix. Sinon, des fêtes gastros de moindre importance (dédiées aux palourdes, couteaux, moules...) chaque week-end en été.

LA GALICE

# CAMBADOS (36630) 6 840 hab.

• Plan *p. 291*

**Point d'orgue d'une balade dans l'Ouest galicien, cette vieille cité de caractère s'ancre au bord de la ría de Arousa, au sud de l'île éponyme. On s'y promène le nez en l'air, séduit par l'harmonie du petit cœur historique, de ses ruelles et miniplacettes enchevêtrées, gravitant autour de la splendide et très plateresque praza de Fefiñáns. Sans oublier un vieux quartier de pêcheurs, Santo Tomé, à l'architecture toute simple, en même temps qu'un séduisant front de mer veillé par de vieux manoirs et palais. Autant de découvertes inespérées que la lumière déclinante des fins de journée rend encore plus séduisantes. Cambados est également connue pour être la capitale de l'*albariño,* ce fameux vin blanc régional : une dégustation s'impose (payante, en général).**

## UN PEU D'HISTOIRE

La ville, très ancienne (pour certains, la couronne qui domine ses armoiries serait celle du roi wisigoth Witiza), possédait déjà le titre de *Muy Real Villa* au XIIe s. Confirmée dans ses privilèges par les Rois Catholiques, elle s'embellit aux XVIIe-XVIIIe s, prenant à la charnière de la Renaissance et de l'époque baroque cette belle allure qu'on lui connaît aujourd'hui.

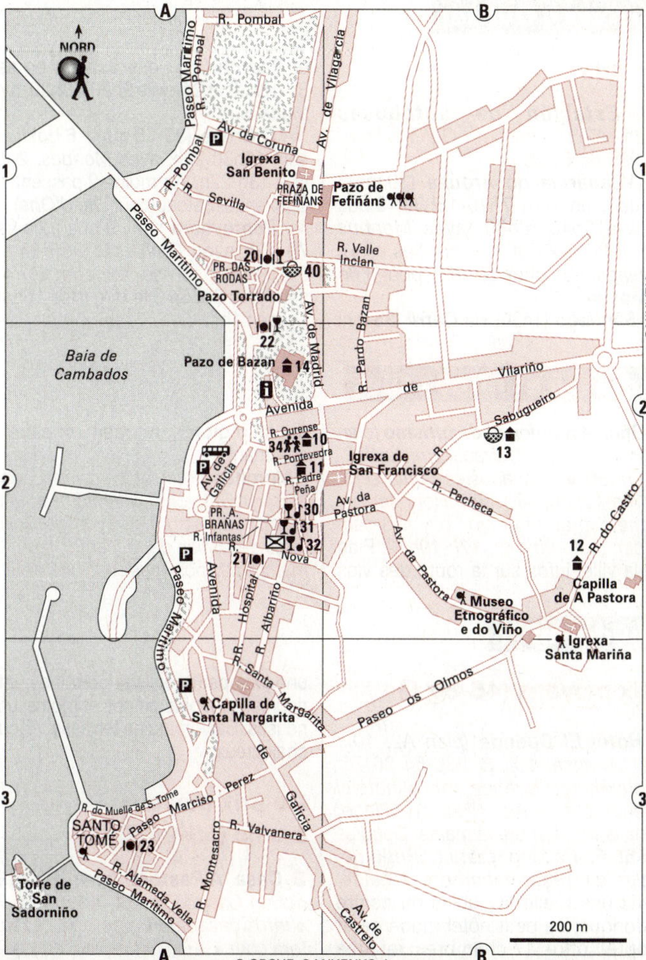


## CAMBADOS

**Adresse utile**

- Oficina municipal de turismo (A2)

**Où dormir ?**

- **10** Hotel El Duende (A2)
- **11** Hotel O Lagar (A2)
- **12** Casa A Pastora (B2)
- **13** Pazo A Capitana (B2)
- **14** Parador de Cambados (A2)

**Où manger ? Où boire un verre ?**

- **20** A Casa de Leña (A1)
- **21** Yayo Daporta (A2)
- **22** O Rincón do tío Paco et Restaurante María José (A1-2)
- **23** Casa Pintos (A3)

**Où sortir ?**

- **30** A Leria (A2)
- **31** Pub Brothers (A2)
- **32** Pilón (A2)
- **34** Arena (A2)

**Où acheter du vin ?**

- **13** Adega Pazo A Capitana (B2)
- **40** A Despensa do Ribeira (A1)

## Arriver – Quitter

### En bus

**Estación de autobuses** *(plan A2)* **:** *avda de Galicia, s/n.* ☎ *986-86-63-60.*

➢ ***Vilagarcía de Arousa*** (30 mn) **:** 6 bus/j. en sem 7h20-18h30, 3 bus le w-e 8h40-18h30, avec *Monbus* (☎ *902-29-29-00 ;* • *monbus.es* •). À *Vilagarcía,* changement pour l'***île d'Arousa.***

➢ ***Santiago*** (1h30) via ***Carril*** (35 mn) et ***Padrón*** (1h) **:** env 3 bus/j. en sem 8h-18h30 et 2 le w-e 9h30-18h30, avec *Monbus.*

➢ ***O Grove*** (30-40 mn) **:** 6 bus/j. en sem 12h30-22h, avec *Monbus,* 2-3 le w-e 13h-22h. Au moins 2 passent par Sanxenxo (bateau pour l'***île d'Ons***).

➢ ***Pontevedra* :** env 9 bus/j. en sem 7h-19h avec *Cuiña* (☎ *986-84-05-91 ;* • *autocarescuina.com* •), 4 le sam (dès 8h35), 3 le dim (dès 10h30). Durée : 1h.

## Adresse et infos utiles

***Oficina municipal de turismo*** *(plan A2)* **:** *paseo de la Calzada, s/n.* ☎ *986-52-07-86.* • *cambados.es* • *Juin-sept, tlj 10h-13h30, 17h-20h. Hors saison, fermé dim ap-m et lun : ouv mar-sam et dim mat 10h-14h, 17h-19h30.* Plan de la ville, infos sur la route des vins de la région... Accueil efficace et charmant.

– ***Marchés* :** *mer et sam mat, paseo Marítimo, marché alimentaire et vêtements. Lun-sam mat, avda de Galicia (près de l'office de tourisme ; plan A2), marché aux poissons sous une halle.*

LA GALICE

## Où dormir ?

### Prix moyens (45-60 €)

***Hotel El Duende*** *(plan A2,* ***10****)* **:** *rúa Ourense, 10.* ☎ *986-54-30-75.* • *info@hotelelduende.com* • *hotelelduende.com* • *Au milieu du village, dans la rue derrière la mairie. Doubles 45-55 €. Parking gratuit. Petit déj inclus sur présentation de ce guide.* Dans une ruelle tranquille du centre historique, ce petit hôtel moderne et propret offre 17 chambres refaites dans un style contemporain, plutôt spacieuses et bien équipées (douche à l'italienne, sèche-cheveux, TV). Un bon rapport qualité-prix ! Plaisant accueil.

***Hotel O Lagar*** *(plan A2,* ***11****)* **:** *rúa Pontevedra, 14.* ☎ *986-52-08-07.* • *info@hotelolagar.com* • *hotelolagar.com* • *Dans une ruelle derrière la mairie. Congés : vac de Noël. Double 55 €. Stationnement gratuit dans la rue.* Ce bâtiment moderne abrite une quinzaine de chambres simples, plutôt confortables et nickel. Nos préférées donnent sur la placette avec vue sur une jolie petite église ; certaines, intérieures, sont plus petites et moins lumineuses. Bar sympa en terrasse. Accueil chaleureux.

### De prix moyens à chic (55-90 €)

***Casa A Pastora*** *(plan B2,* ***12****)* **:** *rúa do Castro, 5b.* ☎ *986-54-32-73.* • *info@casapastora.com* • *casapastora.com* • *À 10 mn à pied du centre historique. Fermé janv. Doubles 60-80 € selon saison, petit déj inclus. Table d'hôtes sur résa (sauf dim) 15 €.* Aux marges du centre, cette *casa rural* moderne compte une dizaine de chambres confortables, impeccablement tenues et décorées avec soin – la *Malva* avec sa tête de lit florale très jolie, d'autres avec baldaquin, etc. Certaines ont vue sur les vignes, le jardin fleuri et plus loin la *ría.* Les parties communes, elles, sont décorées de bibelots un peu kitsch. Accueil familial chaleureux et enthousiaste de Nila et sa fille Sonia, qui prennent plaisir à faire découvrir les saveurs et la diversité de la cuisine galicienne.

**Pazo A Capitana** (*plan B2,* ***13****) : rúa Sabugueiro, 46. ☎ 986-52-45-13. 679-28-22-59. • pazoacapitana@pazoacapitana.com • pazoacapitana.com • ♿ Congés : déc-fév. Doubles 70-90 € selon saison, petit déj inclus. Parking gratuit.* Construite sur un vaste domaine viticole avec verger, lavoir, *hórreo* et *bodega,* cette demeure rustique du XVIIe s dispose d'une dizaine de belles chambres confortables et coquettes. Notre préférée ? La n° 3, aux pierres apparentes, avec parquet et joli mobilier blanc (toutes ne sont pas aussi bien). Un havre de paix et de raffinement. Dans le salon de l'étage, tirez le rideau du mur du fond pour découvrir... des toilettes en pierre franchement vintage, qui s'évacuaient directement au pied des murs de la maison ! Bon accueil.

## De chic à très chic (75-160 €)

**Parador de Cambados** (*plan A2,* ***14****) : paseo de la Calzada, s/n. ☎ 986-54-22-50. • cambados@parador.es • parador.es • Juste en retrait du front de mer, en bordure de la vieille ville et de la promenade arborée (parking gratuit). Fermé janv. Doubles 75-160 € selon saison ; petit déj 16 €.* Ce charmant palais du XVIIe s a été reconverti en hôtel de luxe, à la déco très classique, intégrant des meubles de style d'époque. On y trouve une bonne cinquantaine de chambres confortables, mais sans grand caractère, dont quelques-unes avec vue sur mer. Les autres donnent sur le jardin, le patio ou la piscine. Comme dans bien des *Paradores,* une petite rénovation serait la bienvenue.

# Où manger ? Où boire un verre ?

## De bon marché à prix moyens (8-24 €)

**A Casa de Leña** (*plan A1,* ***20****) : praza das Rodas, 1. ☎ 986-52-10-71. • lete66@gmail.com • Tlj sauf mar hors saison. Fermé 15 j. fin oct. Raciones et plats 5-16 €. Digestif offert sur présentation de ce guide.* Pas moins de 4 bars, *taperías* et *jamonerías* occupent cette adorable placette piétonne, leurs terrasses colonisant le pavé autour de la vieille fontaine ornée de coquilles Saint-Jacques. On aime bien la *Casa de Leña,* pour l'accueil vraiment sympa du patron et son grand choix de *raciones : croquetas de jamón, pimientos de Padrón, tortilla paisana,* assortiments de charcuterie et fromage en 2 tailles et, bien sûr, les incontournables fruits de mer locaux.

**Casa Pintos** (*plan A3,* ***23****) : rúa Montino de Arriba, 14. ☎ 986-54-24-35. Le seul resto dans le quartier des pêcheurs (façade discrète, salle à l'étage). Tlj midi et soir, tte l'année... « sinon on ne sait pas quoi faire ! ». CB refusées. Plats 8-12 €.* Une table pleine d'authenticité, au cœur du quartier des pêcheurs, tenue par une mamie adorable, à l'accueil touchant de sincérité. Huîtres, pétoncles, langoustines y sont vendus à prix défiant toute concurrence, et dans des proportions autrement plus généreuses. Pour le cadre, oubliez la vue sur mer et les belles nappes blanches, ici c'est lambris aux murs et éclairage au néon. On ne paie que ce qu'il y a dans l'assiette !

**O Rincón do tío Paco** (*plan A1-2,* ***22****) : rúa San Gregorio, 2. ☎ 986-52-40-31. • mariaj.ulloa@yahoo.es • Tlj. Congés : nov-janv. Raciones et plats 9-18 €.* Du petit déj aux glaces (artisanales) en passant par la paella pour 2 (sur commande) et les *raciones de mariscos,* l'oncle Paco a tout ce qu'il faut ! Pas d'aventures gastronomiques ici, juste une bonne cuisine traditionnelle galicienne, à déguster sur la superbe terrasse tournée face au *Parador.* Attention, le poisson est vendu au kilo (et les prix font parfois défaut). Service au top.

## De chic à plus chic (plus de 24 €)

**Restaurante María José** (*plan A1-2,* ***22****) : rúa San Gregorio, 2 (1er étage). ☎ 986-54-22-81. Dans une*

LA GALICE

*ruelle, en diagonale du* Parador. *Tlj, sauf le soir lun-mer hors saison. Menus 13-29 €, plats 10-17 €.* Ancrée dans le terroir galicien et les produits de la mer, la cuisine, raffinée, se réinvente en partie sur des notes créatives, souvent sucrées-salées. Certains plats sont très réussis, d'autres moins. Ce qui est garanti, c'est le service impeccable, le cadre feutré entre toiles contemporaines et mobilier élégant, et la jolie vue sur mer.

**|●|** ***Yayo Daporta*** *(plan A2,* ***21****)* ***:*** *rúa Hospital, 7.* ☎ *986-52-60-62.* ● *restaurante@yayodaporta.com* ● *Tlj sauf dim soir et lun, 13h30-15h30, 21h30-23h30. Congés : 1 sem en mai et 2de quinzaine de nov. Résa impérative. Menus dégustation 45-75 €.* S'il ne fallait citer qu'une seule table en ville, ce serait forcément celle-ci, mais il faudra casser sa tirelire ! Le cadre est indéniablement chic, avec juste 6 tables nappées de blanc, bien espacées, contrastant avec le mobilier contemporain aux tonalités de noir. Mais l'essentiel n'est pas là. *Yayo Daporta* expérimente les harmonies de textures et de saveurs. N'est-ce pas là, au fond, le principe même d'un resto gastronomique ? Service précis.

## Où sortir ?

Rien de transcendant à Cambados. Il y a d'abord la très (trop !) touristique *zona de vinos,* dans le centre historique *(plan A1),* autour de la *praza de Fefiñáns* avec ses multiples terrasses. Puis la *zona de bares,* plus au sud, autour de la *praza Alfredo Brañas (plan A2).* Là, face à face, dans de vieux édifices aux pierres apparentes, on trouve l'***A Leria*** *(plan A2,* ***30****),* assez chaleureux, avec son petit bar qui luit dans la nuit et le ***Pub Brothers*** *(plan A2,* ***31****),* animé à toute heure. À deux pas, le ***Pilón*** *(plan A2,* ***32*** *; rúa Nova, 17)* prend des airs de sous-marin baignant dans des lumières violacées. Plutôt réservé aux afters, il prend rarement vie avant... 4h du mat ! Ceux qui ont le rythme dans la peau iront faire quelques pas de danse à l'***Arena*** *(plan A2,* ***34*** *; rúa Pontevedra, 7 ; ven-sam minuit-6h30),* tendance techno, shows et gogo (dancers).

## Où acheter du vin ?

***Adega Pazo A Capitana*** *(plan B2,* ***13****)* ***:*** *rúa Sabugueiro, 46.* ☎ *986-52-45-13.* *679-28-22-59.* ● *pazoacapitana.com* ● *Tlj 11h-13h, 16h-20h. Fermé déc-fév. Visite libre de la* finca, *guidée de la* bodega. *GRATUIT (dégustation incluse).* Occupant un très bel édifice du XVIIe s partagé entre caves et hôtel (voir « Où dormir ? »), la *finca* est réputée pour son *espadeiro,* une forme peu commune d'*albariño.* Il est produit sur un domaine de 24 000 m² entièrement ceint de murs, que l'on peut visiter librement. Parmi les pressoirs vieux de 4 siècles, l'un est encore en usage ! Achat possible après la visite, dès 5 € la bouteille. Très bon accueil.

***A Despensa do Ribeira*** *(plan A1,* ***40****)* ***:*** *rúa Principe, face à la praza Francisco Asorei. Tlj 10h-14h, 16h-21h en été. Hors saison, fermé lun.* Vins, liqueurs, conserves, fromages locaux, huiles d'olive... tous les produits régionaux se retrouvent sur les étagères de ce petit magasin, jusqu'aux *pimientos de Padrón* frais en saison. Un bon choix, mais les prix sont assez élevés.

# À voir. À faire

***Pazo de Fefiñáns*** *(plan A-B1)* ***:*** *praza de Fefiñáns.* ☎ *986-52-48-77.* *660-07-82-52.* ● *gilarmada@pazodefefinans.com* ● *bodegagilarmada.com* ● *Fermé dim. Visite guidée du palais juin-sept à 12h, 13h, puis 18h (17h30 en hiver). Le reste de l'année, vérifier les visites proposées sur leur site internet.*

LA GALICE

*Visite du vignoble (avec dégustation possible) en principe à 13h, sur résa slt. Durée : env 1h. Tarifs : 7 €/pers, 10 € avec dégustation.*
Planté sur la place la plus prestigieuse et harmonieuse du cœur de Cambados, ce palais du XVIIe s a été aménagé pour Gonzalo de Valladares y Sarmiento, vicomte de Fefiñáns et chevalier de l'ordre d'Alcántara, qui fut maire de La Paz, en Bolivie ! Remanié en même temps que l'esplanade au XVIIIe s, il témoigne des évolutions architecturales entre la Renaissance et l'époque baroque. On remarque en particulier de nombreux reliefs de gentilshommes (enchâssés dans leur fraise) et même quelques femmes, principaux personnages de l'illustre famille – qui est toujours propriétaire des lieux. La sirène portant l'écu aux armes des Fefiñáns, sur la façade nord, fait allusion à la légende selon laquelle le deuxième vicomte aurait été sauvé des eaux par l'une de ces mystérieuses créatures à la suite d'un naufrage (légende, on a dit !)...
Le *pazo* abrite les *Bodegas del Palacio de Fefiñáns,* plus vieux producteur de vins de la région – on dit que ce sont les ancêtres des proprios qui amenèrent les premiers ceps d'Allemagne. Outre la visite des chais et du vignoble, on peut aussi découvrir une partie des salles du palais, où s'éparpillent argenterie et portraits, contrastant avec de magnifiques papiers peints orientalistes français du XVIIe s. La visite se poursuit dans les jardins, où le verger clairsemé rappelle que la famille exportait jadis des citrons jusqu'aux Amériques. On s'y balade tranquillement, librement, ou on s'attable pour une dégustation commentée par un œnologue (en supplément) sous un magnolia géant. Santé !

***Capilla de Santa Margarita*** *(plan A3)* **:** *rúa Hospital, 37, angle rúa Santa Margarita.* Probablement fondée au XIe s, cette chapelle toute simple est veillée par un beau calvaire en granit représentant le Christ au recto, le même agonisant dans les bras de Marie au verso et saint Jacques sur la colonne. La *romaría* (fête patronale) s'y déroule le 18 juillet, suivie le week-end suivant par une *sardiñada* réunissant les habitants du quartier – un BBQ géant de sardines !

***Igrexa Santa Mariña*** *(plan B2-3)* **:** *avda da Pastora, 104. À 10 mn à pied du centre historique, dans le cimetière (panneaux).* Cette église en ruine du XVIe s conserve son chœur et les délicates arcades de sa voûte en pierre, désormais à ciel ouvert, bel exemple de l'architecture gothique galicienne. Le lieu est paisible, bercé par le chant des oiseaux, planté de géraniums, d'hydrangeas et... de tombes !

***Museo etnográfico e do Viño*** *(plan B2)* **:** *avda da Pastora, 104. ☎ 986-52-61-19. Ouv 10h-14h, 16h30 (17h été)-19h30 (20h été). Fermé dim ap-m et lun. Entrée : 3,20 € ; réduc.* C'est le principal musée du vin de Galice. Il vous aidera à envisager l'histoire locale de ce noble breuvage et les spécificités de l'appellation *Rías Baixas* : très instructif pour les œnologues en herbe comme pour les amateurs de bons crus !

***Le quartier des pêcheurs de Santo Tomé*** *(plan A3)* **:** *au sud du port de Cambados.* Votre exploration des ruelles du centre historique ne saurait être complète sans un petit crochet par ce vieux quartier tranquille. Il occupe un court promontoire face auquel flotte un îlot minuscule planté des vestiges d'une tour de défense du XIIe s, la *Torre de San Sadorniño (plan A3).* Un petit pont y mène. À marée basse, sur les grèves alentour, les femmes fouillent l'estran à la recherche des coquillages qu'elles iront ensuite vendre au marché. Jetez un coup d'œil, aussi, à la maisonnette voisine entièrement recouverte de coquilles Saint-Jacques. Rigolo.

***Complexo intermareal Umia-O Grove*** *(zone de protection du milieu intertidal d'Umia-O Grove)* englobe la totalité de la baie de Cambados, recluse au fond de la ría de Arousa et protégée d'un côté par l'échine de la grosse péninsule d'O Grove et, de l'autre, par l'étrave de l'île d'Arousa. Cette zone est d'une richesse biologique importante, notamment en ce qui concerne les oiseaux de mer et la mytiliculture. Si vous vous demandez à quoi sont destinées les plates-formes ou *bateas* qui tapissent allègrement la baie, eh bien, c'est pour élever les moules. Sachez-le : la Galice assure à elle seule près de la moitié de la production mondiale de ce coquillage !

**La Route du vin O Salnés :** Cambados est la capitale de l'*albariño,* le plus célèbre des vins blancs galiciens, produit dans toute la zone de dénomination *Salnés,* elle-même englobée dans l'appellation générale *DO Rías Baixas.* Quelque 5 000 familles vivent de l'*albariño* dans la région. L'office de tourisme édite une brochure répertoriant quelque 22 producteurs, dont beaucoup ouvrent leurs caves et domaine à la visite, parfois toute la journée, en général à heures fixes, voire sur rendez-vous. L'originalité de la viticulture de la région est son palissage horizontal. La vigne est cultivée en pergola (ou treille) à environ 2 m du sol, lui assurant un ensoleillement maximum. Vous pourrez, bien sûr, par la même occasion, déguster ou acheter vin, eau-de-vie (blanche, d'herbes et grillée) et même liqueur de café. *Infos : • rutadelvinoriasbaixas.com • osalnes.com •*

***Visites guidées avec des mariscadoras*** *(ramasseuses de coquillages)* ***: Asociación Mulleres do Mar de Cambados,*** *kiosque d'info à droite de l'entrée du* Parador, *praza da Calzada. 647-60-86-84. • guimatur.org • Tarif : 5 €/pers. Durée : 1h30. Sur résa slt.* L'association **Guimatur** propose de faire découvrir le travail de ces femmes qui retournent la vase de la *ría* à Santo Tomé ou au puerto de Tragove, à la recherche des coques, palourdes, clovisses et couteaux.

LA GALICE

## Fête

– **Festa do Albariño :** *les 5 j. précédant le 1er dim d'août. • fiestadelalbariño.com •* Instaurée en 1953, elle demeure la doyenne des fêtes du vin en Espagne. Au programme : *casetas* installées par les producteurs sur le paseo da Calzada, cours de dégustation au musée du Vin, expos, nombreux concerts, élection de miss Albariño et adoubement des « chevaliers et chevalières de l'*albariño* » ! Les experts se réunissent aussi pour une dégustation appliquée, afin de récompenser les meilleurs crus. Mais tout le monde ne consomme pas avec modération !

## DANS LES ENVIRONS DE CAMBADOS

**Pazo Quinteiro da Cruz :** *Ribadumia, Lois,* ***Lugar de A Cruz.*** *619-11-08-06. • pazoquinteirodacruz.es • À env 8 km de Cambados par Vilariño, A Cereixeira, puis à gauche sur la PO-300 en allant vers Mosteiro. Visite sur résa, tlj à 14h30. Tarifs : 8 €, 10 € avec dégustation de vin* albariño. *Durée : 2h.* Ce très beau palais en pierre du XVIIIe s, précédé d'un calvaire, est si photogénique qu'il est souvent apparu au cinéma. Au cœur d'un domaine boisé et viticole de 7 ha (dont 3 ha d'*albariño*), il s'entoure d'un très long *hórreo* (15 m), d'une *bodega,* d'une chapelle privée du XVIe s et, surtout, d'un fantastique parc à l'anglaise. Là, entre bassins et sculptures, croissent d'énormes camélias (plus de 1 000 variétés !) et gargouillent des fontaines baroques... Un enchantement.

**Mosteiro de Armenteira** *(monastère d'Armenteira)* **:** *à* ***Armenteira.*** *627-09-76-96 (hébergement). • monasteriodearmenteira.es • À env 13 km de Cambados par une petite route. Visite du cloître tlj 9h-21h ; de l'église tlj 10h-19h. Visite guidée mer à 12h. Possibilité de loger sur place pour une retraite spirituelle : min 4 nuits en été (2 nuits en hiver), 35 €/pers/j. en pens complète. Petit office de tourisme sur place (mêmes horaires que l'église).*

Habité par une communauté bénédictine de Navarre réinstallée en 1989, le monastère est doté d'une église des XIIe-XIIIe s de pur style cistercien (sobre, donc !), mâtiné d'une façade remodelée au XVIIIe s. Sous une très belle rosace, se détache un portail roman soutenu par 12 colonnes symbolisant les apôtres ;

intérieur dépouillé avec trois nefs. Sur le côté de l'église, on visite aussi le cloître du XVIIIe s. Une escale au vert, sereine mais pas indispensable. Le lundi de Pâques, une très ancienne procession, la *romería de las Cabezas*, emprunte le chemin décrit ci-dessous.

Sur la place du village, à côté du monastère, deux bars-restos pour une pause tranquille.

***Ruta da Pedra e da Auga*** *(Os Muínos do río Armenteira)* **:** *randonnée d'env 6,8 km au départ du parking du monastère d'Armenteira. Compter env 2h15 pour le trajet aller. Suivre le balisage PR-170. Infos et carte du sentier au petit office de tourisme du monastère.* Ce sentier, bien aménagé entre ruisseau et potagers, vergers et petits vignobles, est ponctué d'une trentaine de moulins ayant fait partie du domaine du monastère d'Armenteira. Des panneaux explicatifs les accompagnent, ainsi que quelques aires de jeux et de pique-niques. Parcours charmant et bucolique.

# O GROVE

(36980) 11 240 hab.

• Plan *p. 298-299*

**Gardienne de la ría de Arousa, la grosse péninsule d'O Grove (21,9 km²) est reliée au continent par un étroit isthme sablonneux (quelle plage !). Ce joli radeau couvert de pins s'est largement urbanisé depuis les années 1990, pour devenir l'une des plus importantes destinations touristiques des *Rías Baixas.* Elle conserve néanmoins, à l'ouest, de vastes espaces où nature et plages sont assez préservées. C'est là qu'il faut poser ses valises ! La baie d'O Grove est, elle, classée en zone protégée. Au nord-est de la péninsule, on trouve le centre-ville d'O Grove, avec son port, sa criée et ses restos. Et, juste en face, l'*île d'A Toxa,* dont le principal intérêt est sa croquignolette église recouverte de coquilles Saint-Jacques.**



## Arriver – Quitter

### En bus

***Parada de autobuses*** *(plan D1)* **:** *avda de Beiramar, sur le port d'O Grove.* La plupart partent et vont jusqu'à l'île d'A Toxa.

➢ ***Santiago*** (durée : 2h10), via ***Cambados*** (30 mn), ***Vilagarcía de Arousa*** (1h), ***Carril*** (1h10) et ***Padrón*** (1h30) **:** env 3 bus/j. en sem 7h30-18h, 2 le w-e 8h50-18h, avec *Monbus (☎ 982-29-29-00 ; • monbus.es •).*

➢ ***Portonovo*** (25 mn), ***Sanxenxo*** (30 mn) et ***Pontevedra*** (1h15) **:** *Monbus* assure 1 bus ttes les 30 mn-1h en saison 6h30-20h, 4-6 bus hors saison (dès 6h45).

## Adresses et infos utiles

***Oficina de turismo*** *(plan D1)* **:** *praza do Corgo, 1. ☎ 986-73-14-15. • turismogrove.es • Sur le port, à côté de la criée, face à la statue du pêcheur galicien. Ouv tte l'année. En été, lun-sam 10h-20h, dim et j. fériés 11h-14h ; hors saison, fermé lun, ouv mar-sam 10h-15h, dim 11h-14h.* Plan de la ville et de la presqu'île, infos sur les balades en bateau... Accueil aimable et compétent.

**Adresse utile**

- Oficina de turismo (D1)

**Où dormir ?**

- **10** Camping Moreiras (C2)
- **11** Camping Playa Paisaxe II (A2)
- **12** Pensión Residencia Casa Angelina (A2)
- **13** As Pipas (C2)
- **14** Hotel San Vicente (A3)
- **15** Hotel Brisas del Mar (D1)

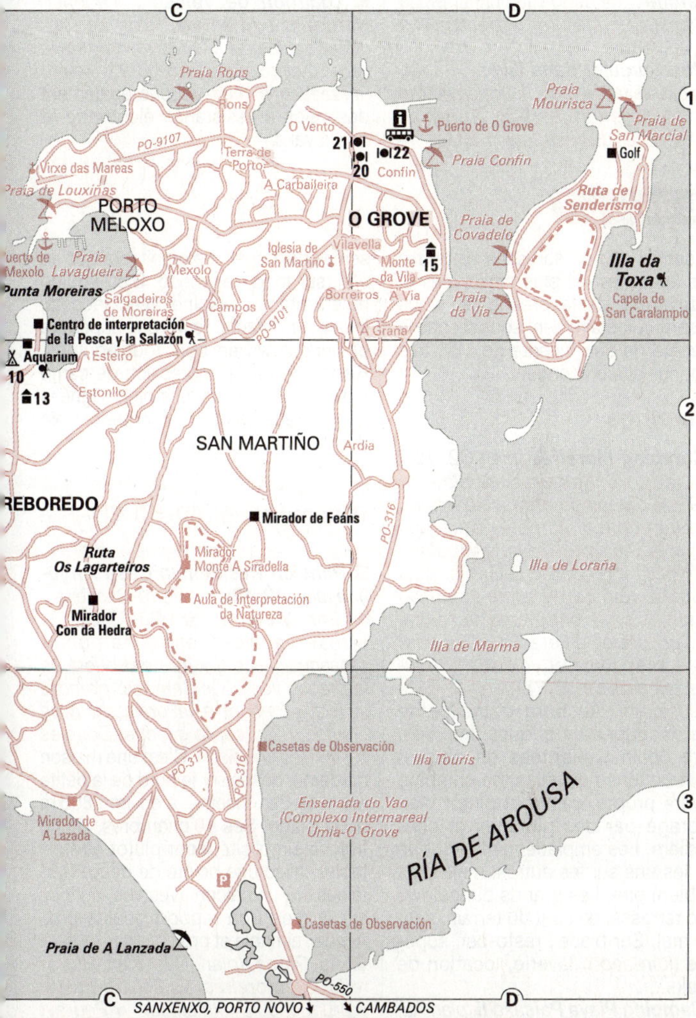


## LA PÉNINSULE D'O GROVE

**16** Hotel Mar del Norte (B2)
**17** Hotel Cons da Garda (A2)

**Où manger ?**

**20** Balcón de Floreano (D1)
**21** Taberna Lavandeiro (C-D1)
**22** Marisquería Beiramar et Restaurante Marisquería Solaina (D1)
**23** Taberna de Temperán (A2)

– **Marché :** mercado municipal, *praza de Abastos, fermé dim ; également ven mat, sur le port.*

■ **Pour circuler dans l'île :** *juil-août, le* **Grosbus** *fait le tour de l'île en 40 mn avec passage ttes les 1-2h 9h-minuit. Ticket auprès du chauffeur (1,50 €).*

■ **Location de vélos :** *à l'agence* **Naturaleza Atlántica,** *avda de Beiramar, sur le port d'O Grove, derrière la gare routière.* 📱 *661-55-03-92.* ● *naturalezaatlantica.com* ● Loue également des vélos à assistance électrique et des kayaks.

## Où dormir ?

L'essentiel de nos adresses se trouve dans les zones les plus préservées et verdoyantes de la presqu'île. Nous passons volontairement sous silence la côte sud de San Vicente do Mar, très bétonnée et archibondée.

### Campings

⛺ **Camping Moreiras** *(plan C2,* **10***) :* *Reboredo, 26,* **Moreiras.** ☎ *986-73-16-91.* ● *campingmoreiras@campingmoreiras.com* ● *campingmoreiras.com* ● ♿ *Au nord de la presqu'île ; prendre la direction d'O Grove, puis à gauche vers San Vicente (panneau à droite). Fermé déc-Semaine sainte. Résa conseillée en été. Env 25 € pour 2 pers avec tente et voiture ; bungalows 2-5 pers 59-95 € en été, 39-59 € hors saison.* Au bord d'une petite baie découpée en criques limpides, entre collines plantées de pins et constructions nouvelles, ce camping s'avère propre, calme et plutôt bien ombragé par des platanes et châtaigniers. Les emplacements sont un peu les uns sur les autres, mais on a vu (bien) pire. Les grands bungalows avec terrasse, en haut du terrain, sont pas mal. Sur place : resto-bar, supérette *(juin-sept),* laverie, location de kayaks...

⛺ **Camping Playa Paisaxe II** *(plan A2,* **11***) :* **praia de Area Grande.** ☎ *986-73-83-31.* 📱 *655-06-12-89.* ● *info@campingplayapaisaxe.com* ● *campingplayapaisaxe.com* ● ♿ *Au nord-ouest de l'île. Camping fermé nov-fév, bungalows ouv tte l'année. Env 24 € pour 2 pers avec tente et voiture ; bungalows et mobile homes 4-6 pers 70-120 € selon capacité et saison.* Ceux qui aiment les grands campings bien léchés apprécieront celui-ci, planté à 150 m d'une belle plage de sable clair semée de rochers de granit (bondée en été), sur fond de pinède. Bien équipé et entretenu : piscine avec jacuzzi, jeux pour enfants, resto-bar, supérette et bungalows en bois tout équipés. Reste une petite impression de camp romain avec ces travées bien alignées (et ombragées) et un manque certain d'intimité...

### Prix moyens (40-50 €)

🏠 **Pensión Residencia Casa Angelina** *(plan A2,* **12***) :* *rúa Torre-Cacheiras, 4,* **San Vicente.** ☎ *986-73-81-67.* ● *reservas@casaangelina.com* ● *casaangelina.com* ● *Au nord-ouest de la presqu'île ; à Os Campos, prendre la route menant à la praia de Area Grande, c'est sur la gauche. Doubles 39-49 € selon saison.* C'est une maison moderne, posée sur le bord de la petite route de San Vicente, à environ 800 m de la plage. Ses 10 chambres, d'une fraîche simplicité, sont plutôt confortables, avec une pointe de déco. Certaines ont un balcon avec vue, au loin, sur la mer. Bon rapport qualité-prix. Accueil aimable et pro.

🏠 **As Pipas** *(plan C2,* **13***) :* *Reboredo, 23,* **Moreiras.** ☎ *986-73-25-15.* ● *brunogn90@hotmail.com* ● *Peu avt la praia As Pipas et l'aquarium, sur la droite, à 300-400 m de la route principale menant d'O Grove à San Vicente. Fermé nov-mai. Doubles 40-45 € selon vue.* Au rez-de-chaussée, un resto correct avec une terrasse ombragée, mais bordée par la route. À l'étage, des chambres simples et très propres, donnant sur la baie pour les meilleures, sur la verdure à l'arrière pour les autres. Celles du 2e étage sont mansardées. Accueil gentil.

LA GALICE

### De prix moyens à chic (40-95 €)

🏨 ***Hotel Brisas del Mar*** *(plan D1,* ***15****) : rúa Castelao, 156, O Grove. ☎ 986-73-18-36. • info@hotelbrisadelmar.com • hotelbrisadelmar.com • Fermé fin oct-fin mai. Doubles 45-90 € selon saison et vue. Pas de petit déj. Parking gratuit tte l'année sauf août (9 €).* Les urbains ne pourront être que satisfaits de cet hôtel rénové de pied en cap, tourné vers la ría de Arousa et l'île d'A Toxa. Les chambres sont simples, impeccables, un poil design, dans l'air du temps quoi. Demandez-en une avec vue, vous ne regretterez pas le supplément de 10 € ! Bon accueil.

🏨 ***Hotel San Vicente*** *(plan A3,* ***14****) : Portocuaces, s/n,* ***San Vicente.*** *☎ 986-73-98-08. • info@hotelsanvicentepontevedra.com • hotelsanvicentepontevedra.com • Au sud-ouest de la presqu'île, en direction de la praia Con da Corva, puis à gauche (panneau). Fermé de mi-oct à mai. Doubles 40-75 € selon saison, confort et vue, familiales également, petit déj inclus.* À force de chercher un hôtel retiré, nous sommes tombés sur celui-ci, au milieu des pins, dans le secteur le plus sauvage de l'île. Les amateurs de tranquillité apprécieront cet isolement... Au total, une soixantaine de chambres carrelées, plutôt simples mais très correctes (avec galerie ouverte sur la mer pour les plus chères). Agréable piscine en prime mais pas de resto. Le nouveau patron est très sympa. Une adresse à la coule où chacun trouvera selon ses moyens.

🏨 ***Hotel Cons da Garda*** *(plan A2,* ***17****) : rúa Area, 33,* ***San Vicente.*** *☎ 986-73-84-93. • info@hotelconsdagarda.com • hotelconsdagarda.com • ♿ Au nord-ouest de la presqu'île, passé Os Campos en direction de San Vicente. Doubles et studios 60-90 € selon saison ; apparts 2 pers 70-99 €, familiales également. Sur présentation de ce guide, réduc de 10 % sur les doubles.* Les 3 bâtiments de ce gros hôtel familial se cachent dans l'intérieur des terres, dans un recoin verdoyant et tranquille, entourés de *cons* (c'est le nom de ces gros rochers de forme arrondie !). On apprécie la piscine dans son écrin fleuri, les chambres et apparts de bon confort moderne (douche à l'italienne, TV...) et le super accueil de la patronne. Location de vélos bon marché, massages possibles et une originalité : propose des séances de thérapie pour chiens, ainsi que pour leurs maîtres dans les cas extrêmes ! Pas con, ça !

🏨 ***Hotel Mar del Norte*** *(plan B2,* ***16****) : rúa Balea, 54,* ***San Vicente.*** *☎ 986-73-81-52. • info@hotelmardelnorte.es • hotelmardelnorte.es • ♿ Au nord-ouest de la presqu'île, un peu avt d'arriver à Os Campos en venant d'O Grove, à droite (panneau). Fermé de mi-oct à la Semaine sainte. Doubles 75-95 € selon saison, petit déj-buffet inclus.* Dans un coin de pinède tranquille, à 350 m de la jolie plage d'A Mexilloeira, ce grand hôtel dispose de chambres bien propres et claires, avec terrasse ou balcon tourné vers la mer ou la belle piscine. Elles sont plus fonctionnelles que charmantes mais agréables. Tennis et resto sur place, accueil sympa et francophone. Une bonne adresse, bien qu'un peu chère.

LA GALICE

## Où manger ?

Le port d'O Grove est un peu la Mecque des amateurs de fruits de mer. Pas donné, mais difficile de faire plus frais. Pour le reste de l'île, l'usage est de déjeuner dans les *chiringuitos* de plage (très demandés !).

### De bon marché à prix moyens (8-24 €)

🍴 ***Balcón de Floreano*** *(plan D1,* ***20****) : praza de Arriba, 11, O Grove. 📱 610-56-90-21. Fermé déc-janv. Menu déj 10 € avec 2 plats, dessert et café ! Plats 6-12 €.* En voilà un qui porte bien son nom, avec son balcon tout fleuri de géraniums... Il aurait aussi pu s'appeler *Terraza,* avec sa mignonne terrasse occupant une placette veillée par un calvaire bien érodé, à un croisement stratégique. Bien pour prendre un café, une *caña* ou pour le menu du midi, avec 6-7 choix de plats (dont des *mariscos*).

🍴 ***Taberna Lavandeiro*** *(plan C-D1,* ***21****) : rúa Hospital, 2, O Grove.*

*☎ 986-73-19-56. Juste à côté du port. Tlj sauf lun midi (fermé aussi dim soir hors saison). Résa conseillée. Plats 5-18 €, caldeirada de poulpe 32 € pour 2 pers, plateau de fruits de mer 45 €.* Sur une placette un peu en retrait des pots d'échappement, ce gentil resto offre des plats à partager à 2, en particulier des *caldeiradas* (soupes de poisson) et *mariscadas* (plateaux de fruits de mer). Prix plus doux pour les tapas et *raciones.* Pour finir, s'il reste de la place, essayez la *tarta de queso.* Bon rapport qualité-prix et service attentif.

|●| ***Taberna de Temperán*** *(plan A2,* ***23****) : Cacheiras, 24,* ***San Vicente.*** *📱 658-30-63-67. Au nord-ouest de la presqu'île ; à Os Campos, dans un chemin à gauche en allant à la praia de Area Grande, avt le camping. Tlj 13h-16h, 20h-minuit, sauf lun hors saison. Plats 10-20 €.* Pour ceux qui n'auront pas la patience d'attendre qu'une table se libère côté sable, voici un petit resto sans prétention, à moins de 2 km des plus belles plages de la côte ouest, installé dans une vieille bâtisse en grosse pierre. La salle est fraîche et la terrasse ombragée. Au menu, rien de rare (poulpe, palourdes, couteaux, fritures et poisson du jour) mais c'est bon, pas cher et on y mange au calme !

LA GALICE

### De chic à plus chic (plus de 24 €)

|●| ***Marisquería Beiramar*** *(plan D1,* ***22****) : avda Beiramar, 30, O Grove. ☎ 986-73-10-81. ● info@restaurantebeiramar.com ● Face au port. Fermé dim soir et lun hors saison. Plats 12-24 €.* La salle de bistrot est élégante dans ses tonalités brun et blanc modernes, le service est stylé et sympathique, et les fruits de mer sont *de primera,* comme on dit. Servis en portions copieuses, ils sont bien cuisinés. À l'entrée, de sacrés homards patientent, inconscients de leur destinée, en compagnie de leurs copines les langoustines... Mais vous pourrez aussi opter pour une bonne sélection d'*arroces* pour 2 (au poulpe, aux coquilles Saint-Jacques, aux palourdes, etc.), préparés en 20-25 mn. Petit choix de desserts tendance chocolatée.

|●| ***Restaurante Marisquería Solaina*** *(plan D1,* ***22****) : avda Beiramar, s/n, O Grove. ☎ 986-73-29-69. ● ogrove@marisqueriassolaina.com ● Autre adresse à 2 pas : rúa do Cruceiro, 8 (☎ 986-73-34-04). Fermé mar hors saison. Plats 12-28 €.* Non, vous ne voyez pas double ! Le *Solaina* dispose bien de 2 adresses, à 50 m l'une de l'autre. Notre préférée ? Celle face au port, pour son élégante terrasse colonisant une miniplacette et sa salle fringante pour les jours maussades. Les poissons y sont présentés sur lit de glace, et les homards attendent dans le vivier de passer à la casserole. Les viandards ne sont pas non plus oubliés.

## À voir sur la presqu'île

***Acuario*** *(plan C1-2) :* ***à Moreiras,*** *au sud-ouest du port d'O Grove. ☎ 986-73-23-27. ● acuariodogrove.es ● Derrière le Camping Moreiras, près de la plage d'As Pipas. Juil-sept 10h30-20h30 ; oct-juin, lun-ven 10h-18h, w-e 10h30-19h30 (dernière entrée 45 mn avt). Entrée : 12,50 € ; réduc ; gratuit – de 4 ans.* Ce petit aquarium, aménagé de manière ludique et pédagogique, présente les poissons, crustacés et céphalopodes de la région en dehors des bains de friture dans lesquels ils terminent souvent leur vie... Aux côtés des seiches, poulpes, raies, crabes et autres soles, on peut voir quelques requins. À l'étage, expo sur les mammifères marins. Tout de même cher !

***Centro de interpretación de la Pesca y la Salazón*** *(CIPES ; plan C1) :* ***Punta de Moreiras,*** *au sud-ouest du port d'O Grove, juste après l'aquarium. 📱 608-21-69-63. Tlj sauf lun 10h-14h, 17h-20h. Entrée : 2 € ; réduc. Visite guidée en sem à 12h.* Fondés en 1790 par une famille catalane, les bassins de salaison ont été conservés *in situ,* au-dessus d'une jolie petite anse sauvage et sablonneuse bordée de pins. À deux pas, l'ancienne conserverie du début du XXe s a, elle, été transformée en musée. Il se consacre à la pêche traditionnelle, exposant bateaux, outils, nasses et autres instruments de marine, sans oublier quelques machines graisseuses sauvées des anciennes conserveries.

***Illa da Toxa*** *(plan D1-2)* **:** *reliée au port d'O Grove par un pont (accessible aux piétons).* Îlot dans l'îlot, parenthèse dans la parenthèse, A Toxa forme une enclave de luxe peu commune sur ces côtes. Les résidences prestigieuses de la partie nord, à demi noyées dans la verdure, entourent un golf parfaitement entretenu. Au sud, de grands ensembles de condominiums apparaissent. Là, face au continent, l'ex-*Gran Hotel* des années 1900 est devenu palace. Reste, à deux pas, une jolie petite ***chapelle*** recouverte de coquilles Saint-Jacques, des dalles jusqu'au clocher. On y appose son nom au feutre avant de s'y prendre en photo... Deux sentiers, ouverts aux vélos, parcourent les pinèdes intérieures (boucles de 1,5 et 1,9 km). Location de Rosalies sur place pour les amateurs.

# À faire sur la presqu'île

Reliant l'ancienne île d'O Grove au continent, la longue (2,3 km) ***praia de A Lanzada*** *(plan C3)* s'avère la plus impressionnante et la plus fréquentée d'O Grove. Vierge de constructions, elle n'offre aucune ombre, mais un parking géant qui en dit long sur sa popularité estivale ! Sur la presqu'île même, vous trouverez de jolies plages au sable très fin sur la face sud, comme ***Area da Cruz*** *(plan B3)*, ***Raeiros*** *(plan B3)* et ***Seixeliño*** *(plan B3)*, mais le secteur est de plus en plus construit. On préfère celles de la côte nord avec, d'est en ouest : ***As Pipas*** *(plan B2)* (pas mal de monde), ***A Mexilloeira*** *(plan B2)* (1,1 km), ***Area Grande*** *(plan B2)* et enfin ***O Carreiro*** *(plan A2)*, plus tranquilles et toutes adaptées à la baignade. Les amateurs de solitude, eux, mettent le cap sur la côte ouest, vers les plages de ***Castiñeira*** *(plan A2)*, ***Barreiro*** *(plan A2)*, ***Aguieira*** *(plan A2)* et ***Con de Corva*** *(plan A3)*, atteintes par des chemins (carrossables). Dans le secteur, le *sentier PR-G116* dessine une boucle tranquille au milieu de la lande, dans un cadre de beaux rochers de granit ciselés par l'érosion.



En arrivant sur la presqu'île, au niveau du premier grand rond-point, le sentier en boucle d'***Os Lagarteiros*** (2 km) livre divers points de vue sur la ría de Arousa depuis le flanc du mont Siradella.

– ***Avec les pêcheurs :*** l'association ***Pescanatur*** propose de faire découvrir et partager le travail des pêcheurs du coin. On met donc la main à la pâte avec les *mariscadoras,* ces femmes qui creusent la vase des *rías* à la recherche de coquillages. *Infos :* ***Cofradía San Martiño de O Grove,*** *praza do Cargo, 2. ☎ 986-73-35-90. • cofradiaogrove.es • Lun-ven 9h-13h, 16h-18h. Pas de sortie le w-e. Tarif : 10 € ; réduc enfants.*

– ***Balade en catamaran à vision sous-marine :*** *• catamaranesogrove.com • Avr-mai et nov, env 2 départs/j. ; juin et oct, env 4/j. ; Semaine sainte et juil-sept, ttes les 30 mn-1h, 10h30-13h30, 16h-19h30. Ne fonctionne pas hors saison. Résa conseillée (places limitées). Tarif : 15 € ; enfant – de 12 ans 7 €. Durée : env 1h15.* Plusieurs compagnies maritimes basées sur le port d'O Grove proposent le même genre de balade guidée le long des côtes nord de la péninsule, avec découverte des fonds marins à travers les parois vitrées de la coque du catamaran. Une dégustation de moules arrosée de vin blanc est incluse.

– ***Excursion en catamaran à l'île de Sálvora :*** *1er juil-15 sept, les jeu et dim (bien vérifier) avec Cruceros do Ulla. ☎ 986-73-18-18. 📱 608-08-94-58. • cruceros doulla.com • Tarif : env 20 € ; enfant – de 12 ans 10 €. Durée : 4h (départ vers 10h30), traversée 40 mn.* Cette île aujourd'hui inhabitée surfant à l'orée de la ría de Arousa fait partie du ***parc national des Îles atlantiques de Galice.*** La balade sur place (phare, ancien village) est obligatoirement guidée, mais on dispose de temps libre, ensuite, sur la *praia do Almacén,* la seule accessible aux visiteurs. La compagnie propose également une balade de 2h30 en catamaran à vision sous-marine jusqu'à la plage de As Pipas, avec repas et baignade, mais qui nous a paru bien chère *(28 €/pers !).* Mieux vaut y aller en bus !

## Fêtes

– ***Festa de la Virxe do Carmen :*** *autour du 16 juil.* Le clou de la fête, c'est la balade de la Vierge en bateau autour du port. La veille au soir, feux d'artifice sur O Grove.

– ***Festa do Marisco :*** *autour du 2e dim d'oct.* Pour célébrer la Vierge du Pilar, tous les pêcheurs de la région installent un immense marché aux fruits de mer sur le port. En toile de fond : chansons de marins, régates de *dornas,* etc.

# D'O GROVE À PONTEVEDRA

**La route suit la côte nord de la ría de Pontevedra, ponctuée de rares petits coins tranquilles parmi de grosses stations balnéaires très urbanisées et sans grand intérêt. Faisons le tri !**

## *PORTONOVO (36970) ET SANXENXO (36960)*

LA GALICE

***Portonovo*** marque le début de la côte urbanisée de la ría de Pontevedra. Dans sa continuité, séparée par la pointe do Bicaño, ***Sanxenxo*** (se prononce plus facilement avec une *patata caliente* dans la bouche !), est un peu plus smart et encore plus bétonnée peut-être. Ceux qui apprécient ce type de stations balnéaires espagnoles ne trouveront rien à y redire, les autres passeront leur chemin. Nous, on vous les indique pour faire une éventuelle escale avant d'aller visiter l'île d'Ons.

### Arriver – Quitter

#### En bus

🚌 ***Parada de autobuses :*** *ctra de la Lanzada, à* ***Portonovo,*** *à la hauteur du kiosque de l'office de tourisme, à 300 m du port d'embarquement pour l'île d'Ons. Également une* ***gare routière*** *à* ***Sanxenxo,*** *rotonda de Arnelas, à env 1 km de là (plus de départs).*

➢ ***Pontevedra*** (50 mn-1h) via ***Combarro*** (30 mn) et ***Poio*** (35 mn) **:** *Monbus (☎ 982-29-29-00 ; • monbus.es •)* assure un bus de Sanxenxo ttes les 30 mn-1h en saison 7h-20h30 (un peu moins de Portonovo), 4-6 bus hors saison (dès 7h30).

➢ ***O Grove*** (30 mn) **:** avec *Monbus,* un bus de Sanxenxo ttes les 30 mn-1h en saison 8h10-22h45 (un peu moins de Portonovo), 4-6 bus hors saison (dès 11h40). Les bus passent par ***San Vicente.***

➢ ***Cambados*** (20 mn), ***Vilagarcía de Arousa*** et ***Carril*** (50 mn), ***Padrón*** (1h15) et ***Santiago*** (1h45) **:** pas de bus direct depuis Portonovo ; depuis Sanxenxo, 1 bus/j. 9h10 avec *Monbus.*

### Adresse utile

ℹ ***Offices de tourisme :*** *ctra de la Lanzada, à* ***Portonovo.*** *☎ 986-72-30-44. • turismodesanxenxo.com • Sur la route principale, à l'entrée est de la ville, au-dessus du port. Lun-sam 9h-13h, fermé dim. En saison, préférez le* ***kiosque en bois,*** *face à la plage de Baltar, à 300 m du port ; ouv 10h-14h, 16h-20h,* *fermé dim ap-m. Un* ***autre bureau*** *sur le port de* ***Sanxenxo*** *:* Puerto deportivo Juan Carlos I[ero]. ☎ *986-72-02-85. Dans un grand bâtiment en verre. Ouv tte l'année. Lun-ven 9h-21h, sam 10h-14h et 16h30-20h30, dim 10h-14h ; horaires réduits hors saison.*

## Où dormir ?

### Camping

On trouve plein de campings sur la côte au nord-ouest de Portonovo, mais aucun ne nous a vraiment séduits (ambiance usine à touristes et prix un peu élevés). Allez, on vous en cite tout de même un qui sort (presque) du lot, au cas où.

***Camping Cachadelos :*** *ctra de la Lanzada, playa de Major, 36990* ***Noalla.*** ☎ *986-74-55-92. • c.cachadelos@campingcachadelos.com • campingcachadelos.com • À env 4 km au nord-ouest de Portonovo, sur la route d'O Grove (panneau). Ouv Semaine sainte, w-e de mai et juin-sept. Fermé hors saison. Env 20-28 € pour 2 pers avec tente et voiture selon saison ; bungalows 2-6 pers 55-130 € selon capacité et saison.* À 5 mn à pied de la jolie plage de Major, ce grand camping bien tenu est agréablement ombragé par une pinède. Vous n'y serez pas seul, c'est certain, mais le cadre est plus aéré que chez les voisins. Préférez néanmoins une place sur la hauteur, en retrait de la route. Également de beaux bungalows en bois tout équipés, aux vrais airs de chalet. Piscine d'eau de mer, resto-bar, supérette, laverie, jeux pour enfants...

### De bon marché à chic (30-80 €)

***Hostal O Camouco :*** *rúa Méndez Núñez, 18, à* ***Portonovo.*** ☎ *986-69-14-53.* *606-58-53-24. • ocamouco@hotmail.es • hostalocamouco.es • Dans le centre ancien de Portonovo, au-dessus du port d'embarquement pour l'île d'Ons, en haut de la rue Méndez Núñez (fléché). Mieux vaut laisser sa voiture au port (gratuit). Fermé nov-fév. Doubles 30-55 € selon saison, familiales aussi. Petit déj offert sur présentation de ce guide.* Passé la ruelle des bars à tapas, une pension d'une douzaine de chambres toutes simples, très propres, avec baignoire et TV ; 3 d'entre elles ont un balcon. Fait resto également. Pratique pour prendre le 1er bateau pour l'île d'Ons.

***Hotel Farsund :*** *praia de Areas, 54, à* ***Sanxenxo.*** ☎ *986-72-90-00. • farsundhotel@gmail.com • hotelfarsund.es • En sortant de Sanxenxo, direction Pontevedra, prendre à droite dans le grand virage, l'hôtel est un peu avt la praia de Areas. Fermé oct-mai. Doubles 60-70 € selon saison. Parking gratuit.* Planté à 50 m de la gentille plage d'Areas, dans un coin tranquille, verdoyant et pas trop urbanisé, un hôtel tout blanc, calme et plutôt agréable. Les chambres sont simples, claires, très bien tenues et dotées pour la plupart d'un balcon avec vue sur la mer. Bon rapport qualité-prix. Location de vélos.

***Hotel Caneliñas :*** *avda de Pontevedra, 40, à* ***Portonovo.*** ☎ *986-69-03-63. • hotelcanelinas@hotmail.com • Un peu après le bout du port, en longeant la côte vers l'ouest. Fermé oct-mai. Doubles 60-80 € selon vue et saison, petit déj inclus.* Posé pile poil face à la petite plage de Caneliñas, cet hôtel moderne, haut de 6 étages, abrite des chambres carrelées bien tenues et bien équipées (frigo, baignoire ou douche à l'italienne, sèche-cheveux), au mobilier certes un peu *cheap*. Celles côté mer, plus chères, ont un petit balcon qui semble plonger directement sur le tapis de sable clair.



## Où manger ? Où boire un verre à Portonovo ?

Les restos guindés, en enfilade sur le port de Sanxenxo, nous ont parus bien chers pour ce qu'ils proposent. Mieux vaut se cantonner aux petits restos et bars à tapas du quartier ancien qui domine le port de Portonovo.

|●| ***Restaurante O Risón :*** *rúa Rafael Pico, 74 à **Portonovo.** ☎ 986-72-41-22. Au bout du port, après les kiosques des compagnies maritimes, un brin caché derrière les locaux des pêcheurs. Fermé nov. Menus du jour midi en sem 10-12 €, plats 7-14 €.* *Xoubas* (minisardines), *xureliños* (chinchards), *berberechos* (coques), excellentes *zamburiñas* (pétoncles), moules... tous les produits iodés se retrouvent dans les assiettes copieusement servies de ce bar-taverne très convivial, à des prix fort raisonnables. Mitonne également quelques plats typiques de la cuisine galicienne, largement plébiscitée par les gens du coin. Salle à la déco forcément marine et quelques tables sur le trottoir. Il y a foule le midi, mais c'est bizarrement très calme le soir.

|●| 🍸 Au-dessus du port de Portonovo, en remontant la ruelle piétonne Méndez Núñez, pas moins d'une dizaine de ***bars à tapas*** fort sympathiques pour grignoter en buvant des coups, accoudé à un tonneau. Y aller au feeling... Nous, on aime bien les bodegas ***O Risonsiño*** et ***Lolitas.***

# À voir. À faire

Pour ceux qui feraient une escale, quelques jolies plages émaillent la côte au nord-ouest de Portonovo (direction O Grove). En particulier la ***praia Montalvo*** (encadrée par des campings) et la ***praia Major*** (surplombée par une piste de kart). À l'est de Sanxenxo, la ***praia de Areas*** n'est pas mal non plus – même si plus urbanisée – derrière ses jardins qui cachent la route.

À l'est de Sanxenxo en direction de Pontevedra, la route s'élève au-dessus du littoral, offrant un joli point de vue sur la ría et ***Raxó*** en contrebas depuis le ***mirador da Granxa.***

LA GALICE

## L'ÎLE D'ONS

L'île d'Ons (470 ha) fait partie du ***parc national des Îles atlantiques de Galice,*** le tout premier parc espagnol consacré à la protection des milieux marins, créé en 2002. Plus accidentée à l'ouest, elle présente à l'est, côté terres, une succession de jolies plages – en particulier celle de Melide, délimitée par des dunes. Dominée par un phare, l'île conserve un village encore partiellement habité, O Curro. Beaucoup mieux pourvue en eau que les autres îles de la région, site d'une conserverie bâtie à la fin du XIXe s, Ons fut un temps assez peuplée. Aujourd'hui elle attire les touristes, très nombreux en saison, pour ses magnifiques plages et ses superbes sentiers de randonnée.
Attention, ***pas de poubelles sur les îles du parc national*** : ***on doit ramener l'intégralité de ses déchets avec soi.***

### Arriver – Quitter

Liaisons maritimes régulières au départ de ***Sanxenxo, Portonovo*** et ***Bueu,*** pdt la Semaine sainte, les w-e de juin et de tlj de fin juin à mi-sept ; 3 compagnies différentes. ***Le nombre de place est limité, la réservation à l'avance des billets est vivement conseillée (possible en ligne).*** Durée : env 40-55 mn selon le port de départ.

➢ ***Cie Naviera Mar de Ons :*** *☎ 986-22-52-72.* • *mardeons.com* • Assure 3 départs/j. de Sanxenxo et Portonovo (10h15-18h), et jusqu'à 8-9 départs/j. en juil-août (dernier départ de Portonovo à 19h15). Dernier retour d'Ons à 20h. A/R : 14 € ; enfant (6-12 ans) 6 €. Également quelques départs depuis Bueu.

➢ ***Cie Cruceros Rías Baixas :*** *☎ 986-73-13-43. 📱 670-51-86-69.*

• *crucerosriasbaixas.com* • Mêmes horaires, fréquences et prix que la compagnie précédente (c'est le même bateau, sauf en cas de grosse affluence). Fait également la liaison avec le port de Bueu (au sud de la ría de Pontevra) ; 4-8 départs/j. 10h15-19h15 ; même tarif.

➢ ***Cie Nabia Naviera :*** *☎ 986-32-00-48.* • *piratasdenabia.com* • 4 bateaux/j. au départ de Portonovo (11h-18h) et de Bueu (10h-18h15). A/R : 14 € ; enfant (6-12 ans) 7 €.

## Infos utiles

Il existe un ***comptoir d'info*** sur l'île, face au débarcadère *(tlj 10h-14h, 16h-19h ;* • *parquenacionalillasatlanticas.com* •*)*, où l'on peut s'inscrire pour des balades guidées de 2h *(à priori mar, jeu et sam à 12h, 5 €)*. Sinon, demander le dépliant en français des 4 itinéraires de balade. Également, dans le village, face à l'église, un *centro de visitantes (tlj 16h-19h)*, avec une expo consacrée à la vie d'antan sur l'île et au milieu naturel.

■ ***Location de kayaks : Club Buceo Ons,*** *face au débarcadère. 📱 635-47-70-38 ou 637-29-48-18.* • *clubdebuceons@gmail.com* • *Résa conseillée, tte petite structure. Compter 25 € pour 1h30 ; 35 € pour 2 pour un canoë.* Propose également des sorties accompagnées de *snorkelling* et de plongée *(respectivement 25 € et 50 €/pers).*

## Où dormir ? Où manger ?

Peu d'hébergement sur l'île. Les 2 restos proposent une quinzaine de chambre chacun, plus une poignée d'appartements dans une maison sur les hauteurs et un très beau camping géré par l'un d'eux. ***La réservation est indispensable !***

***Camping de Ons :*** *Chan da Pólvora, à 800 m du quai de débarquement, sur les hauteurs de l'île, en direction du phare. ☎ 986-44-16-78.* • *hola@campingisladeons.com* • *ou* • *campingons@vioviajes.com* • *campingisladeons.com* • ♿ *Fermé de mi-sept à mai. Env 18 € pour 2 pers avec sa tente ; 30-70 € en tente montée (60-120 € pour 4-6 pers) selon confort. Au snack, burgers et plats simples 3-7 €.* Un excellent camping, complètement refait récemment, installé en paliers sur les hauteurs de l'île, avec une superbe vue. Semi-ombragé par des eucalyptus, les emplacements sont spacieux et même s'il est presque toujours complet, on n'est pas les uns sur les autres. Propose également des tentes déjà montées pour 2 à 6 personnes avec lit, matelas, couette, sol en jonc de mer et espace privatif juste devant. Les supérieures, posées sur une plate-forme, disposent de plus d'espace et de mobilier, et d'une terrasse. Sanitaires (eau chaude) neufs et nickel, recouverts de bois pour bien s'intégrer dans le paysage, laverie, jeux pour enfants, table de pique-nique (supérette au bourg) et bar-snack très sympa. Vraiment bien !

***Casa Acuña :*** *à droite dans la ruelle du bourg. ☎ 986-44-16-78.* • *info@isladeons.net* • *isladeons.net* • *Fermé de mi-sept à la Semaine sainte. Doubles avec sdb 65-90 € selon confort et saison, apparts 90-100 €, certains pour 4-6 € pers (jusqu'à 185 € en août). Menu 15 €.* Sympathique resto à prix très abordable, avec terrasse mais pas de vue directe sur mer. Carte classique de poisson, *mariscos* et quelques viandes grillées. Propose une quinzaine de chambres très simples dans une vieille maison juste en face, les plus chères avec vue sur mer. Également 6 appartements pour 2 à 6 personnes aménagés dans une bâtisse en pierre, au calme sur les hauteurs du bourg, avant le camping (même proprio).

***Casa Checho :*** *à gauche en remontant la ruelle du bourg. ☎ 986-68-76-98. 📱 629-71-81-04.* • *casachecho.com* • *Fermé fin sept-Semaine sainte. Doubles avec sdb 60-70 €*

LA GALICE

*selon saison. Plats 8-16 €.* C'est le plus réputé des 3 restos de l'île : le roi y a même mangé ! Très belle terrasse panoramique dominant les flots et carte riche en *mariscos* et poissons de la *ría, empanadas* et *arroces.* Il y a foule et l'attente peut être longue. À l'étage une quinzaine de chambres sans charme, la plupart avec balcon dominant les flots. Vue forcément superbe. Ambiance moins familiale que son voisin, succès oblige.

## À voir. À faire

Pas moins de quatre itinéraires de balade en boucle, partant du centre d'O Curro, permettent de découvrir les quatre coins de l'île (non, elle n'est pas carrée pour autant !). Des audioguides mp3 sont disponibles sur le site du parc national pour chacun d'eux.

➢ La ***Ruta Sur*** *(6,2 km ; env 2h30)* mène vers les plages d'Area dos Cans et Canexol, passe près du rectorat entouré d'*hórreos* (ces fameux silos sur pilotis), de l'école, de la vieille église, etc., avant d'atteindre, à la pointe sud de l'île, le ***Buraco do Inferno*** et le ***mirador de Fedorentos*** : superbe vue panoramique.

➢ À l'opposé, la ***Ruta Norte*** *(8,1 km ; 3h)* longe la côte ouest pour rejoindre le ***mirador de Punta Centulo.*** Outre l'imprenable panorama, on y découvre des colonies de cormorans huppés et de goélands leucophée (à pattes jaunes, quoi !). Pour cette raison, l'accès à la pointe même est interdit jusqu'à fin juillet, lorsque les jeunes ont enfin pris leur envol. Retour par la superbe ***plage de Melide*** (nudiste).

➢ Plus courte, la ***Ruta do Faro*** *(4 km ; 1h15)* se hisse, vous l'aurez deviné, jusqu'au phare (1926, pas de visite possible) dominant le centre de l'île, au-dessus du village.

➢ Le quatrième et dernier sentier, la ***Ruta do Castelo*** *(1,1 km ; 40 mn),* mène aux ruines d'un château et à son beau point de vue.

LA GALICE

### ***COMBARRO*** *(36993)*

L'escale est incontournable. Ce vieux port, établi au plus près du littoral vaseux du fond de la *ría,* est célèbre dans toute la Galice pour sa soixantaine d'*hórreos* (XVIIIe-XXe s) alignés en bord de mer. L'occasion d'une balade séduisante dans les deux venelles qui s'étirent en parallèle. Si la *rúa do Mar* est colonisée par les restos et les boutiques de souvenirs, *A Rúa,* au-dessus, conserve un visage plus nature. Là, des placettes piquetées de bougainvillées, de lauriers-roses, d'hortensias et d'hydrangeas font la cour à de vieux calvaires très photogéniques – précédés d'un autel fleuri à la Fête-Dieu. Le Christ y regarde sereinement vers les terres, la Vierge, plus inquiète, vers la mer. Ici gargouille une fontaine, là prospère une treille. Entre les *hórreos* et les vieilles maisons trapues en granit soutenues par des piliers, de jolies échappées dévoilent la *ría.* Bien sûr, il vous faudra faire abstraction de la marina moderne bâtie à l'ouest du vieux village...

➢ Pour les ***bus,*** voir plus haut « Portonovo et Sanxenxo. Arriver – Quitter ».

#### Adresse utile

ℹ ***Oficina de turismo :*** *Carreiro do Campo, 17, une ruelle piétonne du vieux village, sur le côté d'A Rúa.* ☎ *986-77-00-01.* • *concellopoio.es* • *Ouv Semaine sainte et de mi-juin à sept : tlj 10h30-14h, 17h30-20h30. Fermé hors saison.*

#### Où dormir dans les environs ?

☗ ***Casa A Bouza :*** *rúa Mariña, 35, 36992* ***Samieira.*** ☎ *986-74-12-46.* • *abouza@abouza.com* • *abouza.com* • *À env 5 km à l'ouest de*

*Combarro. Depuis Combarro, sur la route côtière direction Raxó, prendre vers le monastère d'Armenteira (fléché), puis grimper sur 2,5 km ; l'entrée (discrète) est à gauche à l'orée d'un rond-point, à la sortie de Samieira. Fermé nov-Semaine sainte. Résa conseillée. Doubles 62-88 € selon confort et saison.* Dans un immense parc boisé perdu dans les collines, cette vieille maison de caractère (1849) compte 8 grandes chambres confortables, décorées dans un style rustique sobre. Nos 2 préférées ont un salon attenant aménagé dans une *galería.* Les parties communes exsudent le même charme nostalgique, entre salon avec cheminée, bibliothèque et portraits d'ancêtres, et jardin-terrasse avec vue plongeante sur la *ría* (et sur 2 *hórreos*). Accueil chaleureux.

## Où manger ?

Plusieurs restos touristiques et *tabernas* s'alignent dans la rúa do Mar et les ruelles adjacentes. Pour y accéder, lorsque vous êtes sur l'esplanade face au port, allez tout au bout à gauche, grimpez la passerelle en bois, c'est là que débouche la rúa do Mar.

**IOI *Tapería Rúa 19 :*** *A Rúa, 19. ☎ 986-77-11-89. 📱 605-83-03-09. • taperiarua19@gmail.com • Après l'église à droite, dans la ruelle. Tlj juil-août ; fermé lun-mer. Congés : oct-Semaine sainte. Tapas et plats 2 pers 8-25 €.* Ah ! Quelle adorable courette fleurie, aménagée en contrebas de la Rúa, alcôve romantique où quelques tables et chaises en fer forgé blanc, ornées de mini-oliviers, voisinent avec des banquettes semées de coussins colorés. L'accueil est soigné, le patron tout sourire et la cuisine fraîche et légère. Au menu : des *empanadas* ou des *croquetas,* des salades bien copieuses et inventives, ainsi que la galerie habituelle de *mariscos.* Ceux qui ont encore de la place s'offriront un tiramisù du jour.

# *POIO* (36995)

Ce bourg tartignole n'a qu'un intérêt : son monastère.

➢ Pour les **bus,** voir plus haut « Portonovo et Sanxenxo. Arriver – Quitter ».

## Où dormir ?

**⌂ *Hospedería del Monasterio :*** *au monastère Saint-Jean-de-Poio (voir ci-dessous), rúa del Convento. ☎ 986-77-00-00. • hospederia@monasteriodepoio.com • monasteriodepoio.com • ♿ À l'entrée de Poio, sur la gauche en venant de Sanxenxo ; entrée à l'arrière du monastère. Fermé nov-Semaine sainte. Doubles 41-50 € selon saison, petit déj 5,50 €. Repas 12,50 €.* Ce n'est pas encore un méga *resort,* mais le monastère abrite tout de même quelque 220 chambres (!), impeccables et austères, avec bains ou douche, mobilier en bois sombre et image pieuse au mur. Pas de TV : tout est fait pour favoriser l'introspection. Resto réservé aux résidents. Accueil pêchu et plein d'humour, inattendu en ces lieux !

# À voir

**✪✪ *Mosteiro San Xoán de Poio*** (monastère Saint-Jean-de-Poio) **:** *rúa del Convento, à Poio. ☎ 986-77-00-00. • monasteriodepoio.com • À l'entrée de Poio, sur la gauche en venant de Sanxenxo. Tlj, sauf dim mat, 10h-13h30, 16h30-20h (16h-18h nov-mars). Entrée : 1,50 €. Dépliant et panneaux en français.*

On accède d'abord à un ***premier cloître*** Renaissance (1600) bercé par le murmure d'une fontaine, assez austère derrière ses colonnes massives. Les clés de voûte et modillons, très particuliers, sont ornés de visages de patriarches. L'***église,*** en pleine transition entre baroque et néoclassique, possède une très belle chaire en pierre au fût sculpté d'angelots et un beau retable (1631) dédié à saint Jean-Baptiste (représenté avec son traditionnel agneau), dominé tout en haut par Dieu le Père. Au sol, les dalles numérotées recouvraient les sépultures des villageois, aujourd'hui déplacées. À gauche, la ***chapelle du Christ,*** où sont conservés un retable gothique (1556), un curieux tabernacle en forme de pélican et une statue de Notre-Dame de la Valvanera (XVIIe s) aux yeux de verre et coiffe en forme de tiare. Allez voir aussi, au fond à droite, la représentation du bûcher des martyrs livrés aux flammes, l'air extatique...
Ensuite, accès au ***second cloître*** (XVIIIe s), assez austère lui aussi : les murs de sa galerie sont couverts d'une étonnante mosaïque d'Antoine Machourek (1913-1991), illustrant le chemin de Saint-Jacques-de-Compostelle avec des personnages grandeur nature et les monuments marquants de chaque étape, de Paris à Santiago. Sur le côté, trois salles exposent livres anciens, sculptures religieuses et une expo temporaire de peinture. En sortant, impossible de manquer ***le plus gros hórreo de Galice*** (moins long que celui de Carnota, mais plus large), posé sur trois séries de pieds (contre deux habituellement).



# PONTEVEDRA (36000) 82 540 hab.

• Plan *p. 312-313*

**Capitale de la province du même nom et ancien port aujourd'hui ensablé, Pontevedra se niche au fond de la *ría* du même nom, juste en amont de l'embouchure du río Lerez. Si la ville est entourée de faubourgs modernes sans charme, le centre ancien reste l'un des plus beaux quartiers historiques de Galice, à découvrir tranquillement à pied (la circulation est sévèrement limitée). Vous constaterez alors qu'il y règne une rare douceur de vivre, une charmante ambiance presque nonchalante.**

## UN PEU D'HISTOIRE

Son origine romaine est probable. La ville est en effet située sur la voie romaine reliant Braga (au Portugal) à La Corogne (aujourd'hui N-550) : un emplacement stratégique, au fond de la *ría,* qui lui apporte développement et prospérité. Elle tire son nom de son appellation médiévale, *Pontus Veteris,* allusion au « vieux pont » romain.
Aux XIVe et XVe s, Pontevedra s'affirme un temps comme le principal port de Galice. La sardine – pêche, salaison, fumage, exportations maritimes – fait sa fortune. La construction navale bat parallèlement son plein : c'est ici qu'est construite la *Santa María* de Christophe Colomb. La cité rayonne, atteint son apogée au XVIe s. En témoigne, aujourd'hui, la beauté des monuments et des maisons de cette époque.
Les siècles suivants sont ceux du déclin. Plus proche de l'embouchure de la *ría,* Vigo décolle à mesure que le tonnage des bateaux augmente, tandis que Pontevedra s'envase inexorablement. Seule la désignation de la ville comme capitale administrative de sa propre province, au XIXe s, la sauve du marasme. Aujourd'hui, le courant s'est inversé : réputée pour l'élégance de son centre ancien et son art de vivre, Pontevedra est à nouveau en plein essor.

## Arriver – Quitter

### En train

**Estación RENFE** *(hors plan par C3)* **:** avda Eduardo Pondal. ☎ 986-85-13-13. Résas : ☎ 912-320-320 (nº national). • renfe.com •

➢ **Santiago** (env 35 mn-1h), via **Villagarcía de Arousa** (15-25 mn) et **Padrón** (40-50 mn) **:** ttes les 30 mn-1h30 env, 5h45 (7h le w-e)-21h55. Attention, tous ne s'arrêtent pas à Padrón. La plupart continuent jusqu'à **La Corogne** (1h10-1h45). Les omnibus font escale à Catoira (près de **Carril**).

➢ **Vigo** (15-30 mn) **:** ttes les 20 mn-1h30 selon le moment de la journée, 7h15 (8h15 le w-e)-23h. Un peu moins de trains hors saison (8h15-22h15).

➢ **Ourense** (env 1h30-2h30) et **Madrid** (6h-7h) **:** 2-3 directs/j., vers 8h20 (sauf dim), 15h15 (sauf sam) et *Trenhotel* à 21h30 (sauf sam, arrivée à 9h30 le lendemain). Autres options via Santiago (en particulier pour Ourense).

### En bus

**Estación de autobuses** *(hors plan par C3)* **:** *avda Estación. ☎ 986-85-24-08. • autobusespontevedra.com • En face de la gare ferroviaire, au bout de l'avda Eduardo Pondal.*

➢ **Sanxenxo** (30 mn), **Portonovo** (35 mn) et **O Grove** (1h15) **:** avec *Monbus* (☎ 902-29-29-00 ; • monbus.es •), ttes les 30 mn-1h, 7h45 (11h certains j.)-22h. Tous desservent **Poio** et **Combarro,** mais seule la moitié env passe par **Portonovo.**

➢ **Portonovo** (25 mn), **Sanxenxo** (30 mn) et **Pontevedra** (1h15) **:** *Monbus* assure 1 bus ttes les 30 mn-1h en saison 6h30-20h, 4-6 bus hors saison (dès 7h25).

➢ **Cambados** (1h) **:** 9-11 bus/j. lun-ven 8h15-20h35, 4 le sam (dès 9h30), 3 le dim (dès 12h15), avec *Cuiña* (☎ 986-84-05-91 ; • autocarescuina.com •).

➢ **Île d'Arousa** (1h15) **:** 2 bus/j. en sem 13h-20h, aucun le sam, 1 seul le dim à 20h, avec *Núñez Barros* (☎ 986-54-22-03 ; • autocaresnb.com •). Autres options, plus fréquentes, en changeant à Vilagarcía de Arousa (départ ttes les heures 8h-21h45 en sem, moins le w-e, sam 9h-21h, dim 11h-21h).

➢ **Padrón** (50 mn-1h) **:** 7 bus/j. lun-ven 6h45-21h avec *Monbus,* 5-6 le w-e (dès 8h).

➢ **Santiago** (1h-1h30) **:** avec *Monbus,* ttes les 30 mn-1h15 env, 6h45-21h en sem. Moins fréquents le w-e, 8h-21h (21h30 dim).

➢ **La Corogne** (env 2h) **:** 7-8 directs/j. 6h45-19h en sem, 9h-19h le sam, 9h-21h30 le dim avec *Monbus.*

➢ **Bueu** (45 mn) et **Cangas** (1h) **:** 14 bus/j. 7h35-21h30 (dès 10h30 le sam, 12h30 le dim), avec *Monbus.*

➢ **Vigo** (30-40 mn direct, 1h omnibus) **:** lun-ven, ttes les 30 mn-1h selon le moment de la journée 7h-22h50, avec *Monbus.* Moins fréquents le w-e (10h10-22h sam, dès 11h dim).

➢ **Lugo** (env 2h30) **:** env 5 bus/j. 7h50-19h (4-5 le w-e, dès 10h) avec *Monbus.*

➢ **Ourense** (1h45-2h30) **:** 3 bus/j. en sem 9h15-19h10 avec *Monbus,* 1 le sam 15h10. Pas de bus le dim.

➢ **Madrid :** 4-6 bus/j. 8h-0h25 avec *Avanza* (☎ 902-02-00-52 ; • avanzabus.com •). Durée : 8h.

➢ **Porto** (2h45-3h30) et **Lisbonne** (9h15) **:** tlj à 10h45, 12h45 (plus 18h15, rarement) pour Porto avec *Alsa* (☎ 902-42-22-42 ; • alsa.es •) **;** celui de 12h45 continue jusqu'à Lisbonne. Également avec *Autna* (☎ 986-28-80-30 ; • autna.com •), 5 bus/j. (plus rapides) en sem, 2 le w-e pour Porto (env 2h slt) et 4/j. en sem, 1 le w-e pour Lisbonne (env 7h).

## Circulation et stationnement

La vieille ville n'est pas trop étendue et ne s'apprécie qu'à pied. L'accès en voiture y est difficile mais possible, juste pour déposer les valises à l'hôtel.

**■ Adresses utiles**

- 1 Oficina municipal de turismo (C2)
- 2 Oficina de turismo Rías Baixas (A-B2)

**Où dormir ?**

- 11 Pensión Residencia Casa Maruja (B2)
- 12 Hotel Boa Vila (C2)
- 13 Slow City Hostel (B2)
- 14 Dabarca Hotel Apartamentos (A3)
- 15 Hotel Rúas (C2)
- 16 Parador de Pontevedra (B1)
- 17 Hotel Rías Bajas (C3)

**Où manger ?**

- 20 Sidrería Montañés (C3)
- 21 Casa Fernández – O Parvadas (C3)
- 22 Los Olmos (C1)
- 23 Restaurante Envero (C2)
- 24 Restaurante Eirado da Leña (C2)
- 25 La Chiruca (C2)
- 26 Tapería Os Carballos et Os Maristas (C2)
- 28 Bar El Pitillo (B2)
- 29 O Cruceiro (B2)

**Où sortir ?**

- 30 Sopa de Gallo (B2)
- 31 Verbena (C1)
- 32 Animas (B1)

**Où acheter de bons produits ?**

- 40 Coren Grill (C3)
- 41 Casa Sada (C1)

LA GALICE

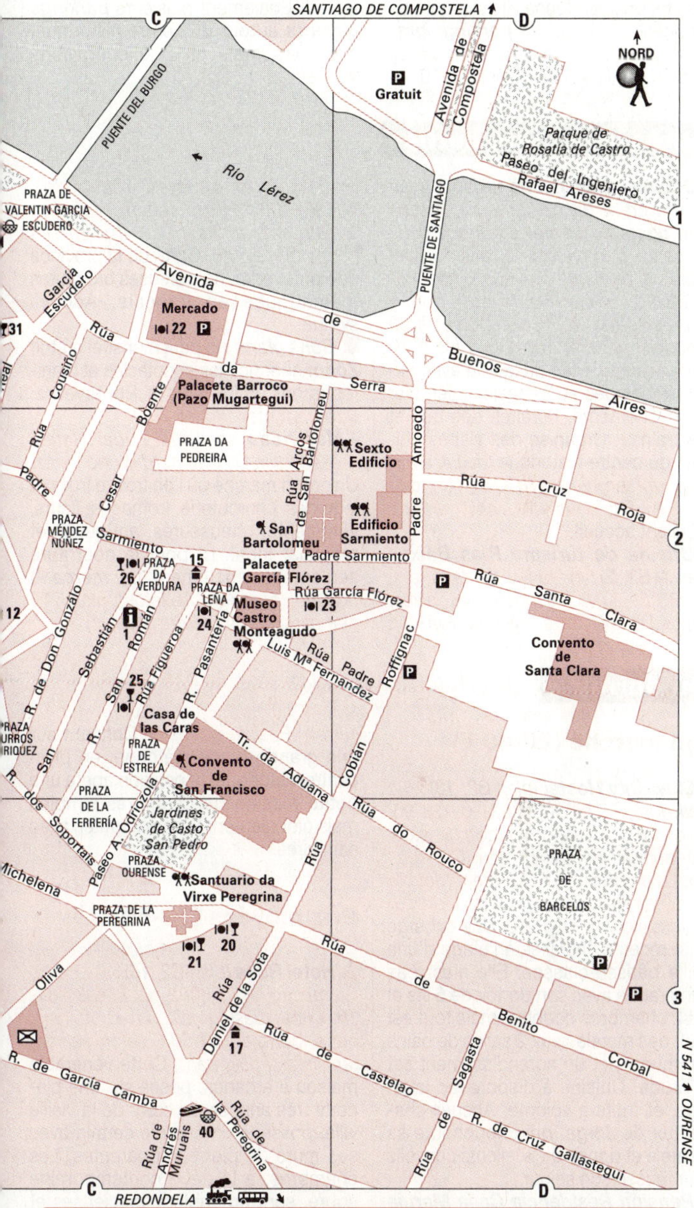
SANTIAGO DE COMPOSTELA
NORD
Gratuit
Avenida de Compostela
Parque de Rosatía de Castro
Paseo del Ingeniero Rafael Areses
PUENTE DEL BURGO
Río Lérez
PRAZA DE VALENTIN GARCÍA ESCUDERO
PUENTE DE SANTIAGO
García Escudero
Avenida de Buenos Aires
Mercado
22
31
Rúa da Serra
Rúa Cousiño
Palacete Barroco (Pazo Mugartegui)
Boente
PRAZA DA PEDREIRA
Rúa Arcos de San Bartolomeu
Sexto Edificio
Padre Amoedo
Rúa Cruz Roja
Padre Sarmiento
Cesar
PRAZA MÉNDEZ NÚÑEZ
San Bartolomeu
Edificio Sarmiento
Padre Sarmiento
PRAZA DA VERDURA
26
15
Palacete García Flórez
Rúa Santa Clara
Rúa García Flórez
23
PRAZA DA LEÑA
24
Museo Castro Monteagudo
12
1
R. de Don Gonzálo
Sebastián
San Román
Rúa Figueroa
R. Pasantería
Luis Mª Fernandez
Rúa Padre
Roffignac
Convento de Santa Clara
25
Casa de las Caras
PRAZA DE ESTRELA
Tr. da Aduana
San R.
Convento de San Francisco
Cobián
R. dos Soportais
PRAZA DE LA FERRERÍA
Jardines de Casto San Pedro
Paseo A. Odriozola
PRAZA OURENSE
Rúa do Rouco
PRAZA DE BARCELOS
Michelena
Santuario da Virxe Peregrina
PRAZA DE LA PEREGRINA
20
21
Rúa de Benito Corbal
Oliva
Rúa Daniel de la Sota
17
Rúa de Castelao
Rúa de Sagasta
R. de García Camba
N 541 OURENSE
Rúa de Andrés Muruais
40
Rúa de la Peregrina
R. de Cruz Gallastegui
REDONDELA
1
2
3
C
D

PONTEVEDRA

Ensuite, on abandonne vite son auto en périphérie. Il existe des ***parkings gratuits*** juste de l'autre côté du *río Levez (plan D1),* le long des quais, à 5-10 mn à pied. Également plusieurs ***parkings payants*** autour du centre historique, pratiques mais un peu chers *(env 1,50 €/h ; 6-12 €/24h).*

## Adresses et infos utiles

**ℹ *Oficina municipal de turismo*** *(plan C2,* ***1****) :* *praza da Verdura, s/n.* ***Attention, possible déménagement*** *dans les locaux de l'*oficina de turismo Rías Baixas *à partir de juin 2018.* ☎ *986-09-08-90.* • *visit-pontevedra.com* • *Lun-sam 9h-14h, 16h30-20h (19h30 hors saison) ; dim 10h-14h, plus 17h-20h en saison.* Plan de la ville avec circuit de balades en français, calendrier des événements, horaires des bus et des trains... Organise des visites guidées du centre historique *(de juil à mi-sept, lun-sam vers 11h30 et 18h, dim mat slt ; 5 € pour env 1h45, réduc).* Excellent accueil.

**ℹ *Oficina de turismo Rías Baixas*** *(plan A-B2,* ***2****) :* *praza Santa María, s/n.* ☎ *986-21-17-00.* • *turismoriasbaixas.com* • *De mi-juin à mi-sept, lun-ven 9h-21h ; w-e et fêtes 10h-14h30, 16h30-20h. Hors saison, lun-ven 9h-20h, w-e et fêtes 10h-14h, 16h-19h (fermé dim ap-m).* Carte de la province de Pontevedra, nombreuses brochures thématiques en français. Accueil sympa.

■ ***Bons plans :*** le petit mensuel gratuit ***Zoom*** annonce les spectacles et manifestations culturelles à Pontevedra. • *zoompontevedra.es* •

– ***Marchés :*** *sam mat, quai Rafael Areses (plan D1), au nord du río Lérez.* Un grand marché où l'on trouve fruits et légumes, charcuterie, fromages, fleurs, vêtements, chaussures, antiquités et artisanat local. Et pour la nourriture seulement, également un *mercado* couvert *(praza de Abastos ; plan C1 ; mar-sam 8h-14h, fermé dim-lun).*

LA GALICE

## Où dormir ?

### Bon marché (20-40 €)

**☗ *Slow City Hostel*** *(plan B2,* ***13****) :* *rúa Amargura, 5, 36002.* 📱 *631-06-28-96.* • *slowcityhostel@gmail.com* • *slowcityhostelpontevedra.com* • *Congés : nov. Lit en dortoir 17,50 €/pers, double 40 €. Pas de petit déj. Café offert sur présentation de ce guide.* Une auberge toute récente, installée à l'étage d'une vieille bâtisse classée. Elle n'est pas bien grande avec son dortoir de 6 lits et ses 2 chambres doubles, mais tout est neuf, des matelas aux 2 salles de bains communes, et un agrandissement est à l'étude. Cuisine à dispo avec lave-linge, et fruits à volonté. Accueil chaleureux de Jorge, qui chouchoute sa clientèle et donne d'excellents conseils pour réussir son séjour.

**☗ *Pensión Residencia Casa Maruja*** *(plan B2,* ***11****) :* *avda Santa María, 12, 36002.* ☎ *986-85-49-01.* • *casamarujapontevedra@gmail.com* • *pensioncasamaruja.com* • *Doubles 33-40 € selon saison. Pas de petit déj.* Donnant sur une grande place piétonne, en plein centre historique, la pension abrite une petite dizaine de chambres simples mais globalement propres, toutes avec sanitaires.

### Prix moyens (50-60 €)

**☗ *Hotel Rúas*** *(plan C2,* ***15****) :* *rúa Padre Sarmiento, 20, 36002.* ☎ *986-84-64-16.* • *hotelruas@gmail.com* • *hotelruas.net* • *Doubles 50-60 € selon saison, familiales également.* Cette vénérable maison à arcades, posée sur une placette très animée du cœur de la vieille ville, possède un charme certain avec ses murs de pierres apparentes. Les chambres, à la déco contemporaine sobre, sont agréables, spacieuses et bien insonorisées (2 fenêtres !). Certaines sont prolongées d'un balcon donnant sur l'une des deux placettes attenantes. Accueil chaleureux et très pro. Bon resto sur place *(menus 12 € en sem-30 €).*

**Hotel Boa Vila** *(plan C2, **12**) : rúa Real, 4-6, 36002. ☎ 986-10-52-65. • info@hotelboavila.es • hotelboavila.es • ♿ Réserver ! Doubles 50-60 € selon saison, petit déj inclus.* En plein centre historique, cette vieille maison abrite une dizaine de chambres spacieuses, confortables et décorées avec goût, qui sortent enfin de l'ordinaire ! Certaines ont un lit à baldaquin, d'autres des pierres apparentes ; certaines donnent sur la ruelle (nos préférées), d'autres sur un puits de lumière. Celles du dernier étage sont joliment mansardées. Toutes disposent d'un frigo. Très bon rapport qualité-prix et accueil.

### De prix moyens à plus chic (50-110 €)

**Dabarca Hotel Apartamentos** *(plan A3, **14**) : rúa Los Palamios, 2, 36002. ☎ 986-86-97-23. • info@hoteldabarca.com • hoteldabarca.com • Doubles 50-95 € selon saison. Parking 10 €, mais places gratuites alentour.* Posé en contrebas de l'Alameda, cet hôtel dispose d'une vingtaine d'apparts à 1 chambre avec salon-cuisine américaine. Ils sont très bien équipés, avec clim, TV, sèche-cheveux et même un lave-linge. Cafétéria sur place pour le petit déj. L'ensemble est accueillant, moderne, impeccable, et le service pro. Bref, un sans-faute.

**Hotel Rías Bajas** *(plan C3, **17**) : rúa Daniel de la Sota, 7, 36001. ☎ 986-85-51-00. • contacto@hotelriasbajas.com • hotelriasbajas.com • ♿ Selon saison et confort, doubles 75-110 €, familiales également, petit déj env 10 €. Parking 12 €.* Dans un bâtiment moderne jouxtant le vieux centre, cet hôtel présente un beau *lobby* design plutôt classe. Les chambres sont, en revanche, assez classiques, avec du mobilier ancien. Les supérieures sont plus cosy et spacieuses. Préférer celles aux étages supérieurs, car l'ensemble n'est pas insonorisé. Tout de même un peu cher !

### Très chic (80-160 €)

**Parador de Pontevedra** *(plan B1, **16**) : rúa do Barón, 19, 36002. ☎ 986-85-58-00. • pontevedra@parador.es • parador.es • Doubles 85-160 € selon saison ; petit déj 17 €.* En pleine vieille ville, le palais Renaissance (XVIe-XVIIIe s) des comtes de Maceda, la *casa do Barón,* abrite aujourd'hui une petite cinquantaine de chambres élégantes et luxueuses, qui sentent bon la cire. Certaines donnent sur la cour, d'autres sur le jardinet, où s'étale l'accueillante terrasse du restaurant *A Terraza de Maceda (menus 27-45 €).* Comme pas mal de *Paradores,* celui-ci aurait besoin d'un petit coup de frais.

LA GALICE

## Où manger ?

Pontevedra compte d'innombrables bars à tapas, où l'on déguste les bons produits du terroir, accompagnés des vins de la région : les *Rías Baixas* et la *Ribeira Sacra* ne sont pas loin !

### Tapas

**Casa Fernández – O Parvadas** *(plan C3, **21**) : rúa González de Zúñiga, 4. ☎ 986-86-47-10. Derrière le santuario da Peregrina, maison blanche sans enseigne en haut de quelques marches. Tlj sauf dim. Fermé oct. Plats 7-12 €.* *O Parvadas* est une sorte de mythe à Pontevedra. Plusieurs générations de *chiquiteros* (« buveurs de petits verres de vin ») et d'amateurs de tauromachie s'y retrouvent au comptoir, dans une salle de bar rustique au granit apparent et aux tables massives en bois. Le *Parvadas,* dit-on, offrirait le meilleur *ribeiro* de la ville, servi en pichet et dans des petites tasses en porcelaine blanche. Très rétro ! On l'accompagne d'une *ración* de poulpe (excellente), de fromage de *tetilla,* de chorizo, de *mariscos,* de planches de charcuterie-fromage de pays, à déguster avec les habitués, ou dans l'arrière-cour, au frais. Une adresse authentique à prix doux.

|●| 🍷 ***Sidrería Montañés*** *(plan C3, **20**) : rúa Gonzáles de Zúñiga, 6. ☎ 986-10-15-94. • sidreriamontanes@gmail.com • Derrière le santuario da Peregrina. Tlj sauf dim soir 12h-minuit. Menu 10,50 €, tapas 4-15 €. Sur présentation de ce guide, café offert en fin de repas.* Une envie de cidre ? Tout droit descendu des montagnes asturiennes, ce bar fort populaire débite le liquide ambré à vitesse grand V, non pas comme le voudrait la tradition, mais dans de drôles de fontaines à cidre pressurisées, qui donnent leurs bulles à ce joyeux breuvage. Pour l'accompagner, une costaude *fabada asturiana* (sorte de cassoulet), des pâtés, du *salchichón* de cerf ou au cidre et, surtout, une quinzaine de sortes de fromages. Ça change des fruits de mer. Terrasse.

|●| 🍷 ☕ ***Bar El Pitillo*** *(plan B2, **28**) : rúa Alta, 3. 📱 665-31-13-32. Tlj sauf dim hors saison ; 9h-14h, 20h-0h30. Tapas 3,50-12 €.* Un succès fou ! Le lieu est pris d'assaut toute la soirée. On vous installera certainement une nouvelle table dans la ruelle pour vous régaler de tapas à prix doux à accompagner de bons petits vins régionaux au verre (pas chers non plus !), le tout dans une ambiance très amicale. Bien également pour le petit déj si vous résidez dans le quartier. Une adresse que l'on recommande chaudement !

|●| 🍷 ***La Chiruca*** *(plan C2, **25**) : rúa Figueroa, 17. 📱 675-63-60-60. Tlj en été. En hiver, fermé sem, ouv slt w-e. Tapas et raciones 3-18 €.* Dans votre tournée des bars à tapas du centre névralgique, dans une ruelle donnant sur la *praza da Verdura,* vous remarquerez quelques tables entourées par la foule, verre en main, qui signalent *La Chiruca.* Une omelette aux algues ? Une *empanada* ? Une *ración* de calamars ou de petits *pimientos de Padrón* juste grillés ? Vite, elles partent tôt.

|●| 🍷 ***Tapería Os Carballos*** *(plan C2, **26**) : praza da Verdura, 9. ☎ 986-85-20-78. Tlj sauf mar. Fermé janv. Tapas 6 €, mariscos env 10 €. Digestif offert sur présentation de ce guide.* Au dos de la minuscule *praza da Leña* et de son calvaire, voici la mythique *praza da Verdura,* charmante esplanade ombragée où se tenait jadis le marché aux légumes (*verduras,* pardi !). Le soir, les terrasses s'y étalent à touche-touche, débordant des vénérables arcades. Attention, y a toujours foule ici ! Un haut lieu de l'apéro dînatoire ! Sur celle d'*Os Carballos* on sirote des petits verres de vins locaux accompagnés de bonnes tapas et de *bocadillos.* ***Os Maristas,*** à côté, tire également bien son épingle du jeu, pour grignoter une *empanada gallega* ou un *pulpo* bon marché en sirotant une *Estrella Galicia.*

## De bon marché à prix moyens (8-24 €)

|●| ***Los Olmos*** *(plan C1, **22**) : à l'étage du mercado de Abastos, rúa da Serra. 📱 663-88-20-47. Mar-sam 6h-15h. Fermé dim-lun.* Ceux qui sont passés par Santiago connaissent le principe : on achète ses fruits de mer et crustacés à l'étal sur le marché et le cuistot de ce petit café-bar vous cuisine tout ça pour 3 € par produit. Indiquer au préalable le mode de cuisson choisi : à la vapeur, bouilli ou grillé. Difficile de faire plus frais et moins cher ! On adore.

|●| ***O Cruceiro*** *(plan B2, **29**) : rúa Isabel II, 16. ☎ 986-84-04-36. Tlj 12h-16h, 20h-23h30 (fermé le soir dim-mer hors saison). Raciones et plats 5-15 € ; arroz de mariscos 2 pers 32 €.* Comme un bateau ivre, sa terrasse en pente s'amarre au pied du calvaire de la *praza das Cinco Rúas.* Visez juste : les chaises rouges, à défaut de quoi vous serez chez le voisin... À mi-chemin de la *tapería* et du resto, *O Cruceiro* cuisine bien le poisson et l'*arroz de mariscos.* De quoi sortir repu et satisfait.

## Chic (20-45 €)

|●| ***Restaurante Envero*** *(plan C2, **23**) : rúa García Flórez, 18. 📱 645-77-71-71. • vinotecaenvero@gmail.com • Fermé dim soir et mar hors saison. Congés : 2 sem début nov. Plats 8-15 € ; repas complet env 30 €.* Une très bonne adresse, un brin cachée dans une ruelle peu passante, sans aucun autre

LA GALICE

signe distinctif sur la façade qu'un autocollant (transparent !) sur une fenêtre. Mais ce resto bar à vins, à la déco japonisante, prolongé d'un gentil patio sur l'arrière, est remarquable ! Le chef, inspiré d'ici et d'ailleurs, concocte une cuisine inventive et savoureuse, au dressage étudié. Plus que des tapas, il propose de petites assiettes qui varient au fil du marché et des saisons. On s'est régalés avec un *ceviche* de poissons locaux, un *tataki* de thon et un dessert à l'ananas et à la papaye !

**Restaurante Eirado da Leña** *(plan C2,* ***24****)* **:** *praza da Leña, 3. ☎ 986-86-02-25. • oeirado@hotmail.es • Tlj sauf dim soir et lun soir 13h30-16h, 21h-23h30. Menus 45-65 €, plats 22-27 €.* Toiles modernes colorées et mobilier contemporain en rotin égaient cette vieille maison aux murs de granit brut. Voilà un cadre raffiné et intime pour une cuisine moderne, créative et originale. Un pur moment de bonheur culinaire. Service charmant.

## Où sortir ?

Le centre historique fourmille de jolies petites places envahies par les terrasses de nombreux bars animés : ***praza da Leña*** *(plan C2),* ***praza da Verdura*** *(plan C2),* ***praza Méndez Núñez*** *(plan C2),* ***praza do Teucro*** *(plan B2)*... Reportez-vous à la rubrique « Où manger ? Tapas » pour une bonne sélection.

De nombreux ***bars-boîtes branchés*** se disputent en outre la clientèle des jeunes noctambules entre le théâtre et le *Parador.* On pourra commencer par un bon cocktail au calme au bar du ***Sopa de Gallo*** *(rúa Dona Tareixa, 2 ; plan B2,* ***30****),* puis descendre la *rúa Paio Gómez Chariño* en s'arrêtant au feeling dans l'un de ses nombreux rades festifs, pour faire une pause plus longue sur la *praza Celso García de la Riega* au ***Verbena*** *(plan C1,* ***31****),* un bar un brin déjanté, à la déco contemporaine décalée, où se retrouvent artistes et fêtards. Pour une ambiance plus rock, on pousse à deux pas jusqu'au bar ***Ánimas*** *(Enfesta de San Telmo, 6 ; plan B1,* ***32****),* avant d'aller sur le quai du *río Lérez* pour reprendre ses esprits dans l'air marin.

## Où acheter de bons produits ?

**Coren Grill** *(plan C3,* ***40****)* **:** *rúa de Andrés Muruais, 1. ☎ 988-36-94-02. • corengrill.es • Lun-sam 10h-16h, 18h-22h, dim 10h-18h.* Ce fameux traiteur, qui a ouvert depuis 1959 une bonne vingtaine de magasins en Galice, propose un bon choix de charcuterie ibérique sous vide *(jamón, solomillo, salchichón, chorizo, caña de lomo, lomito...).* On trouvera également du fromage, du vin, des conserves, de l'huile d'olive... Difficile de ne pas repartir avec un sandwich, quelques *croquetas, empanadas* ou *tortilla gourmet* à dévorer sitôt la porte refermée !

**Casa Sada** *(plan C1,* ***41****)* **:** *rúa Arcebispo Malvar, 30. 📱 653-40-45-43. • casasadawine@gmail.com • Tlj sauf dim 11h-14h30, 17h30-22h. Congés : 1re sem d'août.* Cette belle cave propose un grand choix de vin de Galice (*albariño, ribeiro, valdeorras* et notre préféré le *ribeira sacra de Amandi*), le tout à prix attractifs. Fait aussi bar à vins pour une petite dégustation sur place.

# À voir. À faire

Au-delà de son fameux pont suspendu, de ses monuments et de ses musées, Pontevedra offre avant tout un cadre superbe pour des balades dans les ruelles piétonnes de son centre historique. Que l'on se penche sur le plan ou que l'on déambule au hasard, on ne manquera pas de rebondir de placette en placette, de terrasse de café en terrasse de bar. Parmi les plus belles, citons la ***praza da Leña*** *(plan C2)*, la toute proche ***praza da Verdura*** *(plan C2)*, avec ses arcades, sa fontaine ornée d'un malotru tirant la langue et son incroyable animation en soirée, et encore la ***praza Méndez Núñez*** *(plan C2)*, où se fige un drôle de Led Zeppelin manchot... en fait un bronze de l'écrivain galicien Valle Inclán. En contrebas, le beau ***Pazo Mugartegui,*** baroque, cache ses arcades sur la petite *praza da Pedreira (plan C2)*, à deux pas du grand marché *(plan C1)* croulant sous les poissons, fruits de mer et fleurs. Plus à l'ouest, en direction de la basilique, on aime bien aussi la ***praza das Cinco Rúas*** *(plan B1-2)*, veillée par un très beau calvaire en granit. À son pied, sous le regard impassible d'Adam, Ève s'apprête à cueillir la pomme, sans apercevoir le serpent – long comme un anaconda – qui va la dévorer... La ***rúa dos Soportais*** *(plan C2-3)*, ainsi nommée pour ses colonnades de pierre, vous ramènera *praza da Peregrina (plan C3)*, au pied du sanctuaire de la Vierge.

**Basílica de Santa María la Mayor** *(plan A-B1-2)* **:** *praza de Alonso de Fonseca. Tlj 10h-13h30 (14h dim et fêtes), 17h (18h dim et fêtes)-21h. GRATUIT.* Construite au XII^e^ s, rénovée au XVI^e^ s, elle a été financée en grande partie par la puissante corporation des pêcheurs. Elle présente une admirable façade plateresque de 1541, où Teucro (fondateur mythique de la ville) et Hercule (héros des marins locaux) apparaissent aux côtés de la Vierge. Sur le côté intérieur, une œuvre incroyable : un contre-portail du XII^e^ s orné de 40 scènes en relief. Assez difficiles à lire sans aide, elles regroupent représentations de Pontevedra, d'épisodes bibliques (Ancien et Nouveau Testament), d'évocations du mal et du péché, de la mort, de l'Eucharistie, de l'Église, etc. Vous reconnaîtrez aussi l'expulsion d'Adam et Ève du jardin d'Éden et l'arche de Noé. Voir aussi le retable exceptionnel du maître-autel, illustré de la vie de la Vierge. Un escalier en colimaçon *(fermé jeu ; accès : 1 €)* grimpe jusqu'au toit pour une vue panoramique sur la ville. Minimusée d'objets liturgiques dans les salles latérales de la tour.

**Museo provincial de Pontevedra** *(plan D2)* **:** *rúa Padre Amoedo. ☎ 986-80-41-00. • museo.depo.es • ♿ Tlj sauf lun. Mar-sam 10h-21h, dim et j. fériés 11h-14h. Fermé 1^er^ et 6 janv, 24, 25 et 31 déc. GRATUIT.*
Le *Museo provincial de Pontevedra* est réparti sur quatre sites différents. ***Attention, le castro Monteagudo et le palais García Flórez, situés sur la praza da Leña, sont fermés pour une durée indéterminée*** (de gros travaux de restauration sont prévus, mais pas financés !). Dans l'attente, qui risque d'être bien longue, on pourra apprécier la façade de ces deux beaux bâtiments historiques avant d'aller visiter les riches expos permanentes et temporaires du ***Sexto Edificio*** et de l'***Edificio Sarmiento,*** un peu plus loin, qui regroupent la majeure partie du fonds.
Le vaste édifice moderne de verre et d'acier du *Sexto Edificio* présente sur trois niveaux d'abord des éléments d'***art gothique religieux*** (surtout lapidaires, ainsi que des sculptures), puis s'intéresse à l'***art baroque et néoclassique*** – avec, en particulier, cinq reliefs en bois doré (début XVII^e^ s) provenant de l'ancien maître-autel de la basilique Santa María de Pontevedra (voir plus haut) et un beau saint Jacques pèlerin de la même époque. Au fur et à mesure de l'avancée de la visite, les sujets profanes commencent à poindre leur nez. Portraits bourgeois, scènes de vie, paysages... Au 2^e^ étage, consacré aux ***artistes espagnols et galiciens des XIX^e^-XX^e^ s,*** une section est dédiée à Manuel Quiroga (1892-1961), violoniste devenu caricaturiste à la suite d'un accident qui l'empêchait de jouer, et une autre à Alfonso Daniel Rodríguez Castelao (1886-1950), qui eut la double casquette de médecin et d'artiste nationaliste galicien. Le 3^e^ et dernier étage présente exclusivement des œuvres de peintres et sculpteurs régionaux du XX^e^ s. Quant au sous-sol, on peut y voir les restaurateurs travailler dans leurs ateliers vitrés.
Mais passons plutôt dans *Edificio Sarmiento,* relié au *Sexto Edificio* par des passerelles de verre.

On découvre un bel édifice baroque bâti entre 1695 et 1714 pour accueillir le collège des jésuites. Remarquable par son ***cloître austère et son grand escalier d'honneur,*** il abrite principalement, dans les trois salles du rez-de-chaussée, les ***collections archéologiques,*** de la préhistoire à l'Antiquité. Parmi ses pièces maîtresses, une rarissime peinture mégalithique remontant sans doute à environ 5 000 ans avant notre ère, des pétroglyphes (scènes de chasse) et les trésors de Caldas de Reis et A Golada, issus de la culture des *castros* celtes. À l'étage, le fil de l'histoire se déroule des débuts de l'ère chrétienne jusqu'à l'épanouissement de l'art roman, culminant avec deux statues provenant du portail de la Gloire de la cathédrale de Saint-Jacques-de-Compostelle. Enfin, après une intéressante section d'***art contemporain,*** on pourra jeter un coup d'œil à celle dédiée aux ***céramiques traditionnelles galiciennes et espagnoles.***

***Igrexa San Bartolomeu*** *(plan C-D2)* **:** *rúa Padre Sarmiento, 51. Lun-sam 9h-13h30, 18h-21h ; dim 10h-14h, 19h-21h. GRATUIT.* Dressée en contrebas de la *praza da Leña,* cette ancienne église d'un collège de jésuites (XVIIIe s) montre une architecture sobre, typique de l'ordre à l'époque baroque. Le maître-autel, orné de statues de saints jésuites, et les autels latéraux apportent toutefois un démenti cinglant avec leur foisonnement de détails sculptés et dorés... On verra aussi de nombreuses sculptures, dont une représentation de la *Vierge de la* O qui était « *patrona de la cuidad de Pontevedra* », à gauche en entrant.

***Convento de San Francisco*** *(plan C2-3)* **:** *praza Ourense. Lun-ven 7h30-12h45, 17h-20h30 ; w-e 7h30-13h45. GRATUIT.* Bel exemple d'architecture conventuelle du XIVe s, le monastère domine les jardins de *Casto Sampedro,* la grande praza da Ferreria et la petite praza da Estrela attenante, très vivantes le soir avec leurs nombreuses terrasses. Le sanctuaire abrite quelques curiosités : la statue d'un saint noir (Benoît de Palerme), un calvaire naïf du XIVe s sur le côté gauche, et deux couples de gisants de pierre encadrant l'autel. En sortant, allez jeter un coup d'œil, praza da Estrela, à la ***Casa de las Caras*** *(plan C2),* ainsi nommée pour les médaillons de personnages qui courent entre les fenêtres, sous la corniche.

***Santuario da Virxe Peregrina*** *(plan C3)* **:** *praza da Peregrina. Tlj 8h30-14h, 16h-20h30. GRATUIT.* Cette église affiche une architecture originale du XVIIIe s baroque, en forme de coquille Saint-Jacques à la façade convexe. Il s'agit d'un sanctuaire vénéré par les pèlerins du *Camino portugués* en route pour Saint-Jacques-de-Compostelle. Ils s'y arrêtent pour se recueillir et prier la Sainte Vierge, statufiée en pèlerine au-dessus de l'autel (ainsi que sur la façade) ; curieux !

***Ruinas de Santo Domingo*** *(plan B2-3)* **:** *gran vía de Montero Ríos. Mars-oct, mar-sam 10h-14h, 16h-19h30 (20h30 mai-sept) ; dim et j. fériés 11h-14h ; fermé lun. Fermé nov-fév. GRATUIT.* Dépendance du *Museo provincial,* les ruines de Santo Domingo sont les vestiges d'un complexe monastique fondé à la fin du XIVe s, occupé au fil des siècles par les ordres mendiants franciscains et dominicains. En 1835, ces derniers connurent des problèmes financiers et furent obligés de quitter les lieux. Depuis cette date, Santo Domingo s'est dégradé jusqu'à devenir une grande ruine. Si la façade et le toit ont bel et bien disparu, on peut encore voir une partie du transept gothique et du chœur de cette église qui fut, en son temps, l'une des plus grandes de Galice. Tout autour gisent chapiteaux de colonnes, statues, pierres tombales, sarcophages et blasons... Pour les passionnés d'histoire, de l'autre côté de la praza de España, le ***Centro de interpretación das Torres arcebispais,*** en sous-sol, rappelle l'existence du château médiéval du XIIe s, dont il ne reste ici qu'un mur de la fosse ! Une maquette et une vidéo de 10 mn complètent les seules choses à voir *(visites guidées slt, à heure pile, mar-dim et j. fériés 10h-14h, ven-sam 17h-21h ; pas de visite lun ; 2 €, réduc ; ● cita.pontevedra.gal ●).*

**Sanctuario de las Apariciones** (plan B1) : *rúa Sor Lucía. Tlj 9h-13h, 17h30-20h. GRATUIT.* À l'étage de cet ancien *colegio,* le 10 décembre 1925, la Vierge est apparue (avec l'Enfant Jésus en suspension dans les nuages) à sœur Lucia, alors qu'elle était tranquillement dans sa cellule. L'année suivante, autre apparition, avant celle de Fatima au Portugal (la Madone en tournée ?). Le pape a validé. Sa chambrette a été transformée en chapelle kitsch à souhait, avec moquette et lambris aux murs, pour que les fidèles viennent s'y recueillir, des fois qu'elle repasse !

## Fêtes et manifestation

– **Carnaval :** *surtout le ven précédant le début du Carême.* Il se conclut sur le bûcher, et ce n'est pas le Caramentran que l'on brûle ici, mais une effigie du perroquet *Ravachol* ! Ce drôle d'oiseau, mal embouché, est mort un jour de carnaval en 1913 : depuis, toute la ville lui rend hommage...
– **Festa da « Peregrina » :** *8 j. à partir du 2e dim d'août.* Traditionnelle procession de la Vierge, concerts, spectacles dans les rues, dégustations des spécialités locales, régates sur le fleuve... De nombreux visiteurs affluent du Portugal et de tout le pays.
– **Feira Franca :** *1er w-e de sept.* La ville retourne à l'époque médiévale. Sortez votre costume !



## DANS LES ENVIRONS DE PONTEVEDRA

**Parque arqueolóxico da Arte rupestre :** *Campo Lameiro,* ***Praderrei.*** *☎ 886-15-11-95. • paar.es • À env 25 km au nord-est de Pontevedra par la N-541 en direction d'Ourense sur 17 km puis prendre la PO-231 (fléché « Campo Lameiro »). Tlj sauf lun : Semaine sainte et juin, 10h-20h ; juil-août, 11h-21h ; le reste de l'année, 10h-18h (15h nov-fév). Fermé 24-25 et 31 déc, et 1er janv. Entrée : 5 € ; réduc.* Ce parc, en pleine nature, a été aménagé autour de roches ornées de pétroglyphes (dessins gravés dans la pierre). On les découvre au gré d'un parcours de 4 km. La balade est agréable mais ces gravures datant de l'âge du bronze sont peu spectaculaires. Le plus intéressant est la visite du grand centre d'interprétation moderne qui tente d'en expliquer le sens et de mettre en lumière la vie à l'époque. D'abord leurs formes (cercles concentriques, spirales, labyrinthes, représentations animales ou humaines...), leurs significations toujours irrésolues (religieuses ou culturelles ?), leurs présences étendues sur un vaste territoire (de la Norvège à l'Italie, et même au Chili !)... Le tout est présenté dans un parcours ludique très bien fait, avec de nombreux panneaux explicatifs en français, écrans tactiles et un film plein d'humour projeté sur un triple écran. Au passage, de bons conseils pour graver un pétroglyphe soi-même avec une pierre, en mode « percussion directe ». Visites guidées ou théâtralisées, animations, cours de cuisine préhistorique sont au programme sur leur site.

**Castelo de Soutomaior :** *à* ***Soutomaior,*** *à env 18 km au sud-est de Pontevedra par Arcade. ☎ 986-80-41-00. • soutomaior.com • Tlj sauf lun 10h-21h (20h hors saison). Accès au parc gratuit ; château 2 € ; réduc.*
Sa position stratégique, sur les hauteurs dominant le fond de la ría de Vigo, en faisait un verrou qui protégeait Pontevedra. Rebâti au XIVe s, ce puissant nid d'aigle entouré d'une double enceinte reste attaché à Pedro Álvarez de Soutomaior (1420-1488), l'un des personnages les plus importants de l'histoire médiévale galicienne. C'est lui qui leva l'étendard de la révolte à la fois contre les Rois Catholiques et la hiérarchie ecclésiastique, en particulier l'archevêque de Santiago. Lors des guerres irmandines, il prit en quelques semaines Pontevedra, Vigo et Tui. On lui attribue même l'introduction des armes à feu en Galice. Quand on voit le château dominant la vallée, on comprend mieux la puissance de ce chef de guerre.

Restauré, l'édifice, auquel on accède par un court pont-levis, constitue aujourd'hui l'un des plus beaux exemples de l'architecture militaire galicienne. Il abrite une exposition retraçant son histoire : beaucoup de panneaux explicatifs en espagnol, pas grand-chose à voir... Restent les beaux points de vue depuis les murailles crénelées et le superbe ***jardin botanique*** attenant, dessiné par le marquis de la Vega dans les années 1870 : 25 ha propices à la rêverie, plantés d'une centaine d'espèces de camélias, de parterres à la française, d'araucarias, de séquoias et autres magnolias.
Un hôtel *(Pousada del Castillo de Soutomaior)* occupe une partie des communs. Ses chambres, si elles offrent un bon confort, n'ont malheureusement aucun charme alors qu'elles sont bien chères *(• hotelpousadadelcastillo.com • ; min 80 € avec petit déj).*

# LA PÉNINSULE DU MORRAZO

**Cette langue de terre sépare la ría de Pontevedra de la ría de Vigo, et permet d'emprunter le chemin des écoliers pour joindre ces deux villes. Les caps de l'ouest dessinent de beaux paysages marins, préservés et paisibles, mais la côte sud est urbanisée et pas terrible du tout.**

## *BUEU (36930)*

À 19 km au sud-ouest de Pontevedra, Bueu est un port de pêche tranquille, pas trop touristique, capitale autoproclamée du poulpe. On ne peut pas dire qu'il déborde de charme, mais le secteur compte pas mal de jolies plages, en particulier vers le Cabo Udra et la crique de Beluso, à deux pas.

### Arriver – Quitter

➢ ***Pontevedra*** (45 mn) ***:*** 14 bus/j. 7h-21h40 (dès 9h45 le sam, 11h45 le dim), avec *Monbus (☎ 902-29-29-00 ; • monbus.es •).*

➢ ***Cangas*** (15 mn) ***:*** 14 bus/j. 8h20-22h15 (dès 11h15 le sam, 13h15 le dim), avec *Monbus.* Également 15 bus/j. (8-10 le w-e) avec *Autobuses Cerqueiros (☎ 986-32-02-54 ; • autobusescerqueiro.com •)* relient Bueu à Cangas par la route de la côte, via ***Aldán,*** 6h55-19h30 (20h30 été), dès 9h10 le sam, 10h20 le dim.

– Pour mémoire, ***liaisons vers l'île de Ons*** depuis le port (voir plus haut).

### Adresse utile

ℹ ***Oficina de turismo :*** *rúa de Eduardo Vincenti, angle rúa de Montero Ríos (face à la praza de Abastos). ☎ 986-32-44-57. • concellodebueu.org • Ouv 15 juin-15 sept. Juin et sept : jeu-lun 10h30-14h, 16h-20h ; fermé mar et mer. Juil-août : lun-jeu 10h-14h30, 16h-20h ; ven-dim 10h30-20h (21h w-e). Fermé hors saison.* Bonne carte des environs et dépliant avec descriptif et photos des plages.

### Où dormir ? Où manger ?

🏠 ***Hotel Incamar :*** *rúa Montero Ríos, 147. ☎ 986-39-00-26. • info@hotelincamar.com • hotelincamar.com • Fermé nov-avr. Doubles 46-60 €*

LA GALICE

*selon saison. Stationnement gratuit devant.* Face à la plage du port, une cinquantaine de chambres classiques, pas immenses, mais propres et plutôt confortables. Demandez-en une avec vue sur mer (bien qu'en partie cachée par les platanes), elles sont au même prix que les autres. Accueil en français.

**Hotel Loureiro :** *avda de Loureiro, 13. ☎ 986-32-07-19. • restaurante loureiro@restauranteloureiro.com • restauranteloureiro.com • Doubles 50-90 € selon vue et saison, petit déj inclus. En été, séjour min 4 nuits. Parking gratuit.* Planté sur le bord de la route, à l'entrée nord de Bueu, cet hôtel moderne de 5 étages surplombe directement la petite plage de Loureiro. Toutes les chambres, carrelées, sont de bon confort (mais sans clim). Balcon tourné vers la mer pour les plus chères (les autres donnent malheureusement sur la route). Resto.

**Restaurante Estrella :** *rúa Xoán Carballeira, 6. ☎ 986-32-06-75. Rue perpendiculaire au front de mer, au niveau du chantier naval. Tlj sauf mar hors saison. Fermé 2de quinzaine d'oct. Raciones et plats 7,50-18 €.* Ce bar de pays, aux murs couverts de vieilles photos et coupures de journaux, se double d'un bon resto qui se distingue régulièrement dans les concours culinaires locaux. À la carte : *mariscos, pescados y carnes* cuisinés selon des recettes traditionnelles. Une adresse un poil chère, mais tout est très frais et les portions sont copieuses. Terrasse couverte sur la rue. Service attentionné.

**Restaurante A Centoleira :** *praia de Beluso, 28. ☎ 986-32-34-81. • acentoleira@gmail.com • Juste en sortant de Bueu vers l'ouest, prendre sur la droite vers Beluso. Tlj, sauf dim soir et lun hors saison. Menus 23-49 € (vin et boissons incluses), plats et raciones 8-20 €.* Posé dans un village de pêcheurs lové au fond d'une crique, avec quai et plagette, ce resto chic plus que centenaire concocte avec soin et finesse des fruits de mer et de bons poissons (assez chers), et quelques *raciones* (plus abordables). On s'installe sur les tables nappées de l'agréable terrasse, devant la plage, ou dans la salle à la déco marine du bar monté sur *dorna* (barque) – inchangée depuis 1965. À l'étage, une salle chic aux murs de granit et cheminée, tapissée d'horloges.

LA GALICE

## À voir. À faire

**Museo Massó :** *rúa Montero Ríos, s/n. ☎ 986-32-18-38. • museomasso.blogspot.com • À côté de l'office de tourisme. Mar-sam 10h-20h, dim et j. fériés 10h-14h. Fermé nov, lun et la plupart des j. fériés. GRATUIT. Feuillet en français.* Ce musée consacré au monde de la mer rend un hommage appuyé à l'entreprise de salaisons Massó, grand employeur local, qui envoyait jadis ses sardines jusqu'en France. Souvenirs de l'usine, vieux films et photos, machines-outils replongent dans le rythme infernal de la vie des ouvrières... Une salle est dédiée à la pêche à la baleine avant son interdiction. À l'étage, on explore plus largement le passé maritime de la région : belles maquettes, figures de proue, instruments de navigation et documents (dont des contrats de vente d'esclaves de 1490 et de 1558, l'Espagne a été le dernier pays d'Europe à l'abolir en 1880 !). Une grande expo temporaire est organisée chaque été.

Un peu avant Bueu en venant de Pontevedra, côte à côte, les plages de ***Portomaior*** et ***Agrelo,*** très agréables, bénéficient toutes les deux du drapeau bleu. La première, la plus naturelle, s'étend au pied d'un mamelon rocheux boisé ; la seconde est séparée de la route par un rideau de tilleuls et platanes. Nombreux parkings payants *(2 €/j.).*

➢ ***Excursion à l'île d'Ons :*** à partir de Bueu, des bateaux assurent la traversée pour l'île d'Ons (voir plus haut), qui fait partie du ***parc national des Îles atlantiques de Galice.***

## CABO UDRA

Juste à l'ouest de Bueu, une petite route sinueuse, bordée de fougères et d'eucalyptus, mène vers ce joli cap sauvage, épicentre d'une zone protégée englobant 8 km de côtes et 443 ha d'espace marin. En chemin, on se baigne volontiers sur la grande et familiale ***praia de Tuia*** ou sur la petite ***praia de Ancoradouro,*** une crique sauvage encadrée de rochers qui plaira aux solitaires. En vis-à-vis de cette dernière, un autre chemin descend à la grande ***praia de Mourisca,*** au sable étincelant. Plus large, plus populaire, avec deux petits cafés, quelques barques de pêche et des eucalyptus en arrière-plan : une vraie carte postale !
En poursuivant la piste du cap jusqu'au bout (1 km), on atteint l'*Aula de Naturaleza Cabo Udra* *(centre d'info, fermé hors saison, ouv slt de mi-juil à fin oct : ven 19h-20h, w-e 11h-20h30).* Là, on se gare et on poursuit à pied (400 m) jusqu'au cap, livrant de beaux paysages marins et des landes de bruyères et genêts semées de rochers. Du croisement des plages d'Ancoradouro, de Mourisca et de la piste du cap, une troisième piste part vers le sud, dans une forêt d'eucalyptus, en direction de la ***praia Lagos,*** aux belles criques séparées par des éboulis de granit érodés *(douches et chirringuito).* On peut s'y rendre aussi directement depuis Beluso (2 km). Plus au sud encore (environ 2 km), la ***praia de Area de Bon,*** nettement plus développée.

## HÍO ET ALDÁN *(36948)*

Ces deux petits ports reliés par une plage se font face, de part et d'autre de la petite ría de Aldán – dont les côtes, relativement peu construites, servent d'écrin aux magnifiques tapis de sable et criques sauvages de la péninsule du Cabo de Home. À l'est, le port-station balnéaire de ***Cangas*** est très bétonné... bof !

LA GALICE

### Arriver – Quitter

➢ ***Cangas et Bueu :*** 15 bus/j. (8-10 le w-e) avec *Autobuses Cerqueiros* *(☎ 986-32-02-54 ; • autobusescerqueiro.com •)* relient Bueu à Cangas par la route de la côte, via ***Aldán,*** 7h10-19h45 (20h45 été), dès 9h30 le sam, 10h35 le dim. Bueu et Cangas sont desservis par *Monbus* depuis Pontevedra et Vigo (voir nos infos dans ces villes).

➢ Également des liaisons en bateau entre Cangas et Vigo (voir « Vigo. Arriver – Quitter » pour le détail).

### Adresses utiles

***Oficinas de turismo :*** *paseo Marítimo, s/n, à* ***Cangas.*** *☎ 986-30-08-75. • cangas.gal • À env 3 km au sud de Hío et Aldán, sur le front de mer, juste à côté de la gare routière. Ouv Semaine sainte, puis juin-sept, tlj 11h-14h, 16h30-19h30. Fermé hors saison. Également un* ***kiosque*** *d'infos touristiques à* ***Hío,*** *face à l'igrexa San Andrés : ouv juil-août slt, 11h-14h, 16h30-19h30 ; fermé hors saison. Sinon, dans le village de Cangas, avda Eugenio Sequeiros, 9, ☎ 986-39-20-23, tte l'année, lun-ven 9h-15h, fermé w-e.*

### Où dormir ? Où manger ?

#### Campings

***Camping Aldán :*** *rúa Casás, 3, 36945* ***Aldán.*** *☎ 986-32-94-68. • info@campingaldan.com • campingaldan.com • À env 1,5 km au nord d'Aldán, direction Pontevedra (fléché). Camping fermé oct-Semaine sainte. Compter env 28 € pour 2 pers avec* *tente et voiture ; bungalows 5 pers 78-100 € selon saison. CB refusées.* Enfin un camping tranquille, tout vert, ombragé par de nombreux grands arbres et de hautes haies. En-fin de l'es-pa-ce ! Les 2 jolies plages d'Areacova et Francón ne sont pourtant qu'à 300 m par une petite route à voie unique. Les 4 bungalows en bois, retirés dans un coin tranquille, sont bien équipés et agréables. Nombreux services : resto, supérette, lave-linge, terrain multisport, tables de ping-pong, BBQ, jeux pour enfants... Accueil vraiment sympa.

⛺ ***Camping Hio :*** *praia de Pinténs, 36945* ***Hío.*** *☎ 986-32-99-45. • campinghio@gmail.com • campinghio.es • À la sortie de Hío vers le cap Couso, prendre le chemin qui traverse un bois d'eucalyptus. Fermé nov-Semaine sainte. Env 24 € pour 2 pers avec tente et voiture.* Décidément, il est bon de camper dans ce coin de la péninsule du Morrazo, car voici un autre excellent camping ! Du calme, du calme, du calme... et une belle vue sur la baie de Hío ! De bons emplacements dispersés dans un espace herbeux semi-ombragé, en paliers, juste au-dessus d'une petite plage familiale. Des espaces fleuris, des sanitaires propres, un petit snack et une supérette de dépannage. Que rêver de plus ? Un accueil adorable ? Il y a aussi.

## Bon marché

🏠 🍽 ***O' Pereiro :*** *Igrexario, 86, à* ***Hío.*** *☎ 986-32-94-77. 📱 676-79-51-20. • luis.solla@hotmail.es • ♿ Sur les hauteurs, un peu après l'igrexa San Andrés, à droite. Doubles 25-40 €. Menu midi 10 €. Parking gratuit.* La cuisine traditionnelle galicienne, inspirée par les produits de la mer, y est une valeur sûre, à l'image de la *cazuela de pescado.* Le menu du jour présente pas moins de 2 plats, dessert et vin inclus. Pas sûr que vous réussissiez à tout finir ! Grande salle avec vue panoramique, mais la terrasse sous la treille est plus conviviale. À l'étage, 9 chambres simples mais nickel, proposées à prix d'amis ! Accueil d'une grande générosité du patron.

🍽 ***Bar Muelle (La de Diego) :*** *muelle de* ***Aldán.*** *☎ 986-32-87-20. À l'extrémité du port d'Aldán, juste derrière le bâtiment des pêcheurs (Lonxa). Tlj, sauf lun hors saison. Fermé 2e sem de sept. Plats 5-12 €.* Flanquée d'une terrasse couverte, cette modeste baraque a longtemps été le bar-cantoche des pêcheurs, avant de se mettre à appâter le touriste. Pas de la grande cuisine, mais de simples et bonnes *raciones de mariscos* et de *xoubas* (petits poissons grillés), *pimientos de Padrón* en saison, etc. À déguster... avec les doigts. Entreprenant, le boss a ouvert le *Pinela,* un peu plus loin sur la promenade, à la déco de bistrot moderne plutôt impersonnel.

## De prix moyens à plus chic

🏠 🍽 ***Hotel-restaurante Doade :*** *Bajada playa de Arneles, 1, 36948* ***Hío.*** *☎ 986-32-83-02. • info@hoteldoade.com • hoteldoade.com • Sur les hauteurs, un peu après l'igrexa San Andrés, à droite. Resto fermé lun (sauf juil-août). Congés : nov. Doubles 55-77 € selon saison, petit déj inclus. Plats 12-28 €. Parking gratuit. Réduc de 10 % sur les doubles sur présentation de ce guide.* Ce charmant petit hôtel moderne, à 600 m de la plage, ne dispose que de 8 chambres, mais elles sont confortables (bains à remous, clim, minibar...) et fort bien tenues. C'est également une table de renom pour déguster poissons et fruits de mer. Grande salle impersonnelle mais véranda très agréable pour le petit déj ou le repas. Accueil pro.

🏠 ***Casa A Bouciña :*** *Laguiños, 8, 36948* ***Vilanova (Hío).*** *☎ 986-32-86-17. 📱 627-61-48-18. • info@aboucina.es • aboucina.es • ♿ De Hío, direction Vilanova, puis continuer vers le cap de Couso. Doubles 66-77 € selon confort et saison, familiales également ; petit déj inclus. Parking dans le jardin.* Dans un hameau de maisons anciennes au cœur d'un paysage vert avec vue sur la mer, cette vieille ferme rénovée cache derrière ses murs plusieurs belles chambres confortables et sobrement décorées. Elles s'ouvrent toutes sur le calme jardin, ses treilles et son *hórreo.* La jolie plage d'Areabrava est à environ 800 m (en pente !).

🏠 ***Casa do Ouro :*** *rúa Outeiro Herbello, 10, 36945* ***Aldán.*** *☎ 986-32-84-51.*

*617-20-29-18. • contactocasadoouro@gmail.com • casadoouro.es • En arrivant à Aldán par le nord, suivre le panneau « Casa rural » (à gauche) un peu après l'accès à la plage de Menduiña ; c'est à 800 m. Doubles 71-107 € selon confort et saison.* Au cœur d'un hameau campagnard, cette élégante maison de pays en granit abrite des chambres tout confort, décorées avec soin. Celles du rez-de-chaussée s'ouvrent de plain-pied sur la terrasse gazonnée, où s'alanguissent des chaises longues ; les autres, au 1er étage, ont vue sur la campagne et les vignes alentour. La jolie déco soignée, les peignoirs... tout cela se retrouve dans le prix.

**O Con de Aldán :** *paseo de Carlos Pérez, 12, puerto de* ***Aldán.*** *☎ 986-32-92-20. À gauche à l'entrée du port. En été, 13h-16h, 20h30-23h. Plats 7-14 €.* Difficile de trouver meilleur emplacement ! La maisonnette de granit, relookée à force de baies vitrées et de toiles modernes colorées, se poste au bord même de l'eau et des bateaux, en sentinelle de la plage d'Aldán. On y déguste une cuisine galicienne de la mer un peu modernisée et allégée, façon poisson du jour, riz noir aux seiches, morue sur lit de pistou, etc. Les produits sont de qualité et l'amabilité du personnel ne fait que renforcer la satisfaction.

## À voir. À faire

***Igrexa San Andrés :*** *à* ***Hío,*** *en face du kiosque d'infos touristiques. Suivre le panneau « Cruceiro de Hío ».* Devant cette robuste église romane, dédiée à saint André, se dresse un *calvaire* représentant la Descente du Christ de la Croix, taillé dans une seule pièce de granit. Il est considéré comme l'un des plus beaux de Galice – il est en tout cas très impressionnant. De là, beau panorama sur la petite baie d'Aldán, son port, sa plage et son bourg adossé aux collines.

Les plages de la ría d'Aldán ne sont pas trop urbanisées. Aux portes de la bourgade, sur le flanc est de la baie, se succèdent les *praias* de ***Menduiña, Francón*** et ***Areacova,*** plutôt jolies mais envahies l'été. La dernière est la plus sauvage des trois. Sur la côte ouest, on trouve la grande ***praia de Areabrava,*** adossée à des dunes, bien protégée mais aussi très fréquentée en été. Nous vous conseillons plutôt de mettre le cap sur Donón et le ***Cabo de Home*** (panorama), puis, par la piste côtière, de rejoindre vers le sud (2,2 km) le parking de la ***praia de Melide.*** À 5 mn à pied à travers les grands pins et les eucalyptus odorants, elle étend son fantastique manteau de sable vierge face aux îles Cíes. De rares lys maritimes poussent dans les petites dunes tandis que, au nord, se détache le phare du cap Home. De là, un sentier mène jusqu'au phare de la Punta Subrido, du côté opposé. De retour au parking, on vous recommande de monter jusqu'au sommet du ***Monte do Facho*** par un petit chemin balisé (compter 10 mn), pour admirer la vue exceptionnelle sur la pointe de cette péninsule de Morrazo. Sur place, un petit sanctuaire excavé de *castros* celtes et quelques pétroglyphes. En repartant vers l'ouest, après Donón, la ***praia de Barras,*** d'une longueur de 1,5 km, est considérée, à juste titre, comme la plus belle plage nudiste de Galice. Un passage obligé pour les adeptes du maillot de bain transparent !

# VIGO

(36200) 294 100 hab.

• Plan *p. 328-329*

**Déployée au bord de sa *ría,* celle qu'on nomme « la Porte de l'Atlantique » demeure le plus grand port de pêche d'Espagne et d'Europe. Mais Vigo est aussi une importante ville industrielle et la deuxième de Galice par sa**

**population, derrière La Corogne. C'est avant tout une escale sur la route du Portugal ou pour une virée aux îles Cíes, ou un bon de point de départ pour rayonner en Galice. Si Vigo n'offre pas beaucoup d'occupations, ni grand-chose à visiter, l'étape est plutôt plaisante et il est agréable de gambader dans son petit centre historique aux places animées, sur sa chic et verdoyante *praza de Compostela* ou dans sa *rúa Principe,* l'axe central piéton et commerçant. Sans oublier un bref détour vers les ruelles abruptes de son vieux quartier dominant le port de pêche, au plan et au relief parfois confus, où résonnent encore des batailles navales de jadis et des aventures du capitaine Nemo, parti en quête du trésor perdu de la flotte des Indes.**

## UN PEU D'HISTOIRE

Dolmens, tumulus, pétroglyphes témoignent d'une occupation très ancienne de la région. À l'âge du fer, on y trouve l'une des plus fortes densités de villages fortifiés de Galice, le plus important sur le flanc du Monte de O Castro. La pêche, les salaisons et le commerce des produits de la mer l'occupent tout au long de l'époque romaine et médiévale mais, jusqu'au XV^e s, Pontevedra et Redondela dominent la *ría.* D'une razzia à l'autre, Vigo résiste ou tombe aux mains des Normands, des Arabes, des pirates anglais ou même des Turcs... Face à ces attaques, la cité érige enfin, au XVII^e s, château et hautes murailles. Le port de pêche en profite pour se développer.



### Le trésor englouti de la baie de Vigo

En septembre 1702 se déroule la bataille navale de Rande, dont tous les chasseurs de trésor ont entendu parler. Cette année-là, alors que fait rage la guerre de Succession d'Espagne, la flotte des Indes, composée d'une quarantaine de vaisseaux espagnols et français (ces derniers en escorte) de retour du Mexique, arrive dans la ría de Vigo. À leur bord, épices, cochenille, mais surtout 108 millions de pièces d'or et d'argent destinées à financer les efforts militaires de Philippe V et de son Louis XIV de grand-père. Les Espagnols tergiversent : Séville, qui possède le monopole du commerce avec les Amériques, exige que les cargaisons soient déchargées chez elle. Cachés derrière les îles Cíes, 49 bateaux anglais et néerlandais (rebaptisés les « pirates luthériens » !), forts de quelque 23 000 hommes, en profitent pour débarquer, prennent les positions clés de la *ría,* puis fondent sur la flotte franco-espagnole, l'envoyant par le fond. Le butin est énorme. La guerre de Succession d'Espagne se termine là faute d'argent.
Seulement voilà : les Anglais n'ont pas tout pris et, selon les estimations de certains historiens, il resterait plus de 42 millions de pièces d'argent au fond de la *ría.* Où ? Ah ! si on savait... Dans *Vingt mille lieues sous les mers,* Jules Verne met en scène une visite guidée par le capitaine Nemo sur le lieu du désastre, décrivant les épaves en termes lyriques mais ne précisant rien, et pour cause. Dans *La Bataille invisible,* Gaston Leroux imagine, lui, une confrontation sous-marine entre Alliés et Allemands, durant la Première Guerre mondiale, pour récupérer les richesses... Plusieurs campagnes de recherches ont été menées pour retrouver le fabuleux trésor, mais toujours avec de maigres résultats : quelques canons, des morceaux de bois appartenant aux bateaux et quelques pièces de monnaie... Des historiens avancent qu'une grande partie du trésor de Vigo aurait été débarquée – en pur bon sens – avant la bataille par les Espagnols, et acheminée jusqu'au roi Philippe V...

### L'âge de l'industrie et du commerce

Au XVIII^e s, le monopole sévillan tombe : comme tous les ports atlantiques, Vigo bénéficie de la décision. Fabriques de salaisons, savon et cuir se développent.

Au siècle suivant, l'essor commercial pousse les édiles à détruire les murailles. La pêche prend de plus en plus d'importance, parallèlement à l'arrivée du chemin de fer et à l'inauguration de lignes régulières avec Cuba, Porto Rico et l'Argentine. De nombreux immigrants s'embarquent, mais la population augmente.
Aujourd'hui, les centaines de bateaux des armateurs de la ville écument les mers du globe, transformant le merlu et l'anchois en espèces sonnantes et trébuchantes. Premier port de pêche d'Espagne, Vigo est aussi devenue l'une des plus importantes villes industrielles du pays, grâce notamment au secteur automobile (l'usine *PSA-Peugeot-Citroën* réalise ici sa plus grande production mondiale). Elle forme enfin le *municipio* le plus peuplé de Galice. Bref, Vigo a tout d'une capitale !

## Arriver – Quitter

### En avion

✈ ***Aeroporto de Vigo*** *(hors plan par D3)* **:** *avda Peinador, s/n.* ☎ *913-21-10-00.* • *aena.es* • *À env 9 km à l'est de Vigo et 28 km au sud de Pontevedra.* Sur place : ATM (départs) et loueurs de voitures (*Avis, Entreprise* et *Europcar*).

➢ *Air France* assure plusieurs vols hebdomadaires avec **Paris.** Les compagnies *Iberia, Vueling, Air Europa* et *Air Nostrum* desservent aussi ***Madrid, Barcelone, Valence*** ou ***Bilbao.***

➢ ***Accès au centre-ville :*** outre les ***taxis*** (env 25 €, 24h/24), le ***bus L9A*** de la compagnie *Vitrasa (☎ 986-29-16-00 ;* • *vitrasa.es* • *)* fait la navette dans les 2 sens. De l'aéroport : lun-sam, ttes les 30 mn, 6h (6h40 sam)-23h05 ; dim et fêtes ttes les heures 9h30-14h30, puis ttes les 30 mn jusqu'à 23h05. Trajet : 30 mn. Tarif : env 1,30 €. Départ à droite en sortant du terminal. Le bus traverse le centre par les rues Urzaiz *(plan C2-D3)*, Colón *(plan C2)* et Policarpo Sanz *(plan B-C2)*, avt de bifurquer vers le sud par le paseo Alfonso XII et de terminer sa course praza Eugenio Fadrique *(hors plan par B3)*.

### En train

🚂 ***Gare ferroviaire RENFE*** *(estación de Vigo-Guixar ; plan D1)* **:** *rúa A Real, s/n. Résas :* ☎ *912-320-320 (n° national).* • *renfe.com* • Attention, pas de consigne ! Loueurs de voitures *(Atesa/Entreprise, Europcar, Vigo Rent a Car)* à la sortie. Pour rejoindre le centre, ***bus C2*** juste devant.

➢ ***Pontevedra*** (30 mn), ***Vilagarcía de Arousa*** (50 mn), ***Padrón*** (1h15), ***Santiago*** (1h30) et ***La Corogne*** (1h30-2h30) **:** si les fréquences dépendent des destinations, ils circulent ts 5h15 (6h40 w-e)-21h30 (22h20 pour Pontevedra). Pour Pontevedra, ttes les 20 mn-1h40 (2h30 le w-e) ; pour Vilagarcía, Padrón, Santiago et A Coruña, 8 trains/j. en sem, 6 le w-e.

➢ ***Ourense*** (1h30-3h) et ***Monforte de Lemos*** (2h10-2h50) **:** 14 trains/j. lun-ven pour Ourense, 10-11 le w-e, 5h15 (7h w-e)-22h15 (19h30 le sam). Le temps de trajet et le prix varient du simple au double ! Env 6 trains/j. continuent jusqu'à Monforte.

➢ ***Madrid*** (6h15-8h) **:** 10 trains/j. lun-ven 5h15-22h15, 6 le sam 7h-13h40, 5 le dim 7h-16h20 ; plus le *trenhotel* (sauf sam) à 22h15 (arrivée le lendemain à 9h30).

➢ ***Hendaye*** (12h) **:** 1 train/j., vers 9h15.

➢ ***Porto*** (2h15) **:** 2 trains/j. à 9h et 20h *(voir aussi* • *cp.pt* • *).*

### En bus

🚌 ***Estación de autobuses*** *(hors plan par C3)* **:** *avda de Madrid, 57.* ☎ *986-37-34-11. À 3 km au sud-est du centre-ville ; accès : bus C2, C4C, L12 ou L13.* Distributeurs, consignes automatiques 24h/24 (ou guichet 7h-22h) ; loc de voitures auprès de *Vigo Rent a Car* (le seul sur place).

➢ ***Pontevedra*** (30 mn-1h) **:** avec *Monbus*, ttes les 15 mn-1h env, 6h15 (7h30 w-e)-22h30 (21h dim).

➢ ***Padrón*** (1h20-2h) **:** 2 bus/j. lun-ven 13h15-20h15, 5 le w-e (dès 7h30) avec *Monbus.*

## ■ Adresses utiles

- 1 Oficina de turismo de Galicia - Turgalicia (B1)
- 2 Oficina municipal de turismo (B1)
- 4 Consulat honoraire de France (hors B3)
- 5 Centro de Visitantes Parque Nacional Illas Atlánticas de Galicia (B1)

## Où dormir ?

- 10 Hostal Casais (D2)
- 11 Hotel Aguila (C1-2)
- 12 Hostal La Colegiata (B1)
- 13 Hotel América (C1)
- 14 Hostal Continental (B1)
- 15 Hotel Puerta del Sol (B2)
- 16 Hotel Princesa Vigo (B2)
- 18 Hotel Puerto Gamboa (B1)
- 19 Hotel Inffinit (B2)

## Où manger ?

- 20 La Trastienda del Cuatro (C1)
- 21 La Pintxoteca (B2)
- 22 Gálgala (B2)
- 25 Bar El Puerto (C1)
- 26 Casa Soutomayor (C2)
- 27 Restaurante Don Quijote (B1)
- 28 Restaurante Acuario (D2)

## Où boire un verre ?
## Où sortir ?

- 18 El Pasillo (B1)
- 30 20th Century Rock (C1)
- 31 Tal Como Vino (C2)
- 32 La Fábrica de Chocolate Club (C-D2)
- 33 La Iguana Club (D2)
- 34 Buqué (B1)

VIGO

LA GALICE

➢ ***Santiago*** (1h30-2h15) **:** ttes les 1h-1h30 (2h w-e) avec *Monbus,* 6h15 (7h30 w-e)-20h15 (21h dim).
➢ ***Ourense*** (1h-1h30) **:** 7-10 bus/j. avec *Monbus,* 8h30-20h45 ; ou avec *Auto Res* sur la ligne de Madrid (voir ci-dessous).
➢ ***Baiona*** (40 mn) **:** ttes les 30 mn-1h en sem, 7h-22h (23h45 en été), avec *Atsa (☎ 986-37-34-11 ; • atsahorarios.com •).* Les w-e et j. fériés, ttes les heures 8h-22h.
➢ ***Tui*** (30 mn) et ***A Guarda*** (1h) **:** ttes les 30 mn-1h en sem avec *Atsa,* 7h30-20h30 (21h30 en été) ; 9 bus le sam (dès 8h30), 4 slt le dim (dès 12h).
➢ ***Madrid*** (8h30-9h) **:** 4-5 bus/j. en sem avec *Auto Res (☎ 986-37-78-78 ; • avanzabus.com •)* 8h30-minuit, 4 le sam, 6 le dim.
➢ ***Porto*** (2h-2h45) et ***Lisbonne*** (8h30-9h) **:** 4 bus/j. en sem avec *Autna (☎ 986-28-80-30 ; • autna.com •)* 4h30-19h, 2 le w-e ; tous sauf un continuent jusqu'à Lisbonne. Également 2-4 bus/j. avec *Alsa* par Tui *(☎ 902-42-22-42 ; • alsa.es •),* 11h30-13h30 ; celui de 13h30 continue jusqu'à Lisbonne.

## En bateau

⛴ ***Estación marítima de Ría*** *(plan B1).*
➢ ***Cangas* :** ttes les 20-30 mn en sem, ttes les heures le w-e, 7h20 (7h30 sam, 8h30 dim)-22h30, avec *Mar de Ons (☎ 986-22-52-72 ; • mardeons.com •).* Plus sympa que le bus ! Tarif : 2,20 €. On peut y embarquer son vélo pour 1,20 €.
➢ ***Îles Cíes* :** voir plus loin le chapitre « Les îles Cíes ».

LA GALICE

## Circulation et stationnement

La vieille ville n'est pas très étendue et se parcourt aisément à pied. Il convient donc d'abandonner sa voiture en périphérie, sur une ***place de stationnement payante*** (env 1,50 €/h ; limité à 2h) ou, pour une longue durée, dans l'un des ***parkings payants,*** pratiques mais chers (10-15 €/j.). Sinon, il existe des ***places de parking gratuites*** en dehors du centre-ville, autour de la colline du Castro *(plan B2-3)* et dans les rues parallèles au *Puerto Pesquero,* notamment la rúa Pí y Margall *(plan B2).* De là, le centre est à 10-15 mn à pied. Si vous vous garez encore plus loin, empruntez les ***bus urbains Vitrasa*** *(☎ 986-29-16-00 ; • vitrasa.es •).*

## Adresses utiles

🛈 ***Oficina municipal de turismo*** *(plan B1,* ***2****)* **:** *estación marítima de Ría (local 4), rúa Cánovas del Castillo, 3. ☎ 986-22-47-57. • turismodevigo.org • Dans la gare maritime. Tlj 10h-17h.* Plan de la ville, brochures en français, calendrier des événements, infos sur les loisirs nautiques, horaires des trains et bus... Également une grande salle avec des écrans tactiles d'info et une expo temporaire. Accueil compétent et en français.

🛈 ***Oficina de turismo de Galicia – Turgalicia*** *(plan B1,* ***1****)* **:** *rúa Cánovas del Castillo, 22. ☎ 986-43-05-77. • turismo.gal • Face à la gare maritime. Lun-sam 10h-14h, 16h-19h30 ; dim 10h-14h ; fermé le w-e en hiver.* Nombreuses brochures thématiques en français sur la Galice, et cartes des circuits de rando (à télécharger aussi du site internet sur son portable).

■ ***Centro de visitantes Parque Nacional Illas Atlánticas de Galicia*** *(plan B1,* ***5****)* **:** *rúa Palma, 4. ☎ 886-21-80-82. • parquenacionalillasatlanticas.com • Mar-sam 10h-14h, 17h-20h30 (16h30-19h30 en hiver) ; dim et j. fériés 10h-14h.* C'est le centre d'accueil du parc national des Îles de Galice : infos et riche expo sur la géologie, la faune et la flore, l'occupation humaine – idéal pour se faire une idée avant d'embarquer pour les îles Cíes ou Ons.

■ ***Consulat honoraire de France*** *(hors plan par B3,* ***4****)* **:** *Galería Camelias (local 14), avda das Camelias, 56-58. ☎ 986-22-75-96 (Mr Jean-Baptiste Chassin). • acfvigo@mundo-r.com • Lun-jeu 10h30-14h. Fermé ven-dim.*

## Où dormir ?

### De bon marché à prix moyens (30-45 €)

**Hostal Continental** (plan B1, **14**) : *Baixada á Fonte, 3, 36202. ☎ 986-22-07-64. • maarigs@yahoo.es • Dans une ruelle au-dessus de la gare maritime. Ouv juin-août slt, fermé hors saison. Doubles avec sdb 35-45 € selon saison.* On apprécie particulièrement l'accueil sincère et gentil d'Angelo (qui parle le français) et de sa mère. En plein cœur de la vieille ville, l'hôtel abrite 16 chambres simples et sans prétention, mais bien propres et calmes (murs épais en vieille pierre et double vitrage). Idéal pour prendre le 1er bateau du matin vers les îles Cíes.

**Hotel Princesa Vigo** (plan B2, **16**) : *rúa Fermin Penzol, 14, 36202. ☎ 986-44-20-13. • hotelprincesa@gmail.com • hotelprincesavigo.es • Doubles avec sdb 38-45 € selon saison.* Ce charmant hôtel moderne jouit d'un emplacement idéal, à l'entrée du quartier historique, mais un brin à l'écart des bars bruyants. Entièrement refaites dans un style contemporain, les 25 chambres sont nickel, avec double fenêtre et bon ventilo. Agréable bar avec mezzanine et terrasse pour le petit déj. L'ensemble est tenu par un couple serviable et gentil. Très bon rapport qualité-prix.

**Hostal La Colegiata** (plan B1, **12**) : *praza Igrexa, 3, 36202. ☎ 986-22-09-52. • hostalacolegiata@hotmail.es • Accueil au bar. Doubles 30-40 € selon saison.* Idéalement placé (encore !) face au parvis de la cathédrale, ce petit hôtel dispose de 7 chambres simples et propres. Attention, le bruit du bar peut s'avérer envahissant les week-ends d'été, ne pas espérer dormir tôt !

**Hostal Casais** (plan D2, **10**) : *rúa Lepanto, 16, 36201. ☎ 886-11-29-56. • hostalcasais@gmail.com • hostalcasais.com • Doubles avec sdb 35-50 € selon taille et saison. Petit déj offert sur présentation de ce guide.* L'accueil chaleureux de la patronne fait plaisir. Voilà des petites chambres simples et très bien tenues, avec double vitrage. Cependant, certaines salles de bains sont vraiment petites et l'*hostal* est un peu excentré.

### De prix moyens à chic (40-75 €)

**Hotel Puerta del Sol** (plan B2, **15**) : *praza Porta do Sol, 14, 36202. ☎ 986-22-23-64. • info@hotelpuertadelsol.es • hotelpuertadelsol.es • Doubles 50-75 € selon saison, familiales et apparts également. Parking à proximité 15 €.* À l'orée de la vieille ville, cet hôtel abrite des chambres lumineuses, confortables et décorées avec goût dans des tons très contemporains. Donnant sur 2 places très fréquentées, on ne dormira pas fenêtre ouverte (bon ventilo au plafond). Excellent accueil.

**Hotel Aguila** (plan C1-2, **11**) : *rúa Victoria, 6, 36201. ☎ 986-43-13-98. • recepcion@hotelaguila.com • hotelaguila.com • Doubles 42-46 € selon saison, petit déj inclus. Petit parking 9 €.* À l'extrémité de l'élégante praza de Compostela et proche du centre historique, ce vieil hôtel s'enveloppe d'un air de grandeur fanée. L'entrée chic, les parquets et les moulures peinent néanmoins à cacher l'âge des chambres. Demandez-en une sur rue (double vitrage), certaines sur l'arrière sont petites et donnent sur une courette intérieure sombre. Accueil pro.

### De chic à très chic (60-130 €)

**Hotel América** (plan C1, **13**) : *rúa Pablo Morillo, 6, 36201. ☎ 986-43-89-22. • reservas@hotelamerica-vigo.com • hotelamerica-vigo.com • ♿ Doubles 60-120 € selon confort et saison, suites et apparts également ; petit déj 12 €. Parking 13 €.* Tout près de la vieille ville et à dix pas (littéralement) de la verdoyante praza de Compostela, l'hôtel doit son nom aux immigrants qui partaient du quai voisin vers le Nouveau Monde dans les années 1920. On recommande volontiers ses belles chambres ultra-confortables et spacieuses, lumineuses, aménagées dans un style contemporain très réussi – avec salle de bains en marbre, s'il vous plaît. Le petit déj est servi au 7e étage, dans une jolie salle avec vue sur la *ría*.

**Hotel Inffinit** (plan B2, **19**) : *rúa Marqués de Valladares, 8, 36201. ☎ 986-44-22-24. • vigo.hotel@inffinit.com • inffinit.es • Doubles 80-120 € selon catégorie et saison, petit déj inclus. Suites également. Parking à proximité 15 €.* De la réception design, accolée à un coin *lounge*, on rejoint les couloirs plongés dans la pénombre et les chambres, douillettes, offrant une même déco *negro y blanco*. Grande TV, superbe douche pluie, terrasse pour la plupart, le ton est urbain et le confort aux petits oignons. Ceux qui en ont les moyens s'offriront la suite, avec son lit encadré d'une baignoire sur parquet et d'une douche vitrée aux couleurs changeantes ! Accueil pro, et au top.

***Hotel Puerta Gamboa*** *(plan B1, **18**) : rúa de Gamboa, 12, 36202. ☎ 986-22-86-74. • info@hotelpuertagamboa.com • hotelpuertagamboa.com • Doubles 70-130 € selon saison. Parking env 17 €. Carte 25 €. Petit déj offert sur présentation de ce guide.* Cet hôtel occupe un noble bâtiment du centre historique entièrement rénové sur des tonalités d'aujourd'hui. Il abrite juste 11 chambres de très bon confort, impeccablement tenues. Certaines ont des murs en pierres apparentes. L'accueil, familial, est prévenant. Petit plus : le restaurant est très bien aussi.

## Où manger ?

LA GALICE

### Tapas

***La Pintxoteca*** (plan B2, **21**) : *rúa Sombrereiros, 2, esq. Misericordia. Tlj sauf lun hors saison. Tapas 2-4 €, raciones 8-9 €.* Attention, *La Pintxoteca* aligne 2 adresses dans la même ruelle ; la première, en bordure de la *praza da Constitución*, propose des tapas de *jamón*, de *lomo*, de foie et quelques bons *bocadillos* et miniburger gourmet, mais nous lui préférons celle un peu plus loin, qui est plus axée sur les produits de la mer. Dans un cadre aux couleurs acidulées, avec quelques tables hautes en terrasse, on se régale de tapas, *raciones* et petits plats originaux et travaillés avec soin. Crevettes frites *a la peruano*, *zamburiñas* au cheddar, tacos de canard au *satay*, thon rouge en *salmorejo* ou en *tataki*... le chef a de bonnes idées ! Personnel efficace et tout content de servir de si jolies assiettes.

### De bon marché à prix moyens (8-20 €)

***Casa Soutomayor*** (plan C2, **26**) : *rúa Manuel Nuñez, 8. ☎ 986-22-95-47. • info@casasoutomayor.es • Tlj sauf dim 11h-17h, 20h30-minuit. Menu du jour lun-ven midi 8 €, plats 6,50-13 €.* Cadre rustique soigné dans ce bon resto concoctant une cuisine locale simple et copieuse. Au menu, poissons et fruits de mer sont à l'honneur, tout comme les planches de charcuterie-fromage. Très bon rapport qualité-prix-accueil, surtout pour le menu. Une excellente adresse fréquentée par les gens du quartier.

***Gálgala*** (plan B2, **22**) : *rúa do Pracer alto, 4. ☎ 986-22-14-17. • galgala.vegetariano@gmail.com • Tlj le midi sauf dim, lun et j. fériés, et ouv aussi ven-sam soir. Menu midi en sem 11,50 €, carte 15-20 €.* Le resto végétarien de Vigo, idéal pour les adeptes de la zen attitude, et autres amateurs de soja et de blé germé. Ici, tout est bio ! C'est bon, c'est sain et ça sort de l'ordinaire. On s'installe dans une maisonnette ancienne aux pierres apparentes, rehaussée de poutres, murs vert amande et jolis lampadaires en tissu au-dessus de chaque table.

***Restaurante Acuario*** (plan D2, **28**) : *rúa Cervantes, 23. 📱 608-19-98-27. • restauranteacuariovigo@gmail.com • Tlj sauf sam. Menu du jour (sauf en août) 20 €, plats 10-15 €. Digestif offert sur présentation de ce guide.* S'il ne paie pas de mine, ce petit resto familial à l'accueil généreux mitonne de bons plats traditionnels à des prix raisonnables. Grand choix de fruits de mer dans un vivier bien rempli et bons poissons frais... Soyez patient, tout est préparé à la commande. Une adresse tranquille, même le samedi soir. Le lieu idéal pour dépiauter peinard et méticuleusement son crustacé !

**Bar El Puerto** *(plan C1, **25**) : rúa Areal, 30. ☎ 986-22-20-44. Tlj sauf sam soir et dim. Mieux vaut réserver ou venir tôt. Plats de poisson 11-17 €.* Encore du poisson ? Eh oui, encore... Vigo reste la capitale européenne de la pêche, tout de même ! Juste grillé, le *pescado* du cru attire des foules d'habitués ; il est servi sur des nappes à carreaux, dans une ambiance de chaleureuse simplicité, à côté du comptoir. Il arrive qu'on partage une table.

### De prix moyens à chic (12-40 €)

**La Trastienda del Cuatro** *(plan C1, **20**) : rúa Pablo Morillo, 4. ☎ 986-11-58-81. • reservas@latrastiendadelcuatro.com • ♿ Tlj. Menu du jour midi en sem 13,50 €, plats 10-22 € (+ 10 % en terrasse).* Ici, les classiques produits locaux frais sont revisités sur des notes venues d'ailleurs, avec notamment un *tataki* de thon au *wasabi,* du *ceviche,* des tacos, des pizzas au poulpe... et des dessert fins et goûteux. Une bonne adresse, et originale ! Pour le cadre, on peut manger chic dans la salle du fond cosy, ou moins cher en prenant l'option tapas dans la 1re salle, plus chaleureuse et conviviale, ou mieux encore : en terrasse avec vue sur les arbres de la praza de Compostela. Service sans fausse note.

**Restaurante Don Quijote** *(plan B1, **27**) : rúa da Laxe, 4. ☎ 986-22-93-46. • info@donquijoterestaurante.es • Tlj. Plats 8-25 €, menu du jour 10 € (en principe midi et soir mais parfois refusé le soir !).* Dans une ruelle en pente du centre ancien, ce resto offre une vue un peu distante sur la mer depuis ses 5 jolies terrasses étagées. Dans l'assiette, cuisine classique de qualité, fraîche et copieuse, que l'on peut tout aussi bien apprécier dans l'élégante salle. Service vite débordé, cela dit !

## Où boire un verre ?

**Praza da Constitución** *(plan B2) :* plusieurs bars ouvrent des terrasses sympatoches sur cette fringante place au cœur de la vieille ville, ainsi que dans les ruelles alentour. Idéal pour prendre l'apéro en fin de journée. Sinon, de nombreuses autres terrasses sur l'esplanade rafraîchie par des platanes de la ***praza de Compostela** (plan C1),* mais fréquentées par une clientèle plus m'as-tu-vu.

**Buqué** *(plan B1, **34**) : rúa Palma, 9, angle rúa do Triunfo. ☎ 986-22-18-79. Fermé dim soir et lun.* Sur fond jazzy ou de musique brésilienne, un lieu très looké : vieux carrelage 1900, barriques, meubles de grand-mère... Le jeune boss saura vous conseiller un vin à votre goût, sans vous pousser à commander l'un des nombreux jéroboams qui s'alignent en devanture ! Pour accompagner, quelques *pinchos* et *tostadas.*

**El Pasillo** *(plan B1, **18**) : rúa de Gamboa, 10. Tlj.* Réputé pour sa façon inimitable de tirer la bière, le *Pasillo* est le repaire des jeunes fêtards qui ont décidé d'en découdre avec la nuit. Chaque godet est accompagné d'olives piquantes et de *manises* (cacahuètes salées). Bonne ambiance, qui déborde sur la ruelle.

**Tal Como Vino** *(plan C2, **31**) : rúa Doctor Cadaval, 27. ☎ 886-13-07-93. 📱 698-15-49-22. • vinoteca@talcomovino.com • Entrée par la ruelle Lugo. Tlj sauf sam mat et dim 12h-15h30, 19h30-minuit. Fermé fêtes et en août. Menu du jour 10 €, carte 10-15 €. Réduc de 10 % sur présentation de ce guide.* Caché dans une étroite ruelle, ce bar à vins vaut le détour. Décor épuré, ambiance jazzy, grande carte des vins et tranquillité garantie. On peut également y manger un morceau.

LA GALICE

## Où sortir ?

**Praza de Portugal** *(plan C2)* **:** les ruelles autour de cette place entourée d'immeubles moches demeurent le *punto caliente* de la nuit à Vigo. Rendez-vous notamment dans la ***rúa Churruca*** ou la ***rúa Rogelio Abalde*** pour descendre des verres sans compter dans les nombreux bars et boîtes, repaires de la jeunesse locale et des trentenaires. La fête ne commence pas avant 2h du matin et dure jusqu'au lever du jour, parfois jusqu'à 12h !

***La Iguana Club*** *(plan D2,* ***33****)* **:** *rúa Churruca, 14. ☎ 986-22-01-90. • info@laiguanaclub.com • Jeu-sam minuit-5h. Billetterie ouv dès 22h. Concerts : env 7 €.* Haut lieu de la scène rock alternative. Grande salle sur 2 niveaux. Voir la programmation sur leur page Facebook. Un lieu mythique.

***La Fábrica de Chocolate Club*** *(plan C-D2,* ***32****)* **:** *rúa Rogelio Abalde, 22. 625-45-18-71. • fabricadechocolate-club.com • Jeu-sam 22h-4h30. Entrée : tarif variable selon le groupe.* Autre point d'orgue de la *fiesta,* cette boîte propose de bons concerts d'indie, de folk galicienne, de hip-hop et souvent de hard rock dans une ambiance démente ! *La bomba, por seguro !*

***20th Century Rock*** *(plan C1,* ***30****)* **:** *rúa Areal, 18. ☎ 986-43-93-14. Tlj 22h30-2h (3h30 ven-sam).* La déco – assez délirante – de ce pub évoque l'Amérique des années rock'n'roll : néons, vieilles guimbardes aux chromes rutilants, pompes à essence, plaques émaillées... sans oublier un taxi jaune new-yorkais et une statue de la Liberté ! La clientèle est surtout composée de trentenaires, quadras et quinquas. *Música en vivo* certains soirs.

## Achats

À deux pas de la *Concatedral,* la ***rúa Cesteiros*** *(plan B1-2)* est connue pour ses nombreuses boutiques de ***vannerie,*** l'une des spécialités artisanales de Vigo.

LA GALICE

# À voir. À faire

On ne vient pas vraiment à Vigo pour ses monuments, mais plutôt pour son ambiance – en particulier celle des ***vieux quartiers d'A Pedra et d'O Berbés*** *(plan B1-2),* qui rappellent un peu l'Alfama de Lisbonne et le Panier marseillais, avec leurs ruelles escarpées en escalier et leurs maisons anciennes (quoique O Berbés soit vraiment délabré). Depuis la ville nouvelle, on y accède par l'élégante ***praza da Constitución*** *(plan B2),* bordée d'arcades et veillée par l'ancien hôtel de ville (1862). Celui-ci, devenu *Casa galega da Cultura,* présente des expos temporaires et un musée à l'étage consacré à l'écrivain-journaliste Francisco Fernández del Riego (1913-2010) : *lun-ven 18h-20h, plus 11h-14h en été et le w-e si expo temporaire au rdc, GRATUIT.* Le soir, les terrasses des cafés s'animent en chœur. En bas, à gauche, la très discrète ***rúa Cesteiros,*** réputée pour ses boutiques de vannerie (voir « Achats »). Elle débouche sur la mini praza de Almeida, où se dresse la vénérable ***Casa Torre de Pazos Figueroa*** (ou *Casa de Ceta e Arines*), réunissant une tour gothique et un petit palais plateresque. À 30 m, à droite, voici le parvis de la ***Concatedral de Santa María*** *(plan B1),* furieusement néoclassique, principal monument religieux de la ville. À l'intérieur, massif, rehaussé de belles mosaïques bleu, vert et doré réalisées dans les années 1960, l'autel de *Nostra Señora da Asunción* croule sous les fleurs – témoignage de la ferveur que les habitants vouent à la Vierge.

***Museo de Arte Contemporanea de Vigo*** *(MARCO ; plan C2)* **:** *rúa Principe, 54. ☎ 986-11-39-00. • marcovigo.com • ♿ Mar-sam 11h-14h30, 17h-21h ; dim 11h-14h30. Fermé lun. GRATUIT.* Cette ancienne prison du XIXe s, aux galeries réhabilitées autour d'une rotonde centrale, offre un vaste et beau cadre aux expositions temporaires consacrées à des artistes contemporains de qualité. Aucun fonds permanent n'est exposé.

**Pinacoteca Francisco Fernández del Riego** (plan B2) **:** *rúa Abeleira Menéndez, 8. ☎ 986-22-69-66. Mar-sam 18h-21h, plus 12h-14h le w-e. Fermé lun. GRATUIT.* Cette pinacothèque municipale présente en roulement des œuvres de peintres galiciens du XXe s, du fonds du musée *Quiñones de León* (voir plus bas). L'occasion de découvrir le travail de Xosé Laxeiro, Manuel Colmeiro, Manuel Lugrís et surtout de Luís Seoane (1910-1979) inspiré par Juan Gris et Picasso. Aux étages, des expos temporaires également, dédiées aux contemporains de ce siècle.

**Museo do Mar de Galicia** (musée de la Mer ; hors plan par B2) **:** *avda Atlántida, 160. ☎ 986-24-77-50. • museodomar.xunta.gal • À 6 km au sud-ouest du centre-ville (prendre le bus C15 rúa Policarpo Sanz). De mi-juin à mi-sept, mar-dim 11h-14h, 17h-20h ; reste de l'année, mar-dim 10h-14h, 17h-19h. Fermé lun, 1er et 6 janv, 25 déc. Entrée : 3 € (ou 2 € slt pour l'aquarium ou les expos temporaires) ; réduc ; gratuit - de 8 ans. Dépliant en français.*

### DES LANGOUSTES POUR LES FRANÇAIS

*Durant l'été 1877, un pêcheur de Camaret (Finistère) gagne la Galice en bateau. Il distribue des casiers aux pêcheurs locaux et les charge de lui appâter des langoustes... fort peu prisées dans la région. Il compte les rapporter en France pour en tirer un bon prix. C'est ainsi que débute le commerce franco-espagnol de la langouste.*

L'ancienne conserverie, entièrement revisitée par l'architecture moderne, offre un cadre aussi vaste que seyant à ce grand musée de la mer galicien. On débute par les expos temporaires, avant d'enchaîner par une section permanente consacrée à l'***histoire de la recherche océanographique*** du XVIe s à nos jours, puis sur un cabinet de curiosités avec de drôles de poissons dans des bocaux, pour ensuite aborder la plongée sous-marine à travers les époques. L'occasion de découvrir de vieux scaphandres et le curieux sous-marin en forme de « T », construit en 1898 à Vigo par un ami de Jules Verne – qui inspira l'écrivain... Trois hommes pouvaient monter à bord (ils devaient être bien serrés !). De nombreuses maquettes jalonnent aussi le parcours.
Depuis l'étage, une passerelle rallie le second bâtiment, sobre et lumineux, occupé par une belle et grande ***expo consacrée à la pêche,*** dont Vigo demeure le port emblématique en Europe. À grand renfort de vitrines, photos, films anciens et objets (chaloupes, outils, ustensiles du quotidien, boîtes de conserve...), on se familiarise avec les engins de pêche utilisés, la vie des équipages, les conserveries, les organisations sociales, la modernisation des flottilles, l'extension des zones de pêche devant la raréfaction de la ressource... L'occasion d'apprendre, par exemple, que Vigo fut la capitale mondiale des sardines en boîtes – et que les ouvrières les vidaient jadis une à une, à la main...
Au ***sous-sol,*** une intéressante exposition du ***résultat de fouilles archéologiques subaquatiques*** entoure une grande section à la thématique un peu confuse, apparemment traitant de l'évolution de l'utilisation des ressources maritimes à travers les âges, de la préhistoire à nos jours (mais des explications plus érudites manquent). Enfin, on accède à un ***aquarium*** présentant nombre des poissons vivant au large de Vigo. Du phare situé au bout du quai, une vue dégagée se révèle sur l'esthétique contestable du port et de la ville de Vigo... Avant de repartir, on saluera les vestiges d'un *castro* excavé, datant du VIIIe s av J.-C., qui servit probablement ensuite de nécropole romaine, mais on ira aussi se poser sur la jolie petite plage en contrebas du sympathique bar-resto du musée (pensez à prendre votre maillot de bain !).

**Museo de Cidade « Quiñones de León »** *(hors plan par C3)* : *au cœur du Parque de Castrelos.* ☎ *986-29-50-70.* • *museodevigo.org* • *À 4 km au sud-est du centre-ville. Bus L17 depuis la rúa Policarpo Sanz, au centre-ville. Mar-ven 10h-14h, sam 17h-20h, dim et j. fériés 11h-14h ; fermé lun. Jardins tlj 9h-20h30 (22h30 mai-sept). GRATUIT.* La visite vaut surtout pour le *pazo* du XVIIe s dans lequel les collections sont installées et pour le vaste jardin qui l'entoure, devenu parc public. Encadré de deux tours et précédé d'une cour plantée d'orangers, le palais se divise en salles des collections (archéologie au rez-de-chaussée, surtout des stèles funéraires) et en salles d'apparat restaurées, avec leur mobilier et leurs peintures. Ces dernières sont les plus intéressantes, avec un élégant Salon Doré de style Louis XV, des cheminées en granit, des collections d'horloges et de chandeliers, sans oublier quelques toiles notables des écoles espagnole, italienne, française et flamande du XVIe au XIXe s – dont des œuvres attribuées à Goya, Fragonard, Mignard et même Rubens. Vaste et très chic salle à manger à l'étage, décorée de portraits de notables peu souriants (à part peut-être l'amiral Méndez Núñez !).

Si vous avez du temps, grimpez les 300 marches menant au ***Monte O Castro*** *(plan B2-3)*. C'est sur ce promontoire naturel, aujourd'hui transformé en parc public, que se trouvait le *castro* celte qui a donné naissance à la ville. Le point de départ de l'ascension se trouve *praza do Rei*. De là-haut, vue partielle sur la baie de Vigo.

Au sud-ouest de la ville, à environ 6 km, juste après le musée de la Mer, la grande ***praia Samil*** est longue, large, urbaine et très touristique, avec douches et parkings aménagés. Noire de monde en été ! Pour trouver quelques étendues de sable préservées du béton (mais pas des touristes !), rendez-vous aux îles Cíes.



## Fête

– ***Festa da Reconquista*** : *fin mars-début avr.* Tout Vigo est dans la rue pour célébrer la défaite des troupes napoléoniennes (et non le reflux des Maures d'Espagne !).

# LES ÎLES CÍES

**Véritable paradis écologique, les îles Cíes (prononcez *si-esse*) font partie du *parc national des Îles atlantiques de Galice,* le tout premier parc espagnol (433 ha) consacré à la protection des milieux marins, créé en 2002. L'archipel comprend trois îles : d'une part, San Martiño (Illa do Sur), à laquelle on n'accède pas ; d'autre part, Faro (Illa do Medio) et Monteagudo (Illa do Norte), reliées par un cordon littoral et une digue qui n'en font qu'une.**

**Les derniers habitants sont partis en 1970, abandonnant à la nature de sublimes plages sauvages qui contribuent à la pérennité du surnom d'« îles des dieux » que les Romains donnèrent aux Cíes. La praia das Rodas a d'ailleurs été déclarée par le journal britannique *The Guardian* « plus belle plage du monde » ! Exagération certes, mais une très jolie plage quand même, la plus proche du débarcadère et donc vite envahie par les visiteurs (environ 2 200 personnes par jour en été, soit le nombre maximum autorisé). Cela dit, l'eau reste plutôt fraîche... Au-delà, des sentiers tantôt à découvert, tantôt sinuant sous les pins et les grands eucalyptus, permettent d'explorer les hauteurs, d'atteindre de superbes points de vue et des criques moins fréquentées, hormis par des colonies de goélands leucophée et de cormorans huppés. On vous conseille plutôt de venir en juin ou en septembre pour savourer ce paradis perdu en toute sérénité. En dehors de la plage, on s'adonne aussi au *snorkelling* et au kayak (location au camping).**

## Arriver – Quitter

On rejoint les îles Cíes depuis ***Vigo, Baiona*** ou ***Cangas. Attention, la réservation est indispensable en été ! Les horaires peuvent être modifiés en fonction de la météo.*** On peut réserver en ligne avec les 3 compagnies et possibilité de changer l'heure de son retour sur place, selon disponibilité : plus vous rentrez tôt, plus c'est facile !

***Cie Naviera Mar de Ons*** *(plan Vigo B1) : estación marítima de Ría, à Vigo. ☎ 986-22-52-72. • mardeons.com •* Assure des départs depuis Vigo, Cangas et Baiona. De Vigo (1h) : Semaine sainte, w-e de mai et juin-sept, plus 2 premiers w-e d'oct : 4 bateaux/j., 10h45-17h45 ; juil-août jusqu'à 9/j., 9h15-19h. De Cangas : 4 bateaux/j. 10h15-18h15, et jusqu'à 7/j. juil-août, 8h50-19h. De Baiona : 4 bateaux/j. 11h-18h, 6/j. juil-août 9h30-19h30. Tarifs dans tous les cas : 18,50 € l'A/R adulte en juil-août (16 € en basse saison, 10 € si résa sur Internet) ; 6 €/enfant (3-12 ans ; gratuit en basse saison et parfois en juil-août si résa sur Internet).

***Cie Nabia Naviera*** *(plan Vigo B1) : estación marítima de Ría, à Vigo. ☎ 986-32-00-48. • piratasdenabia.com •* Semaine sainte, w-e de mai et juin-sept. De Vigo : 4-5 bateaux/j., 11h (9h35 juil-août)-18h30. De Cangas : 3-4 bateaux/j., 10h30 (9h10 juil-août)-18h. De Baiona : 3 bateaux/j., 10h30-19h15. Tarifs : 18,50 € A/R en juil-août, 16 € A/R en basse saison, 6 € – de 12 ans (gratuit en basse saison).

***Cruceros Rías Baixas*** *(plan Vigo B1) : estación marítima de Ría, à Vigo. ☎ 986-73-13-43. • cruce rosriasbaixas.com •* De Vigo slt, env 3 départs/j. 9h30-17h45 de juil à mi-sept. Tarifs : en juil-août, 18,50 € A/R adulte et 6 € enfant ; début juil et sept, 16 € adulte, gratuit – de 12 ans.

## Adresses et infos utiles

***Point info :*** *sur l'île, dans une cabane en bois à l'orée de la plage de Rodas (à gauche en débarquant), juste après la passerelle en bois. • parque nacionalillasatlanticas.com • Ouv Semaine sainte, w-e de mai, et de juin à mi-sept : 10h-20h (si personnel disponible). Fermé hors saison.* Dépliant en français présentant les itinéraires de randonnée pédestre, les plages et autres centres d'intérêt de l'île. Organise souvent des visites guidées à pied quotidiennes et gratuites, en espagnol. Juste à côté se trouve un ***poste de secours.***

***Centro de visitantes :*** *à 1,1 km du débarcadère, dans l'ancien monastère, après le camping. Ouv slt 16h15-18h45, mêmes périodes que le peint d'info (fermé hors saison).* Petite expo.

– On n'accède pas à l'île en voiture et l'on s'y déplace uniquement à pied. Pour garer votre voiture, voir précédemment la rubrique « Circulation et stationnement » à Vigo.

– Sur place, pas de poubelles ; remportez tous vos déchets !

– Outre les 3 restos de l'île, on trouve aussi une épicerie au camping, avec tout le nécessaire pour se faire des sandwichs (pain, jambon, fromage à tartiner, fruits, yaourts, etc.).

## Où dormir ? Où manger ?

***Camping Islas Cíes :*** *sur l'île, à la hauteur de la plage de Rodas (derrière la lagune). ☎ 986-68-76-30 (infos) ou 986-43-83-58 (résas juin-sept). • info@campingislascies.com • campingis lascies.com • À gauche en débarquant, puis 10-15 mn à pied. Ouv Semaine sainte, juin-sept et certains w-e de mai en fonction de la météo. Fermé hors saison.* ***Résa et paiement des emplacements avt*** *de prendre le bateau, par tél, sur le site internet ou à la gare maritime de Vigo* (estación marítima de Ría). *Compter env 28 € pour 2 pers avec* *tente (25 € mai et sept), et 49-52 € selon saison pour louer une tente 2 pers avec matelas (75-79 € pour 4 pers).* En retrait de la grande plage de Rodas, dans une pinède clairsemée, ce grand camping, propre et bien équipé, est envahi tout au long de l'été. Les derniers arrivés n'auront pas forcément d'ombre. Sur place : douches chaudes payantes (économisez l'eau, rare !), resto (self) et supérette. Les feux sont interdits, mais on peut apporter son camping-gaz. Organise des séances guidées de plongée tuba *(30 € pour 3h)* et des balades en kayak de mer *(30 €)* quotidiennes. Prévoir un répulsif antimoustiques.

I●I Sur l'île, ***2 autres restos,*** pas vraiment plus chers que sur le continent : l'un devant le débarcadère (self et glaces), l'autre sous la verdure, à l'extrémité ouest de la plage de Rodas, le ***Serafin.*** C'est notre préféré, avec sa terrasse en bois sous les platanes où il fait bon laisser passer les heures chaudes. Cuisine très simple : *empanadas, xoubas* (petites sardines) et autres poissons grillés, salades basiques.

## À voir. À faire

➢ Plus accidentée, spectaculaire et sauvage que l'archipel d'Ons, l'île est sillonnée par quatre sentiers offrant des perspectives assez différentes sur ses principaux attraits. Grand classique devant l'éternel, le sentier du ***Faro de Cíes*** (3,5 km du débarcadère ; 2h30) se hisse jusqu'au sommet du Monte Faro (175 m) au gré de spectaculaires épingles à cheveux (sans ombre à la fin, y aller tôt !). De là, vue splendide sur les falaises et sur l'île San Martiño. Une branche permet de redescendre vers le petit ***Faro da Porta,*** en traversant une grande colonie de *gaviotas patiamarillas* – goélands leucophée en bon français. Ces oiseaux peu farouches ont établi ici leur plus grande colonie au monde : 15 000 couples nicheurs. Passé la petite plage de Nosa Señora, le chemin retrouve un peu plus loin l'itinéraire du Monte Faro, et regagne le camping.

Au nord du débarcadère, la ***Ruta de Monteagudo*** (2,5 km ; 1h45) se hisse à travers un beau bois d'eucalyptus, au-dessus de la plage de Figueiras, pour rejoindre le phare de Monte Agudo. Là, ce sont les cormorans huppés que l'on peut apercevoir, séchant leurs ailes au soleil. Dernière option, la ***Ruta del Alto del Príncipe*** (1,7 km ; 1h45), une variante qui conduit jusqu'au mirador du même nom, spectaculairement perché au-dessus des falaises de la côte ouest (la plus accidentée). Dans tous les cas, les distances sont données dans un seul sens.

Outre la longue et incontournable ***praia das Rodas,*** dont on vous a déjà parlé, vous trouverez quelques autres jolis rubans de sable un peu moins fréquentés. Notre plage préférée ? La très belle ***praia das Figueiras,*** longue et incurvée, s'adosse à des pentes couvertes d'eucalyptus, à moins de 10 mn de marche au nord du débarcadère. Le secteur le plus éloigné est réservé aux nudistes. Autre coin sympa : la ***praia dos Viños,*** qui marque en fait l'extrémité ouest de la plage de Rodas, passé la *Punta das Vellas.* Là se forme une anse 100 % sableuse à la sérénité garantie. On l'atteint facilement depuis le sentier du *Faro da Porta,* par un sentier discret partant à la hauteur de la petite plage de Nosa Señora.

# BAIONA (36300) 5 000 hab.

• Plan *p. 341*

**Même s'il a bien grandi, le vieux village de pêcheurs, veillé par une puissante forteresse épousant une presqu'île, à l'orée d'une jolie baie, garde des airs de carte postale. On explore paisiblement à pied le lacis de ses vieilles ruelles**

**bordées de maisons en granit et de placettes semées de fontaines et de chapelles, avant d'aller manger une glace sur le front de mer – où se dandine une copie de *La Pinta,* une des caravelles de Christophe Colomb.**

## UN PEU D'HISTOIRE

Le 1er mars 1493, Martín Pinzón, lieutenant de Christophe Colomb et seul maître à bord de *La Pinta,* aborde à Baiona en annonçant au monde qu'il revient des Indes. La nouvelle se répand comme une traînée de poudre... Colomb, dont il a été séparé par une tempête, est encore en mer. Baiona est ainsi la première ville d'Europe à apprendre la découverte du Nouveau Monde – dont on ne sait pas encore qu'il est nouveau ! L'événement est fêté chaque 1er week-end de mars à travers une mise en scène de l'abordage de *La Pinta,* dont une copie s'amarre dans le port.

## Arriver – Quitter

### En bus

🚌 ***Parada de autobuses*** *(plan B3) : sur le front de mer (rúa Alférez Barreiro), au niveau du parking de la Lonxa.* La compagnie *Atsa* *(☎ 986-35-53-30 ; • atsahorarios.com •)* assure les liaisons.

➢ ***Vigo*** (40 mn) **:** ttes les 30 mn-1h, 6h (7h le w-e)-22h30 (21h hors saison).

➢ ***Oia*** (30 mn) et ***A Guarda*** (1h) **:** lun-sam 2 bus/j. 12h-19h45 ; 1 slt le dim à 19h.

## Adresse et infos utiles

ℹ ***Oficina de turismo*** *(plan B2) : paseo de Ribeira, s/n. ☎ 986-68-70-67. • baiona.org • Juste à l'entrée de la forteresse de Monterreal. Tlj 10h-15h, 16h-21h avr-sept ; 10h-14h, 15h-19h hors saison.* Dépliant en français avec plan de la ville et itinéraires de découverte, horaires des bus. Accueil charmant.

– ***Marché couvert*** *(plan A3) : lun-sam mat (fermé dim), praza de Abastos (produits alimentaires). Également le lun, à ciel ouvert, avda Julián Valverde, à Sabarís.*

🅿 ***Stationnement :*** dans le centre, les places gratuites sont très demandées en été, et le parking souterrain situé à l'entrée de la forteresse revient vite cher *(1,70 €/h, 16 €/j.).* Mieux vaut se garer avant l'entrée de la ville, au parking de la plage Santa María et venir à pied par la promenade côtière (10 mn).

## Où dormir ?

### Campings

⛺ ***Camping Bayona-Playa*** *(hors plan par B3,* ***10****) : praia de Ladeira, 36393 Sabarís. ☎ 986-35-00-35. • campingbayona@campingbayona.com • campingbayona.com • À env 3 km à l'est de Baiona. Fermé de mi-oct à mi-mars. Résa obligatoire en été. Selon saison, 23-33 € pour 2 pers avec tente et voiture. Bungalows 6 pers 66-190 € (!) selon saison et emplacement, avec ou sans terrasse. CB refusées.* Superbement situé dans une pinède plantée sur une longue langue de sable, entre mer et lagune, ce grand camping est bien tenu et confortable, mais un peu trop barricadé et réglementé à notre goût. On y trouve de beaux bungalows en bois tout équipés, les pieds dans l'eau... mais sans terrasse pour certains et séparés de la plage par une paroi de verre. D'autres, sans vue, s'alignent en rang d'oignons formant des ruelles. Un coin relativement tranquille (même en été), mais peu intime, est réservé aux tentes, sans délimitations d'emplacements. Resto, supérette, piscine avec toboggan, jeux pour enfants, laverie... Location de vélos et kayaks, aussi accessible aux non-résidents, mais plus chère.

⛺ ***Camping O'Muiño*** *(hors plan par A2,* ***11****) : ctra Baiona-A Guarda,* *km 26, 36309* ***Mougás.*** *☎ 986-36-16-00. • info@camping-muino.com • campingmuino.com • Sur la route côtière entre Baiona et A Guarda, env 10 km au sud de Baiona. Fermé en sem nov-Semaine sainte. Congés : du 9 déc à mi-janv. Env 24-29 € pour 2 pers avec tente et voiture selon saison ; bungalows 2-7 pers 59-140 € selon taille et saison.* Au bord d'une côte sauvage rocailleuse, ce petit camping calme et bien tenu s'étage en terrasses, autour d'un moulin à vent restauré, sur le flanc d'une colline. On y trouve de nombreux bungalows et de bons emplacements pour planter sa tente près de la mer, mais sans ombrage et non protégés du vent. Mais quelle vue, pour tous ! Nombreux services en haute saison (de juin à septembre) : resto, supérette, petite piscine, tennis, location de vélos, activités... Les plages les plus proches sont à Baiona. Un bon camping où il est rare qu'il n'y ait pas quelques places, même en été.



## De prix moyens à chic (30-80 €)

■ ***Hotel Tres Carabelas*** *(plan B3,* ***15****) : rúa Ventura Misa, 61. ☎ 986-35-51-33. • info@hoteltrescarabelas.com • hoteltrescarabelas.com • Dans la vieille ville, la ruelle parallèle au front de mer. Fermé nov-fév. Doubles 50-70 € selon saison, familiales également. Sur présentation de ce guide, petit déj offert.* Rénovée avec goût, cette antique bâtisse en granit compte 12 jolies chambres confortables et impeccables, donnant sur une ruelle piétonne (salles de bains parfois petites). Une gentille note de déco améliore un peu l'ordinaire. Salon-bar cosy pour le petit déj.

■ ***Hotel Anunciada*** *(plan B3,* ***13****) : rúa Elduayen, 16. ☎ 986-35-60-18. • reservas@hotel-anunciada.com • hotel-anunciada.com • Dans la vieille ville, sur le front de mer. Fermé nov-fév. Doubles 47-72 € selon confort et saison (+ env 20 € avec vue sur mer).* Voici une trentaine de chambres fonctionnelles, sans charme particulier, dotées d'un mobilier sombre. Les moins chères donnent sur un puits de lumière et manquent de gaité, les *superiores*, avec vue sur mer, coin salon et baignoire à remous, sont nettement plus spacieuses, mais aussi nettement plus chères.

■ ***Hotel Pinzón*** *(plan B3,* ***12****) : rúa Elduayen, 21. ☎ 986-35-60-46. Sur le front de mer, face au port. Congés : nov. Doubles 30-80 € selon taille, vue et saison.* À l'entrée de la ruelle principale du centre ancien, cette vieille maison à galeries propose une bonne vingtaine de chambres fonctionnelles plutôt pas mal. Attention, les moins chères sont vraiment banales et riquiqui, et celles sous les toits n'ont qu'un simple Velux. Toutes possèdent un double vitrage. Bon accueil.

■ ***Hotel Caís*** *(plan B3,* ***14****) : rúa Alférez Barreiro, 3. ☎ 986-35-56-43. • info@hotelcaisbaiona.com • hotelcaisbaiona.com • Sur le front de mer, face au port. Doubles 40-70 € selon vue et saison.* Cette maison ancienne abrite une douzaine de chambres correctes, installées au-dessus d'un café-bar. Les plus chères, spacieuses, donnent sur la mer (mais elles peuvent être franchement bruyantes, y compris la nuit).

## De chic à très chic (66-300 €)

■ ***Pazo de Mendoza*** *(plan B3,* ***16****) : praza Pedro o Castro, 1. ☎ 986-38-50-14. • pazodemendoza@pazodemendoza.com • pazodemendoza.com • Sur le front de mer, face au port. Résa obligatoire en été. Doubles 66-106 € selon confort, vue et saison.* L'élégante demeure seigneuriale du XVIIIe s, rénovée avec classe, abrite 11 belles chambres confortables (parquet, baignoire, bonne insonorisation), toutes de taille et déco différentes, mais en harmonie avec l'esprit du lieu. On y accède par un très bel escalier en pierre. Au choix : vue sur mer ou sur la place, sur le côté. Très bon accueil.

■ ***Parador de Baiona*** *(plan A1,* ***17****) : Fortaleza de Monterreal. ☎ 986-35-50-00 ou 902-54-79-79 (n° général). • baiona@parador.es • parador.es • ♿ Doubles de 100 € à... 300 € (!),*

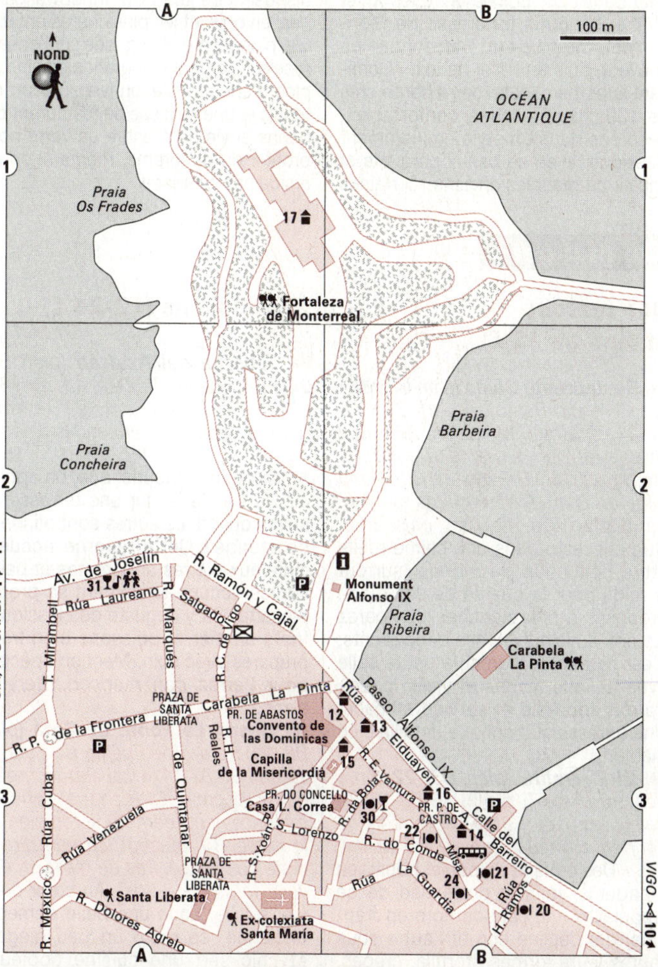


## BAIONA



**Adresse utile**

- Oficina de turismo (B2)

**Où dormir ?**

- **10** Camping Bayona-Playa (hors B3)
- **11** Camping O'Muiño (hors A2)
- **12** Hotel Pinzón (B3)
- **13** Hotel Anunciada (B3)
- **14** Hotel Caís (B3)
- **15** Hotel Tres Carabelas (B3)
- **16** Pazo de Mendoza (B3)
- **17** Parador de Baiona (A1)

**Où manger ?**

- **20** Restaurante Baiña (B3)
- **21** Mesón La Fonte de Zeta (B3)
- **22** El Corralito (B3)
- **24** Taberna del Azafrán (B3)

**Où boire un verre ?**
**Où sortir ?**

- **30** Bacco's (B3)
- **31** Villa Rosa Baiona (A2)

*petit déj inclus.* Édifiée entre les XIe et XVIIe s, l'énorme forteresse de Monterreal a été plus tard transformée en couvent, puis en hôtel de luxe. Dominant superbement la mer, il abrite près de 120 chambres très confortables, décorées dans un style éminemment classique, avec de beaux parquets et copies de meubles anciens. Certaines disposent de jolis bow-windows *(galerías)* en bois, et les plus chères ont une vue plongeante et dégagée sur l'océan. À cela s'ajoutent une grande piscine au pied d'une tourelle, un (vieux) court de tennis et une terrasse de restaurant qui donne envie de prendre un verre pour profiter du panorama, même si on ne réside pas sur place.

## Où manger ?

### Bon marché (moins de 12 €)

|●| ***Restaurante Baiña*** (plan B3, **20**) **:** *rúa Herminio Ramos, 11. ☎ 986-35-57-91. Oct-mai, fermé en sem, ouv slt w-e et j. fériés. Semaine sainte et été, tlj 12h30-16h, 20h-23h30. Menu midi en sem 9,50 €, plats 6-14 €, parrillada de mariscos 2 pers 30 €.* Ce petit resto dans une calme ruelle attire beaucoup de monde (surtout le midi) pour la qualité de ses plats, proposés à prix plancher (comparez les prix au kilo avec ses concurrents, c'est bluffant !). Agréable petite salle avec fresque marine et vieille pierre. Patron adorable et service efficace. Une adresse authentique, familiale en diable.

|●| ***El Corralito*** (plan B3, **22**) **:** *rúa Ventura Misa, 7. 📱 666-16-50-16. Tlj de juil à mi-sept, slt le w-e le reste de l'année. Congés : janv-fév. Plat env 7 €.* « Des œufs et du poulet pour bien manger », voilà la promesse de ce « poulailler » (c'est son nom en français) qui décline l'un et l'autre sous toutes leurs formes : tortilla, crêpes, pâtes, nombreuses salades... Ça change des fruits de mer et la déco est franchement rigolote, avec ses poules et nids perchés un peu partout ! Portions généreuses et terrasse dans la ruelle fraîche.

### Prix moyens (12-24 €)

|●| ***Taberna del Azafrán*** (plan B3, **24**) **:** *rúa Fuente de Zeta, 14. ☎ 986-35-60-30. Tlj juil-sept, slt ven-dim midi le reste de l'année. Fermé de mi-oct à début déc. Plats 7-16 €.* À l'écart du flot touristique, on apprécie de s'installer sur une terrasse au calme quand les autres sont blindées de monde ! Cette taverne accueillante aux pierres apparentes et baies vitrées occupe également sa propre placette. On y déguste de classiques fruits de mer et poissons bien frais, préparés avec soin. Mention spéciale pour l'*arroz con marisco.* Service sympa.

|●| ***Mesón La Fonte de Zeta*** (plan B3, **21**) **:** *praza de Fuente de Zeta, 5. ☎ 986-35-82-14. ● isabelasanchez2@hotmail.com ● ♿ Planqué dans un renfoncement, derrière la fontaine de la place. Tlj juil-sept, slt ven-dim le reste de l'année. Pas de résas en été, venir tôt. Plats 8-20 €.* Au cœur de la vieille ville, dans une belle demeure ancienne, ce resto un peu élégant et chic sert une cuisine copieuse et pleine de saveur, à déguster sur les quelques tables de la terrasse, ou dans l'agréable salle aux pierres apparentes. Belle carte des vins. Bon rapport qualité-prix-accueil. On s'est régalés !

## Où boire un verre ? Où sortir ?

🍸 La *rúa Ventura Misa (plan B3)* et les ruelles adjacentes sont colonisées par un nombre effarant de ***bars à tapas,*** pris d'assaut tout au long de l'été.

🍸 |●| ***Bacco's*** (plan B3, **30**) **:** *rúa Xogo da Bola, 3. 📱 660-27-76-60. Tlj sauf lun hors saison.* La foule est telle, certains soirs, que ça embouteille dans la ruelle !

LA GALICE

Tout entier dévoué au dieu du Vin, un vieux bistrot de quartier où l'on déguste, accoudé à une barrique, de bons petits vins régionaux, accompagnés des quelques bricoles affichées sur l'ardoise.

**Villa Rosa Baiona** *(plan A2, **31**) : avda de Joselín, 3. ☎ 986-35-51-48. Tlj en été à partir de 23h.* Grosse ambiance dans cette élégante villa de caractère des années 1900, flanquée d'une tour avec balcons et colonnes en fer forgé. On jurerait la maison de la famille Adams redécorée par Gaudí... ou réciproquement. La soirée débute tranquillement sur la terrasse-*lounge,* autour d'un verre, avant de gagner l'un des 3 étages, entre piste de danse et salons plus intimes. Musique éclectique. Une adresse incontournable de la nuit à Baiona.

## À voir. À faire

**Fortaleza de Monterreal** *(plan A-B1-2) : paseo de Ribeira, s/n. Tlj 10h-22h (20h hors saison). Entrée : 1 €/pers à pied ou 5 €/voiture (jusqu'au Parador slt), remboursable pour tt achat d'au moins 15 € au resto ou à la cafétéria. Durée de la balade : env 1h30.* Construite et maintes fois remodelée entre les XIe et XVIIe s, la forteresse occupe l'intégralité de la presqu'île rocheuse de Monte Boi – déjà fortifiée par les Celtes, les Phéniciens et les Romains. Étendue sur 18 ha en partie boisés, elle est ceinturée de 3 km de remparts crénelés. L'occasion d'une superbe balade avec vue imprenable sur la baie et l'océan, entre jardins en terrasses et vieux canons.

**Balade dans la vieille ville** *(plan A-B3) :* jolies ruelles à arcades, petites places ombragées... la promenade est agréable et jalonnée de vénérables monuments. Caché derrière ses hauts murs blasonnés, le **convento de las Dominicas** *(couvent des Dominicaines ; plan A-B3),* du XVIe s, n'est accessible que pour acheter des gâteaux aux amandes *(lun-sam 10h-12h, 16h45-18h30 ; fermé dim).* Dans la rue parallèle, la **capilla de la Misericordia** *(plan B3),* du XVIIe s, possède un joli maître-autel et des autels latéraux baroques dorés. Si l'on en croit la petite histoire, le grand Christ crucifié aurait été envoyé du Mexique par des *Baioneses* expatriés (ceux que l'on nommait les *Indianos*), rempli de pièces d'or pour financer la construction de la chapelle. Une manière maligne de contourner la loi qui interdisait aux particuliers le transfert d'or depuis le Nouveau Monde et de décourager le pillage par les « pirates » anglais et hollandais – qui, dit-on, détruisaient les images de la Vierge, mais pas celles du Christ ! Juste après, la ruelle débouche sur la praza do Concello où l'hôtel de ville siège dans la **Casa Lorenzo Correa** *(plan B3),* édifiée au XVIIIe s pour l'ancien maire de Cuernavaca au Mexique *(ne se visite pas).*

**Ex-colexiata Santa María** *(plan A3) : rúa de la Guardia, s/n. Tlj 10h-13h30, 17h-20h.* Construite entre les XIIe et XIVe s, cette église de la transition romano-gothique montre une façade certes un peu austère (influence cistercienne oblige), mais ornée d'une superbe rosace et d'un portail roman. L'intérieur, tout aussi sévère, se distingue par ses chapiteaux de colonnes soutenant des arches en ogive. Le retable baroque doré fait de l'œil à une belle chaire sculptée dans un seul bloc de granit, aux volutes géométriques rappelant l'Art nouveau.

**Capilla Santa Liberata** *(plan A3) : praza Santa Liberata, à côté de la collégiale (mêmes horaires en principe).* Une représentation inhabituelle, sur le portail, attire l'œil : celle d'une femme crucifiée. On la retrouve sur le maître-autel baroque, aux côtés d'autres femmes martyres, veillées par saint Jacques et dominant deux gentilshommes bien mis. Si l'on en croit la légende, sainte Livrade, c'est son nom, aurait été la fille d'un gouverneur romain païen de Galice, morte crucifiée sur l'ordre de son propre père pour n'avoir pas voulu renier sa foi. Une autre légende – elles foisonnent – lui attribue la pousse miraculeuse d'une barbe, qui lui aurait permis d'échapper, selon les sources, à un viol ou à un mariage forcé... Livrade est fêtée tous les 20 juillet par une grande procession suivie de danses, musique galicienne traditionnelle et défilé de personnages géants de carton-pâte.

**Carabela la Pinta** (plan B3) **:** *dans le port de Baiona. Tlj 10h-21h (20h hors saison). Entrée : 2 €, audioguide en français inclus (durée : 30-40 mn).*

Amarrée au bout d'un ponton spécialement aménagé pour elle, la *Pinta* est une réplique de l'un des trois navires de la première expédition conduite par Christophe Colomb en 1492. Son objectif : gagner les Indes par l'ouest (océan Atlantique). L'escadre quitta le port de Palos de Moguer (en Andalousie) le 3 août 1492. Des trois bateaux, la *Niña,* la *Pinta* et la *Santa María,* la *Pinta* était certainement le meilleur. Son capitaine, Martín Pinzón, issu d'une famille d'armateurs, sut s'en servir pour rivaliser avec l'amiral Christophe Colomb qui, lui, fit son retour à bord de la *Niña,* après le naufrage de la *Santa María* au large d'Hispaniola (l'actuelle côte nord d'Haïti). Ainsi, le 4 mars 1493, la *Pinta,* déroutée par les vents de tempête, accosta à Baiona et non à Palos comme prévu. Pinzón eut donc la primeur d'annoncer la découverte de ce que l'on ne savait pas encore être le Nouveau Monde...

### LA CARAVELLE, UN BATEAU MAL FICHU

*Cette coquille de noix était lourde, trapue et bien peu maniable. Son faible tonnage ne lui permettait pas de transporter beaucoup de marchandises. Petite (à peine 20 m de longueur), elle ne pouvait embarquer qu'une vingtaine de marins. Haute sur l'eau pour mieux résister aux lames de tempête, elle était instable ; sans cesse, il fallait écoper pour la maintenir à flot. Et pourtant, elle permit les plus grandes découvertes !*

Ainsi, l'intérieur de la *Pinta* se visite ! On est d'abord frappé par ses faibles dimensions ; 26 hommes d'équipage vécurent dans ce petit espace pendant 8 mois. Plusieurs scènes reconstituées à l'aide de mannequins, habillés en costume de marin de l'époque, évoquent la vie à bord de la caravelle. Sous la dunette arrière, on voit ainsi le capitaine Pinzón au milieu d'instruments de navigation rudimentaires. Observez le système de gouvernail : celui qui le maniait ne voyait rien de ce qu'il faisait ! Dans un coin de cale, deux Indiens captifs en pagne, figés dans leur tristesse, portent un perroquet. L'histoire est authentique : trois Tainos furent ainsi arrachés à leur terre natale afin d'être exhibés comme des preuves vivantes aux Rois Catholiques, avec les trésors et autres découvertes faites au Nouveau Monde (maïs, tabac, coton...). L'un d'eux mourut à peine débarqué et fut inhumé à Baiona.

➢ ***Excursion aux îles Cíes :*** à partir de Baiona, des bateaux assurent la traversée pour les îles Cíes, partie du ***parc national des Îles atlantiques de Galice*** (voir plus haut).

Plusieurs petites plages urbaines s'étalent au pied du front de mer et de la forteresse mais, pour se baigner, il faut rejoindre la longue ***praia de Ladeira,*** à environ 2 km à l'est. Très large, elle est néanmoins bordée par des constructions au sud et par la paroi de verre du camping (et sa pinède) au nord. Quelques kilomètres plus au nord, après Sabarís, en direction de la grosse station balnéaire moche de Panxón, vaste et belle ***praia America,*** un brin cachée derrière un cordon de dunes, mais vous n'y serez pas seul non plus !

## Fêtes et manifestation

– ***Fiesta de la Arribada*** (*fête de l'Arrivée de la caravelle la Pinta*) **:** *1er w-e de mars.* La réplique de la caravelle de l'expédition de Christophe Colomb réitère son exploit de 1493, toutes voiles dehors. C'est un joli spectacle, relayé à terre par des reconstitutions, des processions, des jeux de cavaliers sur la plage. Peu de touristes, beaucoup de Galiciens... et d'ambiance.

LA GALICE

– ***Fiestas patronales :*** *1er w-e d'août.* Concerts, danses et feu d'artifices.
– ***A Rapa das Bestas :*** *à* ***Gondomar*** *ou à* ***Oia,*** *2e dim de mai et ts les dim de juin.* Les chevaux semi-sauvages errant dans la montagne sont rassemblés dans des arènes de pierre *(curros)* afin d'être triés, marqués et, éventuellement, soignés. Mais le but est de leur couper la crinière. Les hommes descendent dans le *curro,* se saisissent des chevaux fous de terreur, les jettent à terre et leur coupent les crins. Un spectacle sauvage et inoubliable !

# DANS LES ENVIRONS DE BAIONA

## *ARRABAL-OIA* *(36794)*

Au sud de Baiona s'étend la *Costa Verde,* un pays de côtes sauvages et rocheuses, où le sable n'est plus qu'un souvenir. À 16 km environ de la ville, la petite cale de pêcheurs d'Arrabal-Oia, perdue dans les rochers et surplombée par un grand monastère cistercien du XIIe s *(ouv pour la messe lun-sam à 20h – 19h hiver –, dim à 12h),* dessine une escale charmante.

### Adresse utile

**Oficina de turismo :** *praza Centinela, s/n. ☎ 986-36-22-25. • concellodeoia.es • En été, ouv lun-mar 12h-17h, mer-dim 10h-20h ; le reste de l'année, le Concello vous fournira quelques infos.* Propose une visite guidée du village et du monastère *(de mi-juin à mi-sept, le w-e à 12h ; GRATUIT).* Demander la carte des environs et le dépliant en français du sentier de randonnée *Ruta Máxica,* pour une balade sur les hauteurs du village ponctuée de gravures rupestres dont un fameux pétroglyphe *(Auga dos Cebros),* seule représentation connue d'embarcation maritime, probablement phénicienne.

### Où dormir ? Où manger ? Où boire un verre dans le coin ?

***Camping O'Muiño :*** *ctra Baiona-A Guarda, km 26, 36309* ***Mougás.*** Un très bon camping ! Voir plus haut « Où dormir ? » à Baiona.

***Budiño de Serraseca :*** *A Serra Seca, 103, 36309* ***Viladesuso-Oia.*** *☎ 986-36-18-56. 696-04-53-26. • casa@budinho.com • budinho.com • Un peu avt Oia, à 12 km au sud de Baiona (km 29), bifurquer à gauche vers Viladesuso ; juste avt d'entrer dans le village, prendre à nouveau à gauche et traverser le hameau de Serra Seca (panneau). Selon saison : doubles 55-70 €, petit déj inclus ; appart 4 pers 100-130 €. Dîner sur résa en été slt pour les hôtes 15 €.* Perchés sur des hauteurs verdoyantes et paisibles, les bâtiments de ce vieux moulin à eau du XVIIIe s abritent 4 jolies chambres confortables, décorées avec goût et sobriété. Également un bel appartement en duplex dans une maisonnette indépendante. Salle commune avec cheminée. Le mécanisme du vieux moulin est toujours en place au bord du ruisseau. Un point de départ idéal pour de belles balades dans la montagne. Accueil adorable, on est séduit !

***Casa Puertas :*** *rúa Vincente López, 7, à Arrabal-Oia. ☎ 986-36-21-44. 666-07-76-36. • casapuertas@hotmail.com • casapuertas.es • À 150 m du monastère. Salon de thé tlj 18h-23h. Congés : déc-fév. Doubles 45-70 € selon confort et saison, petit déj 7,50 €.* Au cœur du village, cette charmante maison de pays du XVIIe s (tout juste : 1699 !) abrite 8 chambres

LA GALICE

confortables, bien arrangées, un peu colorées, sobres et élégantes. Celles du dernier étage ont une vue sur la mer par-dessus les toits, et la plus chère dispose même d'une jolie petite terrasse fleurie.

**Casa Henriqueta :** *rúa Vincente López, 3, à Arrabal-Oia. ☎ 986-36-20-13. • estebandantes89@gmail.com • Dans le vieux bourg, près du monastère. Attention, ne pas confondre avec le resto-tapería juste avt. Tlj, sauf lun hors saison. Fermé 2de quinzaine de nov. Menu pèlerins 10 € (pour ts le midi sauf juil-août), sinon menus 20-30 € ; plats 6-16 €.* Cette vieille maison de pêcheurs abrite d'abord un bar de pays au rez-de-chaussée, puis 2 salles rustiques, un brin chic, à l'étage, mais surtout une formidable terrasse dans un jardin d'Éden verdoyant dominant les flots. Dans l'assiette, délicieux *mariscos, pescados y carnes* selon l'arrivage du jour, mitonnés avec soin et servis avec sourire et attention. On s'est régalés !

## À voir

**La route côtière Baiona-A Guarda :** belle et découpée, elle longe cette côte sauvage et rocailleuse au pied de montagnes enrobées de verdure et parsemées de pins maritimes.

# SUR LA ROUTE DU PORTUGAL

LA GALICE

## A GUARDA *(36780)*

Posée à l'embouchure du fleuve Miño qui marque la frontière avec le Portugal, cette ville gardait, comme son nom l'indique, l'entrée de la Galice. Aussi, l'énorme promontoire naturel du mont *Santa Tecla* a-t-il cette vocation depuis les temps les plus reculés, comme en témoignent les vestiges de son gros village celte qui dominait déjà toute la région à l'âge du fer.

Aujourd'hui, son port spécialisé dans la pêche à la langouste et ses quelques ruelles anciennes peinent à retenir. On ne fera donc qu'y passer pour visiter l'intéressant site de Santa Tecla ou piquer une tête dans l'océan.

### Arriver – Quitter

#### En bus

**Parada de autobuses** (arrêt de bus) **:** *rúa Concepción Arenal, s/n.* Atsa (*☎ 986-61-02-55 ; • automovilesdetuy.es •*) assure les liaisons :

➢ **Oia et Baiona :** 3 bus/j. lun-ven 7h30-17h30, 2/j. le sam 8h20-14h30, 1 slt le dim à 14h30. Durée : respectivement 30 mn et 1h.

➢ **Tui et Vigo :** ttes les 30 mn-1h en sem 7h30-21h30, slt 9 bus le sam et 4 le dim. Durée : respectivement 30 mn et 1h.

#### En ferry *(transbordador)* pour le Portugal

**Embarcadère :** *à O Pasaxe, sur le río Miño, de l'autre côté du mont Santa Tecla.* La Cie *Cámara Municipal de Camínha (☎ 986-61-15-26 ou + 35-12-58-71-03-00 au Portugal)* assure la traversée du fleuve entre A Guarda et Camínha (Portugal). Ferries tlj sauf lun, ttes les heures (sauf 14h30), 10h30 (11h30 le w-e)-20h15 (10 mn de trajet). Compter 1 €/pers et 3 €/voiture.

### Adresse utile

**Oficina de turismo :** *praza do Reló, s/n. ☎ 986-61-45-46. • turismoaguarda.es • Lun-ven 9h-14h.* Plan avec itinéraires de découverte de la vieille ville, agenda des festivités, horaires des bus, route des vins...

## Où dormir ?

### Camping

⛺ ***Camping Santa Tecla :*** *Salcidos.* ☎ *986-61-30-11.* • *recepcion@campingsantatecla.es* • *campingsantatecla.es* • *À 5 mn en voiture depuis le centre-ville, direction Tui, puis à droite en direction du mont Santa Tecla (panneaux). Selon saison 23-27,50 € pour 2 pers avec tente et voiture.* Au bord du río Miño, un grand camping ombragé et bien entretenu. Emplacements délimités par des lignes blanches au sol, donc peu d'intimité en vue. Piscine, resto-bar, supermarché, jeux pour enfants, minigolf, lave-linge, location de vélos...

### De prix moyens à chic (45-80 €)

🏠 ***Hotel Vila da Guarda :*** *rúa Pontevedra, 4.* ☎ *986-61-11-21.* • *contacto@hotelvilaguarda.com* • *hotelvilaguarda.com* • *En pleine ville. Doubles avec sdb 45-70 € selon saison, petit déj-buffet compris. Parking gratuit.* Situées dans un environnement urbain ordinaire mais tranquille, une trentaine de chambres modernes, confortables et mignonettes, la plupart équipées d'un astucieux système de lits escamotables discrètement intégrés dans les murs. Bien pratique pour une petite famille, qui accepte alors de se serrer un peu.

🏠 ***Hotel Convento de San Benito :*** *praza de San Benito, s/n.* ☎ *986-61-11-66.* • *correo@hotelsanbenito.es* • *hotelsanbenito.es* • *Doubles 55-80 € selon confort et saison, petit déj-buffet 7 €. Prêt de vélos. Parking sur le port à 150 m, 8 €.* L'hôtel de charme de la ville. Installé dans un ancien couvent du XVIe s rénové et décoré avec goût (un vrai musée !), il offre une trentaine de chambres élégantes, confortables et douillettes. Une belle adresse.

## Où manger ? Où boire un verre ?

Les restos, alignés à touche-touche le long du port, proposent tous des cartes et des tarifs assez similaires. Parmi eux, on a bien aimé la *Casa Valladeiro* (un des premiers de l'enfilade) pour son menu à prix démocratique. Pour info, la langouste est proposée à 70 €/kg quasi partout.

**|●|** ***Casa Chupa Ovos :*** *rúa A Roda, 24.* ☎ *986-61-10-15.* • *info@casachupaovos.com* • ♿ *Accessible par un escalier au centre de la promenade du port. Fermé mer (sauf en août). Fermé 15 j. en nov. Menu déj 10 €, plats 8-19 €. Digestif offert sur présentation de ce guide.* Dans ce resto coloré un peu kitsch, le cuistot (français) refuse de cuisiner la langouste ! Il lui préfère le poisson, les fruits de mer et la viande. Dans le registre classique et copieux, c'est pas mal du tout.

🍸 ♪ ***As de Copas :*** *rúa Concepción Arenal, 85.* ☎ *986-61-19-08. Ouv 10h-2h (4h30 w-e). Fermé lun.* Bar aux murs de granit constellés d'écrans plats et de loupiotes. Trentenaires et quadras s'y retrouvent pour papoter joyeusement en sirotant des verres, avant de danser sur des standards balancés par un DJ.

🍸 ♪ ***Art Café :*** *praza do Reló. Dans le haut du quartier ancien, accès par l'escalier à l'entrée du port, face au convento de San Benito. Tlj 8h30-2h30.* Bar-*lounge* conciliant vénérable granit et modernité, éclairé par une pléaidede LED. Clientèle de tous âges. Terrasse agréable sur la jolie place de l'Horloge.

## À voir. À faire

👁👁 ***Monte Santa Tecla :*** *à 2 km au sud du centre-ville par une petite route accessible aux voitures (panneaux). Également plusieurs sentiers de randonnée pédestre permettant l'ascension à pied. Guichet à mi-chemin (plan-guide en français).*

*Juil-août 9h-21h, avr-juin et sept 10h-20h, mars et oct 10h-19h, nov-fév 11h-17h. Fermé lun et de janv à mi-fév. Entrée : 1 €, incluant l'accès au Musée archéologique. Le lun, accès au mont gratuit. De juin à mi-sept et slt le w-e, visites guidées gratuites (en espagnol) de 1h30 de l'ensemble du site, ou de 30 mn du castro slt. Horaires variables, se renseigner (infos : 690-01-70-38).*

Ce mont dessine une imposante éminence rocheuse, plantée de pins et d'eucalyptus, surplombant la ville et l'embouchure du río Miño.

Sur le versant nord, de part et d'autre de la route en montant, on découvre les vestiges d'un ***castro celte*** composé de maisons rondes en pierre, jadis dotées d'une galerie et d'un toit de chaume (voir celle reconstruite à l'entrée du site, en guise de hutte témoin). Datant de l'âge du fer, ce village fortifié – l'un des rares à pouvoir se visiter sur les 2 000 recensés en Galice – était installé sur un site stratégique permettant de contrôler l'entrée du fleuve. Il comptait près de 3 000 habitants. Au cœur du *castro,* un ***pétroglyphe*** domine ce panorama depuis des millénaires. C'est l'un des plus grands et des mieux conservés de Galice. S'agit-il d'une spirale qui retracerait la carte de la région ? De la marque de reconnaissance d'une tribu ? Les hypothèses ne manquent pas. Les fouilles menées ici ont livré de nombreux objets, dont les plus intéressants sont rassemblés dans le petit musée au sommet du mont.

Une fois arrivé là-haut (700 m !), on découvre un vaste paysage : le río Miño coule au fond d'une large vallée verdoyante et se jette dans l'océan Atlantique, décrivant un estuaire aux rives bordées de belles plages de sable. Le sommet même n'est pas vraiment sauvage : un hôtel, des restos, des étalages de souvenirs... En contrebas, la modeste ***chapelle romane*** en granit dédiée à santa Tecla, point d'arrivée d'un pèlerinage qui attire chaque année de fervents catholiques, comme l'atteste le chemin de croix tout au long de la route.

À environ 4 km de la ville, à l'embouchure du río Miño et face aux côtes portugaises, belle ***plage d'O Muiño*** (surveillée en saison), très fréquentée mais avec du sable fin et peu de vagues. Pour plus de tranquillité, un peu plus loin en remontant la rivière, les ***plages d'A Lamiña et d'A Armona,*** bordées d'une petite pinède. *Liaisons fréquentes en minibus Atsa du centre-ville.*

***La route du vin O Rosal :*** A Guarda est le point de départ d'un itinéraire de découverte des vignobles locaux, réunis sous la dénomination *O Rosal* ; elle-même englobée dans l'appellation générale *DO Rías Baixas*. *Infos : ● rutadelvinoriasbaixas.com ●*

## Fêtes

– ***Festas da Langosta :*** *1er w-e de juil.* Une institution culinaire mettant à l'honneur le fameux crustacé. Il faut savoir cependant que la langouste, en surpêche dans la région, est le plus souvent importée vivante de France ou du Maroc...

# LA GALICE DU CENTRE ET LE HAUT MIÑO



**Terre de longues vallées et de plateaux désertiques, nous sommes au cœur même de la province. La Galice paysanne et la Galice des pêcheurs sont deux entités bien différentes. Ici, on peut faire des dizaines de kilomètres sans rencontrer âme qui vive. Mais on peut également aller de gros villages en bourgs agricoles à la rencontre d'une population travailleuse qui, depuis le Moyen Âge, fait la prospérité de la région. Le poids de l'agriculture galicienne dans**

**l'économie espagnole est d'ailleurs considérable. Outre des forêts profondes recouvrant cette contrée peuplée de quelques loups, des sources thermales, lacs et barrages ponctuent le paysage. Le tourisme est à peine perceptible dans cette zone et pourtant Lugo ou Meira ne manquent ni de chic ni de charme.**

# LUGO (27000) 98 130 hab.

• Plan *p. 351*

**Capitale de la province du même nom, qui englobe presque toute la Galice intérieure et une partie de la côte nord, Lugo était la dernière grande ville sur le chemin de Saint-Jacques. La ville ancienne, bien à l'abri derrière son épaisse muraille romaine, a gardé beaucoup de charme. Lugo maintient l'équilibre entre son histoire riche d'apports culturels et son avenir économique. Ville jeune et universitaire (on recense environ 10 000 étudiants) spécialisée dans l'agronomie, elle sait jouer de sa position centrale en Galice.**

## UN PEU D'HISTOIRE

Lugo est-elle une ville romaine ? À observer ses remparts romains parfaitement conservés, à visiter le département d'archéologie du musée et ses mosaïques romaines, on ne pourrait en douter.
D'ailleurs, ce sont les Romains qui ont donné à la ville l'importance qu'elle n'a jamais vraiment perdue depuis. Reliée par des voies importantes à *Asturica (Astorga)* et, de là, à Bordeaux, Braga, Ourense, mais aussi à l'Andalousie par la Voie de l'Argent, Lugo fut, sous l'Empire romain, un véritable carrefour d'échanges, ce qui lui valut son statut de capitale de la Galice du Nord.
Sa position géographique en fait la principale porte d'entrée en Galice pour les voyageurs venant du nord. Les terres agricoles environnantes sont prospères. Lugo traverse l'Histoire sans histoires, ce qui explique l'étonnante conservation de ses murailles que nulle artillerie n'a jamais tenté de démolir.
Aujourd'hui, capitale provinciale, ville commerçante, elle est devenue ville administrative et ville universitaire en s'urbanisant dans les plaines, le long du Miño et autour du *castro* de ses origines. Historique mais pas figée, commerçante mais pas frénétique, Lugo reste égale à elle-même : juste sereine.

## Arriver – Quitter

### En train

***Estación RENFE*** *(plan B1) : praza Conde de Fontao, s/n. ☎ 982-22-21-41 ou 912-320-320 (nº national).* • *renfe.com* • Trains à destination d'Ourense, de A Coruña, de Madrid et de Barcelone. Un ***guichet en centre-ville*** vous fera gagner du temps : *praza Maior, 27 (plan B2). ☎ 982-22-55-03.*
➢ ***Monforte de Lemos :*** 7 trains/j. dans les 2 sens, selon les périodes ; 1h de trajet.
➢ ***A Coruña :*** 6 liaisons/j. ; 1h40 de trajet.

### En bus

***Estación de autobuses*** *(plan B2) : praza da Constitución, s/n. ☎ 982-22-39-85.* Bus à destination des principales villes de Galice, de Madrid et d'Irún.
➢ ***Saint-Jacques (Santiago) :*** avec *Freire (☎ 981-53-32-38 ou 982-22-03-00 ;* • *empresafreire.com* •*),*

6-10 liaisons/j. ou avec *Alsa* (☎ *902-42-22-42* ; ● *alsa.es* ●), 6 bus/j. Durée : 2h-2h30 selon les escales.
➢ ***Pontevedra et Vigo :*** avec *Monbus* (☎ *902-29-29-00* ; ● *monbus.es* ●). En moyenne 4-5 bus/j., et env 3h-3h30 de trajet. Avec la même compagnie, 5 bus/j. en sem, 7 le w-e pour ***Monforte de Lemos*** et 5 bus/j. en sem, 7 le sam pour ***Sarria,*** sur le *Camino francés*.
➢ ***Ribadeo :*** avec *Arriva* (☎ *981-31-12-13* ; ● *arriva.gal* ●). 1-2 liaisons/j. Trajet : 1h30. Marque l'arrêt à Meira. Aussi quelques bus pour Foz, Viveiro, Ferrol et Mondoñedo.
➢ Liaisons quotidiennes avec ***La Corogne, Madrid*** et ***Barcelone.***

## Adresses utiles

ℹ ***Oficina municipal de turismo*** (*plan A2,* ***1***) : *praza do Campo, 11.* ☎ *982-25-16-58.* ● *lugo.gal* ● *Lun-mer 11h-14h (13h30 été), 16h-18h (17h-19h30 été) ; jeu-dim 11h-18h (19h30 jeu-sam été).* Cartes, infos et audioguides en français (mp3) en location *(6 €/24h)* ou à télécharger gratuitement sur leur site.
ℹ ***Oficina provincial de turismo*** **– *Turgalicia*** (*plan A2,* ***2***) : *rúa Miño, 10-12.* ☎ *982-87-04-92.* ● *turismo.gal* ● *Lun-ven 9h30-14h, 16h30-19h ; sam 11h-13h30 ; fermé dim.* Expo sur les chemins de Saint-Jacques.
■ ***Police municipale*** (*plan B2,* ***3***) : *praza da Constitución.* ☎ *982-29-71-10.*

## Où dormir ?

LA GALICE

### De bon marché à prix moyens (35-65 €)

🏠 ***Pensión Residencia Alba*** (*plan B2,* ***10***) : *praza Campo Castelo, 31, 27001.* ☎ *982-22-60-56.* ♿ *Dans une rue animée, à 100 m de la mairie. Doubles avec douche 45-55 €.* Une douzaine de chambres dans cette coquette pension rénovée, seul établissement de sa catégorie à se trouver à l'intérieur des murailles. Déco neutre pour plaire au plus grand nombre. Certaines chambres donnent sur la rue (et ses bars...) mais elles sont insonorisées. Accueil très gentil.
🏠 ***Hotel España*** (*plan B2,* ***11***) : *rúa Villalba, 2, 27002.* ☎ *982-81-60-62.* ● *hotelespanalugo@hotmail.com* ● *hotelespanalugo.com* ● *À 100 m de la porta Bispo Aguirre. Doubles avec sdb 35-42 € selon saison, familiale min 45 €. Réduc de 10 % sur les doubles sur présentation de ce guide.* Un *hostal* pour petits budgets qui ne paie pas de mine, mais très bien tenu et à la situation optimale. Demander plutôt une chambre « côté cour », car l'avenue est très passante. Accueil aimable.

### De chic à plus chic (60-120 €)

🏠 ***Hotel Méndez Núñez*** (*plan B1-2,* ***12***) : *rúa da Raíña, 1, 27001.* ☎ *982-23-07-11.* ● *hotel@hotelmendeznunez.com* ● *hotelmendeznunez.com* ● ♿ *Doubles avec sdb 60-120 € selon saison et catégorie. Parking public payant à proximité.* Un hôtel historique, le plus grand et l'un des plus anciens de la ville, dans une rue piétonne à deux pas de la place la plus animée. Formidablement bien situé donc. L'intérieur a été refait dans un esprit design et minimaliste pas déplaisant. Chambres sans reproche. On profite de la vue sur la ville au petit déjeuner, servi dans une salle panoramique. Accueil pro et chaleureux.
🏠 ***Hotel Balneario*** (*hors plan par A2,* ***13***) : *camino del Balneario, s/n, 27004.* ☎ *982-22-12-28.* ● *balneario@balneariodelugo.com* ● *balneariodelugo.com* ● ♿ *À l'extérieur de la ville, tt contre la N-VI (direction Madrid). Fermé 10 déc-15 mars. Doubles avec sdb 70-80 €. Possibilité de ½ pens et pens complète. Parking.* En bord de nationale et pourtant étonnamment calme. Chambres tout ce qu'il y a de plus

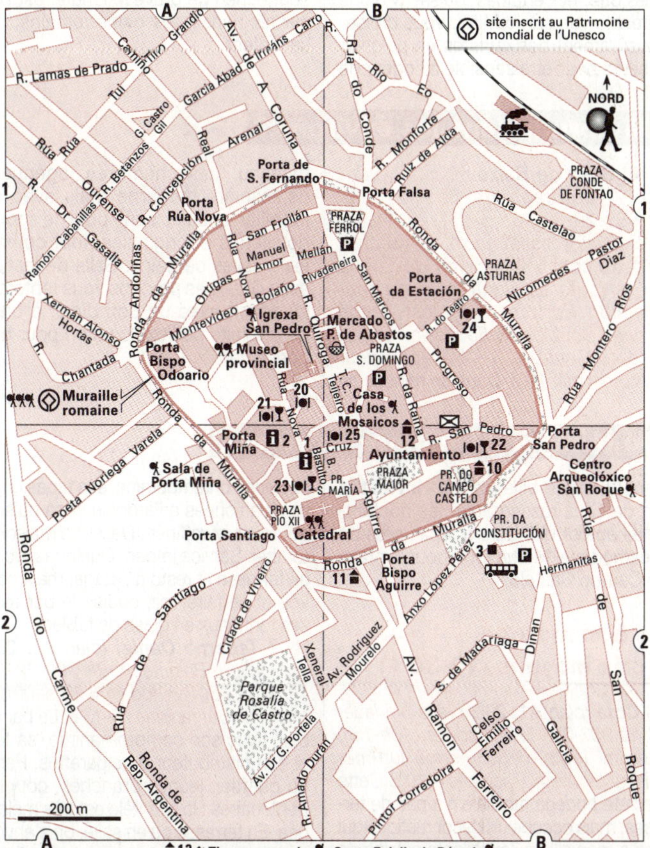


LUGO

■ **Adresses utiles**

- 1 Oficina municipal de turismo (A2)
- 2 Oficina provincial de turismo – Turgalicia (A2)
- 3 Police municipale (B2)

**Où dormir ?**

- 10 Pensión Residencia Alba (B2)
- 11 Hotel España (B2)
- 12 Hotel Méndez Núñez (B1-2)
- 13 Hotel Balneario (hors A2)

**Où manger ? Où boire un verre ?**

- 20 Cotá (A1)
- 21 A Nosa Tierra (A1)
- 22 O Figón (B2)
- 23 Taberna Daniel (A2)
- 24 Bar-restaurante España (B1)
- 25 Mesón de Alberto (B2)

classique, et certaines jouissent d'une agréable vue sur le Miño. Vous croiserez sûrement des curistes en peignoir et serez peut-être sensible à l'odeur de soufre (rien de grave !). L'hôtel est bâti sur les ruines des bains romains, qui se visitent.

## Où dormir dans les environs ?

**Casa de Baixo :** *Castro Alfonsín, 7,* ***Santiago de Saa*** *(27188). ☎ 982-20-82-13. 677-20-44-49. • reservas@casadebaixo.com • casadebaixo.com • À 7 km de Lugo ; sur la route de Santiago, bifurquer direction Portomarín ; c'est fléché ensuite. Doubles 43-80 € selon saison et confort, petit déj 5 €. Repas (slt pour les hôtes) min 12 €.* Dans un minuscule hameau. Les chambres, agencées de manière moderne mais avec du mobilier ancien, sont pour le moins douillettes et originales, tout comme leurs salles de bains. Salle de lecture avec DVD. Les proprios vous tenteront sûrement avec un bon dîner, à base de produits de l'exploitation pour une bonne part.

## Où manger ? Où boire un verre ?

LA GALICE

Dans la vieille ville, la rúa Nova et la rúa da Cruz rassemblent les noctambules autour des bars à tapas près de la cathédrale. Même topo pour la praza do Campo Castelo.

### De bon marché à prix moyens (10-30 €)

**Cotá** (plan A1, **20**) **:** *praza Soïdade, 18. ☎ 982-23-17-72. Lun-sam 10h-16h, jeu-dim 19h30-0h30. Fermé lun-mar soirs et dim midi. Raciones 4-10 €.* Cette discrète *bodega* familiale n'a pas de terrasse, mais occupe un décor rustique qui sied à merveille à l'excellente cuisine de terroir faisant la renommée de la maison. *Raciones* copieuses et savoureuses, présentées à l'ardoise et servies à la bonne franquette. Excellente carte de vins.

***A Nosa Tierra*** (plan A1, **21**) **:** *rúa Nova, 8. ☎ 982-22-92-35. Tlj sauf mer. Menu midi 10 €, soir 14 €, w-e 20 €.* Belle *bodega* au décor chaleureux et patiné, nichée au sous-sol d'une ruelle piétonne. On y met à l'honneur la bonne chère galicienne, côté terre ou côté mer. Grande variété de *tablas* et *raciones*, dont une tortilla réputée et de bons *raxo*, *pulpo* et *cecina*. Accueil attentionné.

***O Figón*** (plan B2, **22**) **:** *praza Campo Castelo, 47. ☎ 982-25-30-72. Tlj, sauf dim et lun en hiver. Verres de vin 2-3 €, tapas 3-6 € ; carte 25-30 €.* La *vinoteca* la plus en vue de la ville, pour sa déco contemporaine, ses tapas originales affichées à l'ardoise et sa cuisine goûteuse et raffinée. Desserts maison à tomber. Service impec. Quelques tables en terrasse et resto à l'étage, mais pour voir et se faire voir, choisir le bar avec ses tonneaux en guise de tables.

***Taberna Daniel*** (plan A2, **23**) **:** *rúa Obispo Basulto, 4. ☎ 982-22-11-18. • drp400@yahoo.es • Tlj sauf lun. Menu 12 € et raciones 5-13 €.* Le bar du coin avec son comptoir animé, sa télé et son distributeur de cigarettes. Papis du quartier, jeunes branchés, couples trentenaires : la clientèle est très mélangée. En terrasse ou en salle, on s'envoie une assiette de jambon, une tortilla (la spécialité maison) ou des *pimientos.* Ça débite à fond aux heures de presse !

### Chic (min 30 €)

***Bar-restaurante España*** (plan B1, **24**) **:** *rúa do Teatro, 10. ☎ 982-24-27-17. • info@restauranteespana.es • Tlj sauf dim soir. Menu 15 € le midi en sem, sinon 32-42 € ; carte 35-40 €.* Une des adresses les plus cotées de la nouvelle génération de restos gastronomiques, à la déco férocement design. Bistrot au rez-de-chaussée et salle à manger élégante à l'étage. Le chef travaille avec créativité les meilleurs produits du terroir galicien au détour d'une carte qui change régulièrement.

**Mesón de Alberto** *(plan B2,* ***25****) : rúa da Cruz, 4.* ☎ *982-22-83-10.* • *restaurante@mesondealberto.com* • *Fermé dim soir, lun soir et mar. Menus 15 € au bar et 25 € ; carte env 40 €. Sur présentation de ce guide, digestif offert.* Le plus réputé des restos de la ville. Cuisine avec de l'idée dans un cadre à la mode d'aujourd'hui : entre baroque et design. La solution la moins chère consiste à prendre des *raciones (5-9 €)* au bar. Spécialités galiciennes, poissons et fruits de mer. Service très courtois.

## Achats

Lugo est un bon endroit pour remplir sa musette de spécialités locales : faites un tour dans les allées bien fournies du ***mercado praza de Abastos*** *(plan B1 ; tlj 7h-20h),* des halles tout juste rénovées et agrandies.

# À voir. À faire

***Museo provincial*** *(plan A1)* ***:*** *praza da Soidade, s/n.* ☎ *982-24-21-12.* • *museolugo.org* • *Lun-ven 9h-21h ; sam 10h30-14h, 16h30-20h ; dim 11h-14h. GRATUIT.*
Joliment aménagé dans l'ancien couvent franciscain de San Pedro, plusieurs parties sont restées en l'état, à commencer par le cloître où sont exposés des vestiges lapidaires et une étonnante collection de cadrans solaires. Quant à la cuisine, avec son impressionnante cheminée, elle semblerait presque en état de fonctionnement ! À l'étage, les collections sont organisées autour de deux axes (même si on peut y découvrir également un bel ensemble de faïences régionales) : l'archéologie et la peinture espagnole des XIXe et XXe s.
Le clou du musée reste la ***collection de torques*** (colliers celtes) ***en or,*** l'une des plus importantes d'Europe. Savamment éclairées dans de belles vitrines, ces pièces d'orfèvrerie, ciselées avec soin, témoignent qu'il y a 2 000 ans les bijoutiers avaient atteint une fantastique maîtrise de leur art.
Quant à la peinture espagnole, la collection regroupée par le peintre Nelson Zumel est l'une des plus éclectiques et des plus complètes qui soit. Certes, on peut qualifier certains de ces peintres du XIXe s de « pompiers », mais c'est oublier que la perfection même de leur art allait obliger leurs successeurs à trouver autre chose. En se promenant au milieu des Villamil, Cecilio Pla, Morales Diaz, Ulpiano Checa, Lucas Velázquez, Jiménez Aranda et autres Madrazo, on ne peut qu'être étonné de la qualité des perspectives, des attitudes, des couleurs. À découvrir, également, l'œuvre de deux peintres de Lugo du XXe s : Xulia Minguillón (son *École de Doloriñas*) et le très sombre Xesús R. Corredoira. Vous l'aurez compris, ici, provincial ne veut pas dire poussiéreux. D'ailleurs, le musée accueille régulièrement des artistes contemporains qui bousculent un peu les collections permanentes.

***Igrexa San Pedro*** *(plan A1)* ***:*** rattachée au couvent voisin, elle est de transition romano-gothique et date du XIIe s. À l'intérieur, deux gisants du XIVe s, figés pour l'éternité, les pieds posés sur leurs chiens.

***Muralla romana*** *(muraille romaine ; plan A1)* ***:*** l'une des mieux conservées d'Europe, elle fait entièrement le tour du centre ancien, soit un périmètre de 2 140 m. Cet ensemble impressionnant, construit au IIIe s de notre ère, est inscrit sur la liste du Patrimoine mondial de l'Unesco. Il n'existe pas d'autre exemple en Europe d'une muraille romaine quasi intacte. On n'est pas obligé d'en faire tout le tour et d'admirer les 10 portes monumentales, mais l'ensemble de ses 82 tours rondes ne manque pas d'allure. Certes, en quelque 17 siècles, elle a subi des modifications : des tours ont été refaites, des portes ajoutées ou agrandies, ne serait-ce que pour laisser passer les voitures, mais l'essentiel – l'esprit du monument – demeure. Allez voir, par exemple, la *porta Miña,* aussi nommée *porta do Carme (plan A2),* sûrement la plus proche de ce que devaient être les portes romaines : étroite comme un couloir et flanquée de deux tours. Des escaliers (près des portes) donnent accès au ***chemin de ronde,*** d'où on glane de belles vues sur le centre-ville. L'office de tourisme abrite sur trois étages un espace didactique consacré à la muraille *(**Centro de interpretación da Muralla :** mêmes coordonnées et horaires que l'office ; GRATUIT)* qui emploie la technologie d'aujourd'hui (vidéos, écrans tactiles...) pour évoquer ce monument d'hier.

Les sous-sols de la ville regorgent d'autres ***vestiges romains,*** certes plus modestes que la muraille mais pas dénués d'intérêt. En allant vers la cathédrale, ne manquez pas sur la praza María *(plan B2)* la petite *piscine romaine* revêtue de mosaïques : on ignore s'il s'agissait d'un simple bassin thermal ou d'un baptistère primitif. Dans la rúa Dr Castro, la *casa de los Mosaicos (plan B1-2)* abrite les fondations d'une *domus* encore habillée de restes de mosaïques ; un show audiovisuel gratuit y est donné *(7 fois/j., 3 le w-e).* Hors les murs, on peut visiter l'expo de la *Sala de porta Miña,* face à la porte du même nom *(plan A2)* et les modestes vestiges d'une nécropole et d'un bassin rituel au *centro arqueolóxico San Roque,* rúa de San Roque *(plan B2).*

***Catedral*** *(plan A-B2)* **:** *praza Santa María. Tlj 8h25-20h45. Visite payante des tours (5 €) tlj sauf dim, à 11h et 12h.*
Construite au XIIe s, la façade a été refaite au XVIIIe s. Une fois passé le superbe portail nord, roman, avec son Christ en majesté, on ira voir l'abside qui abrite de belles chapelles isolées par des grilles en fer forgé, témoignage de l'art des ferronniers galiciens. Au centre, la chapelle dédiée à la Vierge, avec sa coupole, est plutôt impressionnante. La simplicité romane a été un peu alourdie par la décoration baroque : le chœur, notamment, est surchargé de colonnes de marbre, de gisants, de bois dorés et d'un impressionnant Saint-Sacrement en argent massif. On nous a affirmé que le sculpteur avait même fait venir du jaspe de Loyola pour témoigner de sa fidélité à saint Ignace. Dans le chœur, belles stalles des chanoines d'époque Renaissance : on y a sculpté tous les saints de la Création ou presque.
Au fond de la cathédrale, le ***Museo diocesano*** : *☎ 982-22-04-66. En saison, tlj sauf dim 11h-13h. Entrée : 2 € ; réduc ; pièce d'identité demandée.* Il abrite le Trésor de celle-ci ou plutôt ce qu'il en reste : l'essentiel a été volé par les troupes napoléoniennes. Au 1er étage, osez passer la grosse porte en bois, en essayant de ne pas faire trop de bruit : vous voici dans la tribune de la cathédrale où une vue magnifique sur la nef vous immobilisera quelques secondes. Pour le reste, ce musée, récemment réaménagé, expose un peu tout (des faïences, des pièces de monnaies contemporaines), et même quelques jolies pièces : des chapiteaux romans, des statues en bois polychrome du XIIIe s...

Une ***balade dans la vieille ville*** permettra d'admirer quelques beaux édifices du XVIIIe s. La *praza Maior* a beaucoup d'allure. Remarquez la superbe façade baroque du *Collège franciscain* et jetez un coup d'œil à l'intérieur : c'est vraiment un collège à l'ancienne, sinistre. Quant à l'église adjacente, elle renferme une belle statue du Christ aux liens qui ne la rend pas plus gaie.

***Termas romanas*** *(thermes romains ; hors plan par A2)* **:** *s'adresser à la réception de l'hôtel* Balneario *pour les visites ; tlj 9h-21h (13h dim).* Ces thermes sont encore utilisés ou presque, puisqu'ils se trouvent à l'intérieur de l'hôtel. Seule subsiste la partie souterraine ; une passerelle en fait le tour, qui permet d'admirer les fours et le complexe système de canalisations apportant l'eau chaude dans les diverses salles de bains. Allergiques au soufre, s'abstenir ; ça sent vraiment fort (et on reste poli !).

***Le pont romain :*** reconstruit au XIIe s, long de 120 m, il se trouve à l'extérieur de la vieille ville, près de l'hôtel *Balneario.*

LA GALICE

# DANS LES ENVIRONS DE LUGO

**Santa Eulalia de Bóveda** *(hors plan par B2)* : *une balade en pleine campagne à 14 km. Sortir par la route de Santiago, puis direction Friol ; ensuite, c'est fléché. ☎ 982-16-01-24. Juil-août, mar-ven 8h30-14h30 ; sam 10h-14h. Fermé dim, lun et j. fériés. Hors saison, horaires assez variables : mieux vaut téléphoner. GRATUIT.* Bel édifice carré, vraisemblablement construit au IIIe s av. J.-C. puis utilisé comme baptistère. Mais l'origine de ce sanctuaire est incertaine : temple de nymphes, station thermale ou site funéraire, les doutes subsisteront, semble-t-il, encore longtemps...

Aujourd'hui, la chapelle s'apparente plutôt à une crypte, mais on considère qu'elle n'était pas enterrée lors de sa construction. L'entrée est simple et rustique. On peut penser que les colonnes ont été récupérées sur un monument romain. Les sculptures ne sont plus très lisibles, mais elles restent émouvantes dans leur simplicité : motifs liés à la nature (comme des oiseaux), mais aussi petits personnages qui évoquent des danseurs crétois. Quant aux peintures, par leur facture et leurs motifs, elles rappellent irrésistiblement les fresques romaines. Dans ce petit village mystérieux et endormi (croiserez-vous âme qui vive ?), on se prendrait facilement pour un pèlerin du Moyen Âge !

# DE LUGO À LA CÔTE NORD

**Deux routes filent depuis Lugo vers la côte nord. La N-640, qui passe par Meira et Ribadeo, et la N-634, via Foz et Mondoñedo.**

## *MEIRA* (27247)

À 31 km au nord-est de Lugo. Premier gros village traversé par le Miño qui prend sa source à quelques encâblures. La *sierra de Meira,* pas très haute (893 m) mais assez sauvage, offre de belles promenades.

### Adresse utile

**Oficina de turismo** : *kiosque sur la praza, à côté de l'église. ☎ 982-33-01-02. 📱 618-67-96-32. • concellodemeira.com • Mar-dim mat 10h-13h30, 16h30-18h. Fermé lun tte l'année, et l'ap-m hors saison.* Cartes et infos sur les visites dans la région.

### Où dormir ? Où manger ?

**Casa Cazoleiro** : *Grañanova, 5. ☎ 982-33-03-31. • info@casacazoleiro.com • casacazoleiro.com • À 2 km du village (bien fléché depuis l'église). Doubles avec sdb 48-58 € selon saison ; petit déj 5 €. Menu midi et soir 14 €.* En pleine campagne, une maison en pierre qui abrite 10 chambres assez grandes et tout confort, dans un style design plutôt surprenant au regard de l'ancienneté du bâtiment. Le week-end, c'est envahi par les gens du cru, car le resto est réputé pour sa cuisine galicienne maison, solide et copieuse (c'est surtout vrai à la carte), axée sur le *cocido.* Le poisson ? des truites bio élevées dans la rivière Eo ! Piscine couverte, location de quads ou balades à cheval dans la sierra de Meira.

**O Pozo** : *rúa Xeral, 38. ☎ 982-33-04-08. Au coin de la praza Maior. Raciones 5-12 €, repas env 20 €.* Un *mesón-bar* pour grignoter des *raciones* et boire un verre, ou s'attabler franchement autour de grillades au feu de bois. Service souriant et présentation soignée.

## À voir

*Igrexa Santa María de Meira :* *au cœur du village. En saison, visites guidées gratuites tlj sauf lun à 11h30, 13h et 17h (dim 11h30 et 12h30 slt).* Dernier vestige d'un monastère aujourd'hui disparu. De pur style cistercien bourguignon. La façade est magnifique avec une rosace du XIIIe s, un tympan roman très sobre et de belles ferrures sur la porte. À l'intérieur, grande nef d'une splendide sobriété, retable du XVIe s et restes d'un cloître.

## *VILADONGA* (27250)

***Castro de Viladonga :*** *☎ 982-87-01-60. • viladonga.xunta.gal • À env 23 km au nord-est de Lugo et à 11 km de Meira. Sur la N-640 au km 70, en direction de Balmonte, puis fléché. Tlj : mars-oct 10h-20h ; nov-fév 10h-19h. Fermé 24, 25 et 31 déc, et 1er et 6 janv. GRATUIT.* L'un des *castros* galiciens les mieux préservés avec celui de Santa Trega (A Guarda). Le site est une sorte de grosse butte de terre dont la partie centrale en forme de cratère abritait naguère le hameau. On devine le plan quadrangulaire qui dénote une occupation tardive et une urbanisation influencée par les Romains. La disparition du *castro* de Viladonga constitue une double énigme historique. Primo, les habitants de ce village sembleraient avoir brutalement abandonné leurs maisons, laissant tous leurs biens derrière eux (bijoux, argent). Secundo, les archéologues n'ont retrouvé aucun cimetière ni aucune tombe témoignant de la disparition de cette communauté. Pour quelles raisons ? Mystère... Intéressant ***musée du site*** qui raconte son histoire au travers du produit des fouilles. Une maquette permet de se faire une idée de ce qu'était le *castro* au début de l'ère chrétienne. Dans les vitrines, poteries sigillées et pièces de monnaie permettent d'expliquer les liens commerciaux que Viladonga entretenait avec des villes aussi lointaines que Trèves, Milan, Lyon ou Istanbul. Quelques bijoux (torques en or) et autres objets de la vie quotidienne (surprenant jeu de dames) également.



# LA GALICE ORIENTALE ET LES MONTAGNES DE L'EST



• Carte *p. 359*

**L'est de la Galice, aux confins des communautés des Asturies et de Castilla-León, reste le coin le plus mystérieux et le plus inexploré de la région. Pour**

**preuve, une signalétique très hasardeuse qui mettra à l'essai vos notions d'espagnol et poussera votre GPS jusque dans ses derniers retranchements ! Entre Lugo et la province castillane de León se dresse une lourde barrière de montagnes, traversée par l'autoroute A-6 Madrid-La Corogne qui longe en partie le chemin français vers Compostelle (elle passe par O Cebreiro) et donne accès à Os Ancares depuis la localité de Becerreá. Cette réserve de la biosphère est une zone de moyenne montagne abritant le point culminant (à 1 935 m) de la Galice et bassin versant du Miño, le « père des fleuves ». On trouve ici de hauts plateaux cultivés, quelques vallées et quantité de forêts de châtaigniers. Même si vous êtes tenté par une randonnée, il est indispensable de disposer de son propre véhicule (pas de transports publics par ici) et d'une bonne carte pour explorer cette sierra dont les petites routes et chemins semblent sans fin. Les villes où l'on peut séjourner et à partir desquelles rayonner sont *Navia de Suarna* et *A Fonsagrada.***

## UNE ONCE DE GÉOGRAPHIE ET UNE POINTE D'HISTOIRE

L'est d'Ourense offre un découpage géographique suivant les cours des fleuves Miño (axe nord-sud) et du fleuve Sil (est-ouest). La *Ribeira Sacra* se trouve à cheval entre les provinces de Lugo et d'Ourense (frontière délimitée par le Sil) et se distingue par son relief escarpé et de canyons compris entre la partie sud de la sierra de Os Ancares, connue comme le Courel, et la ville de Chantada à l'ouest. Au nord, la Ribeira est délimitée grosso modo par le chemin français de Compostelle. Au centre, on trouve la ville de Monforte de Lemos. Les implantations dans la région remontent à la préhistoire et les historiens suggèrent que les vignes datent de la période romaine. Le nom de *Ribeira Sacra* apparaît au XIIe s avec l'installation des premières communautés d'ascètes et d'ermites. On rayonne volontiers dans le coin sur la piste des monastères cisterciens ou de l'art roman, sans oublier la route des vins.

Quant à la haute vallée du Sil, zone de contreforts montagneux, elle occupe la région de Terra de Trives et possède la seule station de ski de toute la Galice (Manzaneda).



## LE MASSIF D'OS ANCARES (à l'est de Lugo)

**La *sierra de Os Ancares* est une réserve nationale à la fois sur son versant galicien et son versant castillan. Représentative des biotopes eurosibériens, elle affiche une faune sauvage abondante et diversifiée : le loup est présent, mais aussi le sanglier, la loutre ou le blaireau. On trouve même un petit mammifère très rare, le desman des Pyrénées (même si on n'est plus dans les Pyrénées, quand même !). Le pourtour de la réserve est une zone de chasse très appréciée. Forcément. Et les animaux n'ont pas de carte, eux, pour connaître les limites de la zone protégée...**

➢ En arrivant dans les Ancares par l'autoroute A-6 (depuis O Cebreiro ou Lugo), sortir à Becerreá (sortie no 451) pour rejoindre ensuite la LU-722 qui monte vers Navia de Suarna en traversant une superbe zone de pâturages de montagne. Pas un hameau. Landes et forêts à perte de vue. Il n'en a pas toujours été ainsi : plus de 20 *castros,* la plupart non fouillés, et des champs de dolmens témoignent d'une occupation très ancienne qui s'est poursuivie jusqu'au Moyen Âge. Puis cette zone comporte un intérêt ethnographique : présence de constructions celtiques nommées *pallozas,* notamment à Piornedo.

L'activité essentielle est la ***randonnée.*** Les sentiers sont assez bien balisés, mais un équipement minimal est recommandé. En outre, emportez boissons et vivres car les points de ravitaillement sont rares. Vous traverserez des hameaux de maisons basses, grises, qui n'ont pas dû beaucoup changer depuis le XIVe s.
Le chef-lieu de la zone est la petite ville de ***Navia de Suarna*** située sur le fleuve Navia et au centre du parc naturel. Pour ceux qui arrivent des Asturies, la ville principale sur le chemin primitif de Saint-Jacques est ***A Fonsagrada.***
Précisons que le village d'***O Cebreiro,*** qui marque le début du chemin de Saint-Jacques en Galice (voir plus haut le chapitre « Le chemin de Saint-Jacques », « Les étapes galiciennes du *Camino francés* »), appartient aussi à la *comarca* d'Os Ancares, bien qu'il se trouve sur l'autre versant du col de Pedrafita.

## *NAVIA DE SUARNA* (27650)

À une trentaine de kilomètres de A Fonsagrada (par de petites routes de montagne), cette petite ville au centre ancien est surtout connue pour son château des comtes d'Altamira et pour son pont médiéval, l'un des plus spectaculaires de Galice. Il fait bon marquer un arrêt pour se prélasser le long de la rivière Navia où frétillent truites et gardons. Bon point de départ pour l'exploration des vallées et de la sierra, d'autant qu'on y trouve tous les services : hôtels, restos, supérette, pharmacie, poste, distributeurs de billets et enfin la seule pompe à essence du coin !

LA GALICE

### Adresse et info utiles

***Casa de Concello*** *(mairie)* **:** *praza de España, 1. ☎ 982-36-51-66. • concellonaviadesuarna.es* • Infos sur les activités dans la réserve (randonnées, visites).
– Petit ***marché*** de produits locaux *(2e dim de chaque mois).*

### Où dormir ? Où manger ? Où boire un verre ?

***Casa Suarna :*** *rúa José Antonio, 4. ☎ 982-36-52-66. 697-94-02-94. • casasuarna.com • Hors saison, ouv slt le w-e. Doubles et suites 55-65 €, petit déj inclus. Pas de wifi.* Jolie maison rurale au centre de Navia, bien restaurée, tout en pierre et bois. Une dizaine de chambres décorées avec beaucoup de goût dans des tons chauds. Chacune a son style ; les amoureux opteront pour les suites mansardées avec baignoire à hydrojets. Belle salle de lecture avec cheminée. Fait aussi cafétéria et bar. Accueil tout gentil.

***Bar-restaurant H3 :*** *derrière la mairie.* Terrasse bordant le fleuve. Idéal pour s'installer au calme et déguster une viande, une soupe, une salade ou tout simplement boire un verre. Service familial et sympathique.

## *A FONSAGRADA* (27100)

À environ 60 km au nord-est de Lugo, ou 32 km de Navia de Suarna (1h de route à vous retourner l'estomac !). A Fonsagrada est la ville la plus haute de Galice (950 m d'altitude), installée sur une éminence qui domine un plateau d'altitude à vocation agricole.

### Adresse utile

***Oficina de turismo :*** *dans un kiosque, sur la place principale. ☎ 982-34-05-04. • afonsagrada.org • Hte saison, mar-sam 10h-14h, 16h-19h ; dim 10h-14h. Fermé lun. Sinon, au Musée ethnographique.*

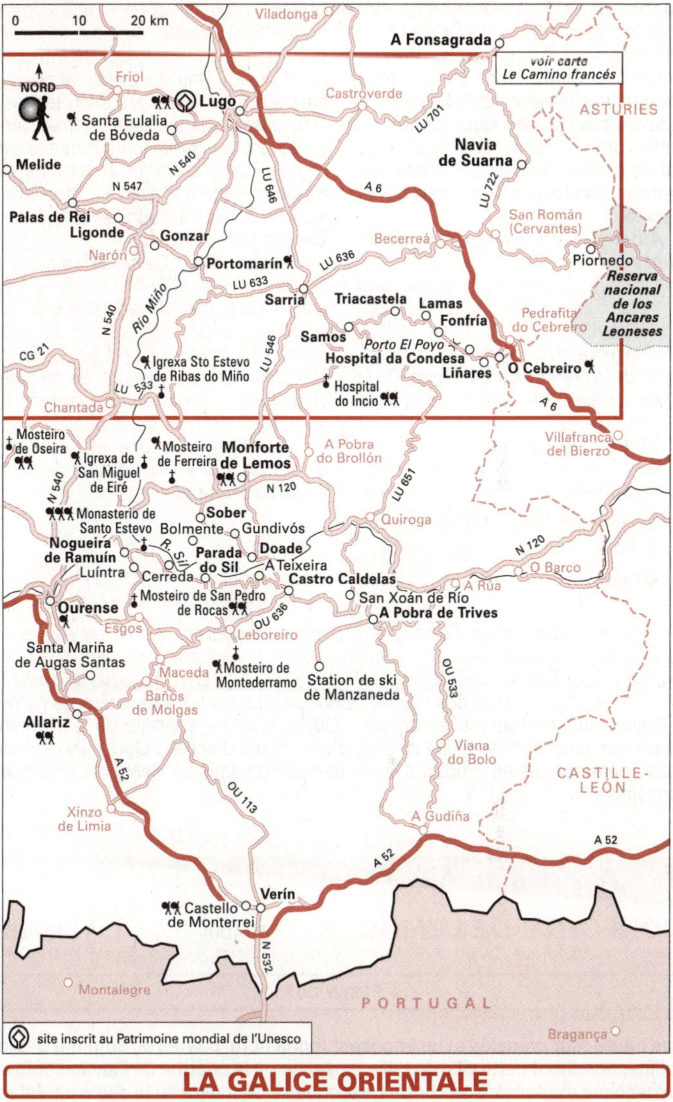




# LA GALICE ORIENTALE

## Où dormir ? Où manger ?

⛺ ***Camping A Fonsagrada :*** *à 1 km de la ville par la LU-740 (fléché). ☎ 982-34-04-49. • campingfonsagrada@yahoo.es • campingfonsagrada.es • Compter 19-22 € pour 2 pers avec tente et voiture.*

*Réduc de 10 % sur emplacement tente ou bungalows, tte l'année, sur présentation de ce guide.* Perché à flanc de montagne, ce camping occupe un site verdoyant et reposant. Pelouse bien grasse pour planter sa tente, ombre généreuse dispensée par de grands chênes. Sanitaires très propres, resto-bar bon marché et piscine.

***Albergue de peregrinos de la Xunta :*** *à* ***O Padrón,*** *sur le chemin primitif, env 1,5 km avt A Fonsagrada en venant des Asturies. ☎ 982-35-00-20. Réception 13h-22h. Lit en dortoir 6 €.* Réservé aux pèlerins sur présentation de la *credencial.* 24 places. On la trouve aussi sous le nom de « San Xoán de Padrón ».

***Albergue Pensión Cantábrico :*** *rúa Ingenioro Ron, 5 ; juste derrière l'église. ☎ 982-35-00-35. 669-74-75-60. • info@cantabricofonsagrada.com • cantabricofonsagrada.com • Lit en dortoir 10 €, doubles avec sdb 40-50 € selon saison et taille ; petit déj 3-5 €. CB refusées.* Une quinzaine de chambres aux 1er et 2e étages, bien tenues, lumineuses, au mobilier moderne. Certaines ont vue sur le toit d'ardoises de l'église. Côté auberge, 3 dortoirs de 8 places, récents, avec casiers individuels. Cuisine à dispo, laverie, jardin. Gestion familiale.

***Restaurante Cantábrico :*** *avda Galicia, 9. ☎ 982-34-01-35. • restaurantecantabrico@yahoo.es • Tlj sauf lun. Congés : 1re quinzaine d'oct. Menu 13 € (menu pèlerin 10 €) ; carte 20 €.* L'un des bons restos de ce gros village haut perché, fréquenté par les Galiciens qui apprécient la cuisine familiale, rustique et copieuse du patron. Bar en bas et grande salle vitrée au 1er étage.

LA GALICE

## À voir

***Museo Comarcal da Fonsagrada*** (Musée ethnographique) ***:*** *rúa Alameda Fonsagrada. ☎ 982-34-05-07. • museos.xunta.gal • L'été, mar-dim 12h-14h, 17h-19h ; le reste de l'année, mar-ven 12h-14h ; w-e 12h-14h, 17h-18h. Fermé lun. Entrée : 1,50 €.* L'un des musées ethnographiques les plus intéressants de la Galice, consacré au monde agricole. Outils de la forge, atelier de fabrication de sabots, reproduction d'une cuisine, d'une classe d'école... Quelques œuvres d'art contemporain en rapport avec la thématique agricole viennent compléter l'ensemble.

# MONFORTE DE LEMOS (27400) 19 540 hab.

• Plan *p. 361*

**Une haute tour crénelée et un imposant monastère, postés au sommet d'une colline, dominent cette ville de taille moyenne où le charme de l'ancien côtoie l'urbanisme moderne. Son centre historique se découvre au fil d'une agréable flânerie dans ses ruelles piétonnes, commerçantes et animées. Une très bonne base au cœur de la *Ribeira Sacra,* pour rayonner dans les gorges du Sil ou pousser vers les montagnes.**

## UN PEU D'HISTOIRE

Ce fut la capitale des comtes de Lemos, seigneurs puissants qui s'opposèrent aux Rois Catholiques. On retient de leur histoire leur soutien à la littérature espagnole.

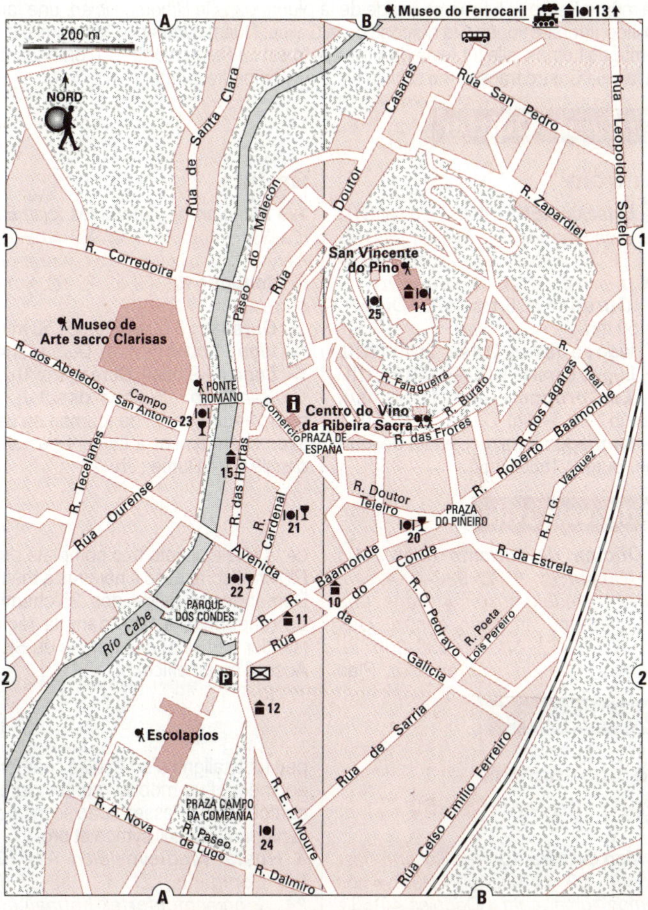


## MONFORTE DE LEMOS

| | |
|---|---|
| **Adresse utile**<br>Oficina de turismo (A1)<br><br>**Où dormir ?**<br>**10** Mon (B2)<br>**11** Hotel Ribeira Sacra (A2)<br>**12** Hostal Medievo (A2)<br>**13** Hotel Casa Reboiro (hors B1)<br>**14** Parador de Monforte (B1) | **15** Hotel Cardenal (A2)<br><br>**Où manger ?**<br>**Où boire un verre ?**<br>**20** Bar Rabeno (B2)<br>**21** Restaurante La Polar (A2)<br>**22** Brancellao (A2)<br>**23** Trespés (A1)<br>**24** Restaurante Edulis (A2)<br>**25** Restaurante O Grelo (B1) |

Les paysans et marchands de Lemos ont ainsi largement contribué à l'œuvre de Cervantès grâce aux impôts versés à ***Pedro Fernández de Castro,*** mécène. Sans lui, nous n'aurions donc pas eu la joie de lire *Don Quichotte de la Manche* – d'ailleurs dédié au comte de Lemos.

Ce même Pedro fit lui-même usage de la plume dans le *Hibou galicien,* une farce politico-littéraire vouée à la défense de la Galice. Quant à ***Inés de Castro,*** fille d'un comte de Lemos, elle fut reine du Portugal (c'est *La Reine morte* de Montherlant !). La famille Castro transforma sa ville en une vraie petite capitale.

## Arriver – Quitter

### En train

***Estación RENFE*** *(hors plan par B1) : praza da Estación, s/n. Résas : ☎ 912-320-320 (nº national). ● renfe.com ● À env 600 m au nord-est du centre ancien.*

➢ ***Ourense :*** 6 trains/j. Durée : 40-50 mn.

➢ ***Vigo :*** 5 trains/j. Durée : 2h40-3h10.

➢ ***Lugo :*** 5 trains/j. Durée : 50 mn-1h.

➢ ***La Corogne :*** env 10 trains/j. (aucun 11h15-19h). Durée : 2h-2h50.

➢ ***Santiago :*** 3 trains/j. en fin de journée. Durée : 1h30-1h50.

### En bus

***Estación de autobuses*** *(plan B1) : rúa San Pedro, s/n. ☎ 982-40-26-94. À env 300 m au nord-est du centre ancien.*

■ ***Monbus :*** *☎ 902-29-29-00. ● monbus.es ●*

➢ ***Ourense :*** 3 bus/j. Durée : 50 mn.

➢ ***Vigo :*** 1 bus/j (le mat). Durée : 2h40.

➢ ***Lugo :*** 7-9 bus/j. Durée : env 1h.

➢ ***Santiago :*** 2-3 bus directs/j. (le mat). 1 autre en fin de journée en sem avec changement à Lalín. 1 bus slt le dim (le soir). Durée : 2h.

## Adresse utile

ℹ ***Oficina de turismo*** *(plan A1) : rúa Comercio, 8. ☎ 982-40-47-15. ● monfortedelemos.es ● Dans une rue piétonne en plein centre. Ouv 10h-14h, 17h-21h (16h30-20h en hiver). Fermé lun, sauf en août.* Plan de la ville et livrets très complets de la *Ribeira Sacra,* avec itinéraires à thème. Demander le guide des 25 chemins de randonnée à faire dans la région (sentier des vins, des gorges du Sil...). Accueil super efficace.

## Où dormir ?

### De bon marché à prix moyens (30-60 €)

***Mon*** *(plan B2,* ***10****) : rúa Roberto Baamonde, 30. ☎ 982-40-14-37. ● hostalmon@gmail.com ● Doubles 40-50 € selon saison.* Bonne atmosphère dans ce petit hôtel de 10 chambres, installé au-dessus d'un bar chaleureux où est servi le petit déj en compagnie des habitués du quartier. Pas bien grandes les chambres, mais elles sont calmes, modernes, plaisantes, tout en sobriété. Sans conteste le meilleur choix dans cette gamme de prix.

***Hotel Ribeira Sacra*** *(plan A2,* ***11****) : rúa do Conde, 17. ☎ 982-41-17-06. ● info@hotelribeirasacra.es ● hotelribeirasacra.es ● ♿ Dans la ville moderne, près du parking municipal gratuit. Doubles 50-60 € selon saison, petit déj inclus.* À deux pas du quartier piéton de la vieille ville, cet hôtel à la façade un peu triste aligne d'agréables chambres équipées d'un mobilier contemporain, confortables et assez spacieuses pour la plupart. Accueil sympa et pro.

***Hostal Medievo*** *(plan A2,* ***12****) : rúa Compañía, 21. ☎ 982-87-41-24. ● omasmonforte@hotmail.es ● hostalmedievo.com ● Dans la ville moderne, près du parking municipal gratuit. Réception au bar à côté. Doubles 45-50 € selon saison, petit déj inclus.* Face à la majestueuse place de l'Escorial, dans un bâtiment ancien, 4 petites chambres refaites et décorées dans une thématique médiévale. Toutes avec clim, TV et salle de bains bien moderne quand même ! La seule à ne pas être pourvue de murs en pierres apparentes est la familiale, sous les combles, qui en revanche offre un lit en mezzanine pour les enfants.

***Hotel Casa Reboiro*** *(hors plan par B1,* ***13****) : Bergazos, 4, Ribasaltas.*

☎ 982-40-06-17. • info@casareboiro.com • casareboiro.com • *Dans un hameau à 4 km au nord du centre-ville, fléché à droite sur la LU-546, vers Lugo. Doubles 50-70 € selon saison, petit déj inclus. Menu 20 €, plats 9-22 €.* À proximité de la ville, mais déjà à la campagne, un sympathique petit hôtel dans un jardin arboré, avec piscine et transats. Les chambres marient mobilier ancien, touches de couleurs gaies, lit en fer forgé et bon gros matelas. Salle à manger chaleureuse pour déguster de bonnes viandes cuites à la braise ou à la broche, la grande spécialité de la maison. Accueil doux et service attentionné.

### Très chic (75-170 €)

**Hotel Cardenal** *(plan A2,* ***15****) : rúa das Hortas, 36.* ☎ *982-09-05-68.* • *reservas@hotelcardenal.es* • *hotelcardenal.es* • *Doubles 75-125 € selon confort, petit déj-buffet inclus.* Le charme de cet hôtel moderne élancé sur 7 étages ne s'impose pas d'emblée, mais dès la porte franchie. Chambres à la déco contemporaine sobre et élégante, confortables à souhait, dotées de salles de bains dernier cri avec douche à l'italienne. Certaines donnent sur la rivière, tout comme la belle salle où est servi le petit déj. Une belle adresse, tranquille et idéalement située.

**Parador de Monforte** *(plan B1,* ***14****) : praza Luis de Góngora y Argote, s/n.* ☎ *982-41-84-84.* • *monforte@parador.es* • *parador.es* • *Fermé de janv à mi-fév. Doubles 80-170 € selon confort et saison, petit déj 16 €. Plats 9-17 €. Parking fermé 5 €/j. (parking municipal à côté gratuit).* En haut de la colline qui domine la ville, ce pittoresque monastère du XVIIe s abrite des chambres très confortables, aménagées dans un style on ne peut plus classique. Elles sont distribuées autour du cloître avec vue superbe sur les environs. Piscine extérieure, jacuzzi intérieur et resto abordable.



## Où manger ? Où boire un verre ?

### De bon marché à prix moyens (8-20 €)

**Trespés** *(plan A1,* ***23****) : rúa Mendez Casal, 1.* *661-43-43-36.* • *trespes@trespes.gal* • *Fermé lun, et fermé le soir mar, mer et dim. Menus 12,50-16 €, plats jusqu'à 12 €.* On aime beaucoup ce bar-resto ! Pas seulement pour sa formidable terrasse couverte d'une treille au bord du río Cabe et sa mignonne petite salle, mais aussi pour l'originalité de sa délicieuse cuisine moderne, légère et riche en saveurs. On vous conseille le menu dégustation, pour découvrir la créativité réjouissante de ce chef bien inspiré. Une adresse tout en délicatesse.

**Bar Rabeno** *(plan B2,* ***20****) : rúa Doctor Teieiro, 56.* *604-05-61-15.* • *chamonet2000@gmail.com* • *Angle rúa Roberto Baamonde. Fermé dim. Tapas dès 1 €. CB refusées.* Ce bistrot rustique habillé de brique et de bois foncé, flanqué d'une terrasse dans la ruelle, propose les grands classiques galiciens, sans esbroufe et à prix doux. Patron jovial et francophone.

**Restaurante La Polar** *(plan A2,* ***21****) : rúa Cardenal, 13.* ☎ *982-40-00-01.* • *polarcapitol@gmail.com* • *Dans la rue piétonne. Tlj 8h-minuit. Menu midi 16 €, plats 6-17 €.* Un bon vieux bistrot tradi avec une agréable terrasse, lieu stratégique pour prendre le pouls de la ville. Carte éclectique pour satisfaire tous les appétits : viandes et poissons grillés, poulpe, pizzas, pâtes... Bien aussi pour le petit déj.

**Brancellao** *(plan A2,* ***22****) : rúa Cardenal, 39.* *627-08-53-73.* • *brancellao1114@hotmail.com* • *Ouv 9h-1h. Fermé dim. Menu midi sem 9,50 €, tapas et raciones 1-6 €, plats jusqu'à 12 €.* Les habitués se chargent de réchauffer l'atmosphère de cette salle un peu terne. Longue liste de tapas, *tostas, raciones,* planches de fromage-charcuterie... Une des rares adresses de la ville à proposer un tel choix, qui plus est aux heures où les estomacs français commencent à s'impatienter !

## Chic (24-40 €)

**Restaurante Edulis** (plan A2, **24**) : *praza Campo da Compañía, 39. ☎ 982-10-52-56. • edulis.monforte@gmail.com • Tlj sauf lun. Menu déj en sem 12 €, plats 11-21 €, carte 22-35 €.* Une petite salle lumineuse au cadre contemporain avec terrasse donnant sur l'Escorial. Dès l'amuse-bouche, on comprend que le chef est du genre créatif. Un virtuose même ! Sauce finement aromatisée, dessert aérien... Et que des produits frais, en fonction du marché du jour. Accueil sympathique.

**Restaurante O Grelo** (plan B1, **25**) : *Campo da Virxe, s/n. ☎ 982-40-47-01. • ogrelo@resgrelo.com • Sur la gauche de la route en montant sur la colline (panneau « Parador »). Menu déj en sem 21 € ; plats 10-20 €, carte 30-45 €.* Cuisine de qualité constante qui suit l'air du temps. Service impeccable dans de jolies salles fraîches et modernes, mais on préfère la terrasse pour sa vue dégagée.

# À voir

**Centro do Vino da Ribeira Sacra** (plan A1) : *rúa Commercio, 6. ☎ 982-10-53-03. • centrovino-ribeirasacra.com • Dans les locaux de l'office de tourisme (mêmes horaires). Mar-dim 10h-14h, 16h30-20h. Fermé lun. Visites guidées en espagnol, anglais et français : 11h30, 12h30, 17h30 (17h en hiver) et 19h (18h30 en hiver). Entrée : 2,50 €, dégustation comprise ; réduc.* Une intéressante expo permanente présente en détail (géologie, histoire, culture...) cette région viticole où règne un microclimat, et qui s'étend sur 2 500 ha le long du río Miño et du río Sil, soit 5,2 % de la surface vinicole galicienne. Une production totale de 6 millions de bouteilles par an (92 % de rouge pour 8 % de blanc), dont la moitié réalisée par des privés... pour leur consommation personnelle. La culture de la vigne se fait à la main, essentiellement sur des terrasses tellement abruptes que leur accès n'est souvent possible que par la rivière, en barque. Un vrai travail de Romains, qui d'ailleurs lancèrent l'activité au IIe s apr. J.-C., une fois leurs rêves de chercheurs d'or envolés. Aujourd'hui, on compte une centaine de *bodegas* surtout concentrées au sud de Monforte, autour d'Amandi, et à l'ouest, vers Chantada. La visite s'achève par une dégustation, que l'on peut prolonger dans le joli bar du rez-de-chaussée. Un bon préambule à l'exploration de la région. Vente de vin sur place (200 références).

**Escolapios – Colexio de Nossa Señora da Antigua** (plan A2) : *praza Campo da Compañía, 50. ☎ 982-40-04-50. Visites guidées à 12h30 et 17h (sauf dim ap-m). Entrée : 3,50 €.* Fondé par le cardinal Rodrigo de Castro. Les jésuites étaient en charge de l'enseignement jusqu'à leur expulsion en 1768. Le collège est communément appelé *Escolapios,* l'Escorial galicien, mais le bâtiment est plus tardif et, malgré tout, un peu moins austère que son illustre modèle San Lorenzo del Escorial. On visite l'église et le cloître, on admire l'escalier royal et la *pinacoteca* abritant les deux seuls tableaux du Greco en Galice.

**Museo de Arte sacro Clarisas** (musée d'Art sacré ; plan A1) : *rúa Santa Clara, s/n. ☎ 982-40-15-44. Dans l'ancien couvent Santa Clara. Visites guidées tlj à 11h (sauf dim), 12h30, 16h, 17h (et 18h en été). Entrée : 6 €.* En fondant le couvent, les comtes de Lemos le dotèrent d'une importante collection d'objets précieux, notamment de superbes pièces de la Renaissance italienne du XVIIe s (peintures, sculptures, textiles, orfèvrerie...) recueillies lors de leur vice-royauté à Naples. On admire, entre autres merveilles, une copie de l'une des *pietà* de Michel-Ange, bien plus petite que l'original mais en argent massif !

**San Vincente do Pino** (La tour et le monastère ; plan B1) : *praza Luis de Góngora y Argote, s/n. ☎ 982-40-47-15 (office de tourisme) ou 25-01. Sur la colline qui surplombe la ville. En été, visites libres sauf lun 11h-13h30,*

LA GALICE

*17h-19h30 ; fermé oct-juin (visite slt le w-e sur résa ; 11h-13h, 16h-18h30). Entrée : 1,50 €.* Cette tour est tout ce qui reste de la forteresse des comtes de Lemos, détruite après la rébellion de Pedro de Castro contre les Rois Catholiques. Le monastère bénédictin attenant a remplacé le château, pour finalement devenir un hôtel de luxe, le *Parador de Monforte,* dont le joli cloître mérite un coup d'œil.

***Ponte romano*** *(plan A1)* **:** un joli petit pont roman (et non romain !), construit au Moyen Âge donc, sur le río Cabe.

***Museo do Ferrocaril de Galicia*** *(hors plan par B1)* **:** *prolongación rúa Padre Feijóo, s/n. ☎ 982-41-84-21. • muferga.es • Au nord du centre-ville vers Lugo, fléché à droite, de l'autre côté des voies. Visite libre mar-ven 10h-14h, 16h-19h ; w-e 12h-14h, 17h-19h. Fermé lun. Entrée : 3 €. Visite guidée possible (téléphoner).* L'histoire du train est à l'origine du développement social et industriel de la Galice, depuis la création de la ligne ferroviaire Madrid-La Corogne en 1883 par le roi Alphonse XII. Ce grand et beau musée, installé dans un vaste entrepôt, expose une quinzaine de wagons et locomotives en parfait état, datant de 1928 à 1953. Reconstitution d'une salle de télécommunication et d'aiguillage, matériel ferroviaire ancien et grande maquette de petit train à faire pâlir d'envie vos têtes blondes.

## DANS LES ENVIRONS DE MONFORTE DE LEMOS

Pour les amateurs d'églises et de monastères, l'association *Rutas do románica* propose cinq circuits de visites guidées dans les environs, de fin juin à début octobre *(compter 6 €/pers, contacter la guide María, 646-53-32-29 ; • maisqueromanico@mundo-r.com •).*



### ***Vers l'ouest, à Pantón*** *(à 8 km de Monforte)*

***Mosteiro de Ferreira :*** *☎ 982-45-61-55. Visite tlj 10h-13h, 16h-18h. GRATUIT.* Cet ensemble cistercien du XVIIe s, très bien conservé et restauré, est aujourd'hui encore occupé – c'est le seul de toute la *Ribeira Sacra* – par des religieuses bernardines. Dans l'église, on peut voir les sarcophages sculptés de certains membres de la famille des comtes de Lemos. Si vous avez une petite faim, les sœurs confectionnent (et vendent !) quelques douceurs sucrées.

***Igrexa de San Miguel de Eiré :*** *sur la route Ferreira/Escairón. ☎ 982-45-62-79 (office de tourisme de Pantón ; • concellodepanton.es •). Visite sur rdv slt.* D'un important monastère bénédictin du XIIe s, seule subsiste cette belle et colossale église surmontée d'une imposante tour. Tout autour de l'abside circulaire et sur les chapiteaux des colonnes de l'église, une ribambelle de curieuses sculptures d'animaux et d'hommes chimériques. Sur le portail, on reconnaît sans peine les quatre évangélistes.

### ***Au nord-ouest***

***Igrexa de Santo Estevo de Ribas do Miño :*** *à 20 km de Monforte, non loin du bourg Escairón.* Quand on arrive par la route qui longe le Miño, elle apparaît fièrement dans son écrin de verdure. Cette belle église du XIIe s est dotée d'une élégante abside semi-circulaire, précédée d'une section droite percée de fenêtres pas plus grandes que des meurtrières. Superbe porche sculpté, surmonté d'une des plus belles rosaces de l'art roman galicien.

## *Au nord*

**Iglesia San Pedro Fiz :** *à* ***Hospital do Incio.*** *À env 20 km de Monforte. À A Cruz do Incio, prendre la direction de A Ferrería ; l'église est env 3 km plus loin.* Le seul édifice religieux en marbre de Galice, composé d'un bel ensemble de trois bâtiments : une tour-campanile, une église qui fut un hôpital à son origine au XIIe s, puis une petite annexe abritant aujourd'hui le caveau de la famille Quiroga. L'église, harmonieusement bordée d'un auvent de bois et ornée d'une croix de Malte, recèle un beau gisant de pierre ainsi qu'un christ polychrome du XIIIe s suspendu au plafond par des chaînes. En évitant de le déranger à l'heure de la sieste, un charmant papi pourra vous ouvrir la porte. Sa maison se trouve dans le petit hameau sur la droite, un peu plus bas.

## Manifestations

– ***Foires aux vins de la Ribeira Sacra :*** *ts les ans mars-début juin.* La plus importante a lieu à Sober le week-end des Rameaux et concerne l'appellation *Amandi.* Dégustations et discussions permettent d'apprendre à aimer ce vin fruité. Également d'autres manifestations de ce type un peu partout dans la région (se renseigner), comme à Pantón *(1er w-e de juin),* Vilacha *(1er w-e de mai)...*

LA GALICE

# LES GORGES DU SIL (à l'est d'Ourense et au sud de Monforte de Lemos)

**Elles séparent les provinces de Lugo et d'Ourense, mais on ne s'arrêtera pas à cette étroite notion administrative. Quand on découvre le canyon du Sil, on en reste bouche bée, si blasé qu'on soit. Toute cette région viticole s'appelle la *Ribeira Sacra,* la « rive sacrée ». Et c'est vrai qu'elle produit de sacrés vins, mais au prix d'un sacré boulot ! Que vous soyez tenté par un parcours œno-gastronomique ou par l'art roman des cisterciens, mieux vaut ici disposer de son propre véhicule car les liaisons en bus sont peu aisées.**

## LA *RIBEIRA SACRA*

Au fond des gorges coule le Sil, minuscule, tantôt bleu, tantôt vert profond. Les berges, d'une dénivelée d'environ 500 m, plongent littéralement dans l'eau. Elles ne sont pas verticales comme dans un vrai canyon, mais très légèrement inclinées, ce qui a permis d'y construire à main (et dos) d'homme d'étroites terrasses pour cultiver la vigne. De terrasse en terrasse, des petits escaliers de pierres sèches, raides comme des échelles. Et cela sur des kilomètres. Bien entendu, impossible d'utiliser des machines dans cet environnement dont l'accès ne peut parfois se faire que par la rivière. Les vignerons passent ainsi leurs journées à monter et à descendre leurs raidillons, parfois relayés par des monte-charge mécanisés. Au fait, pourquoi « Ribeira Sacra » ? Tout simplement pour le foisonnement de monastères et d'ermitages de la région, et peut-être l'humble sentiment de produire un breuvage presque sacré...

– ***Rappel :*** le principal office de tourisme de la *Ribeira Sacra* est à Monforte de Lemos. • *ribeirasacra.org* •

## *SOBER* (27460)

À 9 km au sud-ouest de Monforte de Lemos, dans une campagne paisible, on trouvera quelques hébergements ruraux de qualité. Idéal pour une randonnée sur les flancs escarpés des gorges du Sil ou pour un départ de balade en catamaran sur le *río.*

### Où dormir ? Où manger ?

**Casa Grande de Rosende :** *Rosende, s/n. ☎ 982-46-06-27. 615-24-02-30. • rosende@infonegocio.com • casagrandederosende.com • À env 3 km à l'ouest du village de Sober (fléché dès le centre). Fermé de mi-déc à mi-janv. Doubles 58-72 € selon confort et saison, petit déj 7 €. Dîner sur résa pour les hôtes slt env 20 €. Réduc de 10 % sur les doubles sur présentation de ce guide.* Rénové avec délicatesse, ce magnifique manoir des XVIe-XVIIIe s compte de grandes chambres confortables et fort jolies. Vieux meubles et œuvres d'art contemporain ponctuent la déco. Belles ambiances patinées dans les parties communes : chapelle intérieure (XVIIIe s), nombreux salons, salle à manger rustique, cuisine originelle, vieille *bodega,* patio avec canapés, ravissant microjardin à la française, vignes autour la propriété... Tennis gratuits à deux pas. Accueil adorable. Une superbe adresse, pleine de charme et d'esprit.

**Rectoral de Anllo :** *Mogueira, 68, Anllo. ☎ 982-46-00-39. • rectoraldeanllo@hotmail.com • rectoraldeanllo.com • À env 4 km à l'ouest du village de Sober (fléché dès le centre). Fermé de début janv à mi-fév. Doubles 67-90 € selon confort et saison ; petit déj 8 €. Repas sur résa pour les hôtes slt, 19 €. Apéro maison ou digestif offert sur présentation de ce guide.* Surplombant la jolie campagne environnante, une belle maison du XVIIIe s rénovée dans un style sobre et moderne, avec des touches d'ancien de-ci de-là. Chambres toutes différentes, confortables, et salles de bains bien équipées. Plusieurs petits coins charmants à l'extérieur comme à l'intérieur pour se (re)poser, et larges baies vitrées pour apprécier le panorama. La table d'hôtes propose une cuisine traditionnelle où sont présents les produits du potager et du verger. Accueil pro et chaleureux.

**Restaurante O Xugo :** *estrada de Monforte, 1. ☎ 982-10-35-22. Dans le centre du village. Fermé dim. Menu midi 10 € (sem)-13 € (w-e), plats 6-16 €.* Un resto-bar sans artifices, qui se contente de nourrir généreusement son monde avec bonne humeur. Les gens du coin s'y retrouvent en famille autour d'une solide cuisine traditionnelle, dans une ambiance bon enfant et chaleureuse. Simple et sympa.

## À voir. À faire dans les environs

***Gundivós :*** *entre Sober et Doade, à env 10 km au sud de Monforte.* En pleine campagne, c'est un célèbre village de potiers. À côté de l'église, passez donc voir l'***atelier d'Elías Gonzalez*** *( 626-96-62-80 ; ouv 10h30-13h30, 16h-19h, fermé lun ; visite du musée sur résa 2 €).* L'un des derniers à vraiment travailler à l'ancienne avec un tour manuel remontant à l'époque romaine. On vous expliquera que Jules César se faisait livrer son vin à Rome dans des jarres de Gundivós, ainsi que des lamproies galiciennes. Ou encore le pourquoi de la jarre à la moustache, de l'argile noire, et de la cuisson à la résine qui rend étanches les jarres à vin.

***Les miradors des gorges du Sil :*** des miradors posés sur des escarpements rocheux, en avancée au-dessus du vide, offrent les plus belles vues du canyon. Il en existe plusieurs, notamment ceux de *O Boqueriño* et *A Cividade,* au hameau de ***Bolmente,*** accessibles par une petite route chaotique située entre Sober et Doade. Notre préféré est celui de *Santiorxo,* un peu plus loin, positionné à un point stratégique où le *río* fait un coude. Quelques kilomètres après, avant de pénétrer dans le vignoble d'*Amandi,* celui de *Cadeiras* jouxte un joli sanctuaire restauré et un resto-bar pour une pause au frais. Tous sont reliés par un chemin de randonnée (livret et carte disponible à l'office de tourisme de Monforte de Lemos).

– ***Balade en catamaran sur le río Sil :*** *avec* ***Turismo en la Ribeira Sacra,*** *☎ 982-46-07-14. 📱 627-77-75-40. • turismoenlaribeirasacra.com • Depuis l'embarcadère de Os Chancís (fléché à partir de Sober). Départs en principe tlj en saison à 11h, 12h, 13h, 16h et 17h (mais résa indispensable). Durée : 1h. Billet : 15 €. Loc de kayaks et activités nature également.* Le départ se fait d'un site sauvage et magnifique. Croisière sur une petite embarcation de 12 personnes avec dégustation de vin *Amandi.* Idéal aussi pour une balade en kayak.

## *DOADE (27424)*

C'est de ce côté des gorges que se révèlent les paysages les plus spectaculaires sur le canyon du río Sil. De superbes randonnées à faire, des vignobles posés sur des terrains escarpés et l'un des départs les plus prisés des touristes pour une balade en catamaran.

### À voir. À faire

***Bodegas Regina Viarum :*** *☎ 982-09-60-31. 📱 619-00-97-77. • reginaviarum.es • Tlj 10h30-14h30, 16h30-20h (oct-mars, ouv jeu-dim 10h30-14h, 16h-19h ou sur rdv, fermé lun-mer). Dégustation 1 €/vin.* Après vous être rempli les yeux de la superbe vue sur les vignobles qui tapissent les reliefs jusqu'aux rives du Sil, nous ne saurions trop vous conseiller de satisfaire d'autres sens... Cette *bodega* fait partager son savoir-faire sur l'AOC *Amandi,* parmi les cinq que compte la *Ribeira Sacra.*

***Bodegas Adega Algueira :*** *☎ 982-15-22-38. 📱 629-20-89-17. • adegaalgueira.com • Visite et dégustation tlj à 13h. Dégustation 5 € pour 4-5 vins.* L'une des rares *bodegas* à pouvoir se visiter, tenue par l'aimable Fernando, qui cultive 25 ha de vignes sur les berges escarpées du Sil et produit autour de 140 000 bouteilles par an. Une dégustation de bons nectars, doublée d'une rencontre sympa avec cet authentique vigneron. Fait aussi resto le midi.

***Balade en catamaran sur le río Sil :*** *depuis l'embarcadère de Doade (au pont qui enjambe le río vers Castro Caldelas). ☎ 982-26-01-96 (en sem) ou 982-18-26-10 (le w-e). • reservas.rutasembalses.es • En été, départs tlj à 11h30, 17h et 19h ; hors saison, pas de départ lun-mar, départs mer-dim à 11h30 et 16h. Durée : 2h. Billet : 9 € ; réduc ; gratuit – de 3 ans.* Croisière très touristique sur une embarcation de 55 ou de 110 passagers. Possibilité également de faire la balade sur le *Brandán,* une embarcation plus modeste de 16 personnes, gérée par les proprios des ***Bodegas Adega Algueira*** *(voir plus haut). ☎ 982-41-02-99. 📱 698-17-11-68. • info@algueira.com • Départs tlj en saison à 11h, 12h30, 17h et 18h30. Durée : 1h30. Billet : 15 € (dégustation de vin incluse) ; réduc. Propose également une formule à 45 €, incluant la balade en bateau, une dégustation, et un repas servi dans le resto de la* bodega.

## *CASTRO CALDELAS (32760)*

Petite bourgade perchée à 700 m d'altitude, à 23 km au sud de Monforte de Lemos par la LU-903 et à 52 km à l'est d'Ourense par la OU-536. Si vous venez du Sil, vous apercevrez de loin ses maisons dominant la vallée, les restes du château sur la falaise et les magnifiques vignes en terrasses.

## Où dormir ? Où manger à Castro Caldelas et dans les environs ?

🏠 ***Hotel Cima da Vila :*** *rúa do Mercado, 5. 📱 610-82-47-80. • cimadavila@gmail.com • Fermé oct-fév. Double 55 €.* Dans la ruelle face au château, un petit hôtel propret et fleuri, avec de confortables chambres bien sages aux parquets bien cirés. Accueil prévenant.

🏠 🍴 ***Restaurante Caldelas Sacra :*** *rúa Grande, 17. ☎ 988-20-34-23. • caldelas_sacra@yahoo.es • caldelassacra.com • Dans la rue qui monte au château, sur la gauche. Doubles 40-45 € selon confort. Menu midi 12 € en sem, plats 7-18 €.* Au cœur du vieux centre, ce resto propose une cuisine traditionnelle, servie dans une salle rustique. À l'étage, 7 chambres, petites et bien tenues, dont une mansardée avec vue sur le château depuis le lit.

🏠 ***Casa Grande de Cristosende :*** *rúa Cristosende, 31, 32765* ***A Teixeira.*** *☎ 988-20-75-29. • info@casagrandecristosende.com • casagrandecristosende.com • ♿ Dans le village de Cristosende, env 10 km à l'ouest de Castro Caldelas. Doubles 50-60 € selon vue et confort, familiales aussi.* Dans un beau village perché face aux gorges du Sil, cette vieille maison rénovée abrite une petite dizaine de chambres confortables, hautes de plafond et dotées de meubles rustiques. Les prix varient selon la vue sur les gorges. Bien joli patio et salon cosy. Sur commande, *raciones* pour un apéro dînatoire.

## À voir. À faire à Castro Caldelas et dans les environs

🚶 ℹ ***Castelo :*** *praza da Torre, s/n. ☎ 988-20-33-58. • castrocaldelas.es • Tlj 10h-14h, 16h-20h (19h hors saison). Entrée : 2 € ; réduc ; gratuit - de 10 ans.* Un beau château du XIVe s étonnamment bien conservé : petite cour pavée, galerie couverte, four à pain et puits, chemin de ronde, tout y est. Dans les salles, une expo sur le château, la vie rurale de la région, et objets retrouvés lors des fouilles archéologiques sur place. Dans la tour, expo dédiée à la langue galicienne et superbe vue depuis le sommet.

🚶 ***Mosteiro de Montederramo :*** *à* ***Montederramo.*** *☎ 988-29-20-72. À env 18 km au sud-ouest de Castro Caldelas, par la OU-536 vers Ourense, puis fléché à gauche au village de Leboreiro. Tlj 11h-13h, 16h-20h (19h hors saison). Entrée avec visite guidée en espagnol : 3 € ; réduc.* Fondé au XIIe s mais complètement revu par les jésuites à la Renaissance, il accueille une école d'art à partir de 1590. De style *herrerien* (d'après l'architecte Herrera), il possède des éléments en commun avec le collège des Esculapios à Monforte de Lemos et l'Escorial de Madrid. La façade de l'église est bien dans le style austère de la Contre-Réforme, mais le retable est l'un des tout premiers de Galice, bien baroque, bien doré et d'une hauteur très impressionnante. Le cloître Renaissance s'enorgueillit de quelques jolies sculptures dont un buste de Santiago.

### ***PARADA DO SIL*** *(32740)*

Gentil petit village surplombant les gorges, on y trouvera deux petits restos pour se requinquer, une supérette et des hébergements agréables et peu onéreux dans les environs.

➢ Un bus de la compagnie *Monbus* fait la liaison en sem avec Ourense (départ à 6h30 de Parada do Sil, 18h30 d'Ourense ; 1h de trajet).

LA GALICE

## Où dormir ?

### Camping et auberge

⛺ ***Camping Cañón do Sil :*** *Castro, s/n. ☎ 986-65-36-36. 📱 608-53-70-17. • info@canondosilcamping.com • canondosilcamping.com • À 2 km du village (bien indiqué). Fermé de mi-sept à mi-juin. Env 23 € pour 2 pers avec tente et voiture ; bungalows 2-6 pers 60-120 €.* Sur un site panoramique avec vue plongeante sur le Sil, ce beau camping, récent et impeccable, attend que les arbres grandissent pour offrir un peu plus d'ombre. Également de rutilants bungalows, façon maisonnettes en pierre avec petite terrasse pour certains, dans des containers tout vitrés pour d'autres. Deux concepts très différents donc, mais tous sont charmants, intelligemment pensés et bien équipés. Cafét agréable avec terrasses. Vraiment bien.

🏠 |●| ***Albergue A Fábrica da Luz :*** *à env 10 km à l'est du village par la OU-605 vers Castro Caldelas, un petit chemin en pente à gauche avt* Cristosende. *☎ 988-98-49-90. 📱 679-06-05-09. • info@afabricadaluz.com • afabricadaluz.com • Fermé de mi-déc à mi-mars. Lits en dortoir 15-17 € selon saison, doubles 30-35 €, petit déj inclus. Possibilité de ½ pens. Resto tlj midi et soir en été ; fermé lun-jeu hors saison. Menu 10 € le soir (slt pour les résidents), tapas et* raciones *jusqu'à 6 €.* En pleine nature et en bordure de rivière, une auberge installée dans une ancienne centrale hydraulique. Au total, 2 dortoirs mixtes de 14 lits superposés et 2 chambres doubles réunis dans un vaste et même espace, simplement séparés par des cloisons qui ne montent pas jusqu'au (très haut) plafond. Niveau intimité sonore, c'est donc moyen... Le charme du lieu tient à sa situation plus qu'à ses installations sans âme, tout de même très basiques. Location de kayaks (en été) et de VTT, plein d'activités nature et départ de balade sur la passerelle du río Mao. Petit resto très simple sur place. Accueil jeune et dynamique.

### Prix moyens (52-65 €)

🏠 ***Reitoral de Chandrexa :*** *Chandrexa, s/n. ☎ 988-20-80-99. 📱 605-86-76-22. • rchandrexa@gmail.com • chandrexa.com • À env 3 km à l'est du village par la OU-605 vers Castro Caldelas, fléché à gauche. Fermé 18 déc-janv. Doubles 52-55 € selon confort et saison, petit déj env 6 €. CB refusées.* Tenue par un accueillant couple d'agriculteurs bio vivant en autosuffisance, cette charmante maison ancienne compte 3 chambres à la déco rustique soignée. Accueil attentionné. Une adresse reposante dans un beau coin de nature.

🏠 ***O Lar de Rabacallos :*** *Chandrexa, Rabacallos, s/n. 📱 603-56-43-58. • reservas@olarderabacallos.com • olarderabacallos.com • Après le* Reitoral de Chandrexa, *en descendant vers le río Sil. Doubles 50-70 € selon confort et vue ; petit déj env 5 € (inclus pour les chambres sans vue).* Dans une belle bâtisse en pierre surplombant le río Sil, des chambres plus ou moins colorées, assez spacieuses et lumineuses, avec salles de bains nickel. Préférer celles à l'étage avec son agréable salon commun tout en baies vitrées. Petite plage en contrebas et ponton pour partir en balade en kayak (location sur place). Un excellent rapport qualité-prix dans un environnement paisible et superbe.

## Où manger ?

|●| ***Restaurante O Curtiñeiro :*** *plaza da Fonte, 6. ☎ 988-20-07-01. • inmaac@yahoo.com • Dans le centre du village. Tlj 13h-16h, 21h-23h. Menu 12 € midi et soir, tlj. Pas de wifi.* Les gens du coin n'hésitent pas à faire des kilomètres de routes sinueuses pour venir jusqu'à ce resto réputé pour sa

cuisine de terroir. Rien de vraiment raffiné, pas très diététique non plus, mais tout est généreux et bien bon. Aux beaux jours, les tables jouent au coude à coude sur le trottoir, face à une mignonne placette où l'on patiente sous les platanes, en attendant son tour. Une adresse comme on les aime, simple et conviviale.

## À voir. À faire dans le coin

**Mosteiro de Santa Cristina de Ribas de Sil :** *à 4,5 km au nord-ouest du village.* La date de la fondation de ce monastère, noyé dans la végétation du bord du canyon, reste inconnue. Mais des documents laissent supposer qu'il existait déjà au IXe s et qu'il fut l'un des plus importants de la *Ribeira Sacra* au Moyen Âge. Il n'en subsiste aujourd'hui qu'une partie, mais son église romane du XIIe s, enrichie d'éléments gothiques au XIIIe s, est encore quasi intacte. Façade austère, trouée d'un porche à trois arcades surmonté d'une grande rosace romane. À l'intérieur, des fresques intéressantes, un maître-autel aux motifs géométriques, des retables baroques. Et sur les murs de la sacristie, les blasons de l'ordre militaire de Calatrava. Une petite déambulation dans le cloître s'impose, pour sa sérénité.

**Sendero de la Pasarela del río Mao :** passerelle de 1,2 km aménagée à flanc de colline au départ de l'*Albergue A Fábrica da Luz* (voir plus haut « Où dormir ? »). Une superbe balade bucolique, à ne pas manquer !

## *NOGUEIRA DE RAMUÍN (32162)*

Porte d'entrée des gorges du Sil en venant d'Ourense par la N-120, ce petit canton dont la ville principale est Luíntra (où l'on trouvera commerces et restos) recèle la perle de la *Ribeira Sacra,* le monastère de Santo Estevo aujourd'hui converti en *Parador.* C'est également un départ couru pour une balade en catamaran sur le *río.*

### Adresse utile

**Oficina de turismo :** *bureau sur le côté de la mairie* (concello) *de* **Luíntra,** *à l'entrée du centre-ville.* ☎ *988-20-10-23.* *638-82-35-92.* • *nogueiraderamuin.com* • *Juin-sept, lun 9h-14h30, mar-sam 10h30-14h et 16h30-19h30 ; s'adresser à la mairie hors saison.* Bon accueil et plein d'infos sur la région (livret de randonnées, cartes détaillées, listes des hébergements...).

### Où dormir ?

#### Prix moyens (55-65 €)

**A Casa da Eira :** *lugar Albergueria, 31,* **Cerreda** *(32164).* ☎ *988-20-15-95.* *696-74-94-93.* • *info@acasadaeira.com* • *acasadaeira.com* • ♿ *De Luíntra, prendre la OU-508 direction Parada do Sil ; le village de Cerreda se trouve à mi-chemin (env 10 km) sur la gauche. Doubles 55-65 € selon saison, gîtes 2-4 pers 90-136 € ; petit déj 5,50 €. CB refusées. Sur présentation de ce guide, réduc de 10 % sur les chambres.* Dans un village campagnard des gorges du Sil, plusieurs chambres confortables et 2 magnifiques gîtes (de style plus contemporain) se partagent ce beau corps de ferme aux grands volumes refondus. Joli jardin. Accueil dynamique, chaleureux et en français, s'il vous plaît ! Un gros coup de cœur.

**Caserio de Fontes :** *Fuentes, 1, 32160* **Luíntra.** ☎ *988-20-12-41.* *618-82-63-33.* • *oteromeilandiana@*

*yahoo.es • caseriodefontes.com • À 400 m à la sortie de Luíntra sur la OU-555, en direction de la N-120. Double 60 €, appart 4 pers 120 €, petit déj inclus.* Cette belle *finca* centenaire, construite sur un rocher dont la pierre massive fait office de mur intérieur, organise ses chambres sobres comme dans une ruche, sur plusieurs niveaux. On aime particulièrement les appartements, dont un en duplex, dans les 2 maisonnettes annexes dans le jardin. En prime, belle piscine, barbecue à dispo et mirador pour observer l'horizon. L'ensemble est tenu par une dame charmante.

### De plus chic à très chic (90-160 €)

**Parador de Santo Estevo :** *monasterio de Santo Estevo. ☎ 988-01-01-10. • sto.estevo@parador.es • parador.es • À env 5 km à l'est de Luíntra (donc env 7 km de Nogueira) par la OU-508 vers Parada do Sil (fléché). Fermé janv-fév. Doubles 90-190 € selon saison et confort, petit déj 18 €. Menu 35 €, plats 15-24 €.* Au confluent du río Miño et du río Sil, dans un bel espace naturel, cet énorme monastère a été reconverti en hôtel de luxe. Près de 80 chambres bien douillettes, distribuées autour des 3 cloîtres de l'édifice. Certaines offrent une vue impressionnante sur le Sil. Au-delà des éléments romans ou des ajouts gothiques et Renaissance, l'architecte a pris le parti d'édifier un mur de verre plutôt que de reconstruire la partie manquante de l'un des cloîtres, retrouvant ainsi la parfaite symétrie de l'ensemble. Joli !

## À voir. À faire dans les environs

**Monasterio de Santo Estevo de Ribas do Sil :** impressionnant monastère fondé au X^e s, puis agrandi aux XVI^e-XVIII^e s, désormais converti en *Parador* (voir ci-dessus). N'hésitez pas à faire une pause-café (tout à fait abordable !) dans le superbe cloître. Belle église romane à la façade baroque sur l'esplanade avant.

**Mosteiro de San Pedro de Rocas :** *à env 10 km au sud de Luíntra par la OU-509 en direction d'Esgos. ☎ 988-37-20-20. Tlj 10h30-13h45, 16h-19h45 (18h en hiver). GRATUIT.* L'un des plus anciens monastères de Galice. Fondé au VI^e s, il a été rebâti au XII^e s près d'un ancien sanctuaire troglodytique, mais il a brûlé depuis. Le site est magnifique avec les ruines de l'édifice collées aux rochers qui lui donnent son nom. Intéressant centre d'interprétation, qui retrace l'histoire de la *Ribeira Sacra* sur panneaux et écrans tactiles. L'un des monastères les plus visités de la région.

**Balade en catamaran sur le río Sil :** *depuis l'embarcadère de San Estevo à* ***Loureiro*** *(env 5 km après le monastère de San Estevo sur la OU-508 vers Parada do Sil). Croisières avec* ***Hemisferios.*** *620-90-02-65. • hemisferios.org • D'avr à mi-oct : croisières tlj à 11h30 et 16h30, plus 12h, 13h et 18h en été. Fermé déc-fév. Hors saison, pas de départs en sem. Durée : 1h30. Billet : 11-12 € en sem selon saison, 13-15 € le w-e ; réduc et forfait famille. Son concurrent* ***Viajes Pardo*** *(☎ 988-21-51-00 ; • riosil.com •) propose en gros les mêmes services, plus ou moins aux mêmes prix.* Une belle croisière qui attire les foules en saison !

# LA HAUTE VALLÉE DU SIL

**En venant du canyon du Sil, la route, après le col de Cerdeira, suit les gorges du río Navia et offre de magnifiques panoramas. Tous les tons de bleu et de vert s'y mêlent. Vous verrez partout des châtaigniers puisque Trives est l'une des capitales européennes de la... châtaigne. Il y a même, sur une petite route entre Trives et Manzaneda, une ancienne châtaigneraie où un arbre vieux de plus de 10 siècles est classé Monument national.**

## *A POBRA DE TRIVES* (32780)

Certains historiens prétendent que le village fut habité par les Tiburos, peuplade celte dont le nom s'est transformé en « Trives »... Quelques maisons de caractère bordent la rue principale, ainsi qu'une jolie place de l'Horloge. À Sobrado, 6 km plus au sud, ne pas manquer le beau ***monastère de Sobrado de Trives*** du XIIe s, flanqué d'une tour de défense et d'un portail roman encadré par un musicien jouant de la viole et un joyeux acrobate. Enfin, Trives s'impose comme point de départ vers la ***station de ski de Manzaneda*** et les sauvages montagnes avoisinantes.

### Adresse utile

***Oficina de turismo :*** *rúa Eumenio Ancochea, 15. ☎ 988-33-09-67. • apobradetrives.es • Lun-sam 10h-13h30, 16h-20h ; dim et j. fériés 10h30-14h.* Plan du village, activités du coin (ski, cheval, VTT...), sentiers de randonnée pédestre...

### Où dormir ?

#### De prix moyens à chic (60-70 €)

***Casa Grande de Trives :*** *rúa Marqués de Trives, 17. ☎ 988-33-20-66. 639-81-30-52. • info@casagrandetrives.es • casagrandetrives.es • Doubles 65-85 €, familiales aussi ; petit déj compris. Parking gratuit. Réduc de 10 % sur les doubles pour 2 nuits min (sauf en août) sur présentation de ce guide.* Au cœur du village, cet ancien palais du XVIIe s compte une dizaine de chambres coquettes et confortables, toutes différentes et meublées d'ancien. Nos préférées ? Celles qui donnent sur le patio ou le jardin. Et ne manquez pas d'admirer la petite chapelle domestique. Accueil francophone très aimable et de bon conseil. Une excellente adresse.

***Pazo Paradela :*** *ctra de Barrio, km 2. ☎ 988-33-07-14. 679-42-98-73. • 1pa712e1@infonegocio.com • À env 2 km du centre ; à gauche à l'entrée du village depuis Castro Caldelas. Fermé pdt les fêtes de fin d'année. Doubles avec sdb 60-70 € selon taille, petit déj 8 €. Dîner sur résa pour les hôtes slt 25 €. Apéritif maison, digestif ou café offert sur présentation de ce guide.* Sur un domaine de 50 ha planté de chênes et de châtaigniers, une élégante et pittoresque ferme fortifiée du XVIIe s. Chambres de tailles différentes, confortables, bien tenues et jouissant d'une déco rustique assez sobre. Avec ses murs de 70 cm d'épaisseur, vous pourrez ronfler à votre guise ! Jardin-terrasse avec large vue sur le village et les vallons environnants. Côté fourneaux, bonne cuisine de terroir à base de légumes bio du jardin.



# LA GALICE ORIENTALE ET LE BAS MIÑO

**Composée à la fois de belles vallées, de massifs escarpés et de hauts plateaux érodés, cette région reste bien ancrée dans ses traditions rurales. Foires et marchés ont conservé les mêmes dates depuis des siècles. Les vendanges, les labours et les produits de la terre sont encore célébrés lors de grands rassemblements festifs.**
**La province de Ourense est aussi renommée pour perpétuer les plus beaux et plus anciens carnavals de Galice. Chacun d'entre eux possède ses propres rites, danses et costumes ; on ne se vêt pas de la même manière à Verín ou à Xinzo de Limia, où *O Oso* (l'ours) fait toujours peur aux enfants ! Tout est excessivement codifié et le carnaval demeure ce qu'il était jadis : le bonheur pour un groupe de paysans de fêter le retour du printemps.**

## UN PEU D'HISTOIRE

L'une des caractéristiques de la région est le grand nombre de sources thermales. Le nom même de Ourense viendrait de *ur,* signifiant « eau » dans les vieux dialectes de la zone atlantique. À moins qu'il ne s'inspire des sables aurifères du Miño, la question reste ouverte. Quoi qu'il en soit, ces sources n'étaient pas pour déplaire aux Romains ! L'omniprésence des vestiges archéologiques de cette même époque pourrait faire oublier que Rome et ses cohortes n'ont pas débarqué sur des terres vierges. Les régions autour de Ourense portent encore trace des *castros* qui témoignent d'une occupation bien antérieure.
Puis, au fil du temps, l'abandon des mines d'or, d'étain, de fer et de cuivre, ainsi que la désaffection des sources thermales n'ont laissé à la région que l'agriculture. Par chance, les moines aimaient le vin ! Le Moyen Âge a ainsi vu fleurir les monastères et pousser les vignes. Les historiens discuteront longtemps pour savoir si ce goût pour la viticulture était lié à la symbolique du vin lors de la messe ou à la soif de profit de la hiérarchie religieuse...



# OURENSE (32000) 107 500 hab.

• Plan *p. 375*

**Capitale de la province du même nom, Ourense a connu une histoire mouvementée. Bâtie par les Celtes, conquise par les Romains, détruite par les Wisigoths puis par les Maures et les Normands, la ville a du mérite d'être toujours là. Au Moyen Âge, c'est une cité prospère grâce aux vins du Ribeiro, dont trois sont aujourd'hui des AOC : le blanc *ribeiro,* le *ribeira sacra* (rouge) et le *valdeorras.* Sa configuration générale date de cette époque et, si le quartier ancien possède surtout des maisons des XVI^e et XVIII^e s, le plan de la ville reste celui d'une cité dont les fortifications furent rapidement inutiles. On passe sans heurts des quartiers anciens à l'*Ensanche* (ville nouvelle), puis aux faubourgs.**
**Ourense a longtemps servi d'étape compostellane importante sur la vía de la Plata (Séville-Santiago). C'est aujourd'hui une grande ville commerçante, calme en journée, nettement plus festive le soir en fin de semaine lorsque les bars à tapas de ses ruelles, bordant sa superbe cathédrale, s'animent.**
**Doit-on préciser que l'amoureux des vieilles pierres trouvera ici son bonheur ? Rien que dans le *municipio* d'Ourense, on a compté 49 églises, 43 palais ou maisons nobles, 23 sources thermales ou fontaines historiques, auxquels il faut ajouter le pont médiéval et un autre pont étonnant au design futuriste, nommé le *Milenio,* qui fait office de mirador.**

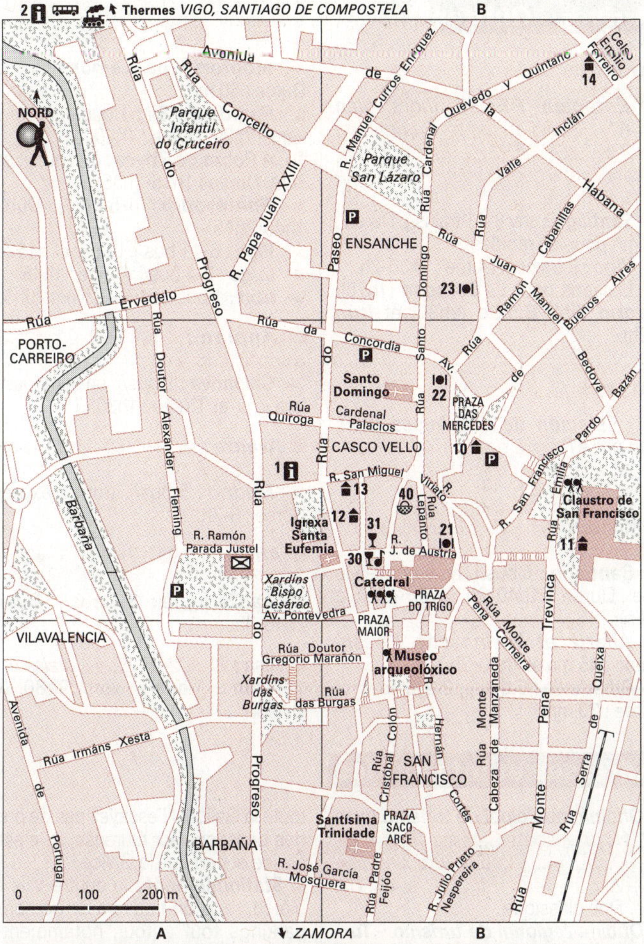


# OURENSE

■ **Adresses utiles**

1 Oficina municipal de turismo (A2)
2 Oficina regional de turismo – Turgalicia (hors A1)

**Où dormir ?**

**10** Albergue juvenil Florentino Lopez Cuevillas (B2)
**11** Albergue de peregrinos (B2)
**12** Hotel Irixo (B2)
**13** Hotel Zarampallo (B2)
**14** Hotel NH Ourense (B1)

**Où manger ?**

**21** Casa do Pulpo (B2)
**22** Portovello (B2)
**23** Nova (B1)

**Où boire un verre ? Où écouter de la musique ? Où sortir ?**

**30** Miudiño (B2)
**31** Café Latino (B2)

**Où acheter de bons produits ?**

**40** La Tropical – Fina Rei (B2)

## Arriver – Quitter

### En train

**Estación RENFE** *(hors plan par A1)* **:** *Eulogio Gómez Franqueira, s/n. ☎ 912-320-320 (nº national). • renfe.com • Loc de voitures sur place (Avis, Europcar...).*

➢ ***Santiago :*** env 8-11 trains/j. Durée : 40 mn pour les rapides.

➢ ***Vigo :*** 9 trains/j. Durée : 1h30-2h.

➢ Liaisons pour ***La Corogne*** (1h15), ***Madrid*** (5h), ***Bilbao*** (9h30) et ***Irún*** (10h).

### En bus

**Estación de autobuses** *(hors plan par A1)* **:** *ctra de Vigo. ☎ 988-21-60-27. À la sortie de la ville et de l'autoroute A-52.*

■ ***Monbus :*** *☎ 902-29-29-00. • monbus.es •*

➢ ***Santiago :*** 6 bus/j. en sem, 4-5 le w-e. Durée : 1h40-2h (avec arrêt à Lalín).

➢ ***Allaríz et Verín :*** env 7 bus/j. Durée : 45 mn et 1h30-2h.

➢ ***Ribadavia :*** 6 bus/j., 2-3 slt le w-e. Durée : 30 mn.

➢ ***Monforte de Lemos :*** 3 bus/j. Durée : 50 mn.

➢ ***Parada do Sil :*** 1 bus en sem slt, vers 18h30. Durée : 1h20.

➢ ***A Pobra de Trives :*** 1-2 bus/j. sauf sam. Durée : 1h15-1h35.

➢ ***Pontevedra :*** 4-5 bus/j. Durée : 1h45-2h15.

➢ ***Vigo :*** 6-11 bus/j. Durée : 1h15-2h.

➢ ***Lugo :*** 2-4 bus/j. Durée : 1h45.

➢ ***Irún :*** 1 bus certains j. vers 20h30.

■ ***Anpian :*** *☎ 988-22-52-88. • anpian.com •*

➢ ***Celanova :*** 3 bus/j. en sem (pas de bus le w-e). Durée : 1h30.

■ ***Avanza :*** *☎ 912-72-28-32. • avanzabus.com •*

➢ ***Madrid :*** 5 bus/j. dont 2 express. Durée : 6-7h.

■ ***Arriva :*** *☎ 981-31-12-13. • arriva.gal •*

➢ ***La Corogne :*** 3-4 bus/j. Durée : 2h15-3h.

■ ***Alsa :*** *☎ 902-42-22-42. • alsa.es •*

➢ ***Irún :*** 1 bus/j. vers 9h30 (via Oviedo).

## Adresses et infos utiles

ℹ ***Oficina municipal de turismo*** *(plan A2, **1**)* **:** *rúa Isabel a Católica, 2. ☎ 988-36-60-64. • turismodeourense.gal • Lun-ven 9h-14h, 16h-20h ; w-e 11h-14h.* Doc classique.

ℹ ***Oficina regional de turismo – Turgalicia*** *(hors plan par A1, **2**)* **:** *Ponte Romano, N-120. ☎ 988-78-82-36. • turgalicia.es • Dans la petite maison au pied du pont roman. Fermé le w-e. Lun-ven 9h-14h, 16h30-19h.* Infos sur toute la Galice. N'essayez pas de poser des questions sur Ourense, ici c'est la Galice et rien que la Galice !

P ***Stationnement :*** le centre-ville est piéton, mais on trouvera de nombreux parkings tout autour, notamment le ***parking Concordia*** *(plan A2)*, le ***parking O Progresso*** *(plan B1)* et le ***parking Los Mercedes*** *(plan B2). Compter env 1,50 €/h, 12 €/j.*

## Où dormir ?

### Auberges

⌂ ***Albergue juvenil Florentino Lopez Cuevillas*** *(plan B2, **10**)* **:** *praza das Mercedes (adresse postale : rúa Arturo Pérez Serantes, 2, 32005). ☎ 988-25-24-12. • rxuvenil.benestar.ou@xunta.es • xuventude.xunta.es • Ouv slt en août. Réception lun-ven 12h30-14h, 16h30-minuit ; w-e 22h-minuit. Fermé sept-juil. Lit en dortoir 9 € pour les – de 30 ans, env 13 € pour les autres. CB refusées. Carte*

LA GALICE

*FUAJ obligatoire.* Une auberge de jeunesse principalement réservée aux étudiants. Propose une cinquantaine de lits aux touristes de passage, mais en août seulement.

**Albergue de peregrinos** *(plan B2,* ***11****) : rúa Emilia Pardo Bazán, s/n, 32004 (dans le couvent de San Francisco, à côté du cloître). Réception tlj 13h-22h. Lit en dortoir 6 €. Credencial obligatoire.* Une quarantaine de lits dans un dortoir basique et propre. Pas de petit déj ni de repas, mais cuisine et salle commune à dispo.

## Prix moyens (40-50 €)

**Hotel Irixo** *(plan B2,* ***12****) : rúa Hermanos Villar, 15, 32005. ☎ 988-25-46-20. • infohotelirixo@gmail.com • hotelirixo.com • Doubles 40-50 € selon confort et saison. Pas de petit déj, mais bar-chocolaterie juste à côté.* L'hôtel est divisé en 2 parties : sur l'arrière les chambres les moins chères, très simples, à l'ancienne et peu souriantes. En revanche, donnant sur la mignonne petite place, on trouvera pour 10 € de plus une douzaine de chambres confortables, plaisantes et rénovées, avec parquet, TV, lit moelleux, belle salle de bains, et même une terrasse ou un balcon pour certaines. Un petit coin salon, sans aucun charme mais bien pratique, dispose d'un four micro-ondes, d'un grand frigo et d'un distributeur de boissons. Accueil sympathique.

**Hotel Zarampallo** *(plan B2,* ***13****) : rúa Hermanos Villar, 19, 32005. ☎ 988-23-00-08. • zarampallo@zarampallo.com • zarampallo.com • ♿ Double 50 €. Pas de petit déj, mais bar-chocolaterie à 2 pas.* Une quinzaine de chambres confortables et de bon volume pour la plupart (attention, certaines sont petites pour le même prix !), à la déco colorée, et aux salles de bains rénovées et impeccables. En prime, accueil chaleureux de la propriétaire.

## De chic à plus chic (79-97 €)

**Hotel NH Ourense** *(plan B1,* ***14****) : celso Emilio Ferreiro, 24, 32004. ☎ 988-60-11-11. • nhourense@nh-hotels.com • nh-hotels.com • Doubles 75-210 € selon affluence et saison, petit déj 12 €. Parking 10 € (à 100 m).* À 10 mn à pied de la vieille ville, un luxueux hôtel d'allure design avec fontaine murale et salon aux canapés exubérants, à la Almodóvar. Les chambres, à la déco très tendance, sont spacieuses et de grand confort (lit *queen size,* salle de bains vitrée avec douche hydrojets, clim, TV géante, minibar, coffre-fort...). Belle terrasse sur le toit, salle de gym, sauna, et un excellent petit déjeuner, riche en produits frais. Accueil impeccable.

# Où manger ?

## Bon marché (5-12 €)

La très vivante zone des bars à tapas et bars à vins se situe au nord de la cathédrale *(plan B2-3)* : *rúas da Paz, Lepanto, Viriato* et *Fornos.* Au total, plus d'une trentaine s'alignent de part et d'autre de ces ruelles. Un dépliant de l'office de tourisme présente les spécialités de chacun, mais en fait on s'installe surtout là où on trouve de la place, en jouant des coudes !

**Casa do Pulpo** *(plan B2,* ***21****) : rúa Juan de Austria, 15. ☎ 988-23-83-08. • creanini@gmail.com • Ouv 13h-16h30, 20h-2h30. Fermé mar. Tapas env 2 €, raciones 5-12 €, plats 9-19 €. CB refusées. Café offert sur présentation de ce guide.* On choisit son assiette parmi les *raciones* posées sur le bar, celle du célèbre céphalopode est fameuse, mais toutes sont plus alléchantes les unes que les autres. Salle conviviale au fond pour un plat plus consistant de viande ou poisson. Bonne ambiance.

**Portovello** *(plan B2,* ***22****) : praza das Mercedes, 4. ☎ 988-21-46-86. • portovelloauria@gmail.com • Tlj 12h-minuit. Menu midi 10 € (tlj), tapas 1,50-4 €, plats 6-12 €.* Murs blancs,

LA GALICE

grandes ardoises présentant les plats du jour, voici un petit resto simple et moderne, bien dans son temps. Cuisine à l'unisson, légère et inspirée de saveurs d'ailleurs, à déguster sous les platanes de la terrasse aux beaux jours. Sympa !

### Chic (plus de 28 €)

**Nova** (plan B1, **23**) : *Valle Inclán, 5. ☎ 988-21-79-33. • info@novarestaurante.com • ♿ Fermé lun et dim soir. Fermé 10 j. en janv et 20 j. en août. Menus dégustation 30 €, 45 € et 60 €.* Nichée en bordure du *casco vello,* une table exceptionnelle, l'une des meilleures de la région ! Le cadre est épuré, la cuisine ouverte, et les deux jeunes chefs, créatifs en diable, dressent les assiettes devant la clientèle. Pas de carte, mais dès le premier menu dégustation déjà copieux, c'est un festival de saveurs harmonieuses, un voyage culinaire de haute volée, qui va crescendo. La nouvelle cuisine espagnole dans toute sa splendeur ! Une adresse qui pourrait justifier à elle seule une halte à Ourense.

## Où boire un verre ? Où écouter de la musique ? Où sortir ?

Dans la zone des bars, bien entendu, mais aussi sur la *rúa do Paseo,* où les glaciers s'alignent comme à la parade.

**Miudiño** (plan B2, **30**) : *rúa Arcedianos, 13. ☎ 988-24-55-36. Tlj 15h-3h.* L'endroit idéal pour commencer la *marcha.* Installez-vous donc à la machine à coudre ou simplement sur la pile de livres pour vous désaltérer... Vous l'aurez compris, la déco est originale, la musique détendue et des concerts animent les soirées du mercredi.

**Café Latino** (plan B2, **31**) : *rúa Coronel Ceano Viva, 7. ☎ 988-22-67-21. • jazz@cafelatino.es • cafelatino.es • Presque en face du* Miudiño. *Tlj 10h-3h.* Au cœur de la vieille ville, un grand bar avec mezzanine et photos de jazzmen aux murs. Organise un festival de jazz au printemps avec des concerts tous les soirs, sinon bœuf occasionnel le reste de l'année.

La plupart des ***clubs*** sont concentrées autour des rues Valle Inclán, San Lázaro et J. M. Bedoya *(plan B1).*

LA GALICE

## Où acheter de bons produits ?

**La Tropical - Fina Rei** (plan B2, **40**) : *rúa da Paz, 20. ☎ 988-22-06-88. Tlj en principe 10h-14h, 17h-21h (mais horaires variables).* Cette belle épicerie fine propose un large panel de bons produits régionaux. Côté douceurs, les fameux *almendrados* et la *torta real* d'Allariz, du chocolat, des confitures et bocaux de fruits ; côté liquide, vaste choix de vins et de liqueurs... De quoi rapporter de bonnes choses.

## À voir. À faire

**Catedral** (plan B2) : *l'entrée se fait par la porte nord, rúa Juan de Austria, s/n. Lun-sam 11h-14h30, 16h-19h (18h oct-fév) ; dim 13h-15h, 16h-19h (13h30-18h oct-fév). Entrée : 5 €, audioguide en français compris.* Avec sa profusion de chapelles, de styles et d'ornements d'une complexité et d'une richesse folles, on a du mal à se figurer que cet édifice ait pu, à son origine aux XIIe et XIIIe s, être dans l'épure romane ou cistercienne ! Ne manquez pas de lever les yeux pour admirer la superbe ***coupole gothique.*** L'impressionnant ***retable du maître-autel*** en bois sculpté polychrome, réalisé par le Hollandais Cornelis au XVIe s, ne risque pas de vous échapper avec son festival de scènes de la vie de la Vierge et du Christ. Au fond de la nef, côté ouest, derrière la porte principale aujourd'hui fermée, le superbe ***porche du Paradis*** *(pórtico do Paraiso)* élaboré au XIIIe s sur le modèle du *porche de la Gloire* de Saint-Jacques-de-Compostelle. Sur son magnifique tympan polychrome, les musiciens médiévaux encadrent une statue inhabituelle d'un saint Jacques assis, son épée entre les genoux. Quant à la ***capilla Santo Cristo,*** elle bat tous les records d'exubérance ! Pas un millimètre qui ne soit recouvert, un véritable feu d'artifice baroque au milieu duquel trône un spectaculaire christ du XIVe s, aux cheveux longs. Une visite à ne pas manquer !

***Museo arqueolóxico*** *(Musée archéologique ; plan B3)* **:** *praza Maior, s/n. ☎ 988-22-38-84. • musarqourense.xunta.es •* ***Fermé pour rénovation en principe jusqu'en 2019.*** *Dans l'attente de la réouverture, une salle d'exposition est ouv dans la chapelle du couvent San Francisco (à côté du cloître), rúa Emilia Pardo Bazán, s/n (plan B2). ☎ 988-23-04-30. Mar-sam 9h-22h, dim 9h-15h. Fermé lun. GRATUIT.* Exposition des plus belles pièces du fonds du musée archéologique : un menhir de plus de 3 000 ans, de nombreuses sculptures (sur granit d'époque romane, sur bois polychrome des XVIe-XVIIIe s – dont un saint Jacques), des céramiques, chapiteaux, stèles...

***Claustro de San Francisco*** *(cloître de Saint-François ; plan B2)* **:** *rúa Emilia Pardo Bazán, s/n. Mar-sam 11h30-13h30, 18h30-21h30 (17h-20h en hiver) ; dim 11h30-13h30. Fermé lun. GRATUIT.* Superbe cloître gothique du XIVe s déployant 63 arcs en ogive et 76 doubles colonnes. Il est particulièrement remarquable pour ses chapiteaux sculptés, tous différents ; certains surprenants comme des animaux fantasmagoriques, une croix juive, un emblème celtique...

***Le thermalisme :*** on dit qu'Ourense se trouverait à l'emplacement d'un cratère laissé par une météorite, ce qui expliquerait la quantité de sources d'eau chaude jaillissant le long du fleuve. Nombre de ces piscines thermales sont gratuites, tandis que les établissements thermaux qui les jouxtent sont payants *(env 5 €, fermé lun pour certains ; • termalismo.ourense.es •).* Liste à se procurer auprès de l'office de tourisme (voir plus haut « Adresses et infos utiles »), avec la spécificité de chacun et les horaires. Certains ferment très tard le soir, celui de *Chavasqueira* joue même les prolongations jusqu'à 2h30 du matin ! Situés sur un tronçon d'environ 4 km en bordure nord du Miño (de l'autre côté du fleuve en venant de la vieille ville), ils disposent de bassins allant du froid au chaud, voire très chaud puisque la température peut atteindre 67 °C ! Accès à pied en passant par le vieux pont roman, puis en longeant le fleuve à partir du pont suivant, le fameux pont à haubans *Milenio* (au passage, ceux qui ne souffrent pas de vertige pourront gravir sa passerelle circulaire reliant les piliers). Possibilité également d'y aller en bus du centre-ville (lignes no 5 ou 26), ou de la *praza Maior* avec le petit train touristique en saison. Sinon, trois parkings gratuits dans le coin.

## DANS LES ENVIRONS D'OURENSE

***Mosteiro de Oseira :*** *à 40 km au nord d'Ourense. ☎ 988-28-20-04. • mosteirodeoseira.org • Prendre l'A-52 vers Vigo, puis l'AG-53 vers Santiago, sortir à Cea puis prendre l'OU-406 jusqu'au village d'Oseira. Visites guidées slt, assurées par les moines ttes les heures en saison. Lun-sam 10h-12h, 15h30-18h30 ; dim 10h-12h45. Entrée : 3 € ; gratuit – de 9 ans.* Fondé au XIIe s, mais il ne reste guère de cette époque que la charmante Vierge allaitante en pierre peinte et l'intérieur de l'église. La partie conventuelle a été refaite au XVIIe s selon un plan austère qui l'a fait surnommer l'« Escorial galicien » (mais on nous avait déjà dit ça à Monforte de Lemos ?!). Le monastère possède trois cloîtres. Le plus important, appelé *claustro de los Piñaculos,* est d'époque Renaissance avec de hautes ouvertures et un puits central. Dans le *cloître des*

*Médaillons,* on peut voir les visages de certains personnages historiques dans des... médaillons (logique) de la taille d'une pièce de monnaie. Salle capitulaire de style manuélin portugais avec des piliers torsadés et ornés de trèfles à quatre feuilles.

***Castro de San Cibrán de Lás – Parque arqueolóxico de Cultura Castrexa :*** *à 25 km à l'ouest d'Ourense. ☎ 988-26-72-85. • pacc.es • Prendre la N-120 vers Vigo, puis l'OU-410 en direction de San Amaro. Mar-dim 10h-18h (20h juin-sept, 15h nov-fév). Fermé lun, 1er janv, 24, 25 et 31 déc. Entrée : 5 € ; réduc ; gratuit – de 6 ans. Visites guidées en saison (2 €) à 12h et 18h30 (en espagnol).* L'un des plus grands *castros* de Galice, toujours en cours de fouilles puisque seulement 12 % du site ont été excavés à ce jour. Agréable balade au milieu des ruines de plus de 2 000 ans, réparties sur 10 ha. Mais pour bien comprendre ce lieu et la culture *castrexa* galicienne de l'âge du fer en général, la visite du centre d'interprétation, très moderne et très complet, s'impose. Mieux vaut cependant lire l'espagnol car rien n'est traduit. Mais un projet d'audioguide en français est dans les cartons... À suivre !

## Fête dans les environs

– **Fête du Poulpe :** *à O Carballiño, 2e dim août.* Ambiance bon enfant avec danses et musique galiciennes, et quantité d'étals où l'on fait griller en plein air le mollusque emblématique de la Galice. Concentré dans le parc de la ville, où un repas géant *(réserver sa place la veille à la mairie, env 30 €/pers)* permet de déguster le menu officiel ! Autrefois, lorsque les moines cisterciens de l'ordre de saint Benoît touchaient la dîme, les pêcheurs des *rías bajas* de Vigo payaient avec de la pieuvre séchée. De nos jours, dans le quartier d'Arcos à O Carballiño, les habitants assurent qu'ils servent le meilleur poulpe au monde, cuit, comme il se doit, dans un chaudron en cuivre, et accompagné de pain de Cea.

### LA *CENA* DE CEA

*Le pain de Cea est célèbre dans toute la Galice. En effet, le village de Cea se trouvant sur la route de l'Argent (vía de la Plata), c'est-à-dire le chemin d'Andalousie vers Saint-Jacques, les pèlerins faisaient une halte le soir dans le village. Et leur repas, à base de pain produit localement, était leur cena (« dîner » en espagnol) ou cea (en galicien).*

LA GALICE

# LA BASSE VALLÉE DU MIÑO

**Encore tourmenté dans la traversée d'Ourense, le río Miño va désormais s'assagir. La vallée s'élargit, les monts qui enserrent le fleuve relâchent leur étreinte, les paysages s'adoucissent. Enfin presque. Il reste suffisamment de lourdes collines sur la rive nord pour que les rois d'Espagne aient pu bâtir quelques belles forteresses qui surveillaient les turbulents voisins portugais.**
**La multitude de sources thermales le long du Miño constitue une autre particularité de la zone. De Ourense à Caldelas de Tui, une petite dizaine de stations de cure s'échelonnent sur les rives du fleuve. Mais espérons que vous ne vous baladez pas par ici pour soigner une sinusite ou un mal de dos !**

## LE VIN DU RIBEIRO

Léger et fruité, il sera un doux souvenir de votre passage sur ces terres accueillantes. Rappelons que le *ribeiro* doit son existence au dur labeur des moines qui, dès le haut Moyen Âge, se mirent à cultiver la vigne à grande échelle.

## *RIBADAVIA* (32400)

À la jonction du Miño et de l'Avia, à 33 km au sud-ouest d'Ourense, accessible en bus ou en train sur la ligne Ourense-Vigo. Ribadavia (*arriba del Avia,* « au-dessus du fleuve Avia ») est une petite ville médiévale (d'environ 5 500 habitants) aux maisons étagées sur le versant d'une vallée, qu'enjambe un grand pont routier. Elle puise son charme dans les vestiges de sa grandeur passée, lorsqu'elle rayonnait sur toute la région d'O Ribeiro, berceau d'un vin blanc jugé par ses habitants comme l'un des meilleurs du monde.

### Un peu d'histoire

Dès le XIe s, le vin du Ribeiro était déjà exporté vers la France et l'Angleterre. Les réseaux commerciaux et financiers étaient alors aux mains de grandes familles juives séfarades, et Ribadavia comptait une communauté juive importante. Au XIVe s, la peste qui ravagea le Bordelais fit la fortune de la zone : les marchands anglais, peu désireux de mourir à Bordeaux, envahirent les rives du Miño pour s'y fournir en vin. De là jusqu'au nord du Portugal, il n'y avait qu'un pas : six siècles après, ils y sont encore !

#### DU VILLAGE À L'AVENUE

*Benito González Ribadavia compte parmi les nombreux Galiciens qui partirent vers l'Argentine à la fin du XVIIIe s. Si le nom de cet immigré entra dans l'histoire, c'est grâce à son fiston Bernardino, qui changea son patronyme en « Rivadavia », et devint le premier président d'Argentine. Et c'est ainsi que l'une des plus grandes avenues de Buenos Aires (10 km de long !), l'avenida Rivadavia, porte le nom d'un modeste village galicien.*

LA GALICE

### Adresse utile

ℹ **Oficina de turismo :** *praza Maior, 7.* ☎ *988-47-12-75.* • *ribadaviaturismo.weebly.com* • *En été, lun-sam 10h-14h, 17h-20h ; dim et j. fériés 10h30-14h. Hors saison, lun-ven 9h-13h30, 16h-18h ; w-e et j. fériés 10h30-15h.* L'office abrite un ***petit musée séfarade*** (par lequel on passe nécessairement pour visiter le château), donne des renseignements sur les divers quartiers juifs de la Galice et la route du vin *ribeiro.* Audioguide en espagnol et en anglais *(3,50 €)* pour la visite du musée et du château.

### Où dormir ? Où manger ? Où boire un verre ?

**Hotel Plaza :** *praza Maior, 15.* ☎ *988-47-05-76.* • *info@hostalplazaribadavia.com* • *hostalplazaribadavia.com* • *Fermé dernière sem de sept. Double 38 €. Menus 10 € (sem)-12 € (w-e). Sur présentation de ce guide et en basse saison slt, réduc de 10 % sur les doubles ou café offert côté resto.* Sur la place principale de la ville, un petit hôtel classique et très simple, sans surprise. Au resto, clientèle essentiellement locale réunie autour du copieux menu.

**O Birrán :** *praza da Madalena, 8.* ☎ *988-47-23-17.* • *obirran@gmail.com* • *Proche de l'office de tourisme, devant la belle igrexa da Madalena. Tlj.*

*Plats 7-14 €.* Qu'on s'installe sur la charmante placette ou dans l'une des 2 petites salles en pierre inchangées depuis des siècles, le cadre de ce gastro-bar est vraiment bien joli. Dans l'assiette, une agréable cuisine galicienne modernisée, à base de produits locaux. Belle carte des vins, évidemment.

**Bar Calvo :** *Virxe do Portal, 5. ☎ 988-47-16-25. Tlj 7h-21h30. Dans la rue principale, juste après le château. Menu 8 € midi en sem, plat env 5 €.* Petit bar-resto populaire, appréciable pour sa terrasse ombragée sur l'arrière... mais pourvue d'un mobilier publicitaire en plastique rouge qui manque cruellement de poésie ! On peut cependant s'y rafraîchir au calme, ou manger un petit plat simple et pas cher. Service aimable.

## Où dormir ? Où manger dans les environs ?

### Chic

**Casal de Armán :** *O Cotiño, à San Andrés (32454). ☎ 988-49-18-09. 699-06-04-64. • hotel@casaldearman.net • casaldearman.net • À env 5 km au nord-est de Ribadavia, par la N-120 vers Ourense, puis suivre fléchage à gauche. Double 75 €, petit déj inclus. Plats 14-25 €, carte env 25-35 €. Visite des caves 5 € (sur résa slt).* Une adresse de charme posée sur une colline au cœur du vignoble du Ribeiro. Les chambres, de grand confort, s'alignent le long d'une galerie à l'étage de cette belle ferme viticole. Toutes offrent une vue panoramique, avec un balcon privé pour la luxueuse suite. Bon resto, ouvert aux non-résidents, pour une cuisine traditionnelle revisitée, servie dans une salle rustico-chic ou en terrasse.

## Où déguster une douceur ?

**La Tafona da Herminia :** *travesa Porta Nova de Arriba, 2. ☎ 988-47-10-04. Tlj 9h-14h, 16h-20h30.* Il ne faut pas quitter la ville sans passer chez Herminia, une charmante vieille dame qui confectionne encore ici, dans l'ancien four trônant dans la boutique, de délicieux biscuits en respectant les vieilles recettes judéo-espagnoles : *Mamul, Kupperlin, Mostachudos...* Un endroit hors du temps, comme on n'en voit plus que dans les musées !



# À voir. À faire

➢ ***Balade dans la vieille ville :*** pour apprécier l'architecture typique avec ses maisons à colonnades et les sols de lauzes. Après avoir traversé le pittoresque quartier juif *(barrio Xudeo)*, allez jeter un œil sur la ***igrexa Santiago*** et la ***igrexa de San Xoán,*** toutes deux de style roman du XIIe s. Malheureusement, on ne peut y entrer que pendant les offices religieux *(dim à 9h30 pour la première, lun-sam à 7h et 8h30 pour l'autre).*

***Castelo :*** *entrée par l'office de tourisme, audioguide (3,50 €).* Ce château, bâti au XVe s, appartenait à la célèbre famille des Sarmiento. Aujourd'hui en grande partie en ruine, il fut l'une des plus importantes forteresses médiévales de Galice. On parcourt son chemin de ronde, sa belle cour et sa nécropole du XIIe s.

***Convento Santo Domingo :*** *juste à l'extérieur de la ville, face au château.* C'est un bel ensemble conventuel qui s'ordonne autour d'une collégiale gothique du XIVe s de style galicien. Sur l'abside, quelques jolies pierres sculptées avec des motifs cabalistiques. Hélas, il ne se visite pas. Le couvent Renaissance, à côté, a été partiellement transformé en maison de retraite.

## Fêtes et manifestations

– **Fête du Vin :** *fin avr-début mai.* Dégustations, concours d'œnologie, visites de *bodegas* : à la vôtre !
– **Festival de théâtre :** *2de quinzaine de juil, pdt env 10 j.* Rassemble chaque année des compagnies internationales. Représentation dans l'auditorium et saynètes dans les rues.
– **Fiestas da Istoria :** *dernier ven et sam d'août.* Tous les ans, 15 000 visiteurs viennent y faire un grand voyage dans le temps ! Reconstitution en costumes de la vie médiévale et des traditions juives, avec processions, exposition artisanale, musique ancienne et une foultitude de stands dédiés à la gastronomie galicienne. Cet événement est soigneusement préparé chaque année par tous les habitants : tournois à cheval, jongleurs, fauconniers, bals, jeux pour enfants et spectacle pyrotechnique.
– **Fêtes de N. S. do Portal :** *8 sept.* Fêtes patronales de Ribadavia et de sa région. Concerts, ateliers culturels et processions.

## À faire dans les environs

**Le parc nautique de Galice :** *Club náutico Castrelo de Miño, à 6 km au nord de Ribadavia par la OU-402. ☎ 988-49-31-14. 676-48-41-50. • clubnauticocastrelo.es •* Propose de nombreuses activités nautiques à partager en famille (voile, planche à voile, paddle, kayak, embarcation à pédales). Petite plage pour la baignade. Snack-bar sur place. Pas mal d'animations l'été, dont un petit festival de blues à la mi-août.

## *A CAÑIZA (36880)*

À cheval sur l'autoroute A-52 Vigo-Ourense, ce village sans charme demeure la capitale du jambon de Galice. L'occasion d'une pause gastronomique, en passant.

### Où dormir ? Où manger ?

**Aldea Guntin – Camping Cañiza :** *rúa Carballo do Marco, s/n. 634-56-34-68. • aldeaguntin@aldeaguntin.es • aldeaguntin.es • À la sortie de la ville par la N-120 vers Vigo, fléché à gauche. Fermé nov-mars. Env 13-16 € pour 2 pers avec tente et voiture ; bungalows 4 pers 64-69 €. Loc de tente 4 €.* Un coin de verdure paisible en contrebas du village abrite ce petit camping nickel, aux parcelles spacieuses et bien ombragées. Beaux et confortables bungalows en pierre ou en rondins genre *Ma cabane au Canada.* Sur place : tennis, piscine, laverie, resto (jambon de l'exploitation familiale) et bar. Accueil très aimable.

**Os do Resero :** *Finca O Vieiro, ctra Crecente (N-120). ☎ 986-65-24-31. • resero@resero.e.telefonica.net • osdoresero.es • À proximité de la sortie nº 272 de l'A-52. Tlj 6h-1h ! Menu midi et soir (sauf dim) 9 €, plats 8-25 €.* Planté au bord de la route nationale et adossé à un immense parking, un grand resto fonctionnel qui nourrit les routiers de passage et quelques locaux. On se régale des savoureuses viandes du terroir *a la brasa,* comme des délicieux jambons et saucissons maison, que l'on peut aussi acheter en partant.

## *ARBO (36430)*

Dans un creux de la vallée du río Miño, un village paisible sans grande beauté, mais assez joliment cerné par les champs viticoles et les forêts. Arbo est accessible en bus ou en train sur la ligne Ourense-Vigo. Dès le milieu de l'hiver, la saison de la lamproie attire ici les gourmets de toute l'Espagne. Le week-end, n'espérez pas alors trouver une table dans un resto sans l'avoir retenue bien à l'avance !

## Où dormir ? Où manger dans les environs ?

**Casa Pazos :** *Pazos, 11, 36435* ***Barcela.*** *☎ 986-66-59-86. 616-01-63-01. • casapazos@casapazos.es • casapazos.es • À droite sur les hauteurs, env 2 km après Arbo en allant vers Tui. Congés : d'oct à mi-janv. Doubles avec sdb 50-60 € selon saison, petit déj 5 €. Dîner sur résa slt pour les hôtes 14 €, mais ouv à ts le midi de mi-janv à mai en période de pêche de la lamproie. Petit déj offert sur présentation de ce guide.* Perchée sur une colline verdoyante, au milieu des vignes, cette vieille maison rénovée compte plusieurs chambres coquettes et confortables avec, pour certaines, vue sur la vallée et, au loin, les montagnes portugaises brumeuses (et plantées d'éoliennes). Belle piscine avec transats. Un excellent rapport qualité-prix, d'autant que la proprio est adorable et donne plein de bons conseils pour faire de la randonnée, du kayak, du rafting et visiter des caves.

## Où acheter du vin ?

**Casa Grande La Almuiña :** *Almuiña, 1, à Arbo. ☎ 986-66-49-09. • casagrandelaalmuina.com • Ouv en sem slt, sur rdv pour la visite des caves. Bouteille min 6 €.* Le patron de cette *bodega* est intarissable sur la lamproie et le vin, surtout sur le sien d'ailleurs qu'il compare volontiers au gewurztraminer (rien que ça !).

LA GALICE

# À voir. À faire

**Centro de interpretación do viño e da lamprea :** *à l'entrée du village, dans une grande demeure ancienne. ☎ 956-66-57-78. En été, tlj 12h-14h, 16h-21h. Hors saison, horaires variables, mieux vaut téléphoner. Entrée : 1,50 €.* Comme son nom l'indique, un musée dédié à la pêche à la lamproie et au vignoble de la région, avec une présentation de la faune et flore locales. Organise des visites guidées de caves (payantes), avec dégustation à la clé. Vente de vin sur place.

– **Descente en rafting :** *avec* ***Arrepions,*** *installé à proximité du río Miño, en contrebas de Barcela, à la sortie d'Arbo vers Tui (fléché). ☎ 986-60-30-09. • arrepions.com • Sur résa slt (fermé lun). Tarifs : 35-45 € selon type de descente.* Un club sérieux qui propose également des sorties en kayak, du canyoning, de l'hydrospeed... sur le Miño ou le Deza (plus sportif). *Voir également avec* ***Vaguadaventura,*** *à Lomba, à env 3 km d'Arbo, au bord de la PO-5003 vers A Cañiza. 616-95-95-97. • vaguadaventura.com • Sur résa également (fermé lun).* Plus ou moins les mêmes prestations que le précédent, du paintball en plus !

# Fêtes

– **Fête de la Lamproie :** *en avr, après la Semaine sainte.* L'une des plus vieilles fêtes gastronomiques de Galice.

– **Fête de la Lamproie sèche :** *1er dim de juil.* Quand on pêche trop de lamproies, on les fume pour les manger en été. C'est le but de cette fête qui réunit en un vaste repas champêtre les habitants des environs et autres visiteurs. Attention : la lamproie fumée, ça donne soif et les viticulteurs d'Arbo sont là à point nommé !

## ***TUI*** *(36700)*

À 25 km au sud de Vigo, juste à la frontière portugaise. Postée sur un piton rocheux dominant le río Miño, Tui est une belle petite ville ancienne fortifiée qui fut longtemps l'une des clés du royaume de Galice. De ce lointain passé subsiste une magnifique cathédrale cernée de ruelles pittoresques et de remparts, sans parler du vieux pont Eiffel enjambant le fleuve pour gagner le Portugal.

## Arriver – Quitter

### En train

**Estación RENFE de Tui :** *avda da Concordia, au nord de la ville. Résas : ☎ 912-320-320 (nº national). • renfe.com •*

➢ 2 trains/j. pour **Vigo** (45 mn).

➢ 2 trains/j. pour le **Portugal** (**Porto** et **Lisbonne**), vers 10h et 19h, avec correspondance à *Valença do Minho* (ville frontière à 6 km) par la compagnie ferroviaire portugaise **CP** (*• cp.pt •*). Durée : 2h-2h30 pour Porto, 5h30-6h pour Lisbonne.

**Estación RENFE de Guillarei :** *la ligne Vigo-Ourense-Monforte de Lemos ne passe pas par Tui, mais par cette gare à 5 km au nord-est.*

➢ 3-7 trains/j. pour **Vigo** (40 mn), **Ourense** (1h20) et **Monforte de Lemos** (2h).

### En bus

**Parada de autobuses :** *paseo Calvo Sotelo, s/n ; à deux pas de la place centrale, au niveau de la mini station-service (pas de guichet, achat du billet au chauffeur).*

■ **Atsa :** *☎ 986-35-53-30.*

➢ **A Guarda et Vigo :** départ ttes les 30 mn-1h, 7h-20h ; moins le sam, 4 bus slt le dim.

## Adresse et info utiles

**Oficina municipal de turismo :** *praza de San Fernando, à gauche de la cathédrale. 📱 677-41-84-05. • concellotui.org • Tlj 9h-13h15 (14h hiver), 16h-20h15 (21h hiver).* Plan de la ville avec ses monuments et horaires des bus. Accueil charmant mais infos parfois vagues !

– **Marché :** *jeu mat, paseo Calvo Sotelo.*

## Où dormir ?

### Auberges

**Albergue de peregrinos de Tui :** *rúa Parrao Rodriguez Vazquez, s/n. 📱 638-27-68-55 ou 638-96-28-06. Dans la rue qui descend juste à gauche de la cathédrale. Réception 13h-22h. Couvre-feu à 22h. Lit en dortoir 6 €, draps compris ; sur présentation de la credencial slt (soigneusement vérifiée !) et conditions hyper strictes. Pas de wifi.* Au cœur de la vieille ville, une petite quarantaine de lits superposés répartis en 2 dortoirs de 18 couchages. Sanitaires communs propres. Rien de plus. Accueil d'une raideur quasi militaire... Au dodo, et silence dans les rangs s'il vous plaît !

**Tui Hostel :** *rúa Obispo Lago, 5. ☎ 986-62-79-79. • info@tuihostel.com • tuihostel.com • Dans la rue qui descend à gauche du kiosque à musique de la place principale. Réception en principe 9h-22h30, sinon téléphoner. Couvre-feu à 22h30. Lits en dortoir 10-13 €/pers selon saison.* Accessible à tous, cette maison en bordure du centre ancien propose 4 dortoirs impeccables avec 4-6 lits superposés, et sanitaires bien nets. Cuisine à dispo, petits espaces communs frais et plutôt coquets. Simple mais plaisant. À côté, resto sympa proposant un menu du pèlerin pas cher (indépendant de l'auberge).

### De prix moyens à chic (50-75 €)

**Hotel A Torre do Xudeu :** *rúa Tide, 3. ☎ 986-60-35-35. • info@atorredoxudeu.es • atorredoxudeu.es • En bordure de la vieille ville, prendre la rue qui descend à gauche du kiosque à musique de la place principale, puis la rampe à droite. Fermé de mi-déc à fév. Doubles 60-76 € selon confort, petit déj compris. Parking gratuit.* Cette

LA GALICE

vieille bâtisse du XVII^e s, transformée en hôtel de charme, propose des chambres sobres, toutes de taille et de style différents, avec salle de bains moderne. Les plus chères sont superbes et s'agrandissent d'un balcon avec vue sur le Miño, d'autres sont petites mais cosy, certaines communicantes. Pour se détendre, on aura le choix entre les salons cossus, le toit-terrasse de la tour médiévale ou le calme jardin ombragé. Accueil doux et gentil.

🏠 ***Pensión Residencia O Novo Cabalo Furado :*** *rúa Seijas, 3. ☎ 986-60-44-45. 📱 627-07-23-32. • reservascabalo@gmail.com • À 2 pas de la cathédrale, dans la vieille ville, réception au 2^e étage. Doubles 50-60 € selon saison, apparts 70-100 €. Pas de petit déj, mais café à 3 mn à pied.* Dans une maison ancienne, 7 chambres confortables aménagées dans un style très classique, équipées de salles de bains rénovées. Quant aux appartements, un brin tristounets, ils sont plus fonctionnels que charmants.

## Très chic (90-180 €)

🏠 |●| ***Parador de Tui :*** *avda de Portugal, s/n. ☎ 986-60-03-00. • tui@parador.es • parador.es • ♿ À la sortie sud de la ville vers A Guarda. Fermé déc-fév. Doubles 90-180 € selon confort et saison, petit déj 16 €. Plats 8-20 €. Parking gratuit.* En contrebas du centre ancien et en surplomb du fleuve, cette grande bâtisse apparemment ancienne date en fait des années 1970. Déco vaguement rustico-historique, sans grand génie à vrai dire. Chambres plaisantes pour les plus chères, avec vue sur la cathédrale, le fleuve ou le pont Eiffel. En revanche, les *standard* sont plus modestes, certaines dotées d'un coin de jardinet, mais sans vue aucune. Vous l'aurez compris, bien que confortable comme il se doit, ce n'est pas le *Parador* le plus séduisant d'Espagne ! Resto et piscine sur place. Un petit chemin le long du río Miño permet de rejoindre la vieille ville à pied en 10 mn.

LA GALICE

## Où manger ? Où boire un verre ? Où sortir ?

|●| ***Restaurante O Novo Cabalo Furado :*** *praza do Concello, s/n. ☎ 986-60-12-15. • manolo@onovocabalofurado.com • Sur la place, à gauche de la cathédrale (entrée également par la rúa Seijas). Fermé dim soir et lun soir. Menu déj en sem 13,50 €, menu tapas 30 € pour 2, plats 10-22 €.* Indépendant de la *pensión* du même nom, un restaurant convaincant pour ses bons petits plats galiciens, mitonnés avec amour et servis dans une salle classique ou dans une agréable courette. Des fruits de mer aux côtelettes d'agneau, tout est bon. Service attentif.

|●| 🍷 ***Tapas e Viño :*** *rúa Seijas. ☎ 986-60-23-41. • tapas.vinhos@gmail.com • À droite de la cathédrale, dans un coin de la ruelle en pente. Fermé mar. Menu du jour 9 €, raciones 5-10 €, et tapas.* Dans une salle chaleureuse ou en terrasse, on profite du copieux menu proposé à prix doux, ou on picore tapas et charcuterie locale qui invitent à découvrir les vins de la région. Oups ! Ambiance amicale et joyeuse.

🍷 ♩ ***KF Central :*** *rúa de las Monxas, s/n. ☎ 986-60-45-39. Dans le vieux centre. Fermé lun.* Un *lounge* branché au cadre contemporain, avec papier peint tendance, déco design, et rangées de vinyles qu'un DJ mixe devant des écrans plats. Clientèle de tous âges et de bonne humeur.

## Achats

🧺 ***Outlet Tui :*** *Parque Empresarial Areas, rúa F. ☎ 986-60-08-32. • outletui.com • À la sortie de Tui, en allant vers A Guarda (panneaux) ; à proximité de l'autoroute A-55 Vigo/Portugal, sortie n° 172. Tlj 10h30-21h30 (22h le w-e). Fermé 1^er janv, 1^er et 17 mai, 25 juil et 25 déc.* Un magasin d'usine dédié aux grandes marques de la mode internationale, pratiquant des prix de 30 à 80 % inférieurs aux boutiques classiques.

# À voir. À faire à Tui et dans les environs

**Catedral de Santa María :** *au cœur de la vieille ville. Tlj 9h-14h, 16h-20h. Entrée : 4 € ; réduc. Audioguide en français inclus.* Construite au XIIe s sur un édifice paléochrétien, puis remaniée et enrichie de nombreuses chapelles et retables au cours des siècles, cette église-forteresse demeure l'un des monuments les plus importants de Galice. On y pénètre par un superbe ***porche*** admirablement sculpté évoquant la vie de la Vierge. Puis, à droite, la *capela de Santa Catalina* abrite le ***museo catedralicio*** truffé de magnifiques pièces d'orfèvrerie et autres ornements liturgiques du XVe au XIXe s. De retour dans la nef, voir le bas-relief peint de la *Lamentation du Christ mort* (XVIe s) et le ***retable de l'Expectation*** finement sculpté. Juste après, un splendide ***cloître*** avec ses arches en ogive soutenues par de fines colonnettes (XIIIe s) ; puis monter tout en haut de l'étonnante ***tour*** crénelée pour la jolie vue sur la ville et le fleuve. Retour à l'intérieur de la cathédrale pour découvrir la ***capela de San Telmo*** du XVIIIe s hébergeant les reliques du saint patron de la ville et des marins. Les impressionnants ***orgues baroques,*** dans le chœur de la cathédrale, lui sont d'ailleurs dédiés. Se succèdent ensuite d'autres chapelles et retables étonnants, jusqu'à la ***capilla del Santísimo*** (un peu cachée sur la droite avant de rejoindre la sortie) dont l'époustouflant retable rococo apparaît comme un bouquet final qui laisse sans voix. Une visite dont on sort un peu sonné par cette foultitude de styles pour le moins déroutante !

**Museo diocesano :** *praza do Concello, s/n ; à gauche de la cathédrale. Juil-sept, tlj sauf lun 10h-13h30, 16h-20h. Fermé hors saison. Entrée : 1 €.* Installée dans un très bel ancien Hôpital des pauvres et des pèlerins, riche collection sur trois niveaux de pièces archéologiques, dont un sarcophage romain, des fonts baptismaux, des pièces d'orfèvrerie, des reliefs en bois polychrome, ainsi que des statues et peintures du XIXe s. Superbe ex-voto de San Telmo au 2e étage.

**Capela San Bartolomeu :** *à la sortie nord-est de la ville sur le chemin de Santiago. Ouv slt pdt la messe, tlj à 20h.* Petite église romane du XIe s, la première de la ville avant que Tui ne devienne un évêché. Intéressantes fresques du XVIe s.

**Parque natural do Monte Aloia :** *à env 5 km au nord-ouest de la ville, passer sous l'autoroute A-55, puis suivre la route en lacet (bien indiqué). Centre d'interprétation sur place. ☎ 986-68-50-95. Mar-dim 9h-15h, 16h-20h ; fermé lun, et aussi le w-e en hiver. GRATUIT.*
Naturel ? Pas vraiment. Tout ce que vous allez voir a été planté il y a une centaine d'années. Au centre d'interprétation sont exposées des photos du mont dans les années 1920 : pelé, rasé, un vrai désastre écologique ! On a donc reconstitué une forêt autochtone, mélange de pins, d'acacias, de chênes et de châtaigniers, avec quelques ajouts exotiques comme les cèdres du Liban et les cyprès. Puis le sous-bois s'est refait, naturellement, et la forêt abrite aujourd'hui quantité d'espèces animales intéressantes comme la couleuvre de Montpellier ou le lézard ocellé.
Cinq sentiers de randonnée aménagés permettent de faire de superbes promenades de 1h à 2h chacune (cartes disponibles sur place). Au sommet du mont, dans un bois de chênes, joli petit ermitage de San Xiáo *(pèlerinage le 1er dim de juil avec banquet champêtre)* et ***resto-snack-buvette*** très agréable *(☎ 986-68-51-60 ; fermé mar ; plats 6-15 €).* La vue panoramique du mirador de la terrasse est superbe. Tables de pique-nique également. Un site qui vaut le détour !

– **Descente en rafting :** *avec **Verde Azul Aventuras,** avda de Portugal, 22. ☎ 986-60-32-87. 📱 606-33-25-19. • verdeazul.es • À la sortie sud de la ville vers A Guarda. Lun-sam mat 10h-13h30, 16h30-20h. Fermé lun ap-m et dim. Tarif : 35 € (pour 4h).* Loue aussi des kayaks et des vélos. *Voir également **Arrepions,** à Arbo. ☎ 986-60-30-09. • arrepions.com •*

LA GALICE

# LA HAUTE VALLÉE DU LIMIA

**Cette vallée est une large cuvette bordée de plateaux et de plaines agricoles. Vous entrez ici au royaume de la patate ! Le modeste tubercule est non seulement cultivé, mais aussi célébré et, plutôt que des frites, on en fait des cathédrales. On ne rigole pas : chaque année se déroule la « fête de la Patate » à Xinzo de Limia, où les habitants construisent des maquettes... avec des pommes de terre ! D'un intérêt secondaire, la région recèle tout de même une superbe petite ville, la fière Allariz, qui fait partie du club très envié des 50 plus beaux villages d'Espagne. Une halte s'impose !**

# ALLARIZ (32660) 5 500 hab.

• Plan *p. 389*



**Allariz a poussé autour de son superbe quartier historique, intégralement classé. Il faut s'y promener aux heures douces de la journée, quand la lumière caresse joliment les façades des maisons anciennes et les nombreuses églises qui ourlent les ruelles en lauzes.**
**Ce qui ajoute encore à son charme, ce sont ses espaces verts bordant le *río Arnoia,* ses vastes pelouses aménagées pour les enfants, son pont roman et son *monte do Castello,* une colline du haut de laquelle on pourra apprécier un panorama de carte postale. Un brin chic aussi, le village cache un grand hôtel spa, des boutiques de luxe, plusieurs restos touristiques en bordure de rivière (dont une grande table), et de délicieuses spécialités culinaires, notamment de fameuses pâtisseries comme la *torta real* ou les *almendrados.***

## UN PEU D'HISTOIRE

L'âge d'or d'Allariz (son nom est un dérivé d'Alaric, un roi wisigoth) remonte au XIIe s car la ville vit alors la naissance d'Alfonso Raimundez, lequel devint souverain de Castille et du León sous le nom d'Alfonso VII (excusez du peu !). Ce monarque combla de bienfaits sa cité natale, y garda en permanence une résidence (un des plus grands *castillos* d'Espagne) et y fit même élever son fils, le futur Alphonse le Sage. Allariz devint ainsi une des principales cités médiévales de Galice. Puis ce fut son industrie du cuir, florissante au XIXe s, qui lui valut sa renommée. Aujourd'hui, Allariz est citée comme exemple de renaissance économique et culturelle après des années de dépeuplement et de déclin. Par ailleurs, l'Union européenne lui a décerné un prix pour la restauration de son patrimoine.

## Arriver – Quitter

### En bus

🚌 ***Estación de autobuses*** *(plan B2)* **:** *rúa Emilia Pardo Bazán, 45. ☎ 988-44-05-08. Sur les hauteurs de la ville.*

■ ***Monbus :*** *☎ 902-29-29-00. • monbus.es •*
➢ ***Ourense :*** 6-9 bus/j. Durée : env 45 mn.
➢ ***Verín :*** 6 bus/j. Durée : env 1h.

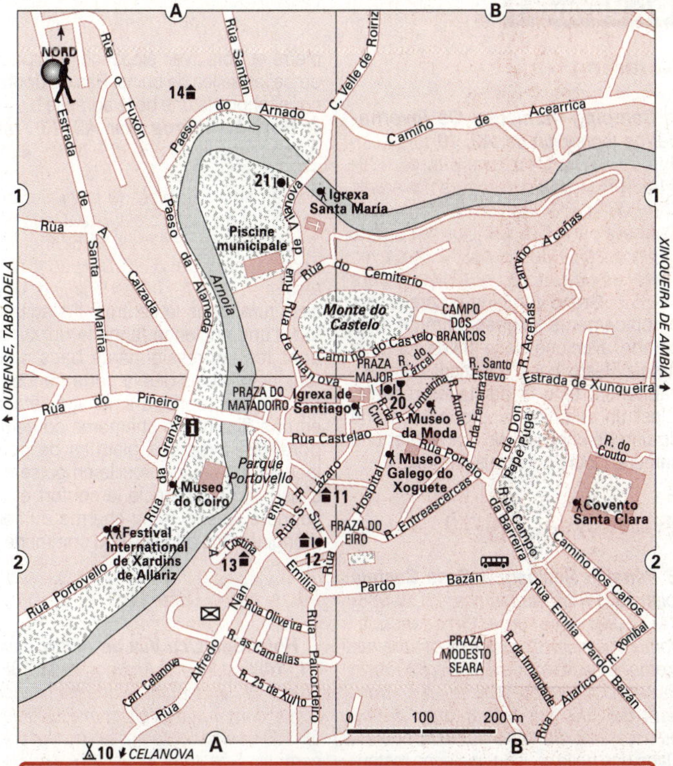


## ALLARIZ

| | |
|---|---|
| **Adresse utile**<br>Oficina municipal de turismo (A2)<br><br>**Où dormir ?**<br>**10** Camping municipal Os Invernadeiros (hors plan par A2)<br>**11** Pensión Residencia Rosa Castelá (A2) | **12** Pallabarro (A2)<br>**13** Torre Lombarda (A2)<br>**14** Hotel Spa Oca Vila de Allariz (A1)<br><br>**Où manger ? Où boire un verre ?**<br>**12** Pallabarro (A2)<br>**20** O Pepiño (B2)<br>**21** A Fábrica de Vilanova (A1) |

## Adresse utile

***Oficina municipal de turismo*** *(plan A2)* **:** *paseo da Alameda, s/n. ☎ 988-44-20-08. • allariz.com • Au bout du pont, au pied de la ville. Tlj 11h-14h, 16h30-19h. Fermé lun hors saison.* Excellent accueil, efficace. Bonne documentation avec notamment un plan de la ville et de ses monuments, une liste des restos et fêtes (chaque week-end en été !).

# Où dormir ?

## Camping

⛺ ***Camping municipal Os Invernadeiros*** *(hors plan par A2,* ***10****) : Portelo, 4 ; ctra Allariz-Celanova, s/n. ☎ 988-44-20-06. • reatur@allariz.com • allariz.com/reatur • ♿ À 2 km d'Allariz, vers Celanova par la OU-300. Ouv tte l'année. Selon saison, 18-22 € pour 2 pers avec tente et voiture, bungalows 4 pers 51-56 €.* Grand camping ombragé aux emplacements alignés comme à la parade, avec une plage privée sur le *río Arnoia.* Resto, bar et minimarket. Impeccablement tenu et sanitaires récents. C'est un camping hippique avec une dizaine de chevaux, un manège et une carrière. Cours pour tous niveaux.

## Prix moyens (50-70 €)

🏠 ***Pensión Residencia Rosa Castelá*** *(plan A2,* ***11****) : rúa Lobariñas, 15. ☎ 988-44-13-92. • reservas@rosacastela.com • rosacastela.com • Dans une rue piétonne donnant sur la rúa Emilia Pardo Bazán. Doubles 55-70 € selon confort, petit déj 6 €. Sur présentation de ce guide, réduc de 10 % sur les doubles.* Dans une belle maison ancienne restaurée dans un style contemporain, 6 chambres de bon confort, toutes différentes, mêlant vieilles pierres et déco d'aujourd'hui. Certaines possèdent un balcon sur le jardinet à l'arrière ou sur la calme ruelle. Salon cosy, bar sympa avec TV et proprio jeune et décontracté. Une belle adresse, bien dans l'air du temps.

🏠 ***Pallabarro*** *(plan A2,* ***12****) : rúa Sur, 1. ☎ 988-55-40-27. • info@pallabarro.com • pallabarro.com • Doubles 50-66 € selon saison, petit déj compris.* À l'étage d'un excellent resto (voir plus bas « Où manger ? »), 4 chambres charmantes, très douillettes, mélangeant pierre et bois avec élégance, équipées de belles salles de bains. Pas de doute, nous tenons là une belle adresse !

🏠 ***Torre Lombarda*** *(plan A2,* ***13****) : rúa Alfredo Nan, 6. ☎ 988-55-40-05. • torrelombarda@allariz.com • torrelombarda.com • Au pied de la ville, dans la rue qui part vers Celanova. Congés : 3 sem en janv. Doubles 55-62 € selon confort, petit déj 6 €. Menu 25 € (sur résa et slt pour les hôtes). Parking.* Une *casa rural* dans le centre ? Il s'agit en fait d'une ancienne tannerie du XVᵉ s, dont les impressionnants bacs sont toujours visibles dès la porte franchie. Mónica, la proprio, a aménagé l'étage en une dizaine de chambres contemporaines, avec des plaques de bois laquées de couleur rouille en guise de cloisons. On apprécie le confort et la sobriété, associés au charme du lieu d'origine. Une adresse peu commune.

## Plus chic (85-160 €)

🏠 ***Hotel Spa Oca Vila de Allariz*** *(plan A1,* ***14****) : paseo do Arnado, 1. ☎ 988-55-40-40. • reservas.viladeallariz@ocahotels.com • ocahotels.com • Doubles 85-160 € selon confort et saison, petit déj compris. Spa somptueux (19 € pour les non-résidents, 13 € pour les hôtes ; résa obligatoire).* D'emblée, on ne succombe pas au charme de ce grand bâtiment récent. Mais derrière sa façade un peu froide se cachent de grandes chambres décorées avec l'élégance de la sobriété, d'un confort parfait, dotées de superbes salles de bains contemporaines. Toutes donnent sur le *río Arnoia,* accessible en traversant une vaste pelouse. Pour les amateurs, spa magnifique avec piscine à remous (ou pas !) et fontaines, hammam, sauna, salle de fitness, massages... Tout ça a un coût certes, mais les prestations le justifient vraiment.

# Où manger ? Où boire un verre ?

En allant vers le *Festival Internacional de Xardins de Allariz* (*plan A2* ; à ne pas manquer !), plusieurs bars et restos, aux terrasses plus craquantes les unes que les autres, sont posés sur les berges du *río Arnoia.* On choisit selon la vue et l'humeur... qu'on vous souhaite romantique !

LA GALICE

## De bon marché à prix moyens (8-21 €)

|●| 🍸 ***O Pepiño*** *(plan B2, **20**) : praza Maior. ☎ 988-44-25-30. • info@opepinhodeallariz.com • Tlj 12h-16h30, 20h-minuit. Tapas, raciones 3-6 €, plats 6-12 €.* On s'attable et s'attarde sans bouder son plaisir dans ce décor moderne assuré par des rayonnages de bouteilles et photos anciennes, d'autant que l'ambiance est sacrément joyeuse ! Puis on se laisse tenter par le grand choix de bonnes tapas et *raciones,* plutôt créatives ici. Une excellente adresse pour prendre le pouls de cette ville pleine d'énergie.

|●| ***Pallabarro*** *(plan A2, **12**) : rúa Sur, 1. ☎ 988-55-40-27. • info@pallabarro.com • Tlj juil-août, fermé mar le reste de l'année. Menu unique 21 € (midi et soir).* Dans la petite salle comme en terrasse installée dans un agréable patio, les beaux murs en pierre servent d'écrin. Pas de carte mais un menu unique (avec options poisson, viande ou vég), raffiné sans être chiche, servi sur des tables joliment dressées. Cuisine espagnole caressée par quelques influences italiennes et françaises, saveurs équilibrées. Une excellente table à prix doux, une aubaine !

## Plus chic (plus de 40 €)

|●| ***A Fábrica de Vilanova*** *(plan A1, **21**) : rúa Vilanova, s/n. ☎ 988-44-24-34. • info@afabricadevilanova.com • Au bord du río Arnoia, face à la igrexa de Santa María, après la piscine municipale. Fermé lun en hiver. Congés : 3 sem en nov. Menu 48 €, carte env 40 €. Apéro maison ou digestif offert sur présentation de ce guide.* La grande table de la ville ! Installé dans une ancienne tannerie, un resto-musée un brin chic à la déco très romantique, avec une superbe terrasse bordant le parc. André Arzúa, jeune chef talentueux, créatif et très médiatisé, propose des plats savoureux, dressés avec panache, à base de produits frais et nobles. Si vous avez quelque chose à fêter, n'hésitez pas ! Service attentionné et en français.



## Où dormir ? Où manger dans les environs ?

🏠 |●| ***Casa rural Vilaboa*** *: praza Maior, s/n, 32667 **Vilaboa**. ☎ 988-44-24-24. 📱 659-16-45-88. • reservas@casaruralvilaboa.com • casaruralvilaboa.com • À 1,2 km en direction de Xunquiera de Ambia, prendre un petit chemin de campagne sur la droite (fléché). Fermé 20 déc-20 janv, et resto fermé lun. Résa conseillée au resto. Doubles 55-75 € selon saison et confort. Menu env 20 €, carte env 25 €. Apéritif maison ou digestif offert sur présentation de ce guide.* Le propriétaire, cuisinier, a quitté sa Catalogne natale pour s'installer en Galice. Il a rénové cette vieille ferme avec des idées neuves, comme en témoigne l'architecture originale qui marie bois et granit. Très jolies chambres, bien équipées, épurées, claires et calmes. Très bon resto également, ouvert à tous. Accueil sympathique.

🏠 ***Casa rural das Augas Santas*** *: à **Santa Mariña de Augas Santas** (32668). ☎ 988-44-21-50. • marinasanta@msn.com • À env 6 km au nord d'Allariz, de l'autre côté de l'autoroute A-52. Double 50 € en sem, 60 € le w-e, petit déj inclus.* Dans un joli village, face à l'église, une belle maison du début du XIXe s flanquée de son jardinet. Les 5 chambres, spacieuses pour certaines, sont de style montagnard plutôt agréable avec leurs rideaux de mousseline et leurs objets anciens. Grand salon rustique avec cheminée. Bar très vivant à l'heure de l'apéro. L'endroit est d'autant plus charmant que le village et la place de l'église ont du caractère. Petite piscine à 100 m sur un autre terrain.

## À voir

🏛 ***Museos do Parque etnográfico*** *(musées du Parc ethnographique) : horaires identiques pour ts. De juil à mi-sept : mar-dim 11h-14h, 18h-20h ; fermé lun. Le reste de l'année : ouv ven 17h-19h ; w-e et j. fériés 11h-14h, 17h-19h ; fermé* *lun-jeu. Billet pour les 3 musées : 3 € (ou 2 € pour 1 seul).* Le ***musée du Cuir*** *(Museo do Coiro ; plan A2),* installé dans une ancienne tannerie, raconte le procédé de transformation des peaux tannées qui firent la richesse de la cité au XIXe s. Le musée ***du Jouet*** *(Museo galego do Xoguete ; plan B2)* rassemble une belle collection de 800 jeux et... jouets rigolos. Celui ***de la Mode*** *(Museo da Moda ; plan B2),* juste en face, retrace avec modernité l'histoire du vêtement en Galice du XVIIIe s à nos jours.

***Igrexa de Santiago*** (plan B2) **:** *praza Maior. Ouv pour les offices : lun, mer, ven, sam 8h30 et dim 11h30.* Portail roman dont l'arcature est sculptée de stricts motifs géométriques. Les chapiteaux des colonnes montrent des figures humanoïdes assez inhabituelles, généralement datées des XIe et XIIe s, mais dont l'inspiration semble plus ancienne. L'abside, austère, est très élégante. Ne manquez pas de jeter un œil sur le plafond de la nef, tout en bois.

***Festival Internacional de Xardins de Allariz*** (plan A2) **:** *rúa da Granxa, s/n. ☎ 988-44-20-08 ou 10. • allariz.gal/festival • De mi-mai à oct, tlj 17h-21h (16h-19h à partir de mi-sept), et aussi 11h30-14h le w-e et tlj de mi-juin à mi-sept. Fermé de nov à mi-mai. Entrée : 2 €.* Un parc paysager de 2,5 ha et une douzaine de jardins plus étonnants les uns que les autres, faits de formidables compositions florales artistiques mêlant sculptures, bassins d'eau et jeux pour enfants. Et chaque année, la thématique est différente (la mode, la musique, la mémoire, l'eau...). Plaira à petits et grands. Magnifique !

***Convento Santa Clara*** (plan B2) **:** *rúa do Couto, dans la ville haute. Musée d'Art sacré : Mar-dim 10h30-13h (12h-14h dim), 17h30-19h30 ; fermé lun. GRATUIT. Visite possible de l'église slt aux heures des messes : lun-sam 8h, dim 11h.* Daté du XIIIe s mais totalement reconstruit au XVIIIe s à la suite d'un incendie. Joli cloître, le plus grand de Galice, dans lequel repose le tombeau de la reine Violante, épouse d'Alphonse le Sage. Ne pas manquer le retable de la petite vierge Abrideira du XIIIe s, en ivoire et ébène.



***Igrexa de Santa María de Vilanova*** (plan A1) **:** *face à la piscine municipale, dominant le pont roman. Ne se visite pas.* Construite par l'ordre de Malte au XIIe s, comme en atteste la croix qui orne sa façade. À part ça, elle présente toutes les caractéristiques d'une église romane tardive et témoigne par son austérité des mœurs rigoureuses des chevaliers de Malte, qui ne brillaient pas par leur jovialité.

## DANS LES ENVIRONS D'ALLARIZ

***Mosteiro de San Salvador*** **:** *à* ***Celanova.*** *À env 19 km à l'ouest d'Allariz par la OU-300. Visite guidée avec l'office de tourisme de Celanova (au rdc de la mairie sur la place centrale, à côté du mosteiro ; ☎ 988-43-22-01 ; mar-sam 10h-14h, 16h30-20h ; fermé dim et lun ; tarif 2 €).* Pour les amoureux de façades baroques délirantes ! Il paraît qu'il fut fondé au Xe s par san Rosendo, mais ça ne se voit plus trop tant il a été refait à l'époque baroque. On est abreuvé de statues, de motifs décoratifs, de bas-reliefs et de dorures... Prenez vos lunettes de soleil ! Demander au curé l'accès au jardin, derrière la sacristie, pour voir la ***capela San Miguel,*** un tout petit oratoire mais un parfait exemple de l'art mozarabe espagnol.

***Vilanova dos Infantes*** **:** *à 2 km de Celanova, et donc à 21 km à l'ouest d'Allariz par la OU-300.* Adorable petit village médiéval, restauré avec respect, blotti autour du vieux donjon *(petit centre d'interprétation sur place et accès possible au sommet, 1 €).* Quelques murailles, de vieilles maisons à arcades, des ruelles fleuries... Mérite bien un arrêt si vous passez par là.

## Fêtes et manifestation dans la région

Elles sont nombreuses, impossible de toutes les citer. Renseignez-vous auprès des offices de tourisme. Voici les plus importantes :

– ***Carnaval de Xinzo de Lima :*** *le j. du Mardi gras,* tout le monde porte un masque *(pantalla)* que chacun se fabrique pendant l'hiver. Ils sont donc tous différents, et ne pensez pas pouvoir vous en offrir un dans une boutique pour participer. Les porteurs de masques utilisent des vessies de porc gonflées comme des ballons pour battre les pécheurs.

– ***Fête du Bœuf :*** *à **Allariz,** en mai ou juin, sur 8 j.* La *Festa do Boi* est une grande fête médiévale qui existe depuis 1317. Lâcher de taureaux dans la ville, processions, troubadours et ripailles...

# VERÍN

(32600) 14 600 hab.

**La capitale économique de la région, étendue dans une plaine et bordée de petites collines. On n'a pas été vraiment séduits par cette petite ville sans charme. En revanche, sa voisine, Monterrei, abrite l'un des plus beaux ensembles fortifiés de Galice, transformé en *Parador.* Ce village produit aussi un vin de belle qualité, avec la plus forte teneur en alcool de toute la région. Et puis Verín est le théâtre de l'un des plus célèbres carnavals de Galice. Quelques infos sur** *• verin.es •*

LA GALICE

## Où dormir ? Où manger ?

🏠 🍽 ***Parador de Verín :*** *Castelo de Monterrei, s/n.* ☎ *988-41-00-75. • verin@parador.es • parador.es • Fermé oct-juin. Doubles 80-120 € selon confort et saison, petit déj 16 €. Plats 8-20 €. Parking gratuit.* Face à la forteresse de Monterrei, cette solide bâtisse typiquement galicienne – assez récente contrairement aux apparences – abrite une vingtaine de chambres au confort attendu dans ce type d'établissement. Peu de fantaisie ici, que du classique un peu convenu mais pas désagréable pour autant. Piscine.

🏠 🍽 ***Parador de Castillo de Monterrei :*** *Castillo de Monterrei, s/n.* ☎ *988-02-92-30. • monterrei@parador.es • parador.es • Fermé janv. Doubles 85-140 € selon confort et saison, petit déj 16 €. Plats 8-22 €. Parking gratuit.* Installé dans l'impressionnante et superbe forteresse, ce *Parador* affiche nettement plus de charme que son voisin, en tout point. Chambres spacieuses pour la plupart (mais vue plus ou moins dégagée), élégantes et épurées dans l'esprit du moment, dotées de salles de bains contemporaines. Espaces communs superbes, notamment les terrasses à colonnades ouvertes sur le jardin ou la vallée. Grande classe !

## À voir dans le coin

👥 ***Castelo de Monterrei :*** *à 4,5 km de Verín ; visites guidées gratuites tlj 10h30, 12h30, 16h, 17h30 et 18h30.* De cette ancienne forteresse défensive, dont l'imposant château accueille aujourd'hui un *Parador* (voir plus haut), on retiendra principalement la chapelle du XIIIe s et son charmant portail sud sculpté des symboles des évangélistes, tandis que les sculptures de la porte nord sont vraisemblablement wisigothiques. Sur l'abside, l'étoile de David, la corde de Salomon et des symboles grecs de l'Infini. À l'intérieur, très rare et curieuse statue de Vierge enceinte (dite « Vierge de l'Avent » ; elles ont presque toutes été détruites au XIXe s quand est apparu le dogme de l'Immaculée Conception). Puis, pêle-mêle, un joli retable galicien du XIIIe s en pierre (pas courant non plus), un christ en pierre asturien préroman et un retable en bois polychrome du XVIIe s, où l'on a replacé les statues romanes de sainte Catherine, sainte Anne et sainte Cécile, patronne de la musique (le premier livre de musique espagnol a été imprimé ici). Le plus rigolo, c'est qu'en haut du retable le sculpteur a placé les visages de saint Ignace et de saint François-Xavier, qui semblent ainsi jouer les voyeurs. Également une étonnante statue du XIIe s de saint Jean-Baptiste : la peau de mouton qui l'habille, comme le veut la tradition, se termine par des pattes de cochon et une tête de cheval.

## Manifestation

– ***Carnaval de Verín :*** *généralement du jeu au mar précédant le Carême, le jeu (jueves de comadres) étant la journée la plus importante.* Carnaval réputé. Les habitants portent le costume du *cigarrón,* sorte de Polichinelle avec un masque peint, un grand chapeau circulaire, une espèce de bermuda tuyauté et des bas de dentelle. Les *cigarrones* brandissent de minuscules fouets et font mine de punir les pécheurs et ceux qui ont une mauvaise vie (autant dire tout le monde). Il existe aussi des carnavals à Laza et à Oimbra où l'on brûle les *fachos* (ce sont des sacs de paille, rien d'autre !).

# HOMMES, CULTURE, ENVIRONNEMENT

## BOISSONS

Pas de sangria (andalouse) ou de vins rouges capiteux ici : vous voilà au pays du ***cidre*** et du ***vin blanc.*** Il y a même, en Asturies, une véritable culture du cidre qui ne se boit pas n'importe comment, ni avec n'importe qui. Non mais !

– ***Le cidre (sidra) :*** boisson nationale des Asturiens. Le cidre asturien est moins doux que le cidre normand, moins acide que le cidre basque, moins fort que le cidre anglais et moins gazeux que les trois réunis. Pour le déguster, les amateurs se retrouvent dans les *sidrerías* ou *chigres,* l'équivalent des *bodegas* (caves) où s'écoulent les fleuves de vin. Le cidre a ses rites et son vocabulaire : *escanciar,* c'est verser le cidre à l'asturienne, la bouteille tenue haute, au bout d'une main, le verre tenu très bas, au bout de l'autre, les yeux perdus dans le vide (il ne faut surtout pas regarder verre, bouteille ni filet de cidre). Le but : ne pas laisser tomber une goutte à côté. Ceux qui maîtrisent cet art (eh oui, ici, on parle bien d'un art !) s'appellent des *escanciadores* et se défient lors de concours. Pourquoi un tel rituel ? Simplement parce que le cidre asturien n'étant que très peu fermenté, il lui faut tout ce processus pour voir de jolies bulles se former.

En Asturies ou en Galice, si vous commandez un cidre, on vous servira souvent une bouteille entière (dur pour les solitaires !). Parfois, on a même droit à la tireuse à cidre posée sur la table ! Attention, le verre n'est jamais rempli : on ne tire que deux gorgées à la fois. Pour être appréciées à leur juste valeur, elles doivent être bues rapidement, tant que perdure l'effet du geste et que les bulles carillonnent à la surface. Ne terminez pas votre verre ! Les quelques gouttes du fond doivent être jetées au sol, ou dans des récipients prévus à cet effet. Inutile de dire qu'en fin de soirée, dans les cidreries, ça colle et ça sent le cidre ! Toute une gestuelle, synonyme de tradition, à laquelle on aime s'essayer même si, normalement, c'est le serveur qui refait le plein.

– ***Le vin :*** la Galice produit de très bons vins régionaux, notamment des blancs. Il existe plusieurs dénominations d'origine, dont la plus connue est *Rías Baixas.* Mais chaque appellation recouvre plusieurs sous-appellations selon le terroir et le cépage. L'*albariño* est le cépage le plus connu. Il donne un vin très proche des blancs fruités d'Alsace (sylvaner et gewurztraminer). À l'origine, il s'agirait des mêmes raisins, cultivés par les moines bénédictins dans la vallée du Miño. L'*albariño* n'est pas seul à intervenir dans l'élaboration des vins de la région : on trouve aussi le *treixadura,* raisin plus rond et moins jaune, le petit *loureira* et le *caiño,* plus proches de nos chasselas. La dénomination d'origine *Rías Baixas* regroupe en fait cinq vignobles bien différenciés : le *ribeira do ulla,* autour de Padrón ; le *soutomaior,* dans l'arrière-pays de Vigo ; le *o salnés,* sur la zone côtière autour de Cambados ; le *o rosal,* à l'embouchure du río Miño, vers A Guarda ; et le *condado de tea,* le long du río Miño. Nous avons trouvé les vins de cette zone plus fruités, légèrement plus doux. Cependant, les sols, les modes de culture, les microclimats sont tellement variés sur le territoire de l'appellation que celle-ci n'a guère qu'un sens administratif. Les Galiciens ne s'y trompent pas : ils demandent volontiers un *albariño* ou un *condado* pour préciser le cépage ou la zone. Donc ne soyez pas surpris si l'*albariño* servi à Arbo n'a rien à voir avec un autre *albariño* servi à Arousa. Et goûtez-en un troisième (avec modération, on tient à nos lecteurs, même si c'est tentant vu les prix modiques !).

Autour des gorges du Sil et du confluent Miño-Sil, deux appellations également réputées se partagent le territoire : *ribeiro,* autour du Miño, et *ribeira sacra,* le long du Sil (ne pas manquer de gouter à l'AOC *Amandi,* une merveille !). Les cépages sont les mêmes : *mencia* pour les rouges, légers et très fruités, et *albariño* ou *godello* pour les rares blancs. Là aussi, les différences sont sensibles entre les producteurs et la configuration géographique.

Enfin, deux petites appellations, *monterrei* autour de Verín et *valdeorras* dans la haute vallée du Sil, produisent surtout des vins de consommation locale – non qu'ils soient moins bons, mais les quantités produites ne permettent pas l'exportation.

Les viticulteurs sont, le plus souvent, des petits propriétaires qui produisent moins de 10 000 bouteilles par an. Les *bodegas* ouvertes au public sont innombrables, mais le plus souvent peu signalées. Les offices de tourisme produisent heureusement des brochures répertoriant les principales caves. Dernière précision : un *vino de etiqueta,* comme son nom l'indique, est un vin de producteur identifié. À ne pas confondre avec les vins génériques qui portent le nom du cépage ou de la zone, souvent vendus sous l'appellation *vino de la casa.*

– ***La bière (cerveza) :*** si la *chiquita* (petit verre de vin) a encore de beaux jours devant elle, Galiciens, Asturiens et Cantabres n'en dédaignent pas pour autant la bière. Pour éviter des déconvenues, sachez que dans un bar, *una cerveza* désigne une bière en bouteille (*un quinto* = 20 cl, *un tercio* = 33 cl). Pour une bière à la pression, demandez *una caña* (25 cl), *un tubo* (33 cl), *un tanque* ou *una jarra* (50 cl). Un panaché se dit *una clara.*

– ***Les bars :*** on peut rarement s'y asseoir ; les sièges, tout comme les tables, sont comptés. On y trouve de quoi boire et de quoi manger sur le pouce. Avec la *caña* (voir ci-dessus) ou la *copa* (verre de vin), beaucoup de bars offrent un *montadito,* une minitapa gratuite – olives pimentées, chips, chorizo, etc. On peut aussi commander une vraie tapa, voire une *ración* (plus copieuse), qui seront alors payantes.

Petit détail : si vous demandez un ***café*** (idem pour le déca), on vous le servira généralement avec du lait. Si vous n'en voulez pas, précisez avant : *café sólo* ou *sin leche.*

# LES CHEMINS DE COMPOSTELLE

## Un peu d'histoire

Classés Itinéraires culturels européens par le Conseil de l'Europe en 1987 et inscrits au Patrimoine mondial de l'humanité par l'Unesco, les chemins de Compostelle étaient sans doute déjà foulés par près d'un demi-million de pèlerins en l'an 1000. En Espagne du Nord, depuis les monts des Pyrénées jusqu'à Saint-Jacques-de-Compostelle en Galice, il y a près de 800 km à parcourir à l'aller comme au retour. « ¡ *Ultreia !* En avant vers Compostelle ! », criaient les jacquets en prenant la route. Au Moyen Âge, ils étaient revêtus d'un long manteau (nommé à juste titre « pèlerine ») et d'un grand chapeau qui les protégeait des intempéries. On ne s'étonnera donc pas que saint Jacques soit le patron des chapeliers... Ils portaient « une calebasse et empoignaient un bourdon contre les coquillards » – en version originale. Comprenez une gourde et un haut bâton ferré contre les voleurs. L'hospice religieux (ou « hôpital ») les recevait gratuitement. Et de chanter : « Ma calebasse, ma compagne. Mon bourdon, mon compagnon. La taverne m'y gouverne. L'hôpital est ma maison. »

À l'origine ? Un gros paquet de légendes (pour une version plus proche de la réalité, voir le chapitre « Histoire »). En l'an 44, le roi Hérode Agrippa Ier fait décapiter à l'épée (détail important) l'apôtre Jacques le Majeur à Jérusalem. Déposé dans une barque guidée par les anges, son corps échoue sur les côtes de Galice. Ses disciples enterrent le supplicié près d'une plage des environs de Padrón, après avoir attaché la barque à une grosse pierre (exposée aujourd'hui dans l'église de Padrón). Et puis on l'oublie (la tombe, pas l'apôtre). Au tout début de la chrétienté, saint Jacques est traditionnellement représenté avec l'épée de son supplice. De là à en faire le patron des chevaliers, il n'y avait qu'un pas. Et, bien sûr, c'est ainsi qu'il apparaît à Charlemagne pour lui dire d'aller combattre les Maures...

Mais ne sautons pas les étapes. En 813, une étoile indique au moine Pelayo l'emplacement du lieu saint – origine probable du nom Compostelle, *campus stellae,* « champ de l'étoile ». On bâtit une église et, en 844, lors de la bataille de Clavijo, alors que les Maures sont sur le point d'emporter la victoire, voilà que saint Jacques surgit sur son blanc destrier et les taille en pièces. Il y gagne son surnom de *Matamoros,* le tueur des Maures.

L'Espagne chrétienne vient de se trouver, au bon moment, un excellent saint patron : compagnon du Christ, apôtre, tueur de Maures et enterré localement. À l'approche de l'an 1000, c'est une bénédiction aussi politique que religieuse. Le roi Alphonse II des Asturies et de Galice fait construire une première basilique et effectue à pied le premier pèlerinage de l'histoire, d'Oviedo à Santiago. La dévotion augmentant, les musulmans s'attaquent à Compostelle et rasent l'église. Peu importe. Elle est reconstruite.

L'évêque Godescalc du Puy-en-Velay est le premier pèlerin européen connu à faire le voyage vers le tombeau, en 950 (plus de 1 500 km rien qu'à l'aller !). Les miracles se succèdent. Un véritable engouement se manifeste, au grand dam des pèlerinages séculaires de Rome et de Jérusalem. Riches ou pauvres, les pèlerins affluent de toute l'Europe chrétienne pour se faire pardonner leurs péchés, accomplir un vœu, par goût de l'aventure aussi. Le chemin se couvre d'une nuée d'hospices, de monastères, d'églises, peu à peu enluminés par les frémissements de l'art roman.

Deux ordres bénédictins se disputent le gâteau (plus on reçoit de pèlerins, plus l'argent tombe dans l'escarcelle du monastère) : les cisterciens, qui suivent la règle de saint Bernard, et les clunisiens, qui suivent la règle de Cluny. Au milieu du XIIIe s, chaque abbaye mère dispose d'un réseau de plus de 500 monastères. Force est de constater aujourd'hui que, le long du chemin, Cîteaux a laissé plus de traces que Cluny.

C'est que les cisterciens ont mieux réussi leur plan média : vers 1140, un petit moine poitevin de leur ordre, Aymeri Picaud, relate son pèlerinage sur le *Camino francés* dans un beau manuscrit enluminé, le *Codex Calixtinus.* Ce guide détaille les passages dangereux, les bons et les mauvais hospices, les logeurs trop chers, les églises à visiter, les personnes accueillantes... Un précurseur du *Routard,* en quelque sorte ! Une différence toutefois : Picaud ne connaît et ne recommande que les monastères de son ordre !

Le récit de Picaud décrit un chemin assez éloigné de celui des origines. En effet, au début, les plaines de Navarre et de Castille ne sont pas sûres. Les Arabes occupent la vallée de l'Èbre. Pampelune est détruite en 950, Santiago rasée en 997. Le premier chemin passe donc le long de la côte, entre mer et montagnes, par des zones sûres : le Pays basque, puis la Cantabrie et les Asturies, avant de plonger sur Santiago par Mondoñedo et Vilalba. Les risques sont d'autant plus limités que, sur la côte, débarquent pèlerins anglais et hollandais, ce qui permet de voyager en groupe – d'ailleurs, le chemin Ferrol-Santiago s'appelle toujours « Chemin des Anglais ». Le succès du *Codex Calixtinus* et la sécurisation des itinéraires plus méridionaux, tandis que s'affirme la *Reconquista,* font peu à peu oublier ces itinéraires, et le flot des pèlerins fait la gloire du *Camino francés.* Au XIIIe s, la *Légende dorée,* de Jacques de Voragine, relance les fidèles sur les périlleux chemins.

Pourtant, le vent tourne : la peste noire fait des ravages, la foi chevillée au corps du Moyen Âge cède le pas à une Renaissance plus ouverte aux plaisirs. Certains

vont même jusqu'à payer un pèlerin pour accomplir le voyage à leur place. La montée du protestantisme en Hollande et en Allemagne réduit encore le flot des fidèles. Précisons aussi que les reliques de l'apôtre sont dissimulées pendant 300 ans pour échapper au pillage des pirates anglais... Au XIXe s, les pèlerinages ont presque disparu, les hospices ferment ou tombent en ruine. Mais, depuis le début des années 1980, les publications, les expositions et les actions de revitalisation stimulent l'intérêt croissant des contemporains. Les chemins de Compostelle connaissent ainsi un incroyable regain de fréquentation que ce soit à pied, à vélo ou même à cheval.

## Aujourd'hui

Que votre voyage soit entrepris pour un motif religieux ou non, n'oubliez pas de vous munir de la *credencial del peregrino* que vous ferez tamponner à chaque étape. En France, vous pouvez l'obtenir avant votre départ auprès d'une association jacquaire, ou en commander un exemplaire (10 €) sur le site ● *chemins-compostelle.com* ● Preuve de votre itinérance, elle vous donnera accès aux lits des auberges municipales, paroissiales et régionales réservées aux pèlerins. Ce sont elles qui affichent les tarifs les plus bas (voir aussi la rubrique « Hébergement » dans « Espagne du Nord-Ouest utile » en début de guide). Pratique : on vous y remettra la liste des refuges des villes-étapes suivantes. Parvenu à Santiago, la *credencial* permettra à ceux qui ont marché ou chevauché pendant les 100 derniers kilomètres, ou encore fait les 200 derniers kilomètres à vélo, d'obtenir auprès de l'accueil des pèlerins de Santiago un certificat nommé la *Compostela.* Il n'était jadis exigé que de ceux qui étaient condamnés au pèlerinage comme pénitence par décision de justice !

Sachez que, dès le mois d'avril, le *Camino francés* est presque surchargé, et les auberges publiques pleines dès leur ouverture à 13h (elles restent ouvertes

jusqu'à 22h)... Certains pèlerins n'hésitent pas à partir à l'aube (de toute façon, ces auberges mettent tout le monde dehors à 8h, voire 7h !) pour être sûrs de trouver une place à l'étape suivante... une véritable course d'endurance pour trouver un lit dans les auberges du réseau public, qui n'acceptent pas de réservations : premier arrivé, premier servi ! Autre solution, les nombreuses auberges privées, certes un peu plus chères, qui affichent rarement complet et dont les horaires sont plus souples. Sachez encore que les pèlerins à pied sont accueillis en priorité dans les auberges publiques, suivis de ceux qui se déplacent à vélo et à cheval, et cela pour une nuit seulement. En dehors des raisons historiques détaillées plus haut, si le *Camino francés* est le chemin le plus emprunté, c'est aussi parce qu'il est le mieux signalisé, le plus sûr et le mieux équipé en services. À contrario, la moindre affluence sur les autres *Caminos* (anglais, portugais, aragonais...) peut permettre de se loger plus facilement.

Traversant les siècles, les coquilles de *pectens,* que l'on voit partout, demeurent l'emblème du pèlerinage. Pourquoi elles ? Parce que jadis il restait encore quelques coquilles « Saint-Jacques » (appelées *conchas* en espagnol et *vieiras* en galicien) sur la plage de Padrón, que l'on distribuait aux pèlerins sur le parvis de la basilique : elles prouvaient qu'ils y étaient bien allés. Désormais, l'usage veut que les pèlerins portent la coquille comme signe de reconnaissance dès leur départ et qu'ils la gardent jusqu'à Saint-Jacques. Une fois arrivé, on doit l'enterrer sur place, en terre galicienne.

D'un point de vue pratique, certains lecteurs nous ont fait part du mauvais accueil de la part de certains prestataires de services (restaurateurs et hôteliers connus sur ces chemins comme les *hospitaleros*) sur le très populaire *Camino francés.* La rude concurrence entre eux, leurs gains limités (les prix restant très contenus) n'y sont pas pour rien. Mais, plus encore, c'est l'attitude de certains pèlerins ou marcheurs qui semble être en cause : un manque de politesse fréquent, des exigences de réductions ou de gratuités qui viendraient

« récompenser » l'effort quotidien consenti. Les tarifs restent pourtant clairs, et modestes : la nuitée dans les auberges, publiques ou privées, coûte entre 6 et 17 € ; les petits déjeuners varient entre 3 et 6 €, les menus du midi et du soir entre 8 et 12 €. L'effort physique est indiscutable ; la fatigue s'accumule et l'humeur peut parfois en pâtir. Mais, au final, le pèlerinage doit aussi être convivial et source de partage.

Sachez, enfin, que les fêtes jubilaires ont lieu lorsque la fête de saint Jacques, le 25 juillet, tombe un dimanche. On parle alors d'année jacquaire. Tombant selon un cycle de 6/5/6/11 ans, elles n'auront lieu, les prochaines fois, qu'en 2021 et 2027. Vous verrez alors s'ouvrir la petite porte sainte de la basilique, dont l'encadrement de granit noir et poli est creusé par la main de millions de pèlerins.

## Bibliographie du pèlerinage

Une quantité de livres ont été publiés depuis les écrits attribués au moine Aymeri Picaud. Parmi les 6 m de bibliothèque sur le sujet, commencer par l'ouvrage très complet ***Sur les chemins de Compostelle,*** de Patrick Huchet et Yvon Boëlle (Éditions Ouest-France, 2010). Un autre regard original, à consommer sans modération : ***Les Vignobles des chemins de Compostelle,*** de Pierre Casamayor et Éric Limousin (Hachette Pratique, 2003) et l'excellente chronique humoristique ***Immortelle randonnée, Compostelle malgré moi*** de Jean-Christophe Ruffin (éditions Guérin, 2013). Les cartes *Michelin* 441 et 442 (1/400 000) et la carte *Mapa turístico del Camino de Santiago* (Everest) permettront de tracer les grandes lignes de la progression.

Voici quelques autres publications pour les marcheurs :

– ***Le Chemin d'Arles vers Compostelle – La Voie du Sud (GR 653),*** de Louis Laborde-Balen et Jean-Pierre Sirejol (Rando Éditions/ACIR, 2009).

– ***Le Chemin Côtier – Camino del Norte vers Saint-Jacques-de-Compostelle,*** de Jean-Yves Grégoire et François Pinguet (Rando Éditions/ACIR, 2005).

– ***Le Chemin de Saint-Jacques en Espagne, de Saint-Jean-Pied-de-Port à Compostelle,*** de Jean-Yves Grégoire et Louis Laborde-Balen (Rando Éditions/ACIR, 2005).

– ***El Camino de Santiago del Norte*** (Aguilar, 2010), en espagnol. Beaucoup d'infos pratiques et de cartes.

– L'***office de tourisme espagnol,*** à Paris, dispose de brochures spécialisées (voir la rubrique « Avant le départ » dans « Espagne du Nord-Ouest utile » en début de guide).

Quelques adresses pour information et documentation :

■ ***Librairie La Procure :*** *3, rue de Mézières, 75006 Paris. ☎ 01-45-48-20-25. • laprocure.com • Ⓜ Saint-Sulpice. Lun-sam 9h30-19h30.* Pour toute la documentation écrite sur les chemins de Saint-Jacques.

■ ***Librairie Voyageurs du Monde :*** *à Paris (55, rue Sainte-Anne, 75002, lun-sam 9h30-19h), Bordeaux, Grenoble, Lille, Lyon, Marseille, Nice, Rennes et Toulouse. Catalogue en ligne sur • voyageursdumonde.fr •* Tous ces magasins ont en stock les topoguides français et espagnols et un bon choix de littérature.

■ ***Agence de coopération interrégionale et Réseau « Les chemins de Saint-Jacques-de-Compostelle » (ACIR) :*** *4, rue Clémence-Isaure, 31000 Toulouse. ☎ 05-62-27-00-05. • chemins-compostelle.com •* Une mine d'informations pratiques et culturelles.

■ ***Société française des Amis de Saint-Jacques :*** *☎ 01-43-54-32-90. • compostelle.asso.fr • Permanence au nº 8 bis, rue Jean-Bart, 75006 Paris. Ⓜ Saint-Sulpice. Lun-ven 14h-18h.* Pour les pèlerins inconditionnels.

– ***Sites internet*** *(espagnols et français)* ***plutôt bien fichus :*** *• caminosantiago.com • caminodesantiago.gal • editorialbuencamino.com • chemindecompostelle.com • chemins-compostelle.com • chemin-compostelle.info •*

## Filmographie du pèlerinage

Le *camino* fut peu traité au cinéma, mais on n'oubliera pas la sulfureuse ***Voie Lactée*** (1969) de Luis Buñuel où Paul Frankeur et Laurent Terzieff suivent le chemin de Compostelle, non pas en pèlerinage mais pour détrousser les pèlerins ! Un *road movie* déjanté mêlé d'une réflexion sur la théologie et les hérésies. Citons aussi l'amusant ***Saint-Jacques... La Mecque*** (2005) de Coline Serreau, où Muriel Robin et Jean-Pierre Darroussin font le pèlerinage pour honorer le testament de leur mère et toucher son héritage. Pour entraîner un jeune beur dans leur pérégrination, ils lui feront croire qu'ils se rendent à La Mecque. Également le joli mais un peu ennuyeux film d'Emilio Estevez, ***The Way, la route ensemble*** (2010, sorti en France en 2013). Enfin, ***Compostelle, le chemin de la vie*** (2014), pour lequel le réalisateur Freddy Mouchard a suivi pendant 3 ans les pèlerins sur la route. Un beau documentaire fait de jolies rencontres et d'émouvants témoignages.

## Les itinéraires

C'est un véritable réseau européen de sentiers qui converge vers Compostelle. Certains voyageurs parcourent des milliers de kilomètres, partant du nord et de l'est de l'Europe, depuis la Sicile, la Pologne, la Suisse... Outre-Manche, les catholiques anglais, irlandais et écossais prenaient autrefois le « bateau de pénitence » et accostaient, pour les plus chanceux (un bateau sur deux faisait naufrage), le long des côtes normandes, aquitaines ou galiciennes.

En France, les quatre chemins principaux partent de Paris (via *Turonensis* depuis la tour Saint-Jacques, vers Tours, Poitiers et Bordeaux), de Vézelay (via *Lemovicensis* par le Limousin), du Puy (via *Podiensis* ou le sentier GR 65 par l'Aubrac, Conques et Moissac) et d'Arles (via *Tolosana* ou le sentier GR 653 par Saint-Gilles-du-Gard, Toulouse, Auch, Lescar et le col du Somport). Les trois premiers se rejoignent au Pays basque, dans le village d'Ostabat. Bien sûr, il existe aussi une multitude de chemins transversaux.

Arrivé au pied des Pyrénées, deux itinéraires se dessinent. Le *chemin aragonais*, long de 158 km, passe par le col du Somport en prolongeant la voie d'Arles (ou GR 653). C'est un passage difficile, le plus haut de tous les itinéraires menant à Compostelle. Le *chemin navarrais*, emprunté par tous les autres pèlerins, débute, lui, à Saint-Jean-Pied-de-Port, à 26 km du col de Roncevaux, rendu célèbre par *La Chanson de Roland* – où se dresse le premier des hospices espagnols. Chemins aragonais et navarrais se rejoignent à Puente la Reina. C'est là que commence, officiellement, le *Camino francés*, ainsi nommé pour la foule de « Francs » qui affluaient jadis d'outre-Pyrénées. Étiré sur 690 km, il est divisé en 29 étapes. Il peut être parcouru à pied, à cheval, à vélo – et on peut même le longer en voiture pour un voyage à velléité culturelle. C'est à vous de voir !

– À pied, vous en avez pour un bon mois en marchant tous les jours pendant 3h à 9h, suivant les étapes. Souvent, l'itinéraire historique suit la route goudronnée. Une ligne blanche en bordure « protège » le cheminant. De nouveaux tracés pédestres, à travers champs mais moins portés sur l'histoire, permettent de marcher plus agréablement au vert.

– En voiture, compter une bonne semaine avec les visites des nombreux monuments. Les magnifiques églises, chapelles et ponts romans se multiplient tout au long du parcours (en particulier entre la Navarre et la Rioja).

– ***Conseil :*** si vous êtes en voiture, associez les deux plaisirs en vous aérant avec quelques étapes à pied. À choisir de préférence, l'itinéraire entre Jaca, en Aragon, et Puente la Reina en Navarre, sur le GR 653 ; ou encore celui qui parcourt les montagnes sauvages du León, traversées par la petite route LE-142 entre Astorga (qui renferme un étonnant petit musée des Chemins de Saint-Jacques) et Ponferrada. À la Cruz de Hierro ou « croix de fer », chaque pèlerin se devra d'ajouter une pierre à l'énorme cairn. Un autre conseil : préférer la voiture pour traverser les plateaux de Castille sous le soleil d'été.

– Pour la section s'étendant de Roncevaux à Viana, ainsi que pour les chemins du Guipúzcoa et de la côte, vous trouverez de nombreuses adresses et conseils dans le *Routard Pays basque (France, Espagne)*, avant de pouvoir reprendre celui-ci une fois parvenu en Cantabrie.

## Étapes à ne pas manquer

En voiture (877 km) ou à pied (4 km/h sans les arrêts) : Saint-Jean-Pied-de-Port – Roncevaux – Burgete (38 km) – Zubiri (20 km) – Pampelune (23 km) – Puente la Reina (28 km) – Estella (20 km) – Los Arcos (22 km) – Logroño (28 km) – Nájera (30 km) – Santo Domingo de la Calzada (24 km) – Belorado (28 km) – San Juan de Ortega (25 km) – Burgos (28 km) – Castrojeriz (40 km) – Fromista (24 km) – Carrión de los Condes (22 km) – Sahagún (40 km) – Mansilla de las Mulas (40 km) – León (22 km) – Hospital de Orbigo (35 km) – Astorga (17 km) – El Acebo (37 km) – Ponferrada (18 km) – Villafranca del Bierzo (22 km) – O Cebreiro (40 km) – Triacastela (23 km) – Sarria (20 km) – Portomarín (28 km) – Palas de Rei (25 km) – Arzúa (30 km) – Lavacolla (28 km) – Saint-Jacques-de-Compostelle (12 km).

# CUISINE

Pas toujours évident de s'y retrouver pour un non-initié affamé, perdu dans la jungle des *bodegas, tascas, tabernas, bares de tapas, marisquerías, pulperías, mesones* et autres *restaurantes*... et que dire des horaires des repas (on mange au moins 2h plus tard qu'en France, le midi comme le soir !) et de cette grande variété de plats... ? Il faut se laisser tenter, oser plonger dans la foule à la recherche du comptoir et de ses éternels *jamones* (jambons), choisir un plat sans forcément comprendre ce qu'il y a dedans... C'est en goûtant qu'on devient connaisseur !
En Espagne, on trouve plutôt moins de « restos » tels qu'on les connaît chez nous. En revanche, la plupart des bars et cafés offrent de quoi se restaurer. On peut, selon l'importance de son appétit ou tout simplement pour goûter à plusieurs spécialités, commander *una tapa* (une petite portion), *una ración* (une assiette entière) ou *una media ración* (une demi-assiette). Voir aussi la rubrique « Tapas » plus bas. La clientèle reste le plus souvent debout au comptoir, mais nombreux sont les établissements à combiner le bar à tapas avec quelques tables façon *taberna* et une salle de resto plus chic séparée. Comme ça, il y en a pour tous les goûts et pour tous les budgets.
Sachez aussi que la plupart proposent, le midi, des menus à petits prix, même si dans les restos touristiques, question cuisine, c'est souvent médiocre... À noter que les Espagnols ingurgitent une quantité impressionnante de viande, poisson et fruits de mer sous toutes leurs formes et que les végétariens auront des difficultés à trouver leur bonheur. Quant aux amateurs de fruits, vous aurez plus vite fait de vous rendre au supermarché que de chercher une touche fraîche et sucrée sur le menu ! Attention aussi à ne pas vous emmêler les pinceaux : si le *bocadillo* est un « sandwich », *sandwich* (en espagnol) désigne un « toast » ou un « croque-monsieur », tandis que la *tostada* est une « tranche de pain de mie grillée ».
Parmi les bars, plusieurs variétés :
– ***Tasca :*** bistrot, bar à tapas, où l'on grignote plutôt accoudé au comptoir.
– ***Cervecería :*** « brasserie » au sens littéral, donc bar à bière.
– ***Bodega :*** « cave à vins », en pratique une sorte de bar à vins.
– ***Sidrería :*** ou *chigre*. Dans les Asturies, bar à cidre où l'on peut également manger.
– ***Taberna :*** « taverne ».
Parmi les restos, on distingue également :
– ***Mesón :*** resto assez bon marché et préparant une cuisine typique. Une sorte de cantine, quoi !
– ***Comedor :*** salle à manger dans un établissement hôtelier ou dans un bar.

– ***Marisquería :*** resto de poisson et fruits de mer (*mariscos* = fruits de mer) ; vous en rencontrerez beaucoup dans la région.
– ***Pulpeiras*** (ou ***pulperías*** en castillan) *:* en Galice seulement, où la passion du poulpe n'a pas de limites ! Ce sont des restos consacrés à ce mollusque que l'on sert traditionnellement *a feira,* c'est-à-dire cuit dans un gros chaudron en cuivre et saupoudré de gros sel et de paprika *(pimentón).* On adore !
– ***Restaurante :*** c'est ce qui se rapproche le plus du restaurant classique, c'est-à-dire un lieu où l'on s'assied pour manger, même si, en pratique, on trouve souvent, sauf quand l'adresse est vraiment cossue, un comptoir à tapas dans la salle d'à côté...
– ***Les restos des Paradores :*** sans être bon marché, ils restent abordables pour un bon repas. Le cadre est souvent enchanteur et la cuisine peut être exceptionnelle. On y propose souvent un menu gastro – autour de 32 €. En Galice, le menu est de plus en plus remplacé par un choix à l'ardoise composé de plats locaux et de tapas à tarifs très honnêtes – autour de 20 € pour un repas complet.

## Ce qu'on y mange...

La gastronomie du nord-ouest de l'Espagne alterne saveurs de la terre et de la mer. Pour simplifier, tout s'articule autour de quelques axes : les ***fruits de mer,*** en provenance des *rías* de la région, les haricots, d'une confondante variété, le chou, la patate, le porc et le veau. Une cuisine populaire assez simple, donc, mais à base de produits de qualité – même si, notons-le, nombre de poissons proviennent désormais d'élevages. En tout cas, ne songez pas à manger une bonne *paella* (valencienne d'origine) ou un *gazpacho* andalou ! Toute différente que soit la cuisine de celle du reste de la péninsule, certaines spécialités n'en ont pas moins acquis une renommée nationale.
Parmi les spécialités emblématiques, l'***empanada gallega*** est une sorte de tourte de pâte à pain très fine, servie froide ou chaude. Jadis, le contenu variait selon l'humeur de la cuisinière et ce qui lui tombait sous la main, mais aujourd'hui elle est généralement fourrée au thon ou à la viande hachée relevée de poivrons et d'oignons auxquels on ajoute des tomates pour la rendre plus juteuse. Elle existe aussi en version poulpe, mais on la trouve moins goûteuse. L'*empanada* était le casse-croûte préféré des pèlerins sur le chemin de Saint-Jacques-de-Compostelle.
Autre spécialité du coin : le ***ranxo,*** proche du ***cocido,*** c'est-à-dire un ragoût où l'on met de tout (viandes, patates, poireaux, chou, bref, tout ce qu'on trouve). Le mot est connu de tous les Espagnols, car il a longtemps désigné le frichti des soldats.

## Les produits de la côte

Le poisson est toujours très frais, notamment le merlu. Si les soles, daurades, loups et turbots proviennent désormais le plus souvent d'élevages, les ***sardines*** et leurs petites cousines, les ***xoubas,*** sont à coup sûr tout juste débarquées des chalutiers – l'occasion de quelques belles *sardiñadas* conviviales autour des fêtes patronales estivales des villages littoraux ! En Galice du Sud, on trouve en hiver des ***civelles*** *(angulas)* et, au début du printemps, de la ***lamproie*** *(lamprea),* généralement cuisinées à la bordelaise. Allez donc les manger à Arbo, ce petit village le long du Miño. Vous ne serez pas seul(e), inutile de le préciser ! Sur la côte de Cantabrie, l'anchois règne en superstar. On en trouve à bon prix dans les conserveries de Santoña.
Le plaisir du gastronome vient aussi des ***fruits de mer*** et des ***crustacés*** (80 % de la production espagnole est galicienne), souvent servis le plus simplement du monde, juste bouillis et assaisonnés, parfois cuisinés (avec du jambon par exemple !). Il faut y ajouter le ***poulpe*** que l'on déguste partout, sous toutes ses formes,

le plus souvent *a feira* (voir « *pulpeiras* » plus haut). Délicieux ! On déguste dans toute l'Espagne du Nord-Ouest des *mejillones*, ***moules*** préparées avec différents légumes et condiments ou tout simplement à la vapeur. Et puis il y a les ***palourdes*** *(almejas)*, les ***coques*** *(berberechos)*, les ***pétoncles*** *(zamburiñas)*, les ***couteaux*** *(navajas)*, les ***calamars*** *(calamares)*, les ***langoustines*** *(langostinos)*, les ***coquilles Saint-Jacques*** *(vieiras)*, excellentes en carpaccio, les ***araignées de mer*** *(centollas)*, les ***tourteaux*** *(bueyes)* et autres ***étrilles*** *(nécoras)* pêchés dans le golfe de Biscaye et ailleurs.

Les ***pouces-pieds***, considérés par beaucoup comme les meilleurs des crustacés, vivent sur les côtes rocheuses de la Galice, notamment sur la Costa da Morte (Côte de la Mort) et la côte nord, où ces *percebes* sont pêchés de mars à octobre. Rassurez-vous, on en trouve sur les marchés presque toute l'année. Au resto, ils sont facturés 30 à 50 € le kilo (près du triple en France, où sa pêche est interdite !). Compter environ 300 g par personne pour une entrée. Ne vous fiez pas aux apparences (peu ragoûtantes) : avec un filet de citron, c'est vraiment délicieux !

### LE POUCE-PIED, UN CRUSTACÉ BIZARRE

*En forme de pouce, il est récolté surtout en Galice, où il répond au nom de percebe. Assez rare, de croissance lente, il ne se laisse pas attraper facilement : difficile à dénicher, il ne s'accroche que sur les rochers dangereusement battus par la houle !*

La petite ville d'A Guarda, en Galice, s'est autoproclamée « capitale européenne de la ***langouste*** » en raison des énormes quantités importées. On la ramène des côtes du Maroc pour la « stocker » en mer, dans des courants froids, afin que sa chair se raffermisse. Moins chère qu'en France, elle entre en compétition avec le ***homard***, attaché à une incontournable recette galicienne : l'*arroz con bogavante*. On vous proposera aussi des ***mariscadas*** (plateaux de fruits de mer). Attention, une embrouille classique consiste à afficher « *mariscada* pour deux » suivi d'un prix et, en tout petit, de la mention « par personne ». Le prix habituel est d'environ 30-40 € par personne ; vérifiez soigneusement toute offre nettement inférieure à cette moyenne. Dans les mêmes restaurants, on trouve aussi généralement des ***caldeiradas*** – une soupe de la mer épaisse rappelant la bouillabaisse – et, souvent, aussi des ***arroces*** (riz) au poulpe, aux coquillages, etc.

## Les viandes

Galiciens, Asturiens et Cantabres partagent avec tous les Espagnols le goût du jambon sec de montagne *(serrano)*, surtout lorsque le cochon a reçu une nourriture à base de glands *(jamón de bellota)*. On en trouve un fameux à A Cañiza, au sud de la Galice. Longuement séché, très ferme, c'est le plus cher – et le meilleur – des jambons ! Et puis on ne peut imaginer la *fabada* ou le *caldo* sans quelques tranches de *chorizo* ou de *morcilla* (boudin). Pourtant, le porc est loin d'être la viande dominante. Le veau est nettement plus fréquent. Dans les Asturies, il bénéficie même d'un Label Rouge. On en a rarement mangé d'aussi tendre.

## Les légumes

On vous l'a dit, ici, le haricot est roi, surtout dans les Asturies, où il est à la base de la ***fabada***, une sorte de cassoulet mitonné avec des *fabas*, haricots fondants cultivés dans les *huertas* (potagers) du bord de l'Atlantique, et différents morceaux de porc (lard, jambon, côtelettes, oreilles, chorizo frais et *morcilla*, un boudin noir sec et très parfumé). On retrouve ces *fabas* dans l'autre plat emblématique de la Principauté, le ***pote asturiano***, sorte de potée où il remplace le chou. Les vallées cantabres semblent également avoir un petit faible pour le haricot, qui se mêle

allègrement aux charcuteries traditionnelles dans le ***cocido montañes.*** Entre ces trois plats régionaux, on s'emmêle parfois les pinceaux !
En Galice, le légume emblématique serait plutôt le chou. Il constitue la base du ***caldo gallego,*** la soupe au chou galicienne, dont vous trouverez autant de variantes que de cuisiniers. On peut y ajouter tous les légumes de la Création, du porc, du veau, bref tout ce qui tient au corps. Le *caldo* est tellement enraciné dans les mentalités que, dans certains restaurants, on vous le sert d'emblée, bien qu'il ne figure pas au menu : sa présence va de soi !
Vers Xinzo de Limia, la pomme de terre (en galicien, *pataca*) règne : la région est la plus importante productrice de toute l'Espagne avec, en prime, une appellation contrôlée. Elle n'a pas suscité de création culinaire particulière, mais elle accompagne tout, à commencer par la soupe au chou.
Le navet tient aussi une place de choix : tout est consommé, même les fanes, dans le fameux ***lacón con grelos*** (épaule de porc coupée en tranches épaisses, cuites dans l'huile d'olive, et accompagnées de fanes de navets).
Autre seigneur des lieux : le ***pimiento de Padrón,*** petit piment vert, en général très doux (certains spécimens piquent un peu), servi poêlé à l'huile d'olive avec quelques grains de gros sel. Un régal qui a conquis toute l'Espagne au point que les piments de Padrón sont cultivés jusqu'en Andalousie. Est-il nécessaire de préciser que ces ersatz n'ont rien à voir avec les vrais ? Les frais (pas congelés) et goûteux piments de Padrón peuvent être mangés en Galice, de juillet à septembre. Point final, foi de Galicien.

## Les fromages

Le vin choisi, le voyageur aura sûrement envie d'un morceau de fromage (on n'est/naît pas français ou suisse pour rien !). Au choix sur le plateau : le ***Arzúa ulloa*** et le ***tetilla*** (en forme de sein, *teta* en espagnol), deux fromages de vache à pâte molle, doux et crémeux. Ou encore ? Un bout de ***San Simón da Costa*** peut-être, ce fromage fumé moulé en cône, à la croûte jaune et dure, produit dans la région de Lugo. Ou encore le traditionnel et onctueux ***do Cebreiro,*** en forme de toque, toujours fabriqué à l'ancienne. Il serait dommage, aussi, de passer à côté du ***cabrales*** asturien, un fromage bleu persillé qui vaut largement le roquefort. Il en existe plus de 30 sortes en fonction du degré de maturation et du mode de fabrication : à base de lait de brebis, de vache ou mélange des deux. Attention, bien mature, il peut empester tout un frigo et piquer la langue ! Goûtez aussi l'***afuera pitu*** : il est rose et fort à cause des piments ajoutés au moment du moulage. Dans l'ensemble, le fromage de vache domine largement : malgré les montagnes, le cheptel ovin, on vous l'a dit, est largement minoritaire dans toute la zone. Bien sûr, vous trouverez également les grands classiques espagnols et notamment le ***manchego,*** fromage sec de brebis. Et si le dessert est servi, ne vous privez pas d'un morceau de fromage provenant des montagnes de *Piedrafita.* Avec de la compote ou une pâte de coings *(membrillo),* c'est un vrai délice...

### UNE AUBERGE ESPAGNOLE

*Autrefois, dans les auberges du pays, il n'était pas rare que la nourriture manque ou soit de piètre qualité. Il était ainsi conseillé de venir avec ses propres victuailles... Aujourd'hui, l'expression désigne un lieu où l'on trouve... ce que l'on apporte – et, par extension, un lieu où l'on trouve un peu de tout, aux antipodes du sens originel !*

## Les douceurs

En Espagne, il n'est pas indispensable de garder une place pour le dessert... À moins d'être un inconditionnel du riz au lait *(arroz con leche),* du flan *(flan !)* et de la *tarta de queso* (cheesecake), qui peuvent lasser à la longue. Il existe néanmoins plein de variétés locales de pâtisseries, comme les ***corbatas de Unquera*** ou la ***tarta de Santiago,*** un gâteau à base de farine, de sucre, d'œufs et d'amandes traditionnellement attaché à Saint-Jacques-de-Compostelle, mais largement cuisiné au-delà des frontières de la Galice. Ne loupez pas non plus les ***filloas,*** sortes de crêpes très sucrées, la ***tarte de Mondoñedo*** aux cheveux d'ange, et les ***almendrados*** d'Allariz, de délicieux biscuits dorés aux amandes. À Oviedo, on se régale d'un ***carbayon*** : petit gâteau individuel à l'amande, fondant à souhait et recouvert d'un glaçage.

## ÉCONOMIE

Les trois provinces du nord-ouest de l'Espagne ont en commun d'être situées à la périphérie de l'Europe, dans des territoires largement accidentés qui ont longtemps limité les échanges, les déplacements de population et le développement. Ce sont donc en toute logique les ports qui ont tiré l'économie. Aujourd'hui encore, la pêche reste essentielle : Vigo, premier port européen en la matière, et La Corogne en témoignent. L'aquaculture et le secteur des services (tourisme) ont parallèlement pris une place grandissante à côté des secteurs de l'agriculture, des mines (Asturies) et de l'industrie. Reste que la région, comme toute l'Espagne, souffre de la crise débutée en 2008 : en 5 ans, le taux de chômage a doublé, puis triplé. Il demeure toutefois, avec une moyenne de 13 % environ sur les trois communautés, nettement en dessous de la moyenne nationale (16,40 %).

### ROYALES BANQUEROUTES

*Au XVIe s, grâce à l'afflux d'or et d'argent des colonies américaines, l'Espagne est le pays le plus riche du monde. Mais Philippe II, fils de Charles Quint, dépense sans compter : construction de palais et, surtout, guerres sans fin contre les Ottomans, les Français, les Flamands... Son « Invincible Armada », bâtie à grands frais, est défaite par les Anglais. De nombreux navires transportant les trésors sud-américains sont interceptés par les corsaires. Et par trois fois, malgré ses revenus insensés, le roi ne peut payer ses dettes.*

### Le contexte national

Après le boom de l'économie du début des années 2000, l'Espagne plongea dans la crise en 2008, frappée de plein fouet par l'éclatement d'une bulle immobilière. La crise économique mondiale n'a fait qu'aggraver la situation. Acculés en raison de la hausse des taux de leurs emprunts immobiliers, les Espagnols ont freiné sur les dépenses, entraînant une chute de la consommation et, logiquement, de la production industrielle. Le déficit public a explosé.

Dans les années qui suivirent, sous la pression de l'Union européenne (et relayés par les différents gouvernements espagnols), l'Espagne subit une cure d'austérité drastique (augmentation de la TVA et des impôts, baisse des salaires dans la fonction publique, coupes franches dans les dépenses publiques, retraite à 67 ans, flexibilisation des contrats de travail...). En septembre 2011, l'Espagne fut même le premier pays de l'UE à inscrire dans sa Constitution la « règle d'or » de stabilité budgétaire réclamée par Bruxelles. Résultat, depuis 2014, la croissance pointe à nouveau le bout de son nez, les marchés sont contents (youpi !), les agences de notation relèvent la note du pays après l'avoir fortement dégradée 2 ans plus tôt. Ça, c'est pour les pages business des journaux.

La réalité concrète est tout autre. Le taux de chômage bondit, passant de 8 % en 2008 à 27 % en 2013 – le 2e taux le plus élevé des pays de l'Union européenne, derrière la Grèce... Le chômage touche aussi près d'un jeune sur deux, un record absolu ! Et les trois quarts des jeunes qui ont un emploi sont des précaires : on les surnommait *mileuristas* (« ceux qui gagnent 1 000 € par mois »). En 2012, ils sont devenus les « *nimis* », pour « *ni mismo* », « pas même » 1 000 € par mois, et cela concerne aussi bien les diplômés que les moins qualifiés. L'Espagne tient d'ailleurs le record, en UE, du taux d'émigration des jeunes...

Dans ce contexte, ce n'est pas un hasard si, dès mai 2011, les manifestants qui squattent en masse la Puerta del Sol, à Madrid, les fameux *Indignados,* appelaient à un monde différent. Si le mouvement purement citoyen a perdu en visibilité, il a généré dès fin 2011 un parti politique, *Podemos,* qui tente de porter les mêmes convictions (avec un certain succès : une belle percée lors des élections européennes comme lors des municipales de 2015).

Après 6 années de récession, la reprise s'engage au second semestre de 2013 et se renforce de 2015 à 2017, la croissance avoisinant alors les 3%. Autre conséquence : le taux de chômage est en baisse quasi constante depuis 2013, pour descendre sous les 17 % fin 2017. L'Espagne reste cependant le 2e pays de l'UE avec le plus fort taux de chômage, et un tiers des salariés touchent moins de 707 € par mois. Autre ombre au tableau : 93 % des embauches sont désormais des contrats temporaires, le CDI ne semblant plus être la règle...

Après sa réélection laborieuse en octobre 2016, Mariano Rajoy a présenté sa feuille de route, dévoilant ses priorités : l'élaboration et l'adoption du budget 2017, visant à maintenir le cap de la rigueur, à consolider la reprise et prévoir un déficit de 3,1% du PIB en 2017, et une augmentation du salaire minimum. Dans ses prévisions le gouvernement table sur un taux de chômage à 13,8 % d'ici 2019. Pour parvenir à cet objectif, il souhaite créer 500 000 emplois par an pour atteindre 20 millions de travailleurs d'ici 2020.

## Les économies régionales

Tête de pont de l'industrialisation de l'Espagne au XVIIIe s, la ***Cantabrie*** a perdu sa position privilégiée après la guerre civile. Largement développée grâce aux fonds européens dans les années 1990, elle a surtout aujourd'hui une activité de services. Avec le groupe bancaire *Santander,* la communauté peut se targuer d'abriter la plus grande banque du pays (septième au niveau européen). La plupart des industries ont périclité, l'agriculture et l'élevage, minoritaires, sont en décadence, et le seul grand port, Santander, souffre de la concurrence de Bilbao, Gijón et La Corogne.

Il est loin le temps où, dans les années 1980, les ***Asturies*** passaient pour l'une des plus riches régions d'Europe du Sud. Si la province produit encore (à coups de subventions) la majeure partie du charbon espagnol, les coûts d'extraction sont trop élevés et la matière première n'a plus vraiment le vent en poupe – les mines devraient fermer en 2018 selon Bruxelles. La sidérurgie n'est guère plus en forme et l'agriculture voit son importance diminuer constamment. Comme en Cantabrie, les services ne cessent de prendre davantage d'importance sans pour autant fournir un moteur de croissance suffisant.

Si la ***Galice*** a depuis longtemps cessé de tirer l'essentiel de ses revenus du secteur primaire, celui-ci conserve une place plus importante que dans beaucoup de provinces espagnoles, en particulier dans l'intérieur des terres. Les exploitations, trop petites et éclatées, ne sont pourtant guère compétitives. L'essentiel de l'industrie se concentre sur les côtes, en particulier à La Corogne et, dans une moindre mesure, à Vigo, premier port de pêche européen. On y trouve aussi la plus grande usine au monde de PSA-Citroën (installée depuis 1958), qui contribue notablement aux exportations de la région. Mentionnons aussi l'industrie textile, bien implantée.

En 2015, les trois régions affichaient un PIB par habitant équivalent à 84 % de la moyenne européenne, bien loin derrière les 128 % de Madrid et les 122 % du Pays basque, mais mieux loties que l'Estrémadure ou l'Andalousie.

### D'un secteur à l'autre

L'***agriculture*** des trois provinces est largement fondée sur de petites exploitations. C'est un gage de qualité (il y a une abondance d'appellations contrôlées et de produits labellisés), mais cela ne favorise évidemment pas la productivité. La modernisation est intervenue tardivement, et la situation reste difficile.

En revanche, le ***secteur maritime*** a la santé. Si la construction navale peine un peu, malgré la baisse de consommation de poisson en Europe ces dernières années, la pêche industrielle galicienne reste un poids lourd de l'économie locale. Plus de la moitié des emplois de la filière de la pêche espagnole se trouvent dans cette région... qui représente à elle seule 15 % de la pêche en Europe !

Un autre secteur de l'économie galicienne intéressant à considérer : l'***industrie textile,*** avec comme leader le groupe *Inditex* (plus connu sous le nom de sa marque principale *Zara*), constitue un secteur d'activité très performant. Ce groupe s'est construit grâce à l'intuition d'un livreur de chemises très discret, Amancio Ortega, qui a fait fortune en hissant *Inditex* parmi les premières entreprises mondiales de textile. Il est, depuis, devenu l'homme le plus riche d'Espagne et surtout le deuxième homme le plus riche du monde.

Enfin, il y a une autre spécificité : les carrières, notamment de granit. Les Galiciens exportent 10 fois plus de pierres de taille qu'ils n'en importent !

#### OÙ EST PASSÉ LE POGNON ?

*Les conquistadors espagnols ont rapporté d'Amérique des trésors considérables dans leur mère patrie. À part à Séville et dans quelques cathédrales, on se demande pourquoi ces richesses ont laissé si peu de traces. Eh bien, ces grands navigateurs étaient des parvenus ; ils dépensèrent leur fortune en soieries et en épices, les produits de luxe de l'époque. Le grand bénéficiaire fut donc la Chine, plus que l'Espagne. Bis repetita.*

## ENVIRONNEMENT

Tout n'est pas parfait, mais rien n'est dramatique non plus. Les installations industrielles sont concentrées autour des ports. Elles sont de plus en plus contrôlées, comme dans toute l'Espagne – qui semble avoir pris le *toro* par les cornes. L'urbanisation semble parfois anarchique, mais la crise économique y a mis un sacré coup de frein – restent, en bien des points de la côte, des secteurs où les chantiers abandonnés en cours de construction (plus de crédit) pullulent...

Les gouvernements autonomes ont largement investi, depuis quelques années, dans la protection de l'environnement. L'intégration de l'Espagne à la CEE en 1986 n'y est pas pour rien. Une politique de contrôle, d'élimination des déchets et de protection des nappes phréatiques a été mise en place avec succès. Partout, on a créé des réserves naturelles, des zones de protection, en particulier des milieux marins et des zones humides. Elles viennent s'ajouter au plus important parc national espagnol (les *Picos de Europa*) et au premier parc créé dans la péninsule pour protéger les milieux marins, le *parc national des Îles atlantiques* de Galice, qui regroupe quatre archipels rendus à la nature. Une attention toute particulière est portée à la faune indigène, notamment au loup et à l'ours, avec de stricts programmes de protection. Le tourisme rural a connu un important essor et il est encouragé par la « stratégie forestière durable » mise en place en 2003 dans tout le pays. Campings et *casas rurales* se sont ouverts au *turismo rural,* plus respectueux de l'environnement.

Le secteur polémique reste l'énergie. Depuis des années, pour empêcher la fermeture des mines de charbon asturiennes, les divers gouvernements favorisent les centrales de production électrique au charbon, ultra-polluantes. La fermeture des mines annoncée vers 2018 règlera sans doute le problème pour de bon. Parallèlement, l'Espagne a massivement investi, avec l'aide de l'Europe, dans les énergies renouvelables. La Galice est ainsi devenue la première région espagnole en terme de production éolienne, celle-ci constituant la deuxième source de production d'électricité du pays. D'autres projets devraient se développer dans le solaire, la biomasse et l'exploitation de l'énergie houlomotrice. Mais la crise économique est passée par là et les crédits gouvernementaux se réduisent comme peau de chagrin...

# GÉOGRAPHIE

Les Pyrénées, frontière entre la France et l'Espagne ? En fait, c'est un peu plus subtil. La chaîne ne plonge pas directement dans l'Atlantique mais, au niveau de Roncevaux, s'incurve vers le sud-ouest, pour se prolonger par les montagnes basques, puis par la cordillère Cantabrique - qui atteint son point culminant dans les Pics d'Europe, à plus de 2 600 m, où l'empreinte de l'érosion glaciaire reste bien visible. Presque aussi longs que les Pyrénées, les monts Cantabriques longent le golfe de Gascogne sur 480 km environ, pour aller se perdre dans les collines asturiennes et galiciennes, plus douces d'apparence. Cette ligne de crête a son importance, car elle est aussi une ligne de partage des eaux. Au sud, elles s'écoulent vers l'Èbre et le Duero, c'est-à-dire vers la Méditerranée et la Castille. Au nord, elles se déversent dans l'Atlantique. D'un côté, les longs fleuves se font voies commerciales et voies de pénétration ; de l'autre, les torrents tumultueux dévalent vers la mer en de profondes vallées.

> **ORIENTER UNE CARTE**
>
> *Autrefois, les grands navigateurs « orientaient » leurs cartes, c'est-à-dire que le haut indiquait l'est (l'orient), en direction de Jérusalem et du tombeau du Christ. Puis, avec l'introduction de la boussole vers le XIVe s, on comprit qu'il était bien plus simple de placer le nord au sommet des cartes. Bizarrement, le terme « orienter » est resté dans le langage.*

Au nord (Cantabrie et Asturies), la bande côtière est étroite et les vallées fortement échancrées, du fait d'une érosion rapide. À l'ouest (Galice), la bande côtière s'élargit. De larges vallées fluviales se creusent qui, à la faveur d'un accident géologique, ont été partiellement envahies par la mer : les *rías*. Les *Rías Baixas* (les plus grandes) sont cinq, ainsi, à s'enfoncer comme des épines dans le flanc occidental de la Galice. La marée basse y découvre de grands estrans vaseux, où les oiseaux migrateurs aiment à faire escale. Profitant de cette géographie particulière, les principaux ports se sont développés au fond ou sur le flanc de ces échancrures très sûres, protégées des déferlantes atlantiques. Les côtes plus exposées révèlent, elles, des caps de granit stoïques et des successions de plages de sable fin de toute beauté.

Cette histoire géologique a son importance. Plissements et érosions diverses ont donné jour à un territoire accidenté, dont les Celtes ont su tirer le meilleur parti, en établissant leurs villages fortifiés *(castros)* sur les hauteurs (voir « Histoire »). Les mouvements géologiques ont aussi bouleversé les sous-sols, mettant au jour des couches anciennes, riches en minerais (charbon).

# HISTOIRE

## Quelques dates

- ***Paléolithique :*** l'homme occupe déjà de nombreux abris et grottes (Altamira) sur la côte atlantique.

– ***Néolithique :*** les Ibères, des peuplades sans doute venues d'Afrique, s'établissent dans le sud et à l'est de l'Espagne. Pour le Nord, les spécialistes sont plus réservés.
– ***Âge du bronze et âge du fer :*** civilisation des *castros* en Galice. Tout indique qu'il s'agit de populations celtes.
– ***202 av. J.-C. :*** début de l'occupation romaine.
– ***484 :*** le royaume des Wisigoths s'étend sur toute l'Espagne, sauf le Nord-Ouest qui appartient aux Suèves.
– ***718 :*** victoire de Covadonga (Pelayo repousse les Maures).
– ***756 :*** le prince omeyyade Abd al-Rahman Ier fonde l'émirat de Cordoue et devient l'artisan du rayonnement de la civilisation arabe en Espagne.
– ***813 :*** découverte du tombeau de saint Jacques.
– ***997 :*** Al-Mansur détruit Saint-Jacques-de-Compostelle.
– ***1035-1492 :*** les États chrétiens reprennent progressivement possession des territoires perdus ; c'est la « Reconquête » sur l'Islam.
– ***Vers 1400 :*** révoltes paysannes (guerres irmandines) en Galice.
– ***1469 :*** mariage de Ferdinand d'Aragon et d'Isabelle de Castille, les « Rois Catholiques ». Réunion des deux royaumes longtemps rivaux.
– ***1482 :*** mise en place de l'Inquisition par Tomás de Torquemada. Révoltes des nobles galiciens contre les rois castillans.
– ***1492 :*** chute du royaume de Grenade le 2 janvier. Découverte de l'Amérique par Christophe Colomb pour le compte des Rois Catholiques. Expulsion des juifs « pour protéger l'unité religieuse de l'Espagne » (environ 200 000 partent vers l'Afrique du Nord, l'Italie, la France et l'Empire ottoman).

## ISABELLE, LA REINE « TROP » CATHOLIQUE

*En 1958, certains voulurent la béatifier. Très vite, des objections virent le jour. D'abord, elle usurpa le trône qui devait revenir à sa nièce. Ensuite, elle institua l'Inquisition, puis ordonna l'expulsion des juifs d'Espagne. Enfin, elle était vénérée par le régime franquiste. Autant d'éléments qui ont entravé sa promotion...*

– ***1516-1556 :*** règne de l'empereur Charles de Habsbourg, dit Charles Quint (Charles Ier pour les Espagnols), petit-fils d'Isabelle la Catholique. Domination d'un immense empire, tant en Europe qu'en Amérique, « sur lequel jamais le soleil ne se couche ». Fondation de l'université de Santiago.
– ***1700 :*** avènement au trône d'Espagne de Philippe V, petit-fils de Louis XIV, à l'origine de la guerre de Succession d'Espagne (1701-1714), qui se termine par la perte des Pays-Bas et du royaume de Naples. Les « pirates » anglais attaquent les ports du Nord.
– ***1808 :*** Napoléon Ier nomme son frère Joseph roi d'Espagne, surnommé « Pepe Botella ». Madrid, occupée par les troupes françaises, se soulève. Début de la guerre d'Indépendance.
– ***1813 :*** victoire de l'armée anglo-portugaise de Wellington, jointe aux Espagnols. Ferdinand VII retrouve le trône d'Espagne.
– ***1814-1833 :*** morcellement de l'empire espagnol d'Amérique en États indépendants. Débuts de l'émigration des Asturiens et des Galiciens vers le Nouveau Monde.
– ***1830-1880 :*** instabilité politique en Espagne. Guerres carlistes. En Galice, apparition des premiers groupements nationalistes, portés par une puissante littérature régionaliste.
– ***1902-1931 :*** règne d'Alphonse XIII, marqué par un renouveau économique et un régime dictatorial (1923-1930) sous l'autorité de José Antonio Primo de Rivera.
– ***1931 :*** aux élections municipales, la gauche l'emporte dans les grandes villes et réclame la République. Le roi abdique.
– ***1936 :*** les élections de février sont un succès pour le *Frente Popular,* qui regroupe syndicats et partis de gauche. Très vite les garnisons du Maroc, dirigées

par le général Franco, se soulèvent. C'est le début de la guerre civile. L'Espagne devient un banc d'essai pour les grandes puissances, qui offrent une aide importante aux deux parties.

– ***1936-1939 :*** la guerre civile déchire l'Espagne. La Galice tombe rapidement dans l'escarcelle nationaliste, tandis qu'Asturies et Cantabrie forment un front républicain. Les Asturies sont les dernières à résister aux insurgés.

– ***1969 :*** le général Franco désigne officiellement son successeur en la personne du prince Juan Carlos, petit-fils d'Alphonse XIII.

– ***1975 :*** mort de Franco, le 20 novembre. Le 22 novembre, Juan Carlos Ier devient roi d'Espagne.

– ***1977 :*** reconnaissance officielle du Parti communiste espagnol (PCE).

– ***1978 :*** la nouvelle Constitution d'un État espagnol, « social et démocratique », entre en vigueur.

– ***1986 :*** entrée de l'Espagne dans la Communauté économique européenne.

## UN HYMNE SANS PAROLES

*Depuis la fin de la dictature, l'hymne national – La Marcha Real – se retrouve sans paroles. Ces mots, appris par cœur par tous les écoliers du royaume depuis 1761, symbolisaient trop le franquisme. Une bonne manière, aussi, d'amadouer les régionalistes dans ce pays qui possède quatre langues officielles.*

– ***1996 :*** après 13 années de pouvoir, défaite du socialiste Felipe González face à José María Aznar, du Parti populaire (droite). Aznar est un ancien collaborateur de Fraga Iribarne.

– ***Novembre 2002 :*** le pétrolier *Prestige* répand son fioul sur la côte nord-ouest de l'Espagne... on connaît la suite !

– ***Mars 2003 :*** José María Aznar entraîne le pays dans le conflit irakien, malgré une très forte opposition populaire.

– ***2004 :*** à la veille des élections législatives, en mars, un terrible attentat à Madrid fait 192 morts et plus de 2 000 blessés. Le PSOE gagne les élections, et José Luis Zapatero devient Premier ministre. En mai, il n'y a plus de soldats espagnols en Irak.

– ***2005 :*** une loi légalise le mariage homosexuel, ainsi que l'adoption d'enfant par des couples de même sexe.

– ***2006 :*** le gouvernement entre en négociation avec l'ETA. Une trêve, fragile mais bien réelle, est décidée. Commémoration des 70 ans de la guerre civile espagnole.

– ***2007 :*** rupture de la trêve avec l'ETA suite à un attentat à l'aéroport de Barajas (Madrid) en janvier. Commémoration des 30 ans du retour à la démocratie.

– ***2008 :*** en mars, le PSOE de Zapatero gagne les élections générales. La même année, le pays tout entier s'enfonce dans la crise : immobilière d'abord, économique ensuite...

– ***2009 :*** comme partout, le fait majeur, c'est la crise ! En moins de 1 an, l'Espagne double son taux de chômage...

– ***2010 :*** l'Espagne met en place un plan d'austérité d'urgence. Opium du peuple, le football rassure. En juillet, l'Espagne devient championne du monde pour la première fois de son histoire !

– ***2011 :*** toujours en pleine crise, l'Espagne voit proliférer les mouvements spontanés (*Indignados*), apolitiques, appelant à l'émergence d'une autre société. Les socialistes sortent rincés des élections municipales et régionales. En novembre, le Parti populaire (PP, droite) remporte largement les élections législatives : le Galicien Mariano Rajoy, né à Saint-Jacques-de-Compostelle, devient Premier ministre. Il présente un premier plan d'austérité 10 jours plus tard.

– ***2012 :*** la crise s'aggrave, le taux de chômage continue sa triste ascension pour frôler les 25 %. Plus de 1 an après le début du mouvement, les Indignés redescendent dans les rues espagnoles.

– ***2013 :*** la crise, encore et toujours. Le chômage continue de monter : 27,16 % en début d'année, soit plus de 6,2 millions de sans-emploi.

– ***2014 :*** la croissance revient, un peu, le chômage baisse, à peine (26 %), le pays est toujours englué dans la crise. Fragilisé par des scandales à répétition, le roi Juan Carlos abdique en faveur de son fils, Felipe.
– ***2015 :*** en mai, les élections régionales et municipales installent vraiment dans le paysage politique les nouveaux venus de Podemos (parti né du mouvement des Indignés). Pendant l'été, l'Espagne bat des records de fréquentation touristique !
– ***2016 :*** le pays traverse la plus grande crise politique de son histoire récente. Un blocage politique qui aura duré 10 mois, le pays n'arrivant pas à dégager une majorité claire, malgré deux élections législatives. Le 19 octobre, le président du Parti populaire (PP), Mariano Rajoy, est finalement reconduit à la tête du gouvernement, après avoir arraché la confiance du congrès. Mais le parlement espagnol demeure sans majorité marquée...
– ***2017 en bref :*** le chômage passe sous la barre des 17 %. Le 17 août, un attentat revendiqué par l'EI endeuille Barcelone et tout le pays à sa suite : 16 morts et une centaine de blessés, tous fauchés par la folie des hommes sur les Ramblas. En novembre, soit 15 ans après la marée noire engendrée par le naufrage du *Prestige*, le tribunal de La Corogne rend son jugement : l'État espagnol touchera 1,6 milliard d'€ d'indemnité (réparti entre les régions, les municipalités, etc). Pendant ce temps, ce qui remue toute l'Espagne, c'est le conflit qui oppose l'État espagnol à la Catalogne, après la déclaration d'indépendance de cette dernière... tout le système et l'équilibre des autonomies régionales sont, en quelque sorte, remis en question.

## Des origines aux Wisigoths

Si les preuves les plus anciennes de la présence de l'homme dans la péninsule Ibérique remontent au Paléolithique, les peintures rupestres des grottes d'Altamira nous montrent qu'il n'avait rien à envier à son collègue Cro-Magnon de l'autre côté des Pyrénées...
Un petit trou historique et, au début de l'âge du bronze, vers 1500 av. J.-C., on commence à voir apparaître en Galice et en Asturies les *castros,* villages fortifiés situés sur des éminences. Tout indique qu'il s'agit de populations celtes, vivant d'élevage, d'agriculture et de métallurgie. Les divers musées galiciens conservent de remarquables témoignages de l'activité des forgerons et orfèvres des *castros.* Les ports sont vraisemblablement nombreux : l'Espagne du Nord-Ouest se trouve sur l'itinéraire qui conduit les navigateurs grecs, phéniciens, puis romains vers la Cornouaille et ses mines d'étain (on vous rappelle que, pour faire du bronze, il faut de l'étain, plutôt rare autour de la Méditerranée). Dès cette époque, les courants d'échange sont nombreux.
En cas de nécessité, plusieurs *castros* pouvaient liguer leurs forces. Bon, en somme, on est chez les Gaulois ? Si on veut. Au moins, chez leurs cousins.
Si les Romains envahissent l'Espagne dès le IIe s av. J.-C., il leur faut un certain temps pour la conquérir. En 137 av. J.-C., Décimus Brutus arrive sur les plages de Galice. Il porte désormais le surnom de « Galaicos », celui qui a vaincu les Celtes. Vaincu ? C'est vite dit ! Cantabres et Asturiens résistent, et seul César (encore !) en vient à bout en 60 av. J.-C.
La colonisation romaine va durer cinq siècles. Comme partout, les Romains mettent en place une organisation administrative : la Galice est une province à part entière, un peu plus grande que la Galice actuelle, puisqu'elle descend alors jusqu'au Douro et à la ville portugaise de Braga. La province des Asturies regroupe Asturies et Cantabrie contemporaine, plus un bout de la province de León avec Asturica (Astorga) comme capitale. Des routes sont construites : l'une d'entre elles relie Bordeaux à Asturica, une autre va de Séville à Gijón.
Par les Romains, le christianisme s'implante en Espagne du Nord à partir de la fin du Ier s apr. J.-C. Vers le milieu du IVe s surgit en Galice un étrange personnage, Priscillien, d'origine galicienne, ancien évêque d'Ávila. Sa vision du christianisme,

plus simple, plus manichéenne, rencontre un réel succès auprès des paysans. Priscillien refuse que l'Église soit du côté des possédants. Il prône une vie frugale, ascétique et crée des communautés de travailleurs sans hiérarchie. Panique ! On réunit un concile, on décrète Priscillien hérétique et on l'envoie se faire juger à Trèves, en Allemagne, où il est exécuté.
Les thèmes priscilliens résonneront pourtant tout au long du Moyen Âge, lors de révoltes populaires dont nous vous reparlerons. Le plus rigolo, c'est que la plupart des historiens sont persuadés que le tombeau retrouvé à Santiago est celui de Priscillien (ça semble plus logique que le tombeau d'un apôtre décapité à Jérusalem). Depuis 10 siècles, les pèlerins adoreraient donc les restes d'un hérétique ! Si c'est vrai, quelle revanche pour le malheureux !
L'Empire romain s'écroule sous la poussée de peuples venus de l'est. Les Vandales envahissent l'Espagne, ne s'y intéressent pas et vont s'établir en Afrique du Nord. Dans leur sillage débarquent les Suèves, qui s'installent en Galice. Le royaume qu'ils y fondent perdure de 410 à 585. Pendant cette période apparaît encore un farouche défenseur de la foi : saint Martin Dumien, évêque de Braga, vient évangéliser les Suèves et bâtit une flopée d'ermitages et d'églises. Au Moyen Âge, son culte se confond d'ailleurs souvent avec celui de saint Martin de Tours que les pèlerins de Compostelle connaissent mieux.
En 507, Clovis chasse les Wisigoths du nord de la France et d'Aquitaine. Ils se replient sur un territoire dont la plus grande partie se situe dans l'Espagne d'aujourd'hui et établissent un royaume dont les capitales sont successivement (et parfois conjointement) Toulouse et Tolède. C'est dire qu'ils règnent sur toute la péninsule. Les Wisigoths sont chrétiens, mais ils sont ariens : ils refusent le dogme de la Trinité. Peu tolérants, ils persécutent les non-ariens et les juifs. En outre, les luttes entre princes wisigoths sont nombreuses et âpres. En 711, des nobles wisigoths et des juifs installés en Afrique du Nord persuadent Tarik d'envahir l'Espagne.
La conquête de la péninsule Ibérique par les Arabes est rapide : en 714, ils parviennent en Galice. Dans les montagnes, des seigneurs chrétiens commencent à organiser la résistance. Le réduit chrétien occupe le massif des Pics d'Europe, les Asturies et quelques vallées de Cantabrie. Les évêques refluant devant l'avancée des Maures y abritent les plus précieuses reliques, comme les morceaux de la Vraie Croix déposés au monastère de Santo Toribio dans la vallée de Liébana. En 718, Pelayo remporte contre les envahisseurs la bataille de Covadonga, considérée comme le point de départ de la *Reconquista,* la reconquête de la péninsule. Les Arabes ne peuvent tenir tout le territoire conquis, d'autant qu'ils continuent à avancer vers le nord. Battus par Charles Martel à Poitiers en 732, ils refluent vers l'Espagne où ils se heurtent à une vraie guérilla partie des montagnes du Nord. En 750, ils abandonnent finalement la Galice.

## La *Reconquista* : de l'émirat d'Espagne aux royaumes chrétiens

En 756, la création du califat de Cordoue permet un semblant d'organisation, même si les princes arabes créent volontiers de petits royaumes quasi indépendants (les *taïfas*) autour des villes principales.
Sur le terrain, les Maures tiennent fermement l'Andalousie, la Castille et la vallée de l'Èbre : Tudela, Saragosse, Huesca sont des villes arabes. Charlemagne, tout empereur qu'il soit depuis l'an 800, ne contrôle pas les Pyrénées, ni les territoires situés plus au sud, où les seigneurs locaux continuent leur guérilla.
Au début du IXe s, les premiers royaumes chrétiens font leur apparition, confortés par la découverte, en 813, du tombeau de saint Jacques. Ainsi le petit royaume asturien, créé après la victoire de Covadonga, s'étend vers la Cantabrie, la Galice et le León, au point qu'en 914 Ordoño II transporte sa capitale d'Oviedo à León. Il tient fermement toute l'Espagne du Nord-Ouest. D'autres royaumes chrétiens s'affirment en Aragon et en Navarre.

Pendant deux siècles, chrétiens et Maures s'observent, menant des actions ponctuelles de guérilla. Même si des raids arabes détruisent quelques villes, même si les rois chrétiens mènent des expéditions punitives, la frontière bouge peu.

Il faut dire que la *Reconquista* n'est pas cette fraîche croisade unitaire que certains décrivent. D'abord, les rois chrétiens ne cessent de se battre entre eux, chacun cherchant à étendre son territoire aux dépens du voisin. Ensuite, les Arabes sont puissants et mènent une politique très consensuelle. La liberté de culte est laissée aux juifs et aux chrétiens. Les alliances sont nombreuses. Au Xe s, c'est Abd al-Rahman III, calife de Cordoue, qui rétablit Sanche de Castille sur le trône dont l'avait dépossédé Ordoño, roi de León. Quant au roi de Navarre, il est le gendre de l'émir de Tudela. C'est assez dire que de renversements d'alliances en trahisons, d'assassinats en pillages, la Reconquête n'avance pas très vite.

C'est le règne de Sanche III de Navarre qui marque le début de l'expansion chrétienne. Sanche le Grand, subtil politicien et farouche guerrier, unit en un puissant royaume la Navarre, l'Aragon, la Castille et le León. Pour ce faire, il bat le roi Bermudo III, auquel il ne laisse (sur intervention du pape) que les terres de Galice. Unifiées sous deux rois seulement, les terres chrétiennes s'étendent alors jusqu'au fleuve Duero.

À sa mort, Sanche partage ses terres entre ses fils : l'aîné reçoit la Navarre, les autres l'Aragon et la Castille. Et les histoires de famille (re)commencent... On va essayer d'être clair parce que c'est assez compliqué !

Sanche le Grand laisse à son fils, également appelé Sanche, les terres de Castille, León, Asturies et Galice. À sa mort, ce Sanche divise encore l'héritage en créant trois royaumes pour ses propres fils : Castille-León, Galice et Asturies. L'héritier de la Castille, Sanche II de Castille, s'empresse de détrôner ses frères et réunit sous sa coupe l'ensemble de l'Espagne du Nord-Ouest. Si l'un de ses frères, Garcia, prend la chose avec philosophie, l'autre, Alphonse, file se réfugier à Tolède et revient après l'assassinat de Sanche II récupérer l'héritage sous le nom d'Alphonse VI de Castille. Puis, après s'être proclamé roi de Castille, du León et des Asturies, il fait assassiner son oncle, lui pique la Rioja et les provinces basques, puis il trucide son cousin et se proclame roi de Navarre et d'Aragon ! Un tendre, quoi... Il est le suzerain de Rodrigo Díaz de Bivar, le *Cid Campeador,* qui, n'en déplaise à Corneille, est lui aussi un fieffé coquin : fâché avec le roi, il se taille un petit royaume autour de Valence pour lui tout seul, et s'allie avec les Sarrasins de Saragosse contre les chrétiens ! Les deux hommes se lancent à l'assaut des territoires maures. Ils prennent Tolède et poussent jusqu'à Gibraltar. Même si ces gains territoriaux restent mesurés, ils montrent que la victoire est possible. Il reste alors à quelques grands chefs de guerre, comme Sanche le Fort de Navarre ou Alphonse le Batailleur d'Aragon, à poursuivre dans cette voie.

Au début du XIIe s, le pape assimile la *Reconquista* à une croisade. Ceux qui se battent en Espagne ont les mêmes avantages que les croisés de Terre sainte : indulgences, pardons, autorisation de garder les terres conquises. Cela attire en Espagne un grand nombre de chevaliers du Nord, notamment français. À la fin du XIe s, quand meurent, à peu d'années d'intervalle, Alphonse VI et le Cid, les positions chrétiennes restent figées sur le Duero, trois siècles après la victoire de Covadonga.

En 1118, Alphonse le Batailleur prend Huesca, Tudela et Saragosse. Par mariage, l'Aragon s'unit à la Catalogne. La vallée de l'Èbre est redevenue chrétienne. À l'ouest, Ferdinand II mène une politique de conquêtes mesurées. Surtout, il fonde l'Ordre de Santiago : à la fois militaire et religieux, celui-ci est chargé d'aider les pèlerins et de coordonner la Reconquête. Enfin, en 1212, les trois royaumes de Castille, Aragon et Navarre s'unissent pour une vraie campagne militaire : Tolède est définitivement conquise, et la victoire de Las Navas de Tolosa ne laisse plus aux musulmans que l'Andalousie.

Ferdinand III de Castille, cousin de Louis IX (sa mère est la sœur de Blanche de Castille), est le premier à pénétrer en Andalousie. Il conquiert Cordoue (1236),

Murcie (1242), Jaén (1245) et Séville (1248) pendant que l'Aragon reprend les Baléares, puis Valence (1238). Désormais, les musulmans sont confinés dans le royaume de Grenade, qui lui-même finit par tomber en 1492. Les rois chrétiens auront mis plus de sept siècles à reprendre les terres que les musulmans avaient conquises en 4 ans !

## Naissance d'un empire

Il faut attendre le mariage d'Isabelle de Castille et de Ferdinand II d'Aragon (1469) pour que les deux royaumes oublient leurs rivalités et posent les fondements d'une Espagne unifiée. En trois siècles, ils se sont agrandis et ont affermi leur autorité sur la plus grande partie de la péninsule, l'Aragon se taillant même un véritable empire maritime en Méditerranée après la reconquête des Baléares.

Pour ne pas être en reste, Isabelle prend sur elle de commanditer l'expédition de Cristóbal Colón, qui vient d'essuyer le refus du roi du Portugal et que les hésitations de Ferdinand d'Aragon ont découragé. Quand il aborde, le 12 octobre 1492 à San Salvador, une île au nord-est de Cuba, il ne peut pas se douter que sa découverte va être à l'origine de la puissance et de la richesse de l'Espagne pour les 350 années à venir...

Pour les Galiciens et les Asturiens, cette décision d'Isabelle a son importance. Les caravelles et galions partent des ports andalous, Cadix et Séville devenant ainsi le centre de gravité de l'expansion coloniale. Aucune raison géographique ne motive ce choix. D'ailleurs, lorsque Pinzón, premier lieutenant de Colón, revient le premier d'Amérique à bord de la *Pinta,* c'est à Baiona, en Galice, qu'il débarque. Preuve que la logique de la navigation n'a rien à voir avec ce choix...

On peut penser qu'Isabelle se méfiait des Galiciens. D'abord, dès le XIIe s, la Galice s'était scindée en deux : les terres au sud du Miño avaient rejoint le giron du nouveau royaume du Portugal. L'une des raisons de cette sécession avait été la création de l'archevêché de Santiago aux dépens de l'évêché de Braga. Ensuite, durant le XIVe s, la Galice avait été secouée par de nombreuses révoltes. Les « guerres irmandines » avaient cela de particulier qu'elles réunissaient contre le pouvoir royal les paysans, les bourgeois et la petite noblesse, regroupés dans des confréries appelées *irmandades* (les fraternités). On y retrouvait une idéologie égalitaire, assez proche de celle que prêchait Priscillien 10 siècles auparavant.

Enfin, Isabelle n'a pas obtenu sans mal la couronne de Castille. Demi-sœur d'Henri IV de Castille, elle demeura seule héritière tant qu'il n'eut pas d'enfants. Or, se remariant sur le tard, Henri IV eut une fille, Jeanne. Quand Isabelle fit valoir ses droits en s'appuyant sur l'archevêque de Santiago, les nobles galiciens se soulevèrent et prirent fait et cause pour Jeanne : le comte Pedro Alvarez de Soutomaior occupa Pontevedra, Vigo, Tui. La guerre perdura, même après le couronnement d'Isabelle, et le comte de Lemos, le maréchal Pardo de Cela, le comte de Castro, soutenus par les *irmandades,* poursuivirent la révolte jusqu'en 1485. Isabelle soupçonnait dans cette guerre une nouvelle tentative de sécession soutenue par le Portugal, où sa rivale Jeanne s'était réfugiée. La guerre de Succession fut impitoyable, et on peut comprendre qu'Isabelle ne portât pas la Galice dans son cœur. La Galice, dévastée par la guerre, sa noblesse décimée ou exilée, soumise à une forte répression menée par Diego Lopez de Haro, aborde la Renaissance dans un état pitoyable.

## L'Inquisition

Ferdinand et Isabelle, les « Rois Catholiques », favorisent le durcissement d'une institution qui fait trembler l'Europe : la Sainte Inquisition. Au fur et à mesure que les villes espagnoles sont libérées de l'occupation arabe, les juifs, qui n'avaient pas été inquiétés jusque-là, sont systématiquement persécutés. Après la tuerie de Séville de 1391, les « baptêmes sanglants » se multiplient dans toute l'Espagne, obligeant les juifs à se convertir ou à mourir. C'est pour surveiller ces nouveaux

« chrétiens » de près qu'est créée l'Inquisition espagnole, dont le chef, Torquemada, se montre en 1478 d'une cruauté rare. Si les Rois Catholiques et le pape Sixte IV eux-mêmes se disent choqués par ses méthodes, ils n'en décrètent pas moins l'expulsion des juifs de la péninsule Ibérique le 30 mars 1492, 3 mois après la chute du royaume de Grenade, dernier bastion maure en territoire espagnol. Cette décision a de fortes répercussions en Galice. Les communautés juives étaient importantes dans la région du Miño, où elles tenaient le commerce du vin. Expulsés, les marchands emportent avec eux leurs réseaux commerciaux, leur savoir-faire et leurs capitaux.

### LA SAINTE (?) INQUISITION

*Cette redoutable machine à tuer n'est pas une invention espagnole mais française (pas de quoi être fier). Face à la montée des hérésies qui refusent l'autorité papale, Grégoire IX fait, dès 1183, appel aux dominicains pour tenir ces tribunaux religieux. On n'hésite pas à torturer pour faire avouer et à condamner au bûcher. Les victimes sont plutôt des femmes (les moines ayant des tendances misogynes) et des riches (l'Église récupérant leurs biens !).*

## Au-delà des mers

La terreur qu'inspire l'Inquisition est telle que les idées de la Renaissance n'ont que peu d'écho en Espagne. D'ailleurs, seules la découverte de nouvelles contrées et leur exploration retiennent l'attention de tout un peuple qui voit là une possibilité de s'enrichir rapidement et à bon compte. Apparaît une nouvelle race d'aventuriers rudes et sans scrupule : les conquistadors, qui s'enrôlent avec pour seul but la chasse aux trésors. Plus ils en rapporteront à la cour espagnole, plus leur part sera importante. Les plus avides essaient même d'échapper à la tutelle de l'Espagne en se taillant leur propre « royaume » dans le vaste Nouveau Monde et n'hésitent pas à détourner des convois avant de disparaître dans la nature. De là à la piraterie, il n'y a qu'un pas, qui est allègrement franchi par certains dès la fin du XVI^e^ s...
Le mot « Amérique », du nom du navigateur Amerigo Vespucci, qui apparaît pour la première fois sur une carte en 1507 à Saint-Dié, dans les Vosges, n'est pas encore très utilisé.
Les Galiciens et les Asturiens essaient de mettre en place des réseaux commerciaux. Mais le couperet tombe en 1573 : Séville reçoit le monopole du commerce avec l'Amérique. Les ports de la côte nord ne profiteront pas de cette manne. Peut-être sont-ils jugés trop proches de l'Angleterre ? Le fait est que, en 1589, Drake attaque La Corogne et Vigo.

## Charles Quint

Le 14 mai 1516, Charles I^er^ accède au trône après avoir destitué sa mère Jeanne la Folle, unique héritière des Rois Catholiques. Élevé en Belgique, il découvre son nouveau royaume en débarquant à Villaviciosa, dans les Asturies. L'union des deux royaumes de Castille et d'Aragon – qui n'était encore qu'une alliance maritale – devient une réalité politique. À la mort de son grand-père paternel, l'empereur Maximilien d'Autriche, en janvier 1519, Charles I^er^ hérite de toutes ses possessions personnelles (Alsace, Rhénanie, Autriche et Tyrol). Quand il est élu à la tête du Saint Empire romain germanique 6 mois plus tard, il prend le nom de Charles V (en espagnol, *Carlos Quinto,* francisé en Charles Quint). Pour lui c'est le jackpot, puisqu'il a désormais en main une puissance jamais égalée par un souverain occidental.
Quasiment encerclée, la France voit cette ambition d'un sale œil, et François I^er^ – qui s'était porté candidat au titre d'empereur contre Charles Quint – ne manque pas une occasion de lui mettre des bâtons dans les roues. Mais un petit moine a déjà porté au Saint Empire romain germanique un coup dont ce dernier ne

se remettra jamais : les idées de Luther font voler en éclats tout principe d'autorité, qu'il vienne de l'Église ou de l'empereur...
Si les Asturies et la Cantabrie sont à peu près intégrées au royaume espagnol, il n'en va pas de même de la Galice. Les Rois Catholiques l'avaient placée sous l'autorité d'un gouverneur, aux pouvoirs de vice-roi. Privés du droit d'envoyer des représentants aux Cortés, à Madrid, ils n'ont donc pas leur mot à dire sur les taxes et impôts que prélève le gouvernement central. Même statut que les colonies d'Amérique : la potion est amère.

### LES FAUSSES FUNÉRAILLES DE CHARLES QUINT

*L'empereur organisa la répétition de son propre enterrement. Il s'allongea même dans un cercueil, et les grands d'Espagne l'aspergèrent d'eau bénite. Il fut si mouillé qu'il attrapa froid. L'essai fut fatal puisqu'il mourut quelques jours après.*

## Philippe II et le Siècle d'or, grandeur et déclin

Découragé, Charles Quint abdique en 1556 pour se retirer au couvent de Yuste, dans une Espagne qu'il lègue à son fils Philippe II, en même temps que les colonies et les Pays-Bas. Il laisse à son frère Ferdinand ses autres possessions. La péninsule Ibérique connaît alors un grand essor culturel (c'est le Siècle d'or espagnol), économique et militaire. Le Portugal est annexé en 1580, après la mort de son roi Sébastien à la bataille d'Alcazarquivir, et les richesses venant des deux empires coloniaux affluent plus que jamais. L'Espagne se fait parallèlement l'apôtre de la Contre-Réforme et la protectrice de la foi catholique. Mais elle connaît sur ce plan des déboires cuisants : les Pays-Bas – où la Réforme a reçu une vive adhésion – se révoltent face aux persécutions et à la maladresse politique de Philippe II, qui ne comprend rien à la mentalité de ses sujets du Nord. C'est le début d'une longue période de guerres qui ensanglante la région et cause bien des tracas à Sa Majesté.
Vingt ans plus tard, l'Espagne décide de punir Élisabeth d'Angleterre après l'exécution de Marie Stuart – reine catholique d'Écosse – en envoyant vers ses côtes, au début de l'été 1588, une formidable flotte composée de 130 navires embarquant 19 000 soldats, que les Anglais nommeront ironiquement l'*Invincible Armada.* Le but est de débarquer les troupes dans le Kent et de faire traverser la Manche à des renforts massés en Flandre. Mais la tactique des Anglais et la puissance de leur artillerie leur font gagner une bataille décisive à Gravelines. Cette victoire disperse une partie de l'*Armada,* à la suite de quoi son commandant, un piètre marin, décide de rentrer au bercail en contournant l'Écosse par le nord. Les tempêtes que rencontre la flotte font le reste et seule une poignée de navires s'en sort : la suprématie maritime espagnole s'effondre...
Pendant les années qui suivent, l'Espagne perd pied en Europe : les Anglais, sous le commandement de Drake, prennent Cadix en 1595 et les Français récupèrent la Picardie. Puis, appelées en renfort par l'empereur romain germanique pour écraser la révolte des princes protestants allemands (1618-1648), les troupes espagnoles essaient en vain de museler les volontés séparatistes des Pays-Bas. Peine perdue. En 1648, le traité de Westphalie met fin à la période de troubles que connaît l'Europe et modifie les cartes du jeu politique du continent : il reconnaît notamment l'indépendance des Pays-Bas et du Portugal – qui récupère ses colonies. La France de Louis XIV reprend plus tard l'Artois, le Roussillon, les Flandres et la Franche-Comté.
Pour maintenir la paix dans leur royaume, les rois d'Espagne assouplissent un peu leur position vis-à-vis de la Galice, qui récupère le droit d'envoyer des députés aux Cortés de Madrid moyennant le paiement de 100 000 ducats destinés à créer une flotte qui protégera les ports du Nord des attaques ennemies.

La noblesse galicienne s'est peu à peu rapprochée des rois castillans. Ils collaborent avec le gouvernement central, fournissant au royaume des cadres et des fonctionnaires. Les particularismes du Nord ont disparu. Comme l'écrit l'historien galicien Xosé Barreiros : « La Galice, comme les Asturies, le León, l'Estrémadure ou l'Andalousie respirent dès lors et pour toujours au rythme des poumons de Castille. » Le contrôle de l'État s'exerce dans les moindres détails, notamment pour éradiquer toute trace de la langue galicienne dans les actes officiels.
Après la guerre de Succession et les traités d'Utrecht (1713) et de Rastatt (1714), l'Espagne perd les Pays-Bas du Sud (l'actuelle Belgique), ses possessions en Italie du Nord, Naples, la Sardaigne et la Sicile : elle est effacée du devant de la scène européenne.

## Bouleversements géopolitiques

En 1808, Charles IV est renversé par son propre fils, Ferdinand VII. Il fait appel à la France, mais Napoléon en profite pour imposer son frère Joseph sur le trône espagnol.
Dès le mois de mai de la même année, l'insurrection gronde. La Galice, notamment, se soulève presque immédiatement. Elle sera un appui solide pour la monarchie absolue. La révolte contre les Français permet de mettre en évidence une réalité peu connue : le poids du clergé. Moines et prêtres prennent les armes et se transforment en chefs militaires. En fait, ce ne sont pas tant les Français qu'ils combattent que les idées de la Révolution.
Terre de monastères, terre de pèlerinage, terre espagnole, la Galice est une terre cléricale : à la fin du XVIIIe s, un habitant sur cinq appartient au clergé. Inutile de dire que les idées libérales issues de la Révolution française n'y rencontrent pas un écho favorable. D'ailleurs, les prêtres parlent de « Reconquista » pour bien signifier l'importance de l'Église dans ce combat.
Grâce à l'aide des Anglais, Ferdinand VII retrouve le trône en 1813, et, après avoir accepté une Constitution plutôt libérale, il la rejette en gouvernant en monarque absolu. En 1815, Díaz Porlier, une des figures emblématiques de la révolte contre les Français, se soulève à La Corogne au nom du libéralisme. Il est pendu après une terrible répression.
Subissant l'impact conjoint des soubresauts politiques espagnols, des idéaux révolutionnaires et du congrès de Vienne de 1815, qui abolit la traite des Noirs et vise l'esclavage en général, l'empire colonial espagnol se morcelle. L'Argentine (1816), le Chili (1818), le Mexique et le Pérou (1821), puis la Colombie (1822) et la Bolivie (1825), enfin l'Équateur et le Venezuela (1830) proclament leur indépendance. Privée des ressources de ses ex-colonies, épuisée par ses tentatives pour les garder et mal préparée à la révolution industrielle qui s'annonce, l'Espagne, déjà très appauvrie économiquement, sombre alors dans un chaos politique qui facilite – malgré une première tentative républicaine de janvier 1873 à décembre 1874 – la mise en place de gouvernements dictatoriaux.
L'Espagne du Nord-Ouest reste un peu à l'écart de ces bouleversements. La révolution industrielle l'atteint assez tard et sous l'impulsion de capitalistes étrangers. C'est une autre révolution, plus politique, qui fait couler le plus d'encre. En avril 1846, le colonel Solis y Cuetos se révolte contre le gouvernement central, entraînant avec lui les garnisons de Galice les plus importantes. Dans le manifeste qu'il publie apparaissent les premiers thèmes régionalistes. Il n'hésite pas à affirmer que « la Galice est une véritable colonie de la Cour ». Un mois après, la révolte est étouffée et le colonel passé par les armes.
À la fin du XIXe s et à la faveur de la révolution industrielle, l'Espagne du Nord commence à compter dans une économie espagnole au bord de l'autarcie. Les Asturies disposent des plus grosses réserves de charbon du pays, la Cantabrie possède une industrie forte et la Galice une agriculture productive ainsi qu'une importante flotte de pêche.

## Vers le Front populaire

Le règne d'Alphonse XIII, dès 1902, ne calme pas le jeu politique et, après de nombreux remaniements ministériels, le général Miguel Primo de Rivera prend l'initiative du coup d'État de 1923. Tous les ingrédients d'une solide dictature sont réunis : Parlement dissous, Constitution suspendue, parti unique... Mais des conflits sociaux obligent Primo de Rivera à démissionner en 1930, et la monarchie elle-même se voit contestée. Des élections suivent, donnant à plusieurs reprises la majorité aux républicains et aux socialistes. Dès avril 1931, quelques grandes villes se proclament républiques, alors qu'Alphonse XIII n'a pas encore abdiqué.
De nouvelles élections, en février 1936, voient la victoire écrasante du *Frente Popular,* l'union des partis de gauche. Cette fois, la République est proclamée. Les partis nationalistes galiciens rejoignent le *Frente Popular.* En juin 1936, le statut d'autonomie de la Galice est approuvé. Mais une nouvelle vague de violence et l'assassinat du député monarchiste Calvo Sotelo (le 13 juillet 1936) servent de prétexte au déclenchement de la guerre civile.

## La guerre civile

Parti le 17 juillet des garnisons stationnées au Maroc (Ceuta et Melilla, actuellement toujours contrôlées par l'Espagne) et dirigé par le général Franco, galicien né à Ferrol, le mouvement insurrectionnel se répand comme une traînée de poudre dans l'ouest et le nord de l'Espagne. C'est une guerre sauvage où les atrocités succèdent aux atrocités (exécution de Federico García Lorca, anéantissement de la ville de Guernica, populations civiles directement prises pour cibles), inaugurant des schémas qui vont bientôt se répéter partout pendant la Seconde Guerre mondiale. Si les grandes nations – sauf l'URSS – ne s'engagent pas franchement aux côtés des républicains, les troupes nationalistes du général Franco bénéficient largement du soutien de Hitler et de Mussolini.

### L'ESCADRILLE ESPAÑA

*Les forces antifranquistes n'ayant pas d'aviation, André Malraux s'engagea tôt dans la guerre d'Espagne. En quelques semaines, il récupéra 25 avions pour créer l'escadrille España, aidé par un inconnu, Jean Moulin. Ne sachant pas piloter, Malraux savait cependant commander et surtout convaincre. Il participa directement à 65 opérations aériennes. Respect.*

En Espagne du Nord-Ouest, seules les Asturies apportent un soutien sans faille à la République, à l'exception notable de la ville d'Oviedo qui reste, pendant toute la guerre, un bastion nationaliste. La Galice est peu touchée, les républicains, largement minoritaires, étant partis se battre ailleurs.
Le 26 janvier 1939, Barcelone – où s'est réfugié le gouvernement républicain – tombe aux mains du Caudillo Franco, suivie de Madrid le 28 mars. Aussitôt, un nombre considérable d'Espagnols passent les Pyrénées, fuyant un régime indésirable et la répression qui ne va pas manquer de suivre... Saignée à blanc (en 3 ans, la guerre civile a fait 1 million de morts !), privée de son élite intellectuelle, l'Espagne s'enfonce peu à peu dans cette torpeur caractéristique des pays dont la population est muselée par une dictature, avec son lot d'attentats, une économie paralysée et une vie culturelle réduite à néant...

## La mort de Franco : une nouvelle Espagne

Le général Franco meurt le 20 novembre 1975, presque 40 ans après le soulèvement militaire de 1936. Sa disparition était à la fois crainte et espérée : les plus pessimistes allaient jusqu'à annoncer une nouvelle guerre civile... C'était ne pas prendre en compte l'habileté du roi Juan Carlos, successeur désigné de Franco (en 1969), qui ménage les transitions : d'abord en prêtant serment devant les Cortés dès le 22 novembre, ensuite en faisant appel à un homme nouveau, Adolfo Suárez, comme Premier ministre. Dans son gouvernement, Suárez intègre habilement quelques hommes issus du franquisme, mais ayant la réputation d'être plus libéraux. Parmi eux, le ministre du Tourisme, Manuel Fraga Iribarne, l'homme fort de la Galice. Suárez réussit à faire approuver à une forte majorité, par référendum, un projet libéral de réforme des institutions. En 1977, le Parti communiste espagnol est reconnu légal, toujours grâce à l'autorité et à la souplesse de Juan Carlos. Aux élections de juin 1977, l'Union du centre démocratique (UCD), qui soutient l'action du gouvernement, s'impose devant le Parti socialiste et le Parti communiste. La droite franquiste ne vient qu'après. Quant aux partis autonomistes, ils connaissent un net succès.

Progressivement, tous les monuments (ou presque) à la gloire de Franco qui jalonnent l'Espagne sont déboulonnés. Les nouvelles autorités débaptisent des milliers de rues, ponts, hôpitaux, etc. Certaines régions renâclent. Ferrol, ville natale du dictateur, longtemps connue sous le nom de El Ferrol del Caudillo, attendra 2003 pour retirer sa statue équestre. Celle de Santander, la dernière du pays, sera déboulonnée en... 2008.

### FRANCO EST NUL !

*Pour sa succession, le dictateur se méfiait de Juan de Bourbon, le roi en titre, à cause de ses idées démocratiques. Il lui préféra donc son fils, Juan Carlos, éduqué par des professeurs bien franquistes. L'élève cacha adroitement son jeu : en aidant la démocratie à s'installer après la mort du Caudillo, le jeune roi tourna définitivement la page noire du franquisme.*

## Juan Carlos Ier de Bourbon

Longtemps, le roi Juan Carlos bénéficia d'une large popularité. Les Asturiens sont d'ailleurs fiers que le prince héritier porte le titre de prince des Asturies et les Galiciens rappellent volontiers que la fille du roi et son mari sont duc et duchesse de Lugo...

Et pourtant, l'héritage du petit-fils d'Alphonse XIII n'était pas facile à assumer. Élevé à l'étranger, Juan Carlos est mis sur le trône par Franco lui-même.

Pourtant, à la mort du dictateur, il soutint le Premier ministre, Adolfo Suárez, dans sa tâche de démocratisation et de libéralisation, rassurant les militaires qu'il connaissait bien, tout en laissant le champ libre à l'opposition démocratique. Il comprend alors rapidement l'intérêt que son pays pourrait avoir à s'ouvrir sur l'Europe, puis à s'y intégrer.

### LES BÉBÉS VOLÉS DU FRANQUISME

*Jusqu'en 1987 (soit 12 ans après la mort de Franco !), 300 000 enfants furent enlevés à des familles républicaines et vendus à des mères... bien-pensantes, pour le prix d'un appartement ! Dans les maternités, on persuadait l'accouchée que l'enfant était mort-né. Certaines religieuses et médecins participaient à ce trafic inqualifiable et lucratif.*

Mais c'est lors de la tentative de putsch du 23 février 1981 qu'il entra vraiment dans le cœur du peuple. Durant toute une nuit restée historique, Juan Carlos réussit à dissuader un à un les généraux de participer à l'aventure putschiste. En dénonçant le complot, il témoigna d'un sang-froid et d'un courage qui légitiment la monarchie dans le pays. Malgré son image de figure tutélaire de la transition démocratique, l'entrée dans le XXIe s voit flétrir les lauriers du roi. Une accumulation de scandales pèse sur la famille royale, qui perd d'année en année en popularité. Longtemps connu pour son franc-parler – il demanda un jour au président vénézuélien Hugo Chávez qui interrompait José Luis Zapatero : « pourquoi tu ne te tais pas ? » –, les Espagnols ne le reconnaissent plus. Il élude ainsi toute question à l'heure où sa famille la plus proche se retrouve impliquée dans des scandales financiers, et continue à mener un mode de vie trop cossu alors que les Espagnols s'enfoncent dans la crise. Eux qui l'admiraient autrefois pour sa réputation de jet-setter discret ! Après une longue phase de déni, et une série de refus catégoriques, le roi, affaibli par des problèmes de santé, se résout finalement à abdiquer en faveur de son fils Felipe, le 2 juin 2014.

### JUAN CARLOS, UN DRÔLE DE ROI

*En 39 ans de règne, Juan Carlos s'est illustré par sa bonhomie et son sens de l'humour... tranchant ! Ainsi, lorsque Philippe Seguin l'invita en 1993 à visiter l'Assemblée nationale et qu'il entendit les roulements de tambours annonçant son arrivée, il s'exclama : « La guillotine m'attend ! », en référence à la mise à mort bien française de Louis XVI.*

## La fin du XX^e^ s et le début du XXI^e^ s

Depuis la mort du Caudillo, l'Espagne a rattrapé, en puissance économique et en démocratie, ses partenaires européens. Elle ne se contente plus de suivre les « grands frères » français et allemands. Ainsi, Aznar n'hésite pas, en 2002 et 2003, à soutenir clairement les positions américaines en Irak, contre l'avis d'une large majorité de la population espagnole. Un déni de démocratie aux conséquences funestes. Le 11 mars 2004, Madrid est frappée par un attentat qui fera 192 morts. L'Espagne tout entière est secouée par cette barbarie terroriste. Respectant sa promesse électorale, le nouveau Premier ministre, José Luis Zapatero, retire les troupes espagnoles d'Irak. Autre avancée législative : en 2006, une loi est discutée pour permettre d'indemniser les victimes de l'époque franquiste.
Mais, à l'instar de ses homologues européens, l'Espagne subit aussi le retour de bâton du capitalisme forcené. À partir de 2008, le pays, à l'instar de toute l'Europe, plonge dans une crise économique sans précédent. En 2011, face à un système corrompu et à un chômage galopant, des manifestants occupent pendant des mois la Puerta del Sol (à Madrid), contestant le capitalisme sauvage. Le ***mouvement des* Indignados** (inspiré du livre *Indignez-vous,* de Stéphane Hessel) s'étend à d'autres villes en Espagne et à l'étranger, et engendre la naissance de *Podemos,* nouveau parti politique qui mobilise dès le début une partie non négligeable de l'électorat. Bientôt suivi par *Ciudadanos – Partido de la Ciudadanía,* autre mouvement politique citoyen. En octobre 2016, après 10 mois de crise et de blocage politique (aucune majorité ne se dégageant pour gouverner), Mariano Rajoy est reconduit à la tête du gouvernement, après avoir obtenu la confiance du Congrès après force négociations. Aujourd'hui encore, malgré une timide baisse du chômage depuis 2014 et une légère reprise de l'activité industrielle, la crise persiste et les Espagnols sont loin d'apercevoir le bout du tunnel... À quand le changement de société tant attendu par les *Indignados* ?

# MÉDIAS

## VOTRE TV EN FRANÇAIS : TV5MONDE, la première chaîne culturelle francophone mondiale

Avec ses 11 chaînes et ses 14 langues de sous-titrage, TV5MONDE s'adresse à 320 millions de foyers dans plus de 190 pays du monde par câble, satellite et sur IPTV. Vous y retrouverez de l'information, du cinéma, du divertissement, du sport, des documentaires...

Grâce aux services pratiques de son site voyage • *voyage.tv5monde.com* •, vous pouvez préparer votre séjour et une fois sur place rester connecté avec les applications et le site • *tv5monde.com* • Demandez à votre hôtel le canal de diffusion de TV5MONDE et contactez • *tv5monde.com/contact* • pour toutes remarques.

## Presse

L'Espagnol lit peu mais lit proche. Les deux grands quotidiens nationaux, *El Mundo* (1,2 à 1,3 million de lecteurs), de sensibilité libérale droitière, et *El País* (2 millions), plus socialisant, n'atteignent ces chiffres de diffusion que grâce à leurs éditions régionales (15 pour le premier, 7 seulement pour le second). Dans tous les cas, ils sont désormais dépassés par certains gratuits, au premier titre desquels *20 Minutos* (2,4 millions de lecteurs). Dans les hôtels, les restaurants, les campings, les régionaux se taillent la part du lion et, le plus souvent, on ne trouve qu'eux. Mais ils sont bien différents des grands titres de la presse régionale française. Les régionaux espagnols dépassent rarement les 200 000 exemplaires et ne s'intéressent guère qu'à l'actualité d'une ou de deux provinces – d'où le nombre de titres. La plupart traitent avec soin des nouvelles internationales (surtout européennes en fait) et nationales, mais ils y ajoutent d'innombrables pages locales où fleurissent les faits divers. Pour le voyageur, ce peut être une aubaine : le moindre événement, le moindre concert, la moindre foire artisanale ou le moindre marché sympa sont signalés. Ajoutons les annonces publicitaires, les agendas culturels souvent très détaillés (cinés, théâtres, spectacles...), les pages télé, etc. Bref, une mine, même si, il faut bien le dire, cette presse locale est encore plus conservatrice que la presse régionale française.

C'est ainsi qu'en Galice vous lirez la *Voz de Galicia,* dans l'une de ses éditions locales, ou le *Faro de Vigo,* et que vous trouverez à Santander *El Diario montanés* et en Asturies la *Nueva España.*

Pour bien préciser l'importance de cette info régionale, il suffit de dire que *Marca,* le grand quotidien sportif, imprime chaque jour 10 éditions régionales. Forcément, les équipes de foot ne sont pas les mêmes à Vigo et à Valence, tout le monde sait ça !

Côté magazines, la presse « people » caracole en tête derrière le vétéran *¡ Hola !* et ses 730 000 exemplaires. Les concurrents sont nombreux : *Semana, Diez minutos* et le petit dernier *¿ Qué me dices ?* La presse « people » ibérique fouille nettement moins dans les poubelles que ses homologues européens. Certes, on y parle des top models et de Caroline de Monaco, mais ce qui plaît aux Espagnols, ce sont les infos (pas les ragots) sur les toreros, les grands chanteurs de flamenco et les rejetons de la noblesse. Bref, la tendance serait plus *Point de vue* que *Gala.* Et quand la fille de la duchesse d'Albe épouse le fils d'un grand torero remarié avec une chanteuse de flamenco, c'est du délire ! En fait, c'est un bon moyen d'entrer par la petite porte dans la société espagnole.

## Télévision

Une surprise : les petits tirages de la presse télé. *Teleprograma,* le leader, plafonne à 250 000 exemplaires. Les Espagnols regarderaient-ils peu la télé ? Certes, non, ils sont même champions cathodiques d'Europe. Au programme : séries, jeux, documentaires, journaux télévisés et films.

On compte cinq chaînes principales : TVE1, TVE2, des chaînes d'État, Antena 3, qui diffuse TVG, la télé galicienne, très regardée dans les zones rurales, Tele5 (assez proche de notre M6) et Canal+, plus quelques chaînes locales. Les horaires des programmes sont indiqués dans le journal local, donc pas besoin de journal spécialisé. Sachez que les journaux télévisés suivent l'heure des repas (15h et 21h sur TVE1). Les téléréalités et les émissions people battent des records d'audience depuis des années. La *telebasura* séduit avec des formats tel *Sálvame,* où, chaque après-midi, un groupe de collaborateurs tous plus trash les uns que les autres étripe l'intimité de célébrités de séries B. Belén Esteban, ex-femme de torero et figure de la télé espagnole, est l'égérie de ce drôle de cirque qui a failli à plusieurs reprises être supprimé en raison des nombreuses plaintes de collectifs de télé-spectateurs. Véritable phénomène de société, ce type d'émission contraste avec la qualité des reportages sur des sujets politiques et sociaux, dans lesquels les journalistes espagnols excellent.

### Radio

De ce côté-là, c'est un peu le foutoir. Des centaines de miniradios inondent la bande FM. Pour écouter de la musique locale, c'est l'aubaine, sauf en voiture car le *cantaor* au *duende* fabuleux se trouve soudain remplacé par un débat sur la culture des olives au détour d'une colline. Une valeur sûre : la radio nationale avec *Radio Clásica* (pour la musique... classique !) ou *Radio 3* (du rock au hip-hop en passant par les musiques du monde).

## MUSIQUE

Depuis toujours, la musique fait partie intégrante de l'âme du nord-ouest de l'Espagne. Aujourd'hui, des groupes comme *Resonet* font revivre la musique ancienne et, par la même occasion, ressurgir le riche passé culturel de cette région. Comme sur tout l'arc atlantique, la vieille cornemuse a retrouvé une seconde jeunesse entre les mains de musiciens qui ont adapté le répertoire traditionnel ou ont créé une nouvelle thématique, plus folk, plus proche de la *world music.* Les têtes de file de cette nouvelle musique sont deux femmes, deux *gaiteras* (joueuses de cornemuse) : Cristina Pato et Susana Seivane.
Dans les groupes de folk moderne faisant intervenir des instruments traditionnels, le groupe phare se nommait *Berrogüeto* (aujourd'hui disparu). Mais n'oublions pas *Carlos Núñez* et son charisme d'ambassadeur de la *gaita,* ainsi que des groupes à l'origine du renouveau galicien comme *Milladoiro* et *Luar na Lubre.* Les célèbres *Celtas Cortos* sont aussi appréciés, mais on nous a fait remarquer qu'ils n'étaient pas galiciens et peut-être même pas celtes. Dont acte.

## PATRIMOINE CULTUREL

### Architecture

Si les Romains n'ont laissé que peu de traces architecturales en Espagne du Nord-Ouest (la muraille de Lugo, les thermes vers Gijón...), les envahisseurs wisigoths ont, eux, largement contribué à enrichir le patrimoine. Débarqués au VI$^{e}$ s, ces ariens (une secte chrétienne) bâtissent des églises massives, trapues, aux murs parfois cyclopéens, inspirées des traditions romaine et byzantine. Quelques jolis exemples ont traversé les siècles comme la ***cathédrale Santa Comba de Bade*** dans les environs d'***Ourense.***
Des éléments wisigoths typiques, comme les fenêtres en forme de serrure, se transmettent au préroman, qui s'épanouit à partir du IX$^{e}$ s, notamment dans le petit royaume des Asturies. Les plus beaux fleurons de cette époque se rencontrent sur le ***mont Naranco vers Oviedo*** avec les églises ***Santa María del Naranco*** et ***San Miguel de Lillo,*** ou bien encore l'église ***San Juan de Santianes de Pravia.***
***Compostelle*** prend ensuite de l'importance et la Galice comme ses voisines s'ouvre aux influences européennes, notamment françaises. Le ***style roman*** s'impose peu à peu au gré des pérégrinations des pèlerins. Et même si la cathédrale de Saint-Jacques-de-Compostelle s'avère l'emblématique chef-d'œuvre de cette période, une foule de petites églises de campagne méritent qu'on s'attarde sur la richesse des sculptures de leurs chapiteaux et tympans.

### BÂTIR DES CHÂTEAUX EN ESPAGNE

*Cette expression exprime des rêves irréalisables, ou le fait d'avoir des projets impossibles. En fait, sous le joug maure, la noblesse n'avait pas le droit de construire de châteaux en Espagne : il ne fallait pas qu'ils puissent servir de bases à d'éventuelles révoltes. Ces châteaux n'existaient donc pas.*

Achevée, la Reconquête marque, au sud, le début d'une période toute de gloire et de triomphe sans partage du catholicisme d'État. Églises, chapelles et monastères de ***style gothique*** (bientôt flamboyant, et plus souvent isabellin, du nom de la reine Isabelle la Catholique) se multiplient. En Espagne du Nord-Ouest, c'est inévitablement Saint-Jacques-de-Compostelle qui amorce le mouvement. La Renaissance, exprimée en Espagne par le ***style plateresque,*** reste plutôt discrète.
Au milieu du XVIIe s, les Espagnols, aux goûts foncièrement exubérants, s'accommodent mal de cette architecture assez sobre. ***Le règne du baroque, venu d'Italie, s'affirme.*** D'abord plutôt sages, les façades et les autels explosent au XVIIIe s en formes ***rococos.*** On parle ainsi de ***style churrigueresque*** (du nom du sculpteur José Benito Churriguera). Stucs et sculptures polychromes, angelots potelés et dorés, guirlandes, moulures végétales et balustrades entrent en fanfare dans les églises. Vous avez dit surchargé ? Il n'est qu'à voir l'***Obradoiro de la cathédrale de Compostelle*** pour s'en convaincre...
Autant le style néoclassique n'a guère laissé de chefs-d'œuvre en Espagne, autant l'aube du XXe s s'éveille sur une nouvelle période faste : celle du ***modernisme.*** Cousin de l'Art nouveau, celui-ci émerge à Barcelone à l'initiative d'artistes, écrivains et intellectuels œuvrant pour une renaissance catalane. Parmi eux, un certain Antoni Gaudí qui, avec ***El Capricho à Comillas,*** signe en Cantabrie sa seule œuvre hors Catalogne. Le modernisme reste également particulièrement à l'honneur dans le quartier de la ***Magdalena, à Ferrol,*** en Galice.
Terres de patrimoine, Cantabrie, Asturies et Galice n'hésitent pourtant pas à s'ouvrir à l'architecture contemporaine avec, pour ne citer que deux exemples parmi beaucoup d'autres, un extravagant centre culturel à Avilés, signé du maître brésilien Oscar Niemeyer, et le drôle de serpent de pierre et de verre de la *Cidade da Cultura,* à Saint-Jacques-de-Compostelle, œuvre du pape du déconstructivisme américain, Peter Eisenman.

## Hórreos

Impossible que vous ne découvriez pas des *hórreos* pendant votre séjour : on en compte plusieurs dizaines de milliers ! Présents dans toutes les Asturies, en Galice et, dans une moindre mesure, dans quelques vallées de Cantabrie, les *hórreos* sont des greniers à grains sur pilotis. Dans les Asturies, ils sont construits en bois, carrés et reposent sur quatre piliers surmontés de larges pierres plates pour empêcher les rats d'y grimper. Le toit est souvent en ardoises, orné de croix ou de petits obélisques. Quand ils reposent sur six piliers en lieu et place des quatre traditionnels, ce ne sont plus des *hórreos,* mais des *paneras,* apparues au XVIe s afin de protéger les récoltes de maïs (nouvellement importé par les conquistadors). En Galice, l'*hórreo* est en pierre, plus étroit et plus allongé ; certains atteignent même plus de 20 m, voire 35 m de long ! Ceux-là étaient davantage bâtis pour des raisons de prestige. À une époque pas si lointaine, les communautés se défiaient pour savoir qui aurait le plus long ou le plus gros *hórreo* de la région !
L'origine des *hórreos* fait débat. Certains les verraient bien romains (leur nom vient du latin *horreum,* grenier), mais il n'en est fait mention pour la première fois dans un texte qu'au Moyen Âge. Les plus anciens encore debout remontent au XVe s, mais la plupart sont plutôt des XVIIIe, XIXe ou début du XXe s.

# PERSONNAGES

Dans les trois régions autonomes, on a vraiment eu du mal à trouver des personnages réellement célèbres. Pas de grands marins, pas de généraux à la carrière bien remplie (sauf un), pas d'artistes mondialement connus.
Quel est le Galicien contemporain le plus célèbre ? Réponse : ***Julio Iglesias.*** Certes, l'homme est né à Madrid, mais de père galicien. D'ailleurs, toutes ses tournées espagnoles commencent à La Corogne pour bien témoigner de sa citoyenneté *gallega.* Il paraît même qu'il parle galicien et que, de là, vient la suavité de ses cordes vocales. Bon, admettons.
L'acteur José Doval, plus connu sous le nom de ***José Garcia,*** est fils de Galiciens, mais né à Paris.
Et ***Manu Chao*** ? Né en France lui aussi, le rocker de la Mano Negra a également un père galicien. Bon...
Une devinette maintenant ? Quel est le plus célèbre peintre galicien ? Réponse : ***Pablo Picasso.*** Oh là ! allez-vous rétorquer, mais celui-là est né à Málaga d'un père andalou. Vous n'avez rien compris. Picasso a habité à La Corogne, où son père était professeur de dessin, de 10 à 14 ans. Il y a même exposé sa première toile à l'âge de 13 ans... Donc, c'est en Galice que son talent s'est forgé. D'ailleurs, une plaque à La Corogne indique la maison où il fit sa première exposition à l'âge de 13 ans. Sans la Galice, il n'aurait jamais été ce qu'il a été !
Et le meilleur écrivain galicien ? Votre interlocuteur vous dévidera une impressionnante litanie de noms que vous ignorez sûrement (comme nous). Alors timidement, vous direz : « Et ***Camilo José Cela*** ? » Ce dernier étant né à Iria Flavia, à côté de Padrón, et donc pas loin de Santiago, il est vraiment galicien, et Prix Nobel de littérature en prime. On vous rétorquera que c'est un excellent *écrivain espagnol,* mais qu'il n'a jamais rien écrit en galicien. Donc, rien à voir avec les écrivains galiciens. Dur !
Avant de comprendre ces subtilités, il faut un petit moment. Est galicien, asturien ou cantabre celui qui aime, respecte et valorise sa province d'origine, avant tout. Ainsi ***Fidel Castro,*** également d'origine galicienne par son père, ne peut pas prétendre faire partie du club (là, c'est pratique, non ?).
Donc, pas de généraux sauf ***Francisco Franco Baamonde,*** natif de Ferrol, mais lui, on l'oublie volontiers d'autant plus qu'en supprimant le premier statut d'autonomie il n'a pas fait preuve d'un réel attachement à sa province d'origine. Sinon, du nombre de banquiers et d'hommes politiques, se détache ***Manuel Fraga Iribarne*** évoqué dans la rubrique « Histoire ». Autre grande valeur politique : ***Gaspar Melchior de Jovellanos*** (1744-1811). Cet écrivain et philosophe, né à Gijón, a été l'un des plus farouches partisans du libéralisme, plaidant notamment pour une meilleure répartition des terres qu'il voulait confisquer aux propriétaires absentéistes et aux monastères pour les donner aux paysans. Autres grands politiciens : ***Pablo Iglesias*** et ***Ricardo Mella.*** Le premier fonda le socialisme espagnol et le second l'anarchisme.
Un grand scientifique, Prix Nobel de médecine en 1959, ***Severo Ochoa*** (1905-1993), né à Luarca (Asturies), a découvert la synthèse biologique de l'ADN.
Peu d'artistes galiciens ont crevé l'écran, si l'on excepte deux comédiens nés à La Corogne : ***Fernando Rey*** (1917-1994), l'acteur favori de Buñuel, qui a promené son physique d'aristocrate dans plusieurs films du maître, et ***Maria Casarès*** (1922-1996), souvent désignée comme la plus grande tragédienne de la seconde moitié du XXe s, qui fut adoptée par la France après avoir fui l'insurrection militaire. Ses performances sur les planches avec Albert Camus ou Jean Vilar, avec qui elle participa à la création du Festival d'Avignon, ou au cinéma dans *Les Enfants du paradis* de Marcel Carné, font d'elle une actrice emblématique. Autre grand nom : ***Daniel Castelao*** (1886-1950), médecin, écrivain, poète, journaliste et caricaturiste. Vous verrez partout des reproductions de ses caricatures que les Galiciens adorent.

À part Picasso, galicien de passage, les peintres régionaux les plus connus sont l'Asturien ***Nicanor Pinõle*** (1878-1978), infatigable portraitiste de la vie paysanne, ***Genaro Pérez Villamil*** (1807-1854), qui introduisit la peinture de paysage en Espagne sous l'influence des peintres anglais et de l'école de Barbizon, et ***Eugenio Lucas Villamil,*** son neveu, qui peignait plutôt dans l'esprit de Goya.

On relève, en revanche, énormément d'écrivains et d'intellectuels dont les noms, s'ils n'ont pas atteint la renommée internationale de Camilo José Cela, font vibrer de fierté les Galiciens. ***Rosalía de Castro*** (1837-1885) connut une renommée subite avec la publication de *Cantares Gallegos,* première œuvre poétique écrite entièrement en galicien. ***Eduardo Pondal*** (1835-1917) s'appelait lui-même « le barde galicien » et fut le premier à incorporer des thèmes celtes à la littérature galicienne ; il rêvait d'une Galice noble, puissante et solitaire. Plus contemporain, le journaliste et poète ***Manuel Rivas*** (né en 1957) écrit bel et bien en galicien.

***Luis Seoane*** (1910-1979) avait un talent polymorphe. Né en Argentine, il revint en Galice après une solide formation juridique et devint l'avocat des révolutionnaires asturiens. Après un détour en politique qui le conduisit à nouveau en exil, il commença une carrière de peintre sans pour autant abandonner ses activités politiques : il est toujours considéré comme l'un des hommes clés du *galleguismo.*

Mention spéciale doit être faite à ***Ramón Otero Pedrayo*** (1888-1976) : ce natif d'Ourense, titulaire de la chaire de géographie de l'université de Santiago, a été le grand homme des études galiciennes au XX^e s. Il reste surtout un initiateur, un infatigable vulgarisateur et un magnifique pédagogue.

Mentionnons un architecte aussi, ***Antonio Palacios,*** spécialiste de la « reconstruction symbolique » et auteur, au début du XX^e s, des monuments les plus emblématiques de Madrid, comme l'Hôtel des Postes ou le Cercle des Beaux-Arts. On aime ou on n'aime pas, mais il a marqué l'histoire de l'architecture espagnole.

Et ***Miguel de Cervantes Saavedra*** ? Dans les montagnes d'Os Ancares, le chef-lieu de la région s'appelle Cervantes et, dans le village voisin, on trouve la maison noble de Saavedra. L'auteur de *Don Quichotte,* né à Alcalá de Henares, près de Madrid, est-il un Galicien fils d'émigrés ? Personne n'ose l'affirmer, mais la tentation est grande. De toute façon, il était le protégé du comte de Lemos et c'est grâce à la noblesse galicienne qu'il a pu écrire ses œuvres.

Reste la mode. En Espagne, moult stylistes sont galiciens, et on peut affirmer sans broncher que la mode espagnole est majoritairement galicienne. L'un des

### RETOUR SUR INVESTISSEMENT

*Née dans la misère à Pontevedra en 1868, la Belle Otero sut jouer de ses atouts d'actrice et de danseuse. Elle compta parmi ses admirateurs les plus intimes Édouard VII d'Angleterre, Léopold II de Belgique, le grand-duc Nicolas de Russie, ou encore Aristide Briand. Courtisane célèbre durant toute la Belle Époque, elle amassa plusieurs millions de dollars. Après sa retraite en 1915, elle dilapida toute cette fortune aux tables de jeu et se retrouva dans un hôtel miteux de Nice. Elle ne dut alors sa subsistance qu'à la générosité du casino de Monaco qui lui versa une pension jusqu'à son suicide, à l'âge de 96 ans...*

### MARQUER DES BUTS... PEU IMPORTE LE TERRAIN !

*Alejandro Finisterre, né Alejandro Campos Ramirez, est passé à la postérité en tant qu'inventeur du babyfoot. Il fut un antifranquiste acharné. Pendant son exil en Amérique latine, il publia grâce à sa fortune personnelle plus de 200 œuvres d'opposants politiques espagnols. Il s'illustra aussi en détournant l'avion qui devait le ramener depuis le Guatemala, sous bonne garde, en Espagne... et réussit à le faire atterrir au Panamá.*

grands noms est ***Amancio Ortega,*** créateur de la marque *Zara,* qui a conquis presque toute l'Europe : la plus grosse fortune d'Espagne (et la quatrième du monde !) a commencé comme livreur de chemises à La Corogne et a fait de la ville d'Arteixo le siège social de son empire nommé *Inditex* (4 200 boutiques réparties dans 73 pays !). Grands noms également, les créateurs ***Adolfo Domínguez*** et ***Roberto Verino,*** installés dans toutes les petites villes de l'autonomie.
S'il est difficile de citer quelques grands noms pour la Galice, la tâche s'avère encore plus ardue pour la Cantabrie. Reste surtout ***Severiano Ballesteros*** (1957-2011), un des plus grands golfeurs du monde. Le gamin qui, parce qu'il n'avait pas accès aux greens, tapait ses premières balles sur les plages de Santander, a montré au monde qu'on ne jouait pas qu'au football en Espagne.
Pour les Asturies, à tout seigneur, tout honneur : la journaliste ***Letizia Ortiz,*** hasard de l'histoire, est devenue princesse des Asturies, sa région natale, en épousant le prince héritier Felipe, désormais roi d'Espagne. N'oublions pas, pour finir, le pilote ***Fernando Alonso,*** révélé en 2005 lorsqu'il remporta le titre de champion du monde de Formule 1, à l'âge de 24 ans seulement ! Né à Oviedo, on le surnomme le « Taureau des Asturies ». Cette fois, pas de doute, c'est un Asturien, un vrai...

### FELIPE VI, ROI DE CORSE ?

*Lors de son couronnement, Felipe VI n'a pas seulement été sacré roi d'Espagne, il devient aussi roi de Corse, duc et comte palatin de Bourgogne, comte du Roussillon, landgrave d'Alsace, comte du Haut-Rhin... Au total, plus d'une centaine de titres farfelus qu'il hérite de ses origines bourboniennes et habsbourgeoises. C'est au nom de la tradition et grâce à ses ancêtres Louis XIV et Charles Quint que Felipe hérite de ces titres obsolètes.*

# POPULATION

## Émigration...

Durant tout le XIXe s, la Galice a plafonné autour de 2 millions d'habitants et les Asturies aux environs de 800 000. Pendant ce même siècle, plus de 1 million de Galiciens et près de 300 000 Asturiens ont émigré, principalement vers l'Eldorado américain. Ces chiffres montrent la saignée de l'émigration en Espagne du Nord-Ouest. Encore ne concernent-ils que ceux qui ont quitté l'Espagne. Nombre de Galiciens ou d'Asturiens se sont expatriés à l'intérieur de la péninsule Ibérique. Et, aujourd'hui encore, 275 000 électeurs votent hors de Galice, dont 80 000 en Argentine.
La pauvreté et les famines du XIXe s furent les causes premières de ce phénomène. Petites exploitations agricoles, nombreux sans-terres, conditions de travail épouvantables : les autochtones, notamment les jeunes gens, n'avaient pas vraiment le choix. Contrairement au Pays basque d'où partaient essentiellement des cadets, il arrivait que tous les frères d'une même famille prennent le bateau pour l'Amérique, ensemble ou séparément. Ceux qui réussissaient revenaient se faire construire une belle maison au pays : les fameuses *casas de Indianos* (les maisons des Indiens) témoignent tout au long de la côte de la réussite financière de ces jeunes partis sans un sou en poche et « même avec des dettes », et revenus fortune faite. Leurs histoires colportées déclenchaient alors d'autres envies de départ. Tous, bien sûr, ne revinrent pas ou ne firent pas fortune. Et pour ceux qui tirèrent leur épingle du jeu, le sort fut parfois retors. Les sommes placées en monnaies étrangères furent gommées par l'inflation en Amérique du Sud, ainsi que par le krach de 1929 aux États-Unis, et beaucoup de ces *Indianos,* partis pauvres et revenus riches, moururent finalement pauvres.
La politique fut aussi un puissant moteur. Émigrer permettait de fuir un régime trop autoritaire (il y eut un regain d'émigration lors de la guerre civile), d'échapper au service militaire, d'aller rêver ailleurs de lendemains qui chantent.

Le phénomène continue mais, aujourd'hui, l'Europe est devenue la destination favorite de ces chercheurs de fortune – destination plus sûre, où l'on s'enrichit moins, mais qui permet de revenir plus facilement au pays. L'Espagne du Nord-Ouest exporte toujours sa force de travail, mais une immigration importante en provenance d'Amérique du Sud vient plus que combler les départs. Aujourd'hui, le solde migratoire de l'Espagne du Nord-Ouest est positif.

### ... et communautarisme

On vous l'a dit, l'Espagne du Nord-Ouest est particulière. D'abord, la population y est assez homogène. C'était une terre d'émigration, pas d'immigration. Tout juste s'installèrent quelques Basques : le nom du Prix Nobel de médecine asturien Severo Ochoa est bel et bien d'origine basque, et vous trouverez souvent des Aguirre ou des Jauregui. Mais comme rien ne ressemble plus à un Cantabre qu'un Basque, ou à un Asturien qu'un Galicien...
Ajoutons que toute cette côte, de l'Adour au Miño, est profondément traditionaliste. Attention, cela ne veut pas dire conservatrice. Plus simplement, les racines anciennes impliquent une très forte solidarité sociale, un sentiment d'appartenance au groupe, la permanence d'une identité qui s'exprime d'abord par la langue et dérive facilement vers le nationalisme. Dans les régions rurales, les fêtes, carnavals et autres *romerías* sont le signe le plus visible de cette union sociale très forte. Il en est un autre que le voyageur perçoit moins : l'entraide dans les travaux des champs. Il est d'usage que, lors des travaux importants, l'ensemble d'un village travaille dans le champ d'un seul. Cela explique la survie de fêtes comme les *rapas das bestas,* où tous les hommes d'un village participent au regroupement, au marquage et à la coupe des crins des chevaux de la communauté. Cette sorte de communisme primitif a permis la naissance de puissants syndicats agricoles à la fin du XIXe s et a soutenu l'émergence d'un sentiment national, notamment en Galice.

## RELIGIONS ET CROYANCES

Les clichés ont la vie dure. Certes, d'après les sondages, 73 % des Espagnols (94 % officiellement) se reconnaissent de confession catholique, ce qui laisse peu de place aux autres. Mais ce chiffre, qui donne l'image d'un catholicisme triomphant, cache une baisse prononcée de la fréquentation des églises, notamment lors de la messe dominicale, et surtout chez les jeunes dont 50 % se déclarent athées. D'ailleurs, 26 % des Espagnols s'affirmaient agnostiques ou athées en 2016 (ça grimpe jusqu'à 50 % chez les jeunes), et seuls 10 % se rendent à l'église le dimanche. Se déclarer catholique ne signifie pas forcément avoir la foi, mais plutôt être de culture catholique et se conformer à certains rites.
Et puis, toutes ces occasions restent le meilleur prétexte pour faire la fête : aux nombreux jours fériés à caractère religieux s'ajoutent les différentes fêtes des villes et des villages données en l'honneur du saint patron local (on vous en a déjà parlé ; voir la rubrique « Fêtes et jours fériés » dans « Espagne du Nord-Ouest utile »), tandis que la Semaine sainte et ses processions mettent les cités espagnoles dans un état proche de l'hystérie collective. Une hystérie à travers laquelle se mêlent joie de vivre l'instant et authentique ferveur religieuse.
Cela étant dit, si les Espagnols se retrouvent moins nombreux à la messe dominicale, l'Église reste suffisamment puissante pour s'opposer farouchement sur le terrain social. Le remue-ménage face au mariage gay en est bien la preuve.
Et les non-catholiques dans tout ça ? Eh bien, la première communauté serait constituée par les protestants (1,2 million), aux deux tiers des Anglais installés en Espagne... Près de 1 million de personnes seraient orthodoxes (travailleurs d'Europe de l'Est) et à peu près autant musulmans, issus en majorité de l'immigration – bien que se soit développé un îlot de nouveaux convertis en Andalousie.

Les juifs ne seraient guère que 50 000, mais une loi votée en 2015 facilite l'obtention de la nationalité espagnole à tous les descendants des séfarades expulsés d'Espagne en 1492 et les années suivantes ! Quant aux sectes, elles paraissent peu implantées, et souvent liées aux mouvements d'extrême droite.

# SAVOIR-VIVRE ET COUTUMES

## Quelques particularités

– Dans les hôtels comme dans les restos (sauf en Galice), il faut souvent ajouter à la note la TVA (IVA) qui va de 10 % (normale) à 16 % dans certains restos chic. Bon à savoir aussi, le pain est généralement facturé. Si vous n'en voulez pas, précisez-le d'emblée...

– Le service est compris, mais le ***pourboire*** (la *propina*) n'est pas inclus dans la note : il n'est pas obligatoire, mais il est courtois de laisser quelque chose (jusqu'à 10 % de l'addition). N'oubliez pas que les salaires sont ici moins élevés qu'en France.

– Il est un rituel que l'on retrouve dans toute la péninsule Ibérique : le ***paseo*** (littéralement « la promenade »). Vers 19h-20h, avant le dîner, les Espagnols ont l'habitude de déambuler dans les rues de la ville, le long des promenades de bord de mer par exemple, en famille ou entre amis. L'élégance est de mise, chez les grands comme chez les petits. C'est un moment très convivial, à ne pas manquer.

– Il y a peu de ***toilettes publiques,*** mais on peut plus facilement qu'en France utiliser les toilettes des cafés et restos.

Pour le reste, on fait attention à sa ***tenue,*** surtout quand on entre dans une église (les jambes nues sont mal vues et il vaut mieux couvrir bras et épaules). Les plages naturistes ne sont pas rares, mais, attention, à contrario, dans certains coins, même les seins nus ne sont pas acceptés.

### ON SE DIT TU ?

*Le tutoiement est bien plus utilisé en espagnol qu'en français. L'habitude surprend quand un chauffeur de taxi vous tutoie, par exemple. N'y voyez aucune familiarité, plutôt un rejet du formalisme. On vouvoie généralement les supérieurs hiérarchiques ou les personnes âgées. Mais pas toujours !*

## Fêtes à toutes les sauces

Toutes les occasions sont bonnes en Espagne pour organiser une fête. Bien sûr, tous les saints y passent mais aussi le vin, les fruits de mer, les escargots, les chevaux et toutes les récoltes !

On compte plus de 25 000 fêtes par an en Espagne ! De plus, il est rare qu'une fête dure une journée seulement...

Commençons par les ***fêtes nationales*** : celle du 12 octobre et le 1er mai, bien entendu. Ajoutons les jours fériés classiques comme le 15 août, la Toussaint ou Noël. Viennent ensuite les ***fêtes religieuses nationales*** : la Semaine sainte voit les Espagnols migrer dans tous les sens. C'est la semaine où les prix flambent, passant à peu près partout du simple au double (ou triple !). Même les hôteliers qui ne distinguent pas haute et basse saison ont un tarif spécial pour cette semaine-là. Le 25 juillet, tout ferme en l'honneur de saint Jacques, saint patron de l'Espagne. Les fêtes mariales sont célébrées à peu près partout : le 15 août, on vous l'a dit, ainsi que le 8 septembre et le 8 décembre. On fête Noël, bien entendu, mais aussi – et surtout – l'Épiphanie. À ce propos, ne confondez pas la *Nochebuena* – la Bonne Nuit, c'est-à-dire Noël – et la *Nochevieja* – la Vieille Nuit, soit la Saint-Sylvestre. Le carnaval est abondamment fêté : chaque village maintient avec soin ses costumes, toujours différents d'un village à l'autre, et ses danses de carnaval.

Les plus importants se déroulent à Verín ou à Laza. Les fêtes religieuses moins courues comme la Fête-Dieu *(Corpus Christi)* ou la Pentecôte ne concernent pas tous les villages.

Puis viennent les ***fêtes patronales*** : elles se célèbrent par paroisse et non par *municipio,* ce qui signifie qu'un *municipio* peut se retrouver avec cinq ou six fêtes patronales dans l'année.

Les ***romerías,*** traditionnellement liées à un pèlerinage vers un sanctuaire, ou un ermitage donné, ont souvent lieu pendant les fêtes patronales. On en profite pour faire un grand banquet avec danses et musique (enfin, on va d'abord à la messe, tout de même).

N'oublions pas les ***fêtes rurales*** anciennes et un peu païennes, comme le *Rapa das Bestas* où l'on regroupe les chevaux lâchés dans la montagne pour les marquer, leur couper les crins et sélectionner ceux qui partent à l'abattoir. Activités qui donnent faim et soif, vous l'aurez compris.

Il est impossible d'oublier les ***fêtes historiques,*** généralement d'origine récente. À Baiona, on fête le retour d'Amérique de Martín Pinzón à bord de la caravelle *Pinta* ; à Villaviciosa, on célèbre le débarquement de Charles Quint en Espagne ; à Catoira, on organise un combat entre Vikings et Galiciens, etc.

Également récentes, les ***fêtes gastronomiques*** : fête des Vins des *Rías Baixas,* fête de la Langouste à A Guarda, fête de la Lamproie à Arbo, fête de l'Eau-de-vie à Potes... Rien qu'en Galice, on a noté plus de 30 fêtes gastronomiques importantes, pour la plupart en été. Cela pour dire qu'il est rigoureusement impossible de parcourir l'Espagne du Nord-Ouest sans tomber sur une fête, et ce en toute saison.

## SITES INSCRITS AU PATRIMOINE MONDIAL DE L'UNESCO

Organisation des Nations Unies pour l'éducation, la science et la culture

En coopération avec le centre du patrimoine mondial de l'UNESCO

Pour figurer sur la liste du Patrimoine mondial, les sites doivent avoir une valeur universelle exceptionnelle et satisfaire à au moins un des 10 critères de sélection. La protection, la gestion, l'authenticité et l'intégrité des biens sont également des considérations importantes.

Le patrimoine est l'héritage du passé dont nous profitons aujourd'hui et que nous transmettons aux générations à venir. Nos patrimoines culturel et naturel sont deux sources irremplaçables de vie et d'inspiration. Ces sites appartiennent à tous les peuples du monde, sans tenir compte du territoire sur lequel ils sont situés. Pour plus d'informations : ● *whc.unesco.org* ●

– ***En Galice :*** la vieille ville de Saint-Jacques-de-Compostelle (1985), le chemin de Saint-Jacques-de-Compostelle (1993), les remparts romains de Lugo (2000), la tour d'Hercule de La Corogne (2009).

– ***Dans les Asturies :*** les monuments d'Oviedo et du royaume des Asturies (1985 et 1998).

– ***En Cantabrie :*** les grottes d'Altamira et l'art rupestre paléolithique du nord de l'Espagne (1985).

## SPORTS ET LOISIRS

D'abord et surtout, le *fútbol.* On trouve en Espagne les plus grands stades européens, et une équipe nationale (championne du monde en 2010) dépitée depuis juillet 2014 par son élimination de la Coupe du monde dès le premier tour, puis par celle lors de l'Euro 2016 (où elle était également tenante du titre). Les grands clubs sont l'orgueil des villes. Vigo vibre avec le *Celta* et La Corogne avec le *Deportivo,*

les deux phares footballistiques de la région. Ensuite, le cyclisme : nombreuses courses provinciales et locales. Enfin, le tennis a aussi la cote. Si Rafael Nadal n'est pas galicien, la région demeure un creuset de champions. Pratiquement pas de pelote, mais des sports d'eau comme le rafting, le canyoning, le canoë-kayak (la descente du río Sella, tous les ans en Asturies, rassemble des centaines de canoéistes venus de toute l'Espagne), qui se pratique aussi dans les *rías* galiciennes, à côté de la voile. La côte galicienne compte également plus de 60 spots de surf, parmi lesquels on retiendra Malpica, Doniños, Oia, Patos et surtout Pantin (près de Ferrol), tant pour la qualité des vagues que pour la beauté et la tranquillité des sites. La Galice et les Asturies sont en effet des régions où surfer dans des criques sauvages loin de la foule reste possible.
La Cantabrie pratique un sport qui, s'il n'a pas dépassé les limites de la région, y est aussi populaire que le football : les *bolos*. Un traditionnel jeu de quilles, entre – pour vous faire une idée – le bowling et la pétanque.
Dans les montagnes, on peut pratiquer le parapente, la randonnée ou le saut à l'élastique. Mais il s'agit plus d'activités à l'usage des touristes que de sports vraiment populaires. Quelques villes comme Cangas de Onís ou Arriondas s'en sont fait une spécialité.
Ce qui devrait être populaire, en revanche, c'est l'équitation. Toute l'Espagne du Nord est une importante zone d'élevage de chevaux de sang. Il existe de nombreux élevages autour des Picos de Europa, vers Santa Marina de Valdeón ou Potes. Il n'est pas rare de voir tout à coup dans une ville un groupe de cavaliers descendus de leurs montagnes. Mais il s'agit bien d'usage, pas de sport. Les courses de chevaux ou les concours hippiques sont plutôt rares (sinon à Gijón), tandis que la plupart des éleveurs organisent des randonnées hippiques, toujours sans connotation sportive.

# TAPAS

Bienvenue dans notre chapitre préféré ! La ***tournée des bars à tapas*** est un art (de vivre) espagnol auquel on se doit de rendre hommage... Vous serez vite converti.

## Un peu d'histoire

D'où vient la tradition des tapas ? Sachez que dans les couloirs de la rédaction du *Routard,* une querelle fait rage. Un peu similaire à celle des Anciens et des Modernes. Les premiers affirment que l'origine des tapas est d'émanation royale. En effet, pour lutter contre l'alcoolisme, un roi aurait obligé les débits de boissons à poser une assiette avec un en-cas sur le verre de vin. Les Modernes, eux, soutiennent que la création des tapas aurait été purement utilitariste : on servait à l'apéritif une rondelle de charcuterie posée sur le verre de vin, pour éviter que les mouches et les poussières de l'auberge ne tombent dans ledit verre. Comme ça faisait un peu tristounet, une soucoupe vide, on ajouta une olive pour faire joli. Dans une théorie comme dans l'autre, *tapar* signifiant « boucher, couvrir », l'en-cas prit rapidement le nom de *tapa.* De nombreux bars populaires proposent des tapas mais ne l'affichent pas forcément. Demander : « *¿ De tapeo, qué hay ?* »
Avant, les tapas étaient comprises dans le prix de la boisson. Mais aujourd'hui elles sont souvent facturées à part, à l'exception des olives et cacahuètes servies parfois gracieusement avec la bière.

## *Ir de tapeo*

Si c'est la première fois que vous débarquez en Espagne, vous vous demanderez probablement pourquoi le soir, quel que soit le jour, les bars sont bondés. Tout simplement parce que les Espagnols ont l'habitude de téléphoner à leurs potes

pour « aller de tapas en tapas » *(ir de tapeo).* Ils se donnent tous rendez-vous dans leur bar favori et parcourent les *mesones* au gré de leurs envies et des spécialités des maisons. Ici *morcilla,* là tortilla. On mange debout en s'essuyant le coin du bec avec une serviette en papier cigarette : c'est souvent plus économique et moins formel qu'un restaurant où l'on doit s'asseoir et attendre les plats, faire risette au serveur, se faire servir du vin. Pour les néophytes, il ne faut pas avoir peur d'insister auprès des serveurs. Ils sont souvent débordés, et il leur arrive d'oublier carrément la commande. Animation garantie, sauf à l'heure de la sieste (entre 15h et 18h environ), où tous les bars sont fermés.
Rappelons que ces infernales gourmandises appelées *tapas* ont vite dépassé le stade des simples amuse-gueules pour devenir de véritables échantillons de dégustation. Certains bars à tapas fonctionnent comme nos traiteurs, avec un choix étonnant de spécialités maison, recettes du jour, etc. L'avantage : quand on ne connaît pas le nom d'un plat, on peut se contenter de le montrer du doigt !
– Les ***prix*** sont habituellement indiqués au-dessus du comptoir, ça permet de ne pas dépasser son budget. Quand ils ne le sont pas, gare aux arnaques ! Quant à l'addition, on l'inscrit encore souvent à la craie grasse sur le bar. En général, trois ou quatre tapas constituent un repas. Les prix pratiqués sont sensiblement les mêmes partout, allant d'un bon 1,50 € pour les classiques (tortilla, par exemple) à 10-12 € environ pour une assiette de jambon et fromage *(ración).* Mais on trouve aussi des tapas à 1 € dans les bars *low-cost* et des *raciones* à 18-20 €... Tout dépend du lieu et du produit.

# *les ROUTARDS sur la FRANCE 2018-2019*

(dates de parution sur • *routard.com* •)

## Découpage de la FRANCE par le ROUTARD

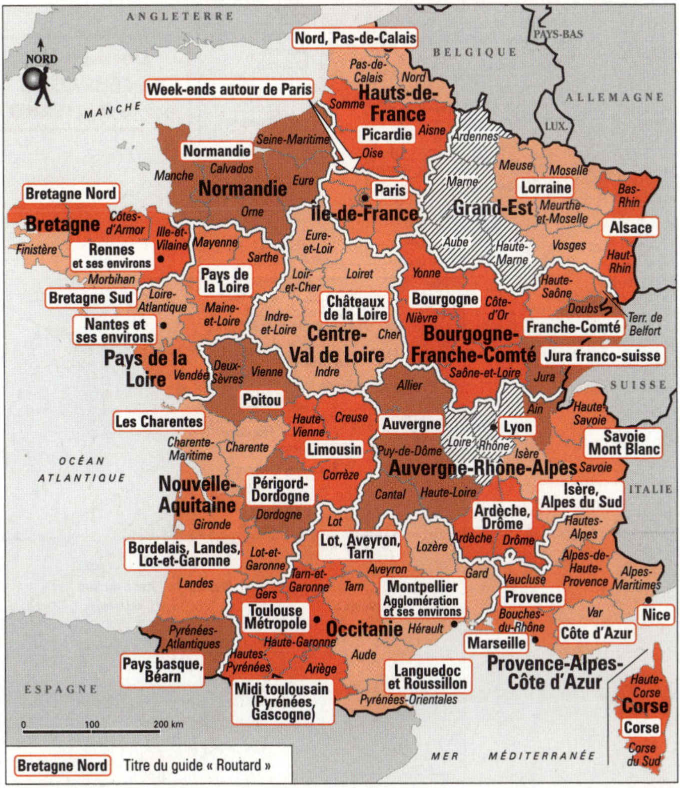


### Autres guides sur la France

- Hébergements insolites en France
- Canal des deux mers à vélo (mars 2018)
- La Loire à Vélo
- Paris – Île-de-France à vélo (juin 2018)
- La Vélodyssée (Roscoff-Hendaye)
- Nos meilleurs campings en France
- Nos meilleures chambres d'hôtes en France
- Nos meilleurs restos en France
- Les visites d'entreprises en France

### Autres guides sur Paris

- Paris
- Paris balades
- Paris exotique (nouveauté)
- Restos et bistrots de Paris
- Le Routard des amoureux à Paris
- Week-ends autour de Paris

# les ROUTARDS sur l'ÉTRANGER 2018-2019

(dates de parution sur • **routard.com** •)

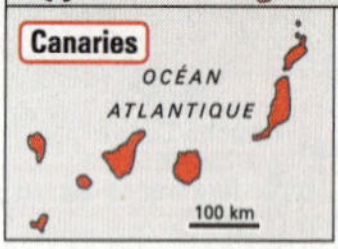


**Découpage de l'ESPAGNE par le ROUTARD**

**Découpage de l'ITALIE par le ROUTARD**

## Autres pays européens

- Allemagne
- Angleterre, Pays de Galles
- Autriche
- Belgique
- Bulgarie
- Crète
- Croatie
- Danemark, Suède
- Écosse
- Finlande
- Grèce continentale
- Hongrie
- Îles grecques et Athènes
- Irlande
- Islande
- Madère
- Malte
- Norvège
- Pays baltes : Tallinn, Riga, Vilnius
- Pologne
- Portugal
- République tchèque, Slovaquie
- Roumanie
- Suisse

## Villes européennes

- Amsterdam et ses environs
- Berlin
- Bruxelles
- Budapest (mars 2018)
- Copenhague
- Dublin
- Lisbonne
- Londres
- Moscou
- Naples (nouveauté)
- Porto (nouveauté)
- Prague
- Saint-Pétersbourg
- Stockholm
- Vienne

# les ROUTARDS sur l'ÉTRANGER 2018-2019

(dates de parution sur • *routard.com* •)

## Découpage des ÉTATS-UNIS par le ROUTARD

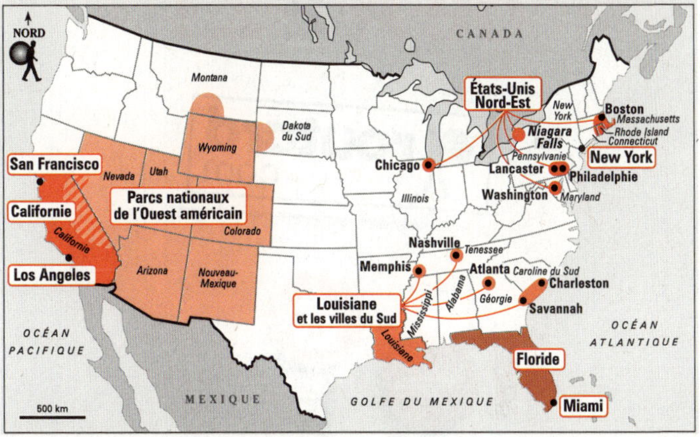


## Autres pays d'Amérique

- Argentine
- Brésil
- Canada Ouest
- Chili et île de Pâques
- Colombie (avril 2018)
- Costa Rica
- Équateur et les îles Galápagos
- Guatemala, Belize
- Mexique
- Montréal
- Pérou, Bolivie
- Québec, Ontario et Provinces maritimes

## Asie et Océanie

- Australie côte est + Red Centre
- Bali, Lombok
- Bangkok
- Birmanie (Myanmar)
- Cambodge, Laos
- Chine
- Hong-Kong, Macao, Canton
- Inde du Nord
- Inde du Sud
- Israël et Palestine
- Istanbul
- Jordanie
- Malaisie, Singapour
- Népal
- Shanghai
- Sri Lanka (Ceylan)
- Thaïlande
- Tokyo, Kyoto et environs
- Turquie
- Vietnam

## Afrique

- Afrique du Sud
- Égypte
- Kenya, Tanzanie et Zanzibar
- Maroc
- Marrakech
- Sénégal
- Tunisie

## Îles Caraïbes et océan Indien

- Cuba
- Guadeloupe, Saint-Martin, Saint-Barth
- Île Maurice, Rodrigues
- Madagascar
- Martinique
- République dominicaine (Saint-Domingue)
- Réunion

## Guides de conversation

- Allemand
- Anglais
- Arabe du Maghreb
- Arabe du Proche-Orient
- Chinois
- Croate
- Espagnol
- Grec
- Italien
- Japonais
- Portugais
- Russe
- G'palémo (conversation par l'image)

## Livres-photos Livres-cadeaux

- Voyages (nouveauté)
- Nos 120 coins secrets en Europe (nouveauté)
- Les 50 voyages à faire dans sa vie
- 1 200 coups de cœur dans le monde
- 1 200 coups de cœur en France
- Nos 52 week-ends dans les plus belles villes d'Europe

**Nous tenons à remercier tout particulièrement Loup-Maëlle Besançon, Thierry Bessou, Gérard Bouchu, François Chauvin, Grégory Dalex, Fabrice Doumergue, Cédric Fischer, Carole Fouque, Michelle Georget, David Giason, Claude Hervé-Bazin, Emmanuel Juste, Dimitri Lefèvre, Fabrice de Lestang, Romain Meynier, Éric Milet, Pierre Mitrano, Jean-Sébastien Petitdemange et Thomas Rivallain pour leur collaboration régulière.**

Jean-Jacques Bordier-Chêne
Michèle Boucher
Diane Capron
Laura Charlier
Agnès Debiage
Jérôme Denoix
Tovi et Ahmet Diler
Marjorie Dubois
Clélie Dudon
Sophie Duval
Jeanne Favas
Alain Fisch
Alexandra Fouchard
Guillaume Garnier
Nicolas George
Bérénice Glanger
Adrien et Clément Gloaguen
Léa Guinolas
Manon Guyot
Bernard Hilaire et Pepy Fenchy Kupang
Sébastien Jauffret
Céline Kamand
Jacques Lemoine
Aurore de Lombarès
Caroline Ollion
Martine Partrat
Odile Paugam et Didier Jehanno
Prakit Saiporn
Jean-Luc et Antigone Schilling
Jean Tiffon
Caroline Vallano

**Direction :** Nathalie Bloch-Pujo
**Contrôle de gestion :** Jérôme Boulingre et Adeline Cazabat Barrere
**Secrétariat :** Catherine Maîtrepierre
**Direction éditoriale :** Hélène Firquet
**Édition :** Matthieu Devaux, Olga Krokhina, Gia-Quy Tran, Julie Dupré, Emmanuelle Michon, Alba Bastida Díaz, Amélie Gattepaille, Ludmilla Guillet, Pauline Janssens, Margaux Lefebvre, Amélie Ramond, Elvire Tandjaoui et Clémence Toublanc
**Ont également collaboré :** Estelle Gaudin, Pauline Margain, Michèle Bondu et Isabelle Chotel
**Cartographie :** Frédéric Clémençon et Aurélie Huot
**Fabrication :** Nathalie Lautout et Audrey Detournay
**Relations presse France :** COM'PROD, Fred Papet. ☎ 01-70-69-04-69. • *info@comprod.fr* •
**Illustration :** Anne-Sophie de Précourt
**Direction marketing :** Adrien de Bizemont, Clémence de Boisfleury et Charlotte Brou
**Contacts partenariats :** André Magniez (EMD). • *andremagniez@gmail.com* •
**Édition des partenariats :** Élise Ernest
**Informatique éditoriale :** Lionel Barth
**Couverture :** Clément Gloaguen et Seenk
**Maquette intérieure :** le-bureau-des-affaires-graphiques.com, Thibault Reumaux et npeg.fr
**Relations presse :** Martine Levens (Belgique) et Maureen Browne (Suisse)
**Régie publicitaire :** Florence Brunel-Jars

# INDEX GÉNÉRAL

INDEX GÉNÉRAL

# LISTE DES CARTES ET PLANS

### Remarque importante aux hôteliers et restaurateurs

Les enquêteurs du *Routard* travaillent dans le plus strict anonymat. Aucune réduction, aucun avantage quelconque, aucune rétribution n'est jamais demandé en contrepartie. Face aux aigrefins, la loi autorise les hôteliers et restaurateurs à porter plainte.

### Avis aux lecteurs

*Le Routard,* ce n'est pas comme le bon vin, il vieillit mal. On ne veut pas pousser à la consommation, mais évitez de partir avec une édition ancienne. Les modifications sont souvent importantes.
Les réductions accordées à nos lecteurs ne sont jamais demandées par nos rédacteurs afin de préserver leur indépendance. Les hôteliers et restaurateurs sont sollicités par une société de mailing, totalement indépendante de la rédaction, qui reste donc libre de ses choix. De même pour les autocollants et plaques émaillées.

### Avec routard.com, choisissez, organisez, réservez et partagez vos voyages !

✓ Rejoignez la plus grande communauté francophone de voyageurs : **plusieurs millions d'internautes.**

✓ Échangez avec les routarnautes : forums, photos, avis d'hôtels.

✓ Retrouvez aussi toutes les informations actualisées pour choisir et préparer vos voyages : plus de 300 guides destinations, une centaine de dossiers pratiques et un magazine en ligne pour découvrir tous les secrets de votre destination.

✓ Enfin, comparez les offres pour organiser et réserver votre voyage au meilleur prix.

## *Les* **Routards** *parlent aux* **Routards**

Faites-nous part de vos expériences, de vos découvertes, de vos tuyaux et de vos coups de cœur. Aidez-nous à remettre l'ouvrage à jour. Indiquez-nous les renseignements périmés. Faites profiter les autres de vos adresses nouvelles, combines géniales... On adresse un exemplaire gratuit de la prochaine édition à ceux qui nous envoient les meilleurs courriers, pour la qualité et la pertinence des informations.
Quelques conseils cependant :
– Envoyez-nous votre courrier le plus tôt possible afin que l'on puisse insérer vos tuyaux sur la prochaine édition.
– N'oubliez pas de préciser l'ouvrage que vous désirez recevoir, ainsi que votre adresse postale.
– Vérifiez que vos remarques concernent l'édition en cours et notez les pages du guide concernées par vos observations.
– Quand vous indiquez des hôtels ou des restaurants, pensez à signaler leur adresse précise et, pour les grandes villes, les moyens de transport pour y aller. Si vous le pouvez, joignez la carte de visite de l'hôtel ou du resto décrit.
En tout état de cause, merci pour vos nombreux mails.

**122, rue du Moulin-des-Prés, 75013 Paris**

• *guide@routard.com* • *routard.com* •

## **Routard Assurance** *2018*

Née du partenariat entre *AVI International* et le *Routard*, *Routard Assurance* est une assurance voyage complète qui offre toutes les prestations d'assistance indispensables à l'étranger : dépenses médicales, pharmacie, frais d'hôpital, rapatriement médical, caution et défense pénale, responsabilité civile vie privée et bagages. Présent dans le monde entier, le plateau d'assistance d'*AVI International* donne accès à un vaste réseau de médecins et d'hôpitaux : pas de franchise, aucune avance de frais à faire, un numéro d'appel gratuit disponible 24h/24. *AVI International* dispose par ailleurs d'une filiale aux États-Unis qui permet d'intervenir plus rapidement auprès des hôpitaux locaux. À noter, *Routard Assurance Famille* couvre jusqu'à 7 personnes, et *Routard Assurance Longue Durée Marco Polo* couvre les voyages de plus de 2 mois dans le monde entier. *AVI International* est une équipe d'experts qui répondra à toutes vos questions par téléphone : ☎ 01-44-63-51-00 ou par mail • *routard@avi-international.com* • Conditions et souscription sur • *avi-international.com* • Avant de partir, pensez à télécharger l'appli mobile *AVI* et accéder à tous vos documents d'assurance en 2 clics.

Édité par Hachette Livre (58, rue Jean-Bleuzen, CS 70007, 92178 Vanves Cedex, France)
Photocomposé par Jouve (rue de Monbary, 45140 Ormes, France)
Imprimé par Lego SPA Plant Lavis (via Galileo Galilei, 11, 38015 Lavis, Italie)
Achevé d'imprimer le 26 février 2018
Collection n° 13 - Édition n° 01
66/6466/4
I.S.B.N. 978-2-01-626632-8
Dépôt légal : février 2018

PAPIER À BASE DE FIBRES CERTIFIÉES